历史课标解析与史料研习丛书

总主编 何成刚

历史课标解析与史料研习
经济与社会生活

主 编 刘汝明 赵文龙 何成刚

復旦大學出版社

内容提要

本书是"历史课标解析与史料研习丛书"中的一册。"历史课标解析与史料研习丛书"是高中历史教师准确把握《普通高中历史课程标准》（2017年版），并进行基于历史课标的教学的专业发展丛书。

本丛书根据《普通高中历史课程标准》（2017年版）中的单元学习主题，从"学术引领""教学设计""教学资源"三个角度，借助学术界的权威研究成果，为高中历史教师开展基于历史课标的史料教学，提供高质量的、系统整体的资源支持；引导广大中学历史教师认识到，史学阅读是历史教学的起点，史学阅读的广度与深度，决定历史教师史学素养的发展程度，决定学生历史核心素养的培养质量，切实推动形成重视史学阅读的教师专业发展理念。

本丛书也可供初中历史教师阅读，为初中历史教学提供参考。

总 序

毫不夸张地说,当下的中学历史教学,新理念、新思想和新主张可谓层出不穷,颇有些像春秋战国时期的"百家争鸣",呈现出了多元丰富的特点。通过阅读《历史课程标准》和历史教学期刊上发表的各种文章,我们就能强烈地感受到这一点。这无疑反映了历史教育发展进步的一面,值得肯定。但不可否认的是,新理念、新思想和新主张,在大多数中学历史教师看来,听起来虽然很好,但如何在实践中与具体教学内容实现有机融合,确实是一个相当棘手的问题。这也是基础教育课程改革实施十多年来,历史课堂难以发生本质变化或者说变化其实并不像我们想象的那样显著的重要原因。我们认为,新理念、新思想和新主张与教学实践不能实现有机融合,固然与一些新理念、新思想和新主张"高高在上、不接地气"有关,更多的恐怕还在于广大中学历史教师对教学内容的认识和理解处于一个浅层水平,没有体现出一定的专业性,由此导致新理念、新思想和新主张与"教学实践"形成"两层皮"现象。

可见,要推动历史教学改革取得质的飞跃,不能没有"主义"(即新理念、新思想和新主张)的引领,但是,仅靠"主义"是远远不够的,因为我们在教学中遇到的一个个具体的教学内容,绝无可能完全相同,有的看似相近甚至相同,其实千差万别。这就要求我们对每一个具体的教学内容,必须达到深度把握、准确理解的程度。如何做到? 实践证明,除了史学阅读,目前还没有更好的办法。

培养学生历史核心素养,无疑是当下历史教育中最重要的一种"主义"。与"三维目标"相比,"历史核心素养"的提出,更加明确要求我们必须在准确把握历史学科本质、历史学科思想、历史学科方法和深度理解教学内容的基础上,进行历史教学。如果我们做到了这一点,那么,当我们站在课堂上,自然会有充足的教学底气和勇气。试想,作为一名历史教师,如果自身对"历史核心素养"中强调的"唯物史观""时空观念""史料实证""历史解释"缺乏准确把握的话,如果对教学内容一知半解的话,那么,在教学中培养学生的历史核心素养,肯定容易流于形式。

可见,培养学生的历史核心素养,关键在于提高历史教师对历史核心素养的理解水平,关键在于促进历史教师对教学内容的深度把握,这恰恰就是当前中学历史教学存在的最突出的"问题"。换句话说,中学历史教师其实并不缺"主义"的引领,最缺的恰恰就是与《历史课程标准》对教学基本要求相一致的高质量的史学成果与史料资源。

为此,我们围绕教育部颁布修订后的《历史课程标准》中的单元学习主题内容,组织北京市、安徽省、江苏省、河北省、广西壮族自治区、广东省、四川省等地的历史教学专家、优秀教研员、优秀教师,通过分工协作的方式,进行了一年多的广泛而又有深度的阅读。在阅读中,注重核心阅读、群文阅读、比较阅读,以确保阅读的专业性和综合性,保证阅读的品质。在此基础上,一是精选史学研究成果,引导历史教师比较全面地了解史学研究成果,促进历史教师在史学阅读中提高对历史核心素养的理解水平,在史学阅读中提高自身的史学素养,引导历史教师从多个方面深度把握历史教学内容;二是搜集整理有价值的教学资源,特别是史料资源,旨在为中学历史教师提供日常备课可用的素材,让广大历史教师一看就明白,拿来就会用,从根本上解决"巧妇难为无米之炊"的实际问题;三是围绕历史核心教学内容,以《历史课程标准》强调的"史料研习"理念为指导,从不同视角进行了教学设计的探索,强调将历史学科本质、历史学科思想、历史学科方法融入历史教学之中,培养学生的核心素养。可以说,这集中体现了我们团队多年来一贯坚持的根本理念。

总而言之,我们从事本项研究,一方面在于从阅读权威史学成果、合理运用史学资源入手,为中学历史教师深入理解《历史课程标准》,开展基于《历史课程标准》的史料教学,扎扎实实地将培养学生的历史核心素养落实在每一节历史课中,提供实实在在的、高质量的、系统整体的资源支持。另一方面,旨在倡导重视史学阅读的教师专业发展理念,引导广大中学历史教师认识到,史学阅读是历史教学的起点,史学阅读的广度与深度,直接决定历史教师史学素养的发展程度,直接决定学生历史学习的视野和质量。

或许这样的教学研究并不十分地"高大上",但对于促进历史教师专业发展、提升历史教学质量,的确是一件非常重要的、接地气的"基础工程"。虽然繁重且浩大,但我们觉得很有必要,也很有意义。我们坚信,这样的教学研究,有利于在根本上推动"主义"从"浮在空中"顺利"落地",推动"实践"从"形式"走向"卓越"。

蒙复旦大学出版社的大力支持,在繁忙的本职工作之余,我们心怀美好愿望、秉持专业态度、发扬协作精神、遵循学术规范、克服种种困难,编写了这套丛书,希望为中学历史教学贡献我们的绵薄之力,更希望大家不吝指教。

何成刚
教育部基础教育课程教材发展中心

目 录

第一单元　食物生产与社会生活 ································· 1
　学术引领 ··· 1
　教学设计 ·· 44
　　设计一：传递甜蜜——近代前期蔗糖的传播及影响 ·············· 44
　　设计二：如何养活我们？——认识现代农业 ······················· 46
　教学资源 ·· 50

第二单元　劳动工具与劳作方式 ································· 60
　学术引领 ·· 60
　教学设计 ··· 103
　　设计一：农具之尊——古代中国耕犁的演进 ···················· 103
　　设计二：工业革命的关键——机器在棉纺织领域中的使用 ····· 107
　教学资源 ··· 109

第三单元　商业贸易与日常生活 ······························· 114
　学术引领 ··· 114
　教学设计 ··· 153
　　设计一：茶事物语——小植物的大历史（国内贸易）··········· 153
　　设计二：茶事物语——小植物的大历史（国际贸易）··········· 157
　教学资源 ··· 160

第四单元　村落、城镇与居住环境 ···························· 165
　学术引领 ··· 165
　教学设计 ··· 210

　　　　设计一：影响居住的因素 …………………………………………………… 210
　　　　设计二：古代城和市 ………………………………………………………… 214
　　教学资源 …………………………………………………………………………… 216

第五单元　交通与社会变迁 …………………………………………………… 222
　　学术引领 …………………………………………………………………………… 222
　　教学设计 …………………………………………………………………………… 262
　　　　设计一：从"引进来"到"走出去"——火车在中国的发展演变 …………… 262
　　　　设计二：天涯若比邻——中国近代通讯变迁 ……………………………… 266
　　教学资源 …………………………………………………………………………… 269

第六单元　医疗与公共卫生 …………………………………………………… 275
　　学术引领 …………………………………………………………………………… 275
　　教学设计 …………………………………………………………………………… 312
　　　　设计一：死神的胜利——欧洲中世纪的黑死病阴霾 ……………………… 312
　　　　设计二：梁启超的割肾医案——近代中西医之争 ………………………… 316
　　教学资源 …………………………………………………………………………… 319

后记 ……………………………………………………………………………………… 326

第一单元

食物生产与社会生活

> **学术引领**

一、食物采集向食物生产的演变及意义

(一) 早期人类的食物采集

1. 食物采集与早期人类的生活

(1) 食物采集的历史占据人类绝大部分时间

李根蟠在《中国古代农业》(北京：商务印书馆，1998年，第6页)一书中认为，在人类几百万年的历史中，绝大部分时间内以采集渔猎为生。严格意义上的农业，是从种植业和养畜业的发明开始的，它只有一万年左右的历史。

史密斯在《农业起源与人类历史——食物生产及其对人类的影响》(玉美等译，载《农业考古》1989年第4期)一文中认为，在食物生产出现以前，人类与其他动物一样，都从自然中攫取食物，对自然状态并没有多少改变。而食物生产导致了社会分工形态的变化，为阶级产生奠定了基础，铺平了向国家发展的道路。

崔明昆在《论狩猎采集文化的生态适应》(载《思想战线》2002年第3期)一文中指出，人类历史发展过程中，大约90%的时间一直以小规模的狩猎采集群体而存在。据推测，公元前10000年左右，世界人口约1 000万，全部为狩猎采集者。到1500年左右，世界人口增加至3.5亿，狩猎采集人口仅占10%，主要集中在北美、南美南部、澳大利亚、非洲南部、西伯利亚东北部以及东南亚。1960年，世界人口增至30亿，狩猎采集人口所占世界人口的比例下降至0.001%，呈星点状分布于热带亚洲、非洲及北美洲等少数地区。已经在地球上生活过的80亿人口中，约90%的人以狩猎采集为生，6%的人从事农业，剩下的4%的人生活于工业社会。

斯坦迪奇在《舌尖上的历史》(杨雅婷译，北京：中信出版社，2014年，第4页)一书中认为，对于一直以狩猎为基础、过着游牧生活的人类而言，农牧的产生是一场重大的变革。若将现代人出现以来的15万年比作一小时，那么直到最后四分半钟，人类才开始实行农牧，直到最后一分半钟，农业生产才成为维系人类生存的主要方式。人类从四处搜寻食物到农耕养殖，从自然获取食物到运用技术的转变，是近期且突然出现的现象。

梅尔文·恩泊和卡罗·R.恩伯在《获取食物》(彭景元译,载厦门博物馆编:《厦门博物馆建馆十周年成果文集》,福州:福建教育出版社,1998年)一文中指出,人类社会漫长的发展历史中,与我们当今社会相反,大多数时期人类并没有专业的食物生产者。大多数成年人都在从事获取食物的活动。人类生存在地球上90%的时间是通过采集野生植物、狩猎、捕捞的手段获取食物。农业生产食物出现在距今10 000年前,而工业性或机械化的农业则不足百年。

(2) 人类自身的适应性与早期食物采集

陈胜前在《史前人类的狩猎》(载《化石》2005年第2期)一文中认为,人类一直追求能量最大化的适应策略,表明人类适应能力的增强,人类能够控制更多的资源,也表明人类逐步走到了生态食物链的顶端。对于人类祖先而言,最稀缺的资源就是食物,次之是配偶。他们必须流动,他们在流动之中获取食物,同时收集以后可以食用的食物的信息,并且在流动之中结识其他的群体,找到自己的配偶。这种流动经济的成本使他们不大可能随身携带很多的东西,比如工具和两个以上需要背负或者怀抱的婴儿。陈胜前在文中介绍一些研究者的观点时指出,早期直立人消耗肉食对他们的身体和认知发展至关重要。他们成为高效的猎人以及食腐者,并带着这样的饮食知识从非洲向外迁徙。早期直立人已经能够用火烹饪食物,增加了食物的营养价值,促进了人类的消化,极大地推动了人类进化进程中生理和神经系统的发展。在这段时期人类是猎人和采集者,他们以丰富的野生植物和昆虫为食,并设置陷阱捕获小动物及鱼类。人类建立群体关系后开始狩猎大型哺乳动物并习得有效的狩猎技巧。尽管大自然对于这个时期的人类是慷慨的,人口数量并没有突破发展,一直保持稳定。

彭纳在《人类的足迹:一部地球环境的历史》(张新等译,北京:电子工业出版社,2013年,第38页)一书中指出,气候变化和人类自身的适应性促进了人类心智的发展,这在人类智慧的发展过程中至关重要。伴随着经验和自然选择压力的增长以及大脑智力的进化,由于人际关联、种群规模为种群的生存提供了重要的保护,原始人群的活动范围得以增大。他们不断提高的智力水平使他们不断应对险恶的环境,在这个环境中他们即是狩猎者,也是被猎杀者。

(3) 食物采集时期的人类生活

斯塔夫里阿诺斯在《农业的起源与传播》(李群译,载《农业考古》1988年第1期)一文中指出,在旧石器时代,人类虽然已学会了说话,制造工具和利用火。这对于他们战胜其他动物有了很大的帮助。然而,在基本的方面,人仍然和其他动物一样,是食肉动物中的一员,也是食物采集者,像其他动物一样,完全依赖大自然的恩赐。由于在一个地区,他们寻找不到足够的食物来充分满足生活,他们不得不分成小群或小队生活。据估计,即使是在肥沃的地区,在和暖的冬天,每平方英里的土地上,最多只能维持一二个食物采集者的生活。而在寒冷地区,或热带丛林、沙漠地区,则每个食物采集者需要二十甚至三十平方英里的土地才能维持生活。

崔明昆在《论狩猎采集文化的生态适应》(载《思想战线》2002年第3期)一文中认为,食物资源的波动性决定了狩猎采集民族群体的小规模性、迁徙的频繁性。狩猎采集社会的人类学研究表明,狩猎采集群体规模平均25—50人,随着季节的变化和追踪猎物而迁徙。

施鼎钧在《辉煌的中国渔业史》(载《北京水产》1999年第4期)一文中认为,在原始社会,生产力低下，人类为寻找食物而奔波。狩猎和采集不足以维持生活，人类开始把生产活动从陆地扩展至水域，利用水生动植物作食物，出现原始的捕捞活动。据1933—1934年北京周口店龙骨山的山顶洞考古发掘证明，18 000年前居住在那里的人们，其谋生手段，除采集植物和猎取野兽外，还在附近的池沼里采捕鱼类和贝类。在山顶洞人遗址内，有一块钻有小孔并涂了红色的草鱼上眶骨，那是他们将鱼食用后留作装饰品的明证。据推算，这条草鱼约有80厘米长。这说明，水产品已深入他们的日常生活之中。

尚定周、王友文在《从采集、渔猎到农业生产的革命性变革——试论农业的起源》（载《世界农业》1983年第11期）一文中认为，人类从动物界解放出来以后，仍因袭了动物的一些习性，像其他动物一样地从自然界觅取食料，并保持着杂食性的生活习惯，既吃植物，又吃其他动物。在尚未学会生产食品的情况下，植物类靠采集，动物类靠渔猎，从大自然宝库中取得。

傅稻镰在《农业起源的比较研究——西亚和北美东部的个案分析》（秦岭译，载《古代文明》2005年辑刊）一文中指出，在农业出现之前的漫长岁月中，所有的人类社会都是狩猎采集经济，人们依靠每年特定时期内环境所提供的自然资源为生。在大部分情况下，狩猎采集社会都是流动的——至少流动性是应付季节性短缺的一种必要策略。

2. 食物采集对食物生产出现的影响

弗拉基米尔·卡博在《食物生产经济的起源》（载《农业考古》1988年第4期）一文中认为，早在15 000年前，或许更早，原始的狩猎—采集者就已熟悉了植物和动物的周期性生活，并细致地观察到这种规律。这就对农业与动物驯养业提供了一个必要的准备。

尚定周、王有文在《从采集、渔猎到农业生产的革命性变革——试论农业的起源》（载《世界农业》1983年第11期）一文中认为，采猎种类的确定，开始是盲目的。人类经长期尝试，付出了巨大的代价，才有选择地取食于自然。采集经过相当长的时间，由上千种的植物慢慢缩小到为数不多的易得、好吃、无毒的野果、橡栗等木本植物和一些块根、块茎类植物。由于冰川全盛期造成植物区系的变更以及其他原因，木本植物减少，禾谷类等草本植物扩大，于是采集禾本科、豆科的种子逐渐上升到重要地位。这是采集业向种植业过渡的重要环节。随着猎取手段的进步，猎取野生的狗、羊、猪、马、牛等大动物逐渐上升到重要地位。这是渔猎业向饲养业过渡的重要环节。供原始人类取食的动植物资源，特别是食物构成调整之后，以禾谷类为主的植物资源和以食草类为主的大动物资源，是后来选择栽培植物和饲养动物的物质基础。

斯塔夫里阿诺斯在《全球通史（上册）》（吴象婴等译，上海：上海社会科学出版社，2001年，第83页）中指出，早在农业革命之前，人们已普遍知道促使植物生长的方法，就像在哥伦布航海之前人们已知道地球是圆的一样。现已查实，原始人对农业毫无所知，可对当地植物的特性和生长情况却非常熟悉。他们知道种子萌芽，长出植物；有了水分和阳光，植物才会茂盛；植物在某种土壤中可生长得很好，而在另一种土壤中却不行。这一类知识的获得，对原始人来说，是必不可免，很自然的。

尚定周、王有文在《从采集、渔猎到农业生产的革命性变革》（载《世界农业》1983年第11期）一文中指出，原始人类由于采猎和自卫的需要，学会了使用工具。采猎工具的制造和发展，不仅扩大了采猎的食物来源，而且为日后的种植业准备了生产手段。当时的采猎工具，后来有的兼用于农耕，如石斧、木矛等，有的发展为专门的农具，如木矛改进为耒、耜。农业的萌芽,距今虽不过一万年之久,比起整个人类历史非常短促,但农业作为采集、渔猎发展转化的结果,和采集渔猎有着千丝万缕的联系。农业的孕育,甚至可以追溯到整个采猎时期。原始人的生活和他们采猎的工具等各个方面,以及合适的自然环境,都包含了日后农业得以萌芽的各种因素。

(二) 从食物采集向食物生产过渡

史密斯在《农业起源与人类历史——食物生产及其对人类的影响》(玉美等译,载《农业考古》1989年第1期)一文中介绍了默多克对食物生产社会的界定:一个社会所提供的全部食物中,如果有半数以上的食物来自农耕加畜牧,或只是农耕,或只是畜牧,那么这个社会就可称为"食物生产社会"。利德等则认为,假设食物生产社会中能够生产一定程度的有效的食物是一种必然的状况,那么食物生产社会的标准应有两个:至少在一年中的一定时期,其共同体所需要的食物中有半数左右是通过直接生产获得的;栽培、家畜化的动植物,严格地讲,不能再返回到自然生息地和野生生物群系中。

人类从食物采集向食物生产过渡,学术研究提出的如下观点可供参考。

1. 广谱革命与广谱经济

潘艳、陈淳在《农业起源与"广谱革命"理论的变迁》(载《东南文化》2011年第4期)一文中梳理了"广谱革命"的相关研究:美国考古学家肯特·弗兰纳利认为距今20 000—10 000年间,特别是大约距今10 000年前,在环境和人口的双重压力下,局部的人地关系失衡导致了食物短缺和人类营生方式的转变,人类不得不利用许多以前并不利用的物种,比如小型哺乳动物、鱼、蟹、龟、蜗牛、鹌鹑、水禽、贝类以及野生禾本科的种子,它们在遗址中出现的频率和数量越来越多。这不是一个简单的从大型食物向小型食物转变过程,还体现了人类开拓的食物资源种类从比较狭窄向较为宽泛范围转变的趋势,与这种趋势相应的是大量新的捕猎工具和食物加工工具的发明。人类这一觅食范围及开拓技术转变的过程,就是所谓的"广谱革命"。它提高了单位面积的土地载能,缓解了人口增长带来的食物压力,并成为农业起源的先决条件。冰川期后期环境巨变,打乱了人类生存的食物链,动物驯养和植物栽培就是在这样一种广谱经济的背景中产生的。

柯济在《我古生物学家揭秘广谱革命》(载《光明日报》2012年2月14日第12版)一文中指出,随着新发现不断增多,广谱革命可能发生的时间被提前至末次冰川期最盛期来临之前,即距今23 000年左右。需要注意的是,广谱革命不是简单的一次性事件,而是时间跨度长达数万年的复杂过程,并发生于世界上的许多地区,推动了史前人类对野生植物的开发与利用,最终将植物种植行为推向了历史舞台。

裴安平在《史前广谱经济与稻作农业》(载《中国农史》2008年第2期)一文中认为,广谱经济并非终止于旧石器向新石器转变的过渡时期,而是一直延续到新石器时代末期。新石器时代早期,在广谱经济的支持下,出现了水稻的驯化与栽培,从而标志人类在认识自然、改造自然方面取得了重要成果;但就经济的本身而言,当时的水稻驯化与栽培还只是广谱经济的附庸,还没有显示出已成为一种产业的迹象。新石器时代中期,大量实物遗存的发现证明,稻作已发展为明显具有普及性和规模收成的农业;但相对广谱经济而言,稻作还不是人类食物的主要来源,还只是广谱经济的必要的补充。因为,这一时期人与自然资源的关系还相对宽松,人类对于农业规模的扩大完全是顺其自然。新石器时代晚期,随着人口的增长,人与土地,人与自然食物资源之间矛盾的激化,人们不断地改变生产方式,既精耕细作又不断地提高土地的利用率,稻作开始成为人类食物的主要来源。

2. 低水平食物生产

布鲁斯·史密斯在《低水平食物生产》(陈航等译,载《南方文物》2013年第9期)一文中指出,人类从采集狩猎获取食物转变成种植植物和养殖动物等生产食物,各地条件不同,出现时间也有差异。但转变过程中存在着一个过渡时期,转变过程极为复杂多样。人类行为表现为从被动适应逐渐向主动干预的转变。史密斯认为,农业起源探究不应只限于判断驯化物种何时出现,或根据驯化物种与野生物种的比例来分辨竟属于狩猎采集还是农业,而是要深入了解人类社会对环境和物种进行操控和管理行为的多样性。为此,史密斯用"低水平食物生产"强调人类行为在判断社群生计经济性质中的核心作用,把传统上流于注重物质表象的推断引向通过物见人的生态学视角,深化了人们对原始农业产生之前食物生产的认识。

布鲁斯·史密斯认为,无论动植物是否已经被驯化,只要人类开始有意管理它们,干预其自然的生长周期,这就是从事生产活动,这种生计形态就是食物生产经济。人类早期的食物生产毫无例外都是低水平的。史密斯指出,只要生产食物的热量不超过一个社群年摄取热量的30%—50%,这种食物生产经济就是低水平的。从事低水平食物生产的社群,仍在很大程度上要依赖渔猎和采集的食物维持生存。布鲁斯·史密斯将不同社会形态的低水平食物生产分为两大类:一为没有驯化动植物的生产经济,另一类是有驯化动植物的生产经济。这类社会与完全依靠狩猎采集为生的社会不同,同时也与完全依靠农业为生的社会不同。根据这一标准,布鲁斯·史密斯对全球主要文明地区的考古材料进行了分析,发现这种低水平食物生产经济延续的时间相当长。布鲁斯·史密斯估计在近东地区的文明低水平生产持续了约3 000年,墨西哥瓦哈卡则有5 500年之久,北美东部则持续了约4 000年,在欧洲也持续了4 000余年。

焦天龙在《河姆渡与中国东南史前的低水平食物生产经济》(载北京大学考古文博学院、北京大学中国考古学研究中心编:《考古学研究——庆祝严文明先生八十寿辰论文集》,北京:文物出版社,2012年)一文中认为,"低水平食物生产经济"这一概念打破了传统上把狩猎采集社会和农业社会截然分开的概念系统,同时也表明这种生产经济绝不是一个短暂的过渡现象。相反,在全球绝大部分地区,这种低水平的食物生产方式持续了数千年的时间,表明这是一个很成功的经济适应模式。在更新世末至全新世中期,分布在世界不同地区的社群面临的环境、社会和文化的挑战是不同的,但低水平食物生产经济是他们选择的共同的适应模式。这种生产模式是这些史前社会赖以生存和发展的基础,对不同地区社会演化的过程造成了重大影响。

(三)原始农业的兴起及意义

1. 原始农业兴起与环境变化

米切尔·乔奇姆在《从猎人到农夫——21世纪农业考古展望》(蒋乐平译,载《农业考古》1991年第1期)一文中指出,农业的产生与世界范围内生态环境的变化有关,如海岸线、河湖位置、森林界线的变迁。同时我们还发现，动植物的驯化试验在更早的时候就在不少地方进行了，且其实验的动植物品种的数量上尤其超出我们的想象。

胡效月、安成邦在《中国农业起源研究综述》（载《安徽农业科学》2007年第1期）一文中认为，在更新世晚期，地球环境的巨大变化，使一部分物种消亡，人类在采集水果、浆果，猎取飞禽走兽、鱼虾不能果腹的情况下，不得不转向利用植物的块茎、草本植物的种子，这是农业起源包括稻作农业起源的动因。

徐旺生在《中国农业本土起源新论》（载《中国农史》1994年第1期）一文中指出，在中国，距今约12 000~10 000年，由于气候的波动，造成中国动植物资源巨大变化。动物的减少，尤其是各种易猎可食动物的大幅减少，使中国南北两地的居民面临着越来越大的生存压力。这一阶段一开始的急剧升温及以后的渐趋稳定，为谷物驯化的成功提供了良好的气候条件。正是在这一阶段，中国南北两地几乎同时进入了原始栽培农业的诞生阶段。

徐旺生还在《农业起源和传播对中西早期文明发展影响的比较研究》（载《古今农业》1996年第3期）一文中论述了环境与农业出现的关系，他认为农业（确切地说是农耕和畜牧）是在特定条件下和特定地域内才能产生，其特定条件是：更新世冰期的影响不能太强也不能太弱。太强则使人类无法生存，如欧洲北部及美洲北部地区，在更新世冰川期中，欧洲的冰川中心在斯堪的纳维亚山脉，由此向东、南和西南方向推进，掩盖了欧洲大部分地区，形成了巨大的大陆冰川。由于大陆冰川的存在，土地被冰川覆盖，种植根本不可能进行，因此欧洲中部及北部地区未能孕育农耕；美洲北部的情形和欧洲北部的情形一样，当时的威斯康星冰川期发育，平均气温比现在低13℃~15℃，且北部主要是平原，地表被冰原覆盖，人类无法生存，农耕和畜牧也就无法产生。大洋洲、太平洋诸岛及南部非洲等地的人们在外部势力未进入以前，依然过着采集和狩猎为主的生活。因此，农耕的产生只能在特定的地域——第四纪冰川期影响适度的地球中纬度地区，这一地区包括西亚两河流域、南美安第斯山地区、黄河及长江流域。这里的冰川期作用适度，既导致人类食物来源减少，同时又没有欧美北部那样的严寒而使人类不能生存。这里的人们在食物相对多一些的季节采集一些食物以备乏食季节需要的过程中，对植物有了一些新的认识，又在贮藏过程中将食物尝试种植，从而萌发了农业行为。待到冰期结束以后，由于食物相对充裕，因此他们有条件也有必要将贮藏的种子用于种植，将一时吃不掉的野兽尤其是幼小的草食及杂食动物的拘系起来。当这种种植和拘系过程持续进行后，植物种子和动物分别发生了变化。植物种子主要因为贮藏而发生理化特征的变化，贮藏的种子因脱离了原先被土壤覆盖的保暖湿润环境，而处于干燥裸露的环境，再行撒落入土种植，其发芽状况与自然撒落自行发芽大不一样；动物通过拘系以后则主要表现在性情方面发生变化，一些草食动物，如牛、羊相对来说性情较温顺，它们就成为家养动物了，农耕和畜牧随之产生。

2. 原始农业兴起与人口压力

马克·纳森·柯恩在《人口压力与农业起源》（王利华译，载《农业考古》1990年第2期）一文中认为，人口压力是原始农业发生、发展的原因。自然环境的变化使可利用的动植物密度降低，人口的增加接近载能，旧的平衡模式被打破，为提高生产力而改造和控制环境的做法被优先选择，人们会选择更有效的取食手段。人口压力理论提出后，很快得到了许多学者的响应，成为解释农业起源的主流理论。

贾里德·戴蒙德在《人类历史上最大的失误》（高星译，载《农业考古》1993年第1期）一文中指出，在冰川期时代末，当人口密度缓慢上升之时，各人群不得不转向农业以养活更多的人口与寻找办法控制人口增长之间做出选择，一些人群选择了前者。他们没有意识到农业的危害，反而受到这种暂时富裕享乐的诱惑，直到人口的增长与食物的增加相抵消。

吴小平、王伟宏在《论我国史前时期的人口压力及其影响》（载《中国经济史研究》2002年第3期）一文中通过对原始遗址遗存的研究证明，晚更新世时期由于末次冰川期的作用，人口压力普遍出现，在两河流域和中国黄河及长江流域，原始农业率先出现，从而为两地古典文明的形成奠定了经济基础。

3. 原始农业起源与定居生活

尚定周、王有文在《从采集、渔猎到农业生产的革命性变革—试论农业的起源》（载《世界农业》1983年第11期）一文中指出，原始人类很长时间内过着流动生活，迁徙无常。自然环境、气候和社会的发展使人类逐步摆脱了穴居野外的生活，走向广阔的地域，建造起简陋的野营住地。原始农业遗址的地下发掘材料表明，人类定居下来。随着时间的推移，定居日益普遍，定居的时间也愈来愈长。定居生活代替了流动生活，人类就有可能对周围植物的生长、发育有所了解，也有可能把捕到的活动物看管起来。这正是人们学会种植和饲养的必经环节。定居使种植与饲养成为可能，导致农业的产生，而农业的产生更进一步促进了定居的巩固和发展。

森本和男在《农耕起源论谱系》（宋小凡译，载《农业考古》1989年第1期）一文中强调，农业一直被当作定居生活的必要条件。对人来说，流浪生活不值得效法，农业的发明与定居生活使人口增加，由此才开辟了通往文明的道路等，这些都是19世纪的学者们的想法。但是在现代正进行着狩猎采集活动的流浪性民族看来，定居才是真正的疯狂。他们的行动半径宏大，总是带着大量新鲜而且详细的信息。他们不是为了获取食物而到处流动，而是为了选择四散各处的食物源，也就是说将食物匮乏的危险分散开来。的确，定居给人类生活带来了一些好处。但与此同时，由于垃圾及废弃物被丢在居住地附近，啮齿类及昆虫滋生，危害人类的野生动物亦在周围徘徊。再者，天花、麻疹、霍乱及其他的传染病亦容易发生。可以说，对于人类，定居生活并不是只有好的一面的。不难看出，史前的狩猎民与如今的狩猎采集民一样，维持着相当高的生活水准。也就是说，史前的狩猎采集民比起同时代的初期农耕民来，其生活要舒适得多。这有利于我们避免简单化理解农业起源问题。

尚民杰在《对早期原始农业的初步探索》（载《农业考古》1992年第3期）一文中认为，原始农业的产生是出于人类发展的需要及人类的定居生活的出现。他认为，仅靠采集得到的天然食物不能满足人类的需求，为了解决人类的温饱问题，或是为了向牲畜提供饲料，在渔猎经济和采集经济发达、定居生活已出现的情况下，逐渐出现了种植业。也有学者认为，定居生活的出现不是原始种植业或是农业出现的必要条件。他们认为，定居生活不是农业发展的重要因素。如在中美洲考古学上便有人们在有意地种植粮食作物很长时间之后，仍逐水草而居的记载。

4. 原始农业产生的时间

徐旺生在《农业起源和传播对中西早期文明发展影响的比较研究》（载《古今农业》1996年第3期）一文中认为，大约在距今10 000多年前，更新世冰川期还未退却，因不能将种植和驯养活动持续下去，只能短暂地进行，从而种植和驯养行为不能成为当时人们生活中衣食的来源。到了距今10 000年左右，冰川期退却，气温上升，气候变暖，植物茂盛，动物大量繁殖，越过冰川期的人们有条件将剩余的采集种子贮藏起来以待适时种植，将捕获的野兽拘系起来从事驯养活动。经过长时间持续的努力，又由于定居的需要，人们生活中衣食来源更多地依赖这种种植和驯养活动，农耕和畜养便由此产生。

陆庭恩在《关于非洲农业起源的几个问题》（载《北大史学》2003年第1期）一文中指出，农业产生前的漫长时间里人类都是依靠采集、狩猎或采集结合狩猎来获取生存资料。约在10 000年前，栽培农作物和饲养牲畜的农业出现，人类最终脱离了动物界。学者们一直认为，从全球来说，农业起源于新石器时代，它的产生是新石器时代的革命。

陈文华在《农业考古》（北京：文物出版社，2002年，第20页）一书中根据国内外考古资料及学者们新近的研究成果认为，在许多距今15 000—10 000年的"中石器时代"遗址中，已经出现了农业萌芽，诸如块根作物的种植及谷物的采集和栽培。而这时正是地球处于冰川期阶段，气候严寒，原有的许多大型动物转移了，许多丰富的采集对象灭绝了，人们的食物资源出现了严重的危机，人们不得不寻觅新的食物来源。在饥不择食的情况下，除了猎获一些中小动物外，人类过去不大吃的苦涩的坚果、野菜、地下块根和水中的蚌、螺以及野生谷物通通被用来果腹。随着人口的增加，这些采集对象会日益减少。人们在熟悉了它们的生长规律之后，就会尝试去种植某些作物，先是块根块茎作物，然后才是谷类作物，作为采集经济的补充和后备。当冰川期过去之后，气候转暖，那些种植过的作物生长得更加茂盛，产量增多，人们就扩大种植规模，逐渐将其驯化为栽培作物。农业就这样产生了。

汤姆·斯坦迪奇在《舌尖上的历史》（杨雅婷译，中国：中信出版社，2014年，第23页）一书中认为，现代人类的祖先大约在450万年前与猿猴分道扬镳，而解剖学上的"现代人"则出现在15万年前左右，这时人类全部都是狩猎者，靠在荒野中猎捕动物、采集植物为生。直到11 000年前，人类才开始刻意栽培或养殖食物。农牧在世界的好几个不同地区出现，彼此并无关联；而它们普遍为人们接受的时间，在近东地区是公元前8500年左右，在中国是公元前7500年左右，在中南美洲是公元前3500年左右。从这三个主要起点开始，农牧技术逐渐扩展到世界各地，成为人类生产粮食的主要方法。

尽管我们承认，在距今11 000年左右，世界许多地区出现了农业和食物生产，但是也正如斯塔夫里阿诺斯在《全球通史（上册）》（吴象婴等译，上海社会科学出版，2001年，第83页）所言，农业的产生需要适合的多种条件，植物的驯化，即使在现在，农业也只能发生于那些易于获得可驯化植物的地方。气候的强烈变化，完全打破了人与自然之间的那种古老的平衡。当时的人，很好地应用了他们早已掌握的有关植物生长的知识，种植了他们自己需要的食物。人类在地球的不同地方，曾经用许多种动植物进行了无数次的驯化实践，但只有在几个较适宜的地方，他们能够使驯化的动植物生产不断增长，并最终成为他们生活的主要食物来源，使他们的生活主要依赖栽培植物和饲养动物。这就是人们常称的所谓"农业革命"。农业革命最初只在少数几个中心发生，最后才以食物生产这个全新的生活方式逐渐传播开来，传播全世界。

安德森在《中国食物》（马嬫等译，南京：江苏人民出版社，2003年，第10页）一书中指出，人类历史中最重大的一步是决定种植和培育食物。几百万年以来，人类为其需要和欲望找到了充足的食物。

斯塔夫里阿诺斯在《农业的起源与传播》（李群译，载《农业考古》1988年第1期）一文中认为，农业的发现，不是像公元前的阿基米德发现王冠所含纯金测量法那样突然。事实上，植物生长的机理，人类在农业革命之前就有所认识，就像在哥伦布航海探险之前，人们就较广泛地知道地球是圆的情况一样。有人已经证实，目前完全没有农业的未开化少数民族，他们对自己当地植物的特性和生长变化是完全熟悉的。他们知道植物是由种子萌发生长的，这些植物通常需要水和阳光，它们在一种土壤上比在另一些土壤上生长得更好。这种知识很自然和不可避免地被原始人获得，一个简单的原因就是依靠他们对周围动植物的实际观察。没有什么理由可怀疑，而有许多可信的资料表明，在同样环境条件下的史前人类也已获得了同样的认识。

5. 原始农业产生的地域

陆庭恩在《关于非洲农业起源的几个问题》（载《北大史学》2003年第9期）一文中指出，在世界范围内，关于农业的起源，学者们普遍认为是多元的。许多人认为西亚、东亚和中美洲三个地区是世界农业起源的三大中心。农业在西亚地区的最早起源大概不晚于公元前8000年，在公元前6000年成为该地区人民的主要生存方式。那时，在今约旦河谷和伊拉克东北部的丘陵地带已出现较发达的农业村落。公元前5000年前后，东亚和中美洲地区农业也得以传播开来。就上述三个中心栽培的植物来说，小麦、大麦、水稻、小米、亚麻、玉米、马铃薯、蔬菜和某些水果等，就属于最早的一批农作物。在有的地区，山羊、绵羊、猪、狗等是早期驯养的家畜。

斯塔夫里阿诺斯在《全球通史（上册）》（吴象婴等译，上海：上海社会科学出版，2001年，第85—90页）一书中认为，从最早的植物栽培过渡到农业革命是一个渐进的漫长的过程，称之为"原始农业阶段"。在中东，这一阶段从约公元前9500年起，至公元前7500年止。在美洲大陆，这一阶段似乎更长。墨西哥的特瓦坎山谷是美洲大陆最早的植物栽培中心之一，那里的农业从公元前7000年前后开始。直到公元前1500年前后，由于玉米和其他植物杂交，使其产量提高，才成为当地人食物来源的主要部分，从而完成了原始农业到农业革命的过渡。依据自然条件的不同，原始农业在不同地区栽培的作物有较大的差异，大体说来，有东亚和东南亚的稻米区；美洲的玉米区；欧洲、中东、北非、中亚以及从中亚到印度河和黄河流域这一地带的小麦区。从农业革命到工业革命的数千年间，这三大谷类植物区如同工业革命后的煤、铁、铜，对人类历史起着十分重要的作用。斯塔夫里阿诺斯还确信，中东和中美洲是独立的农业革命中心。根据研究，中国也是这样的一个中心。尽管没有确切的证据，人们还推测，在亚洲的东南部、非洲的西部和南美的安第斯山脉，也可能有类似的中心。中东和中美洲是两个具有独特特征的地方，似乎反映了它们必定优先起源农业的法则。

陈玭在《非洲农业起源和传播的路线与过程》（载《华夏考古》2013年第1期）一文在分析非洲农业具备的条件之后，将非洲农业的起源划分为尼罗河流域和撒哈拉沙漠及其以北地区、撒哈拉沙漠以南的热带稀树大草原区、热带雨林边缘地区以及埃塞俄比亚和南非高原区等五个区域。非洲农业起源于本地，而不是从外界传播来的。它和西亚、东亚、中美洲一样都是世界农业的起源地。

李继东在《非洲农业的起源和贡献》（载《农业考古》1991年第1期）一文中认为，非洲农业发生的年代至少不晚于世界其他农业起源地区。对此,波蒂埃与J.巴罗的看法是,非洲开始栽培植物的关键性时期是在公元前9000—前5000年间,当西亚正在奠定农业和畜牧业基础时,非洲就开始了植物的栽培。

陆庭恩在《关于非洲农业起源的几个问题》(载《北大史学》2003年第9期)一文中指出,考古学家根据实物,经过放射性的断代数据研究认为,在撒哈拉中部高原地区,早在公元前7000年已经出现原始耕作农业,生产粮食。稍后,考古学者对霍加尔山区的阿梅克尼和曼耶特两地石窟遗址进行发掘,在前者发现了两粒花粉,根据其形状和大小,认为是属于一种被培育过的粟类,其时间约在公元前6100—前4850年间。在后者公元前3600年前后的地层里也发现了两粒花粉,据考证肯定是经过培育的谷物,从其外观来看,很可能是小麦。当然这种推论尚需依靠其他方面的发现来得到证实,但它至少反映了西非地区的农业有着悠久的历史。

徐旺生在《农业起源和传播对中西早期文明发展影响的比较研究》(载《古今农业》1996年第3期)一文中指出,瓦维洛夫运用达尔文物种变异的概念,追求栽培植物的多样性和变异的幅度与区域性,把物种的变异集中出现的地区作为变异形成区,并假设该地区作为栽培物种的发源地,发现世界上有八处栽培物种发源中心地区。它们分别是:中国;印度、印度—马来西亚;中亚;近东;地中海;阿比西尼亚;墨西哥南部;南美(秘鲁及玻利维亚)、智利等。瓦维洛夫这八大栽培植物起源中心多位于中纬度地区。

彭鹏在《试论近东地区的农业起源——以植物的栽培和驯化为中心》(载《四川文物》2012年第3期)一文中认为,目前确认,近东地区、中国、中美洲、南美洲、美国东部五个地区为农业起源的原生区。此外,还有四个"候选"地区(非洲撒哈拉地带、热带西非、埃塞俄比亚、新几内亚),目前尚不能确定其农业是否独立起源。

古为农在《中国农业考古研究的沿革与农业起源问题研究的主要收获》(载《农业考古》2001年第1期)一文中总结了农业起源地的相关观点。他认为在农业起源地方面,历来有多元论和一元论之争。多元论认为,世界各地均有独立的农业起源地。除前述苏联植物学家瓦维洛夫通过对大量栽培物种变异形成中心的研究,发现世界上有八个栽培作物起源中心地区之外。美国植物学家哈兰则将世界主要农耕起源地划分为六个。两人都将中国划为一个独立起源中心。以美国地理学家索尔代表的一元论者主张农业首先在某一特定的区域发生,再向世界各地传播。索尔认为,农业发源地在东南亚,然后传播于周围地区。有的学者则主张近东月牙形地带是农业起源中心。中国的学者大多主张多元论,特别拥护中国是独立的农业起源地的学说。何炳棣在1969年出版的《黄土与中国农业的起源》,以大量的文献资料和科学论据雄辩地论证中国的农业起源于黄土高原,成为中国农业本土起源论的杰出代表。

6. 中国原始农业的产生

冉光瑜在《谈谈我国原始农业遗存的重要发现和农业起源问题》(载《历史教学》1985年第7期)一文中指出,1949年以来,在中国境内发现的原始农业文化遗址不下六七千处,所获资料甚丰,为研究中国原始农业的起源、发展及对人类社会的重大影响,提供了极为珍贵的实物证据。

陈文华在《中国原始农业的起源和发展》(载《农业考古》2005年第1期)一文中认为,中国的原始农业产生于10 000年前的旧石器时代末期和新石器时代初期,至8 000年前后,黄河流域已经产生了粟作农业,长江流域以及淮河流域的稻作农业也具有一定的规模。被驯化栽培的谷物有粟、稻、黍、稷、麦等;种植的蔬菜有芥菜、白菜或油菜,可能还有葫芦等;作为纺织原料的作物有大麻及苎麻;驯养的家畜有狗、猪、羊、牛、马、鸡等,还掌握了养蚕缫丝技术;制造石、木、骨、蚌质的农具,其种类有整地农具耒、耙、铲、锄、犁,收割农具有刀、镰,加工农具有磨盘和杵臼。这些成就表明,原始农业的生产力已发展到一定的高度,为原始文化的产生创造了物质基础。

朱乃诚在《中国农作物栽培的起源和原始农业的兴起》(载《农业考古》2001年第3期)一文中考查中国原始农业产生时,特别强调农作物栽培的起源与原始农业的兴起在考古上的反映有很大的区别,其发生的时间亦有先后。栽培作物起源在前,原始农业兴起在后。近10年来的中国史前考古学研究和对古代植物遗存的分析鉴定研究表明,中国栽培作物的起源始于公元前10 000年前后,而原始农业的兴起则是在公元前7000—前5000年以前。通过对栽培稻起源和栽培粟起源的研究,朱乃诚认为从地理上分析,栽培稻起源与原始稻作农业兴起,大致是由南向北逐渐推进的。这种现象固然与全新世初期,暖湿气候由南向北逐渐推进有关,也应与中国南方腹心地带及其以南地区的自然食物来源充足,而其北部地区的自然食物来源相对贫乏这一客观条件有关。如果将中国南方腹心地区作为富裕的食物采集文化区,而将洞庭湖区域与鄂西长江沿岸地带、钱塘江流域及淮河上游地区作为当时的富裕的食物采集文化区的边缘,那么可将中国栽培稻起源与原始稻作农业兴起的发展形式称作中心起源、边缘发展。通过对粟作农业的研究,在原始农业兴起阶段,稻作农业与粟作农业在发展水平上明显存在着差距,如农作物的种植范围,粟作农业比稻作农业更为广泛。稻作农业的分布范围,目前仅知道是在洞庭湖周围地区与鄂西长江沿岸的局部地段、淮河上游的部分地区,以及有可能包括钱塘江流域的部分地区。而粟作农业的分布范围基本上广布于黄河流域的主要地区及辽河流域的部分地区。在原始农业兴起阶段,粟作农业的文化发展水平比稻作农业的文化发展水平更快。究其原因,作者认为,可用栽培稻起源与原始稻作农业早期发展的"中心起源、边缘发展"的理论对其做出解释。因为原始粟作农业区域的纬度较原始稻作农业区域的纬度更加偏北,人类生存所依赖的自然环境与气候条件不如原始稻作农业区域的优越,自然食物来源也不如原始稻作农业区域的丰富。这种自然环境条件促使了原始粟作农业较原始稻作农业的更快发展。也就是说,在原始农业兴起阶段,粟作农业区域的文化较稻作农业区域的文化发展更快,主要是生存环境压力的原因使然。

陈胜前在《中国晚更新世—早全新世过渡期狩猎采集者的适应变迁》(载《人类学报》2006年第3期)一文运用考古遗址的证据论证了中国农业的产生过程。最早期的食物生产起源于盆地、谷地和山麓这些森林与草地的交界地带,而在食物生产的技术较为成熟之后,才进入平原地区。他认为,旧石器晚期的狩猎采集者,一般选择森林边缘地带生活,因为这个地带是生态系统的交接地带,资源多样性最强,既可以狩猎,也方便采集。冬季到河谷可避严寒,夏季上山坡以避蚊虫,这个地带也可以说是狩猎采集生计的最佳地带,人口也最为密集,文化的积累也最为充分。当狩猎采集经济难以为继的时候,人类就在山麓和盆地边缘地区开始最早的食物生产;当食物生产经济开始成熟之后,山麓、盆地边缘地带土地过于狭小和崎岖的弊端就出现了,人类就向平原地区迁移,如磁山文化的遗址;到食物生产经济更加成熟之后,人类便开始利用平原上的沼泽地带,如华北新石器中晚期的遗址。

陈胜前认为,从考古证据来看,最早的食物生产在山前地带出现后,经过两千年以上的时间发展成熟,然后向平原地区扩张。从新石器时代中期开始,在北方以粟为主的旱作农业向周边地区大规模扩张,这其中既包括单纯技术的传播,也包括人口的扩散。大约在距今六七千年前后,人类才进入青藏高原的腹地。在中国南方,稻作农业不断向南与西南方向扩散,并与当地已有的初步的食物生产技术相结合,发展出当地的稻作农业。

7. 中国原始农业的地位

董恺忱在《从世界看我国传统农业的历史成就》(载《农业考古》1983年第2期)一文中指出,1882年瑞士的植物学家德·康多尔最早从生物进化的角度,结合历史地理上的分布,着手从事对栽培植物起源的研究。早在一百年前,他就已肯定了中国、西亚、南亚及埃及、热带美洲,同是世界植物最早驯化的地区。据瓦维洛夫统计,在全世界已知的666种栽培植物中,起源于中国的有136种,占20.4%。1968年,苏联的茹科夫斯基指出,世界栽培植物可分为12个大的起源中心,中国及其毗邻的日本属第一中心,在全世界2 397种栽培植物中,起源于这一中心的有284种,占总数的12.8%,居世界第二位。1971年,美国的哈伦认为,世界栽培植物的起源地有三个中心和三个无中心地区。中国黄河下游地区和长江以南地区均占重要地位。

任式楠在《中国史前农业的发生与发展》(载《学术探索》2005年第6期)一文中指出,中国以长江、黄河两大流域为基础,南北形成稻作、粟作史前两大农业系统的格局,这在世界史前农业史上是独一无二的。相对于世界其他国家或地区而言,中国无疑是自成完整体系的农业起源重要中心之一,也是史前农业地理分布广阔、保持着持续性发展的一个国家。

吴耀利在《中国史前农业在世界史前农业中的地位》(载《农业考古》2000年第3期)一文中认为,就史前农业的发展来看,中国的史前农业在世界上有着突出的地位。中国南北地区不仅早就有了不同的粮食生产,而且掌握了多种作物的栽培技术和驯养了多种家畜,考古发现史前农作物的地点之多和数量之大,不仅都是世界考古中最多的,而且是独一无二的;农作物最早的年代也是属于世界考古中年代最早之列,其时间跨越之长、延续之久,在世界史前农业中是罕见的。总之,中国史前农业生产已达到较成熟的水平。

8. 原始农业兴起的意义

尚定周、王有文在《从采集、渔猎到农业生产的革命性变革——试论农业的起源》(载《世界农业》1983年第11期)一文中指出,大约在距今六七千年到四千年前,原始农业生产终于在不同的地域先后上升到主要地位,逐渐代替了采猎经济。农业产生后才开始了社会生产,从此人类摆脱了完全依赖自然的被动局面,由消极地适应自然转向积极地改造自然。因而从某种意义上可以说,有了农业,才真正开始了人类社会的历史。农业的产生还为科学的发生、发展奠定了基础。

麦克尼尔在《世界史——从史前到21世纪全球文明互动》(施诚等译,北京:中信出版社,2013年,第3页)一书中认为,人类历史的第一个重要里程碑是食物生产的发展。这使得人类的人口数量能够大量增加,从而为文明的出现奠定基础。

布雷伍德在《农业革命》(陈星灿译,载《农业考古》1993年第1期)一文中认为,如果说工具的制作是早期人类的发明,之后,可以与之媲美的贡献便是农业革命。只有在动植物驯化的基础上,人类文化的突飞猛进才成为可能。富有成效的食物生产技术的获得或许不能预定后来的发展,但这些发展实在来得太快了:第一批城市在几千年的时间内就诞生了,现代工业文明也是在不到10 000年的时间里创造出来的。

张修龙等在《西方农业起源理论评述》(载《中原文物》2010年第2期)一文中指出,农业的产生是人类内在的创造力形成的重要标志,标志着人类由此开始进行真正的生产活动,使人们由纯粹地适应自然到逐渐主动地改变自然,成为食物生产者,这就提高了人类的生存能力,促进了人类自身的发展。农业起源是人类(社会)历史演变的革命性事件,它不仅反映了人类对自然界动植物和生态环境操纵能力的提高,更为重要的是农业经济导致土地载能的提高,人类运用集体智慧和社会力量促进生产力的发展。农业是人类社会向高级形态发展的基础,没有农业,就不会有后来的城市革命和工业革命。农业的产生,从它转变了人类生活方式的伟大意义看,从它给人类文明带来的广泛而深刻的影响来看,从它历经曲折漫长的过程而最终取得成功和胜利来看,它都无疑可以称为一场革命。它给人类本身或人类社会所带来的,正像一切宏伟的革命所带来的一样,巨大而深远。

史密斯在《农业起源与人类历史——食物生产及其对人类的影响》(玉美等译,载《农业考古》1989年第4期)一文中指出,原始农业的产生,意味着食物生产经济的发生。食物生产经济的发生,人类学家怀特称之为"最初的伟大的文化革命"。人们普遍地认为,有效的食物生产经济一经被采用,居住在东、西两半球上的人们的活动便都发生了变化。农耕的出现改变了人类的文化和社会制度,甚至引起了作为生物的人和我们居住的地球某种程度的变化。由于一系列的连锁反应,食物生产经济所产生的有效影响,使400代以上的民族生活发生了巨大变化。事实上,人类自采用食物生产这种生活方式以来,至今依然置身于它的余波之中。

田明、刘文利在《试论农业和"新石器时代革命"》(载《内蒙古民族大学学报》2003年第2期)一文中认为,人类学会从事农业与家畜饲养,人为地改变了生物过程。从此可以不限于单纯利用自行繁殖生长的动植物可再生资源,而是把野生的生物转到人类能力的控制之下,使之逐渐改变遗传性状,提高生产能力,增加自身产量,为人类提供更多更丰富的东西,从而使人类部分地摆脱自然环境所强加的限制,部分地摆脱包括人类本身在内的自然生态系统的控制,从与动物差不多一样消极地依赖、适应自然,到积极地干预和改造自然。人类生存领域不断扩大,生存能力空前提高,生活资料的生产和人类本身的生产都得到了更大的保障;人类放弃了为寻求食物来源而迁徙不定的生活,逐渐形成了定居的农业村落,新型的文化由此产生,真正的人类文明开始形成。即使是现代,我们的文明仍处于食物生产的历史范畴之中,是食物生产的延续和高度发展。

斯坦迪奇在《舌尖上的历史》(杨雅婷译,北京:中信出版社,2014年,第22页)一书中认为,即使在今天,人类仍是个依赖农牧为生的物种,而生产食物依旧是人类的主要职业。全球人口中,41%从事农业,超过任何其他活动;农业用地占据了世界上40%的土地(其中大约1/3被用来生产作物,另外2/3为畜牧业用地)。支撑世界最早期文明的三种食物,依然是人类存在的基础:小麦、稻米和玉米继续提供人类所耗费的大部分热量。其余的热量,绝大多数来自驯化的植物和动物。如今,人类所摄取的食物,只有一小部分来自野生的食物来源:鱼、贝类,以及寥寥可数的野莓、坚果、蘑菇,等等。

(四)原始畜牧业与渔业的兴起与发展

1. 原始畜牧业的兴起与发展

徐旺生在《中国原始畜牧的萌芽与产生》(载《农业考古》1993年第1期)一文中指出,原始畜牧业萌芽的时间在旧石器时代末期,原始畜牧业的产生在新石器时代初期。原始畜牧业产生的地域在北纬15°—45°之间。当时猎人为生活所迫,在拘系动物以备急需的过程中,对动物和植物产生了具有特别意义的认识。由于冰川期退却,植物带的变迁,植物发育茂盛,食物有剩余的情况下,早期居民豢养野兽,利用天然洞穴、栅栏、藤索等,在狩猎—自然选择的同时,先民们又在拘系中实施人工选择,选留一些性情比较温和的动物。与此同时,一些动物具备为人类驯化的特性。这样年复年,代复代,这些野生动物逐渐地与其祖先完全不同,无论其体型、外貌、生活习性、繁殖特点、繁殖周期,都与其野生祖先相去甚远。这些动物不仅是驯服的动物,而且是驯化的动物。随着生活的需要,畜群的扩大,原始居民逐渐加重了其在经济生活中的地位,这样原始畜牧业便产生了。

陈文华在《中国原始农业的起源和发展》(载《农业考古》2005年第1期)一文中认为,在旧石器时代晚期,由于狩猎工具的改进和狩猎经验的积累,人们捕捉野兽的能力有很大的提高,因此有可能将一些暂时不吃的活的野兽或小动物放在天然地洞内,或圈以栅栏养起来,以备日后捕捉不到野兽时食用。随着生产力的提高,洞养或圈养的野兽也越来越多。天长日久,部分野兽的性情开始渐渐温顺起来,进而驯化为家畜。这样就开始了原始的畜牧业。这一过程,大体上是与农作物的栽培同步。从考古资料得知,至少在距今8 000年左右,人类已经开始饲养狗、猪、牛、羊、马、鸡等家禽家畜。

谢崇安在《中国原始畜牧业的起源与发展》(载《农业考古》1985年第1期)一文中认为,中国畜牧的起源地多处较干燥的山前与丘陵地带。因气候变暖,先民便来到不会大量积水的山麓和平原的过渡地带,农牧业才进一步发展起来。这一过程颇似西亚的情况。距今9 000—7 000年间,中国许多地区已产生了以农业为主、畜牧业为辅的经济文化类型。这是自然条件所决定的。例如,仰韶文化区的地形,是被无数的沟谷切割而无开阔的牧场,这又是发展草食性动物的畜养业所需的,而这里则很适宜野猪栖息,所以黄河、长江流域则以养猪为主。只有在适宜大力发展畜牧的北方,草原地区牛、马、羊才能成为主要的家畜,狩猎和畜牧为主的经济文化类型才得以延续至今。到距今七八千年,中国原始畜牧业已结束了它的发生与形成期,有了猪、狗、牛、羊、鸡。同时,中国畜牧的起源也是多源的,例如,家猪就分为华北种和华南种。黄河流域农牧兼营的部落则以饲养猪、狗、黄牛为主,长江流域农牧兼营的部落则以饲养猪、狗、水牛为主。

谢崇安认为,畜牧业的发明对人类社会产生了划时代的影响。可靠的肉食来源使得人类的体质增强,也大大增强人类征服自然的能力。肉食也部分满足了人口增长的需要。家畜饲料的需求在促使先民扩大谷物种植面积的同时,也推动了农业的发展。施肥技术出现使农耕产生了质变。役畜的出现也为将来的犁耕奠定了基础。畜牧发展也会使人类的其他技能提高。如天文学,游牧民族和农业民族为了定季节,就已经绝对需要它。而对家畜的长期观察和宰杀便孕育了后来的家畜外形学、兽医和解剖学。畜牧业进步也丰富了人类的物质和精神文化生活。原始宗教仪式就常用牲畜做牺牲,畜骨还可做工具、装饰品和工艺品。

畜牧的发展对氏族制度的巩固、发展和解体以及私有制、国家的形成也起了巨大的促进作用。

2. 原始渔业的兴起与发展

石磊在《从考古资料和民族志资料看中国史前人类的捕鱼方法》（西安半坡博物馆：《史前研究》2006年刊）一文中指出，捕鱼是猎取自然界现成的水生动物作为食物来源的古老生产部门之一，是一种掠夺性的摄取经济。根据考古资料判断，人类的捕鱼活动大概出现在旧石器时代。在原始社会中，捕鱼经济始终具有重要的意义。中国原始社会远在距今170万年至20万年前，旧石器时代的元谋人、蓝田人、北京人就已经用火，并以粗制的木棒从事渔猎。他们先是在河滩拾取贝类，在河里徒手抓鱼，接着用石器和木棒砸鱼。到了18000多年前的山顶洞人，已经利用木棒绑上石矛捕鱼。新石器时代，作为采集经济辅助的渔猎，由于弓箭的发明得到进一步发展。特别是捕鱼比旧石器时代更有了长足的进步。骨鱼叉、骨鱼钩、骨鱼镖和大量石网坠的出土，证明当时已有网鱼、叉鱼、垂钓、射鱼、带索投镖等多种捕鱼方式。在距今七八千年前，中国黄河流域和长江中下游，已经有了相当发达的原始种植业和畜牧业，但渔猎在经济生活中仍占相当大的比重。

杨瑞堂在《我国古代捕鱼技术的研究》（载《古今农业》1989年第2期）一文中认为，渔业是人类最早的生产活动之一。中国渔业的历史可追溯到原始社会早期的发展阶段，那时人类以采集和渔猎为生。鱼、贝类是人类赖以生存的重要食物之一。农业和畜牧业出现的初期，人类的食物构成有了改变，但是当时农畜产品还不能满足社会的基本需要，捕鱼在整个社会经济生活中仍然占有很重要的地位。随着社会的发展，农业成为整个社会的主要经济部门，渔业在社会经济中的比重逐渐降低。但是，由于各地区自然环境和生产、生活条件的差异，渔业所占比重不尽相同，存在着以农为主、以渔为副，或以渔为主、以农为副的不同状况。渔业也和农业一样有其自身的发展过程，其生产工具、技术和方法随着社会的发展而不断得到改进和提高。

二、古代不同地区的食物生产与社会生活

（一）古代食物生产概况

罗伯特·布雷伍德在《农业革命》（陈星灿译，载《农业考古》1993年第1期）一文中认为，在大约公元前8000年前，肥沃新月形地区周围的山地居民对他们周围环境的认识，达到了这样一个程度，以致使他们开始栽培以前一直是采集的植物，驯养以前一直是猎食的动物。在稍后的岁月里，在中美洲，也可能在安第斯山地，在东南亚和中国，人类文化也达到了同样水平。通过文化传播，新的生活方式从这些核心地区扩散到世界的其他地区。

张箭在《人类食物结构演变初论》（载《经济社会史评论》2016年第1期）一文中认为，在亚欧大陆的古代世界，人类脱离原始农业生产之后，世界的食物生产经历了古典农牧阶段和传统农牧业阶段两个时期。在古典农牧阶段，食物生产开始和发展使用金属工具。在这个阶段，欧亚大陆先后涌现了美索不达米亚（两河流域）、埃及、印度、中国、希腊（先是克里特和迈锡尼）这五大文明古国。它们的农牧业都有长足的发展，其居民的食物结构依自然条件和

地理环境不同而呈现各自的特点。在粮食方面,中国以粟、稻、大豆等为主,印度以稻为主,两河流域以小麦为主,埃及以各种麦类为主,希腊、罗马以麦类为主。在肉食方面,各大文明古国有些差别,但已不是很大了。

(二)古代欧洲食物生产

1. 古代希腊罗马的食物生产

(1) 古代希腊的食物生产与社会生活

古希腊农民诗人赫西俄德所著《工作与时日》(参见张竹明等译,北京:商务印书馆,2006年)是最早关于古代希腊农业和农民生活的著作。在诗歌中,赫西俄德规劝其兄弟佩耳塞斯致富没有捷径,持久的财富源自一种老实、虔诚的生活方式和在农场不断地辛勤劳作。全诗讲述了如何提高农耕的效率,以保障家庭的生计。透过这一著作我们可以看到古希腊早期自耕农的生活。

徐晓旭在《论古代希腊的自耕农》(载《世界历史》2002年第5期)一文中通过对古代希腊人语言中的"自耕农"一词的研究,力图揭示古代希腊自耕农的经济、社会、政治和观念意识诸方面的特性。徐晓旭认为,古代希腊自耕农经济的自给自足性、商品经济对它的补充性以及与之关联的城市既依赖又对立于农村的城乡关系,在很多古代国家也都能见到。这些实际上是古代社会经济中带有某种普遍性的东西。但是在商品经济的比重和广度方面,希腊某些城邦的自耕农经济可能具有更多的商品经济成分,于是在自耕农的"乡巴佬作风"中才流露出重农和爱财的双重意识。另外,自耕农经济与奴隶制之间存在着广泛的兼容性,也是希腊自耕农经济的一个特色。正是这些因素的存在,使古代希腊社会带上了这样一种性质——包容较多商品经济、自耕农为社会基础的奴隶制农本社会。

李红梅在《希腊古典文化的农业性特征》(载《衡阳师范学院学报(人文社会版)》2008年第2期)一文从雅典城邦的土地制度入手,发现雅典城邦历史上的重大改革都离不开土地制度等农业问题。雅典城邦出现了政治、经济和文化全面繁荣的盛世,正得益于古典土地制度的稳定。土地制度成为雅典城邦的一块基石,农业性是希腊古典文化的基本特征。

黄洋在《希腊城邦社会的农业特征》(载《历史研究》1996年第4期)一文中,通过对古代希腊人的农业观念、农业在经济中所占之地位、土地财产与公民政治权利之间的关系以及工商业在经济结构中所占的比例等方面的分析,认为临海、多山、少平原的希腊城邦并非工商业占主导,而是如同古代社会的其他文明一样。希腊文明从根本上说是农业文明,其农业特征反映在社会的各个方面,农业是希腊城邦社会的最重要特征,具有象征意义的是,古代希腊钱币上的装饰图案往往是农作物,而不是其他东西。

毕会成在《"希腊农业特征"辨析——兼与黄洋同志商榷》(载《辽宁师范大学学报(社会科学版)》2000年第1期)一文中认为,晚到希腊文明臻于成熟的古典时代,以雅典为代表的希腊社会已表现出极为突出的商业特征。以葡萄、橄榄的种植、加工和海外贸易为代表的商业经济在希腊的经济结构中占据主导地位;社会人口的大多数从事的都是与工商业有关的生产;农业在狭隘的公民集团内部尚不能普及,完全以农为生的人口更是少之又少。

王瑞聚在《怎样看待希腊城邦社会的经济特征》(载《社会科学战线》2005年第5期)一文

中认为,在古典时代,希腊的农业,由于土地贫瘠、人口增加等原因,谷物的生产不能自给,自然经济意义上的农业难以成为城邦社会的经济支柱,更不是城邦社会最重要的经济来源。恰恰相反,商品经济意义上的农业不仅在希腊的农业中占有较大的比例,而且处于重要的地位。它与工商业一起,共同构成了城邦社会经济基础的主体部分,成为城邦社会重要的经济来源。

毕会成和王瑞聚等人虽然否定了农业的主导地位,他们也都承认希腊农业生产的独特特点,比如种植的橄榄、葡萄等。

马克·B.陶格在《世界历史上的农业》(刘健译,北京:商务印书馆,2015年,第16—18页)一书中认为,为了适应地中海地区的气候,希腊农民主要种植冬小麦,秋季播种,次年春天收获。他们还种植大麦、小扁豆、苹果、梨、无花果、石榴等。特别值得一提的是橄榄,他们至少在公元前1000年已经学会种植这种作物。他们也从事畜牧业生产,包括牛、绵羊、山羊和家畜。希腊人在农业技术领域并未取得重大突破:他们使用简单的工具,大多用木制工具。他们用手工播种,还从事酿酒、磨橄榄等劳动。希腊人最初采用两种农业制度,一种以斯巴达为代表,以强制劳动或奴役周人群为基础,通过征服战争和暴力维持统治,采用奴隶制度。另一种以雅典为代表,大多以各种规模的私人农庄为基础。早期雅典农民砍伐树木,开垦土地,导致水土流失,作物数量减少。雅典人从畜牧业转向大规模种植粮食作物,以获得更多的食物,满足不断增长的人口需求。在《荷马史诗》所描绘的牲畜成群的地方,古典时期的希腊人已经以粮食和蔬菜为主要食物,饲养的家畜仅能够维持生计,特别是雅典,更是经常处于粮食短缺状态。

王志鹏在《古希腊节日历与农业生产》(载《农业考古》2016年第4期)一文中通过探讨古希腊节日历与农业生产的关系,发现古希腊没有专门的农业历,但节日历承担了指导农业生产的功能。通过资料相对丰富的节日研究古希腊农业,就可以勾勒出全年重要农事的图景:在初秋的谷物耕种、施肥季节和初夏的谷物收获、堆肥季节里,农事活动频繁,节日也众多,且节日对相应的农事有直接指导作用。而在其他季节里,谷物处在休眠或生产期时,相应的节日则偏向于祈求风调雨顺,而非指导实际的农业工作。

保罗·弗里德曼在其主编《食物:味道的历史》(杭州:浙江大学出版社2015年,第30—44页)一书中指出,尽管雅典等城邦处于粮食短缺之中,但是在希腊的文学艺术作品中,在《荷马史诗》、神话传说、陶艺作品、文学戏剧等作品中,关于宴饮的情节比比皆是。在希腊社会的上层,从来不缺乏对美食美酒的追求。希腊强盛时期,东西方的影响都使得希腊的饮食更为精致。东方古国吕底亚和波斯提供了繁复而美味的菜肴、香水以及最杰出的面包蛋糕师,西方的殖民地,即肥沃的西西里及南意大利土壤,则向希腊其他地区以及后来的罗马提供了专业而精益求精的厨师和烹饪书作家。

(2) 古代罗马的食物生产与社会生活

邹德秀在《世界农业科学技术史》(北京:中国农业出版社,1995年,第40页)一书中指出,古罗马位于地中海北部亚平宁半岛(意大利半岛)中部台伯河下游的拉丁姆地区。意大利半岛境内富含火山灰,土壤肥沃,十分有利于农业的发展;这里气候温和,雨水充足,在北部冲积平原和西部沿海平原,适宜经营农业。东、北部山区有茂密的森林、灌木丛和草坡,是天然牧场,南部河口沼泽区水草茂盛,适于畜牧业发展。

陶格在《世界历史上的农业》（刘健译，北京：商务印书馆，2015年，第20—26页）中认为，罗马兴起时还是一个农业城邦，罗马人称之为共和国，与雅典同样实行小农经济，为保卫领土、扩大土地而奋斗。在其早期发展阶段，公元前1800—前1500年，罗马农民发展了地中海农业社会的粮食、橄榄和葡萄酒酿造技术，并饲养牛、绵羊、山羊和猪。后来，罗马发动一系列战争，征服了意大利半岛及北非大部。战争使罗马领土迅速扩张，土地面积扩大。罗马军队通常将被征服的居民变为奴隶，侵占他们的土地。政府将这些土地分配给退伍军人或原罗马的穷人。罗马人用数量众多的奴隶取代债务劳动力从事生产劳动。公元前2世纪，罗马拥有几十万人口，很多有钱人投资市场。大土地所有者主要使贵族投资市场。在新兴城市附近，这些土地所有者已经拥有大庄园，并使用奴隶劳动，生产的葡萄酒和橄榄油供应本地市场。在比较偏远的被征服地区，比如西西里和北非，大土地所有者使用奴隶种植粮食供应城市。帝国时期，众多重要的大农庄规模日益扩大，在这些庄园中，奴隶的作用因罗马人所称"隶农"而下降。大庄园使用奴隶和自由工人工作，雇佣劳动和雇农劳动同时存在。有些庄园拥有几百名各个等级的劳动者，产业发展也十分成熟。许多罗马地主甚至撰写专著传授管理大庄园的技能。小农经济仍然发挥作用。4世纪，罗马皇帝承认基督教，尊其为国教后，天主教会获得大量土地，大多由奴隶耕种。

古罗马史家普鲁塔克在《希腊罗马名人传》（席代岳译，长春：吉林出版集团有限责任公司，2009年，第933页）中指出，战争胜利不仅给罗马带来了巨额的财富，而且把东方的文化带到了罗马，随之而来的是东方那种奢侈享乐的生活风气。过去罗马人那种崇尚节俭淳朴、勤劳务实的生活方式不再，代之而起的是沉迷于享乐，追求享乐成为一种社会风尚，社会各阶层竞相效仿。贵族阶层凭借手中的巨额财富，生活及其奢侈糜烂，他们想尽一切方法来满足自己的享受欲望。比如卢库卢斯（公元前110年—前56年），他的住宅就有几个不同的餐厅，而且每个餐厅的规格都不一样。有一次他要请西塞罗和庞培用餐，只是简单地向身边的奴隶交代了一句，在"阿波罗厅"用餐，奴隶就知道要怎么样去准备晚宴了。每一间餐厅供应用餐都有固定的额度，就像里面各有特定的装潢和摆设一样，他的奴仆只要听到要在哪一间餐厅请客，就知道花费应该是多少，如何去装饰和安排卧榻的位置。

朱红在《试论古罗马早中期的农业发展》（载《黑龙江教育学院学报》，2007年第2期）一文中指出，罗马的贵族奴隶主阶级，从掠夺战争中得到了大量的财富和土地，尤其是奴隶。他们使用大量的奴隶劳动，组织奴隶制大农庄，生产谷物、经济作物或者经营畜牧业，这种极其廉价的劳动力大大推动了古罗马农业的发展，提高了其综合实力，尤其是充足的供给加强了其军事实力，进一步使得古罗马的扩张战争的胜利消息频传，反过来又增加和提升了从事农业奴隶的数量和质量，形成了一个良性的循环。尤其自公元前2世纪中叶起，奴隶制大庄园的形成，推动了奴隶制经济走向高峰，同时极大地促进了农业的发展。当时的罗马对农作物从播种到收获，再到储藏保存拥有了一整套完整的技术，周密又详细，农业在当时的发展已经达到了较高的水平。罗马扩张战争的胜利，除了使得各地的财富和奴隶源源不断地流进罗马，为罗马的农业提供了大量的劳动力与资本之外，也同时带来了东方和希腊的先进文化和科学技术。朱红认为，古罗马的农业的发展、生产习惯和农作物品种的选择，既奠定了欧洲以后农业发展的方向，又奠定了欧洲人饮食习俗的基础。更重要的是，西欧由传统农业向近代农业转型的雏形，以农业经济为本的突破口——畜牧饲养业的扩大，在古罗马时代就已经初见端倪。

杰弗里·M. 皮尔彻在《世界历史上的食物》(张旭鹏译,北京:商务印书馆,2015年,第19页)一书中认为,在罗马共和国日常食物中,罗马人通常将农产品拌上大量橄榄油做成沙拉生吃。由于草和饲料的稀缺,即使有钱人也很少吃动物蛋白。罗马人主要吃猪肉,而并非牛肉或希腊人喜欢吃的鱼肉。葡萄酒是普遍的饮料,但其品质会因为阶级的不同而相差很多。出征的军团的士兵则吃肉、面包片,喝粥及掺了水的醋。

弗里德曼在其主编《食物:味道的历史》(董舒琪译,杭州:浙江大学出版社,2015年,第30—44页)一书中提到,共和国时期罗马日常饮食健康而简朴,但随着对农业的发展特别是帝国的扩张,大量财富从各地流向罗马,罗马人的饮食发生很大的变化。罗马大量的文学作品、壁画、浮雕都反映出罗马人的饮食生活。罗马幸存的农业、园艺和动物饲养手册证明了人们对食物品质及多样性的兴趣及关注,以及他们为了生产这些食物所付出的努力。罗马的诗歌、演讲、历史文献、传记和医学文献,也常提及食物。

(3) 古代希腊、罗马的饮食特征

陈炎、李梅在《中西饮食文化的古代、现代、后现代特征》(载《中国文化研究》2009年秋之卷)中指出,早在古希腊时代,希腊人的饮食简朴而不吝啬,丰盛而不奢华,从而形成了至今仍被视为有益于健康的"地中海饮食结构"。在通常状态下,他们的食物都很清淡,肉很少见,只在宴会上出现。日常食品主要是粮食做的烘饼,配上干菜做的酱,几个无花果和橄榄。希腊人也吃鱼,但量不多。尽管古希腊人善于酿造葡萄酒及蜂蜜酒,并以酒会作为重要的交际方式。然而,除了祭祀酒神狄奥尼索斯等宗教活动之外,一般的酒会并不以酗酒和饕餮为主要内容,而是穿插着舞蹈表演、游戏以及颂诗、哲学或者时政讨论。古希腊人主张适当地节制口腹之欲,并以此为美德。进入希腊化时代和古罗马初期,随着希腊城邦制度的解体和奥林匹斯神学体系的式微,人们的口腹之欲冲破了宗教的堤坝,洪水猛兽般地泛滥起来。举办奢侈的宴会成为古罗马人炫耀财富和权力的主要方式,完整的罗马宴会包括七道程序,时间可长达十小时。宴会的前半部分主要是蛋类、沙丁鱼和蘑菇等普通食物;后半部分则是丰盛的主菜,不乏蜜汁松鼠、烩火烈鸟舌头、蒸大象鼻子等珍馐美味。由于时间太长,宴会上的贵族男女们不是坐在餐桌前分享食物,而是倚在靠垫上享用美餐。

日本学者盐野七生在《罗马人的故事:胜者的沉思》(刘锐译,北京:中信出版社,2012年,第173—174页)一书中指出,在罗马共和国末期,享受美食成了一种时尚。罗马早期为人所称赞的哲学不再有人研究,论辩学校不再有人问津,相反,大家去学习烹饪。对美食的渴望使得市场上充斥着大量的专职厨师,只要有需要,随便一招呼就有好些人迎上去,厨师身价也因此水涨船高。当时,社会奴隶的价格是不一样的,从高到低:教师、掌握熟练技术者、具备一定的高级技能者、一般手艺人、具有舞蹈和演奏乐器技能的女奴隶、从事家务劳动的男女奴隶、非熟练工人,有名的厨师,被视为掌握熟练技术者,市价很高。

田丽霞在《试论共和末年罗马人饮食文化与社会现状的变迁》(东北师范大学2016年硕士学位论文,第31页)中指出,这种奢侈腐化的生活作风不仅在富人阶层中盛行,而且在普通的下层民众中也风行起来了。长年累月的战事把农民变成了职业的士兵,长期在外征战使得他们不得不离开自己的农庄,长久无人耕种的农庄便渐渐荒废了。罗马人的躯体在享乐风气的盛行下遭到腐蚀,奢侈之风给罗马社会造成了不可估量的后果。

2. 中世纪食物生产及影响

(1) 中世纪世界食物生产概况

张箭在《人类食物结构演变初论》(载《经济社会史评论》2016年第1期)一文中认为,在5世纪以来的中世纪时代,封建制度占主导地位,农牧业的发展也随之进入传统农牧业阶段。其代表性技术是在生产活动中普遍使用铁器、畜耕、农家肥、灌溉、大规模水利工程,连续栽培制、一年两熟制、间种套种制取代了撂荒休耕制,农牧产品的加工、储藏、食用加工等有了很大的进步;畜牧上大量出现了杂交种类,如骡、犏牛(牦牛和黄牛杂交)等,初步出现了专用奶牛;出现并形成了各种品种的鸡、鸭、鹅、兔、家鸽、鹌鹑,各种品种的猪、马、牛、羊、驴、鹿;大象从古代起就有驯化和饲养,一般用于力役和战争;出现并形成了大规模的种桑养蚕、养蜂和取蜜。

张箭认为,在中世纪的传统农牧业阶段,粮食和其他作物的生产、畜牧业(含渔业)的生产形成了主产区和主食圈。据日本《食物的世界地图》一书,主要有西半球美洲的玉米和根茎类饮食文化圈,中亚、西亚、小亚、北非、欧洲的麦食文化圈,中国、印度、日本、东南亚的大米饮食文化圈,非洲的杂粮文化圈;中国的北部、欧亚大陆中部西部南部、非洲北部东部、非洲最南部的畜牧地区(一般兼农业);非洲南部局部、中西部局部、大洋洲大部、亚洲极北部、亚洲最北部北冰洋沿岸、北美洲、南美洲最南部的狩猎地区。此外,在副食和调味方面,还形成了中南半岛、东南亚、中国南部、日本、朝鲜半岛和部分地中海地区的爱吃鱼肉圈,印度、南亚、东南亚的主产和爱吃香料圈,中东、近东的喜食香料圈,太平洋北部、印度洋北部的喜食椰子圈,等等。在中世纪(5世纪—16世纪末),人类的农业畜牧业(含渔业)发展到很高的水平。特别是在欧亚各主要文明大国,以铁犁牛耕(或马耕)、农田水利、打井修渠、积肥施肥、一年两熟、套种间种、精耕细作、海洋捕鱼、淡水养鱼、舍饲圈养、放牧转场等为代表的农业文明璀璨,并影响至今。

张箭强调,与欧亚大陆不同,由于种种原因,美洲和非洲的农牧业则停留在古典农牧业甚至半原始农牧业阶段,大洋洲的农牧业则停留在原始阶段。

(2) 中世纪初期欧洲的食物生产

陶格在《世界历史上的农业》(刘健等译,北京:商务印书馆,2015年,第37页)中认为,中世纪早期气候温暖,在向小冰川期转变时,西欧中世纪农业有所发展。这个时期,农业和经济的变化体现在庄园制度确立,农业新技术出现,自给自足的农业生产发展为专门市场化的粮食生产,从粮食生产转向畜牧业,东欧地区成为粮食产地。

陈文滨、刘开艳在《基督教会与西欧中世纪农业的复兴》(载《农业考古》2009年第3期)一文中指出,随着西罗马帝国灭亡和日耳曼人成为西欧社会的统治者,西欧农业一落千丈,土地荒芜。罗马农耕技术被人遗忘,生产工具简陋,几乎又回到了刀耕火种的年代。是基督教会的努力,帮助西欧农业走上了复兴的道路。基督教会组织推行修道院制度,宣扬劳动修身思想,传播农耕技术,修筑水利工程等,推动了西欧中世纪农业的发展。

王军在《论西欧中世纪早期自然经济的形成》(载《黑龙江社会科学》2007年第6期)一文中认为,9世纪以后,当庄园在西欧确立其主导地位时,自然经济的格局已基本形成,其特点是小农生产和自给自足。11—13世纪时,西欧社会的生产力虽有发展,农民负担仍很重。只有少数的富农才有剩余,手工业和城市依旧是自然经济的一个补充。直到资本主义时代来临,才打破自然经济占统治地位的格局。因此说,自然经济自始至终是封建制度的一个显著的特征。

马克垚在《论地主经济》(载《世界历史》2002年第1期)一文中认为,封建庄园是一种二元经济,就是说它既有自然经济的成分,也有商品经济的成分。封建庄园或者封建的小农,他们从事经济生产的目的仍然是为了满足本身的需要,而不是为了交换。即使他们进行的是商品生产,但其生产出来的商品,出卖后仍然是为了换回自己生产不出来的东西。他们不会为市场所驱使,不停地为出卖而生产。对西欧庄园的复杂性,马克垚提醒我们,西欧的庄园有多种多样的形态,村、庄结合为一的上述典型庄园只是少数,大多数庄园则相当分散,分布在不同的村庄里。有的农民份地距离自营地相当遥远,根本无法去服劳役,所以许多庄园的农民没有或者很少劳役负担,只向领主缴纳一些实物或货币,这种关系就像是一种租佃关系。另外,封建的西欧并未庄园化,还有大量没有庄园的地方,这些地区由各种身份的农民耕作,对封建主有各种各样的义务,交纳各种名目的实物或货币,也就是一种租佃关系。

(3) 中世纪晚期欧洲的食物生产

冯正好在《论中世纪西欧的农业》(载《农业考古》2016年第4期)一文中指出,西欧的农业生产状况直到14世纪初仍处于不发达阶段。当时的西欧,农业生产条件十分落后,农业生产的单位面积产量也非常低。以黑死病为中间分割线,西欧中世纪的农业生产在不同的历史时期有不同的发展特征。经历了中世纪早期的原始落后的状态,从10世纪开始逐步缓慢发展,在12—13世纪,农业劳动生产力经历了比较快速的增长时期。及至14世纪黑死病在欧洲的多次肆虐,给欧洲带来了深重的灾难。瘟疫直接导致了欧洲的人口迅速减少,从事生产劳作的劳动力人口短缺,很多耕地荒废。这种状况一直持续到15世纪末期才开始慢慢改善。至16世纪中期以后,欧洲的农业生产迅速恢复和发展,单位面积产量逐步提升,农业劳动生产率也逐步提高。这样一直发展到17、18世纪,欧洲的农业终于迎来了全面革命的时代。

肖翠松在《试析中世纪西欧庄园制瓦解的经济影响》(载《湖北师范学院学报(哲学社会科学版)》2008年第2期)一文中认为,西欧的庄园在经历了9—13世纪的兴盛期之后,由于社会生产力的发展以及商品经济的影响,从13世纪后期起就逐渐开始衰落,14世纪中期爆发的黑死病所引发的经济形势的变化更是给它以致命的打击,到15世纪时,它就寿终正寝,彻底瓦解了。庄园制的瓦解对西欧社会经济的发展产生了重大、深远的影响。它促进了西欧近代早期资本主义农场的兴起、地租形态的更替、市场体系的孕育、农奴的解放等,为西欧率先实现现代化奠定了基础。

刘玉静在《明清时期中外农业科技文化交流研究》(西北农林科技大学2010年硕士论文,第36页)一文中,更多地强调科技交流与进步带来的影响。她指出,在16—19世纪,西方国家在农业方面都经历了重大的变革,被称为"农业革命"。在此之前,西欧国家的农业是经验农业,在轮作方法上主要是传统的休耕制,在耕作方法上主要是传统的三圃制。而英国在16世纪后期就已经从古老的三圃休耕制发展到二作一休和三作一休,到了17世纪发展为四圃轮作制,即诺福克轮作制。这就有效地将饲料作物和其他作物一起种植,以发展畜牧业,从而提高了土地的利用率。这一轮作制后来推广到欧洲其他国家;在作物引种及推广方面,引进的新作物主要有芜菁、三叶草、玉米、胡萝卜、马铃薯等;在农具方面,改进了传统的农具并引进新农具。这一时期出现了长柄镰刀、播种机和马拉锄。到19世纪中叶时,采用蒸汽机牵引,每天可耕5公顷;在畜牧业方面,还培育了优良畜种;在开垦土地方面,湿地排水法得以广泛的应用,耕地面积迅速增加。刘玉静认为,19世纪前后的百余年,是欧洲农业生产技术发生巨大变革的时期。这种变革为后来欧洲农业转型准备了条件。

徐旺生在《农业起源和传播对中西早期文明发展影响的比较研究》(载《古今农业》1996年第3期)一文中指出,在整个中世纪期间,欧洲大部分地区的人口比较稀少,而到了人口开始变得稠密到足以给土地产生压力的时候,美洲、非洲和澳大利亚大陆都敞开了大门可供任意移居。西方实行农牧结合的方式,耕地和牧场分开,耕地以外是牧场,后来牧场部分地被开垦出来。欧洲耕作制度普遍采用休闲制。在单位土地面积上种植业和畜牧业对劳动力的需求不一样。据专家估计,饲养羊群需要的劳动力比种植作物要少80%。因此,它不会很快地促使人口增殖到人多地狭的程度。欧洲古代社会的农业结构是农牧兼营、以牧为主的结构,这一结构既不会迅速带来人口压力,也不会因物质匮乏而导致人口稀少、劳动力不足,其人地关系处于一个十分合理的状况。

(三) 古代中国的食物生产

1. 古代中国食物生产的概况

赵哈林等在《北方农牧交错带的地理界定及其生态问题》(载《地球科学进展》2002年10期)一文中指出,古代中国的食物生产从原始农业发展而来。古代的食物生产来自畜牧和农业,受自然、经济和制度等因素,特别是自然条件的影响,大体以400毫米降水等值线为界。此线以北、以西地区适宜游牧,此线以南、以东地区适宜农耕。中国北方农牧交错带大致沿北方400毫米降水等值线走向,形成了游牧和农耕的交错地带。农耕民族为抵御游牧民族而修建的军事建筑——长城,有很大一部分就处于400毫米降水等值线上。从历史上讲,长城既是政治军事分界线,又是汉族和少数民族的区域分界线及定居人口与逐水草而居游牧人口的分界线。从民族习惯上讲,历史上长城以外的少数民族很少从事农业生产活动,而长城以内的汉族在屯垦戍边过程中,既要从事农业,又要从事牧业生产活动。因此,从生产经营方式上讲,历史上的长城又是农业和牧业的分界线,过去的农牧交错带应在长城以内,北界大致以长城为界。这条分界线不是简单人为划定的,这是过去几千年中国劳动人民在长期的生产实践过程中根据气候、土壤条件和民族习惯而确定的一条农牧分界线。

李根蟠在《中国农业史上的"多元交汇"——关于中国传统农业特点的再思考》(载《中国经济史研究》1993年1期)一文中具体分析了这些不同农业类型各自的形成、发展和演变,以及它们之间相互交融、此消彼长的过程。他以植物的驯化和引种为例,阐述了中国历史上两种农业文化交流,即国内不同地区、不同民族间的交流和国内外的交流。正是在这两种交流中,中国农业文化获得不断提高,并为世界农业发展做出自己的贡献。中国古代农业正是由这些不同地区、不同民族的不同类型农业融汇而成,并在它们的相互交流和相互碰撞中向前发展。

韩茂莉在《论中国北方畜牧业产生与环境互动的关系》(载《地理研究》2003年第1期)一文中从气候变化的角度探讨了中国北方畜牧业和草原帝国的兴起以及其对中原文化的冲击。韩茂莉认为,正是距今3500多年前随着气候变冷、变干,萌生于农业生产内部的放养业逐渐脱离农业生产,形成独立的生产部门——游牧业。游牧业一旦兴起之后,就在中国人文地理区域中占据着重要地位,并与包括渔猎、采集、放养型畜牧业等非农耕生产部门并存,构成北方草原与森林草原地带的基本文化景观。在以后的历史发展过程中,游牧民族与农耕民族的内部,游牧民族与农耕民族之间因政治、经济、文化等因素的作用,不断地冲突、交流、融合、发展,使中国古代农业呈现出多元交汇的景象,这种多元交汇是中国古代农业生产的重要特点之一,对中国农业和食物生产的发展起到了促进作用。

2. 古代中国传统农业发展的历程

邹德秀在《中国古代农业与中国社会发展》(载《农业考古》1989年第7期)一文中认为,中国古代农业是早熟农业。在牛耕和铁农具推广以前,黄土高原的农民使用的木石工具已发挥了作用,有了发达的耜耕农业。春秋战国时期,当铁器和牛耕出现以后,中国的农业进入新的阶段而且发展很快。到了秦汉时期,已奠定了中国传统农业的基础。汉承秦制,继续发展农业,国力强盛,文化繁荣,很快达到了世界文明的第二个高峰,从此确定了中华民族的历史地位,并为海外所注目。中国在传统农业阶段长期保持着先进的地位,形成了先进的农业技术体系。

刘旭在《中国作物栽培历史的阶段划分和传统农业形成与发展》(载《中国农史》2012年第2期)一文中认为,中国的传统农业从发展到成熟经历了约公元前2070—前475年大约1 600年的粗放经营,和公元前475—1911年大约2 400年的精耕细作两个大阶段,而后一个大的阶段又可以分成北方旱作农业、南方稻作农业、多熟制为主的农作制。夏至春秋时期大约经历了1 600年。青铜器的出现,金属农具逐步替代了石质、木质农具,是原始农业向传统农业转型的阶段,这时期的农业栽培耕作技术获得划时代的进步。战国到西晋约800年的时间,由于铁制农具、牛耕等技术的出现,促成北方旱作栽培技术的发展成熟;东晋至北宋约800年的时间,由于政治经济中心的南移,导致了中国南方地区的首次大开发,南方水田稻作技术逐渐成熟;而南宋到清末约800年的时间,由于域外作物,特别是美洲高产作物的传入,以多熟制为中心的农作技术成为中国主要的农作物栽培耕作制度。

(1)先秦时期的农业生产

赵晓玲、张占军在《论中国古代农业的产生与发展》(载《甘肃农业》2004年第4期)一文中指出,原始农业时期,东西方农业生产的耕作方式基本一致,但后来耕作方式发生了很大差异。早在西周时期,耜耕农业已经十分普遍。到春秋战国时期,随着铁犁牛耕的出现,中国农业就进入了精耕细作的传统农业。

陈文华在《从考古发现看夏、商、西周、春秋时期农业区的开发》(载《农业考古》2008年第1期)一文中认为,根据考古发现,夏商时期,黄河中下游和长江中游以北地区采用木石工具,同时也使用青铜等金属工具的奴隶或农民的集体生产已经十分发达。到西周时期,农业不但从黄河中游扩展到下游,而且还扩展到长江中下游的北部地区,使西周的农业生产结构发生变化,即在以旱作为主的情况下增加了水稻种植的比重。

(2)战国秦汉时期的农业生产

刘旭在《中国作物栽培历史的阶段划分和传统农业形成与发展》(载《中国农史》2012年第2期)一文中指出,春秋战国时期,特别是战国时期,是由粗放农业向精细农业发展时期。冶铁业的产生和发展、牛耕的出现,对农业生产的进步起了巨大的推动作用。西晋之前,中国的政治、经济中心一直在北方地区,先进的农耕技术和农学思想也出现在北方,促进了北方精耕细作旱作技术的形成与发展。

宁可在《有关汉代农业生产的几个数字》(载《北京师范学院学报》1980年第3期)一文中通过研究汉代农业的相关数据认为,从汉以来的两千年间,中国农业生产虽然有所发展,特别是单位面积产量有明显的增长,但由于每人占有的耕地面积趋于减少,因此农业劳动生产率、每个农业人占有的口粮数和全国每人平均占有的粮食数,仍在汉代已经达到的水平上徘徊。

安德森在《中国食物》(马孆等译,南京:江苏人民出版社,2003年,第36页)一书中提供了更确切的数据:汉朝农业产量高于中世纪的欧洲,欧洲每英亩500磅的产量就被视为高产,而且由于种植的谷物品种产出率低,收成中的1/3必须留作种子。中国人留种要少得多,而得到的回报却多得多。汉朝以后,种子与产量之比为:小麦1∶10,粟66∶1 000,稻266∶1 000。

刘旭在《中国作物栽培历史的阶段划分和传统农业形成与发展》(载《中国农史》2012年第2期)一文中指出,在战国、秦汉之际,北方地区已逐渐形成一套以精耕细作为特点的传统旱作农业技术。农作制表现在轮荒休闲耕作制向土地轮作连种制过渡,在其发展过程中,生产工具和生产技术尽管有很大的改进和提高,但就其主要特征而言,直到清代也没有根本性质的变化。

(3) 东晋南朝至宋元时期的农业生产

安德森在《中国食物》(马孆等译,南京:江苏人民出版社,2003年,第47页)中指出,汉朝以后,中国分裂几乎达4个世纪。农业在这一时期继续变化和进步。中亚民族在北方的统治,导致西亚和南亚作物与观念的传入,其中包括新的土地所有权制度。东南部的地方王朝自治,使该地区的重要性令人瞩目地迅速增长;财富逐渐尽人皆知,农业高度发展,尤其是在长江下游的大城市附近。尽管国土分裂,政府也全神贯注于农业政策之外的事情,该时期仍是一个在农业与食物方面富于创新的时期。

刘旭在《中国作物栽培历史的阶段划分和传统农业形成与发展》(载《中国农史》2012年第2期)一文中认为,东晋南北朝时期,中国出现了两次大规模的人口南移,使得整个农业经济结构发展了根本性变化,农作制度又有所发展。因为北方战乱,人口大量南移,北方荒芜土地较多,耕作制进展不大;轮作制有了较大发展,特别是南方轮作连种跨入新的阶段。

王玲在《魏晋南北朝时期北方的胡汉饮食文化交流》(华中师范大学2002年硕士论文,第11—12页)一文认为,东晋南朝时期,国家分裂,少数民族内迁,中原地区的汉族因战乱影响迁移他处。民族迁移打破地域界限,从根本上改变了各民族的生活条件,促进了文化的相互交流与融合。就饮食文化而言,游牧民族开始了农耕定居生活,五谷杂粮与菜蔬进入了他们的生活,并吸收了汉族精细的加工方法,而汉族的传统饮食结构也得以改变,肉类食物的比重大大增加,加工方法也更加多样,饮食方式、饮食观念开始有了新的变化。

李根蟠在《中国古代农业》(北京:商务印书馆,1998年,第61页)一书中指出,隋唐的统一,促进了江南人口的迅速增长,农田水利以前所未有的速度发展,无论数量、分布地区、规模和技术水平,均大大超过前代。大量荒地被垦辟,牛耕也获得了普及。安史之乱后,北方经济受到严重破坏,江南农业却继续发展,其所产粮食和提供的赋税,已成为唐帝国的财政命脉所在。这时,全国的经济重心已由黄河流域逐渐转移到南方,到宋代这一局面得到了巩固。

刘旭在《中国作物栽培历史的阶段划分和传统农业形成与发展》(载《中国农史》2012年第2期)一文中认为,唐宋时期灌钢技术已经非常成熟,在此基础上熟铁钢刃的农具得到广泛使用。这一时期堪称中国传统农业工具发展的巅峰。耕种农具系列化出现了许多革命性的发明如曲辕犁等,多种利用水力、风力、畜力的灌溉和加工谷物、获取小麦的工具得到普及。

安德森在《中国食物》(马嬰等译,南京:江苏人民出版社,2003年,第72页)中指出,宋元时期是中国历史至为关键的时期。这个时期,中国的农业和食物获得了极大的发展,21世纪前再无如此令人瞩目的变化和提高。城市化、贸易、外来影响及相对开放的经济均得益于此。宋元时期基本上是通过大量耗费田间劳力来节省土地的。

(4) 明清时期的农业生产

张建民在《明清农业垦殖论略》(载《中国农史》1990年第4期)一文中认为,随着中国传统农业用养结合的土地利用技术的完善,在自然生态环境退却的区域,中国传统农业建立起新的农业生态环境。人类的垦殖虽然破坏了自然环境,但是却建立起适合人类生活的人造环境。到了明清时期,人口急剧膨胀,掀起了一股持续的农业垦殖浪潮。由于此前适合农耕的土地大部分已经开垦完毕,现在垦殖扩张的对象,主要是条件较差的省际山区、江湖河海滩涂、沿边远地区等。与此相随的是玉米、甘薯等高产作物的引进推广。

王思明在《如何看待明清时期的农业》(载《中国农史》2014年第1期)一文中指出,明清以来,中国商品经济有了较快的发展,特别是在明清之际引进原产于新大陆的作物以后,加快了经济作物的商品化过程。在一些经济作物集中产区,如太湖周围的三吴地区,原来虽然是粮食高产地区,但因栽种桑棉,还需从外处调进粮食,这样就促进了粮食的商品化。其他一些经济作物,像花生、烟草乃至甘蔗等,在其生产发展中也都有类似情况。这样,在人口稠密的地方和贫瘠的山区,都推广高产的玉米、甘薯等作物,以补救粮食生产的不足。全国作物生产的布局有了新的变化,在土地利用上,除了随着东北、西北的垦殖开发扩大了全国耕地以外,更重要是由于复种和间、混、套种等多熟制的推广,提高了复种指数,扩大了增产途径。传统的精耕细作得到了进一步的推广和发扬。在这个时期主要作物的单产和总产都有所提高。

董恺忱在《世界农业发展历程述略—兼论东西方农业的特点》(载《世界农业》1980年第3期)一文中认为,在宋元农业的发展基础上,明清是中国农业发展的一个重要历史时期,它继承了中国传统农业中许多好的东西并将其发展到极致。

中国农业百科全书编辑部编写的《中国农业百科全书·农业历史卷》(北京:中国农业出版社,1995年,第53页)一书认为,明清时期扩大耕地面积的途径是圩田的大发展。圩田是人们在利用河滩地、湖泊淤地过程中发展起来的一种农田,是一种筑堤挡水护田的土地利用方式,创始于长江流域。其历史可以追溯到春秋战国时代;到五代时,出现了岸堤、涵闸、沟渠相结合的圩田;北宋年间,长江下游已有圩田多处。

梁家勉在其主编《中国农业科学技术史稿》(北京:中国农业出版社,1989年,第478页)中指出,明清时期,长江中下游地区盲目地与水争地,圩田面积大增。两湖地区的圩田到清末已达近500万亩。由于两湖地区的农田开发,使这个地区成了新的谷仓,明代中期以后就有了"湖广熟,天下足"的说法。但是围垦之后水灾加剧,从清代中期以后,洞庭湖的治理就成了非常突出的问题。

张国雄在《清代江汉平原水旱灾汉的变化与垸田生产的关系》(载《中国农史》1990年第3期)一文中认为,成灾的最重要原因还在于垸田水利抗灾功能下降以及盲目围垦对河湖关系的改造,使蓄洪、泄洪失调。研究表明,垸田发展的总趋势是,清代早中期基本保持了高产和稳产。后期,生产的不稳定性日渐严重,成灾面积扩大,丰年减少,灾年增多。垸田经济进入了停滞状态。

赵冈在《农业经济史论集》(北京:中国农业出版社,2001年,第182—183页)中的实证研究表明,中国各个地区的粮食亩产量自清中叶以后曾以不同速度下降,是不可否认之事实。赵冈在《人口、垦殖与生态环境》(载《中国农史》1996年1期)一文中认为,在不引进现代农业技术的前提下,农业要继续发展,只有继续扩大耕地面积。但是这样做有可能破坏生态环境,使农业生产条件恶化。因为中国传统农业以种植业为主,农作物是植物,与天然植物一样,都是在土地上生长的。天然植物不能生长的地面,农作物也无法生长。所以,农作物和天然植被是互相竞争土地的,要推广农业生产就要先铲除地面上的天然植被,此消彼长。人口增长后,就要增加耕地,垦殖的结果就会减少天然植被覆盖的面积。天然植被,如森林及草原,对生态环境有一定的保护作用,过量铲除后,就会导致生态恶化。

李根蟠在《论明清时期农业经济的发展与制约——与战国秦汉和唐宋时期的比较》(载《河北学刊》2003年第3期)一文中反对高估明清时期农业经济,他把战国秦汉、唐宋时期和明清时期的农业经济从农业生产诸方面、亩产和农业劳动生产率问题、农产品流通和商品经济等方面加以比较,得出结论认为,无论从经济向广度发展和部分向深度发展看,从经济总量的增加看,还是从商品经济的繁荣看,明清时期经济可以与战国、秦汉时期和唐宋时期并列为中国古代经济的高峰之一。但从发展的势头和速度看,从劳动生产率是否有相应的提高看,明清时期的"高峰"逊于前两个"高峰"。明清时期的农业经济与其说"发展",不如说"发展与制约""发展与局限",或"发展与不发展"。这种"制约"与"局限",不是一般意义上讲的,而是带根本性的。如果从农业的发展趋势特别是农业的转型看,这样的解释无疑是合理的。

(四)东西方古代食物生产的差异与交流

1. 东西方古代食物生产的差异

(1) 东西方农业耕作技术的差异

郭文韬在《中西耕作制度发展史的比较研究》(载《古今农业》1994年第3期)一文中指出,中国和西欧耕作制度发展史,既有其相同之处,也有其不同之点。其相同之点是,它们都经历过原始农业时期的撂荒耕作制度和轮荒耕作制度阶段。其不同之处是,在撂荒耕作制和轮荒耕作制之后,中国在进入传统农业时期以后,就走上了土地连种制和轮作复种制,乃至间作套种制的道路;而西欧在进入中世纪之后,却走上休闲耕作制的道路。中国在明清时期又进入了轮作复种和间作套种综合发展的新时期,而西欧在16世纪以后则逐渐采行了田草耕作制和诺福克轮作制。

卢锋在《精耕细作的技术体系》(载《生产力研究》1988年第2期)一文中认为,中国与西欧以不同的自然、经济条件为背景,走上了不同的技术路线:西欧普遍实行休闲农作制,中国则发展了较为集约化的土地连种制,形成了独具特色的精耕细作的农业经济。他认为,中国古代的精耕细作原则体现在选种、耕地、施肥、中耕、灌溉、农作制等各个方面,精耕细作原则正是中国传统农业生产过程中所渗透的知识、经济和技术方法的综合体现。他从中国与西方古代对比的角度出发,从施肥、农作制度、中耕播种以及农具的演变等四个方面进行了研究,探讨了中国古代农业的精耕细作技术体系。正是这种耕作技术造就了中国古代十分发达的农业生产,为食物生产提供了有力的保障,也使中国古代农业长期领先于世界。

徐旺生在《农业起源和传播对中西早期文明发展影响的比较研究》(载《古今农业》1996年第3期)一文中认为,中国和西欧的历史上都有土地集中的情形。英国圈地运动中,土地集中后用于养羊,由于养羊所需劳动力比种植业少得多,因此被赶出土地的农民只能到城市谋生,从而使资本主义工业得以发展。中国历史上的土地兼并不是为了发展畜牧业,而是仍然用来经营种植;而种植业对劳动力需求较大,土地虽然向少数人手中集中,但是仍然由大量农业劳动力分散经营。其结果是,土地兼并只是把农民从自己的土地上赶走,却未能割断农民与土地的联系;没有减少农民的数量,减少的是自耕农,却又增加了佃农和雇农。

(2) 东西方农业中种植与畜牧的比重差异

叶茂、兰鸥、柯文武在《传统农业与现代化——传统农业与小农经济研究述评》(载《中国经济史研究》1993年第3期)一文中指出,中国古代农牧关系有着与西欧中世纪不同的特点。在广大的农区,农业以种植业为主导,种植业中又以粮食生产为中心,畜牧业只占次要地位。唐启宇以"主谷式"农业(先农后牧)和"谷草式"农业(农牧并重)来概括东亚和西欧的传统农业。曹隆恭认为,中国古代农业偏重粮食,不是农牧结合,而是农牧分区。吴于廑认为,无论东方西方,古代经济都是农本经济,以丰衣足食为根本目的,耕织结合,但对牧养牲畜的需要各不相同。中国养畜主要为农耕提供动力,牛耕发展缓慢,纺织原料又靠畜产品。南欧中亚土质黏重,很早就使用重犁,要用二牛、四牛以至八牛拉犁,养牛较多;纺织原料主要是羊毛,养羊业比较普遍;加之很早就有食肉、饮食乳酪的习惯,故畜牧业在农本经济中的比重较大。单一种植业结构决定了中国饮食文化内涵与西方大不一样。中国饮食文化从饮食的原料结构来看是素食结构,粮食占主导地位,肉食在其中占的比重少之又少;从饮食的成品结构来看,是饭与菜相结合的结构,饭是主,菜为辅。

曾雄生在《中西农业结构及其发展问题之比较》(载《传统文化与现代化》1993年第3期)一文中认为,人们从食物结构中,很容易发现中西方农业的差异。西方人的食物结构中肉、奶的含量较高,而中国人的食物则以植物性的饭菜为主,这种差异是由于畜牧业在中西方农业中所占的比重不同形成的。仅从食物结构的角度比较中西农业结构的差异是不够的,还必须用穿来表示,因为穿不仅是农业结构差异最终结果之一,而且也是差异(包括食物上的差异)发生的最初原因。农桑结合是中国农业结构的主要特征,而农牧并举则是西方农业结构的主要特征。

付少平在《中国古代农业生物资源的结构性特点及其对传统农业文化的影响》(载《农业考古》1998年第3期)一文中指出,中国农业在其发展过程中,逐渐形成了以种植业为主体的格局。犬、猪、鸡的饲养,成为种植业的附属,并以圈养的形式来适应种植业定居生活的需要。从考古发掘资料来看,牛、羊、马的牧养始终是在中国农耕文化区的周边地区,这些周边地区的游牧民族或者与中原农耕区民族不断发生冲突,或者逐渐被农耕文化所同化,游牧文化始终没有成为中国农业文化的主体。随着农耕区的拓展,农耕文化的扩张,农耕文化作为中国传统农业文化主体的格局得到了进一步的发展和强化。与中国不同,欧洲国家很早就形成了农牧并重的格局,并且一直沿着农牧并重的道路发展下来。

曾雄生在《中西农业结构及其发展问题之比较》(载《传统文化与现代化》1993年第3期)一文中认为,不同的农业结构对东西方的饮食方式和农业发展产生了深远的影响,使东西方农业走了不同的发展道路。在各具特色的农业道路中,中国传统农业虽然精耕细作、多粪肥田,高产丰收,但是农桑结合、粮棉并作的农业结构自身具有很大的局限性,与农牧并存的西方农业结构相比,耕地不足,劳动力不足,畜力不足和肥力不足便十分突出。这诸多的因素交织在一起,大大地制约着中国传统农业的发展。仅从农业所要解决的食物问题而言,农桑结合的结果却是食物,特别是肉食的缺乏。西方由于畜牧业的发展,不仅提供大量的畜力,而且还可提供相当数量的肉食和乳品。与之不同,中国畜牧业在农业中始终处于从属地位。

郭文韬在《中西耕作制度发展史的比较研究》(载《古今农业》1994年第3期)一文中认为,在畜力使用方面,中国马、牛等大型牲畜缺乏,而西方则很富有;在纺织原料方面,欧洲国家以羊毛及亚麻为主,而中国是以丝麻为主;在饮食习惯上,欧洲国家肉类一直是大宗食品,农民除谷物外,牛乳、乳酪、黄油也是必需品。而中国除少数民族外,主要是以豆类和谷物为主食,肉类极少,且主要是鸡和猪肉。东西方农业的差异不仅表现在食品结构上,还表现在耕作制度上。

惠富平在《中西农书比较》(载《中国农史》1992年第1期)一文中认为,中国农书以农耕技术为主,西方农书中畜牧业的内容则比较丰富。农书内容上的差异,正是中西方种植业与畜牧业在整个社会经济中地位与比重存在着差异的反映。

2. 东西方古代食物生产的交流

史密斯在《农业起源与人类历史——食物生产及其对人类的影响》(玉美等译,载《农业考古》1989年第1期)一文中指出,在过去的数千年间,各个地区间和大陆间的贸易网获得了发展,促进了农作物品种的相互传播。即使在贸易网形成之前,也存在着农作物品种的交流。因此,交流与传播的情况是复杂的。

李荣华、樊志民在《"植之秦中,渐及东土":丝绸之路纬度同质性与域外农作物的引进》(载《中国农史》2017年第6期)一文中指出,伴随着丝绸之路上的中外科技交流,中国的农作物品种输出到西域诸国。大约在公元前3世纪至2世纪,桃、杏等园艺作物被带到伊朗和阿拉伯。16世纪,茯苓传入伊朗。此外,引进到伊朗的还有茶叶、肉桂、桑树等,阿拉伯的有肉桂、姜、土茯苓等,中亚撒马尔罕的粟。与此同时,中亚与西亚一带的农作物品种被输入中国,如从伊朗引入的波斯枣、扁桃等,从阿拉伯引进的茉莉花、菾菜、椰枣树等,大宛传入的苜蓿、葡萄和胡麻等。从历史发展的进程来看,汉魏南北朝时期,输入中国的农作物有葡萄、苜蓿、石榴、胡桃、胡蒜、胡荽、胡瓜、胡麻、胡豆等,以后则有波斯枣、扁桃、胡椒、无花果、阿月浑子、菠菜等。

蒋慕东、王思明在《辣椒在中国的传播及其影响》(载《中国农史》2005年第2期)一文中指出,中国古代对外来思想文化吸收十分谨慎,但在饮食文化上却表现出兼融百家的拿来主义之势,这充分体现了中国传统文化在衣食大计上的务实主义。汉晋南北朝引进安石榴、葡萄、胡葱、苜蓿、香菜、胡萝卜,唐代引进菠菜、石蜜,明末番瓜、番茄、甘薯、玉米、马铃薯等的传入对中国饮食的影响十分巨大。

陶格在《世界历史上的农业》(刘健等译,北京:商务印书馆,2015年,第44—45页)书中认为,伊斯兰帝国从阿拉伯半岛西南部的市镇希贾兹开始了其军事宗教扩张运动,也将各种作物和牲畜带到非洲和亚洲,这是世界历史上最为重要的农业进步。这个新兴帝国支持人员、商品流动和观念的传播,倡导人口增长政策,农产品市场扩大。阿拉伯农民需要满足居民对于多种作物的需求,有些是地中海地区的新作物,还有些刚刚引进的甘蔗、高粱、硬质小麦、亚洲稻米、柑橘、柠檬、香蕉、椰子、西瓜等作物。这些作物来自亚洲南部和东南部以及非洲。阿拉伯人是最为积极的中间人:他们认识这些植物,学习种植,并在整个区域内推广。

吴于廑在《世界历史上的农耕世界和游牧世界》(载《世界历史》1983年第1期)一文中指出,受制于自然条件和生产力发展水平的影响,在古代世界,食物的生产方式大体形成了农耕和游牧两个世界。这两个世界既有和平的交往,如互市和经济文化交流,也有掠夺战争等暴力冲突。从世界历史的全局着眼,来自游牧世界的各部族被吸收、融化于农耕世界,一批又一批接受农耕世界的先进经济和文化,也应该认为是历史的一种发展,尽管这种发展往往是经过野蛮破坏才获得的。

三、新航路开辟后的食物物种交流及影响

(一) 新航路开辟后食物物种交流对世界的影响

张箭在《论亚美太平洋新航路的开辟》(载《太平洋学报》2015年第10期)一文中认为,地理大发现的重大作用之一是引起了全球范围内农作物的大传播,从而深刻地永远地影响了人们的物质生活。新大陆发现后,美洲许多独产的重要农作物传开到其他大陆,深刻地影响了全球农业和世界人民的饮食生活。其传开的路线一部分是先传入欧洲再传遍世界,也有一部分直接从美洲传入亚洲,或同时从欧洲和美洲传入亚洲。比如番茄就先从美洲经太平洋传入亚洲,烟草也由美洲先传入亚洲,还有可可亦先经太平洋传入亚洲,花生从西方、东方(美洲在亚洲的东边)双向传入亚洲,木薯也从西方、东方双向传入亚洲,等等。

张箭还在《论美洲粮食作物的传播》(载《中国农史》2001年第3期)一文中梳理了16世纪以来美洲三大粮食作物玉米、马铃薯、甘薯传播到世界各地的时间和路线。他指出,玉米、马铃薯、甘薯三大粮食作物都具有产量高,生长快,对土、肥、水要求低,对气候适应性强,播种期长,耗工少,受病虫害的影响小,便于储藏,可多种加工等许多优点。第一,它们的广泛传播和全面普及,极大地增加了粮食产量,养活了越来越多的人口。玉米、马铃薯、甘薯等也可用作饲料,这就大大促进了畜牧业的发展,而肉、蛋、奶的多摄入对人的智力发展也有所促进。美洲三大粮食作物的传播在很大程度上推进了农业物质文明和饮食革命。第二,要承认航海家、探险家、商人、殖民者的"发现"传播之劳。第三,要缅怀那些推广、改良、开发利用它们的农学家、农民、官绅、文人、工匠。

艾尔弗瑞德·W.克罗斯比提出了"哥伦布大交换"这一概念,全面阐释了哥伦布大航海之后引发的全球性交流。这种全球性交流,不同于以往洲际之间的交往,它是一场东半球与

西半球、新旧大陆之间经济、政治、军事文化、宗教、动物、植物、农作物、人种、传染病以及思想观念的大规模交流与互动。曹瑞臣在《作物改变世界》（载《生态经济》2012年第8期）一文中指出，就植物物种而言，俄罗斯的植物遗传学家瓦维洛夫研究各类栽种植物的地理来源之际，曾制表列出640种最重要的人类种植作物，其中有约500种来源于旧世界，约100种来自新世界。尽管新世界植物物种在数量上少于旧世界，然而在这种全球性的互动、交流中，新世界对旧世界最有价值、影响最大的食用作物主要有玉米、豆类、番石榴、花生、马铃薯、甘薯、木薯、美国南瓜、菠萝、番茄、辣椒、可可等。人类学家认为，原产美洲的玉米、马铃薯、木薯、甘薯、向日葵、花生、菜豆、烟草、可可豆和棉花10种作物已经迈入当今世界最重要的30种作物之列。美洲作物的确是人类潜在的能源宝藏，仅玉米、马铃薯、甘薯等高热量食物就足以让世界感恩，再加上番茄和辣椒、豆类等蔬菜作物乃至烟草、棉花等经济作物，所有这些美洲作物在旧大陆的扩散和传播，实现了空前的生态扩张和全球"生态农业革命"，它们的到来不仅大大促进了人口的增殖、改变了人类的生活方式，平衡饮食结构和饮食口味，而且还益智健康，提升了精神愉悦，最终推动了欧洲和世界财富的巨大增长乃至欧洲18世纪中期以后取得世界经济优势和政治、军事霸权。人类空前"大交换"的意义就在于全球物种在西方殖民扩张背景下完成了全球性的生态扩张和重新布局，为新一轮的全球农业革命和人口扩张提供了现实可能。

约翰·麦克尼尔在《世界历史中的物种交流》（载《全球史评论》第4辑，北京：中国社会科学出版社，2011年）一文中指出，1500—1800年的几个世纪中所刮起的洲际物种交流之风给世界各地带来了惊人的变化。在世界各地提高了食物供应的数量和可靠性。在1550—1850年，超过1000万的非洲人被贩奴船运到美洲大地。奴隶船还带来了西非水稻。这种水稻在18世纪成为南卡罗来纳和佐治亚沿海经济的基础；在苏里南，它也具有同样重要的地位。秋葵、芝麻和咖啡（虽然不是用奴隶船运来的）等其他非洲作物也来到这一地区。

杰弗里·M.皮尔彻在其所著《世界历史上的食物》（张旭鹏译，北京：商务印书馆，2015年，第37—39页）中指出，甘蔗等作物在美洲的引种，在美洲形成了使用奴隶的种植园经济。带有血泪的蔗糖不仅改变了欧洲的食物结构，而且给美洲带来了灾难。

史密斯在《农业起源与人类历史——食物生产及其对人类的影响》（玉美等译，载《农业考古》1989年第1期）一文中指出，原产于新大陆的玉米和马铃薯等栽培植物，今天在旧大陆各地已成为重要的作物品种。这种传播使居住在旧大陆的人们的营养状态和人口都发生了巨大的变化，各地的食物生产方式也有所改变。马铃薯对欧洲食物构成的影响自不待言。由于马铃薯和玉米的传入，使欧洲的人口比先前有了显著的增加，后来的产业革命使欧洲的人口又一次激增。在欧洲，产业革命前人口的增长，这些新食物的传入发挥了巨大的推动作用。从旧大陆向新大陆的传播同样也在进行。原产于旧大陆的谷物、家畜等在新大陆也产生了同样的结果。

（二）新航路开辟后食物物种交流对中国的影响

全汉升在《美洲发现对中国农业的影响》（载《中国经济史研究》下册，台北：稻乡出版社，1991年，第701—702页）中认为，自新大陆发现后，由于美洲农作物品种的传播，中国的土地利用曾经发生很大的变化，中国的粮食生产大量的增加。16世纪中叶左右，随着对外交通的发达,也或先或后地辗转输入这些农作物。被当作粮食来消费的甘薯与玉米,因为能够在过去其他谷物不易生长的土地上普遍种植起来,更有助于粮食供应量的增加,从而养活了较前增多的人口。

曹玲在《明清美洲粮食作物传入中国研究综述》(载《古今农业》,2004年第2期)一文中指出,自明中叶开始,美洲粮食作物(玉米、甘薯、马铃薯)陆续被引入中国,随着它们的迅速推广,粮食压力有所缓和,同时也使中国粮食结构发生了新的变化,对中国农业生产和人民生活产生了巨大影响。

何炳棣在《美洲作物的引进、传播及其对中国粮食生产的影响》(载《世界农业》1979年第5期)一文承认,明清时期人口的增加与外来物种的传播、种植有着密不可分的关系,玉米、甘薯的传入对中国产生了极大的影响,特别是南方地区粮食生产革命和人口爆炸是互为因果的。

曹玲撰写的《明清美洲粮食作物传入中国研究综述》(载《古今农业》2004年第2期)综述了学者的研究:葛剑雄指出,甘薯、玉米、花生、马铃薯等高产耐旱作物的引种等都曾大大提高了粮食产量,从而使人口有了新的增加。这种人口增长是造成人口奇迹的重要原因。王育民认为,高产农作物引进是乾隆、道光年间人口猛增的重要原因之一。姜涛也认为,粮食作物品种的不断改良,尤其是美洲高产粮食作物的引进,无疑也是中国人口在明清两代得以大增的重要条件。何炳棣在强调人口增加的同时指出,美洲食物物种的传入也引发了中国农业结构的变化,玉米、甘薯等美洲作物的传入对中国土地利用和粮食生产确实引起了一个长期的革命。陈树平分析了玉米甘薯的引进对社会经济发展的促进作用,首先是提高粮食产量、扩大耕地面积从而解决民食问题,另外一个重要作用是促进经济作物种植以及粮食商品化的发展,客观上又促进了手工业和商业的发展。蓝勇分析了美洲高产旱地农作物传入和推广对中国亚热带山区的负面影响:一方面,由美洲高产农作物等主要因素所造成的人口持续增长和人口膨胀是造成山地开发的条件;另一方面,其对社会经济的负面影响是造成了亚热带山区的结构性贫困,制约了商品经济的发展。

四、现代农业的发展

(一)西方现代农业发展

1. 从传统农业向现代农业的过渡

许多学者认为,在传统农业向现代农业过渡的过程中,存在近代农业这一形态。近代农业是传统农业与现代农业之间的一个历史阶段。

任仲彝在《关于传统农业向现代农业转变的思考》(载《上海农村经济》2002年第8期)一文中指出,当农业由使用手工工具和畜力农具向半机械化、机械化农具转变,由依靠直接经验向依靠近代科学技术转变,由自给自足生产向商品化生产转变时,这种农业称为近代农业。

任耀飞在《中国传统农业的近代转型研究》(西北农林科技大学2011年博士论文,第3页)中认为,近代农业是指在近代工业革命和自然科学成就的推动下,采用机械、电子以及结合人力、畜力,使用化学肥料以补充天然有机肥料之不足,用人工培育品种替代农家原有品种,从而明显地提高了农业劳动生产率的农业发展阶段。它是传统农业向现代农业转变的过渡阶段,是由机械化与半机械化、经验耕作与试验种植、自给自足与商品化生产并存的农业。

德永光俊在《从比较史的角度应该如何看待东亚农业》(载曾雄生主编:《亚洲农业的过去、现在与未来》,北京:中国农业出版社,2010年)一文中认为,自农耕伊始,农业世界一直持续着以被自然、风土大致规定的"风土技术"为中心的自然农法。在15世纪前后,农业进入一个新的阶段,即倡导用技术改变自然的、以"培育技术"为中心的人工农法。

胡跃高在《中西方农业现代化历程比较及发展展望》(载《世界科技研究与发展》2003年第4期)一文中梳理了17世纪以来与农业发展有关的科技成就,认为农业现代化最鲜明的特征就是科学技术进步。17、18世纪是西方农业现代化启蒙阶段,19世纪后,农业现代化正式开始,20世纪则是农业现代化迅速发展并完成的时期。

张家炎在《传统农业的转化:西欧经历与中国发展》(载《农业考古》1998年第3期)一文中认为,西欧传统农业向现代农业的转化持续了约两个多世纪的时间,有兴有衰,有快有慢,大致以16—18世纪后期为转化前的准备阶段,主要是在西欧实行了上千年的旧有农法的改变,包括由二圃制向三圃、四圃制的演化,采用新作物,农牧共同出现于轮作顺序中等。这一过程有很早的历史渊源,但在近代以后进程才加快,不过这些变化都属传统农业内部的变革,它们为现代农业的萌芽、发展打下了基础。18世纪晚期至19世纪50年代可视为西欧传统农业向现代农业转化的关键阶段。此期内出现了许多与传统农业迥异的变革,主要是工业化产品的投入,包括化肥、机械的使用,新品种的选育等。尽管这些因素作用有限,但影响甚大,且表明了此后农业发展与传统农业发展根本不同的途径。农业虽仍以传统型为主,但农业在经济生活中的地位渐次下降至50%以下。

刘景华在《近代欧洲早期农业革命考察》(载《史学集刊》2006年第2期)一文中指出,虽然罗马时代的耕作技术已达到了较高水平,但日耳曼人的入侵严重破坏了罗马先进的农业技术文明,而使其落后原始的生产方式保留了下来。中世纪早期,日耳曼人粗放耕作,他们种植粮食作物时,播下一斤种子,收获的谷物常常只多一两倍而已。5世纪后,西欧农业生产一直处在极低的水平上,谷物单位面积产量几乎不值得一提。10世纪,西欧农业生产技术只是在低水平上缓慢地提高。从16世纪中期至17世纪中期,欧洲特别是西北欧的荷兰、英国发生所谓"早期农业革命",是农业和农业技术起着本质性变化的时期。

王章辉在《英国农业革命初探》(载《世界历史》1990年第1期)一文中指出,英国工业革命以前,农业是国民经济中的主要部门,农业人口占全国人口的绝大多数。从15世纪最后30年开始的圈地运动到19世纪中叶集约化农业的建立,英国经历了从中世纪自给自足的传统农业向近代农业转变的农业革命。在这一变化过程的同时,英国在世界上最早实现工业革命,是这个国家社会、经济和政治等各种因素发展综合作用的结果。农村资本主义关系的较早出现、土地关系和农业生产技术的变革、较大规模的商品化农业的建立,在为工业革命创造条件和促进其发展方面,起了关键性的作用。而工业革命的发生也为农具的改良、农业机械的发明和推广创造了条件。农业机械的逐渐采用对提高农业劳动生产率、提高农业集约化程度、相对减少农业劳动力起了重要作用。1801—1881年,农业劳动力在全国劳动力中的比例从35.9%下降到12.6%。在19世纪,英国农业的机械化程度和劳动生产率在欧洲是最高的,农业劳动力在劳动力中的比例最低。英国正是通过农业革命完成了传统农业向近代农业的转变。

郭爱民也在《英国农业革命及其对工业化的影响》(载《中国农史》2005年第2期)一文中认为,农业革命是英国由农业社会迈向工业化的纽带,它涵盖了技术性和制度性两大因素,历时300年左右,使排他性的个人土地产权最终得以确立,使农业劳动生产效率得以大幅度提高,并从中孕育出了工业文明。

王章辉在《英国农业革命初探》(载《世界历史》1990年第1期)一文中提醒我们,对近代英国农业的形成,需要从土地制度、生产关系、耕作技术改良等多方面综合考查,对农业机械化的速度不宜估计过高。直到19世纪上半叶,尽管许多农业机械已发明出来,但普及率并不高,许多地方仍在采用原始农具或改良农具。直到19世纪上半叶,农业产量的提高主要还不是采用机械的结果,而是改变耕作制度,加强管理及扩大耕地面积的结果。

张家炎在《传统农业的转化:西欧经历与中国发展》(载《农业考古》1998年第3期)一文中认为,西欧现代农业始于何时尚存争议,但至少在18世纪中叶,西欧诸国中尚有70%或以上的人口从事农业。在此前后,西欧农业开始由传统型向现代型进行缓慢却明显的转化,最显著的特征是农业生产总量的高速增长与土地、劳动生产率的极大提高。1300—1800年,西欧人口年均增长率为0.11%,农产量增长率也大致差不多,因而人均食品消费水平500年内并无太大变化。但此后,农产量却有急剧的增长,19世纪,德国农产翻了三倍,而1700—1960年的法国、1800—1980年的英国农产都增加了九倍。商业化、工业化、城市化、科技进步等因素起了很大作用,而政府的介入引导也不可或缺。

2. 现代农业的内涵及特征

王思明在《如何看待明清时期的农业》(载《中国农史》2014年第1期)一文中认为,在传统农业中,生产单元也是消费单元,所有生产要素基本在农业和农村内部就可解决。现代农业则不同,它依赖大量外部投入,如化肥、农药、机器,等等。这一切都不是农户自己所能生产的,需要一个强大的科技和工业体系支撑。

李根蟠在《精耕细作、天人关系和农业现代化》(载《古今农业》2004年第3期)一文中指出,传统农业和现代农业的区别在于,传统农业主要使用人畜力、比较简陋的农具和农家肥,农业生态系统的物质循环是一种内循环,农产品的加工是很初步的;现代农业大量使用机械、电力、化肥、农药,农业生态系统的物质循环是一种外循环,农产品的加工非常深入。归结到一点,就是现代农业有外源的能量(石油)的投入,传统农业则除太阳能利用以外,没有外源能投入。

周应恒、耿献辉在《"现代农业"再认识》(载《农业现代化研究》2007年第4期)一文中将现代农业定义为以现代产业的理念为指导、以产业关联关系为基础、以现代科技为支撑、以现代产业组织为纽带的可持续发展的包括农业产前、产中和产后环节的有机系统。他们认为,现代农业区别于传统农业的一个显著特点就是产业链延长,形成了农业产前、产中、产后紧密结合的产业体系,成为一个比较复杂的经济系统。现代农业突破了传统农业仅仅或主要从事初级农产品原料生产的局限性,实现种养加产供销、贸工农一体化生产,使农业的内涵不断得到拓宽和延伸,农业的链条通过延伸更加完整,农业的领域通过拓宽,使得农工商的结合更加紧密。尤其是食品供给的链条越来越长,环节越来越多。一种食品从农场到餐桌,要经过生产、加工、流通等诸多环节,食品的供给体系趋于复杂化和国际化。

卢良恕在《从土地到餐桌——中国农业新发展和食物安全新动态》(载《中国报道》2006年第9期)一文中认为,现代农业是继原始农业、传统农业之后的一个农业发展新阶段,是持续、广泛应用现代科学技术、现代管理和现代工业装备的专业化、社会化、集约化产业,是把生产、加工和销售相结合,把产前、产中和产后相结合,把生产、生活和生态相结合的一体化的高效率与高效益的综合性产业。现代农业的核心是科学化,特征是商品化,方向是集约化,目标是产业化。

3. 西方现代农业的兴起与发展

胡跃高在《中西方农业现代化历程比较及发展展望》(载《世界科技研究与发展》2003年第8期)一文中指出,现代农业的进步建立在农业科学技术的发展基础上,农业从业人口急剧减少,农业生产规模不断扩大,农业生产率迅速提高。1930年,美国的农场数最多达到660万个,1990年则降为21 413个,单位农场面积则由62公顷扩大为189公顷。1913—1987年,全美国农业劳动力减少了约70%,劳动生产率提高了8倍,日本、西欧劳动力减少了30%,劳动生产率提高7倍以上。

王思明在《如何看待明清时期的农业》(载《中国农史》2014年第1期)一文中认为,20世纪30年代以后,西方科技成就作用于土地生产率提高,取得了重要突破,主要表现在利用杂交优势的作物优良品种,化学肥料的研发使用,植物保护药剂的研发使用,等等。因为这些技术进展,欧美发达国家作物单产较1800年提高了4倍。

徐风莉等在《论石油农业时代的终结》(载《农产品加工·学刊》2009年第8期)一文中认为,现代农业是以石油机械和石油原料为主要生产模式的农业。从能量角度看,被形象地称为"石油农业"。石油农业以美国为代表,迅速成为全球农业发展的主要模式。石油农业的产生促进了农业的发展,使农业生产力水平大幅提高;农业生产同农产品加工、销售以及农业生产资料制造、供应之间的联系日趋紧密;农业的专业化、社会化程度大幅提高,大大提高了农产品的产量,世界养活了比原来预期多10亿以上的人口。石油农业技术的进步为人类解决农产品不足做出了突出贡献。石油农业的出现,一方面满足了社会经济发展对农产品的需求,同时也为工业部门创造了一个广阔的农村市场。

吴新博在《石油农业与生态农业》(载《产业经济》2004年第6期)一文中指出,20世纪50年代以来,石油农业得到快速发展。20世纪60年代末,在世界粮食首脑会议上,确立了这一模式是农业现代化的必由之路,并把它作为此后20年改变全球粮食供应紧张、消灭饥饿的主要措施。由于石油农业的巨大成功,在20世纪,石油农业不仅是发达国家普遍采取的农业现代化模式,而且也成为各发展中国家竞相发展目标。

美国学者卡尔·K.伯恩在《绿色革命能够挽救粮食危机吗?》(彭永清编译,载《世界环境》2009年第6期)一文中认为,现代农业的发展还体现在种子改良技术的发展和推广上。20世纪60年代,印度遭遇干旱,粮食大幅度减产。在这种情况下,美国的农业专家诺曼·博罗格与印度的研究人员共同研发并在旁遮普省引进了一种高产小麦。这种小麦茎短而粗壮,结穗多而且不易倒伏,让印度农民获得了意想不到的好收成,在劳动强度与原来相同的情况下,小麦产量竟然是原来的3倍。

李建军、滕菲、黄晓行在《"绿色革命之父"诺曼·布劳格》(载《自然辩证法通讯》2011年第3期)一文中介绍,1966—1970年,印度和巴基斯坦小麦产量实现突破性增长。1968年,印度小麦大丰收,政府不得不把学校变成临时的粮仓。当年,美国国际开发署(USAID)在其撰写的年度报告写道:新的作物耕种技术在巴基斯坦和印度农业领域表现出重大进步,"看上去就像一场绿色革命"。绿色革命,因此成为风靡全球的农业技术革命象征。

陶格在《世界历史上的农业》(刘健等译,北京:商务印书馆,2015年,第138页)一书中指出,1940—2000年,世界农业经历过两次主要转型,现代世界农业食品体系形成。在第二次世界大战期间以及随后的几十年时间里,美国逐渐统治了世界农业并形成了世界食品体系。从19世纪70年代以来,许多国家成为农业生产大国,成功地与美国形成竞争关系,打破了世界市场的平衡状态。跨国公司利用他们的财富、市场力量和技术专家控制食品消费,造成农民难以摆脱这些公司强加给他们的农产品要求,成为全球食品体系中的农业劳动者。21世纪初,世界农业体系生产的食品众多。但是由于主要依赖矿物燃料,全球气候变暖等环境变化也威胁并削弱了世界食品安全。

4. 西方现代农业发展的贡献及存在的问题

梁树春在《对石油农业与生态农业的再认识:兼论我国现代化农业模式的选择》(载《农业现代化研究》1988年第3期)一文中指出,现代农业充分利用现代科技,大幅度地提高土地生产率和劳动生产率,有效地促进农业剩余劳动力向非农产业的转移,促进了工业化及整个国民经济的繁荣,成为现代经济增长的动力源泉之一。同时,它又构造了一个比较合理的内部、外部物质及能量的循环机制,合理开发利用了农业自然资源,合理布局了农业生产力,建立了较合理的大农业生态系统结构和产业结构。石油农业的建立为社会经济发展和生态环境的改善做出了重大贡献。

斯坦迪奇在《舌尖上的历史》(杨雅婷译,北京:中信出版社,2014年,第172页)一书中指出,自20世纪60年代起,发展中国家引进化学肥料和高产量种子品种,这个过程在今天被称为"绿色革命"。除了造成人口激增之外,也帮助数亿人民脱离贫穷,并为亚洲经济的历史性复苏、中国和印度的快速工业化巩固了基础——这些都是正在改变中的地缘政治的发展。

程序在《当今世界农业发展状况与中国农业发展》(载《中国职业技术教育》2004年第26期)一文中肯定了现代农业对20世纪人类社会的发展做出不可磨灭的贡献,同时他指出,现代农业产生了一系列的负面影响,遗留下不少有待进一步解决的问题。首先,从本质上来说,当前发达国家和一部分发展中国家的集约化农业,由于大量使用化肥、农药、农机、商品饲料、电力排灌等,都属于商品能源的高投入、高产出模式,因而有石油农业之称。当20世纪70年代爆发全球性能源危机时,明显暴露了这种发展模式的脆弱性。其次,农业化学品的大量投入,产生了一系列意想不到的负面效果。例如,曾经被农民欢呼为"神药"的DDT等合成农药,不但有高效的杀灭农业害虫的作用,也把对人类有利的、害虫的天敌一扫而光;长期使用化学农药,诱导病虫害产生抗药性,以致对化学农药的依赖性越来越大。更成问题的是,不少有机合成农药进入土壤、水体后很难分解,不但造成严重的环境污染,还进入生态系统的食物链,最终危及人类的健康。再次,高度机械化促成的单一作、连作,诱发土壤侵蚀,以及因灌溉不当引起大量土地盐渍化等等。

斯坦迪奇在《舌尖上的历史》(杨雅婷译,北京:中信出版社,2014年,第172页)中认为,绿色革命有许多社会和环境的副作用,因而引发高度争议。批评者认为它严重破坏环境,摧毁传统的农耕方式,让不平等更加恶化,并迫使农民依赖西方公司所提供的昂贵种子和化学肥料。也有人怀疑,如此密集使用化学物质的农耕方式,是否能够长期持续下去。程序则在《当今世界农业发展状况与中国农业发展》(载《中国职业技术教育》2004年第26期)中指出,"绿色革命"需要农民购买一系列有较高技术含量的农业投入物,包括良种、化肥、农药、灌贮水等,而发展中国家的大多数小农,因花不起投入成本而无法享受到绿色革命带来的实惠。绿色革命的主要对象作物是小麦、水稻,而大批自然条件差、生态环境较严酷(特别是干旱和半干旱)的国家,主要作物并不是小麦、水稻,也不能受惠。这样,便造成了一个国家地区内部,乃至不同国家之间严重的发展不平衡。在许多发展中国家,小农继续破产和流入城市贫民窟,而发达国家的农场规模越来越大,这两方面都使农村社区面临生存危机。进入20世纪后半叶,农业问题越来越多地与生态环境、自然资源、国家政策、农村发展状况以及全社会的利益密切相关,已不再仅仅是一个生产问题。而且,增加粮食的产量并不会自动地等于消除饥饿。

克里弗德·A.亚当斯在《动物生产乃食物安全保障之根本》(胥蕾译,载《饲料与畜牧》2007年第12期)一文中指出,全球范围的食物安全保障目标远未达到。营养不良影响着全球三分之一的儿童。一半以上的南非儿童处于营养不良状态,三分之一的非洲儿童体重偏低。总之,食物安全保障在许多亚洲、非洲和拉丁美洲国家仍然是一个普遍存在的问题。这种状况必然会对全球人口的健康和幸福造成严重影响。

(二)中国现代农业的兴起与发展

1. 近代中国的农业现代化

胡跃高在《中西方农业现代化历程比较及发展展望》(载《世界科技研究与发展》2003年第8期)一文中指出,1840年后,中国被迫进入农业现代化萌芽时期。大量涉农书籍翻译出版,大量留学生被送往欧美各国,一大批留学生先后学成归国,成为中国近代史上农业现代化发展的重要力量。西方农业生产技术和农产品引入中国,农业研究机构和农业学会的出现,推动了中国农业的近代化。

郑林在《中国近代农业技术创新三元结构分析》(南京农业大学2004年博士论文,第47—48页)一文中认为,中国农业技术创新是整个中国现代化的一个组成部分,其创新的路径是由中国现代化的特点和进程决定的。因此,要分析近代以来的中国农业技术创新或农业现代化,首先要从整个国家的现代化开始。受近代社会因素变动的影响,中国近代农业外部生产的技术产品,如良种、化肥、农药、农业机械等,开始进入农业生产系统,创造现代农业技术的教育、科研机构也相继在城市中出现。在农业外部形成了引进和研究开发新技术的专门部门。这些部门与传统的农业部门完全不同,是现代农业不可缺少的重要一环;以农产品为原料的工业企业相继出现,与之相伴的交通运输业也发展起来。这些部门的出现构成了现代农业的特征。

任耀飞在《中国传统农业的近代转型研究》(西北农林科技大学2011年博士论文,第1页)一文中指出,中国近代,各级政府开始设立管理农业的专门机构,颁发一系列专项经济政策和奖励章程,积极兴办农业学堂、农事试验场,促进了近代农业科技同中国传统农业技术的结合;同时又饬令开设商埠,发展外贸农业,使沉睡了几千年的自给自足经济开始向以市场为导向的农业经济转化,农业经济领域的资源配置也越来越受到市场机制的影响,并成为资本主义市场体系的一部分。这种状况一直延续到后来的清末新政、北洋时期、南京国民政府甚至中华人民共和国成立后,在很大程度上改变了中国传统农业的发展环境和历史命运,并为其发展注入了近代化因子,提供了诸如制定专项法规、兴办农校、建立试验推广机构等历史与技术发展的基本框架,推动中国传统农业开始走上了一条独具中国特色的近代转型之路。

张丽在《中国近代农村经济的探讨》(载《中国农史》1999年第2期)一文中介绍了研究中国近代农村经济变化的学术成果。学者们透过对中国近代农村变化的分析得出了不同的观点:有学者主张近代农村经济衰退论,他们看到因帝国主义、封建主义、官僚资本主义的剥削压迫造成的农村地权日益向少数人手中集中,越来越多的农民失去土地,传统家庭副业生产崩溃瓦解,农业资金和农业劳力流向城市,农民生活水平下降;也有学者主张近代中国农村经济增长论,他们更多的是看到了自19世纪末到1937年全面抗日战争爆发前夕中国近代农业工人工资稳步增长,农村非农业人口增加迅速,农业产量的增长速度明显高于农业人口的增长速度,农民的生活水平得到了提高。还有学者主张介于增长论和衰退论之间的过密型增长和农业生产技术停滞论。透过这些观点的纷争我们看到中国近代农村经济商品化和专业化的同时,还应看到近代中国农村经济发展的非平衡性特征,这种非平衡性既表现在传统农业与近代农业所占的比重的不平衡上,还表现在不同地区近代农业发展的不平衡上。这种不平衡也是中国近代农业生产的重要特征。

吴承明在《中国近代农业生产力的考察》(载《中国经济史研究》1989年第2期)一文中认为,通过对近代农业生产力的考察,中国近代农业仍然停留在铁犁牛耕的传统农业方式,中国近代农业生产力有一定发展,生产方法也有所变化,但变化极微,不能高估。

郑林进一步在《中国传统农业在近代面临的危机》(载《古今农业》2004年第2期)一文中指出,近代中国农业面临危机是不容置疑的,从民国时期的报纸杂志可以看出当时被人们所关注的两类不同的危机:一个是整个国家、社会的特殊环境对近代中国农业造成的危机;另一个是传统农业由于自身特点不能适应近代社会进步而面临的危机。

郑林还在《中国近代农业技术创新三元结构分析》(南京农业大学2004年博士论文,第48页)一文中提出,由于中国的现代化是由外部推动被迫做出的反应,而不是自身社会经济发展的结果,因此,农业现代化进程中出现的一些新事物与传统社会经济缺少历史的继承性较难融合为一体。农业科研机构、教育机构与农业生产实际的脱离以及农业生产者与市场的脱离就是这种表现。

2. 现代中国的农业现代化

黄道霞在《中国农业现代化道路述论》(载《中共党史研究》2002年第1期)一文中认为,中国对农业现代化的认识经历了一个变化过程。早在新中国建立前夕,在中国共产党的七届二中全会上,毛泽东就明确提出了中国农业的现代化目标,其主要内容是"集体化加机械化"的模式。20世纪60年代,我们逐步了解、研究了美国、日本以及法国、荷兰、比利时等西方国家农业发展的事实,同时知道中国的农业与发达资本主义国家农业水平有着巨大的差距。这个时期对农业现代化的内容变为实行"四化":机械化、化肥化、水利化、电气化。这是我们对农业现代化认识的第二阶段,中国开始重视和借鉴西方农业现代化好的经验。改革开放后,中国农业现代化进入了新的时期。其中前30年是现代化启动阶段,改革开放后进入了实施阶段。

王国敏、李建华在《中国农业现代化的历史演进及其启示》(载《淮阴师范学院学报(哲学社会科学版)》2008年第6期)一文中认为,中华人民共和国农业发展现代化历程已经走过了五个阶段。1949年来,中国农业现代化建设取得了举世瞩目的成就,农业生产力水平显著提高,农业增长方式发生了新的变化,农业劳动生产率稳步提高。2007年,中国粮食总量超过了5亿吨,人均占有量超过400千克,农民收入增长幅度较大,农业机械化、电气化、水利化水平提高明显。从总体上看,中国农业正由传统农业向现代农业的转换,无论是农业生产经营方式、农业装备条件、农业管理手段,还是农业组织化程度等方面都有了突破性的进展。

杨万江在《现代农业发展阶段及中国农业发展的国际比较》(载《中国农村经济》2001年第1期)一文中指出,中国经过改革开放,在进入20世纪80年代中期以后,更多的是依靠制度创新、价格机制、非传统要素投入以及市场体系建设等,取得了世界公认的现代农业增长的奇迹,开始追赶世界中等发达国家,向农业现代化战略目标迈进,现代农业发展水平显著提高。

黄国勤在《改革开放30年中国农业的发展》(载《中国农学通报》2009年第10期)一文中从产量上升、品质改善、结构优化、产值增加、农民增收、消除贫困、转移劳力、模式多种、功能多样、科技进步、农民素质提升、保障体系建设、公共事业发展、国际竞争力增强等14个方面梳理了改革开放以来中国农业的进步。他指出,改革开放30多年来,中国农业发展取得了举世瞩目的巨大成就。1978年以后的30多年里,中国粮、棉、油、肉、蛋、奶等主要农产品产量均有大幅度的增长。1978年,中国人均粮食占有量只有316.61千克,1996年人均粮食占有量首次突破400千克大关,人均粮食达412.24千克。此后,由于人口增长和农业自然灾害的影响等多种原因,中国人均粮食占有量虽然有一定下降,但仍保持较好发展势头。2007年,全国粮食人均占有量为379.55千克,比1978年增长19.88%。其他农产品的人均占有量均有较大幅度增长。在中国现有主要农作物的种植品种中,优质品种覆盖率已达到95%,比改革开放前提高了至少四五十个百分点,特别是超级稻、杂交水稻、矮秆小麦、转基因抗虫棉等的广泛推广,极大地提高了作物产量、改善了产品品质。农业的发展带动工业特别是食品工业的发展,促进了工业增值。据卢良恕研究,2007年全国规模以上食品工业企业达2.8740万家,完成工业总产值3.1912万亿元,比2006年同期增长30.07%;完成销售收入3.1068万亿元,同比增长30.11%;完成利税5168.96亿元,同比增长28.74%;实现利润2166.83亿元,同比增长40.36%。

(三)现代农业发展对食品生产和饮食的影响

1. 食品加工、储备的进步

皮尔彻在《世界历史上的食物》(张旭鹏译,北京:商务印书馆,2015年,第62页)一书中指出,19世纪的工业化彻底改变了食物的制作方式,甚至是食物的根本属性。铁路和汽船跨越大陆和海洋将水果、蔬菜和肉类运到市场上,不仅改变了西欧和北美的食物供应网络,也改变了非洲、亚洲、澳大利亚和拉丁美洲大部分偏远地区的食物供应网络。与此同时,工业技术不断地将烹饪从家里的厨房转移到遥远的工厂。工厂体制首先改变了工作场所,它用机器永不停歇的轰鸣代替了农业劳动本身的节奏。熟练的工匠不再直接从新屠宰的动物身上切肉给等待的消费者,相反,一队队无产阶级工人进行着不断重复的工作,他们在美国中西部的工厂里用机械将牲畜切割成块,装入罐头或火车的冷藏厢中,然后运往远方的市场。在随后的一个世纪,数不胜数的其他工业,从生产面包到酿造啤酒,从罐装水果到冷冻蔬菜,都会实现相似的效率。大规模生产大大增加了工人能购买的食物和其他消费品的数量。随着城市化的快速发展,传统的食物供应来源已经不能满足现代的需要,食品加工业变得不可或缺。

张家炎在《传统农业的转化:西欧经历与中国发展》(载《农业考古》1998年第3期)中注意到近代经济对食物生产运输带来的影响。他指出,法国在铁路修筑以前被认为是农村味很重的国家,而正是铁路的修筑改变了法国农业、农村及社会,明显者如完成了市场整合。铁路运输比水运快捷、量大且便宜(海运例外)。防腐保鲜技术的发明对农业发展亦有同样大的作用,如冰箱的制造使得易烂易腐食品的储藏、长途运输成为可能,某些畜产品如肉则可以通过就地屠宰获得而不必活畜运输,鲜奶则可以供应给离产地很远的消费者,防腐保鲜与铁路运输的联合使农产品无远弗届。

阿梅斯托在《文明的口味:人类食物的历史》(韩良忆译,广州:新世纪出版社,2013年,第228页)一书中认为,随着市场的扩大和集中,食物本身变得工业化了。食物生产日渐集约,食品加工业越来越配合耐久性消费品产业所设立的模式,供给变得机械化,配销经过重组,用餐时间随着工作模式的改变而起了变化。

陈炎、李梅在《中西饮食文化的古代、现代、后现代特征》(载《中国文化研究》2009年秋之卷)中指出,随着工业革命的出现,一种来自工业生产线的食品而非厨房的方便食品出现了。1810年,罐装食品实验成功并开始为人们提供食品;1836年,约瑟夫·科林公司生产的沙丁鱼年产量10万罐。1880年,法国西海岸的食物罐装工厂每年产出5亿罐沙丁鱼罐头;1833年,蒸汽动力机器被运用到面包生产中,强有力的机器使面包轻而易举地被大批量生产;19世纪30年代末,乔纳森·迪克森·卡尔发明了饼干塑形机,将大量饼干从一条面团上切下来,以最便捷的方式制成大小一致的几何图形,这些都是独立工匠用手工难以完成的;1874年,浓缩牛肉汁被大量生产和销售。食物生产和食物需求发生了较大的改变。一是现代化的工业手段对食品所进行的大批量生产,二是现代性的城市居民对食品所提出的大规模需求。

阿梅斯托在《文明的口味:人类食物的历史》(韩良忆译,广州:新世纪出版社,2013年,第234页)中认为,机械化的加工方式使食物更容易取得。食物制造商仿效其他产业,采用机械化的生产线,制造标准化产品,在19世纪用蒸汽,在20世纪则用电力当动力来源。巧克力棒、人造奶油和高汤块这三样产品是工业化时代的新发明;工业生产的饼干却是旧酒装新瓶的食物。饼干本是最普遍的食品之一。机械生产的饼干正如巧克力棒和高汤块,呈规格化的几何形状,有着不容混淆的一致性,质地和味道完全可以预测,从而对人类感官多了一种新的吸引力。

2. 饮食方式与饮食观念的变化

侯建新在《英国工业化以前农民的"饮食革命"》(载《新华文摘》2012年第17期)一文中指出,早在工业革命以前,西方农民已经开始了饮食革命。随着西方近代农业的转型和发展,西方的食物结构发生了变化。近代早期以前,西欧平民生活水平普遍不高,而且常常遭受饥荒的威胁。对普通人而言,中世纪时,肉是奢侈之物,英国甚至有专门加工腐肉的廉价店。进入15世纪,随着农业劳动生产率提高,英国农民的饮食结构悄然发生变化,主要表现为:第一,小麦消费增长,达到40%以上。第二,肉食增多,这使得乡村屠户的生意逐渐兴旺起来。第三,酒的消费成为大众饮食的一部分,农民可以定期喝到啤酒,村庄永久性啤酒馆相当普遍。工业革命前的改善尤其明显。

徐旺生在《中国饮食文化与晚近农业结构关系探析》(载《农业考古》1995年第1期)一文中认为,工业革命以后,随着农业的进步,化肥、农药的使用,西方土地相对充裕,农产品的人均占有量大量增加,畜牧业在农业中的比重进一步增加。食的问题在他们那里得到完全解决,肉食占整个食物结构中的主体部分,无主副食之分。肉食的天然可口不需过多的调味品和花样众多的烹调术就能使人们常吃不厌。人们的生活观念发生了较大变化。此外,近代科学的发展,人们认识到食物中热量和蛋白质的作用。

陈炎、李梅在《中西饮食文化的古代、现代、后现代特征》(载《中国文化研究》2009年秋之卷)中指出,20世纪60年代至70年代,快餐在世界各地开始流行起来,汉堡包、热狗、三明治、意大利面、比萨饼、美式炸鸡、法式炸薯条等快餐以烈火燎原般的速度占领着全球市场。到了1995年,美国快餐店有1 218万家,占全美餐饮业的42.16%。而创建于1930年的美国炸鸡快餐连锁企业——肯德基,迄今已在全世界80多个国家拥有11 000多家连锁店。

陈炎、李梅认为,进入现代社会之后,西方人不再强调饮食活动中人与神的宗教关系,中国人也不再强调饮食活动中人与人的宗法关系。工业化的发展、城市化的进程改变了人们的生活节奏,使人们有必要改变自己的饮食方式以适应新生活的需要。卫生、营养、便捷成为现代饮食的三大追求。从理性的角度上讲,饮食的第一要义,就是在具有卫生保障的前提下给人提供必要的营养,而且这种营养的提供越便捷越有效率。

弗里德曼在《食物,味道的历史》(董舒琪译,杭州:浙江大学出版社,2015年,第226页)中认为,20世纪80年代以来,人们越来越注重有机食品,我们可以认为这是食品行业对更发达的技术和经济的合理化反应。

陈炎、李梅还在《中西饮食文化的古代、现代、后现代特征》(载《中国文化研究》2009年秋之卷)中指出,由于中国社会城市和农村、东部和西部的巨大差异,以及外来文化和传统观念的交互影响,致使我们今天的饮食文化中既有古代的成分,又有现代的成分,还有后现代的成分。这种古代、现代、后现代相互叠加的奇妙景观,不仅表现为整个民族的不同阶层,而且在我们每个人身上都有可能交互出现:平日里在家中吃饭,我们可能喜欢现代饮食的简单快捷;工作中在餐馆里应酬,我们又不得不遵守古代饮食的传统习俗;偶尔外出旅游,我们也不妨尝试一下后现代饮食的新鲜体验。在一个价值观念多元化、生活方式多样化的时代里,我们应该尊重每个人的个性自由,而没有理由强迫人们接受某个饮食观念。

3. 食品安全问题及应对

魏秀春在《英国食品安全立法的历史考察,1860—1914年》(载《世界近现代史研究》第七辑,北京:社会科学文献出版社,2010年)一文中认为,在各类食品安全事故频发的今天,食品安全问题引起世界各国的关注,成为继人口、资源、环境之后又一全球性课题。事实上,食品安全问题在欧美工业国家自19世纪以来业已显现出来,随着工业革命在英国的开展,食品贸易日益扩大,在巨额利润的驱使下,食品市场上掺假、制伪、掺毒等现象不断发生并愈演愈烈,构成19世纪英国最主要的食品安全问题。

陈璇在《美国食品安全立法争论及其启示》(载《食品安全导刊》2009年第4期)一文中指出,19世纪中晚期到20世纪初,美国工业化飞速发展,社会经历了从传统田园牧歌式向现代机器大生产的变迁。伴随工业化发展,食品跨州贸易日益兴盛,罐装、冷冻等技术开始在食品领域应用,硼酸等化学物质也被食品生产商添加到食品中。一些当时流行的媒体,如《女士之家杂志》《煤矿工人周刊》等纷纷曝光食品污染、在食品中添加化学物质及造假制劣等问题。

魏秀春在《英国食品安全立法的历史考察,1860—1914年》(载《世界近现代史研究》第七辑,北京:社会科学文献出版社,2010年)中指出,19世纪后期,英国政府日益肩负起维护食品安全的重任,通过修改和完善食品安全立法,使食品法令逐步得到有效实施。1860年,英国政府制定了第一部《食品安全法》,至1914年第一次世界大战爆发,经过半个多世纪的发展,初步建立了比较成熟的食品安全监管体制。

陈璇在《美国食品安全立法争论及其启示》(《食品安全导刊》2009年第4期)一文中指出,1906年,在公众的重压之下,美国国会通过了美国第一部联邦食品法——《纯净食品和药品法》,禁止生产销售任何添加了可能对健康有毒或有害物质的食品。1938年,通过《联邦食品、药品和化妆品法》,取代了原来的《纯净食品和药品法》。《联邦食品、药品和化妆品法》的通过,奠定了美国现代食品安全监管体制的基础。20世纪50年代,食品、营养摄入与一些疾病(如癌症)的相关性科学研究论也相继发表。美国人对于食品添加剂的致癌性产生了极大的担忧,强烈要求保证食品安全。针对这种诉求,1958年国会通过了《食品添加剂修正案》。这是美国也是现代西方国家在食品法中第一次明确提出安全概念。

薛庆根、褚保全在《美国食品安全管理体系对我国的启示》(载《经济体制改革》,2006年第3期)一文中指出,美国对食品安全管理体制是由总统食品安全顾问委员会综合协调卫生部、农业部、环境署等多个部门具体负责的综合性监管体制。各部门分工清楚、职责明确,确保了美国食品是全世界最安全的国家之一。

李婷、刘武兵在《美国食品安全管理做法及启示》(《世界农业》2014年第2期)一文中认为,美国食品安全管理机构的职责定位非常明确:一是保证美国公民的食品安全与身体健康;二是协助美国企业应对出口中涉及食品质量安全的壁垒和纠纷,为美国食品出口保驾护航。围绕这两大职责,美国食品安全管理机制形成了自己鲜明的特点,包括统一食品管理、广泛征询意见、尊重私人标准、严格驻厂检查、跨部门密切合作、驻外专业人员等,其中有不少经验值得中国借鉴。

五、未来世界食物生产的挑战与应对

(一)未来世界食物生产的挑战

丁声俊、朱立志在《世界粮食安全问题现状》(载《中国农村经济》2003年第3期)一文中指出,迄今世界粮食首脑会议确定的每年减少2 000万营养不良人数的目标远没有实现,世界粮食安全形势依然严峻。目前在发展中国家有7.92亿人,在发达国家有3 400

万人长期挨饿。更不可忽视的是,还存在着影响全球,特别是发展中贫困国家粮食安全的多种因素。

胡跃高在《中西方农业现代化历程比较及发展展望》(载《世界科技研究与发展》2003年第8期)一文中认为,当今中西方农业现代化发展出现了农业可持续性减弱的趋势。农业现代化带来了一系列副效应,如水资源短缺、农产品污染、农业多样性减少、农村劳动力过剩等问题日趋严重。

李根蟠在《精耕细作、天人关系和农业现代化》(载《古今农业》2004年第3期)一文中指出,正是由于大量能源的投入,现代农业才能大幅度提高产量和劳动生产率,使大量农业劳动力从土地上解放出来,去从事其他产业,支持了其他生产和文化事业的发展。农业工业化、环境污染、水土流失、病虫害抗性增加、投入产出比下降等一系列弊端已日益暴露。这些情况,引起很多学者的反思,纷纷寻找农业可持续发展的道路。

(二)未来世界食物生产的应对

陶格在《世界历史上的农业》(刘健等译,北京:商务印书馆,2015年,第176—177页)中指出,农民和农业专家提出两个相关办法解决不可持续性和统一性问题,即有机农业和可持续发展农业。21世纪,美国农业部和许多国家的农业机构设置有机农业标准,许多零售商开始买卖有机农产品,或者专卖这类产品。可持续农业发展趋势在农业专家、农民和消费者中不断高涨。它是解决农业工业化问题最可行的途径。

曹瑞臣在《作物改变世界》(载《生态经济》2012年第9期)一文中认为,在全球环境危机、粮食危机日益加深的今天,如何解决本国人口的温饱和保障本国的粮食安全成为一个重大的经济问题和政治问题,贫困和饥荒是一个世界性难题,特别是对那些不发达的发展中国家尤其如此。科学、理性、合理的调整优化本国农作物种植结构,尤其是"民以食为天"的主要粮食作物,必须改变单一作物种植依赖。我们要力争粮食作物种植的多元化,尽最大可能减少因意外自然灾害带来的巨大风险和危机。

刘爱民、封志鹏在《现代精确农业》(载《科技导报》1999年11期)一文中指出,20世纪90年代以来,随着全球定位系统、地理信息系统、农业应用电子技术和作物栽培有关模拟模型以及生产管理决策支持系统技术研究的发展,一种将现代信息技术、生物技术和工程装备技术应用于农业生产的"精确农业",已成为发达国家面向21世纪合理利用农业资源、提高农作物产量、降低生产成本、改善生态环境的主要农业生产形式,从而使农业生产进入一个崭新的发展阶段。精确农业是在现代信息技术、生物技术、工程技术等一系列高新技术最新成就的基础上发展起来的现代农业。其核心技术是地理信息系统、全球定位系统、遥感技术和计算机自动控制技术。精确农业系统是一个综合性很强的复杂巨系统,是实现农业低耗、高效、优质、安全的根本途径。

郭晓鸣、廖祖君、张鸣鸣在《现代农业循环经济发展的基本态势及对策建议》(载《农业经济问题》2011年第12期)一文中指出,发展农业循环经济是中国加快农业现代化和低碳经济发展的一条可行道路。现代农业循环经济发展应与新农村建设相结合,坚持以循环经济为载体,以适度规模种养殖业为核心,以标准化生产为基础,以产业化经营为手段,以种养结合、能源平衡为重点,构建现代农业循环经济的长效发展机制。

高旺盛在《论新时期现代农业的内涵、特征及科技对策》（载《中国农学通报》2007年第10期）一文中指出，面对中国粮食安全、食品安全、农业资源安全和生态环境安全的重大需求，必须进一步加强现代农业科技创新，进一步增加对现代农业科技的高投入，建立并完善国家支持现代农业科技发展的长效机制，建立农业科技基础研究、应用研究、技术开发与产业化相互协调与相互促进的管理模式，创新农业科技成果转化机制、建立农业科技应用保障体系。

卢良恕在《中国农业新发展与食物安全》（载《中国食物与营养》2003年第11期）一文提出，将今后10年食物与营养发展的基本原则概括为"五个坚持"。一是坚持食物生产与消费协调发展的原则，适应居民营养改善的需要，建立以农业为基础、以食品工业为龙头的现代食物产业体系。二是坚持食物资源利用与保护相结合的原则，合理开发利用食物资源，实现可持续发展。三是坚持食物质量与安全卫生管理相结合的原则，加强对食物质量的监测和管理，全面提高食物质量和安全卫生水平。四是坚持优化结构与预防疾病相结合的原则，调整优化食物与营养结构，预防营养性疾病，提高全民营养与健康水平。五是坚持继承和创新相结合的原则，发扬中华饮食文化优良传统，全面提高食物发展科技水平，走有中国特色的食物与营养发展道路。

李里特在《现代农业生产系统是食物安全的保障》（载《中国发展》2007年第1期）一文中强调，现代食品产业不仅成为现代农业发展的动力，而且应该视为现代农业系统密不可分的重要组成部分。现代食品的生产方式发生了很大变化，也就是说，加工制造食品不断向机械化、连续化、自动化方向发展，因此对原料在加工适应性上提出更高要求。同时，原料生产、加工制造和贩卖消费的关系越来越密切，农业生产成为食物生产链中不可分割的一环。从产业经营角度看，现代农业生产和食品产业不再可能独立存在，必须逐渐融为一体。随着中国社会城市化的进展，农业生产地和食物消费地逐渐远离。从可持续发展、有机废物循环利用和保护资源环境的需要出发，也对现代化农业提出了新的要求。现代农业系统首先要求农业生产像现代工业一样，建立法人化企业式经营，农民不再仅是生产者，更要成为经营者，生产型农业要转变为经营型农业。与之有关的土地问题、经营组织问题等都需要发生前所未有的变革。

丁泽霁、杜志雄则在《中国农业现代化的道路选择与面临的新形势——"中外农业现代化比较国际研讨会会议"纪要》（载《中国农村经济》2001年第3期）中指出，发展现代农业必须树立新的粮食安全观念。现在的粮食安全的含义已经不仅是在保证粮食生产和储备数量的那种传统的备荒意义了。粮食安全在保障人民免于饥饿的基础上，还要包含食品健康（如绿色食品、营养等）、生物多样性、维护民族文化等新的观念。

叶普万、白跃世在《农业现代化问题研究述评——兼谈中国农业现代化的路径选择》（载《当代经济科学》2002年第9期）一文中指出，农业现代化建设是一个复杂的系统工程，实现农业现代化又是一个长期而艰巨的任务，因此，需要一个明确的指导思想：中国农业的现代化道路，既不能走以美国和西欧国家为代表的人少地多型的以机械化和化学化为特征的道路，也不能照搬以日本为代表的人多地少型的以生物技术为侧重的道路，而是应依据中国的国情、国力、农情、农力，选择走一条既要重视机械化、化学化和水利化又要侧重生物技术采用的具有中国特色的农业现代化道路。

> 教学设计

设计一：传递甜蜜——近代前期蔗糖的传播及影响

设计意图

农作物的传播不仅改变了传播地区的种植结构，还带来了社会制度、经济格局和社会生活等方面的变化。新航路开辟以来，各地的经济联系日益密切，而农作物的传播，如甘蔗、马铃薯、玉米等物种对世界的发展变化也产生了广泛的影响。本课以近代前期蔗糖的传播为个案，引导学生探讨新航路开辟之后蔗糖传播的情况及其带来的社会变化。通过蔗糖传播相关史料研习，培养学生分析历史问题的能力，认识甘蔗种植、蔗糖传播的积极意义。

设计方案

导入新课：教师首先请同学们讲述自己吃过的糖及吃糖的感觉。

教师讲解：糖给我们的感觉是甜蜜。生活在现代都市的人都很容易地享受到这种甜蜜，实际上，这种现代人十分普通的幸福甜蜜感在古代却是大部分人享受不到的。直到1572年奥台利乌斯在《天地剧场》(1572年)中才说："从前只有药铺里卖糖，专供病人服用"，(今天)"人们一馋就吃糖……从前的药品现在成为食品"。糖怎样成为普通百姓的食物？讨论这个话题涉及很多关于糖的历史，我们现在把问题缩小，来看看蔗糖的传播及其影响。

一、甘蔗的种植与制糖技术的传播

材料一 甘蔗与制糖技术最早由波斯人从印度引入西亚，继而是穆斯林将其传播到阿拉伯帝国统治的各地区，然后是西方人通过阿拉伯而把它引进到欧洲，从西西里引入到意大利半岛，从伊比利亚半岛南部扩展至东部地中海沿岸的巴伦西亚和葡萄牙南部。而十字军东征对于甘蔗种植及制糖业在西方的传播起了极大的促进作用。从15世纪起，随着西方人的对外扩张，甘蔗种植及制糖业又传入大西洋诸岛屿和美洲大陆。

——徐善伟：《甘蔗种植及制糖术的西传》，载《历史教学》1998年第10期

材料二 甜味早已为我们的灵长类祖先以及早期人类通过浆果、水果以及蜂蜜所熟知，其中蜂蜜是最甜的。至少在其原料是通过蜜蜂采集花蜜而来这个意义上，蜂蜜毫无疑问是一种动物产品。糖，尤其是蔗糖，却是一种植物产品，它是借助人类的智慧和技术才被提取出来的。尽管蜂蜜出现在很早的历史记载中，并广为生活在世界上不同技术文明程度社会中的人类所知，而来自甘蔗的糖(蔗糖)只是一种晚近出现的产品，在人类历史上的第一个千年(公元后)，或者说也是蔗糖诞生后的第一个千年里，它缓慢地被传播着；然后只是在过去的500年里，它才广为流传开来。

——西敏司：《甜与权力——糖在近代历史上的地位》，王超、朱健刚译，北京：商务印书馆，2010年，第27页

教师设问： 依据材料一，画出甘蔗与制糖技术的传播路线。阅读以上材料之后，你能得到哪些认识？

教师讲述： 关于蔗糖的生产与甘蔗的种植，大家可能有很多问题要谈。请同学们谈谈自己的感想。

通过以上的活动，我们能够了解了古代制糖技术，甘蔗种植和制糖技术虽然也在逐步传播，但是由于种种原因，蔗糖尚未成为一种普通的食品，能够享受糖的美味的人也十分有限。正如希提所言："蔗糖是传入西方的第一美食，再也没有别的什么东西能够这样适合西方人的口味了。有了蔗糖，也就有了各种不含酒精的饮料，也就有了用蔷薇露、紫花地丁露和其他花露加味的各种糖水，也就有了各种糖食与糖果。"但这样的美味成为普通人的享受还有待时日。这种情况在新航路开辟之后才发生了巨大改变。

二、新航路开辟后的蔗糖生产及其传播

教师讲述： 新航路开辟之后，世界各地的物种交流随着殖民扩张和经济文化的交流而加快，甘蔗的种植和蔗糖生产也悄悄地发生着变化。

材料三 糖在中世纪欧洲香料盒里的地位并不起眼。糖的用量很少，只是为了补充其他味道，而不是大量使用以产生特殊的甜味。由于穆斯林将甘蔗引入了地中海世界，糖的供应也就相对充足。1492年之后，种植园逐步遍及整个美洲，从16世纪的伊斯帕尼奥拉岛到17世纪的巴西，直到18世纪的英属和法属加勒比地区。欧洲的消费者对糖有着贪婪的食欲，尤其是将糖与咖啡、茶和巧克力这样的新型刺激性饮料掺在一起饮用。咖啡、茶、巧克力和糖一样，都生长在热带种植园里。

——皮尔彻：《世界历史上的食物》，北京：商务印书馆，2015年，第37页

教师设问： 如何理解"1492年之后，种植园逐步遍及整个美洲"？这个时期的种植园的主人是谁？谁是劳动者？

材料四 中国糖业自唐代引进印度制糖术，至宋朝发明冰糖，形成专门"糖坊"，糖业已具相当规模。1400年前后中国与地中海地区为世界主要产糖区，到十六世纪中期左右中国与西方均已掌握熬制白糖的技术，这在世界糖业史是一次革命性的进步。此后糖业伴随着欧洲的对外经济扩张产生了飞速的发展，糖也从官僚贵族享用的奢侈品渐渐普及民众，糖量大大增加。

欧洲扩张主义者从巴西等美洲殖民地运输大量蔗糖到欧洲市场，获得暴利。此时，中国糖也参与国际蔗糖贸易，其市场主要包括欧洲、波斯和日本。中国糖运入欧洲市场具有其偶然性。十七世纪三十年代、四十年代至五十年代欧洲当时的主要蔗糖供应地巴西卷入战争，使其产糖量骤减，导致欧洲市场蔗糖供应不足，糖价上涨，荷兰人借助于其对外扩张的范围之广大，趁机利用东印度公司的以中国为主的蔗糖贸易把中国糖输入欧洲，多时竟至三百万磅，中国白砂糖的赢利额有时高达7.65倍。

——陈绍刚：《十七世纪上半期的中国糖业及对外蔗糖贸易》，载《中国社会经济史研究》，1994年第2期

教师设问： 17世纪，中国的糖业在国际贸易中扮演了什么角色？产生了怎样的影响？存在什么问题？

教师引导学生分析： 尽管17世纪中国的制糖比较先进，但中国并没有掌握国际贸易的主动权。国际贸易中，西方殖民者控制了国际市场，糖的贸易受益者主要是西方殖民者。

材料五 尽管烟草、棉花乃至后来的靛青曾为殖民者带来了可观的收益，但它们作为主要作物的时间并不长，是甘蔗拯救了西印度的种植园主们。

由于欧洲人对蔗糖的需求源源不断，蔗糖很快在欧洲市场上获得了价格优势，种植园主们也顺应形势变化，逐渐转向种植甘蔗和生产蔗糖。"西印度人很快发现他们更大的利润来自甘蔗，因为烟草可以在弗吉尼亚大量种植，并且在那里种植的烟草比在西印度任何地方种的都多。因此，尽管圣基茨、巴巴多斯和马提尼克这些地方最先种植的作物是烟草，但是到17世纪中期时，殖民者们已经普遍放弃它而选择种植甘蔗了。"

——王倩：《"蔗糖革命"的历史考察》，载《黑龙江史志》2015年第2期

材料六 殖民地种植园起始于加那利群岛的适度种植，后来发展成为高度组织化严重资本化时间意识强的企业，完全比得上19世纪的工厂。西班牙和葡萄牙的种植园主最初征募美洲劳动力，但疾病与过度工作引起的大量死亡让种植园主开始用非洲奴隶替换美洲土著。种植和收割甘蔗不仅需要艰辛的体力劳动，还需要仔细规划以求产量的最大化。甘蔗砍下后很快会变干，必须将其送到磨坊里，用巨大的碾子榨取汁液。到18世纪才开始使用机械力压榨甘蔗。娴熟的奴隶技工将甘蔗熬成糖浆，撇去杂质，然后倒入锥形的模具中。在干燥了几个星期之后，深色的糖会沉至底部，被用来制作朗姆酒，而上面白色的晶体则会留给欧洲市场。糖最初专供欧洲社会上层消费，后来逐渐传播到社会各个阶层。

——皮尔彻：《世界历史上的食物》，北京：商务印书馆，2015年，第38页

教师设问： 依据材料分析殖民者在美洲种植甘蔗的原因是什么？如何认识18—19世纪糖在欧洲的传播？

教师讲述： 通过同学们的讨论我们可以认识到，新航路开辟之后，甘蔗在美洲的引种，美洲种植园经济的发展，黑人奴隶的劳动以及以欧洲为中心的世界市场促进了甘蔗生产和糖产量的提高。

教师引导学生总结： 通过以上讨论，我们了解了糖在历史上如何从药店里治病的药材成为餐桌上人们热衷的美食，也熟悉了糖如何从少数人才能享用的奢侈品，变成一种普通人都能享受的甜蜜。透过糖，我们看到其背后的经济文化交流、经济结构的变动以及国际关系的变化对糖的传播所产生的影响。透过甜蜜的糖，我们也看到了单一种植园经济的沉重和奴隶劳动的苦涩。即使在市场经济发达的今天，糖的甜蜜是不是所有的人都能够自由享有，依然是一个需要解决的问题。

设计二：如何养活我们？——认识现代农业

设计意图

现代农业与我们的生活息息相关，掌握现代农业的内涵，认识现代农业的特征，有利于培养学生辩证多元看待历史问题和社会问题。

本设计旨在运用历史资料，通过对比、分析等思维过程，培养学生阅读分析历史问题的能力。通过认识现代农业的特征，理解世界农业发展面临的问题，探究农业现代化的路径，

培养学生的社会责任感。

设计方案

新课导入： 民以食为天。我们吃的食物多来自农业生产，请同学们说一说粮食是如何生产出来的？

教师设问： 大家都谈了自己所理解的粮食生产。大家所提供的答案有的自古以来就有这样的做法，如施肥、浇水等，有些答案则是只有现代农业才使用的方法，比如机器生产。那么什么是现代农业，它是如何出现的？怎么认识现代农业？这就是本课要讨论的问题。

一、什么是现代农业？

材料一

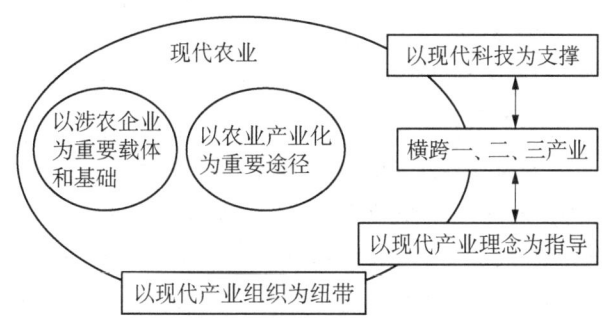

图 1　现代农业概念图示

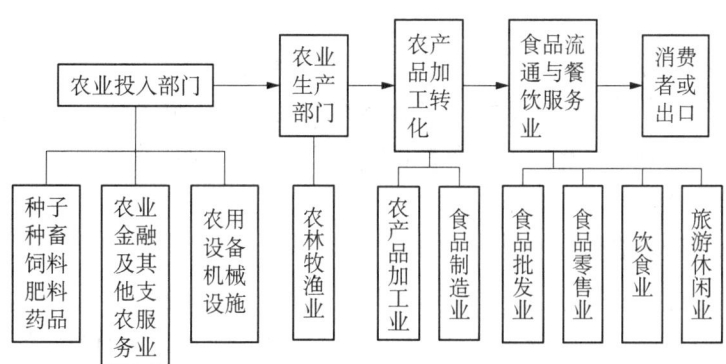

图 2　现代农业体系内涵

——周应恒、耿献辉：《"现代农业"再认识》，载《农业现代化研究》2007 年第 4 期

教师设问： 依据材料一分析现代农业体系的内涵。

教师讲述： 从图 1 可以看出，现代农业是以现代产业的理念为指导、以产业关联关系为基础、以现代科技为支撑、以现代产业组织为纽带的可持续发展的包括农业产前、产中和产后环节的有机系统。现代农业的发展有赖相应的生产经营组织方式的建立和完善，即不是简单的农民组织化，而是基于产业关联关系和利益联结机制的产业组织化。图 2 所示现代农业系统中,传统的农业生产包括农林牧渔等已经成为整个系统的一个环节,即产中环节。以此为基点,向两端延伸,向前是产前环节,通称为"农业投入部门",包括种子、种畜、饲料、肥料、药品、农用设备、机械、农用设施、农村金融以及其他支农服务业等;产后环节包括农产品储藏、加工转化、流通业,农产品加工又包括一般农产品加工和食品制造业两大类,以食品制造业为主。顺着这一链条下来,还包含食品批发业、食品零售业、饮食业和旅游休闲业。现代农业打破了传统农业自我封闭、自给自足的状态,促使农业与工业、商业等部门的联系愈来愈紧密。现代农业以农产品的生产、加工、制造、运输、储藏、销售和餐饮服务为中心,横贯第一、二、三产业,形成完整的具有特定功能的综合农业经济系统。

材料二 根据中外农业科技史专家的研究结论,人类在渔猎、采集农业阶段,每500公顷土地只能养活2人;进入刀耕火种的原始农业阶段,每500公顷土地可以养活50人;进入连续种植的农业文明阶段,每500公顷土地可以养活1 000人;而在资本技术集约型经营的现代农业阶段,每500公顷土地供养的人口猛增至5 000人。特别是20世纪80年代以来,荷兰人选择将有限的土地资源用于发展高附加值的畜牧业和园艺业,发展以温室技术工程为代表的现代设施农业,园艺作物基本摆脱了自然条件的约束,使1公顷温室的生产水平超过100公顷大田作物种植的产出规模,目前荷兰一个农业劳动力每年生产的农产品可以供养112人。这样的生产增长速度在世界农业史上是从来没有过的。马克思曾经指出:"现代科学在农业的运用,将把农村居民从土地上赶走,使人口集中于工业城镇"。这种大规模的集中,"将把从事工业生产和农业生产、城市和农村生活方式的优点结合起来"。总之,世界农业现代化是与工业化、城市化相伴而生的,其实质和核心是化"农",就是农民比重大幅减少、农业比重大幅下降、城市化水平大幅提高的历史演进过程。

——张新光:《20世纪以来世界农业发展中几个带有规律性的问题》,载《上海农村经济》2008年第5期

教师设问:依据材料归纳概括世界农业现代化的特点。

教师讲述:从大家讨论中可以看出,农业现代化与工业化城市化的发展相伴发展,科技和资本的投入极大地提高了农业生产率和农作物的产量,农业从业人员大幅度下降,农业在经济结构中的比重大幅度下降。

二、如何认识现代农业?

教师讲述:通过以上的讨论我们认识了现代农业的内涵及特点。从中我们可以看出,现代农业是以现代发展理念为指导,以发展农村生产力为主线,以现代科学技术为支撑,以现代物质装备为条件,运用现代经营形式和管理手段,以政府对农业的宏观调控为保障,充分发挥市场在资源配置方面的基础性作用,贸工农紧密衔接、产供销融为一体的多功能、可持续发展的农业产业体系。在现代农业中,加大对农业的投入是一个十分突出的特点,比如石油农业的发展,使农业生产机械化水平大大提高,进而提高了劳动生产力。而作物品种通过改良,出现了绿色革命,增加了农作物产量,进而在一定程度上消除了饥饿,让世界养活了更多的人口。

怎样认识现代农业?我们以石油农业和绿色革命为例,进行深入讨论。首先,我们看看:**石油农业——告别还是坚持?**

材料三 石油农业的基本特征是"高投入,高产出的开放式循环",它是一种商品化、社会化、科学化、资金和技术集约化的农业形式。它的优点是可以充分利用现代科技,大幅度地提高土地生产率和劳动生产率,有效地促进农业剩余劳动力向非农产业的转移,促进工业化及整个国民经济的繁荣,成为现代经济增长的动力源泉之一。同时它又构造了一个比较合理的内部、外部物质及能量的循环机制,合理开发利用农业自然资源,合理布局农业生产力,建立了较合理的大农业生态系统结构和产业结构,进而克服了传统农业所不可避免的社会经济和生态的双重外部不经济的弊端,我们可以毫不夸张地说:石油农业的建立为社会经济发展和生态环境的改善做出了重大贡献。

——梁树春:《对石油农业与生态农业的再认识—兼论我国现代化农业模式的选择》,载《农业现代化研究》1988年第3期

材料四 化肥投入量与单产的提高呈正相关,这基本是一个普遍规律。据世界粮农组织估计,近20年中世界粮食增产一倍,其中化肥功劳占30%—40%。病虫害使全世界粮食减产达35%。我国1979年因使用农药挽回粮食242.5亿公斤,占总产量的7%,棉花为18%。当然随之也产生了污染和能耗过高的问题。但笔者认为,这仅是农业生产的一种副产品,它的产生主要是由于科技水平有限所致,这已不是石油农业自身产生的问题,在现实条件下,它是一种必然现象。随着问题的出现,各国科学家都在加深进行科研工作。比如:研究、推广免耕法、少耕法等耕作技术、水土保持技术,增施有机肥代替减少化肥投入;遗传基因工程技术,以培育高产、优质、抗病虫害能力强,能量转化效率高的作物和牲畜品种;研究业推广高效,低残留农肥及混合复合肥,发展综合防治病虫害技术,笔者相信,在不久的将来石油农业所面临的突出问题将会逐步得到解决。

——闻大中:《我国农业生态系统的"石油化"及其改善》,载《生态学杂志》1987年3期

教师设问:比较两则材料对石油农业认识的异同。

教师讲述:第二次世界大战之后,世界各国现代农业迅速发展,石油农业就是现代农业的一种体现。但是,石油农业带动农业生产发展的同时也给现代农业带来了一系列问题。说说你怎么看待石油农业,并论证自己的观点?

其次,绿色革命——发展背后的隐忧。

材料五 20世纪60年代,印度遭遇干旱,粮食大幅度减产。在这种情况下,美国的农业专家诺曼·博罗格与印度的研究人员共同研发并在旁遮普省引进了一种高产小麦。这种小麦茎短而粗壮,结穗多而且不倒伏,让印度农民获得了意想不到的好收成。在劳动强度与原来相同的情况下,小麦产量竟然是原来的3倍。自从引入新品种以来,印度就再没有出现过饥荒。从世界范围来看,谷物生产量也增加了两倍以上,据估算,仅大米的增产量就足以为新增的7亿人口提供粮食。

"绿色革命"带来的巨大成果得到认可,博罗格因此获得了1970年的诺贝尔和平奖。

然而,由于大面积栽种单一农作物,需要使用大量的化肥和农药,因此,这种方法对环境造成了恶劣影响。这种持续了近40年的过度灌溉和过量使用化肥的农业方式导致旁遮普省的土地日益贫瘠。而且,从旁遮普省农民的血液、母乳以及地下水和农地里栽种的蔬菜中,也都检测出了农药残留物。为此,印度政府不得不投入大量预算资金,用于该省建设净

水设施以减轻农民受到的身体伤害。同时,由于使用化肥农药,给农民带来沉重负担,许多人不得不依靠贷款。一位曾经担任过教师的村民抱怨说:"绿色革命只是将农民逼上破产的境地"。

——卡尔·K.伯恩,彭永清编译:《绿色革命能够挽救粮食危机吗?》,载《世界环境》2009年第6期

教师设问: 绿色革命的主要成绩是什么?它又带来了什么社会问题?怎样解决?

教师讲述: 从大家的讨论可以看出,无论是加大投入的石油农业,还是改良种子的绿色革命,现代农业对农业生产劳动效率的提高、农作物产量提高都是功莫大焉。但是也毋庸讳言,现代农业在发展过程中经常会存在着一些问题,比如化肥使用而造成环境污染、土壤肥力下降,再比如转基因种子带来的不可知的恐慌等问题,更为严重的是在现代农业发展的同时,我们所面临的危机也日趋严重。怎样挑战和应对:需要我们贡献自己的智慧和思考。

再次,挑战与应对——寻路现代农业。

材料六 在全球环境危机、粮食危机日益加深的今天,如何解决本国人口的温饱和保障本国的粮食安全成为一个重大的经济问题和政治问题,贫困和饥荒是一个世界性难题,特别是对那些不发达的发展中国家尤其如此。……根据联合国最新数据,联合国2010年年底公布了2010年度多维贫困指数,按照新的标准,2011年全世界又有3亿人加入贫困者行列,全球贫困人口增长21%,超过17亿人。贫困人口几乎占当今70亿人口的1/4。因此饥荒的概念也已经成为全球意义上贫困的符号,并且将会是人类永远挥之不去的符号。

——曹瑞臣:《作物改变世界》,载《生态经济》2012年第8期

教师设问: 人类"永远挥之不去的符号"是什么?你怎么看待这个问题:请提出你的解决方案。

教师讲述: 正如现代化是不可抗拒的历史潮流一样,现代农业也是农业发展的必然趋势,回避或者拒绝现代农业都难以解决现代社会所面临的问题。发展现代农业是现代社会发展的必由之路。当然在我们享受现代科技带来的进步同时,我们对现代农业的发展应有清醒的认识,在现代农业发展的道路上,吸收传统农业的智慧,使现代农业走上可持续发展道路,才能真正保持现代农业的健康发展。怎样解决现代农业的所面临问题,既寄希望于现在的科技进步,也寄希望于课堂中的我们。

教学资源

资源1:从狩猎采集到农业的产生

从旧石器时代晚期开始,史前人类从以主要猎取大动物的狩猎采集经济逐渐向中石器时代渔猎采集和捕捞的广谱经济过渡,最后发展到以农耕为主的新石器时代生产经济。从人类这一经济演变过程来看,明显是从一种收获高、支出低的觅食方式向收获低、支出高的觅食方式转变,也即从利用高档食品向低档食品转变。由此可见,农业起源并非是一种人类乐意尝试和衷心向往的发展,而完全是在一种外力促使下迫不得已的转变。农业经济只是在经过长期发展而成熟之后,通过改造动植物遗传特征,并应用先进技术创造一种人工生态

之后,才成为能用最少人力支出而获得最大收获的觅食方式。

——陈淳:《最佳觅食模式与农业起源研究》,载《农业考古》,1994年第3期

资源2:农业的起源

现代人类的祖先大约在450万年前与猿猴分道扬镳,而"解剖学上的现代人",则出现于15万年前左右。这些早期的人类全都是狩猎者,靠在荒野中猎捕动物、采集植物为生。直到约11 000年前,人类才开始刻意栽培或养殖食物。农牧在世界好几个不同的地区出现,彼此并无关联;而它普遍为人们接受的时间,在近东地区是公元前8500年左右,在中国是公元前7500年左右,在中南美洲则是公元前3500年左右。从这三个主要起点开始,农牧技术逐渐扩展至世界各地,成为人类生产粮食的首要方法。

对于一直以狩猎为基础,过着游牧生活的人类而言,农牧的产生确实是一场重大的变革。若将现代人出现以来的15万年比作一小时,那么直到最后四分半钟,人类才开始实行农牧,直到最后一分半钟,农业生产才成为维系人类生存的主要方式。人类从四处搜寻食物到农耕养殖,从自然获取食物到运用技术的转变,是近期且突然出现的现象。

——斯坦迪奇:《舌尖上的历史》,杨雅婷译,北京:中信出版社,2014年,第4页

资源3:农业种植的产生

在许多地方,人类都独立发现了如何种植食用植物,其中最显著的三处为近东、中美洲和中国。约1万年前,近东的人类首先开始种植小麦和大麦等谷物。距今八九千年前,中美洲人率先开始种植玉米和豆子等重要主食,而中国人则是培育稻米的先驱。随后又出现其他作物种植中心,如种植土豆的安第斯地区和种植高粱的撒哈拉沙漠以南的非洲等。种植的理念和所需的原材料从上述中心发散开去。在移植的真正中心开始种植前,野生作物可能已在当地人的饮食中扮演了重要角色。而在引入耕作的地区,这些作物可能会让人耳目一新。

——弗里德曼:《食物味道的历史》,董舒琪译,杭州:浙江大学出版社,2015年,第17页

资源4:中国史前农业的类型及特点

中国以长江、黄河两大流域为基础,南北形成稻作、粟作史前两大农业系统的格局,这在世界史前农业史上是独一无二的。相对于世界其他国家或地区而言,中国无疑是自成完整体系的农业起源重要中心之一,也是史前农业地理分布广阔、保持着持续性发展的一个国家。农作物中,主粮类为稻、粟(稷)、黍,蔬菜类有油菜、小白菜、小葫芦、菜豆、紫苏等。油料兼衣着原料是大麻,都是中国本土原生植物(另有高粱、芝麻等尚存争议);家养畜禽昆虫主要有猪、狗、牛(黄牛、水牛)、羊(山羊、绵羊)、鸡、家蚕等;农具广泛使用石、陶、木、骨角、蚌等材质,农耕整地类主要有木耒、耜(含铲。石、骨、木质)、锄(石、角质)、石镬、石犁桦等,收割类有刀(陶、石、蚌质)、镰(石、蚌质),加工类有石磨盘、石磨棒、臼(陶、木、地白)、杆(木、石质)、陶碾钵等;基本耕作方式,整治旱田长期采用火耕(烧田)耜耕相结合的方式,整治水田长期采用火耕、踏耕、耜耕相结合的方式,水稻种植中又较早出现了田间小型灌溉系统。诸

方面都显示出鲜明的本土特征和历久性传统,其中一些项目或品种属于中国首先起源或原产,有的还向世界逐渐传播,产生了较深远的影响。

——任式楠:《中国史前农业的发生与发展》,载《学术探索》2005 年第 6 期

资源 5:食物生产的意义

在 3 000 或 4 000 年这段短短的时间内,人类的生活比以前整整 25 万年的变化还大。在农业革命之前,大多数人都不得不花费大量时间去寻觅下一顿的食物,除非他们在狩猎成功后能饱餐一顿。因为人类学会了生产食物——而不是采集、狩猎或收集食物——把食物贮藏在粮仓里和牲圈里,他们不得不而且也有能力大批地定居下来。人类的能量一旦解放出来并且投入到许多新的工作中去,随之而来的就是专门的非农业的工艺的发展。因而,像诸如基本机械原理的发现,纺织、犁耕、轮作制陶以及冶金术等许多发明的迅速出现,就绝非偶然。

——罗伯特·J.布雷伍德:《农业革命》,陈星灿译,载《农业考古》1993 年第 1 期

资源 6:农业产生与人口的增长

农业革命引起了人口的又一次大增长,这是继伴随人类出现时人口膨胀后的第二次。在旧石器时代,由于进化了的人类对工具的改进,使生产力和人口发生相应的增长。从而,人口从一百万年前的 125 000 个猿人迅速增长到一万年前的 5 320 000 个猎狩智人,增长了 42 倍。随着农业革命,由于使一定地区能够获得更多更可靠的食物来源,以致人口的数目比从前有更显著的增长。从 10 000 年前到 2 000 年前,人口又一下子从原来的 5.32 百万猛增到 133 百万,只八千年就增长了 25 倍,完全可以与旧石器时代一百万年的人口增长相比较。

人口的增长是有选择性的而不是整齐地增长就像前面已经说过的一样、技术革新率先的民族其人口增长也是率先的。结果,就像早期智人的发展最后超过并取代他们的猿人前辈一样,新发展的农人最后也超过并取代了猎狩者。

——斯塔夫里阿诺斯:《农业的起源与传播》,李群译,载《农业考古》,1988 年第 1 期

资源 7:东西方传统农业的结构

农业作为一种谋生手段所要解决的就是衣食问题,但是,长期以来人们在研究农业起源和发展的历史时,只注意食物获得过程和手段的研究,而忽视了对衣着来源的考察,更忽视了把衣食作为一种整体来比较中西方农业的异同,也就无法真正地把握中西方农业的特点及其由此而产生的一系列问题,我们认为,不能光用吃来表示中西农业的差异,还必须用穿来表示,因为穿不仅是农业结构差异最终结果之一,而且也是差异(包括食物上的差异)发生的最初原因。

衣着原料取之于自然,属于植物的有麻类和棉花等,属于动物的则有毛皮和蚕丝等。由于各地自然条件不同,衣着原料因地而异。东方的中国自新石器时代开始就以蚕丝和大麻为主,丝为富人和老人享用,麻为平民百姓穿戴。到宋元以后,改为以棉花为主,则"地无南北皆宜之,人无贫贱皆赖之"(丘浚《大学衍义补·贡赋之常》)。动物的皮毛虽然也被用作衣

着原料,但极不普遍,除给富人充作奢侈品外,普通百姓难以得到。西方,特别是英国则正好相反。史前时代开始就以毛皮和亚麻(特别是羊毛)作为衣着原料。尽管早在公元前4世纪罗马人就知道有丝绸,后来丝绸又进入罗马帝国并为上流社会所喜爱,种桑养蚕技术也在公元6世纪传到了欧洲;16世纪中期,蚕丝还只是在英国贵族中使用,伊丽莎白皇后开始穿上了丝袜,16世纪末蚕桑生产技术传入法国,随后又传入英国,直到1701年英国才通过法案禁止从外国进口蚕丝,但此时英国人的衣着原料依旧是羊毛。蚕桑业和同时的羊毛业及棉纺业相比是微不足道的。

衣着原料不同,获取的方法也不同。在中国则为养蚕,在英国则为养羊,但在自然经济的条件下养蚕和养羊都不能单独存在,而必须与谷物种植相结合,于是形成了不同的农业结构。在中国农业结构的主体是农桑结合,在西方则是农牧并举。反映在农书上,中国历代农书主要包括农和桑两部分内容。现存最早的农书《氾胜之书》已露端倪,书中即有专门的"种桑法"一篇;宋代的《耕织图诗》则用图像和诗歌的形式把农桑的内容表露无遗,元代的三大农书则直接以"农桑"为书名,如《农桑辑要》《农桑通诀》《农桑衣食撮要》。直到清代尚有《农桑经》《农桑易知录》《农桑杂俎》等书以"农桑"命名,据王毓瑚先生《中国农学书录》的统计,此类农书共有11部之多;明代的《天工开物》虽非专门农书,但以粮食生产为主的"乃粒"篇之后便是以蚕桑生产为主"乃服",也体现了农桑结合的传统,直到清代官修的《授时通考》还是将"谷种门"和"蚕桑门"并列,把果蔬列在"农余门",把棉麻列入"桑余门"。西方农书中,没有桑麻一项,而主要包括谷物生产和动物饲养两部分。最具有典型意义的农书,当属公元前1世纪瓦罗写的《论农业》该书分为三卷,分别讨论与农业、家畜和小动物饲养有关的问题。这种情形在13世纪的《亨莱农书》中仍然没有多大改变。

衣着原料的生产是中西农业的分水岭,分为农桑和农牧两种结构。农桑结合是中国农业结构的主要特征;而农牧并举则是西方农业结构的主要特征。在主体结构下中西方的农桑和农牧又有各自不同的结合方式。

——曾雄生:《中西农业结构及其发展问题之比较》,载《传统文化与现代化》1993年第3期

资源8:中国古代农业精耕细作的发展历程

中国虞夏之际由原始社会进入阶级社会以后,传统农业大体经历以下发展阶段:虞、夏、商、西周、春秋时期的农业以黄河流域的沟洫农业为标识,虽然保留了它所由脱胎的原始农业的若干痕迹,但精耕细作农艺已经萌芽于其中;战国、秦、汉、魏晋南北朝是精耕细作农艺的成型期,北方旱地精耕细作技术体系臻于成熟,并获得系统的总结;隋、唐、宋、辽、金、元是精耕细作农艺扩展时期,我国经济重心由黄河流域转移到长江流域及其以南地区,南方水田精耕细作技术体系的形成并逐步臻于成熟;明、清是精耕细作农艺继续向广度和深度发展的时期。其中,宋以后出现的人口长期趋势的增长达到一个新的阶段,由于人口激增导致原有耕地的紧缺,人们致力于增加复种指数和扩大耕地,土地利用率达到了传统农业的最高水平。

——李根蟠:《精耕细作、天人关系和农业现代化》,载《古今农业》2004年第3期

资源9：古代农业发展阶段和食物的变化

距今6 000年以降，人类开始进入阶级社会、文明时代。其主要标志是有了金属冶炼、文字、城市(城堡)、神庙等。人类原始、半原始的农业畜牧业(含渔业)也随之进入古典农牧业阶段，开始和发展使用金属工具。在最古老的文明中，先后涌现了美索不达米亚(两河流域)、埃及、印度、中国、希腊(先是克里特和迈锡尼)这五大文明古国。它们的农牧业都有长足的发展，其居民的食物结构依自然条件和地理环境的不同而呈现各自的特点。在粮食方面，中国以粟、稻、大豆等为主，印度以稻为主，两河流域以小麦为主，埃及以各种麦类为主，希腊、罗马以麦类为主。在肉食方面，各大文明古国有些差别，但已不是很大了。

在公元5世纪以来的中世纪时代，封建制度占主导地位，农牧业的发展也随之进入传统农牧业阶段。其代表性技术是在生产活动中普遍使用铁器、畜耕、农家肥、灌溉、大规模水利工程，连续栽培制、一年两熟制、间种套种制取代了撂荒休耕制，农牧产品的加工、储藏、食用加工等有了很大的进步；畜牧上大量出现了杂交种类，如骡、犏牛(牦牛和黄牛杂交)等，初步出现了专用奶牛；出现并形成了各种品种的鸡、鸭、鹅、兔、家鸽、鹌鹑，各种品种的猪、马、牛、羊、驴、鹿；大象从古代起就有驯化和饲养，一般用于力役和战争；出现并形成了大规模的种桑养蚕抽丝、养蜂和取蜜。由于种种原因，美洲的农牧业则停留在古典农牧业甚至半原始农牧业阶段，大洋洲的农牧业则停留在原始阶段。

在中世纪的传统农牧业阶段，粮食和其他作物的生产、畜牧业(含渔业)的生产形成了主产区和主食圈。据日本《食物的世界地图》一书，主要有西半球美洲的玉米和根茎类饮食文化圈，中亚、西亚、小亚、北非、欧洲的麦食文化圈，中国、印度、日本、东南亚的大米饮食文化圈，非洲的杂粮文化圈；中国极北部、欧亚大陆中部西部南部、非洲北部东部、非洲最南部的畜牧地区(一般兼农业)；非洲南部局部、中西部局部、大洋洲大部、亚洲极北部、亚洲最北部北冰洋沿岸、北美洲、南美洲最南部的狩猎地区。此外，在副食和调味方面，还形成了中南半岛、东南亚、中国南部、日本、朝鲜和部分地中海地区的爱吃鱼肉圈，印度、南亚、东南亚的主产和爱吃香料圈，中东、近东的喜食香料圈，太平洋北部、印度洋北部的喜食椰子圈等等。

在中世纪(5—16世纪末)，人类的农业畜牧业(含渔业)发展到很高的水平。特别是在欧亚各主要文明大国，以铁犁牛耕(或马耕)、农田水利、打井修渠、积肥施肥、一年两熟、套种间种、精耕细作、海洋捕鱼、淡水养鱼、舍饲圈养、放牧转场为代表的农业文明十分璀璨，并影响至今。

——张箭：《人类食物结构演变初论》，载《经济社会史评论》2016年第1期

资源10：新航路开辟时期的物种交流

1400年后，主要由大西洋沿岸的欧洲人组成的海员们把几乎所有人类可居住的土地连接在一起，形成了一个生物交互网络。地球的海洋和沙漠不再能够把不同的生物地理区域隔离开来。世界失去了生物边界，植物、动物和疾病可以迁移到任何生态条件允许它们传播的地方。这些迁移的速度、彻底性，往往仍取决于交通运输的技术和技能，以及贸易、生产和政治的模式。

1492年，哥伦布开创了跨大西洋的定期物种交流。在第二次航行时，他有意地把满满一大船新物种带入美洲。在接下来的几个世纪中，他的追随者们带来了更多的物种。历史

学家根据艾尔弗雷德·克罗斯比 1972 年的相关著作题目把这一持续不断的物种交流过程称作哥伦布交流。这一过程最显著的结果是美洲印第安人获得了一大批新的植物和动物，但同时他们也染上了到那时为止他们仍不熟悉的破坏性疾病。那些疾病包括天花、麻疹、腮腺炎、百日咳和流感，它们在从日本到塞内冈比亚广阔的互动地带上都已经传播得相当广泛。它们是流行性的少儿疾病（有时候这些疾病被叫作"人群疾病"，因为需要大规模的互动人群来保证病毒的传播），导致大量婴儿夭折。但是欧亚和非洲大陆上的成年人都是这些疾病的幸存者，他们对这些传染病若不是大部分，或者是全部完全免疫，也是有一定的抵抗力。除了人群疾病，哥伦布交流也把黄热病和疟疾这样的一些虫媒致命性疾病带入了美洲。在美洲，这些都是新传染病，美洲印第安人对它们没有任何抵抗力。因而这些传染病在 1500 年到 1650 年间在美洲肆虐，夺去了 50%—90% 的当地人的生命，酿成了世界史上两起大规模人口灭绝灾难的其中之一。

——约翰·麦克尼尔：《世界历史中的物种交流》，载《全球史评论》第 4 辑，北京：中国社会科学出版社，2011 年

资源 11：物种的大交流与人类食物结构的再演变

从中世纪晚期近代早期的 15 世纪下半叶至 17 世纪下半叶，发生了探险大航海和地理大发现。欧洲人向新发现地区大规模殖民和大量移民，从此开始了全球物种的大交流包括全球农业文明的交流。美洲特有的作物玉米、甘薯、马铃薯、烟草、橡胶等传入旧大陆，后来又传入大洋洲；旧大陆的作物水稻、小麦、油菜籽、甘蔗、麻类等，家畜猪、马、牛、羊、驴、骡、骆驼等，家禽鸡、鸭、鹅等也传入美洲，后来又传入大洋洲。猫原产旧大陆，大航海时代随欧洲海船和海员传到各新大陆。由上可推，家猫是由旧大陆传入新大陆的。非洲在白人到来、一步步沦为殖民地后，也渐渐从渔猎经济、半原始的农牧业跨过了古典农牧业阶段，过渡转型为传统农牧业。

美洲作物在全世界的传播和普及具有重要的意义。比如，玉米、甘薯、马铃薯、木薯等粮食饲料作物具有耐瘠、耐旱、高产、抗性强、病虫害少等优点，对近代以来世界的人口持续增长乃至爆炸并维持在目前的 70 亿水平有重要贡献；烟草成为全世界总产值最大的经济作物并引发约五分之一的人有了抽烟嗜好；橡胶成为与钢铁、石油、煤炭比肩的重要工业原料；辣椒改变了许多人的口味；金鸡纳（其提取物为奎宁）降伏了长期严重危害人类健康和生命的疟疾，等等。人类的食物结构发生了自农业诞生、火的使用以来的第三次大变革。人们对美洲作物的依赖有时也带来意想不到的困苦。例如，马铃薯从新大陆传入欧洲，16 世纪 80 年代被引进英国，渐渐发展成为英伦诸岛重要的粮食和蔬菜。1845—1849 年的爱尔兰大饥荒，100 万人饿死，130 万人移民，肇因就在于作为主要食物源的马铃薯因罹患卷叶病严重减产。

欧洲的奶牛和食用牛奶习惯也在大交流时代慢慢传开。人类从驯化饲养家畜以来，就出于各种目的偶尔食用母家畜产仔哺乳期生成的乳汁。中国古代的牛乳皆指牛乳药用或作为老弱病残者的补品，而非大众的普通营养食品。其实人类长期没有专用奶牛、奶牛业、制奶业和饮奶习惯，因为世上原本无奶牛，也无野生奶牛，奶牛是人类在长期养牛用牛的生产实践中慢慢培育、选择，变异形成的专用牛类。有学者提到，在中国悠久的农牧业发展史上，

牛在广大汉族地区被当成役畜使用,它们能够产出的很少一点乳汁只能够喂养自己的牛犊,无法惠及普通人。乳品在中国饮食历史上是长期"非典型存在"。奶牛起源于西欧。奶牛饲养在罗马时期已有零星记载,中世纪时期瑞士奶牛的个头已明显增大。专用奶牛的初步形成大概是在中世纪中期。这一时期爱尔兰人的日常食品就包括牛奶奶酪、凝乳、牛奶。中世纪中期爱尔兰还没有钱币,进行交换的价值单位是奶牛,并被视为"套",金、银、铜、锡、布匹、猪、马、奴隶等在交换时,都以值多少套或零点几套计价。中世纪中期的爱尔兰奶牛在品种正在形成和粗放饲养的情况下,每天可产奶4—6升。牛油、乳清及凝乳等制品是中世纪中期以降爱尔兰人夏天的主要食品。因为从冬天到初春这段时间,乳牛无法放牧。这一生产生活习惯延续了几个世纪。甚至近到1820年,在爱尔兰蒂龙郡还流行一句谚语,"夏天靠牛奶,冬天靠牛油。""喝牛奶消费在这些(欧洲以外的)地区成为平常是较近的事情,作为近五百年来欧洲殖民主义和政治上支配大部分世界的结果"。

——张箭:《人类食物结构演变初论》,载《经济社会史评论》2016年第1期

资源12:东西方近代农业转型差异

15世纪以后,中西方农业都受到了工商业的挑战,西方自新航路开辟以后,欧洲的贸易中心由地中海转到大西洋,促使英国工商业的发展。自古就以羊毛输出为主要产业的英国,从15世纪起,毛纺织工业迅速发展起来,由羊毛输出国变成呢绒输出国,呢绒远销欧洲各地,由于羊毛纺织业的兴盛,养羊成为当时很有利可图的事,导致了圈地运动的兴盛,圈占耕地,改为牧场,用以养羊,时间从15世纪末到19世纪上半叶,历经三个半世纪。而与此同时中国的江南地区,也由于工商业的发展,特别是丝织业的发展,使得种桑养蚕也成为一种有利可图的产业,于是出现了"桑争稻田"的局面。从本质上来说,桑争稻田和圈地养羊都是衣着原料对食物生产的挑战。但由于中西方农业结构的不同,其最终结果却迥然有别。

圈地运动产生的一个最明显的结果就是农村人口的急剧减少,历史上称为"羊吃人"。圈地养羊使得畜牧业代替了农业,而畜牧业对劳动力的需求较少,特别是绵羊,一年中大部分时间都是自谋生路,无须多人看管,这就使得"曾经是200人工作并依靠他们诚实劳动而生活的地方,现在只剩下一二个牧人"。留下的牧人利用圈占过来的大面积土地采用先进的技术牧羊放牛,同时种植谷物,生产出比以前更多的皮毛、肉食和粮食,使人民得以丰衣足食。这也是适度规模经济所带来的效益。兹以发生科学革命的17世纪的英国为例,当时英国的农民及像劳工这样的人平时可以吃到肥腊肉、肥咸肉、奶酪以及粗面包等等,以致当时有人认为"世界上没有一个国家,其低层阶级的人能比英格兰有更好的食品"。这就是圈地养羊带来的最直接的效益;而另一方面圈地使大量的人口离开农村,进入城市,成为第一代产业工人,生产出大量的工业产品(特别是纺织品),出口到欧洲及世界各地。这一切使英国得以富强,产生了像牛顿和瓦特这样的科学家和发明家。圈地运动成为资本主义原始积累全部过程的基础,资本主义就是在此基础上发展起来的,没有工业人口的增加和农业人口的减少,就没有资本主义的发展。

相比之下,在中国却是另一种情形。农桑结构没有产生像西方那样的使农村人口减少、城市工业人口增加的情况,更没能在此基础上发展起近代资本主义,也就没能够产生作为近代资本主义文明的标志之一的科学技术。究其原因主要是由于蚕桑缺乏作为食物的功能,

桑争稻田从根本上来说不能导致蚕桑生产取代水稻种植,尽管个别地方桑地多于水田,或因地相匹,但大多数地方还是水田多于桑地,出现了桑稻并存的局面,这种局面的出现进一步加剧了对劳动力的需求。中国民间有句话:"半田半地,累得没气",反映的就是水田与旱地结合对劳动力的需求。种桑养蚕较之于种植水稻对劳动力的需求更大。据明万历年间归安人孙铨的估计,两者的比例为100:5,这就导致了农村人口呈不断增长的趋势,可以说中国历史上蚕桑业最发达的地区也就是人口最多的地区。由于人口不能从农村中转移出去,城市工商业的发展也受到限制,资本主义的发展也就无从谈起。相反由于农村人口的增加,在耕地面积有限的情况下,必然出现劳动力投资效益下降的局面,以至出现内卷化的趋势。而另一方面,人口的增加必然导致粮食不足,太湖地区由粮食出口变成粮食进口,"苏湖熟,天下足"为"湖广熟,天下足"所取代,就是一个明显的例子。粮食不足必然影响到蚕桑业的进一步发展。因此桑争稻田仅仅是一种现象,而没有像圈地运动那样成为一种旷日持久、影响深远的运动。近代西方的发展和中国的滞后,在圈地养羊和桑争稻田上得到了解释。

——曾雄生:《中西农业结构及其发展问题之比较》,载《传统文化与现代化》1993年第3期

资源13:工业革命以来的农业与食物变化

18世纪下半叶开始了工业革命,19世纪上半叶开始了现代农牧业的进程。把工业革命的成果广泛而普遍地应用于农牧业,便造就了现代农牧业。其具体内涵包括普遍使用科学育种、水利(修建水利设施、大量使用了炸药、水泥和钢筋混凝土)、机井、机器、动力(蒸汽力、内燃机、电力等)、化肥、杀虫剂、各种农药、除草剂、塑料地膜大棚、土壤改良、农副产品加工机械化,等等。目前世界上多数地区处于现代农牧业阶段,少数地区仍处于传统农牧业阶段,个别地区则开始了当代农牧业的萌芽。

近代和工业革命以降,人类的食物结构渐渐趋同。主食粮食渐渐都以稻米、麦粉为主,还有粟米、玉米、甘薯、马铃薯、木薯等,差别则在于各国家地区的经济发展程度。中国汉语为此还发明了相关的概念和术语,即"细粮"和"粗粮","主粮"和"杂粮"这两对范畴。

中国在改革开放后,人们才普遍吃上细粮,普遍吃肉蛋喝奶,即除了吃得饱,还慢慢吃得好了。在蔬菜水果方面,从中世纪至今,全世界各地区的人们,不论贫穷与富裕,都常吃蔬菜。但是从古代到现代,富人经常吃水果,中层人有时也吃点水果,对穷人来说水果是奢侈品。只有水果产区的果农,在收获季节因水果不便储藏才经常吃水果。中国在改革开放以后,广大群众才普遍吃上水果。随着全球化现代化进程的提速、扩展与加深,现今,全世界人民的食物结构已越来越趋同,吃得越来越好了,差别越来越小。世界的经济和社会发展是不平衡的,当今仍有非洲、南美洲把玉米和各种薯类(特别是木薯)当主粮之一食用。

综上所论,人类的食物结构由差别较大,到全球化和现代农牧业阶段差别缩小,至今已越来越小了。比如欧美人也喜欢喝茶,不排斥米饭;中国人、日本人也喝咖啡、吃巧克力和面包。人类的食物结构经历了一个一样、不太一样、大不一样,差别开始变小、变得较小、变得很小这么一个发展变化轨迹,基本上呈马鞍形。我认为,随着全球化和现代化的发展与深入,人类的食物结构差别还会继续缩小,并渐渐趋于基本一致。

以上是就生产发展和农业地理条件而言。从社会发展和分层角度而言,人类的食物结

构在原始社会也无差别或差别很小,进入阶级社会后差别出现并很大。即富人、上层、贵族吃得好或很好甚至奢侈,小康之家、中层、平民吃得一般,穷人、下层、劳动人民吃得差,经常吃不饱,在灾荒和战乱年代甚至饿死。进入现代(20世纪)特别是当代(21世纪)后,这种食物结构差别和差距又渐渐变小了。目前世界上吃得差、不时挨饿的人口在总人口中的比例已越来越小了,所以这方面的变化轨迹也呈马鞍型。人类的食物结构从社会发展视角而论实际上经历了挨饿型、糊口型、温饱型、小康型的发展演变,目前正在向科学合理富足的食物结构迈进。我们相信,全世界全人类都能吃饱、吃好、吃美味佳肴、彻底消除饥饿和营养不良的日子应该不是很遥远了。

——张箭:《人类食物结构演变初论》,载《经济社会史评论》2016年第1期

资源14: 科学技术与农业生产力结合历程

农业科学技术是潜在的生产力,它来源于生产实践和科学实验,又向农业生产和科学实验中转化。国外科学史家把科学与生产的结合形式分为六个阶段:一是潜在阶段,在生产过程中孕育着自然科学和知识技能。从恩格斯关于"有史以前的诸文化阶段"的论述来看,农业科学技术(当时,其他科学技术也寓在其中)还潜育在动植物的采取、驯养和栽培之中,因为没有文字,所以还没有、也不可能从农业生产活动中分离出来,这时的农业也就是原始社会的原始农业。二是解放阶段,自然科学从某些领域摆脱生产过程而独立出来。恩格斯在"科学历史摘要"中指出了自然科学各部门的顺序发展,首先是天文学,其次是数学,再其次是力学。这些学科是由于农牧生产、灌溉、建筑的需求而发展起来的,而且它又同文字的发明紧紧地联系在一起。在农学的巨著中,古罗马的M.T.瓦罗撰写的《论农业》,写于公元前36年,距今已有二千多年的历史。我国的古农书有500多部,其中古农学巨著《齐民要术》成书于公元533—544年,距今已有1400多年的历史。这些农书可算是农业科学技术从农业生产中解放出来的鉴证。这些农书出现了经验农业的初期和中期。此后,徐光启于1626年、1627年写完了传统农学的巨著《农政全书》。三是应用阶段,即经验与技术并用,这是古农学和传统农学巨著出现以后的阶段,在应用的基础上进一步总结提高,出现了科学农学。阿·泰勒在《合理的农业》一书中提出,农业科学应建立在经验的基础之上,获得经验的手段除了观察还有实验。因此,被西方的学者公认为科学农学的创始人。四是以科学为基础的生产阶段,即根据自然科学进行生产。这可视为科学农业的初期阶段。十九世纪末和二十世纪初一些先进的国家已进入这一阶段。主要标志是农业教育普遍兴起,农业科研的进一步发展,农业生产中在许多方面运用了农业科学实验的成果。五是整体化阶段,即借助自然科学进行生产,科学与生产融合一体。这可视为科学农业的中期阶段。一些发达国家,如苏联和美国等,正在把科研、教育、推广、生产融为一体。六是科学直接转化为生产力的阶段,通过自然科学来建立生产,"实验室里创造着社会的未来"。这可谓科学农业的高级阶段。一些发达国家和地区,在农业生产的某些领域可以看到这种雏形或局部的现实,如应用人工气候室进行生产。综上所述可见:原始农业时期是科学技术的潜在阶段;经验农业时期是科学技术由解放到应用于生产的阶段,科学农业时期则是科学技术同生产相互渗透、融合及至等同的阶段。

——朱新民:《农业发展阶段的基本特征》,载《中国农史》1983年第1期

资源 15：发展现代农业重视食品安全

现代农业是继原始农业、传统农业之后的一个农业发展新阶段，是持续、广泛应用现代科学技术、现代管理和现代工业装备的专业化、社会化、集约化产业，是把生产、加工和销售相结合，把产前、产中和产后相结合，把生产、生活和生态相结合的一体化的高效率与高效益的综合性产业。现代农业的核心是科学化，特征是商品化，方向是集约化，目标是产业化。

在现代农业发展过程中，食物安全是一个不可忽视的重要方面。

从数量的角度，要求人们既能买得到、又能买得起所需要的基本食品；从质量的角度，要求食物的营养全面、结构合理、卫生健康；从发展的角度，要求食物的获取注重生态环境的保护和资源利用的可持续性。由此看来，食物安全问题是一个系统工程，需要全社会各方面积极参与才能得到全面解决。

要科学把握和解决粮食安全问题，必须从食物安全的高度进行审视。食物概念的内涵比粮食更丰富、更全面。树立食物安全的新观念是实现粮食安全的基础和保证。

全面加强食物质量安全体系的建设，是一项包括技术体系、标准体系、监测体系、管理体系等内容丰富的，涉及农业、卫生、科技、轻工、质检、工商等多部门的系统工程，必须引起政府的高度重视，协调和组织社会各方面的力量共同参与。

——卢良恕：《从土地到餐——中国农业新发展与食物安全新动态》载《中国报道》，2006 年第 9 期。

第二单元

劳动工具与劳作方式

学术引领

一、单元核心概念简述

(一) 劳动工具

1. 劳动的定义

马克思认为,劳动首先是人和自然之间的过程,是人以自身的活动来中介、调整和控制人和自然之间的物质交换的过程。为了在对自身生活有用的形式上占有自然物质,人就使他身上的自然力——臂和腿、头和手运动起来。当他通过这种运动作用于他身外的自然并改变自然时,也就同时改变他自身,使自身蕴藏着的潜力发挥出来,并且使这种力的活动受自己控制。(中共中央马克思恩格斯列宁斯大林著作编译局:《马克思恩格斯选集》第2卷,北京:人民出版社,1995年,第177页)

萧前、李秀林、汪永祥在《历史唯物主义原理》(北京:北京师范大学出版社,2012年,第40页)一书中对"劳动"做出了一般性定义。劳动是人以自身的活动来中介、调整和控制人和自然界之间的物质交换的过程,是通过有目的的活动改变自然物的社会实践。构成劳动的一般要素包括有目的的物质活动即劳动本身,包括工具在内的劳动资料,天然的或人工的劳动对象等。劳动就是这些要素相互联系、相互作用的过程。

宋涛在《政治经济学教程》,北京:中国人民大学出版社,2016年,第4页)一书中认为,劳动就是具有一定生产经验和劳动技能的劳动者,使用劳动工具所进行的有目的的生产活动,它是生产的最基本的要素。任何先进的生产工具,如果没有劳动者去操作,只能是一堆物料,没有人的劳动就根本谈不上生产。

曹新在《生产劳动定义解析》(载《理论与改革》2003年第3期)一文中认为,根据传统的生产劳动的定义,不仅把商业流通活动排除在生产劳动之外,而且把现代社会国民经济发展的主要内容,如金融、保险、证券投资、中介服务、信息咨询以及科技创新等活动都排除在生产劳动之外。因此,从最一般抽象的意义来说,劳动是指一切能给人类社会发展创造财富的有目的的直接的经济活动。从劳动的这一概念出发,划分生产劳动和非生产劳动的标准主要有两条:其一,要看是否创造财富;其二,要看是否是有目的的经济活动。

2. 劳动工具的概念

劳动工具又称生产工具。它是人们在劳动过程中用来对劳动对象进行加工的物件。它处于劳动者和劳动对象之间,起传导劳动的作用。

王鸿生在《论劳动工具与劳动方式的变革及其社会历史后果》(载《中国社会科学》1986年第2期)一文中认为,马克思最早以实践的观点看待劳动工具,把劳动工具的发展同人类社会的基本实践活动——劳动活动的发展,以及作为劳动活动主体的劳动者的发展,乃至整个人类社会历史的发展联系起来,从根本上阐明了劳动工具的本质及其在人类社会历史发展中的地位和作用。

马克思认为,劳动工具是人类劳动的产物,是变成了人类意志驾驭自然的器官或人类在自然界活动的器官的自然物质。它们是人类的手创造出来的人类头脑的器官。(中共中央马克思恩格斯列宁斯大林著作编译局:《马克思恩格斯全集》第46卷下册,北京:人民出版社,2003年,第219页)

王鸿生在《论劳动工具与劳动方式的变革及其社会历史后果》(载《中国社会科学》1986年第2期)一文中认为,与一般政治经济学或哲学辞典中用"物件"来表述劳动工具不同,马克思在这里用"器官"来表述劳动工具。因为器官是有生命的机体中的一部分,它的运动同整个机体的生命活动联系在一起,它的功能是机体整体功能不可缺少的一部分。

萧前、李秀林、汪永祥在《历史唯物主义原理》(北京:北京师范大学出版社,2012年,第72页)一书中认为,在复杂的劳动资料系统中,生产工具是主干,没有生产工具就没有劳动本身,其他物质资料也就不成其为劳动资料。生产工具是人所达到的劳动生产率的最重要的标志,也是衡量人类征服自然能力的尺度。我们可以较为清晰地归纳出作为劳动工具的几个重要因素:首先,劳动工具是基于劳动本身而得,是人类劳动的重要组成部分,劳动工具的出现基于人在生产活动中的经验总结。其次,劳动工具在生产中起到传导性作用。第三,能够生产劳动工具是人类独有的行为特征。因此能够制造工具是人类文明进步的重要衡量因素。

王师勤在《劳动工具演化论》(载《上海社会科学院学术季刊》1986年第12期)一文中认为,劳动工具是置于劳动者与原材料、能源、信息等物体之间,把劳动者的活动传导到它们之上的中介体。劳动工具不仅是原材料、能源、信息发展的结晶体,而且是人体劳动器官的延长物和外化物。因此可以说,劳动工具是反映生产力性质的综合性标志,它更能显示一个社会生产时代的具有决定意义的特征。这种解读把劳动工具看成了人身体的一部分,厘清了劳动工具被发明、被使用的存在合理性。从这个维度来看,人的身体,无论是从四肢,还是从脑力来看都不是万能的,人在长期的生活生产实践的基础上,认识到了自身的不足及缺陷,寻求解决的同时,带来了劳动工具的发明。因此,劳动工具是人自身的外化物,自然而然就成为人身体的延长部分,充当着在改造世界中人类所不能扮演的角色与作用,成为生产实践中不可或缺的一部分。

宋涛在《政治经济学教程》(北京:中国人民大学出版社,2016年,第6页)一书中认为,生产工具包括从落后的手工工具到现代自动化的各种机器设备,是所有用于加工劳动对象的工具的统称。劳动者要运用生产工具加工于劳动对象,必须与生产工具结合。在各种不同的生产方式条件下,劳动者与生产工具结合的性质和方法也不同。例如,在资本主义条件下,工人失去了生产资料,只有出卖自己的劳动力,受雇于资本家,才能和归资本家所有的机器设备结合;在社会主义国有企业中,工人是以生产资料的主人的身份与生产工具相结合的。劳动者和生产工具以一定的性质和方式结合,并把生产工具运用起来之后,才能加工于劳动对象,从而形成实际的生产能力。

(二) 劳作方式

劳作指劳动,多指体力劳动。劳作方式泛指劳动方式。

王鸿生在《论劳动工具与劳动方式的变革及其社会历史后果》(载《中国社会科学》1986年第3期)一文对劳动方式范畴的内涵给出四条明确规定:第一,劳动者运用具有什么样结构和功能(性质)的劳动工具从事劳动?第二,劳动者同劳动工具的关系如何?第三,劳动者在什么样的劳动技术组织中,以什么样的形式分工和相互协作?第四,劳动者在生产劳动中的职能(地位和作用)是什么?这里第一、三两个方面是从劳动者方面来看劳动活动的技术组织特征,第二、四两个方面是从劳动活动的技术组织方面来看劳动者—劳动工具的相对关系。王鸿生这样规定的劳动方式范畴,既包含了生产力中的两个关键的要素:劳动者和劳动工具;又包括了和生产关系有关的若干内容:劳动者在生产劳动中的地位和作用(劳动的分工协作关系、劳动职能等)。因而它在一定意义上处于生产力和生产关系两个范畴的结合部,只是不包括生产关系的核心——生产资料所有制而已。这种意义上的"劳动方式"范畴,是从具体的社会经济制度中抽象出来而反映其物质技术基础的一个基本范畴。

(三) 生活方式

1. 有关"生活方式"的学术研究

叶浩林在《新时代背景下的生活方式研究综述》(载《新西部(理论版)》2012年第12期)一文中认为,在马克思、恩格斯的著作中,"生活方式"这个概念是历史唯物主义的重要范畴,是区别阶级的重要指标。生活方式和物质生活的生产条件总是统一的,有什么样的生产方式就有什么样的生活方式,生产方式决定着生活方式。马克思等人对生活方式的论述为后世奠定了生活方式研究的基本思路。其他西方学者则从社会学、政治学、经济学等多个领域探讨生活方式问题。马克斯·韦伯在《阶级、地位与权力》一文中引入了生活方式概念,并对社会地位与生活方式的关系进行了理论探讨。韦伯认为,社会地位群体以生活方式的认同为内部凝聚和外部排斥的机制。凡勃伦则用历史社会学的方法深入、系统地论述了特定的生活方式与特定的社会阶级的相关性。此外,皮埃尔·布迪厄、让·鲍德里亚等将生活方式作为社会分层、亚文化构成、城乡差别和民族性的描述性概念进行讨论。因此,可以说,生活方式在西方社会学的知识体系中处于从属的边缘地位。

据于光远在《社会主义建设与生活方式、价值观和人的成长》(载《中国社会科学》1981年第4期)等文,中国最早的一批生活方式研究文章发表于1981年末和1982年年初。几位学者不约而同地从马克思的社会理论、历史唯物主义理论中挖掘出长期被忽略的生活方式论述加以阐发,强调生活方式等问题"是研究中国社会主义发展战略、研究中国式的现代化道路时必须重视的一些问题"。

王雅林在《生活方式的理论魅力与学科建构——生活方式研究的过去与未来20年》(载

《江苏社会科学》2003年第5期)一文中认为,经过20多年的改革开放和经济的快速发展,中国人民的生活方式发生了许多根本性的变化,理性化的价值取向、务实的生活态度和选择性的扩大,以及生活方式的多元化和多样化,成为今天中国人生活方式的主流。

2. 生活方式的内涵

马克思、恩格斯指出,人们用以生产自己必需的生产资料的方式,首先取决于他们得到的现成的和需要再生产的生活资料本身的特性。这种生产方式不仅应当从它是个人肉体存在的再生产这方面来加以考察。它在更大程度上是这些个人的一定的活动方式,表现他们生活的一定形式,他们的一定的生活方式。个人怎样表现自己的生活,他们自己也就怎样。(中共中央马克思恩格斯列宁斯大林著作编译局:《马克思恩格斯选集》第1卷,北京:人民出版社,1995年,第25页)在这里可以看出,马克思、恩格斯明确了生活方式的范畴,即从生产方式的变化出发,研究生活方式问题。这也是后来学界将生活方式的概念做广义与狭义之区分的理论基础。

王振华在《"四位一体"生产方式对生活方式的影响》(上海:上海交通大学出版社,2011年,第34页)一书中认为,生活方式是包括不同民族、阶级、集团的个人常态生活活动的基本形式和总体特征,其形成依赖一定的社会生产方式和社会客观条件,包括政治方式和条件、经济方式和条件、思想文化方式和条件、社会方式和条件以及主观因素。

王伟光在《社会生活方式论》(南京:江苏人民出版社,1988年,第39—40页)一书中认为,生活方式是在一定的社会历史条件下,历史形成的人类生活活动形式的总和,它说明人们在何种条件下,结成何种关系,以何种形式来利用生活资料,它反映了人们社会生活活动的内容、特征和形式。从狭义上来研究生活方式,固然不能包括对生产方式的研究,但必须要联系生产方式来研究生活方式,因为只有从生产方式出发,才能从根本上说明生活方式。

王雅林《生活方式的理论魅力与学科建构——生活方式研究的过去与未来20年》(载《江苏社会科学》2003年第5期)一文认为,生活方式是一个主客体相结合和互动生成的概念。我们说生活方式具有客体性,是说它是一种社会的结构形式和事实性存在,它所包含的生活资源和生活活动条件构成要素具有满足生活活动主体需求的客观价值和规定性;我们说生活方式具有主体性,是说它是通过生活活动主体对生活资源进行评价、选择、配置而形成的社会行动和日常行为方式,在这种主客体互动中通过主体的活动满足着人自身的生存、享受、发展的需要。但是在这种主客体生成互动中,生活方式概念突显的是主体的价值评价与选择活动,从这个意义上说生活方式是一个"意义系统"和价值范畴,它通过自己的选择性、反思性活动而超越现实生活,人类的趋善本性决定了这种超越不是媚俗而是高雅,是现实和理想的统一,以及是"对美好生活的界定"。这种在主客体互动关系中体现出的对现实生活超越的特性以及生活世界的丰富性,构成了生活方式范畴不可替代的理论品格和独特内涵。

综上所述,学术界对生活方式范畴的界定基本可分为广义和狭义两类:广义的生活方式是包括生产方式在内的人类全部社会生活活动的总和,涵盖一切人类社会生活的各个领域、方面、层次;狭义的生活方式是指除人类生产活动、经济生活以外的人类社会生活方式的总和。

3. 生活方式的特征

阿龙·阿霍维亚(Aaron Ahuvia)和阳翼在《"生活方式"研究综述:一个消费者行为学

的视角》(载《商业经济与管理》2005年第8期)一文中认为,生活方式是由马克斯·韦伯首创的术语。从社会心理学的角度,费尔德曼(Feldman)和瑟尔芭(Thielbar)在1971年概括了生活方式的四个特点:第一,生活方式是一种群体现象。一个人的生活方式受到他所在的社会群体以及跟其他人之间的关系的影响。第二,生活方式覆盖了生活的各个方面。一个人的生活方式使他在行为上表现出连贯性。所以,当我们知道一个人在生活的一个方面的行为方式,就可以推断他在其他方面的行为方式。第三,生活方式反映了一个人的核心生活利益。许多核心利益塑造了一个人的生活方式,比如家庭、工作、休闲和宗教,等等。第四,生活方式在不同人口统计变量上表现出差异,包括年龄、性别、民族、社会阶层、宗教和其他决定因素。另外,社会变迁也会导致生活方式的改变。

(四) 生产方式

宋涛在《政治经济学教程》(北京:中国人民大学出版社,2016年,第5、6页)一书中认为,生产方式即人们进行生产活动的方式。生产方式包括两个方面:生产力和生产关系。生产力是具有一定生产经验和劳动技能的劳动者运用生产工具加工劳动对象进行生产时所形成的物质力量。生产力包含两个因素,即劳动者和生产工具。单独的个人是无法进行生产的。人们从事生产活动总是要相互结成一定的关系,即生产关系。人们只有相互结合起来和相互交换其活动,才能进行生产,才能有力量改造和征服自然界。政治经济学所研究的生产关系,就是人们以某种生产资料所有制为基础,在生产过程中形成的生产、分配、交换和消费关系。在人类社会历史上,社会形态不同生产方式也有差异。

二、古代劳动工具与劳作方式的演变

(一) 古代劳动工具演变

1. 中国古代生产工具的演变

(1) 传统农具的创新与演进

农业工具古称农器或田器,它是从事农业生产的不可缺少的手段,是农业生产力发展水平的重要标志。在中国古代农业发展的过程中,农具的质料、形制和使用的动力不断进步,创制了许多精巧的农具。这些农具适应了精耕细作农业技术的要求,体现了中国古代人民的智慧,有的还对世界农业的发展产生过重要影响。

① 农具材质的几次重大变革

流行的农史分期法把人类社会农业的发展划分为原始农业、传统农业和现代农业这样三种依次演进的历史形态。从虞、夏至春秋是中国传统农业发展的第一阶段,在生产工具、生产结构等方面仍然保留了它所由脱胎的原始农业的某些痕迹。农具的种类和性质没有发生重大的变化,但是开始了金属农具排斥和代替石、骨、蚌和木制农具的漫长过程。

李根蟠在《农业科技史话》,北京:社会科学文献出版社,2011年,第94—95页)一书中指出,农业发生于新石器时代。人们最初用以制作农具的材料是石头、树枝、兽骨和蚌壳,以石头为主。石斧是最重要的农具。因为当时实行刀耕火种,首先要用石斧把林木砍倒或砍伤,使之枯死,然后才能用火清理出可供播种的农地。石斧和点种棒曾经是原始农业的全部农具,而点种棒也往往要用石斧来加工。后来发明了翻土农具,石头也是重要材质。例如石斧稍加改装,使刃底由与木柄平行变为与木柄垂直,就可作为石锄使用;在尖头木棒下端绑上薄刃石片,就成了石耜。石材还可以制作石刀、石镰等收割工具。在中国各地新石器时代农业遗址中,出土了大量石斧、石锄、石耜、石刀、石镰、骨耜、蚌耜、骨镰、蚌镰、角锄等农具。木质农具因不易保存,出土较少,但从民族志的资料看,原始农业时代耜锄一类的木制农具是很普遍的。

周昕在《中国农具通史》(济南:山东科学技术出版社,2010年,第120、123—126页)一书中指出,青铜技术的发明和应用,是夏、商、西周时代社会发展的重要标志。青铜用于农具制造开始了一个新时代,社会意义是深远的。但用青铜制造农具,在这个时代毕竟只是一个开端,受各种条件的制约,青铜农具的数量和质量都没有达到左右农业发展的程度。再加上青铜自身的弱点和局限性,所以青铜农具在夏、商乃至西周时代,更多的则表现为象征性的意义。对于如何看待青铜器,特别是青铜农具在夏、商、西周时代的地位与作用,长期以来一直是一个有争议的课题。

周昕指出,持"夏、商、西周时代大量使用青铜农具"这一观点的人认为,商周是青铜时代的全盛期,高度发展的青铜文化只有有了充足的农器,使农业经济得到一定发展,才能谈得上高级彝器的制造。高度发展的青铜技术不用于农具制造是不可理解的。他们在分析了殷墟妇好墓出土的大量珍贵随葬器物,特别是制作精美的青铜大方鼎及400多件铜器后认为,殷王朝能聚集如此庞大而珍贵的财物,在农业上仍普遍使用木、石、蚌农具是不可能实现的。因为在那种生产力水平下,既不能分离出大量从事各种手工业的专业劳动者,也提供不出如此多的剩余劳力。在甲骨卜辞中,有许多是占卜祈祷农业的内容,这证明周王及其官吏是重视农业的,因为农业的丰歉既关系到统治者财富的多寡,也关系到统治的稳定。在当时的统治者看来,制造青铜农具的必要性和重要性比制造兵器和礼器有过之而无不及。

周昕指出,持"夏、商、西周时代没有大量使用青铜农具"这一观点的人认为,青铜是铜和锡、铅的合金,都是稀有金属。铜在地壳中的相对丰度仅为十万分之七,锡和铅就更少了。中国的铜矿,贫矿多而富矿少,多处于崇山峻岭之地,找矿、探矿、开矿、运输都十分困难。这就从根本上决定了青铜器不可能大范围、大面积的应用。商周时代中国青铜业发展水平之高,是举世公认的,但这绝不意味着青铜器已在整个社会中得到普及。殷商时代少数奴隶主占有大量青铜,以绝大多数生产者被排斥在青铜财富之外为前提。所以在这个青铜产量相对并不高的社会里,大量使用青铜农具是不可能实现的。青铜首先被用于制造兵器,这是中外学者的共识。在商周时代,战争和战争因素时时存在,以商人、周人为主体的华夏族,且耕且战的传统延续数百年,兵器的制造一直被看作立国之大事。只有战争的胜利,才能保证农具的耕作。兵器和农具之间,当然兵器是首选。至于礼器,恐怕也不是农具能与之相争的。在那个时代,礼器既象征财富,也象征权力。在青铜材料比较匮乏的情况下,王室贵族也不会弃礼器而造农器。考古中虽然发现了商和西周的青铜铲、锸、镢等农具,但数量不多,而且形体大都比较小,不适于田间劳作。正因为如上原因的存在,就决定了夏商西周时代,直接生产者所普遍使用的农具,仍是以石、木、蚌、骨为主。

关于冶铁技术的进步和铁农具的出现,李根蟠在《中国古代农业》(北京:中国国际广播出版社,2010年,第66—67页)一书中指出,战国、秦汉、魏晋南北朝是中国传统农业发展的第二个阶段。本时期的农具,无论在质料、形制、品类和使用的动力等方面都发生了有革命意义的重大突破,堪称中国传统农具发展史上的黄金时代。这一进步的基础,是铁在农具制作上的应用。

李根蟠认为,中国何时开始冶铁尚难确言,考古发掘表明中国至迟在商代已经用铁,但当时还不会用铁矿石冶铁。齐桓公时,管仲认为要用"恶金"制造农具,以便把"美金"集中用于制造武器。这里的"美金"是指铜,"恶金"是指铁。公元前513年,晋国向民间征收铁作军赋,用以铸刑鼎。据《国语·齐语》记载,春秋初年,已用铁制农具。由于贵族不屑用铁农具殉葬,农民又舍不得用它殉葬,因此,不到铁农具普及之日,在地下遗址中找寻它的踪迹并非易事。尽管如此,春秋时代的铁农具目前已有出土,如陕西雍城秦故都春秋中期贵族墓中的铁铲,湖南长沙楚墓中的铁铲、铁口锄等。虽然出土数量还不多,但足以证明春秋时代已使用铁农具的记载不是虚构的。

李健民在《战国时期铁农具的考古发现与研究》(载《农业考古》2005年第2期)一文中认为,战国是铁农具广泛应用的时期。铁矿大规模开发,铁器也大批量投入生产。铁器的使用已渗入社会经济生活的各个领域。战国铁器之中,铁制生产工具所占比例很大。200余处出土铁器的地点见有铁制生产工具,其中铁农具数量较多。据初步统计,出土战国铁器的地点见于黑龙江、吉林、辽宁、内蒙古、河北、河南、山西、山东、陕西、甘肃、宁夏、新疆、湖北、湖南、安徽、江西、江苏、浙江、广东、广西、四川、云南、贵州等23个省、自治区。秦、楚、燕、齐、赵、魏、韩诸国的广大地区都有铁器出土。战国铁农具的种类很多,有铧、锄、铲、耙、镢等。河南洛阳战国粮仓出土铁农具72件。辽宁抚顺莲花堡燕国遗址出土铁农具近70件。广西平乐银山岭战国墓出土的181件铁器中,177件为生产工具,仅锄即多达89件。就铁农具的种类而言,基本上能适应开垦、耕翻、除草、收割等主要生产环节的要求。

董守贤在《汉代铁质农具研究》,郑州大学2010年硕士学位论文,第4、35—42页)一文中认为,汉代是中国铁农具飞速发展的一个历史阶段。全国各地的冶铁遗址、城址、聚落遗址及墓葬等均有大量的铁农具出土。无论是材料、动力,还是种类、结构等方面,汉代铁农具都有突破性发展,对汉代农业生产具有重要作用,在古代农具发展史占有重要地位。两汉时期,铁农具的核心地带在统治中心,即中原地区。而汉代铁农具发展的一个重要标志是其应用区域范围的进一步扩大,中原的铁农具及冶铸技术向边远地区迅速推广更为突出,从而大大加快了边远地区的农业生产铁农具化的进程。农业从原始耕作向精细耕作阶段发展,为兴修水利工程提供实物基础,从而使得农业发展和社会经济繁荣。

董守贤认为,有关汉代铁农具在西汉迅速发展原因,一些学者进行了较为深入的探讨。黄富成将西汉时期铁农具迅速发展的动因的归为两点:政府重视农业的生产和政府有一系列促进铁农具发展的政策。李京华认为,铁农具冶铸技术的提高使得其迅速发展与传播。白云翔认为,铁农具发展的动因有四个方面:技术因素、社会因素,还有经济和文化因素。综合以上观点,可将铁农具迅速发展原因归结为以下几点:第一,物质因素。铁在自然界含量丰富,与其他材质相比之下较为耐磨,特别是用钢制作的铁农具有较强韧性。第二,技术因素。包括两方面:青铜冶铸技术为铁农具的发展奠定了技术基础;铁农具本身冶铸技术的不断发展与创新,农具可根据其不同用途采用不同的材料和铸造方法。第三,经济因素。

农业生产技术的发展,要求生产效率更高、种类更齐全的农具。当时,国家积极开展移民开荒、生产救济、屯田实边等措施,政府的政策促进提升了农民的生产积极性,铁农具也得到了相应的发展。第四,政治因素。西汉早期地方诸侯势力较大,造成了社会的动荡不安,到了汉武帝时期实行盐铁官营和平准均输的政策用以稳定社会经济,进一步使得铁农具迅速发展和传播,这一政策的实施是铁农具发展进步和铁农具文化传播的重要动因。

杨宽在《我国历史上铁农具的改革及其作用》(载《历史研究》1980年第10期)一文中认为,中国历史上,铁农具发生过三次重大的改革。第一次改革在战国秦汉之际,由于生铁冶炼技术的发展和生铁柔化技术的发明,逐渐推广使用韧性铸铁农具(除了犁铧、犁壁使用白口生铁铸造以外),成为促使农业生产出现第一个高峰的重要因素。第二次改革在唐宋之际,由于"炒钢"技术的发展和"灌钢"冶炼法的进步,逐渐推广使用钢刃熟铁农具。在耕犁上创造了犁刀的装置,手工耕具中出现了铁搭和踏犁,成为促使农业生产出现第二个高峰的重要因素。唐宋时代生产力高度发展,钢刃熟铁农具的推广使用是个重要因素。钢刃铁农具的推广使用,是中国铁农具发展史上的第二次重大改革。在南北朝以前,长期使用韧性铸铁农具,技术上的局限性导致不可能制造大型的韧性铸铁农具。因此,必须采用钢刃熟铁农具,才可能制造大型而厚重的农具,以代替小型而薄壁的韧性铸铁农具。唐宋时代,耕犁的结构又有进步。唐末陆龟蒙《耒耜经》记载的江东犁,由大小十一个部件组成,结构坚固而灵巧,既有翻土的犁壁的装置,又有调整犁铧入土深浅的犁箭的装置。至迟到宋代,耕犁上更发明了犁刀的装置,这是耕犁的重大改进。

杨宽认为,明代中期以后"擦生"铁农具的推广使用,是中国铁农具发展史上的第三次重大改革。明中期以后,除了犁铧、犁壁仍用生铁铸造,铁搭之类耕垦工具仍用熟铁和钢制造以外,锄、镰等小农具则采用"生铁淋"技术,制成"擦生"铁农具。这样,就使得这些铁农具制作时不需要在刃部夹进炼好的钢条,而具有钢刃的性能。这种"生铁淋口"方法比较简便,造价又便宜,因而能够推广使用。

王宝卿在《铁农具的产生、发展及其影响分析》(载《南京农业大学学报(社会科学版)》2004年第4期)一文中指出,在中国古代,铁农具是主要的农业生产工具。它的产生标志着石器时代的彻底终结。铁农具是原始农业向传统农业过渡的决定性因素,其作用主要表现在以下三个方面:第一,铁农具为兴修大型水利工程提供了物质上和技术上的基础;第二,铁农具促进了粗放农业向精耕细作技术体系的转化;第三,铁农具为封建帝国的发展和强大提供了强大的动力。总之,铁农具伴随着人类社会从远古走来。从它诞生之日起,就以其极大的生命力影响着农业生产,影响着人类社会的发展。直到现在,铁农具仍然在农业生产中占据重要的位置,我们相信,铁农具在未来的农业生产中仍会起主导的作用,只不过铁农具的形态和形式随着科技的进步变得越来越复杂,用途也越来越广泛了。

② 耕播整地农具

赵晓明等在《耒耜源考》(载《山西农业大学学报(社会科学版)》2009年第10期)一文中指出,在中国农业生产中使用最早的挖土工具当数耒耜。对于耒耜的形制,学者有不同的说法。李根蟠在《先秦农器名实考辨》(载《农业考古》1986年第2期)一文中总结为:汉代学者京房注《易·系辞》说:"耜,耒下也;耒,耜上句木也。"郑玄注《礼记·月令》则说:"耒,耜上曲也;耜,耒之金也。"后世学者多沿其说,把耒耜当作同一农具的不同部件。至清代徐灏《说文解字注笺》和邹汉勋《读书偶识》始谓耒与耜为两种不同的工具。1929年,徐中舒先生写了《耒耜考》,开创了用古文字考证耒耜的形制。结论是:耒下歧头,耜下一金。耒为仿效树枝式的工具,发展为汉代的两刃锸,耜为仿效木棒式的工具,发展为犁铧。杨宽先生也是主张耒耜异器的,但讲法和徐氏不同,认为耒耜的区别不在于歧头刃或单刃,而在耒为尖刃器,耜为平刃器,耜与锸、铫、钱、铲均为一物。孙常叙先生的《耒耜的起源和发展》复揭耒耜同物之帜。他认为耒是由原始人的尖头木棒发展而来。尖头木棒下部加横木供踏足,以增加入土力量,就发展为耒;为免发土时俯身下压之劳,又把直尖耒改为斜尖耒。这种古耒或发展为双齿耒,或接插"锹头"而改造为耜。耜是依存于耒的锹头。孙氏以发展的观点结合民族学材料考察耒耜形制的起源和变化,是优于徐、杨二氏之处,但他认为耜自始即为依附于耒的"锹头"之说则可商榷。

李根蟠在《农业科技史话》(北京:社会科学文献出版社,2011年,第100、101页)一书中认为,根据《诗经》《左传》等文献的记载,中国上古时代普遍实行耦耕,这是两人配对简单协作的劳动方式。它的流行与耒耜的使用密切相关。由于手足并用,耒耜入土不难,但耒为尖锥刃,耜的刃部也较窄,翻起较大的土块却有困难。解决的办法是多人并耕,协力发土。但在挖掘沟洫的时候,少于两人诚然不方便,多于两人又会在狭窄的地段互相挤碰,所以两人合作是最适合的工作方式。由于开挖农田沟洫这种劳动很普遍,两人并耕操作成为习惯,这就是最初的耦耕。

李根蟠认为,进入铁器时代以后,耒耜仍以其变化了的形式在农业生产中发挥重要作用。铁器时代的耒耜已被广泛安上铁刃套,刃部加宽,器肩能供踏足之用,原来的踏足横木取消,耒耜就发展为锸,这就是直到现在还在使用的铁锹的祖型。把耒耜的手推足蹐上下运动的发土方式改变为前拽后推水平运动的发土方式,耒耜就逐步发展为犁。由于犁是从耒耜发展而来的,在相当长时间内还沿袭着旧名。如唐代陆龟蒙写的《耒耜经》,实际上就是讲耕犁的。

王星光在《中国传统耕犁的发生、发展及演变》(载《农业考古》1989年第4期)一文中认为,耕犁是中国农业生产中最基本、最重要的机械。中国的耕犁是源于本土的。它依次经历了石(木)器、铜器和铁器的发展过程。就目前的考古材料看,石犁标本在中国长江下游的太湖流域、黄河流域的中下游地区及东北、内蒙古等地的新石器时代遗址中均有发现,出土地点已达三十余处。商周时期,中国历史已进入青铜时代,青铜农具如铲、镢、锄、镰、锛等都有不少发现,青铜犁也有发现。当然,也应看到,商周虽已达到青铜时代的鼎盛时期,但农业生产上所使用的主要还是石木工具,铜工具的使用还是少有的现象。商周时期铜犁的使用也不例外,就犁耕来说,更多使用的是石犁而不是铜犁。

王星光还在《中国传统耕犁的发生、发展及演变(续)》(载《农业考古》1989年7期)中认为,春秋战国秦汉时期是中国耕犁和牛耕发展的重要阶段。这是由于它具备了以下的必要条件:首先是冶铁业的发展和铸造技术的进步。从此铁犁完全取代了石犁和铜犁的地位,为犁耕的推广创造了必要的条件。第二,耕牛开始成为生产资料的重要组成部分。第三,农业技术发展的迫切需要。战国时代,人们已经认识到深耕细作的好处。第四,封建统治者的大力提倡。正是具备了如上条件,牛耕才得以迅速推广开来,使中国的原始农业发生了根本的变革,开始了犁耕农业的新阶段。战国秦汉时代也是中国传统耕犁的基本特征初步形成的时代。从大量的考古材料看,破土垦耕的铁铧已基本定型,它的不同形式可分别适用于开垦荒地、犁耕熟田和开沟作渠等需要。铁犁壁至迟在西汉时就已发明,并有向一侧翻土的菱形壁和向左右两侧翻土的马鞍形壁。犁架结构上已有了犁床(犁底)、犁柄、犁辕和用来调节耕地深浅的犁箭,等等。

曲辕犁取代直辕犁是中国传统耕犁发展史上的又一次重大变革。唐代江南地区出现了曲辕犁,宋代进一步完善和普及,标志着中国传统犁臻于成熟。

宋兆麟在《唐代曲辕犁研究》(载《中国历史博物馆馆刊》1979年第6期)一文中叙述了曲辕犁的改进之处。

第一,犁底和犁镵的改进。犁底又称犁床,两种名称都说明它位于犁的最底部,是犁的基础。唐代曲辕犁修长的犁底,落地平稳,深浅固定,不易左右摇摆,有助于装备犁箭和犁评设备,扶犁也比较省力。犁镵又名犁铧、犁冠、犁头。考古发现的唐代犁铧,种类多,分工细。大体有四种形式:一种以河南陕县刘家渠出土的铁犁铧为代表,尖锋,三角形,两翼突出,宽大于长;一种以山西天镇夏家沟出土的铁铧为代表,舌刃,铧身修长,后边内凹,长大于宽;一种以辽宁抚顺出土的铁犁铧为代表,尖锋,等腰三角形,铧面平直,銎深体薄;此外,在山东莒县还出土一种三角形犁铧,尖锋,体小,长銎。唐代的犁铧普遍趋向窄小,锋利。这样耕牛不费力气,又达到保墒的作用。

第二,犁壁设备的完善。曲辕犁已经安装有犁壁,它是装在犁铧上边用来翻土的部件。在河南陕县、辽宁抚顺等地都发现过唐代的铁犁壁,呈椭圆形,光面内凹,与《耒耜经》记载相同。这些犁壁较前代犁壁精制、轻便,形制固定,尤其是壁面捻曲度较大,壁身短、抵抗力小,破碎力强。因为耕作时,土块沿犁壁凹面上升,当土块受壁面捻曲阻力后,土块则向内上翻转,而且犁壁是向一侧安置的,因此土块翻落在一旁。唐代为了更好地装置犁壁,曲辕犁上增加了两件设备:一是策额,它与犁底平行,是安装压镵和保护犁壁的。二是压镵,它下抵犁底,背连策额。

第三,调节深浅的规格化。唐代曲辕犁调节深浅的设备进行了改进。一是犁评规格化,所谓"辕之上又有如槽形,亦如箭焉,刻为级,前高而后庳,所以进退曰评"。或进或退,有深有浅。这种犁评是相当科学的,使曲辕犁逐渐完善化。二是以犁评调节深浅,比单纯用犁箭优越得多。从《耒耜经》的记载看出,耕地的深度是由犁箭的长度来决定的,犁箭的长度是被犁评所支配的,犁评又是套在犁箭上的,下有犁辕相依,上有犁建管制。犁箭、犁评和犁建三者既有分工,又有联系,它们是互相约制的。这种复杂而有机的关系只有到了唐代才规格化,并且首先见于文献记录。

第四,曲辕代替长辕。犁辕是犁架的中枢,也是畜力挽拉的拉杠。直辕犁有一定缺点:一是犁架较大,笨重,需要畜力强悍,有的犁还要较多的人力,如二牛三人耦犁就是一个典型例证。二是转弯幅度大,占地多。上述缺点对精耕细作、推广牛耕,尤其对水田耕作都有一定限制。曲辕犁比长辕犁优越得多,如犁辕长度大大缩短,直辕前及牛肩,曲辕只及牛后的犁盘就行了;犁辕缩短以后,原始的很长的犁衡也被淘汰了,这样使犁架变小,重量减轻,使曲辕犁具有轻便的特点;由于犁架的上述变化,也节省了畜力,只用一头牛牵引就行了,这对牛耕的推广是非常有利的。曲辕的出现,改变了古老笨重的二牛抬杠方法,出现了犁盘、耕索和曲轭,等等。这些改进是中国耕犁的一次根本性改革。

周昕在《耧车初考》(载《中国农史》2001年第9期)一文中指出,耧车是一种工作性能良好的专用播种农具。它历史悠久,使用广泛,在中国的农业历史,特别是农具史上,具有重要地位。他认为耧车的发展演变,与犁有着密不可分的关系。耧车发展史的前期,就是犁的发展史。所谓耧犁,就是还没有发展到具有起土、翻土、碎土功能的阶段,只具有开沟功能(而且开沟又主要是为播种服务)的犁。所以说,耧犁从一开始就具有耧车功能之一的开沟功能。当耧犁发展到开沟与播种同时完成的时候,耧犁就变成了耧车。所以说,耧车是能够同时连续的完成开沟与播种两项功能的专用播种工具,并且具有保证实现上述功能的合理机构。只能开沟的农具不能叫耧车;只能播种的农具也不能叫耧车;虽能同时完成开沟与播种,但不能进行连续作业的农具也不能叫耧车。这就是对耧车的基本定义。

③ 收割加工工具

李根蟠在《农业科技史话》(北京:社会科学文献出版社,2011年,第106—109页)一书中指出,从原始时代起,中国收获农具就有刀和镰两种。用以掐割禾穗的石(骨、蚌)刀,无柄,操作时用手抓住刀体,一拇指伸入石刀系有的皮套中,以防脱滑。商周时的青铜铚即由此演变而来,也就是后世的爪镰。石(骨、蚌)镰一般有柄,收获时把庄稼连禾秆一起割下。商周时的"艾"(通刈)即青铜镰。这类农具的普遍使用是中国古代(尤其是上古)农业的特点之一,是与粟(粟的特点之一是攒穗型作物)的普遍种植相联系的。镰刀类型不一,有的比较大,如铚就是长柄两刃的镰刀,唐宋时代,铚演变为钐,成为专用的割麦工具。宋元时又出现了与麦钐配套的麦绰和麦笼。麦绰是带有两条活动长柄的簸箕,上安麦钐,向前伸出,利用安在腰上的一个灵活的操纵器,移动麦钐和麦绰,将远处的麦"钐"到麦绰上,装满后,即覆于后面系于腰部带轮子的麦笼中。这套获麦工具是适应唐宋以来北方小麦生产的大发展而创制出来的。

④ 农田灌溉工具

上古时代,人们在需要灌溉时,要用瓦罐、瓦盆之类的陶器,把水从井里或河里打上来。人们"凿隧而入井,抱瓮而出灌",效益十分低下。

周昕在《桔槔小论》(载《农业考古》2005年第8期)一文中认为,春秋战国时代是农田排灌迅速发展的时代。这个时期兴修的许多大型水利工程,不仅极大地方便了航运交通,对农田排灌更发挥了重要作用,对促进农业生产及社会经济发展有重要意义。不过这些水利工程,基本上还都是用于自流灌溉,很少使用排灌工具进行人工排灌。只有小范围的园圃,尚主要使用传统的缸、罐、瓮等工具进行小面积的浇灌。随着园圃业的发展以及旱作地区凿井技术的不断提高,新的高效灌溉工具,已成为农业生产发展的迫切需要,于是一种新的灌溉农具——桔槔应运而生了。桔槔这种器械是用木材加工制作的,后头重,前头轻;拉它,它就俯下来,放开手,它就抬上去。从桔槔发明之后,就成了农村园圃灌溉的主要农具,它和汉代发明的辘轳一起,在以后的两千多年里,成了"垄断"农村菜园的灌溉农具,直到现代在某些农村仍可见到桔槔的身影。

李趁友在《汉代的辘轳及其发展》(载《农业考古》1984年4期)一文中认为,西汉是中国农具史上第一次大变革之后的巩固发展时期。从耕耘到收获,都出现了很多新式农具。作为田园灌溉的辘轳就是其中的一个。被考古学称谓"辘轳"的有两种型制,即"细腰辘轳"和"滑轮式辘轳"。但都没有装置手摇的曲柄,也就是说,汉代还没有出现曲柄辘轳。不管是哪一种,都安在井架上。架子基本一样,在水井两边竖起两根架子,固定支撑着辊轴或滑轮,或在井旁竖起两根"丫"状木作为支架。汲水时,用一根绳子拴住柳罐或陶罐。绳子放在轮子上,人站在地面上拉着绳子的另一端,先放下罐子汲水,待水满后用力向下拉。轮子转动,罐子上升。或将绳子两端各拴一个罐子,汲水时一上一下,连续进行。这种形式较前种用力小而功效高。曲柄辘轳出现于何时呢?由于文献记载很少和考古资料有限,还不能解决这一问题。

李发林在《翻车和筒车浅谈》(载《文史哲》1986年第4期)一文中认为,真正满足大田排灌的需要,对中国农业发展做出巨大贡献的是翻车,即龙骨车。三国时代马钧发明了翻车,这是有代表性的说法。此说来源于《魏略》:"马钧居京师,有地可为园,患无水以灌,乃作翻车,令童转之,而灌水自覆,更出更入,其巧百倍于常。"其实,早于马钧而做翻车者是东汉的毕岚及其领导下的工师、工匠。《后汉书·张让传》说,掖庭令毕岚"作翻车渴乌,施于桥西,用洒南北郊路,以省百姓洒道之费。毕岚时,尚未能把翻车用于灌田。是马钧加以改进,并首先将翻车用作灌溉田地的工具。除人力翻车外,还有畜力翻车和水力翻车。畜力翻车和水力翻车比人力翻车多一个发力的轮轴。通过齿轮传动装置,带动翻车大轮轴,使之转动龙骨板刮水上岸。人们把这种形制的水车也称作龙骨车。

王利华在《连筒与筒车》(载《农业考古》1997年第3期)一文中认为,能提水而可以旋转的机具均可称为水车。此种水车,除翻车外,还有筒车。筒车是中国古代重要的灌溉机具,其形制大体有水转筒车(或称水轮、筒轮、竹车、飞轮挽灌等)、驴转筒车、高转筒车和水转高车等几种;后三者由于工作效率较低,传播甚少。我们通常所言筒车,主要就水转筒车而言,它是中国唐宋以来南方丘陵山区不可缺少的灌溉机具。唐宋时期,中国南方农业开始出现了由平原向山地推进的趋势,随着山区农业的发展,尤其是水稻的登山爬岭,水利问题愈来愈突出,导泉灌田虽然能解决部分问题,但终究不能满足需要。南方山区溪涧纵横,水资源相当丰富,只是由于田高水低,难以利用,必须创设或者引进某种灌溉手段,挹取溪河之水,以灌溉农田。筒车也正是根据丘陵山地农田灌溉的特殊需要而创设的,它根据溪河水的深浅及岸的高低设计筒轮的大小,或一二丈,或三四丈,将溪涧低水挹上高岸,注之山田,取得翻车所不能的效果。

王利华认为,筒车是农业技术不断积累和传播的结果。就结构而言,筒车的主要部件由两大部分构成,其一是立轮,属动力装置;二是挹水筒,属工作部件,立轮的设计,显然是受到了魏晋南北朝时期以来的水碓、水碾磨等的影响。在筒车出现之前,利用水力做动力推动机械运转,在加工方面已经过了数个世纪的发展,有关的技术日趋成熟,已形成一定的传统;随着这项技术的不断广泛传播,一旦社会需要条件满足,它被进行一番改造并移植应用于其他方面,就不足为怪。筒车产生的背后,还存在着另一个更为久远的传统,那就是中国南方利用竹材中空特性的传统。从很古老的时代开始,中国南方人民就多方面利用竹材的中空特性,如截竹做笛、箫、笙、簧等吹奏乐器,截竹筒做提水桶、釜甑、饭盒、吹火筒,用竹筒做筲筒粽,以竹筒酿酒,截竹筒做针筒……在长期的生产生活实验中积累了丰富的经验知识。当南方丘陵山区农业开发产生了对某种适宜于山地环境的特殊灌溉机具的强烈需求时,一旦上述两项技术传统发生接触,就很容易组合出一种新的技术要素;更明确地说,筒车的产生乃是异地传入的利用水力作为机械动力的有关技术与本地竹材中空利用技术相结合的结果。

(2) 传统手工业的创新与演进

① 古代金属冶铸业的发展

曹淑琴、段玮璋在《青铜器史话》（北京：社会科学文献出版社，2012年，第4—5页）一书中认为，中国古代铸造技术史是中华五千年文明史的重要组成部分。新石器时代先民们创造的制陶技术，从制陶材料、器物造型、烘烤烧制、陶窑建造、烧陶温度和气氛，都为冶铸技术的起源提供了直接的技术借鉴。商周开始，中国古代铸造技术发展经历了陶冶、陶铸、冶铸的独特进程，相继发明应用了石范、泥范、陶范、金属范及失蜡铸造方法，并娴熟运用浑铸、分铸、焊铸、嵌镶铸、叠铸等工艺，铸就了礼器、农具、工具、兵器等大批器物，为华夏文明奠定物质基础。

曹淑琴、段玮璋认为，青铜是一种铜合金。铜合金是以铜为基础，加入其他金属或非金属组成的金属材料。传统上，将铜合金分为黄铜、白铜、青铜三大类。黄铜是铜和锌的合金，白铜是铜和镍的合金。除黄铜、白铜以外的所有铜合金都称为青铜。青铜呈青色，故名。与红铜（又称纯铜）相比，青铜具有许多优点。它的熔点较低，硬度却较高，而且具备较好的铸造性能与机械性能，从而使青铜器表面的装饰花纹及其细部都能达到清晰而理想的效果。

何堂坤在《先秦青铜合金技术的初步探讨》（载《自然科学史研究》1997年第7期）一文中认为，中国古代青铜合金技术发明、发展大体经历了四个不同的阶段：第一阶段是孕育期，相当于仰韶文化至龙山文化、齐家文化时期。这是冶金技术的发明期，合金技术尚未出现，人们使用的多数是红铜，虽也使用过部分黄铜和青铜，但这完全是无意中生产出来的。有学者把龙山文化称为早期青铜时代，把齐家文化称为青铜时代，这些都是值得商榷的。第二阶段是发明和初步发展期，相当于考古学上的二里头文化至二里岗文化期。此时青铜合金技术已经发明，人们有意识地配制出了少数含锡量较高的锡青铜，红铜器在社会生产中已退居次要地位。此时铅青铜和锡铅青铜仍占较大比例，合金技术水平依然较低，应属早期青铜时代。一个时期来，学术界常把二里头文化期称为青铜时代，而今看来，这是可以再做讨论的。第三阶段是确立期，相当于殷商至西周。以锡为主要合金元素的 Cu-Sn 二元和 Cu-Sn-Pb 三元合金系完全确立，人们对锡在青铜合金中的作用和地位已有一定认识，社会生产、社会生活的各个领域都大量地使用青铜。第四阶段是提高期，相当于春秋战国时期。此时不同使用性能的器物使用了不同成分的合金，含锡量由钟鼎到斧斤、戈戟、大刃、削杀矢、鉴燧逐渐升高，并且总结出了世界上最早的青铜合金规律——"六齐"规律，人们对锡和铅与铜合金性能的关系有了更深的认识。

曹淑琴、段玮璋在《青铜器史话》（北京：社会科学文献出版社，2012年，第107—108页）一书中认为，在考古发掘较多的安阳殷墟、洛阳庞家沟和山西侯马的铸铜作坊遗址中，除了出土数以万计的陶范外，还出土有熔铜炉、烘范窑、鼓风管、坩埚、铜锭、铅锭及各种礼器、兵器、工具和车马器等成品或半成品。此外，还有工作台、水井、道路等。这些发现，使我们今天有可能了解当时铸造青铜器的工艺过程。制作一件青铜器皿，大致需要经过以下工艺过程：一、制模，即把想要制作的器物先用泥塑出它的全形。有装饰纹样的，还要刻上花纹。二、翻制泥范，即在上述泥模上翻出若干块外范，就是我们现在所说的制作铸型。三、把原来的泥模刮制成泥芯，刮去的厚度就是青铜器铸成后的厚度。四、先将泥芯和泥范阴干，然后用高温烘烤，并对泥范做必要修整。五、将范与芯组装起来，并予以固定。六、浇注铜液。七、拆去外范与泥芯，进行清理。八、加工修整铸件，如打磨毛刺等。经过上述过程，才能得到一件成品。这个工艺程序,早在3000年前就已形成作业流程了,环环相扣。

杨宽在《中国古代冶铁技术发展史》(上海:上海人民出版社,2004年,第302—304页)一书中认为,中国在公元前14世纪的商代中期一直到公元前12世纪的西周初期,还不会用矿石炼铁,只能用陨铁锻成铁片作为铜钺的刃部。从炼铁技术来看,中国是世界上最早发明生铁冶铸技术的国家。至迟在公元前6世纪的春秋晚期,中国人民已经能冶铸白口生铁,用来铸造铁器,使得铁的生产率有很大的提高,铁器的应用逐渐推广。至迟在公元前5世纪的春秋、战国之际,中国人民已经能够把又硬又脆的白口生铁加以柔化处理,使变为可锻铸铁(即韧性铸铁),用作农具和工具原料,便利了铁制生产工具的广泛使用。这项发明又比西方早2200年。汉代是中国古代冶铁技术发展的一个高峰时期。汉代化铁炉造的和炼铁炉同样高大,可能已采用预热鼓风管的办法,向炉内鼓送热风,以提高炉温。汉代已能生产白口生铁、麻口生铁、灰口生铁以及白心、黑心可锻铸铁。值得注意的是,在巩义铁生沟汉代遗址和渑池窑魏铁器中还发现了与现代球墨铸铁金相组织极为相似的球状石墨组织。总之,具有中华民族特色的古代冶铁技术体系基本上建立起来了。

杨宽还认为,宋、元时代炼铁和化铁用的高炉,炉型结构有了改进,多数炉口逐渐向上缩小,炉壁向上内倾,这是为了减少热量散失和充分利用还原气体,并便于炉料顺利下降,从而加速还原、熔化过程。同时,鼓风器有了改进,开始使用有活门的大型木风箱,利用箱盖板的开闭来鼓风,可以增加风量和风压,并减少漏风,从而提高炉温。这种活门木风箱的发明,比欧洲早五六百年。明代炼铁技术又有进步,一般高炉可投入铁砂两千多斤,使用两个风箱从左右两侧鼓风,并使用熔点很低的熔剂,可以炼出优质生铁。总体说来,封建社会后期炼铁技术比前期是有发展的,但是发展的速度比起前期是迟缓了。

② 古代纺织业的进步

何堂坤、赵丰在《纺织与矿冶志》(上海:上海人民出版社,1998年,第4—6页)一书中解释了纺织业的起源问题。他们认为,中国纺织的起源有两条不同的途径,普通的纺织是以经济利用为目的而产生的,经历了绳索搓合和劈绩、纺纱、织布三个过程,而蚕桑丝绸业的产生则是以文化为契机的。

何堂坤、赵丰认为,纺纱技术来源于绳索的制作。约在十万年前,绳索的搓合和劈绩技术已经出现。山西大同许家窑曾发现一处大约十万年以前的文化遗址,出土了一千多个经过打制的石球。经考古学和民族学的研究,可以认定这些石球是供当时猎人狩猎时投"石索"所用的,而这些石索即是用植物纤维或皮条编结成的绳索以及用以套住石球的网兜。纺纱技术出现的标志是纺专的使用。纺专由拈杆和纺轮组成,但在考古发掘中,木制的拈杆往往由于难以保存而只发现纺轮。现知中国最早的纺轮是在河北武安磁山遗址发现的,距今已有七千多年历史。发现最完整精美的是浙江余杭瑶山遗址出土的玉质纺专。几乎与纺专出现同时,编制和织造技术也诞生了。在中国大量的新石器时代陶器上,都保留有编织物的印痕。

何堂坤、赵丰认为,对于丝绸来说,其起源的契机并不是为了一种经济的利益,而是基于中国独特的天人合一的文化背景之上。我们可以把丝绸业起源的过程粗略地分解成以下几步。开始,属于新石器时代早期或中期的先民们对广泛生长与原始桑林之中的蚕产生于浓厚的兴趣,他们怀着一种神秘的感觉,观察着蚕的一生自卵至蛹并化蛾飞翔的生态变化,并把它们与人的生死、天地的沟通相联系。浙江余姚河姆渡遗址出土的带有蚕纹的象牙小盅、蝶形器,山西夏县西阴村出土的被切割过的半个蚕壳,都为此提供了证据。于是,蚕成了通天的引路神,桑树就成了通天的工具,人们对蚕桑崇敬备至,并在桑林中进行重大的祭祀活动。

钱小萍在《中国传统工艺全集·丝绸织染》(河南:大象出版社,2005年,第105、106、108、109、129页)一书中对于中国古代的丝织工具做了比较详细的介绍:

第一,腰机。原始机织技术是从手工编织技术发展演变而来的。人们在编制过程中,发现用骨针将纬线从一根一根的经线中编入,速度太慢,而所织的织品又粗疏,达不到所需要的紧密程度。经过长期的生产和实践,逐步形成了原始腰机的织作过程。腰机的主要工具有,前后分用两根木横棍,相当于现代织机上的卷绸轴和经轴。另有一根比较粗的分经棍和一根较细的提综杆,分经棍与提综杆分别把奇偶数经线作1/1交叉分成上下两层,经线的一端成片卷绕在木横棍上,而另一端经线卷绕在卷布棍上,并系于织作者的腰部。此外,工具还有打纬刀和梭杼。最早可能采用骨针或骨梭进行引纬,以后采用木杼、竹杼进行引纬,其目的是可以卷绕纬线和便利引纬。

第二,斜织机。斜织机是适用于制织平纹织物的织机,是中国古代出现最早、应用最广、流传年代最久的传统织机。它是伴随着原始织作机具组合演变而成的具有牵伸、开口、打纬等机械功能组成的织机。在中国古代文献中,关于织机的记载甚少。斜织机究竟起始于何时,目前尚缺乏可靠史料;但斜织机的出现至少不晚于春秋战国时期。《列女传·鲁季敬姜传》有一段对春秋时期织机结构的具体描述,《中国纺织科学技术史》一书据此做了复原,称为鲁机。经研究,认为鲁机是在原始腰机织作工具的基础上,增加了机架、定幅筘、经轴,发展成为一台比较完整的素织机。斜织机的出现,无疑对提高劳动生产率、产品质量,统一织物规格提供了保证。同时使纺织生产趋向职业化,为织造工艺技术的日益精湛创造了条件。

第三,罗织机。"罗"是中国古老的丝织物,起源于商周时期,最初以二经相绞的素罗为主。秦汉以后,出现一种二经相绞的链式绞组织,即将绞经轮流用左侧或右侧的地经交替,环环相扣,呈不可分割的链状结构,故亦称链式罗。唐宋时期,此类素罗和花罗名目繁多,用途广泛,生产量较大。但到元末明初,链式罗已渐渐减少,以致失传。根据现有的资料,我们只能从元人薛景石的《梓人遗制》里,看到比较具体的罗织机的图形。该罗织机有一套简易的卷取装置和送经装置,一根托经杆和一套开口机构。织造提花罗,须加用提花机构(束综)来控制花型。这种罗织机可织造二经绞素罗、四经绞素罗,配上根据花型规律设计的提花装置,控制提升起花的经线,就可以织造各种提花罗织物。

史宏达在《试论宋元明三代棉纺织生产工具发展的历史过程》(载《历史研究》1957年第8期)一文中对植棉与棉纺织生产技术传入中国内地的过程做了介绍。植棉与棉纺织的生产技术,并不是中国自古就有的东西,而是从今之南洋及越南南部、新疆吐鲁番南北两个方向先后传入中国内地的。从南方传入中国的称为南道棉,来自北方的称为北道棉。由于社会和自然条件的限制,南道棉和北道棉,以及随同而来的棉纺织生产技术,在传入中国内地的时间上,有着先后的很大差别。在中国境内植棉最早的地区,是1—2世纪澜沧江流域西南少数民族地区。其次,是11世纪的珠江流域闽广一带。13世纪时,植棉已普遍到了长江流域。与此同时,棉纺织生产技术,也传入中国内地。这是南道棉北向传播的历程。由西域东向的北道棉,约在13世纪时,传播到了关陕渭水流域,而棉纺织生产技术也伴随着传入关陕一带。

赵冈、陈钟毅在《中国棉纺织史》(北京:中国农业出版社,1997年,第74—84页)一书中对中国棉纺织工具做了详细的介绍。

第一，纺车。棉花传入中国腹地之时，中国的丝麻纺织已相当发达，棉业很快就利用了丝麻工业中可以采用的先进技术与工具。只有在棉业特有的工序上，如轧棉及弹棉，人们才需要动脑筋，逐渐改善工具。可是，丝麻工业中也有若干先进的生产工具，因为无法与棉业的生产组织相配合，而被棉业摒弃不用。《农书》及《农政全书》都专绘有三锭足踏式木棉纺车。《农书》上有文字说明，此纺车既能纺纱，又能供纺双股线（合线）之用。

第二，织布机。《农书》卷二十一"蚕桑门"绘有织机及卧机两图，文中说明两者都是织丝具也，全书未谈及织棉布的机具。《农政全书》也是只有织丝及织麻的机具，而无织棉布的机具。《天工开物》卷上"乃服篇"绘有"腰机式"图，说是可供织葛苎棉布者用。比较元朝与明末的布机，最大的区别是元朝的没有踏板的装置，而要织工用手去移综，使两组经线上下移动，形成交口，让带有纬线的梭从交口中穿过。明代的腰机，则已有足踏式的缯，与综桄相连，担任移综开交的工作。从此以后，织布机的结构大体固定下来，直到清末民初，未有任何重大改进。这种织布机有两大缺点：第一，织工不时地要停下来，把织好的部分卷到身前的布轴上。织布速度很慢，每分钟平均可打梭30次。第二，织工以两手投梭，不但两臂极易疲倦，而且布幅宽度也受限制。

第三，轧棉工具。到了13世纪末，中国的棉业生产者还是使用铁轴碾除棉籽。元初黄道婆介绍给松江居民的"擀弹纺织之具"，究竟是什么东西，已无法追查。不过，我们明确知道了1313年中国各地已经使用轧棉的搅车。王祯《农书》卷二十一绘有搅车图式。文字说明："夫搅车四木作框，上立二小柱，高约尺五，上以方木管之，立柱各通一轴，轴端俱作掉拐，轴末柱窾不透。二人掉轴，一人喂上棉英，二轴相轧，则子落于内，棉出于外。"这是一种利用曲柄转动的手摇轧花机。据王祯说，它比用碾轴工利数倍。不过，它最大的毛病是需要3人协同操作。如前所说，这是很不适合棉纺织业的生产组织。所以搅车之使用，前后不超过50年，便很快被一种单人操作的"踏车"所取代。最早提到踏车者是陶宗仪在1360年所撰之《南村辍耕录》。踏车又称四足小搅车，《农政全书》卷三十五绘有图式。其操作之法如下：轧棉之人坐于车前，右手转动右端的曲柄，使一轴转动，同时左足踏动车下踏条，牵动左端曲板，使另一轴作反方向转动，二轴如此互相辗轧，轧棉工以左手将棉花喂入两轴之间的空隙，棉籽便被二轴排挤出来。

丁静静在《黄道婆棉纺织技术革新与江南经济社会发展》（苏州大学2014年硕士学位论文，第25—41页）一文中从搅车、弹弓、三锭纺车、配色提花技术等几方面阐述了黄道婆对棉纺织技术的重大革新，在此基础上阐述棉纺织技术革新对江南区域社会的重大影响。陶宗仪《南村辍耕录》对此有具体的描述："国初时，有一妪名黄道婆者，自崖州来。乃教以造擀、弹、纺、织之具，至于错纱、配色、综线、挈花，各有其法。以故织成被、褥、带、帨，其上折枝、团凤、棋局、字样，粲然若写。"这段文字中的"擀、弹、纺、织"，"错纱、配色、综线、挈花"等，便是对黄道婆革新棉纺织技艺最为精辟的概括。基于以上记载，参见元代前期的棉纺织技术，我们可以发现，黄道婆棉纺织技术的革新主要表现在以下几个方面。

第一，擀——搅车的革新

棉花成熟后，采摘下来称为籽棉。但是，籽棉不能直接被用于纺织，只有在去籽之后才可以用来纺纱。棉花进行初加工的目的就是要去除棉籽。去除棉籽的过程在棉纺织工艺上被称为轧棉,在中国古代亦称为"赶"或"捍"。

去棉籽是一道很费时的工序。最初,去除棉籽没有任何工具可以利用,只能用手剥,去籽效率极低。黄道婆在海南岛人民用两轴相轧去除棉籽的启发下,研制出一种专门用来去棉籽的工具——搅车。

这种搅车,已经利用杠杆、曲柄辗轴等力学原理。它以左右两个曲柄为着力点,劳动者通过这两个曲柄转动立于两小柱中的两个辗轴,二轴则相互辗轧。二轴转动辗轧之时,棉花塞入二轴间隙,棉籽因受二轴的辗轧之力则从棉花内部被排挤出来,故谓"木棉搅车"。这项技术的改进,使轧棉的效率提高了若干倍。王祯在《农书》中所说:"凡木棉虽多,今用此法,即去籽得棉,不致积滞。"

第二,弹——绳弦大弓的革新

棉花经过搅车去除棉籽之后,尚须进行弹棉。弹棉有两个目的:"一是将皮棉纤维弹开,使其松散,便于纺纱;二是,在弹开纤维过程中,清除混在棉花中的杂质泥沙,使棉纤维更加洁白匀净,此时称'熟花衣'。"可见,弹棉效果与成布质量关系很大。

黄道婆对弹弓所做的改进,将弓的长度由原来的一尺五寸加长到四尺左右,弦也由线弦改为绳弦。弓身则仍用竹子,但两头形状不一样。王祯在介绍这种弹弓时描述道:"以竹为之,长可四尺许,上一截颇长而弯,下一截稍短而劲,控以绳弦,用弹棉英,如弹毡毛法。务使结者开,实者虚;假其功用,非弓不可。"这样就加强了上一截的弹性。这种加长绳弓比原来的线弓强有力,大大提高了开松效率,而且弹出的棉花既蓬松又干净。

第三,纺——三锭纺车的革新

中国古代的纺车,除了手摇单锭车外,也有脚踏纺车。宋元时已经有一种三锭脚踏纺车,可用来纺丝、麻。但是,因为纺纱时会经常发生断头,这种纺车不能用来纺棉纱。黄道婆对这种用来捻丝、麻的三锭脚踏纺车进行了改制。她改革了麻纺三锭脚踏纺车的轮径,把纺车轮的直径缩小,从而降低了锭子转动的速比。脚踏板和横杆的支撑点与竹轮的偏心距离都做了合理的调整,脚踏与凸钉座相衔接,带动曲柄连杆的一套完整的滑动结构配合得很恰当,从而使三锭脚踏纺车能纺制棉纱,且轻巧省力,功效倍增。

第四,织——配色提花技术的革新

根据陶宗仪《南村辍耕录》记述,黄道婆在棉布的织造和印染技术方面同样有杰出的建树。她把海南黎族较先进的棉布织染工艺技术,带回家乡推广。黄道婆对乌泥泾地区棉织染工艺的改革,大概是采用了当地已很成熟的织麻布机和丝绸织机进行的,同时利用了经架和纬车等工具。宋应星在《天工开物》中指出:"凡棉布寸土皆有,而织造尚松江,浆染尚芜湖。"徐光启《农政全书》盛赞松江地区棉布织造工艺的独到、精细,松江一带的棉布有三梭布、精线绫、勇线毯,都质量上乘,驰名四方。

原来"民食不给"的乌泥泾,由于黄道婆革新工具、技术,提高了纺纱效率,松江府则是棉纺织生产中心。

③ 陶瓷制造业

中国制造陶瓷的历史悠久,贯穿于整个中国古代的发展历程。所谓陶瓷,可以分为两个部分,一是陶器,二是瓷器。陶器比瓷器出现的年代要早很多,可以追溯到原始社会新石器时代。而最早的瓷器则出现在商代以及西周年间,这个时候的瓷器被称为"原始瓷",因为技术不够成熟,胎色以灰白居多,而且瓷器的表面还有一层石灰釉,与后来的瓷器存在很大的区别。但是在制作工艺上,瓷器的制作工艺是在陶器的制作工艺上发展而来的。陶是渊源,瓷是传承,二者源远流长相互融合相互发展相互繁荣。

苏文斌在《中国古代陶瓷工艺的发展历程研究》(载《艺术科技》2013年第2期)一文中认为,陶瓷的发展史滥觞于新石器时代。据考古发现,目前最早的陶器遗址是距今约10 000年的地处湖南道县的玉蟾岩遗址、江西万年仙人洞遗址以及河北徐水南庄头遗址。当时的制陶工艺极其简单,所用的制陶原料均来自人类所居住的地方,烧出来的陶器质地松软,是一种粗砂陶,多用于日常生活。到了殷商时期,开始出现瓷的雏形。而此时的制陶工艺也开始有了长足的发展,陶器的造型开始多变,而且还有不同品种不同花色的印纹硬陶出现。到了西周,陶器的制作原料从就地取材变成了高岭土,而高岭土中含有少量的氧化铁,使得制陶烧制温度达到了1 200℃。而原始瓷也就是在此基础上发展而来的。原始瓷的内外表面都含有一层厚薄不均的玻璃釉,颜色多为青灰色和黄褐色。在瓷胎上一般使用黄绿、青绿的釉进行敷釉。这种原始瓷的吸水性弱,颜色灰白,胎面粗糙。

苏文斌认为,两汉时期,陶瓷工艺开始出现显著的提高和发展。在西汉,釉的颜色也开始增多,出现了彩绘陶。到了东汉,特别是东汉晚期,南方的青釉瓷烧制成功,实现了真正意义上的瓷陶分家,瓷器开始正式登上历史的舞台。南北朝时期,中国长期处于一种纷争四起,战乱不断的局面,这在一定程度上阻碍了陶瓷工艺的向前发展。但是这个时期其他的工艺美术,包括绘画、美术、书法开始融入陶瓷工艺当中去了。这为隋唐时期陶瓷工艺的发展与强盛积累了基础。

冯先铭在《谈邢窑有关诸问题》(载《故宫博物院院刊》1981年第12期)一文中认为,唐代,经济高涨,文化艺术发展,陶瓷生产也处于繁荣阶段,以州命名的瓷窑开始涌现。当时,烧制青瓷、白瓷在隋代的基础上更加成熟,斑驳灿烂的三彩陶器与雕塑也达到了登峰造极的程度。邢窑是唐代白瓷著名产地,据《唐书》记载,邢窑白瓷与越州青瓷都作为地方名产向宫廷进贡,河南巩义白瓷于唐开元时期也列为贡品。一般人因受陆羽《茶经》所描述的影响,对邢窑瓷器的概念是"其白如雪"。而就岗头、祁村、双井三处邢窑遗址出土瓷片看,陆羽描写的仅仅是邢窑瓷器中的主要部分,并不代表邢窑产品的全貌。三处遗址的瓷片,釉色有白、黑和褐黄三种,白瓷又有粗细之分,数量以粗者为多,细者只占少数。细白瓷属高档商品,专供皇戚贵胄与上层人士使用。细白瓷仅在祁村发现,有碗、托子、壶、注子和罐。

李国桢、叶宏明、程朱海、朱伯谦在《历代越窑青瓷胎釉的研究》(载《中国陶瓷》1988年第3期)一文中认为,浙江省越窑青瓷是中国历史上最悠久的青瓷产品,对中国青瓷的发展及影响极大。根据文物、考古资料记载,自东汉晚期以后,经三国、两晋、南朝、唐、宋,其间共约900年之久,该地区不仅生产规模日益扩大,而且其产品质量和产品品种的多样对国内南北青瓷的发展均产生了极其深远的影响,为中国青瓷生产奠定了牢固的基础。特别是在盛唐时期,由于窑炉的改进,匣钵的使用,烧成温度和气氛的熟练控制,胎质、釉色以及造型、装饰日臻完美,产品制作更加精良,在国内外享有很高的声誉。在中国陶瓷发展史上占有极重要的地位。

沈毅、李珍在《"夺得千峰翠色来"——越窑青瓷》(载《中国陶瓷》2003年第6期)一文中认为,唐代的社会、政治、经济、军事强盛一时,朝廷对青瓷的需求量大为增加,而越窑青瓷水平不断提高,胎体细腻,晶莹润泽,釉色青绿,工艺精湛,在当时唐朝上层社会极为流行。顾况在《茶赋》诗中描写其精良的质地为"越泥似玉之瓯"。徐寅在《贡余秘色茶盏》诗中描写它的造型为"功剜明月""轻旋薄冰",描写它的釉色为"古镜破苔""嫩荷含露"。唐代陆羽甚至在《茶经》中将越窑列为唐朝诸窑之首。因此,越窑青瓷开始负担起向朝廷进贡的任务。越窑青瓷到晚唐时期由于工艺精良、质地佳美,成为皇室珍爱的宝物,并称之为"秘色瓷"。1987年,陕西考古工作者在陕西扶风的唐代名寺法门寺塔地宫下,发现数千件金银珠宝和绸缎,同时出土14件越窑青瓷,还出土一方造物账碑。碑文中称这些瓷器为"秘色瓷"。这次发现使流芳千古的秘色瓷器露出真容。这批作品质地细腻,釉色淡绿,光泽晶莹,堪称绝品。对于秘色瓷"秘色"的解释,常见有三种:"秘"作秘密解释,这主要是根据宋人的解释,认为钱氏吴国命越窑烧造瓷器,"供奉之物,臣庶不得用",故曰"秘色瓷";"秘色"是一种青瓷的颜色,是香草的颜色,为青瓷釉色的代称;"秘"作"祢",是"稀奇"之意,亦为"神奇颜色"之解释,由"碧色"讹传附会而来。

罗微在《论洛阳唐三彩的历史展现》(载《洛阳大学学报》2003年第3期)一文中认为,唐三彩在唐代存留的时间并不太长。从已出土的文物和史料考证,它从唐代武则天执政时(684年)出现,经开元、天宝,终结于"安史之乱"(755年)。唐三彩作为一个特定历史时期的特色釉陶器物名称的专指,是有其基本界定的。一是年代的界定——唐代;二是釉彩的颜色——三种以上的多彩釉色。二者缺其一,均不应称为唐三彩。唐三彩是在汉代铅釉陶的基础上,直接发展演变而来的一种唐代特有的低温和具有多彩釉饰的釉陶新品种,其前身为南北朝时期的多釉色陶。唐三彩作为一种古代工艺技术高超的手工业陶瓷制品,之所以在唐代产生并迅速达到成熟,是与当时的社会经济发展、文化艺术繁荣、多元文化交流、厚葬风习盛行分不开的。

苏文斌在《中国古代陶瓷工艺的发展历程研究》(载《艺术科技》2013年第2期)一文中认为,宋朝,中国陶瓷工艺开始迎来一个鼎盛时期。不管是胎质、釉料,还是制作技术所表现的主题方面,都较前一个时期有了较大的提高。而且烧瓷技术开始日臻完善,并出现了不同风格的窑系,包括磁州窑、龙泉窑、越窑等,以及闻名中外的宋代五大名窑:汝窑、钧窑、定窑、哥窑、官窑。宋瓷最为人称道就是单色釉的高度发展,譬如钧窑的瓷釉就是一种红釉,它给人一种珠圆玉润、吉祥喜庆、大方典雅的东方美感。再者就是宋瓷在前人传统的划花、印花以及刻花的装饰技术之上增加了毛笔加绘的新的装饰工艺,使得瓷器的纹饰流畅奔放,极具动感,看起来流光溢彩,非常富有艺术特色。宋朝最为重要的一个制瓷地点——景德镇,对后来的陶瓷工艺的发展起到不可或缺的作用。景德镇从五代开始烧制瓷器,到了宋代,开始烧制大量的青白釉瓷,同时在质量上也有很高的标准,这为景德镇后来成为中国瓷都奠定了基础。

吴军明、袁枫、李瑞涵在《元青花的考古学观察——以〈中国出土瓷器全集〉为中心》(载《中国陶瓷工业》2018年第3期)一文认为,青花瓷是在瓷坯上以含钴原料描画装饰图案、外罩透明釉,在1 300℃左右的高温窑炉里还原焰下一次烧成的高温釉下彩瓷器。它的产生和发展是不同文化元素和审美思想碰撞融合的结果,不仅打破了宋单色釉瓷统领天下的局面,也为明清釉下彩、釉上彩、釉上釉下相结合彩绘瓷的繁荣打下了基础,标志着一个新时代的到来。其中,景德镇生产的元青花瓷以其独特的历史背景和新颖精湛的工艺,成为中国陶瓷艺术发展过程中的分水岭,成为国际上最具影响力的中国陶瓷艺术品。

苏文斌在《中国古代陶瓷工艺的发展历程研究》(载《艺术科技》2013年第2期)一文中认为,陶瓷工艺发展到元朝,外销瓷的数量大增。大多港口集中在南方,这就促进了南方龙泉窑和景德镇窑的发展,而北方瓷窑逐渐走向衰落。这个时期,在陶瓷工艺方面有突出贡献的就属景德镇窑了。景德镇窑在这个时期,首先采用了瓷石加高岭土的"二次配方"方法,提高了瓷器烧成的温度,同时减少了陶瓷在烧制过程中出现变形的情况,使得制造大型瓷器成为可能。其次,景德镇烧制青花瓷的工艺走向成熟,实现了以氧化铬着色的釉下彩青花和以氧化铜着色的釉下彩釉里红两者结合的青花釉里红。

谷莉、赵长伟、潘天波在《明清对外文化交流对瓷器花卉装饰纹样的影响》(载《中国陶瓷》2017年第11期)一文中认为,明清是古代制瓷业的鼎盛阶段,制瓷技术到达新巅峰。这个时期的陶瓷器皿种类丰富多彩,高超的制瓷工艺水平使得手工艺品装饰艺术在外观和形式上,都取得了新的技艺成就并获得超过前代的新发展。明代以前,中国瓷器釉色大多以青瓷为主,明代以后,白瓷发展占了主流。明清彩瓷在这个时期的盛行突起,改变了宋代以前主要以青、白等单色调为流行的发展方向。从青花瓷的出现开始,接着制作出了技术先进的釉下青花瓷,并且出现了技艺高超的"斗彩"瓷器。进入清代,制瓷手工业进入一个高峰,不仅青花瓷技艺突进,还有釉里红和斗彩等彩瓷技艺不断改进提高,还创新烧制出珐琅彩新工艺,并且出现了粉彩瓷器。珐琅彩瓷技术来自国外,多姿多彩的珐琅彩绘制增添了色调的表现力,再进行烘烧制作。这种珐琅材料厚重使花纹表现立体凸起,受到宫廷贵族的喜欢,是被清贵族垄断的瓷器精品。而粉彩瓷器则是在康熙时期的五彩瓷器基础上研制出的新的瓷器装饰技术,此种釉上彩装饰工艺无疑受珐琅彩装饰技术的影响,到了雍正时期出现了粉彩,即把彩绘部分用玻璃白粉打底后,再运用中国传统绘画中的没骨技法来画。在此基础上,花卉纹样自然有了更为丰富的载体去进行装饰。

2. 世界古代生产工具的演变

(1) 上古时期的生产工具

米丽亚姆·斯蒂德在《古代埃及农业耕作方式及农作物》(载《农业考古》1991年第4期)一文中认为,埃及是人类四大文明古国之一。早在公元前2686年的古王朝时期,农业耕作技术已经达到相当水平。古代埃及农业是与河流紧密相连的。每年尼罗河洪水的定期泛滥,为尼罗河流域内的耕地带来肥沃的淤泥,使耕地获得丰富的有机质,并且还为农业生产提供了丰沛的灌溉水源。当时主要农作物有双粒小麦、大麦和亚麻等。谷类作物用于食品和饮料酿造。一般在每年的10月,农夫开始犁地播种。常用牛作为犁地的动力畜。在古代埃及,人们使用母牛而非公牛拉犁。在缺牛地区,也有使用人力拉犁的情况。耕者一手扶犁把,一手持鞭驱牛前行。牛的前面还有一位助手,使用细木棍大声吆喝,刺激牛往前进,助手常由小孩担任,如果土壤板结过硬,常使用锄头将之捣碎,然后再加以犁耕。到新王朝时期,埃及人发明了一种新的机械提水装置,叫作夏多夫——一种和中国古代使用的桔槔相似的工具。到公元前305年,托勒密王朝时期,水车出现在埃及,从而在一定程度上缓解了手工提水浇灌的劳动强度。

李未醉、魏露苓在《论古代中印农业科技文化交流》(载《农业考古》2014年2期)一文中认为,早在公元前500年以前,印度次大陆北部的居民就已经开始了种植业。早在哈拉巴文化时期,农牧业生产都很发达。考古发掘出那个时期的城镇遗址中,发现了规模较小的谷仓。那时人们已经发明畜耕,人们饲养了水牛、耕牛、山羊、绵羊、猪、狗和象等动物。古代,已经开始使用青铜制造的锄头和镰刀。农作物品种繁多,有小麦、大麦、水稻、豌豆、甜瓜、枣椰和胡麻等。世界上最早种植棉花的是古印度人,他们在很早的时候就掌握了棉花种植技术并开始用棉花纺线织布。通过考古发现,在吠陀时代,印度人懂得了人工灌溉和施肥。耕地使用重犁,并出现了牛耕;农田做有畦沟,并已利用粪肥。与灌溉农业发展密切相关的天文历法知识也较早地产生和发展起来。到了吠陀时代后期,铁器的使用使农业生产得到了进一步发展。在相对统一的孔雀王朝,政府设有高级官吏管理全国的水利事业,动用了大量的人力物力进行了较大规模的水利建设。

吴高君在《古希腊城邦经济研究》(载《北方论丛》2003年第3期)一文中认为,希腊各地普遍使用了铁铧犁、铁锄、铁锹等铁制工具,掌握了扩大耕地面积和深耕的技术。在种植方面,希腊人除了种植谷物,还栽培了葡萄和橄榄,经济作物的种植初具规模。公元前7—前6世纪,古希腊城邦的商品交换关系对传统自然的农业经济产生了冲击力,出现了酿酒和榨油的农产品加工业。农产品经过加工后,除可部分留做自用外,其余的用于交换。希腊城邦农业经济的发展很不平衡,雅典是农业经济比较发达的城邦之一,而斯巴达又是农业经济比较落后的城邦之一。

(2) 欧洲中世纪的生产工具

冯正好在《论中世纪西欧的农业》(载《农业考古》2016年第7期)一文中认为,中世纪西欧农业生产工具和农业耕作方式都非常落后。当时的农业生产工具主要有犁、耙、锄、铲、鹤嘴锄、尖嘴器、大木槌、铁杆、斧头等,这样的农业生产工具简陋粗笨,严重阻碍着中世纪西欧农业生产的发展。在中世纪英国,最初盛行二圃制,后来逐渐发展到三圃制,这是农业生产进步的表现。但是三圃制也有严重的不足:它使得西欧本来就很贫瘠的土地严重地消耗了地力,在很长时间内都得不到及时恢复,所以三圃制在西欧各国没有得到全面实施和推广。此外,在中世纪西欧,农耕的方式也很落后。当时主要使用一种需要用二头牛、四头牛甚至八头牛来共挽的重犁。在中世纪早期,西欧农耕甚至需要更多的畜力。如 P. 布瓦松纳认为,西欧中世纪早期需要用八头或者十二头牛才能耕种土地。在欧洲大陆的法国,重犁的使用非常普遍,因此必须要几头公牛来挽曳。不过,在中世纪的英国,情况却有所不同,英国农耕方式大多使用轻犁,但是,这种轻犁仍然需要使用一对公牛或马挽曳。这种落后的耕作方式一直持续到中世纪晚期。

(二) 劳作方式

1. 中国古代的劳作方式演变

(1) 远古居民的劳作方式

何红中等在《历史视角下刀耕火种农作技术与遗产评价及保护》(载《中国农史》2015年第10期)一文中认为,刀耕火种又称"刀耕火耨""火耨刀耕",是指用刀和斧等砍伐森林,经过晒干、焚烧后,空出地面以播种农作物的一种生荒耕作制。刀耕火种农作方式的出现在人类历史上,有着重要意义,标志着人类由只能以"天然产物"作为食物的"攫取经济",跨入能进行食物生产的"生产经济"阶段。刀耕火种农业形成于新石器时代。根据考古发掘成果判定,刀耕火种农业的确立要早于距今 11 000 年。刀耕火种在宋代以前称为"畲",但并不多见。较早的记载有常璩所著的《华阳国志·南中志》、温庭筠《烧歌》。实际上,关于刀耕火种的详细记载直至明清时期才真正多起来,特别是见于各类地方志中,如明景泰《云南图经志书》卷三《马龙他郎甸长官司》、清道光《普洱府志》卷十八《种人志》有相关记述,还涉及佤族、独龙族、哈尼族、怒族、瑶族、拉祜族、景颇族等其他少数民族等。

(2) 农村公社与井田制

樊树志在《国史概要(第四版)》(上海:复旦大学出版社,2010 年,第 42—44 页)一书中认为,农村公社是历史发展到特定阶段出现的。农村公社阶段,耕地或者以公社为单位共同耕种,或者分成小块,由公社在一定时间内分配给各个家庭去耕种。农村公社的土地是公有的,每年正月都重新分配一次,由各个家庭耕种,另一部分属于农村公社的公地,则由农村公社成员共同耕种。西周时的邑、里,就是农村公社。邑、里所奉祀的社神,最早是与祖先崇拜联系在一起的,后来社神作为土地神,即按地缘而不是按血缘结成的农村公社的保护神。邑、里奉祀社神的地方称为"社",于是农村公社的组织也称为"社"。邑与社在先秦文献中是同义词。邑又和井田相关联,"四井为邑"是当时很普遍的现象,表明公社的土地分配方式就是井田制。

欧阳伟华在《〈孟子〉农业思想考》(载《农业考古》2014 年第 2 期)一文中认为,《孟子》虽没有出现"井田"一词,但是却有很多关于"井田"的论述。如《孟子·滕文公上》中有几处关于"井田"的论述。所谓"井地",就是按"井"的形状或形式来划分土地。孟子认为,实行井田制的目的就是针对破坏井田制的地主阶级当权者,井田制是实行仁政的基础。接着,对"井田"做了进一步的描述:井田共九百亩,其中一百亩为"公田",其余八百亩为"私田",分给八家自己耕种,八家要把公田耕种完,才能耕种自己的私田。有了井田制度作为保障,就会出现一个理想的居住蓝图:一个人从出生到死亡,甚至搬迁都不能离开乡井。因为乡井的范围是固定的,在这范围的居民,要相互帮助,相互爱护,像朋友一样亲睦。

李埏在《中国封建经济史论集》(云南:云南人民出版社,1997 年,第 37 页)一书中认为,综合近人的描述,西周的井田制有以下的几个特点:第一是"田里不鬻"。土地是不能买卖的。土地的所有权属于最高统治者。第二是耕田有"公田和私田"之分。公田由庶人共同助耕,生产物归统治者。私田由庶人个体耕作,定期重分,生产物归耕作者。第三是庶人的家庭已经是一夫一妻制的个体家庭。第四是山林川泽之类属于公有而共同使用。第五是农人居住的村落叫作"邑","里"。其中居民或是同族的,或是不同族的,血缘关系已经松弛。

周新芳在《近年来井田制研究的新进展》(载《烟台师范学院学报(哲学社会科学版)》1997 年第 9 期)一文中认为,对井田制有无的认识,是为 20 世纪初期井田制研究的首要问题。如若连井田之存在与否都没有搞清楚,对其他问题的讨论就显得毫无意义,"皮之不存,毛将焉附"。但争论了三十年问题并没有解决,1949 年以后讨论一度中断,进入 80 年代以来,争鸣再次活跃起来,人们采用各种各样的手段,从不同的着眼点上思索和探讨。就目前来看,对这一问题的看法已基本统一到承认"中国历史上曾实行过井田制"这一认识上来,特别是"赞同我国古代曾实行过井田制,但不必拘泥于孟子所说"的观点已渐次被大多数学者所认同。

史建群在《井田与井田制度》(载《农业考古》1989 年第 4 期)一文中对"井田"与"井田制"

两个概念做了辨析。井田是疆理土地为井字形方块田的耕作方法。井田制是将土地划分为小块授予农夫独立耕作的分配土地占有权的制度。不能混淆两类不同性质的概念,以井田的存在论证井田制的起源。殷商、西周时期,确曾以沟渠、道路交错分割土地为井田。然而其时农业生产工具基本上仍是木、石、蚌器。与之相适应的劳动组织形式是家族公社集体耕作,同时也共同占有大块田地,尚未实行向个体家庭分配百亩之田的井田制。《孟子》及《周礼》所述按"一夫百亩"标准分配土地的制度,并非殷商、西周之制,而是春秋时期自铁器牛耕应用于农业生产以后,各国普遍推行的授田制。

凌鹏在《井田制研究与近代中国——20 世纪前半期的井田制研究及其意义》(载《社会学研究》2016 年第 7 期)一文中认为,在中国的传统儒家经学中,井田制是永恒的注疏对象。在注疏之中,学者们融会进了自己对于现实与理想的思考。其中,最明显的例子莫过于朱熹在《四书章句集注》中对于井田制的注疏:"井地,即井田也。经界,谓治地分田,经画其沟涂封植之界也。此法不修,则田无定分,而豪强得以兼并,故井地有不均;赋无定法,而贪暴得以多取,故谷禄有不平。此欲行仁政者之所以必从此始,而暴君污吏则必欲慢而废之也。"在朱熹看来,井田制的意义有两层,第一是"经界定",则豪强不能兼并,因此能够保护百姓之土地;第二是"赋有定法",则贪暴的地方官不能多取赋税,因此能够保护百姓之收获。在此基础上,朱熹认为,"此欲行仁政者之所以必从此始"。若仔细考察朱熹对于井田制的注疏,便会发现他所处理的其实都是宋代当时的具体问题,特别是其中的"豪强""兼并""赋无定法"等,都是宋时所面临的现实问题。

(3)小农经济与精耕细作

朱筱新在《论中国古代小农经济的形成及特点》(载《北京教育学院学报》2003 年第 12 期)一文中认为,小农经济是以家庭或家族为组成单位,在小土地分散式经营中,通过男耕女织的生产方式,形成的一种自给自足的经济形态和特定的生产与生活格局。小农经济是封建社会的产物,也是封建社会的经济基础。它的产生有深刻的历史和社会根源,更对中国的社会发展,乃至人们的观念意识及文化传统,有至关重要的影响。

朱筱新还认为,农耕文明的产生,使农业成为中国古代社会经济的基础。为了维护和巩固统治,统治者们又采取"重农"的政策,通过建立户籍、土地等制度,使农民与土地的天然联系更加紧密和牢固。这些因素为小农经济的产生提供了重要的基础和外部条件。春秋时期,随着铁制农具和牛耕技术的应用,在"公田"之外出现了"私田",土地私有制产生,由此形成了新兴的地主阶级。土地国有与私人占有两种土地占有制度间的较量,最终演变为政治上的争斗,即"公室"与"私家"的斗争。其结果是私家地位上升,导致公田荒芜,私田兴盛的局面。为确保赋税的征收,各诸侯国相继推行"案田而税""初税亩""量入修赋""初租禾"等赋税制度的改革,从而确认了土地的私人占有,保障了新兴地主阶级的经济利益。进入战国以后,已拥有极强经济实力的地主阶级,又从政治上寻求私人对土地的永久占有权。商鞅在变法中,推行的"废井田,开阡陌"政策和措施,即从法律上肯定了土地的私人占有。

仲亚东在《小农经济问题研究的学术史回顾与反思》(《清华大学学报(哲学社会科学版)》2008 年第 11 期)一文认为,小农经济意味着农民家庭承担了基本经济单位的职能——自主进行经济决策、配置经济资源、利用家庭劳动力开展生产(不排除少量雇工)、占有租税负担之外的劳动成果,其成员共同开展消费。由于家庭集生产与消费功能于一身,为维持生存或追求更好的生活品质,农民有时会在既定的生产条件(土地、工具、市场环境等)下尽量开发自身劳动力资源,用辛苦的劳动投入实现较高的总产出,在农业耕作上体现为"精耕细作";小农家庭有时还兼容了社会分工,如基于性别分工而形成的"男耕女织"。

仲亚东还认为,学术界在讨论小农经济问题时对它至少有三种理解:第一种把小农经济视为一种经济组织形式。在中国历史上,自耕农无疑属于小农的范畴;佃农需要租入土地,但主要使用自家劳动力开展经营,也是小农的一种。它们以农业耕作为主要生产活动,有时还兼做一些副业,共同构成历史上农民经济的主体。第二种视小农经济为当时社会经济内容的一部分,甚至是其代表。小农制存在于一定的自然与人文环境中,受人地关系、地权分配、生产力水平等因素的影响,反映着周围的社会经济内容。第三种视小农为一种文化传统。由于小农经济的长期存在,有的学者认为其意义已超出经济范畴,决定了中国的政治结构和民众的精神面貌,左右着历史的发展。

华北农业大学农业科学技术研究组在《精耕细作——我国古代农业科学技术的优良传统(一)》(载《中国农业科学》1978年第1期)一文中认为,精耕细作是中国农业科学技术的优良传统。精耕细作主要表现为:一是利用和改造土壤;二是用地养地使地力常新壮;三是抗旱保墒和合理用水;四是合理施肥,用粪犹用药;五是培育良种和种子处理;六是精细的田间管理。

(4) 庄园经济与租佃关系

邓伟平在《东汉庄园经济研究》(湖南师范大学2008年硕士学位论文,第1,6—9页)文中认为,有关庄园经济,目前学术界一般认为它是以地主大土地所有制为基础,以庄园内的生产为主要内容,以土地关系为典型特征的经济形态。从文献资料来看,庄园经济的形成应在西汉初期。西汉建立后,为了巩固新的地主阶级统治,加强中央集权,西汉统治者采取了一系列政策措施。社会经济得到进一步的发展,一些地主逐渐占有大量的土地,地主大土地所有制经济得到迅速的发展,占有大量土地的庄园不断产生。汉武帝为了从财政上支持专制主义中央集权的巩固和发展,实行工商官营政策,政府对盐铁官营,同时垄断大宗商品贸易,从而导致富商大贾把资金转向土地,"以末致富,用本守之",加速了庄园经济的发展。到了西汉末年,庄园经济基本上发展成熟。《后汉书·樊宏阴识列传》对樊宏父亲的庄园有详细的描述。樊重所经营的庄园,是庄园经济早期发展的典型代表。《水经注·比水注》也记载了樊重庄园的情况。樊重的庄园是一个包括农、林、牧、副、渔综合经营的封建经济单位,庄园经济在这个经济单位中得到较为充分的发展。

邓伟平认为,东汉王朝建立后,东汉的统治者就对豪强地主采取保护政策,通过"察举"和"征辟"等任官制度,使豪强庄园主控制各级政权。在经济上,豪强庄园主占有大量的土地,利用宗族成员、奴婢、"客"进行生产。从考古发现来看,也可以得知庄园经济在东汉前期得到进一步的发展。1971年,发现的内蒙古和林格尔汉墓壁画,有相当一部分与庄园有关,仅绘画就有农耕图、园圃图、采桑图(绘有采桑工具蚕架等)、沤麻图、碓舂图、谷仓图、酿造图、果树图、网渔图、牧马图、牧羊图、牧牛图等,内容十分丰富。此外,酒泉下河清第一号汉墓也发现此类壁画。东汉墓中也大量发现水田池塘模型。主要分布在四川、广东、贵州、陕西等地,其中以陕西汉中和广东佛山出土的模型最有代表性。东汉末年的庄园经济发展与军事有密切的联系,庄园的存在,不单纯是生产组织,也有军事组织的作用。这是庄园经济在特定的历史阶段,所表现出来的特定发展轨迹。战乱中的豪强庄园主的庄园,都呈现出庄园武装化、堡垒化的趋势。这种武装化、堡垒化的豪强庄园主的庄园,到了十六国和南北朝时期,就是北方普遍存在的坞堡。

万竟君在《东晋南朝庄园经济试探》(载《广西师范大学学报(哲学社会科学版)》1981年第3期)一文中认为,封建社会的大土地经营方式,主要是庄园制经济。魏晋南北朝这个分裂的时代,正是大土地所有制特别壮大的时代,也就是庄园经济发展的时代。它的形式是多种多样的,诸如北方的坞堡、壁垒,南方的田墅、田园、别业等。东晋南朝的统治者偏安江左,没有力量,也不想统一北方。经济上,田墅式的庄园经济特别发达兴盛。如果说,东晋南朝的门阀制度是承认世家大族在政治上享有的特权,那么,他们经营的田墅式庄园制的存在,就是承认他们在经济上所享受的特权。它是门阀制度的经济基础。所以庄园制这种大土地所有制经济的发展,就决定了东晋南朝在政治上的无所作为和软弱无力。庄园经济的发展,在客观上曾促进了江南的进一步开发,但同时它对整个南方经济又具有很大的破坏力。庄园经济发展并不能增加国家的收入。因为庄园主并不负担国家的租税劳役。

赵冈、陈钟毅在《中国经济制度史论》(北京:新星出版社,2006年,第110—120页)一书中认为,在中国历史上,耕地变为私有以后,立即发生耕地租佃之现象,两种制度差不多同时出现。拥有土地者出租给别人耕种时,索取使用土地的报酬,于是产生了"地租"这一范畴。有关土地租佃最早的记载之一是《汉书》卷二十四《食货志》所引董仲舒之言:"或耕豪民之田,见税什五。"所谓豪民,即董仲舒所说"富者田连阡陌"的富人,所指之田是私有农地,租佃方式是分益制,分益比率是主佃各取产量之一半,即"见税什五"。经过秦及两汉的长时期,土地私有制的产权观念得以逐渐建立,但却又因均田制之实施而中断。中唐以后,均田制破坏,土地私有制恢复,但是直到北宋,产权观念才得充分重建。北宋史料及民间记载对于无田的农业生产者,有许多种称呼,如"庄客""佃户""浮客""佃客""客户""租户""种户""火客""佃仆"等。这些名称所代表的身份与经营方式不尽相同,但是在官方的户口登记上,主要是分主户与客户两大种。北宋的户籍分类就是以田产之有无为标准,有产者为主户,无产者为客户。

张邦炜在《北宋租佃关系的发展及其影响》(载《西北师大学报(社会科学版)》1980年第4期)一文中认为,历代史家往往褒扬汉唐为"盛世治世",贬抑北宋曰"积贫积弱",这种看法不免失之偏颇。平心而论,北宋弱而不贫。在一定社会内部,大凡生产的显著提高,无不同与适应生产力的发展而发生的生产关系的局部变革、调整和改善相关。北宋经济的繁荣与租佃关系发展之间的关系也是至为密切的。随着租佃关系的发展,直接生产者对土地所有主的人身依附关系比魏晋南北朝隋唐时代相对减轻了。同前代的部曲相比,北宋佃农的社会地位高了一点,隶属程度低了一点,有了较多的时间和自由来独立经营自己的个体小农经济,因而他们的劳动兴趣有了某些提高,劳动生产率有了某些增长。这正是北宋经济之所以繁荣的关键所在。从历史的横断面上讲,我们有理由认为,北宋租佃关系的发展是深入认识整个北宋社会面貌的一把钥匙。从历史的纵剖面上说,北宋租佃关系的发展又是中国土地制度演进史上的一方醒目的路标。

(5) 官营手工业与民间手工业

刘佛丁等人在《工商制度志》(上海:上海人民出版社,1998年,第26—38页)一书中认为,官营手工业在中国历史上起源很早,有人认为可以追溯到殷商时期。那时从事专业生产的氏族就是后来官营手工业的原始单位,其在非农业生产方面居于主导和统治的地位。工商业基本上由官府占有,是西周时期工商业制度的突出特点,而国家掌握大量可用来交换的商品和大量实际从事工商业劳动的奴隶,则为国家实行官营工商业制度提供了必要的条件。

刘佛丁等人认为,工商食官制度包括两层含义:一是工商业归官府控制掌握,手工业和商业都隶属于官府;二是从事工商业劳动的是由官府供给简单饭食的手工业奴隶和商业奴隶。政府派出专职官吏对他们进行严格管理,按人户编制起来,定期检查,必须专业定居,父子相袭,全部时间由官府支配,更不准随便迁徙改业。进入春秋时期后,官营工商业制度还继续保留。到了春秋中后期,由于社会生产水平的不断提高,独立经营的民间工商业者大量涌现,工商食官的格局终于被打破。据吴慧《中国古代商业史》等著作,工商食官制度解体的情况有以下几种:第一,在建国、复国的过程中,为了取得工商业者政治与经济上的支持,官府给其一定的经营自由,民营工商业因而得到宽松的发展条件,工商食官制度就开始被突破。第二,在统治集团内部新旧两种势力展开激烈斗争时,双方为争取中间阶层的支持,采取了一些宽惠政策。第三,衰国和亡国的百工以及商贾之长,在丧职或叛逃后变为民间的百工商贾。第四,工商奴隶的逃亡。第五,工商奴隶为争取自由而进行武装暴动。第六,在国与国之间、卿大夫之间的战争中,工商奴隶立了军功而被免除奴隶身份,奴隶身份的小工商业者也进一步获得自由身份而上升为士。

刘佛丁等还认为,到了秦代,各个官营手工业部门都设有专官管理,体制基本上都是依据《周礼》而定。两汉官营手工业的主管机构主要有少府、水衡都尉、将作大匠、大司农等。其中少府、水衡都尉、将作大匠属于皇室手工业系统,大司农则属于政府手工业系统。唐朝拥有庞大的官营手工业,规模远比前代大。从体系上划分,唐代的官营手工业由三大部分组成:一是皇室手工业系统。它专为皇室宫廷服务,这是官营手工业中规模最大的一部分。二是军器监。它专门生产军队所需的各种兵仗器械。三是政府手工业系统。元代统治者为了满足军事作战与生活享受的需要,依靠大量掳掠的工匠,建立了庞大的官营手工业。元代对手工业实行全面垄断,缺乏竞争,造成管理腐败、效率低下,彻底暴露出官营手工业的各种弊端。到元代后期,官营手工业规模逐渐萎缩,一些行业不得不开放,由民间经营。明代的官营手工业较之前代,规模更为缩减,许多政府和皇室需要的手工业产品,都靠"和买"的方式向民间手工业生产者采办。清代前期的官营手工业组织系统沿袭明代旧制,但与之相比,已经显得极不完整了。

赵冈、陈钟毅在《中国经济制度史论》(北京:新星出版社,2006年,第397—398页)一书中认为,周代,专业氏族被网罗在政府之下,转化成官营手工业,但是在没有严格禁止私营工业生产时,私营手工业还依旧存在,不过人数可能不多。到了战国时期,民营手工业已发展到相当规模。齐国以外的其他诸侯列国,煮盐与冶铁两大生产部门很多都是由私人自由经营的,也出现了许多有名的民间企业家,从工商业活动中积累了大量财富。民间的手工业生产有两种方式。一种是上面所述之大规模的企业。所使用的劳动力有的是奴隶;有的是雇佣,如《管子·轻重篇》所说:"北海之众,毋得聚庸而煮盐。"禁止煮盐业在春耕期间大量雇用工人,以免减少农业生产所需之劳动力。另外,官营手工业的工匠是每年三至八月为官工业工作,其余六个月便可为民营作坊工作。另一种民间手工业生产方式则是农村副业,这是利用每年农闲时期,以家庭成员的劳动力来生产非农业品。

赵冈、陈钟毅认为,在中国历史上,丝与麻的纺织业发生极早,它们是农村副业的良好对象,因此纺织业作为农村副业,几乎与定居农耕同样早。这可以从《诗经》中《豳风》《大雅》看出,从事纺织工作者都是妇女,足证男耕女织的农村分工是很早已然有的惯例。不过,从先秦文献中可以看出,农村副业生产的范围并不广泛,主是限于丝麻纺织。农户以其生产之余粮及余布去换其他手工业产品。

2. 世界古代的劳作方式

(1) 中世纪的欧洲庄园

吴于廑、齐世荣编写的《世界史·古代史编（下卷）》(北京:高等教育出版社,1994年,第205—206页)一书认为,9—13世纪是封建庄园兴盛时期。9世纪起,一种新的封建农业经济组织形式——农奴劳役制庄园开始在西欧流行。典型的庄园采用劳役地租的剥削方式,这就决定了庄园的结构以庄园的土地划分成领主自营地和农奴份地两部分的特征。领主自营地主要由服劳役的封建依附农民耕种,这些农民有不少是农奴。封建主派管家监督农奴耕种,并在庄园上修建仓库、马厩等生产设备,备有耕畜和一些农具。自营地上的收获全归封建主,农奴靠耕种自己的份地维持生活。农奴份地的所有权也归封建主,农奴子弟继承份地要向封建主交纳继承金。庄园有时就是一个村子,但二者也经常是不一致的。庄园的耕地呈条田状插花状分布,领主自营地、各户农奴份地互相交错,所以实行强迫轮种。耕地播种后、收割前用栅栏围起,收割以后成为公用牧场。这些情况是从农村公社继承下来的,并不是庄园的本质因素。中古西欧农业生产力发展缓慢,致使农村公社的耕作制度得以长期保留。9世纪的王室庄园和大修院庄园因面积很大,有的占地几千公顷。9世纪以后的庄园一般都比较小。典型的庄园主要集中在法国中部和英格兰,这些地区并非到处是庄园,西欧其他地区典型的庄园更是少见。庄园以外的农民也多是封建依附农民,但所受剥削不同于服沉重劳役的农奴,一般以交纳实物租、货币租为主。劳役地租在14世纪以前大休上是适合当时西欧比较落后的生产力水平的地租形式,庄园作为对农奴实行劳役地租剥削的组织曾在西欧这一时期存在。

(2) 手工业生产组织

吴于廑、齐世荣编写的《世界史·古代史编（下卷）》(北京:高等教育出版社,1994年,第209—210页)一书认为,城市手工业作为独立的生产部门和农业相分离,是一个漫长的过程。中古西欧的许多城市长期有半乡村的面貌,居民并不完全放弃农耕,城市房舍间有农田散布,城内手工业者也到城外耕田放牧。中小城市相当一部分口粮是居民自己生产的。社会分工不发达还表现在手工业各行业内部没有分工,一件产品从头至尾都由一个人完成。从生产关系上看,城市手工业者从事的是小商品生产,自己拥有生产资料,自己和家属都参加劳动,出卖产品来换取自己生活所需的其他商品,生产目的不是发财致富。在封建社会的经济、政治条件下,扩展商业联系、扩大市场实际上也困难重重。因此,城市手工业采取限制竞争和充分利用本地市场的办法来解决他们产品的销售问题,以保证再生产的顺利进行。害怕竞争的手工业者组织起来限制竞争,于是出现了行会这一同行业手工业者的组织。行会经济政策的最大特征就是反竞争,一方面禁止外地手工业者或其产品进入本地市场参加竞争,另一方面压制行会内部的竞争。行会通过市政当局阻挠外来商人和手工业者的活动,又严格规定本行业的制造工艺、产品规格、原料的质地和用量、各作坊人手的多寡,目的是防止有人上升或沦落。行会顽固地不许在行会内部进行分工,也不轻易同意由于分工而建立新行会,这对生产力的发展是不利的。行会正式成员是作坊主,称师傅。作坊内还有学徒,学徒期满成为帮工,这时为师傅干活可取得报酬。帮工通过行会组织的技术考核后取得师傅资格,然后才可以独立开设作坊。行会总是不愿过多的帮工升为师傅,加入竞争,所以师傅资格由父子世袭、行会成为封闭性的组织是常有的事。行会的种种规定虽然严格,但在实际的经济生活中很难彻底贯彻。经济生活中的竞争从来不曾消失,而且越来越激烈。行会保护了中古西欧小手工业者的简单商品生产,行会的师徒制度也有利于技艺的传授。行会还参与城市的市政管理,促进手工业者的互助团结,是他们的政治组织和社会组织。

徐滨在《"手工工场"概念谬误的渊源》(载《史学理论研究》2010年第4期)一文中认为,根据一般的理解,当代国内学术界通行的"手工工场"意指,在资本家雇佣下从事手工业生产的经济组织,其形式分为分散的手工工场和集中的手工工场。按这种意义使用的概念长期以来几乎得到了学术界的普遍认可,并主要在两方面表现出来:其一,在最广为发行的高校历史专业教材中大多使用了这一概念。如,1962年版的周一良本《世界通史》中这样阐述:"广大农村中在16世纪就已兴起呢绒业的手工工场,大多是分散的形式,但集中的形式已同时出现。"现今吴、齐本《世界史》有:"16世纪时,在英国的东南部等地分散的手工工场到处都有。……手工工场的发展为从手工劳动过渡到机器生产,也就是工业革命创造了条件。"其二,相关专著中也大多沿用同一概念。王觉非主编的《近代英国史》中有:"较高层次的是由商人资本家控制的分散的家庭手工工场。……最高层次的一类手工业是集中的手工工场。"又如,陈紫华在描绘工业革命前的英国时说:"毛纺织工业主要有两种组织形式:分散的手工工场和集中的手工工场。"

三、近代劳动工具及劳作方式演变

(一) 西方近代的工业化进程

1. 大机器生产的产生及影响

(1) 大机器生产的出现及发展

庄解忧在《世界上第一次工业革命的经济社会影响》(载《厦门大学学报(哲学社会科学版)》1985年第8期)一文中指出,第一次工业革命指资本主义从以手工技术为基础的工场手工业向以机器为主体的工厂制度、从农业占优势的经济向工业占优势的经济迅速过渡。它包括世界科学技术的飞跃发展和经济、社会关系的巨大变革。

管佩韦在《英国工业革命的开始》(载《杭州大学学报》1989年第3期)一文中指出,英国在18世纪60年代首先发生工业革命,这是从轻工业的棉纺织工业开始的,英国资产阶级应用机器的目的是为了获得更多的利润,而轻工业需要的资本较少,资金周转较快,比重工业较易获利。正因为英国棉纺织工业是一种新兴的工业,没有受到封建行会和政府法规以及旧传统等的束缚。具体地说,它没有关于织品的长度、宽度、质量和品种的规定,也没有强迫和禁止使用一定的制造方法的规定,又可以自由地雇用工人、应用机器和制造各种各样的产品。除了竞争和个人利害以外,别无其他的控制,因此,棉纺织工业容易采用新技术。

(2) 大机器生产对劳作方式影响

管佩韦在《英国工业革命的开始》(载《杭州大学学报》1989 年第 3 期)一文中认为,早在 1733 年,兰开夏郡伯里的职工兼钟表匠约翰·开伊(1704—1764 年)发明了"飞梭"。这是一种织布的器械,它改变了过去织工们用双手相互穿梭的织布方法。采用飞梭以后,织工们只要用两脚交替踏板,飞梭就会自动地左右穿梭织成布匹,工作效率提高了一倍。织工们害怕生计被剥夺而强烈地抗议和控诉,迫使开伊在 1738 年迁往利兹。制造商们试图利用他的飞梭,但拒绝支付使用费,因而发生长期的诉讼,开伊花不起巨额的诉讼费而破产了。1745 年,他回到故乡。1753 年,他的家庭遭到群众的抢劫和袭击,他被迫又逃亡去法国。虽然他本人遭到迫害,但是飞梭终于被普遍地应用了。到了 1760 年,他的儿子罗伯特·开伊对飞梭加以改进,更发明了自动飞梭,从而扩大了它的应用范围。飞梭的发明和应用,造成了纺纱和织布之间的不平衡,六个纺工才能供应一个职工所需的棉纱。

管佩韦认为,1765 年,兰开夏郡布莱克本的织工兼工匠詹姆士·哈格里夫斯在织工因缺乏棉纱而经常停工的情况下,改进了前人的纺纱机,发明了一种手摇纺纱机。为了纪念他的妻子(一说是他的女儿)珍妮,他把这架纺纱机称为"珍妮机",又称多轴纺纱机。据说,有一天珍妮打翻了纺纱车,哈格里夫斯看见倒在地上的横架的纺锤,直竖起来还在继续纺纱。他由此得到启发,改装纺锤,增加它的数目。开始时,只装有 8 个纺锤,后来增加到 16 个,到 1784 年更增至 120 个纺锤同时工作,于是棉纱产量大幅度增加,解决了纱荒问题。恩格斯写道:"珍妮纺纱机降低了棉纱的生产费用从而扩大了市场,给工业以最初的推动力",不过"它几乎没有触及工业生产的社会方面,即生产的性质。只是在阿克莱和克伦普顿的机器以及瓦特的蒸汽机建立了工厂制度以后,运动才大规模发展起来"。1768 年,这种纺纱机就已经投入使用。但珍妮机还存在一些缺点,就是必须用手摇纺的纱,纱线虽细却易断,还有待进一步的改进。不久,布莱克本的工人们闯进哈格里夫斯的家,破坏了珍妮机,他被迫迁居诺丁汉。虽然发明家受到迫害,但珍妮机在兰开夏郡却迅速地代替了旧式纺车。

陈雄在《论第二次工业革命的特点》(载《郑州大学学报(哲学社会科学版)》1987 年第 10 期)一文中认为,蒸汽动力在 19 世纪中叶已经成为工业的基本动力机械,但是随着资本主义工业生产的发展,却逐渐暴露出它的缺陷:效率很低,结构笨重、传动操纵系统不灵便,使用不够安全、蒸汽动力不能做远距离输送等。生产的继续发展,需要寻求新的动力形式。于是,在电磁理论指导下,19 世纪中叶以后,发电机和电动机分别问世,并逐渐完善应用于工业生产。从 19 世纪 80 年代开始,又有不少人致力于电力的远距离输送实验,逐步使高压流输电得以实现。电力便从仅仅应用于照明扩大到为电冶、电解等工业用途提供能源。电力具有不少得天独厚的优点:它能远距离传输,并按用户需要,进行灵活调度和科学分配,还能选择利用水力、燃料等多种资源生产,成本低廉。因此,到 20 世纪初,电力已代替了蒸汽动力的统治地位,牢固地树立了自己的优势。电的重要意义不仅在于它可以传输能量,还在于它可以传递信息。电从它开始踏上近代技术舞台的时候起,就同时显示了它为社会充当动脉和神经的双重职能。有线电报、电话、无线电报等接踵出现的电讯技术,使人类跨进了新的通信时代,直接促进了经济繁荣和社会发展。

陈雄认为,19 世纪的另一项重大发明是实用内燃机的出现和应用,从而促使汽车、飞机、轮船、石油等工业的兴起和发展。化学工业的兴起与发展是第二次工业革命的重要方面。19世纪中叶以后,制碱、化学肥料、有机化学药物、天然染料的人工合成以及人造纤维、塑料、炸药等新技术纷纷出现;电应用于化学工业为化工技术的发展开辟了新的前景。19世纪中期,贝塞麦、托马斯炼钢法的出现,使包括转炉法、平炉法的近代炼钢技术体系基本形成,促使钢铁工业飞速发展,并使钢铁材料在工业、交通、军事等广泛领域大显身手,人类便真正跨进了钢铁时代。

陈文龙在《机器大生产对劳动者的影响》(载《中国集体经济》2017年第8期)一文中认为,伴随着机器大生产在资本主义生产方式中占据主导地位,劳动分工得到极大发展,每个工人只完成生产过程中的某一道工序或一个环节,劳动对象经过工艺流程的各道工序,最终生产出成品,每个工人的劳动只是这个结合劳动中的一个部分,工人通过分工协作完成产品的生产,劳动者的分工合作创作了一种生产力——劳动合力。这种生产力是单个劳动者无法形成的力,极大地促进了生产率的提高,产品得到大量生产,亚当·斯密也论证了分工对生产效率提高的促进作用。机器的运用克服了个人劳动时对人的生理限制,突破了人的自然界限,自然力和化学力成为生产的主要推动力,使生产可以24小时不间断地运行,避免了生产中断时造成的损失,使生产得以延续,在单位时间内可以创造比过去多得多的使用价值,因此,不得不承认,机器的运用使社会生产力得到极大提高,物质财富得到极大丰富。

(3) 大机器生产对生活方式影响

陈日华在《19世纪英国对工厂制度的规制:实践与立法》(载《贵州社会科学》2014年第1期)一文中认为,18世纪下半叶开始的工业革命深刻地改变了英国社会的面貌。它创造了前所未有的社会财富,使得英国从农业社会迈向工业社会。它形成了近代工厂制度、产生了新的阶级"工人阶级",但是绝大部分工人在最初并没有分享到工业革命带来的福利,相反他们的生活异常艰辛,在这些人之中,生活最为悲惨的是众多的童工。他们远离了原本属于他们的无忧无虑的美好童年生活,加入产业工人的大潮中,从事着非人的超强度的体力劳动,遭受着身心的极大摧残,成为维多利亚文明时代令人发指的一幕。1785年,在工业革命的发源地曼彻斯特,医生们进行了一次调查:他们发现工厂的环境与卫生状况令人担心!生活在这种环境中儿童的身心遭受到严重的伤害,为了增加产量,儿童们被迫夜里也工作,为了减少支出,儿童们生活在没有基本卫生条件的环境中。身为医生的珀西瓦尔博士以曼彻斯特卫生局的名义又发布了一份报告,揭露工厂中工作条件的恶劣与工人生活的艰苦。

孙东波在《19世纪英国工厂立法初探》(华东师范大学2007年硕士学位论文,第5—6页)文认为,18世纪下半叶,英国工业革命爆发。随着生产技术的不断革新和新的生产形势要求,工厂大量出现,英国工厂制度也随之确立。工厂制度的确立极大地推动了英国经济的迅猛发展,但同时也引发了许多令人始料不及的问题。18世纪下半叶至19世纪前期,英国工厂的状况较为糟糕,主要表现在以下几个方面:苛刻的工厂纪律;工人的生产生活状况糟糕;雇用童工现象普遍存在;女工处境艰难,她们承担着家庭与社会的双重负担,苦不堪言。

孙东波认为,工厂状况的日益恶化,引起了诸多社会改革家的关注,他们要求英国政府颁布相应的工厂法案来加以解决。面对社会各方面的压力,英国政府从1802年颁布第一部工厂法,开始尝试解决工厂问题。19世纪英国工厂立法的历史进程,大致可以分为三个阶段:第一阶段,1802—1831年,工厂立法的尝试探索时期。这一时期的几部工厂法,延续了济贫法的基本原则,主要针对工厂学徒的工作生活进行规定。因此,它们还不是真正意义上的工厂法。同时,它们的适用范围狭小,仅限于棉纺厂,而且执行阻力巨大,基本没有得到有效执行。但它们开始尝试对工厂进行相关规定,这是一种有益的探索,为后来工厂法的正式颁布奠定了基础。第二阶段,1833—1867年,工厂立法的确立完善时期。这一时期工厂立法规定设立工厂视察员,工厂视察制度开始确立,这使工厂法案的执行有了制度的保证,也使工厂法日渐成为有效的工厂法,由早期的形式变为真正的现实。同时,妇女被纳入法律的范畴。工业革命使妇女逐渐从家庭走入工厂,经济地位日渐独立。工厂法适时将其纳入到管理规定之中,给予其法律保护,促进了英国妇女阶层自身素质的提高和政治意识的增强。工厂法实施的范围也开始逐渐扩展到工场和家庭手工业。第三阶段,1867—1901年,工厂立法成熟强化时期。这一时期中央政府开始逐渐重视与加强工厂法的执行力度,同时也加强了对地方政府的控制。工厂法的管理范围扩大,覆盖到当时的所有行业,最终工厂法与工场法合二为一。总之,19世纪英国工厂法的颁布,使得英国工人的生产生活处境得到了极大的改善,也有利于英国工厂制度的发展完善。同时,通过19世纪英国工厂立法的历史进程,我们也可以看到英国政府在19世纪基本完成了自身职能和角色的转换,现代政府的架构基本建立。

郭伟峰在《英国家庭作坊和工厂制度下劳工生活状况比较》(载《辽宁工程技术大学学报(社会科学版)》2005年第7期)一文中认为,18世纪中叶,英国开始进行工业革命,以手工技术和分工为基础的家庭作坊制度过渡到以采用机器体系为基础的工厂制度。机器的使用使英国的生产关系发生了深刻的变化,蒸汽机夺走了一切手工业者的饭碗,并且把旧的社会关系碾得粉碎,"从而把中等阶级中的劳动分子变成工人无产者,把从前的大商人变成了厂主;它排挤了小资产阶级,并把居民间的一切差别化为工人和资本家之间的对立"。劳工的生产生活都发生了诸多变化。

(一)劳工的工作状况。郭伟峰认为,工业革命时期工厂制度强加给工人的生活方式剥夺了他们的幸福和健康。工人一天工作12—14个小时,每天早上四五点钟的时候起床,夜间的休息还没有使他们疲惫的精神恢复过来,就匆匆地赶到工厂去。到8点钟的时候,有30—40分钟的时间吃早饭。在多数情况下,吃饭时机器继续运转,迫使工人边吃边照看活。很多工厂主都是这样对待他们的工人的。机器在12点钟停转,有一个小时的午饭时间。工人们像刚从牛棚里放出的牲口,四散向家中奔去。午餐一吃完,全家人又分散了。从中午一点到晚上八九点,他们又被牢牢地禁锢起来。在这段漫长的时间内,他们在一个拥挤不堪的高温车间里不停地努力干活,因此,在最后结束这一天的工作时,他们在身心两方面都疲惫不堪。工人们的劳动场面不但紧张忙乱,而且工作环境肮脏龌龊。

(二)劳工的饮食。郭伟峰认为,每个工人平常的饮食当然是随着工资变化的。工资较高的工人,在有工作的时候,就吃得比较好。如果挣钱较少,那就只有每逢星期日吃一次肉,而面包和马铃薯就要吃得较多些。如果挣钱更少,肉食就减少到只有切成小片夹在马铃薯里的一点点猪板油;挣钱再少的,那就连这一点点猪板油也没有了,只有干酪、面包、燕麦粥和马铃薯;最后,在工资最低的工人中,即在爱尔兰人中,马铃薯就成了唯一的食物。此外,一般都喝点淡茶,茶里面有时放一点糖、牛奶或烧酒。

(三)劳工的住宿。郭伟峰认为,在工业城市里,工人的居住区相对比较集中,往往是城市中最拥挤、最肮脏、最龌龊的地区。他们居住的房屋低矮、狭窄、潮湿,然而,这种糟糕透顶的房子还不属于自己,他们每周还需付房租给房东。通过对家庭作坊制度和工厂制度下劳工的工作、饮食和住房方面进行对比,可以看出劳工的生活状况发生了天翻地覆的变化。家庭作坊制度下,劳动者深居简出,在家庭和田地之间,工人们过着庸碌而舒适的生活,他们无须过度劳动,但是仍然能够挣得所需的东西,他们还有机会参加邻居的娱乐和游戏。在工厂制度下,资本家积累了大量的财富,英国也成了世界上最富有的国家,而每天付出大量劳动的工人却异常贫穷,生存权都得不到保障。

2. 工厂制度及其影响

(1) 工厂制度的产生及发展

王询在《欧洲前现代化时期的家庭与工厂制度的形成》(载《财经问题研究》2003年第11期)一文中认为,在工业化初期阶段,家庭作为一种工业组织形式与较大规模的其他组织形式相比,转换成本方面的劣势尚不明显,却可以相对节约组织组建和运行过程中的交易成本。欧洲手工业的发展经历了一个"从乡村到城市,再从城市到乡村"的阶段。经过由城市重新回到乡村的家庭工业不仅已经完成了生产与消费的分离,而且发生了生产与销售的分离。受包买商或工场主控制的农村家庭手工业构成了向工厂制度和超家庭的企业组织形式过渡的一个阶梯。随着工业化过程的进一步推进,集中式的组织形式取代分散式家庭组织而占据了主导地位。

王询认为,工业化也就是工业组织发展的过程,而且,这种组织的发展一般不是由政府主导的,而是以自组织过程为主的。在前现代化时期及工业化早期阶段,由于市场狭小,机会缺乏,资本积累和集聚程度有限,有纪律的自由劳动力以及富有组织才能的企业家的缺乏,由某种资源的所有者借入或购买其他人所拥有的资源并将其组合起来创立组织也存在一定困难。而且,整个社会的外在环境也较不适应于较大的企业组织和"工厂制度"。因此,在工业化早期阶段,进行组织创新的成本较高,而对于早期工业化过程而言,家庭是一种最为基本也最为普遍的既存组织,以家庭这种既存组织作为工业化早期的经济组织形式则不必付出组织创新成本。利用家庭中原有的、紧密的传统关系还可以节约组织运行过程中的交易成本。家庭内部的人际关系是非常紧密的,传统社会中的家庭就更是如此。这种过于紧密的人际关系虽然不利于产生纯粹的经济交易,但却有助于生产中的合作、利益的分享和风险的共担。总之,在工业化初期阶段的技术条件下,家庭作为一种工业组织形式与较大规模的其他组织形式相比,转换成本方面的劣势尚不明显。而在当时的社会、文化条件下,以家庭为工业组织可以相对节约组织的组建和运行过程中的交易成本。因此,家庭作为最基本、最普遍的既存组织,便成了工业生产组织的主要形式。

王询认为,尽管家庭工业曾经在早期工业化过程的历史阶段上居于主导地位,但家庭作为工业组织的一种形式有其自身无法超越的局限性,从而其主导地位必然地被集中生产的工厂制度所取代。对于集中的组织形式能够在竞争中取得优势,从而替代家庭组织而取得主导地位的原因,很多经典作家曾做过大量的论述。例如,一些学者强调分工的作用。关于分工对于提高生产率的巨大作用亚当·斯密曾经做过系统的论述,但亚当·斯密本人更多地论述的是分工与交换的关系,而就一定范围的分工而言,既可以由分散的生产者之间通过市场交换实现,也可以通过企业组织内部的分工来实现。对于分工的后一种形式在某种程度上替代了前一种形式,现代经济学多用交易成本解释,认为当通过企业来组织一定的分工体系的交易成本低于通过市场实现同样的分工体系时，人们就会以企业替代市场。马克思以及其他一些作者则特别强调机器的使用，马克思写道："只要机械动力（蒸汽或水）代替人的肌肉来推动机器，工厂生产通常就会出现。"也就是说，工业化在以家庭工业为主体的早期阶段基础上的进一步发展是"已有的前工业企业生产的机械化（手工企业机械化）"。显然，与现代交易费用学派的观点相比，马克思以及其他古典经济学家更多地关注的是生产成本或"转换成本"方面的因素，即集中的组织形式可以用更低的生产成本生产更多的产品。

冯承柏在《美国工厂制确立年代质疑》（载《历史研究》1984年第12期）一文中认为，工厂制度有其科学的含义。它是资本主义生产力和生产关系发展到一定阶段的产物，是同大机器生产相适应的"生产上的社会关系"。按照马克思的提法，工厂的躯体是有组织的机器体系，它把工人变成了这个"机器体系的有生命的附件"。列宁在研究俄国工厂制问题时则指出，应该把使用蒸汽机和雇用一定数量的工人作为区分工厂和手工工场的标准。从生产关系的变革着眼，家庭手工业—手工作坊、手工工场、现代工厂是工业组织演进的几个重要阶段。在《美国制造业史》一书中，克拉克把它划分为家庭制造业、家庭和作坊制造业、磨坊和炼铁炉工业、工厂制四个阶段。也有人把它划分为家庭制造业、手工作坊和"外送"制、磨坊工业、工厂制。名称不一，但对演进阶段的看法大体上一致。种类繁多的"外送"制和"转包"制是从商业资本向产业资本、由手工工场向现代工厂过渡的重要环节。罗拉·米尔顿·特赖恩在《美国的家庭制造业》一书中认为，在1840—1860年，家庭工业在美国大部分地区失去了任何重要意义。这可以说明，手工业与农业的分离，手工工业的独立发展，手工作坊与手工工场的繁荣以及工业革命的推进，并不能证实工厂制已在美国工业中占压倒优势。特赖恩把这个现象与"工厂制度的确立"直接联系起来是不妥当的，因为他忽略了在家庭手工业同现代工厂之间还有许多中间环节。

邹冠秀在《英国工业革命时期生产模式的转换及影响》（载《龙岩师专学报》2000年第12期）一文中认为，工业革命前，英国工业生产的主要形式有家庭作坊和手工工场。手工作坊是最普遍的生产组织形式，它是独立的手工劳动者自己经营的小型生产单元。当时，手工作坊仍然与农业有密不可分的联系：作坊主一般都有土地和牲畜；作坊的生产时间也是据农业生产季节来安排的，农忙时干农活，农闲时从事手工劳动。手工工场是完全从事工业生产的劳动组织形式，它的特点主要是规模大、分工细。分工的重大意义就在于它使工匠成为丧失独立性的依附劳动者，而工场主成为拥有资本的雇主，现代意义上的两大阶级开始萌芽。18世纪60年代，以蒸汽机动力的使用为标志的工业革命引起了生产工具的变革，生产工具的变革必然导致生产的经营和管理上的变化。因此，纺织、冶炼、机器制造、造纸、玻璃等行业建立了一系列工厂，工厂制度开始形成。19世纪50年代，英国已有棉纺织厂1932家，毛纺织厂1497家，绒、麻、丝织工厂1070家。工厂已成为全国占重要地位的生产组织形式，其工业产量已占全国生产总值的33.8%。总之，在最先进的经济部门中，主要的新生产单位便是工厂，把许多工人集中在工厂进行系列性的工作，改变了以往分散和集中的个体劳动为主的手工业生产；改变了过去商业资本控制下的分发原料、加工制作、定期收购、转运出卖的商品产销体制。无论是资本家还是工人本身，都知道工厂制度是非留下来不可了。这种制度的维护者为它感到骄傲，宣称它是为未来的完全自动化开辟了可能性的一种革命制度；它在安德鲁·尤尔的《制造业哲学》一书中被誉为"通向水陆世界的伟大文明使节"。然而，它的批判者则把它看作一种瓦解社会(特别是家庭)的力量。说明了工业革命使英国的社会政治经济面貌发生了深刻变化,工业化的结果,机器大工业在生产中占了绝对优势,从而使英国社会生产力有了惊人的发展。不仅如此,使用机器生产的工厂工人的生产率,也几倍甚至几十倍于手工业工人,从 1770—1840 年,每个工人的日生产率平均提高 20 倍,这使工厂生产的优势地位体现得更为明显。因此,英国工业生产得以迅猛增长,英国原棉消耗量从 1800 年的 5 200 万磅,增加到 1840 年的 45 590 万磅;生铁产量 1720 年为 25 000 吨,1840 年增至 139 640 吨;煤产量 1770 年为 260 万吨,1836 年增至 3 000 万吨。由此,英国建立了强大的纺织工业、冶金工业、煤炭工业、机器制造业和交通运输五大工业部门,到 19 世纪 50 年代取得了世界工业和世界贸易的垄断地位,成了世界上最先进的资本主义工业国。所以,工厂制度的确立,促使劳动生产率的提高,加速了工业化和资本主义化。但更值得注意的是,工厂制度的确立,为社会阶级的形成奠定了物质基础,直接造就产生了第一代的工业家。

邹冠秀认为,18 世纪 60 年代,英国各主要工业部门开始先后出现了从手工生产过渡到机器生产的趋势,英国资本主义的发展进入了工业革命时期。工业化带来了经济的腾飞,同时也破坏了旧的社会秩序,工业化的首先表现就是生产模式的转换,工业生产由手工工场向工厂制度转变,这是工业革命的必然。而随着工厂制度的确立,财富逐步集中在工业资本家手中,资本主义雇佣制度在工业中得到巩固和发展,破产的独立手工业者都加入了无产阶级队伍。从而形成了工业资产阶级和无产阶级两大对立的阶级,这两大阶级从产生的一开始就展开了斗争。同时由于工业资产阶级和无产阶级的斗争以及工业资产阶级本身的特点,极大地影响了英国政治发展趋势。

(2) 工业化社会的到来

杨玉民在《我国是否已迈入工业化社会》(载《经济研究参考》1999 年第 1 期)一文中认为,工业化是指一个国家或地区经济结构由农业为主转向以工业为主的转化过程或转化之后的状态。从静态上讲,工业化是指一个国家或地区的社会生产活动已经由农业生产为主转向了以工业生产为主之后的经济状态;从动态上讲,工业化是指一个国家或地区的社会生产活动由农业生产为主转向以工业生产为主的社会经济发展过程。伴随着工业化这一社会经济发展过程的推进,一个国家或地区的产业结构逐步趋向高级化:农业生产的份额逐渐下降,工业生产的份额逐步上升,直至超过农业;在工业内部,初级产品的份额趋于下降,制造业产品的份额趋于上升,轻工业产品的比重趋于下降,重工业产品的比重趋于上升;同时,社会劳动者也将由农业领域向工业、建筑业、运输邮电业及其他非农业产业逐步转移。

杨玉民认为,工业化所反映的是一个国家或地区经济活动中的主成分由农业为主向非农业为主的转化过程或转化之后的状态。它在一定程度上反映了社会经济活动的构成。由此,工业化的含义具有以下三个特点:第一是阶段性,就是说工业化是一个国家或地区经济发展的一个历史阶段,有其起点和终点。一个国家工业化的起点是这个国家机器大工业的产生之时,终点就是实现工业化之时。显然,一个国家或地区在某年实现了工业化,这个国家也就完成了工业化使命。第二是稳定性,就是说一个国家或地区实现工业化之时就迈入了工业化社会。之后,它不会退到农业社会或半工业化社会。第三是区域性,就是说工业化的实现与否,是针对一个国家或地区而言的,与其他国家和地区没有关系。

杨玉民认为,判断一个国家或地区是否实现了工业化有一个标准,这个标准包括增加值标准和劳动力标准两方面的内容。增加值标准：工业增加值稳定地超过了农业增加值。劳动力标准：从事非农产业生产活动的劳动力稳定地超过了从事农业生产活动的劳动力。由此，对于任何一个国家或地区，只有同时满足了以上两个标准，才能说这个国家或地区已经实现了工业化，或称其已进入工业化社会；如果上述两个标准都不满足，则其仍处在农业社会；如果满足了上述两个标准中的任何一个，则称其进入了半工业化社会。显然，一个国家的工业化进程可分为两大阶段：由农业社会向半工业化社会转化阶段和由半工业化社会向工业化社会转化阶段。上述工业化标准中，之所以要用增加值标准和劳动力标准，是因为，增加值是生产物质产品或提供服务过程中增加的价值，是总产出与中间投入的差额，它反映了生产单位或部门生产活动的最终成果，用以衡量经济发展的规模、速度、效益和结构，而劳动力是社会经济活动的主动力量，是生产要素中最重要的要素。

  冯凭在《工业化社会与新技术革命——对中国发展的未来学思考》（载《学术月刊》1986年第5期）一文中指出，工业化社会的三个主要支柱：机器生产、商品经济和世界市场，都是分工的结果。机器生产以个人的分工为前提，商品经济以行业的分工为前提，世界市场以国家的分工为前提。工业化是人类文明史上的一个重要发展阶段，而人们对工业化的评价却大相径庭。因此，有必要分析一下工业化的历史功过。工业化的历史功绩大致如下：第一，工业化创造了生产力。第二，工业化促进了社会发展。各工业国家在政治、法律、文艺、科学等方面出现的崭新面貌，也是与工业化前大不相同的。第三，工业化提高了人民生活水准。就生活水平而言，工业化国家高于非工业化国家，这是不可否认的事实，当前世界公认的"南北半球"之间差异，"发达国家与发展中国家"之间的差异，主要是工业化国家和非工业化国家之间的经济差异。但是，工业化的危害也是不容忽视的：首先，工业化造成了人的异化劳动。随着工业化的发展，人们对异化劳动的起因和危害日益看清。管理学界有人认为，从事高度专业任务的人们常常发现他们的工作变成无聊的、单调的、乏人的和使人焦躁的。其结果是劳动者的不满和异化。否定泰罗制管理的行为科学，就是一种克服异化劳动的努力。其次，工业化破坏了生态平衡。技术作用于自然环境性质的结果已经产生了对人类未来的忧虑，生态危机的严重性分别来自人口密度、自然资源的不断消耗和过去对环境进行毁灭性开发之结果的忽视。西方未来学中的生态学派，就是从这一角度批判工业化的。

  侯磊在《1802年〈工厂法〉研究》（华东政法大学2015年硕士学位论文，第19—36页）一文认为，1802年的《工厂法》是工业革命的产物，是英国历史和世界历史上第一部工厂立法。1802年《工厂法》的颁布对英国法律史而言意义重大，英国国会以此为开端陆续制定了一系列规制工作时长和工作环境的成文法案，后世将其称之为"工厂立法"。法案的主体部分大致包含了四个方面的内容。第一部分是关于卫生的规定。明确规定了工作环境的卫生和保障学徒童工的个人卫生标准。如，在每个学徒童工学艺期间，工厂主必须固定向每人提供两套完好的衣服及合身的内衣、鞋帽和长袜；每年至少发给每个学徒童工一套新衣服。第二部分是关于工作时长的规定。工厂主不得雇用或强迫任何学徒童工在任何一天之内完成超过12个小时的工作（按上午6点至晚上9点计算），必不可少的用餐所占时间不计入内。第三部分是关于视察制度的规定。地区的治安法官须在每年仲夏治安年会上指派两名与此类工厂无利害关系或无其他任何关系的人员作为此类工厂的视察员，其中一人须为此郡的治安法官，另一人须为英格兰或苏格兰国教的牧师，视具体情况而定。此类视察员须就此类工厂及其学徒童工的状况和条件,经常向季度治安会议做书面报告,看其是否按照本法令及国法的规定进行经营管理;上述两名视察员或其中一名,如发现任何工厂出现任何传染性疾病,两人或其中一人,有权责成该工厂主立即请医生或者其他合格的医务人员,对该疾病的性质及可能引起的后果进行调查,并实施该医生或者其他合格的医务人员认为最为妥当的补救措施及规章制度,以防止传染病蔓延,恢复病人健康,提供上述医疗措施所需一切费用均由该工厂主负担。第四部分是关于处罚的规定。工厂主如果故意违反本法令的规定,须由司法官员审判此类人员有罪,按其情节判处5英镑以下,40先令以上的罚款。

侯磊认为,1802年的《工厂法》是整个后工业革命时代社会立法的开端。它开启了国家以立法形式缓和工厂主与工人之间矛盾的新时代。法案制定之后,工人运动蓬勃发展,为工人阶级争取自身的权利,获得其所应有的法律保护奠定了坚实的基础。此外,法案中的多项内容均被后世立法所继承,比如限制工作时长的规定被世界各国的劳动立法所采纳;工厂视察制度也在英国后世的工厂立法中得到了体现。尽管我们并不能以此界定,在1802年《工厂法》颁布之后,英国的国家政策已经由自由放任转向国家干预;但是,这部法案的颁布延续了英国政府在经济领域内承担其所应有的社会责任的传统,在一定程度上可以看成其国家控制调控政策的延续。

(二) 近代中国工业化的历程

1. 洋务工业

熊月之、姜义华等在《大辞海·中国近现代史卷》(上海,上海辞书出版社,2014年,第130页)中对洋务运动定义为,洋务运动亦称"同光新政""自强新政""自强运动"。同治、光绪年间清政府进行的与资本主义有密切联系的军事、政治、经济、文化教育、外交等方面的活动。标榜求强致富,以兴办军事工业并围绕军事工业开办民用企业、建立新式陆海军为主要内容,以"中体西用"为思想指导,以维护清朝统治为根本目的。总理洋务的中央机关为总理各国事务衙门,由奕䜣、文祥等人主持,曾国藩、李鸿章、左宗棠等人则是地方上办洋务的主要人物。在19世纪60年代至90年代中期,他们聘用外国军官,购买枪炮船舰,训练军队,筹建南洋、北洋海军;创办江南制造局、金陵机器局、福州船政局、天津机器局等军事工业,制造枪炮船舰;创办工矿和交通运输业,有轮船招商局、开平矿务局、上海机器织布局、唐胥铁路、兰州织呢局等;设立京师同文馆等教育机构,派遣留学生到美国和欧洲学习;派遣公使、领事驻外。洋务运动反映了近代中国走现代化发展道路的历史要求,对外国侵略有所抵制,但所办洋务事业往往依赖外国,并具有浓厚的封建性与垄断性。所建陆军和海军,在中日甲午战争中受到毁灭性的打击,洋务运动遂告失败。

王先明在《中国近代史1840—1949》(北京:中国人民大学出版社,2011年,第118页)一书中认为,"洋务"(原来叫"夷务")本来是指清政府与外国打交道的一切事务。鸦片战争后,逐渐变为以学习和利用西方先进的科学技术为中心的包括外交、贸易的一些事务称为"洋务"。1860年前后,客观经济条件和人们的眼界,为近代工业在中国的发生创造了特定的时势,可谓"箭在弦上,一触即发"。冯桂芬甚至已认为实践的步骤,即"始则师而法之,继则比而齐之,终则驾而上之"。新崛起的洋务派就在"两害相较取其轻"的决策下,触动了"弦上"之箭,洋务运动顺势而起。

李侃在《中国近代史》（北京：中华书局，2006 年，第 131 页）一书中认为，洋务运动的范围相当广泛，包括编练新式海军和陆军、制造枪炮船舰、建立外交机构、兴办近代工矿交通企业、设立学堂、派遣留学生，等等。随着形势的发展变化和洋务派对西方国家认识的逐步加深，洋务运动的重点前后有所不同。大体说来，60—70 年代，以"求强"为主，即适应战争和军事的需要，把重点放在训练新式军队和建设军事工业上。70—80 年代，在继续"求强"活动的同时，又认可了"求富"的主张，强调兴办近代民用企业，把"求强"和"求富"作为洋务事业的总体目标。

廖慧贞在《论洋务运动对中国近代化的深刻影响》（载《经济与社会发展》2011 年第 9 期）一文中认为，对于洋务运动的历史作用，应该运用"两点论"正确加以认识。洋务运动增强了清政府镇压太平天国革命的实力，也有抵制外国侵略的一面，但最终目的是维护清王朝的专制统治。从倾向性看，洋务派要求改变祖宗之法，反对顽固派盲目排外，主张学习西方先进科学技术，既顺应发展了"新思想"，又对后来的资产阶级维新思想产生了重要影响。从客观效果看，洋务运动虽然没有使中国走上富强道路，但对外国资本主义的经济侵略起了一定的抵制作用，对中国民族资本主义的产生起了诱导作用，是中国从传统手工生产发展到大机器生产的转折点，发展了中国近代的军事和教育，在整体上促进了中国民主革命和近代化的进程。

杜恂诚在《中国近代经济史概论》（上海：上海财经大学出版社，2011 年，第 46—48 页）一书中认为，近代中国产业投资始于洋务运动。在洋务运动之后，这种产业投资的倾向有迅速增加的趋势。近代新设民用工矿企业不但在数量上有较大的变化，在结构上也有很大的调整，主要体现在商办企业的迅速崛起上。从整体上看，洋务运动对于其后私人投资的迅速增长是有促进作用的。虽然官方投资会对私人投资产生挤出效应，但同时，官方投资所带来的经济发展也会对私人投资产生一定的促进作用。基于近代中国的情况，洋务运动的官方投资对私人投资的带动效应要远远大于对私人投资的挤出效应。

杜恂诚认为，如果将近代投资按行业分类，可以分为两类：一类是所谓竞争型，比如纺织、采矿和轮运业等。这类行业对于外国资本具有一定的竞争性，主要是由清政府创办，规模较大。这种竞争型的企业被清政府认为是当时所谓"挽回权利"的主要产业，并且主要以国内市场为依托；另一类是依附型，比如缫丝、榨油和小型的机器工业等。这类企业主要由私人创办，主要以国外市场或外国在华企业为依托。依附型企业由于其自身对其他经济体的互补性，并可随新式企业分工的深化而不断扩张，使其创办压力相对较小。比如缫丝业，由于顺应了外国资本从中国出口质量较高生丝的需要，其成长压力相对较小。又如中国的民用机器工业，由于该行业主要承揽修理轮船和机器的业务，这对于中外资的船舶航运是一个有益的补充。依附型企业的特点使其即使没有强大的支持背景，也能够较好地生存下来。竞争性的企业所面临的生存压力之大，尤其是在外资的强大背景下，没有清政府的支持，私人承办是很难在竞争中生存的。官办的竞争性企业对私人投资的挤出效应是很小的。而处于补充地位的依附性企业则多是私人投资，这里不但没有挤出效应，而且还有处于对于官办企业依附的带动作用。因此，总体来看，洋务运动对私人投资有促进作用，对清末私人投资的高涨有促成作用。

廖慧贞在《论洋务运动对中国近代化的深刻影响》（载《经济与社会发展》2002 年第 9 期）一文中指出，洋务派的基本指导思想即"中学为体，西学为用"，它是贯穿于洋务运动始终的一个指导思想,是中国近代化的最早启动。这里的"中学"是指在中国封建社会里占统治地位的孔孟之道和君主专制制度,这是"中体",是不能改变的;"西学"是指西方的自然科学知识、工艺技术和坚船利炮,这是"西用",是可以效法、改变的。随着洋务运动的兴起和资本主义生产方式的出现,传统的封建伦理道德观念不可避免地受冲击,社会风气也有所改变。近代工业生产方式的产生和商品流通的初步发展中,商人和商业的社会地位的提高。洋务运动在客观上促进了中国人现代民族主义意识的增长,推动了中国人与现代社会的接轨。由于西方近代科学技术和其他社会事物的逐步传入,在通商口岸、沿海地区,社会风气也开始发生了一些变化,西方的科学技术被视为中国求强、求富不可缺少的学问,它们不但被用于军事和军事工业,也被用于工业和城市社会生活,从而在城市生活的衣、食、住、行等方面,传统的风俗习惯有了一些改变。

王先明在《近代新学:中国传统学术文化的嬗变与重构》(北京:商务印书馆,2000年,第48—50页)一书中认为,"中体西用"结构,突破了传统的文化观体用同源或体用不二结构模式,在兼取中西的双向选择中形成了体用二元模式。"中体西用"冲破了旧的正统意识形态的框架,为新的意识形态的形成奠定了基础。"中体西用"思想试图找到突破正统意识形态的束缚,并为中国的社会变革寻求理论支持的一种尝试。在"中体西用"这一新的文化框架之下,清政府的一切改革行为都是可以容纳下的。西学在"中体西用"模式中获得了合法化和合理化,突破了传统文化的一元结构模式。调和传统旧学与西学的"中体西用"说,为中学接纳西学提供了合理合法的依据。它以保持中学为体的地位,缓冲了传统旧学与西学之间的冲突与对抗,弥合了不同文化之间的裂痕。随着"中体西用"模式的形成,在学术文化领域,人们所关注的焦点是如何会通中西和整合中西的问题,而不再是什么"夷夏之防"和"立国之道"问题了。

杜恂诚在《民族资本主义与旧中国政府(1840—1937)》(上海:上海人民出版社,2014年,第27—28页)一书中提到,一般认为甲午战争的失败标志着洋务运动的失败或破产。诚然,从清政府求"自强"这一点来说,洋务运动确实没有到达预期的目的,但是鉴于洋务运动对于中国产业资本产生的作用,似乎不能以一场战争的胜负或多数洋务企业经营的成败,而对洋务运动简单地下一个"失败"或"破产"的结论。把洋务运动看作中国资本主义发生发展一个必经的阶段,并同甲午后清政府实业政策的转变和各产业部门中私人资本主义的兴起联系起来考察,也许较为适当。

2. 民族资本主义的发展

薛伟强、高景龙在《中国近代资本主义的学术研究与中学历史教学》(载《历史教学》2010年第3期)一文中认为,1925年毛泽东在《中国社会各阶级的分析》一文中,创造性地将中国的资产阶级分为买办资产阶级和民族资产阶级两个部分,并分析了各自的经济地位和对待革命的态度。毛泽东认为,民族资产阶级代表城乡资本主义的生产关系,是一个动摇不定的阶级,具有两面性。因此,"其右翼可能是我们的敌人,其左翼可能是我们的朋友——但我们要时常提防他们,不要让他们扰乱了我们的阵线"。

刘克祥在《〈中国民族资本主义的兴衰〉评介》(载《中国经济史研究》1994年第6期)一文中认为,从19世纪六七十年代到1894年甲午战争前,是中国民族资本主义新式企业的发生时期;甲午战争后到第一次世界大战(1895—1914年)和大战期间(1914—1921年),是民族资本主义有较大发展的时期,后者更被称为民族资本主义发展的"黄金时期";进入20世纪20年代,民族资本主义的发展速度明显减慢,步履日趋艰难,30年代初更遭受世界经济大危机的沉重打击,但危机过后有一个短暂的复苏。1922—1937年是民族资本主义艰难发展的时期;1937年,日本帝国主义发动全面侵华战争,中国大片国土沦陷,大量的民族资本企业被日本侵略者劫夺、强占或炸毁,同时也有一部分企业迁往西南后方,使这一地区的民族资本主义工矿业有较大幅度的发展。因此,1937—1945年是民族资本主义遭受空前浩劫和地理迁移的时期;1945—1949年,民族资本主义工矿业虽然曾有局部恢复,但由于国民党发动全面内战和随之而来的社会经济的崩溃,民族资本主义也陷入瘫痪状态。

刘克祥认为,中国的资本主义和资产阶级的发生,同西欧各国相比,经历了不同的道路。西方各国资本主义的发生和发展,基本上都是一个自因为主的过程。尽管各个国家的具体情况有所不同,但从总体上看,西方资本主义的工业资本和商业资本是同一资本的不同职能分工。如果把资本主义工业比作"皮",而把资本主义商业比作"毛"的话,那么它们是"皮毛一体"的。西方资本主义工业经历了简单协作、工场手工业、机器大工业的发展道路。它们的资本主义商业的本质上也随着工业发展的需要而同步发展。中国的情况则与此不同。鸦片战争以后,中国的资本主义并不是自主地发生的,而是在半殖民地的特殊社会条件下发生的,在中国,从资本主义萌芽到早期民间近代企业不可能是大量的,更不可能是主要途径,也就是说,两者之间并无直接继承性。中国手工工场向机器大工厂过渡,不是发生在大机器工业出现之前,而是发生在大机器工业出现之后。某些落后地区,例如贵州遵义,迟至20世纪20年代以后,才在某些行业中出现资本主义的包买商人。中国的民族工业资本主义并没有经历简单协作、工场手工业和机器大工业的西欧模式的发展道路。洋务企业开始出现于19世纪60年代,中国的民间近代企业开始出现于70年代。鸦片战争后,伴随着中国社会逐渐沦为西方资本主义的工业品销售市场和农产品、原料供应地,中国首先出现的是资本主义商业和商业资本家。而中国资本主义商业的"毛",却是依附在外国产业资本的"皮"上的。

石波在《辛亥革命对中国民族资本主义经济的推动》(载《中南财经大学学报》1991年第8期)一文中认为,有人将民族资本主义工商业的飞速发展归因于第一次世界大战期间帝国主义国家忙于战争,无暇顾及中国,减少了对中国的商品输出。如《近代中国资产阶级研究》中说:"这期间中国工业的发展虽较快,但它主要是由于各种偶然因素造成的……帝国主义间的大战争,使洋货进口减少,对中国国货的压力减轻,这是主要原因。"这种观点很有普遍性和代表性。这是一种"外因论"观点,这种观点在理论上是站不住脚的。如果说,第一次世界大战期间列强忙于战争,那么这个外部条件对于亚、非、拉各殖民地半殖民地国家,是普遍地存在的,但事实上这些国家并非都出现了本国资本主义经济的高速发展。第一次世界大战期间,帝国主义对中国市场的商品倾销虽有减少,但资本输出此时已逐渐成为帝国主义对中国经济侵略的主要形式。因此,不能笼统地说帝国主义对中国的经济侵略和压迫减轻了,因为资本输出正是帝国主义的一大基本经济特征。

石波认为,辛亥革命是中国民族资本主义经济飞速发展的决定性原因。一方面,辛亥革命推翻清王朝统治,为民族资本主义经济迅速发展准备了必要的"硬件"。辛亥革命虽然未建立起全国性的资产阶级政权,但不容否认,民主共和国的形式毕竟使资产阶级社会政治地位有极大提高。资产阶级能够影响甚至左右政府制定出一系列有利于民族资本主义经济发展的政策法令。《中华民国临时约法》的明确规定自不待言。1912年12月,工商部为鼓励发明与改良工艺,颁布《暂行工艺品奖励章程》,对当时轻工业品和机械产品的改良,起了一定的促进作用。政府积极倡设银行事业,也对民族资本主义经济的发展大有助益。1912年,为克服财政困竭,振兴实业,孙中山亲自发起筹备中华实业银行,并自任名誉总董。此后,银行事业发展迅速。据统计,清末十余年所建银行不过17家,而1912年一年新建银行即达14家,此后新增不绝,1916年后更是发展迅猛。例如荣宗敬所办福新面粉厂里1913年租办中兴面粉厂,资金周转困难,全仗江苏银行贷款支持。可见银行事业的发展对民族资本主义经济的资金流通与周转、生产的恢复与发展是极为有利的。另一方面,更为重要的是,辛亥革命为民族资本主义经济的迅速发展提供了必要的"软件"。民国成立伊始,资产阶级兴高采烈,陶醉于"统一""秩序""废除恶税""发展实业"的热烈气氛中。各种实业团体,如"中华民国工业建设会""中华实业团"等纷纷成立。振兴实业、爱国热情和提倡国货三种热潮相交融,已形成一股无法阻遏的历史潮流。

四、现代人工智能技术的发展

(一) 世界人工智能技术的发展概述

1. 人工智能技术的概念与基础

(1) 什么是人工智能

罗素(Stuart J. Russell)、诺维格(Peter Norvig)在所著《人工智能——一种现代的方法》(殷建平等译,北京:清华大学出版社,2017年,第3—4页)中认为,我们自称Homosapiens——智慧的人——因为我们的智能对我们非常重要。数千年来,我们一直试图理解我们是如何思考的,即仅仅少量的物质怎能感知、理解、预测和操纵一个远大于自身且比自身复杂得多的世界。人工智能(Artificial Intelligence)领域,简称AI,走得更远,它不但试图理解智能实体,而且还试图建造智能实体。下图为我们看到沿着两个维度排列的AI的8种定义。顶部的定义关注思维过程与推理,而底部的定义却强调行为。左侧的定义根据与人类表现的逼真度来衡量成功与否,而右侧的定义依靠一称为合理性的理想的表现量来衡量,一个系统若能基于已知条件"正确行事"则它是合理的。

像人一样思考	合理地思考
"使计算机思考的令人激动的新成就……按完整的字面意思就是:有头脑的机器"(Haugeland,1985) "与人类思维相关的活动,诸如决策、问题求解、学习等活动[的自动化]"(Bellman,1978)	"通过使用计算模型来研究智力"(Charniak和Mc Dermott,1985) "使感知、推理和行动成为可能的计算的研究"(Winston,1992)
像人一样行动	合理地行动
"创造能执行一些功能的机器的技艺,应当由人来执行这些功能时需要智能"(Kurzweil,1990) "研究如何使计算机能做那些目前人比计算机更擅长的事情"(Rich和Knight,1991)	"计算智能研究智能Agent的设计。"(Poole等人,1998) "AI……关心人工制品中的智能行为。"(Nilsson,1998)

历史上，对AI的所有4种途径都有人关注，不同的人用不同的方法来追寻不同的途径。以人为中心的途径在某种程度上必是一种经验科学，涉及关于人类行为的观察与假设。理性论者的途径涉及数学与工程的结合。不同的研究小组既相互批评又相互帮助。

顾泽苍在《人工智能技术深度剖析》（载《机器人技术与应用》2017年第2期）一文中对人工智能的定义做了如下描述，简单讲就是用计算机实现人的头脑功能，即通过计算机实现人的头脑思维所产生的效果。人工智能算法所要处理的问题，以及处理后的结果具有不可预测性。

顾泽苍认为，目前，社会上把普通的模式识别、机器人技术混同于人工智能，其根本原因是对人工智能的概念不清楚，因而把一切先进的技术统统归属于人工智能。从另一个角度来说，这反而会影响人工智能的发展。长期以来，人们习惯把导入计算机处理的系统统称为智能系统，所以，人们看到"人工智能"这个词时马上就联想到智能系统，其实这是完全不同的两个概念。

顾泽苍指出，智能系统是依据确定性的算法所实现的系统，是按照一种算法实现某种目标函数的处理，其处理结果是确定性的。例如自动控制系统，通过闭环的PID调节，使机械位置能够尽快达到所定位置，使温度尽快达到所定指标等等，这种算法往往是经典的理论；再者，在模式识别的智能系统中有很多经典的分类的算法，例如利用欧几里得距离，可以计算出一个特征向量数据同若干个向量数据中的哪个向量数据最接近，这些都是模式识别的基本算法，导入这些算法的模式识别系统就是一个智能的系统。

顾泽苍认为，在机器人系统中，机器人的行走以及手臂的动作需要人为地事先通过程序输入到机器人系统中，机器人才可以按照人为输入的程序进行行走以及做各种手臂动作。外行人可能以为机器人同人一样可以随心所欲地做出各种动作，其实不然。例如，机器人在行走过程中，如果路上出现一个不可预知的障碍物，这时机器人肯定会被绊倒；然而，如果在机器人系统中搭载了人工智能的算法，机器人就可以依据自己的判断，自主地绕过障碍物。

顾泽苍指出，普通的智能系统与人工智能的区别是：普通智能系统是经典的算法，是仅以满足目标函数的算法，是解决其结果是可预测性问题的算法，人工智能是模仿人类大脑处理问题的方法，或能客观上实现人脑所能实现的处理过程，人工智能所要解决的问题以及处理的结果往往是不确定性的，或者说是事先不可预知的。

李开复、王咏刚在《人工智能》（北京：文化发展出版社，2017年，第26—36页）中列举了几种历史上有影响的人工智能定义：

定义一：AI就是让人觉得不可思议的计算机程序。

定义二：AI就是与人类思考方式相似的计算机程序。

定义三：AI就是与人类行为相似的计算机程序。

定义四：AI就是会学习的计算机程序。

定义五：AI就是根据对环境的感知，做出合理的行动，并获得最大收益的计算机程序。

（2）人工智能的基础

罗素、诺维格在《人工智能——一种现代的方法》（殷建平等译，北京：清华大学出版社，2017年，第6—16页）一书中提供了为AI贡献了思想、观点和技术的某些学科的一个简史。像任何历史一样，这段历史也集中于少数人物、事件和思想，而忽略了其他一些也很重要的东西。作者围绕一系列问题来组织这段历史。作者不希望造成以下印象,即这些问题是这些学科围绕处理的所有问题,或者这些学科一直都朝着作为其终极成果的 AI 前进。

哲学:形式规则可用于推出有效的结论吗?思想如何从物理的大脑中产生?知识来自何方?知识如何导致行动?

数学:什么是能导出有效结论的形式化规则?什么可以被计算?我们如何用不确定的信息来推理?

经济学:我们应该如何决定决策以便收益最大?当其他人不合作时我们应该如何做到这样?当收益遥遥无期时我们应该如何做到这样?

神经科学:大脑如何处理信息?

心理学:人类和动物如何思考与行动?

计算机工程:我们如何才能建造高效的计算机?

控制论:人工制品可以如何在其自身的控制下运转?

语言学:语言与思维如何关联?

2. 人工智能技术的历史

贺倩在《人工智能技术发展研究》(载《现代电信科技》2016 年第 4 期)一文中认为,人工智能技术的发展从最初的神经网络、模糊逻辑,到现在的深度学习、图像搜索,经历了一系列的起伏,从爆发、低谷、重新突破,直至 2014 年高德纳(Gartner)发布的技术成熟曲线表明人工智能技术已经进入发展高峰期,各项技术应用(自动驾驶车辆、虚拟个人助理、脑机接口、预测分析、智能机器人等)将在 5—10 年后起到巨大的颠覆性影响。

起始期:20 世纪 50 年代,人工智能的概念被首次认为。早期的 LISP 表处理语言、神经网络、启发式算法等就是在这一时期出现的。因为技术处于启蒙阶段,同时当时的计算条件等方面不尽成熟,无法为人工智能技术的发展提供助力。

上升期:自从 1956 年夏季的达特茅斯会议召开后,DENDAL 化学质谱分析系统、MTCIN 疾病诊断和治疗系统、Hearsay-11 语言理解系统等专家系统的出现奠定了人工智能的实用性,1969 年国际人工智能联合会议更是标志着人工智能已得到了国际的认可。

衰退期:在 20 世纪 70 年代,由于当时的技术限制,人工智能技术并没有产生预想中的大突破,这使得公众和政府对于人工智能的关注度急剧下降,美国甚至大幅度削减了人工智能的研究经费,人工智能的相关研究也一度停摆。

突破期:20 世纪 80 年代,随着神经网络国际会议在美国的召开,神经网络也得到的广泛的认知。科学家们开始广泛地进行基于人工神经网络的人工智能算法研究,各种学习算法开始崭露头角。与此同时,人工神经网络隐藏层计算以及反馈算法方面均取得一定的进展。

重生期:21 世纪以来,一方面由于人工智能算法的改进,另一方面由于计算条件和计算能力的提升,人工智能技术进入了飞速发展期。基于神经网络的深度学习算法、基于生物进化的遗传算法以及辅助学习的模糊逻辑和群体算法等开始进行大规模的实践。尤其随着互联网的发展,人工智能技术已广泛运用到了智能搜索、语音识别、图像识别、生活预测、人机交互等,影响到生活多方面。

（二）中国人工智能技术的发展概述

张洪国等在《中国人工智能发展简史》（载《互联网经济》2017年第6期）一文中对中国人工智能技术的发展历程做了比较系统的总结，并划分为如下几个阶段。

一是萌芽阶段：系统内部知识重构（1978—2000年）。关键词：演绎推理、专家系统。

作为人工智能技术分支，该阶段人工智能的实用化最为成功的应用是专家咨询系统，其主要基于演绎推理技术，拥有特定领域专家的推理能力，被广泛应用于农业、工业、电力及勘探等领域。该阶段已出现了一些商业化的专家系统开放工具。

二是起步阶段：互联网浪潮助推行业发展（2000—2012年）。关键词：互联网、机器学习。

随着互联网和信息技术的蓬勃发展，信息和资源呈现爆炸式增长，海量的信息带给人们更多元化选择的同时，也增加了人们在搜索信息方面的难度和成本。该阶段中国诞生了百度、搜狗等搜索引擎，技术趋势是由人工目录分类检索向"机器爬虫＋排序算法"方向发展，机器学习技术在信息搜索、个性化推荐等方面起到了关键作用。

三是成长阶段：计算能力提升打下坚实基础（2012—2015年）。关键词：深度学习。

随着云计算技术和芯片（GPU、FPGA及TPU）处理能力的迅速发展，深度学习为代表的人工智能核心技术突破，使得图像识别、语音识别、自然语言处理等前沿技术的能力和应用效果得到了较大幅度的提升。该阶段，人工智能相关领域增长迅猛，国内的互联网巨头企业纷纷加大了人工智能领域布局，构建了一系列人工智能开放平台。

四是快速发展阶段：政策与资本的强力助推（2015年至今）。关键词：政策助推、资本进入。

2015年至今，受政策和资本的强力助推，中国人工智能技术和产业呈爆发式增长态势。目前，中国三大互联网公司纷纷推出了自己类人脑研发计划以及人工智能平台，并已经在客服、金融等领域取得了一定程度应用。

（三）人工智能对生产、生活方式的影响

颜嘉良在《智能技术在生活中发展趋势》（载《电子技术与软件工程》2017年第12期）一文中认为，智能化是一个兴起不久的技术，但其在人们生活中的广泛应用极大影响着人们的生活方式，主要表现在：

智能手机问世不过10年左右，但在飞速的更新换代下，功能越来越多。智能手机其实就是一个微型的计算机，从现在来看，人们的日常生活已经离不开手机。而智能化家电也可以与之配套，手机作为中央控制器可以控制各种家用电器。智能手机的概念就是智能终端，平板、笔记本也可以作为智能手机来看。从长远来看，手机作为智能系统，可以通过互联网与所有联网的智能终端相联系，通过云端进行数据交互。

可穿戴设备多以具备部分计算功能、可连接手机及各类终端的便携式配件形式存在。现阶段，慢性病的表现已经愈发严重，而且不仅是老年人有这样的病症，就连年轻人也有了这样的病症趋势。中国目前医疗资源不足，而且治疗还要支出相当高额的费用，人们渐渐从被动保守的治疗转变成为预防，这样可以大大降低发病的风险，因此人们对健身、医疗及健

康监测等需求在不断上升。

无人汽车正在如火如荼地实验之中,谷歌、百度等著名网络企业都投入了大量的资源在无人驾驶的研究上,在它们看来,无人驾驶代表了未来家庭用车的发展方向。假以时日,未来无人交通系统必将投入使用,交通工具的智能化将使人类的生活更加便利。

无现金化社会离我们越来越近,依托手机和智能设备的支付宝、微信等网络支付方式日渐流行,方便快捷、无假币之忧,智能化的网络支付取得人们越来越多的信任和喜爱。未来随着支付体系健全,智能化设备逐渐普及,智能支付方式必将成为支付手段的主流。

科学技术飞速发展,智能化的建筑已经不再是概念上的幻想,已经有很多成功的例子证明了智能化建筑已经走进人们生活。智能化家居建设系统构成主要包含:智能管理、防盗、家电智能管理、娱乐设施系统,等等。作为智能化管理家居的关键所在——智能化管理,其形成了标准、统一的平台。从现在来看,智能化管理中心将会是以智能手机为"遥控器",与家中的各种电器、设备实现相互之间的协调。

颜嘉良指出,总的来说,智能化已经在人们的衣、食、住、行都有体现,深深改变着人们的生活方式和居住环境。未来技术发展会因为智能化对人们的生活产生更大的改变,与人们生活息息相关的智能设备、智能家居和智能交通等,都预示着智能化生活离我们越来越近,今后必然还会出现很多智能化的生活设备。

杜森在《人工智能对人类生活方式的影响及反思》(载《辽宁工业大学学报(社会科学版)》2016年第6期)一文中认为,人类劳动工作方式趋于简单并提高效率趋向自由。就人类科技发展的历史看来,从"蒸汽时代"到"电力时代",再到"信息时代",人们从自然中不断获得全新的动力,但是结果却是相同的,使人们的工作变得"省劲",我们也必须意识到,"为省劲而废的劲是技术"。人工智能技术不仅可以在工作中大大减轻人类的体力劳动,甚至人工智能的一些"机器学习、记忆、自动推理"的功能,还可以极大地降低人类脑力劳动的强度,并辅助人类进行数据分析或事务决策。盖伦说:"省力的技术,它的作用是减轻对器官的负担,摆脱他们,最后是节省劳力。"人工智能的目的就是想要用无机物构成的机器来部分取代人类有机大脑的部分功能,可以在体力和脑力上双重性地帮助人减轻劳动负担。人类拥有更多的可自由支配的时间,来完成其余事务,这无疑都使得人类生活变得效率更高,更加自由。

教学设计

设计一:农具之尊——古代中国耕犁的演进

设计意图

中国是世界上农业出现最早的国家之一,自古以农立国,而耕犁则是农业生产中最基本、最重要的器械,对农业发展有重要影响。在本课的教学中,根据学生的认识规律,由浅入深,循序渐进的向学生介绍犁的演进过程,让学生能够形成时间线,具有一定的时空观念。此外,让学生通过解读史料来解决问题,让学生懂得论从史出的原则,同时也培养学生历史解释的能力。通过本课的讲授,让学生感受中国古代劳动人民的智慧,也为学生自己感兴趣的农具提供了研究其他农具的思路。

设计方案

新课导入：

教师设问： 此图出现在2001年在甘肃省张掖市骆驼城魏晋墓出土的一块画像砖中上，它生动地再现了当时的农业生产。请同学们观察画像砖上的图像，描述图中反映的农业生产场景。

教师讲述： 图中白、黑二牛驾着当时先进的耕地农具——直辕犁奋力向前，一个头戴峨冠的男子右手扶犁，左手执鞭，作吆喝状，大概声音洪亮，惊起身后树上栖息的两只鸟从空中飞过，构成一幅有声有色的耕地场景。

因为农作物必须种植在土地里，所以在农业生产中，犁地翻土的器具最为重要。今天我们来学习农具之尊——耕犁的演进。

一、耕犁的起源（石耜到犁）

教师讲述： 原始农业时期，人们使用掘棒破土打穴播种。使用掘棒要靠两只手臂用力，很费劲。后来，人们便在掘棒尖头上端加上一段小横木，以便脚踏，同时又将掘棒由直变曲，运用杠杆原理，以节省破土时的用力，这就是"耒"。《易经·系辞下》说："神农氏作，……揉木为耒。"这就是说，耒是用木棒经烧烤弯制而成的。后来，人们在耒的破土一端安上一个石制的或骨制的平板，称它为"耜冠"；又在手持一端加上一横木，更利于把握。这样，耒就发展

云南怒江地区独龙族使用的双齿木耒

成为耙。耙靠耙冠破土,耒不再破土,演变成耙柄。

人们长期使用耒耙耕地,仍然感到费力多,速度慢。为了降低劳动强度,提高耕地效率,就在耒耙柄上拴根绳索,用人助拉。起初,耙冠与地面角度比较大,耙冠入土较深,人推拉起来很费劲。后来,人们调整耙冠与地面的角度,让耙齿变成一块整木,与地面平行,演变成犁床,又称"犁底"。安装在犁床上的耙冠演变成犁铲。耙柄变成犁把。牵引耒耙的绳索,由木杠代替,演变成拉杆。这样,一种新农具——耕犁诞生了。耕犁出现于新石器时代晚期,已经有四五千年的历史了。

二、耕犁的演进

1. 春秋战国时期

教师讲述:原始的石犁头经常与硬土接触,容易破碎。到了春秋时期,人工冶铁术用于农业生产。但是,春秋时期铁器使用还不普遍,而且只有小件铁器和小农具。进入战国时期,冶铁业迅速发展。从考古材料看,总共二十二个省份,近百个地点出土了战国时期的铁器上千件,其中铁农具是大宗。如1955年河北石家庄的一处赵国遗址出土铁农具47件,占出土全部器具的65%。在发现的战国时的铁农具中,最引人注意的是铁犁铧。

右图为中国国家博物馆收藏的1950年河南辉县固围村出土的战国铁犁铧。铧呈"V"型,边长17.9厘米,侧宽4厘米,两边夹角为120度。铁铧装在犁床的前端,就是给木犁套上一种"V"形的铁刃,俗称"铁口犁"。它解决了石犁容易破损的问题。几乎与铁器推广的同时,牛耕开始流行。铁口犁与牛耕相结合,是耕作技术上的一次重要改革。

2. 汉代

教师讲述:到了汉代,耕犁有了很大改进。改进的主要表现之一就是增设犁壁。犁壁是安装在犁铧上管翻土的部件,古人又称之为"犁耳"或"犁镜"。迄今为止,考古工作者在陕西、河南和山东等地,都发现过汉代的犁壁。马鞍形犁壁向两边翻土,而菱形、瓦形和缺角方形犁壁只能向一边翻土。曲面犁壁引导犁铧破开的土垡逐渐上移,进而使其碎断,翻过来暴晒,这样既可以疏松土壤,又可以杀灭害虫,同时,由于土块翻开,减小了耕犁与土块的碰撞摩擦,从而提高了耕作效率。

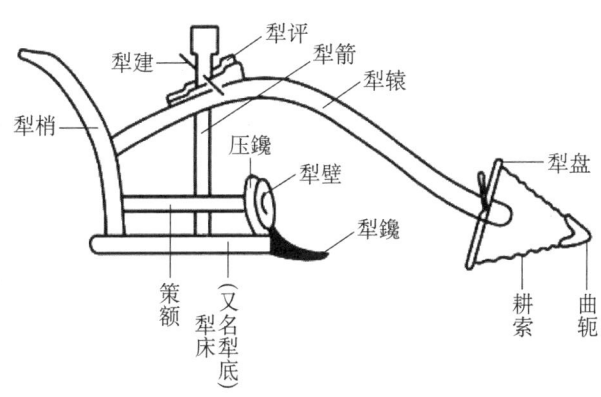

总起来看,汉代耕犁有两个特点:一个是犁床比较长,优点是具有摇摆性和速耕性,缺点是只适合浅耕,不适合深耕;另一个是犁辕又直又长,故称直辕犁。直辕犁耕地时缺乏灵活性,调头拐弯都不方便。

3. 唐代

教师设问:传统的直辕犁不能适应江南水田种植稻作物的需要。直辕犁进入唐代发生重大改革,那就是曲辕犁(也称"江东犁")的出现。唐人所谓的"江东",就是江南。请同学们结合以下材料,分析曲辕犁的特点及其历史地位。

材料一

"曲辕犁构造图"与"曲辕犁与直犁受力分析图"

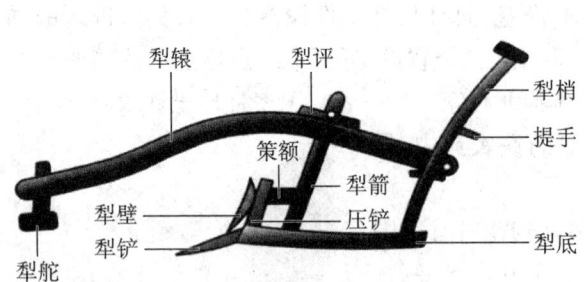
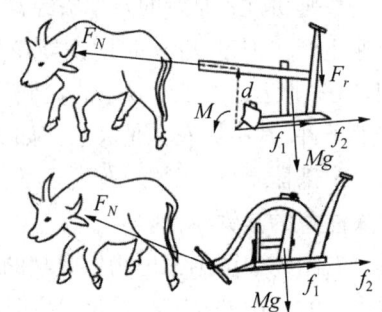

材料二 唐代江南地区出现了曲辕犁,宋代进一步完善和普及,标志着中国传统犁臻于成熟。曲辕犁的主要特点是犁辕不直接与牛轭(牛马牵挽时架在脖子上的器具)相连,而是通过其前端的可活动的犁盘或挂钩用绳套与牛轭相连。犁索与犁辕连接处在役牛臀部之下,犁辕缩短,改直辕为曲辕。犁架重量因而减轻,它可用一牛挽拉,灵活自如,尤便于转弯。此外,曲辕犁调节深浅的结构更为完善,修长的犁底使操作时能保持平稳,犁镵与犁壁亦有改进。这种犁最初大概是适应水田耕作需要而产生的,但其基本结构和原理同样适用于北方旱作区,宋元时已成为通用全国的最有代表性的耕犁了。

——李根蟠:《农业科技史话》,北京:社会科学文献出版社,2011年,第104页

教师引导学生思考:节省畜力,转弯灵活;增加犁评,调节耕地深浅,适合南方水田耕作;改进犁壁,提高耕作效益。中国耕犁成熟、基本定型。

三、专题小结

1. 归纳耕犁演进的过程

时期	耕犁发展的表现	备注
原始社会		
春秋战国		
汉代		
唐代		

2. 自行归纳一种感兴趣的农具发展简史

(答案：略)

设计二：工业革命的关键——机器在棉纺织领域中的使用

设计意图

机器的产生与使用是工业文明的重要标志之一，也是理解近代社会的重要途径之一。通过对相关材料的解读，让学生了解机器的产生之路，逐步培养学生的史料分析与历史理解能力，体现历史学科的核心素养。同时通过一些机器发明者的人生故事，让学生理解机器从发明到走向社会生产与生活的是一段漫长而曲折的过程，理解科技的发明与创新是推动社会进步、引领时代变革的一股强大力量，进一步领会"工匠精神"与"科学家精神"的伟大，从而达成情感态度价值观层面上的认同。

设计方案

教师设问： 我们生活在一个被各种机器包围的现代化社会中。请同学说出印象中最深刻的一种机器，并且简单地谈谈这种机器给我们的生活带来的影响？

教师讲述： 同学们基本都列举了自己印象最深的机器，并且从不同的角度谈到了机器带给了我们生活不同的改变。的确，这些睿智的发明在为我们传递惊喜的同时，也使我们的生活更加精致、更加便利。那么，机器生产是如何诞生呢？

一、机器产生的社会环境

材料一 世界第一次工业革命指资本主义从以手工技术为基础的工场手工业向以机器为主体的工厂制度、从农业占优势的经济向工业占优势的经济的迅速过渡。它包括世界科学技术的飞跃发展和经济、社会关系的巨大变革。

——庄解忧：《世界上第一次工业革命的经济社会影响》，载《厦门大学学报（哲学社会科学版）》1985年第8期

教师设问： 从材料中推断，机器产生于什么时期？第一次工业革命给资本主义社会带来的变革表现在哪些方面？

教师总结： 综上所述从材料中看出，机器产生于第一次工业革命时期。以机器为主体的生产方式是第一次工业革命的显著标志，它的出现在推动生产技术提升的同时，也推动着传统农业社会向现代工业社会的蜕变。

教师设问： 机器的发明与应用不是一蹴而就的。同学们根据自己的印象与想法推测：最早的机器发明与应用会出现在哪个领域，为什么？

教师总结： 同学们根据自己的想法与论据推断了最早使用机器生产的领域，现在，我们一起揭秘这段历史故事的答案。

二、机器的曙光——棉纺织业领域

1. 孕育新兴生产方式的肥沃土壤

材料二 英国在18世纪60年代首先发生工业革命，这是从轻工业的棉纺织工业开始

的,英国资产阶级应用机器的目的是为了获得更多的利润,而轻工业需要的资本较少,资金周转较快,比重工业较易获利。正因为英国棉纺织工业是一种新兴的工业,没有受到封建行会和政府法规以及旧传统等等的束缚。具体地说,它没有关于织品的长度、宽度、质量和品种的规定,也没有强迫和禁止使用一定的制造方法的规定,又可以自由地雇佣工人、应用机器和制造各种各样的产品。除了竞争和个人利害以外,别无其他的控制,因此,棉纺织工业容易采用新技术。

——管佩韦:《英国工业革命的开始》,载《杭州大学学报》1989年第3期

教师设问:棉纺织业能够成为最早应用机器的优势条件有哪些?

教师总结:棉纺织业作为轻工业的一种,具有投资少、利润高的经济价值。同时棉纺织业没有行会的限制,容易推陈出新。

2. 工匠创新的艰难历程:

材料三 早在1733年,兰开郡伯里的职工兼钟表匠约翰·开伊(1704—1764年)发明了"飞梭"。这是一种织布的器械,它改变了过去织工们用双手相互穿梭的织布方法。采用飞梭以后,织工们只要用两脚交替踏板,飞梭就会自动地左右穿梭织成布匹,工作效率提高了一倍。织工们害怕生计被剥夺而提出强烈的抗议和控诉,迫使开伊在1738年迁往利兹。制造商们试图利用他的飞梭,但拒绝支付使用费,因而发生长期的诉讼,开伊花不起巨额的诉讼费而破产了。1745年,他回到故乡。1753年,他的家庭遭到群众的抢劫和袭击,他被迫又逃亡去法国。虽然他本人遭到迫害,但是飞梭终于被普遍地应用了。到了1760年,他的儿子罗伯特·开伊,对飞梭加以改进,更发明了Thedrop-box,从而扩大了它的应用范围。飞梭的发明和应用,造成了纺纱和织布之间的不平衡,六个纺工才能供应一个职工所需的棉纱。

——管佩韦:《英国工业革命的开始》,载《杭州大学学报》1989年第3期

教师设问:飞梭的发明和使用对棉纺织业带来哪些影响?

教师总结:改变了传统手工交织的方式,采用两脚交替踩踏的方式,提高了劳动效率。引发了织布和纺纱速度的不平衡。

三、机器的正式诞生——珍妮纺纱机

材料四 1765年,兰开郡布拉克本的织工兼工匠詹姆士·哈格里夫斯在织工因缺乏棉纱而经常停工的情况下,改进了前人的纺纱机,发明了一种手摇纺纱机。为了纪念他的妻子(一说是他的女儿)珍妮(Jenny),他把这架纺纱机称为"珍妮机",又称多轴纺纱机。据说有一天珍妮打翻了纺纱车,哈格里夫斯看见倒在地上的横架的纺锤,直竖起来还在继续纺纱。他由此得到启发,改装纺锤,增加它的数目。开始时只装有八个纺锤,后来增加到十六个,到1784年更增至一百二十个纺锤同时工作,于是棉纱产量大幅度增加,解决了纱荒问题。恩格斯写道:"珍妮纺纱机降低了棉纱的生产费用从而扩大了市场,给工业以最初的推动力",不过"它几乎没有触及工业生产的社会方面,即生产的性质。只是在阿克莱和克伦普顿的机器以及瓦特的蒸汽机建立了工厂制度以后,运动才大规模发展起来"。

——管佩韦:《英国工业革命的开始》,载《杭州大学学报》1989年第3期

教师设问:珍妮纺纱机解决了生产中的什么问题?珍妮纺纱机的优势是什么?珍妮纺纱机的发明与工业革命的关系是什么?

教师小结：珍妮纺纱机的出现解决了纱荒的问题。降低了棉纱的生产费用从而扩大了市场，给工业以最初的推动力。棉纺织业独有的土壤为机器的诞生、工业革命的发生提供了条件。

教师引导学生总结：从飞梭到珍妮纺纱机，诸多工匠根据自己的经验努力进行着探索，现代意义上的机器模样逐渐清晰。

教学资源

资源1：中国传统农具的特点

第一个特点是广泛利用竹木石等材料，尽量节省金属材料。如筒车、水车、水碓和风扇车、耧车、桔槔等，有时甚至连铁钉都不用（用榫卯或竹钉）。因此造价低廉，并且便于就地取材、就地制造、就地修理，也就更能适应当地的自然条件，因地制宜地制造和使用农具，这是特别适合于小农经济的经济条件的。

第二个特点是结构简单轻巧，合乎力学原理，能经济利用动力。一般不要求高速运动，消耗在移动或转动农具本身的动力较少。这是非常适合以人畜为动力的我国精耕细作传统农业的技术要求，从合理利用能源的角度来说，它比西方现代农业机械的效率要高。因此，日本农学家田村三郎曾为此发出预言："使用水牛这种耕作体系，世界上将成为主流的可能性，决不能予以否定。"

第三个特点是通用性广、适用性强。同样一把锄头，可用来翻地、开沟、起垄、中耕、收获（如掘收甘薯、花生、芋头等）。同样一把镰刀可以用来收割各种作物。同一部耧车可用于播种芝麻、粟、小麦、高粱、大豆、玉米等大小不同的种子。南方的耕犁既可下水田，也可以上山耕梯田。由于通用性广，一个地区的农具种类为数虽然不多，却可以完成各种作物的多种作业（参见陶鼎来：《珍视我国农具遗产》，《中国农业科学》1961年3期48页）。我国已故的农史学家王毓瑚曾把它概括为"一器多用，简而不陋"。这样的农具经济实用，农民是很乐意采用的。

——陈文华：《试论我国传统农业工具的历史地位》，载《农业考古》1984第4期

资源2：中国古代官营手工业对经济发展的贡献

以往的学者在评论官手工业的功过时，往往过分强调这种制度的缺点与造成的不利影响，例如说官手工业夺取了商品市场，使民营手工业不得充分发展；官手工业管理不良，人员腐化，工匠受奴役，不能发挥生产的积极性。这些情形不可讳言是存在的，但是官手工业也有巨大的正面贡献。

非农业生产的某些部门，对规模经济的要求高，只有在大规模经营下，才能细加分工，提高生产效率，也只有在大规模的生产方式下才能不断改进生产技术与创新设备，民营单位在这个方面受到严重限制，资金筹集不易，积累费时，规模扩充慢，技术之改善也就不够快速。官营手工业在这个方面却占尽了便宜。

就官手工业本身而言，这些生产单位的规模都很大，可以进行内部的精细分工。统治者

又以政治权力组织了技术力量,这些集聚在一起的技术人员进一步发明更新更有效率的生产工具和设备,另一方面有系统地不断培训技术工人。这种种后果都透过各种方式,逐渐扩散至民间。所以在中国早期历史上,官手工业是经济发展的先导,使整个社会的发展过程加快了步伐。

——赵冈、陈钟毅:《中国经济制度史论》,北京:新星出版社,2006年,第388—389页

资源3:工业革命之前的"革命"

首先是农业革命。具体说来,它开始于15世纪末叶圈地运动的发生,结束于19世纪中叶集约化农业的建立。这一农业革命带来了英国农业收成的大幅度增长。据研究显示,英国小麦产量在1650—1800年间提高了77%。英国粮食总产量从1700年的3.175百万夸特,增加到1845年的18.665百万夸特,增加大约6倍。英国农业革命所导致的实际上是农业在国民经济中的大规模"退却",但这种退却并不是隐退,农业并不是消失了,只是把自己过去拥有的社会财富主要创造者的地位,逐渐让给了工业。

其次是商业革命。大西洋取代地中海成为欧洲贸易通道,贸易性质发生重要变化,从东西方奢侈品贩运变为欧美间的大众贸易。英国是这个大转变的受益者,其成绩在工业革命前诸部门中显得异常突出。英国在17世纪中叶开始,通过一系列航海条例和商业战争,排挤了商业强国荷兰和法国,建立了世界上最大的殖民和贸易体系,加速了资本积累。

第三个革命性变革是人口增长。人口活动是农业文明时代经济发展的晴雨表,也影响工业文明的兴起。英国人口在16世纪增长较快,17世纪陷于停顿,18世纪上半叶恢复并超过16世纪,18世纪下半叶工业革命开始后加快,到19世纪初达到高峰。因此,英国真正的"人口革命"出现在工业革命以后,但是此前的恢复性增长对工业革命仍有重要作用。

第四,手工业的发展。工场手工业是现代大工业的出发点。工业革命前,英国手工业有了显著发展,突出表现在毛纺织业、炼铁业和煤炭业的发展上。毛纺织业是西欧一个国际性产业,在英国被誉为"民族工业"。1224年的一个法律文件中第一次提到这个行业,受到国王的保护。在后来的发展过程中上升到神圣位置,直到18世纪末对其他工业行使着领导权,是"工业中的工业"。尽管这个部门没有直接成为工业革命的先导部门,却在资本积累、企业集中、产业分工、技术进步、批量生产、产品市场化、劳资关系诸多方面,培养了棉纺织业,为工业革命做出了间接贡献。

当然,工业革命发生在英国,除了这些条件之外,还有其他种种条件,诸如丰富的煤铁资源、稳定的国际环境和政局、流动的社会结构、尊重市场价值的政府决策、健全的财政金融体制、便利的交通运输、浓厚的科学技术传统、科学的簿记制度、进取上进的新教精神、健全的专利制度等。就某一方面条件,或某些条件而言,在欧洲大陆也有比英国更好的国家——如荷兰和法国,但是没有哪个国家具有英国这样好的综合条件。

——马克垚:《世界文明史(第二版)》,北京:北京大学出版社,2016年,第614—619页

资源4:英国的"后来者居上"

英国原本只是"后来者",当世界历史步入近代之际,英国并非领头羊。葡萄牙、西班牙、荷兰等最早开展海外殖民扩张活动的国家,早已通过大宗海外贸易和广袤的殖民地为本国聚敛起惊人的财富。相比之下,英国只能算一个蹩脚的"后来者",其海外贸易规模和殖民地的数量,都不能和前者相比。况且当时英国绝大多数人生活在农村,主要靠务农为生,收入偏低,而且邻国法国一直对英国怀有强烈的敌意,两国战事不断。这无疑也是妨碍英国集中全力发展国内经济和海外贸易的不利因素,导致大量财富消耗于无谓的对外战争当中,国计民生一度呈凋敝之势。能源枯竭造成危机在17世纪之前,英国有足够广袤的林地,大部分英国人对煤炭并无兴趣。因为煤炭燃烧时发出的气味颇为刺鼻,所以无论是上流社会使用的壁炉还是民间的冶铁作坊,大都以木材作为基本的燃料。但是,随着工商业的发展、造船业的兴盛,以及城市人口的迅速增加,木材的需求量随之暴增,既有的木材资源无法支撑这样庞大的消耗量,能源危机遂由此而生。英国的森林被大量砍伐,工业生产和平民生活都逐渐陷入了能源供给短缺的困境。伦敦等城市的木材价格上涨6—10倍,远高于同期物价的涨幅。在某些交通不便的地区,木材价格更是高得令人咂舌,很多平民买不起木材生火取暖。英国经济已经无法按照传统模式继续发展下去。煤炭充当"止痛片"和"发动机"。为摆脱这种困境,需要一种全新的能源作为主导燃料,关键时刻煤炭充当了遏制能源危机"止痛片"的作用。这是英国经济发展史上的一次重大转折,产业界由此开始实施一系列调整,以适应煤炭充当燃料的新局面。由于英国的煤炭储量极为丰富,且分布广泛、易于开发,供应量得以迅速增长,逐渐出现了燃料(煤炭)价格低得出奇的现象,开辟出一条持久性的进步之路,对日后世界经济的发展产生了重大影响。例如,在改进煤炭开采和运输技术的过程中,蒸汽机和铁路运输车辆等新发明相继登场。后来随着煤炭的用途变得愈加广泛,更多的新发明、新技术鱼贯而出,英国工业革命随即呈现出"星火燎原"的态势。而同期的其他国家或地区(如法国、尼德兰、德意志诸邦)由于没有经历类似的危机,当然也就不可能像英国这样快速地改以煤炭作为工业和民生领域的主要燃料,至于后续的连锁反应自然也就无从谈起。

——毛立坤:《第一次工业革命的发生机理》,载《中国社会科学报》,2012-08-06

资源5:蒸汽机运用于地下煤炭运输

十九世纪中期,英国煤炭地下运输技术获得了极大地进步。煤炭生产过程中的地下运输环节在前一个阶段的发展基础上进一步完善和革新。首先需要说明的一点是自十八世纪以来,一直用于地下运输的煤筐和木箱继续得到使用。其次,十九世纪中期蒸汽机开始普遍用于地下煤炭运输当中。十九世纪初期地下蒸汽机已开始成为采煤活动的一个重要组成部分,瓦特专利权终止后不久,特里维西克发明了非凝汽式高压蒸汽机,从这时开始人们设计并展开了利用蒸汽动力进行地表运输的试验。随着地面铁路系统的不断推广,这种运输方式上的革新也延伸到了地下运输当中。地下蒸汽机最初使用比较普遍的是矿井内的倾斜面运煤。巴尔德早在1820年就热情地论述了利用高压蒸汽机在倾斜面运煤的方法,1840年贾罗、南希尔兹等矿场上使用蒸汽机将煤从倾斜面运输到井筒,距离长达1 000码。兰开夏和柴郡煤田中,三十年代使用蒸汽机拖运煤的方式已经相当普遍,四十年代这个地区许多煤矿中都在使用机器运输。1830到1840年间,在倾斜面使用蒸汽机将煤运出煤矿的方法已经在许多其他煤矿中得以运用,机器有时放在地表,有时位于地下。

——吴云霞:《论近代英国采煤技术的发展》,陕西师范大学 2011 年硕士学位论文,第 46 页

资源 6：近代家庭企业

在前现代化的传统农业社会阶段,家庭是最为普遍的基本经济组织。很多比较文化的文献在比较传统农业社会的中国和西方时谈道：中国是一家一户的小农经济为主,西方则是庄园经济或领主经济。应该说,在欧洲处于庄园经济时期,这确实是中西方传统农业社会的一个重大差别,但从生产经营的组织形式看,西方前现代时期的传统社会也是以一家一户的小农经济为主。

在工业化初期阶段,家庭作为一种工业组织形式与较大规模的其他组织形式相比,转换成本方面的劣势尚不明显,却可以相对节约组织组建和运行过程中的交易成本。欧洲手工业的发展经历了一个"从乡村到城市,再从城市到乡村"的阶段。经过由城市重新回到乡村的家庭工业不仅已经完成了生产与消费的分离,而且发生了生产与销售的分离。受包买商或工场主控制的农村家庭手工业构成了向工厂制度和超家庭的企业组织形式过渡的一个阶梯。随着工业化过程的进一步推进,集中式的组织形式取代分散式家庭组织而占据了主导地位。

——王询:《欧洲前现代化时期的家庭与工厂制度的形成》,载《财经问题研究》2003 年第 11 期

资源 7：第二次工业革命机器的发明

蒸汽动力在十九世纪中叶已经成为工业的基本动力机械,但是随着资本主义工业生产的发展,却逐渐暴露出它的缺陷：效率很低,结构笨重、传动操纵系统不灵便,使用不够安全、蒸汽动力不能作远距离输送等。生产的继续发展,需要寻求新的动力形式。于是,在电磁理论指导下,十九世纪中叶以后,发电机和电动机分别问世,并逐渐完善应用于工业生产。从 19 世纪八十年代开始,又有不少人致力于电力的远距离输送实验,逐步使高压流输电得以实现。于是,强大的电力便从仅仅应用于照明扩大到为电冶、电解等工业用途提供能源。电力具有不少得天独厚的优点：它能远距离传输,并按用户需要,进行灵活调度和科学分配,还能选择利用水力、燃料等多种资源生产,成本低廉。因此,到二十世纪初,电力已代替了蒸汽动力的统治地位,牢固地树立了自己的优势。同时,电的重要意义不仅在于它可以传输能量,而且还在于它可以传递信息。电从它开始踏上近代技术舞台的时候起,就同时显示了它为社会充当动脉和神经的双重职能。有线电报、电话、无线电报等接踵出现的电讯技术,使人类跨进了新的通讯时代,直接促进了经济繁荣和社会发展。

——陈雄:《论第二次工业革命的特点》,载《郑州大学学报(哲学社会科学版)》1987 年第 10 期

资源 8：第二次工业革命机器的应用

十九世纪的另一项重大发明是实用的内燃机的出现和应用,从而促使汽车、飞机、轮船、

石油等工业的兴起和发展。化学工业的兴起与发展是第二次工业革命的重要方面。十九世纪中叶以后,制碱、化学肥料、有机化学药物、天然染料的人工合成以及人造纤维、塑料、炸药等新技术纷纷出现;电应用于化学工业为化工技术的发展开辟了新的前景。十九世纪中期,贝塞麦、托马斯炼钢法的出现,使包括转炉法、平炉法的近代炼钢技术体系基本形成,促使钢铁工业飞速发展,并使钢铁材料在工业、交通、军事等广泛领域大显身手,人类便真正跨进了钢铁时代。

——陈雄:《论第二次工业革命的特点》,载《郑州大学学报(哲学社会科学版),1987年第10期

资源9:中国近代工厂制度的产生

16世纪末到17世纪初叶,我国东南沿海和其他一些商品经济比较发达的地区在某些手工业部门里,已经开始出现了资本主义的生产关系,即以雇佣劳动为基础、以追求利润为目的的工场手工业。满族入关一度破坏和延缓了这一进程。直到鸦片战争前夕,手工业中最主要的部门——棉纺织业仍然是家庭工业的世袭领地。

鸦片战争后,外国资本主义的影响对中国社会性质的变化起了决定性的作用。它结束了中国资本主义生产关系漫长的萌芽时期,使之转入较迅速的发展和扩大的历史新时期。特别是19世纪70年代以后,英国棉纺织品和其他工业品的渗透和冲击,打开了中国工业品的市场,农村的自然经济开始分解,从而为中国近代资本主义机器大工业的产生创造了客观条件。清政府官办和民族资产阶级投资的近代企业相继诞生。

在中国移植西方近代工厂制度的过程中,外国资本早期在华设立的近代工业企业,对中国近代工厂制度的建立起了示范性作用。它们将西方的工厂制度传入中国,成为中国资本主义制度安排的先行,并对中国资本主义企业制度的建立,客观上起着开风气之先的作用。由许涤新、吴承明率先认为的外国在华资本是中国资本主义的一个组成部分的观点,现在已为多数经济学者所采纳。

作为官营手工业制度的延续,鸦片战争后中国人所办的近代工业首先是以官办的形式出现的,也可以说是已经衰落下去的官办工业制度借洋务运动之机又复兴起来。洋务派引进先进的生产和机器设备,以官办、官督商办、官商合办等形式,投资兴办新式工矿企业和交通运输业。这些新式企业是中国人最早创办的近代化产业,中国近代的工厂制度也由此而产生。

——刘佛丁、王玉茹:《中国近代工厂制度的产生及其产权运作的特征》,载《西安电子科技大学学报(社会科学版)》1999年第12期

第三单元

商业贸易与日常生活

学术引领

一、古代商业的起源与发展

（一）古代商业的起源

关于古代中国商业的起源有以下几种说法：

西周初年殷民说。李可亭在《中国商业起源漫谈》（载《寻根》2005年第3期）一文中认为，传说时代的"市"并非"市场"，也非商业。因为当时农业和手工业还不发达，商业也无从谈起。西周初年，武庚叛乱，为周公所平。为防止殷遗民再度造反，周公便令殷民迁居洛阳，从事经商活动。由于殷原称商，所以从事经商活动的殷遗民被称为"商人"，他们的职业也被称为"商业"。在商业起源过程中，王亥起到了关键性的作用。《史记·殷本纪》所载商先公中的七世"振"即"王亥"，甲骨文称"亥"或"王亥"。学术界把商朝建立之前的历史称为先商时期，把商朝的建立者大乙（又作天乙、成汤）之前的先辈称为商先公。在商先公中，只有亥称王，名王亥，说明亥在商人的心目中有着王者风范、王者之尊。王亥时，由于农业和畜牧业的发展，商部落迅速强大起来，并向四周发展势力。由于产品有了剩余，出于发展壮大本部落以及换取需要的物品等目的，王亥于是与四周部落进行以物易物的商业贸易活动。王亥之后，商人沿其传统进行商业贸易，并逐渐形成了专门从事远方贩运货物进行贸易的商贾。因此最早进行贸易的王亥，便是"商业"始祖。

西周初期说。杜维夏在《中国商业与商祖起源考辨》（载《黄河科技大学学报》2006年第2期）一文中对商业起源的论述具有动态性和过程化的特点。黄帝打败蚩尤和炎帝之后，曾率部南迁，以扩大部族的联盟和民族的融合。南迁之后，除有些氏族仍然发展畜牧业外，有的则"艺五种"，"播百谷"，黄帝正妻嫘祖还种桑劝蚕。这种部落内部和部落之间的分工，必然要增进彼此之间的产品交换。神农时，曾经出现"日中为市"；颛顼时，有"祝融作市"；尧、舜时，这种产品交换形式得到了进一步的发展，出现了"买贱""卖贵"和"赊销"、"赊购"的现象。据《尚书·大传》等史料记载，舜帝也曾经像王亥那样"贩于顿丘"。杜维夏提出了商人和商业的概念：不事生产，专做买卖；不是为了满足自己的直接需要，而是为了牟利。最初所谓商人，指的是殷商部落的人，它只是氏族的名称，和后来所说的商人不是一个概念；到了西周,商人的概念和现在仍然不一样,它既包含殷商顽民的成分,又包含他们所从事的职业的成分;商业形成一种独立的行业,商人完全作为一种职业人的称呼,那是西周以后的事情。周公发展商业的目的,其初衷并不是为了发展经济,而是为了安置殷商贵族。大批殷商贵族加入经商坐贾之后,成了西周工商业迅猛发展的生力军。

东周说。钱穆(钱穆讲授,叶龙记录整理《中国经济史》,北京:北京联合出版公司,2014年,第22页)认为,随着井田制瓦解,农业生产由黍稷到稻麦,再而到桑麻,盐铁、水利、纺织等工业亦随之而发达。工业已展开,商业亦就开始,运输业亦随之而开始兴旺起来。战国时期,煤铁、棉花、交通运输、纺织等均为重要之大工商业。孟子所说"五亩之宅,树之以桑"之时,其实尚未具备商业性,稍后才有商业。

欧洲商业的起源和早期城市的兴起有关。武前波、黄杉在《城市综合体视角下世界古代城市商业空间的演化规律》(载《中国名城》2013年第9期)一文中认为,最早的城市出现在公元前2000—前1700年,位于地中海中克里特岛上的王宫城市。温和的气候、肥沃的土地及来自小亚细亚的移民使得农业成为岛屿的主要经济部门,海外商业贸易带来大量商品。约在公元前4世纪末,欧洲文明中心逐渐转移至古希腊城邦。以雅典为首的这些城邦集政治中心、军事中心、经济中心为一体,成为工商业相互促进的大都市。城中聚集着大量各行各业的手工作坊,神庙、集会堂与长廊围合而成的广场空间,面向远方海港。人们聚集在广场可以举行讨论、议事、朗诵、演说等活动,同时为商业贸易提供了场所。至古罗马时期,将政治、军事与经济中心的功能发挥到极致,商业格局也是以商业街道和商业广场为主的开放式空间,如古罗马公共浴场将运动场、图书馆、音乐厅、演讲厅、商场等城市功能建筑组合在一起,比较著名的有卡拉卡浴场和戴克利提乌姆浴场。

(二) 古代中国商业的发展

1. 古代中国商业的发展概况

(1) 商业发展的阶段性特征

宁欣在《中国古代商业发展的概貌和特点》(载《历史教学问题》2009年第3期)一文中认为,中国古代商业的发展有三个高潮期:战国时期商人势力成长,很多大、中都会成为商业贸易的中心,这是第一次高潮出现时最重要的特征。第二个高潮期在唐、宋。唐朝后期开始,粮食、茶叶、瓷器等生活必需品逐渐成为商品交易的大宗。北宋以后,南方经济的发展,很多史料记述了日用品的大宗交易情况,所交易的商品种类繁多,有家居用品、鞍辔弓箭、时果腊脯、绣作珠翠、幞头帽子、书画古玩、土产香药,大多属于日用品之类。商品结构的变化是第二次高潮最重要的变化之一。第三次高潮出现在明、清两朝。二者都是延续了数百年的统一王朝,政治统一和社会相对安定,为商业的发展提供了良好的客观环境。明中后期以后,经济作物的广泛种植、农副产品商品化程度加深、专业化程度提高(专业性城镇和专业性地区的形成、农业和手工业专业户的形成等方面),都成为商业发展的新因素。

(2) 商业活动主要空间

罗丽在《中国古代城市起源动力及类型》(载《延边大学学报(社会科学版)》2007年第2期)一文中认为,"城"和"市"在最初是两个不同的概念,"城"指用作防卫而围起来的墙垣,是防御性的概念,是为社会的政治、军事等目的而兴建的;"市"则是指城中特定的交换场所,是贸易、交易的概念，是生产活动、经济活动所需要的，其形态是开放的、外向的。这两种初始的空间形态随着社会的进步和经济的发展变得丰富和扩大，并相互渗透，界限模糊，杂陈在一种新的环境形态之中，最终形成了内容多样、结构复杂的聚居形式——城市。中国城市历史虽然可追溯到商朝，但直到唐初才出现中小型经济型城市，中唐以后才大量涌现。手工业与商业的发展促进了城市的繁荣。所以，在城市和城市小手工业及城市商业之间，是先有城市及人口的集中，然后才有城市手工业和商业的发展。

彭亚茜、陈可石在《中国古代商业空间形态的变革》（载《现代城市研究》2014年第9期）一文中认为，空间的变化和经济发展的程度以及思想观念的变化有着密切联系。最初剩余产品的出现催生了产品交换行为，这种最原始的物物交换便促成了商业活动的诞生。然而，这种早期剩余产品的交换行为更多的应该算作单独个体的不定期行为，并无多少对场所的需求。直到交换活动逐渐发展为以货币为媒介的固定模式，并且随着交易次数和量的增多，交易者开始需要以固定的场所作为活动的空间载体，这就出现了相对完整意义的"市"。所以说，因商成市，以市易商，"市"其实也就是商业空间，是实现物资交换、货物流通功能的场所。西周时期，城市建设层面总结了长久以来的阶段性经验，制定了各级城邑严谨规范的模式，就都城而言，如西周王城，宫、朝、市、祖、社一并成为城市的结构元素。但此时的市只是作为其他城市结构的附属而存在，地位并不甚重要。无论城的大小，都有固定集中设置的市场，但此时的市场并非是面向大众的场所，而是专为官贾设置，并不对所有居民开放，谓"宫市"，且规模较小。西汉都城长安设有九市，东汉都城洛阳的马市、南市设在城外。四川出土的市井图像砖清晰地描绘了当时市的情景：市的平面呈方形，三面设门，有十字路相交于中心，中央为市楼，用于立旗观望；市内建筑排列整齐，成行成列，用于陈列商品，另有邸舍靠市墙而立，用于堆放货物。值得一提的是，隋朝正式将"里"改称为"坊"。唐朝都城长安的市并没有遵循"前朝后市"的布置原则，而是在皇城的左右前方对称设置东、西两市。为满足巨大的商业需求，每市占两坊大小，并不影响整体城市形态结构，内部由"井"字街划分成九个区域，通向市四面的八个门，中央仍设管理机构。在市中，商贩的经营方式并不单一，有居店经营的，有流动经营的，流动人口非常多，交易也异常频繁。封闭式的城市管理束缚了居民活动，不断发展的社会经济和文化生活要求人们突破时空限制以获得更大自由。唐朝中后期，封闭的堡垒不断受到来自民间的冲击，居民生活和城市形态都在更人性化的推动下发展。北宋都城东京历经数次改建、扩建，成为最终的三层嵌套的城市形态格局，最内居中为宫城，亦称大内（紫禁城），是城市中轴线的起点；第二层为里城，是衙署、商业和居民住区主要分布区域；最外为罗城，即外城，呈一周长50余里的长方形。北宋初年，受社会经济发展限制，东京城的规划仍然承袭传统的里坊制。至仁宗年间（1010—1063年），经济飞跃发展，商业空间拓展需求日益迫切，逐渐深入坊巷，遍布全城。城市形态完成从封闭里坊到开放街巷的变革，一种新的城市形态——坊巷制产生，相应的商业空间形态也完成向多元化类型的过渡。

张艳红、吴海涛在《中国古代的商业布局》（载《云南社会科学》2001年第1期）一文中认为，中国农村商业贸易出现得较早，但由于小农经济长期低水平发展，人口分散，交通困难，购买力低下，无法维持固定商业中心的门槛需求，故集市贸易和流动性贸易是广大农村主要商品交换形式。唐宋以后，随着农业生产力和生产效率的提高，广大小农与市场的联系愈加密切，农村集市在时空分布上有一个由疏至密的趋势。宋代农村以"干支"纪时法来安排的集市已普遍出现,如荆吴一带"俗有取寅、申、己、亥日,集于市",兴国"俗以卯酉日趁墟",池州则有"子午会"。但这些集市还多是分散的、个体的存在。集市吸纳范围有限,卷入集市的职业商人还不活跃,还没有具备形成集市贸易体系的市场基础。随着农民对市场的商品供给与消费需求与日俱增,至明清时期更多新的集市涌现出来,其交易规模、商品种类、辐射范围都呈现出不同的状貌,在各地形成了集市贸易体系。相邻的集市群集期相错,互不冲突。在清代各地还形成专门的名称,河北叫"插花集",广东称为"插花墟",广西称为"交叉墟",四川名之曰"转转场"。商人们在相邻几个集市中逐日赶集,轮回贸易。新的集市在不断出现,集期频率进一步变快,集市贸易体系的空间范围进一步缩小。以县为单位的集市贸易体系分解为更小范围的两三个体系,例如山东济南府莱芜县,嘉靖县志载其有共17处集市,都是一旬开集两日,全县每天至少有两处开集,多者每日五集,这说明该县至少形成两个集市贸易体系。

(3) 商业组织形式

张艳红、吴海涛总结了行会起源的几种说法:第一种是宗教团体说,行会最初是崇拜手工业商业等传说中的创始人,祭祀活动加强行会之间团结;第二种是同乡团体说;第三种是政府不法说,是行会联合起来对抗政府苛捐杂税的压迫;第四种是人口与事物之不均衡说;第五种是家族制度说。无论是哪种论述,团体组织的出现与当时社会经济的发展对这种组织本身的需求密切相关。随着商品经济的不断发展而追溯演变的原始面貌,与现代意义上的行会有着不同的概念,留下的必然是时代的烙印。古代的商人分成"行商"和"坐贾"两类,"行商"是从事商品贩运业,无固定店铺的商人,"坐贾"是拥有固定店铺的商人,打破疆域界限的商业买卖是怎样举行的,商业行会的组织便有其必要了。

刘营在《宋代行会初探》(载《河北经贸大学学报(综合版)》2015年第1期)一文中认为,在唐宋时代,同业商人组织,叫作"行",而"行"这一个词,同时又指同业商店的街区而言。相同工种的作坊、工匠,组成为一"行"。行的不断增加,说明了社会分工不断细密。那么,行会也是与商业发展息息相关的,行会起初就是关于行组织的一种形式。宋代是中国古代商业发展繁荣时期,宋代行会是官府与客商博弈中延续发展起来的。宋代坐贾势力壮大,代替了汉唐以来客商独霸市场的局面,使中国古代的城市行会在宋代形成一种本地同业商人的市场垄断组织。宋代,同业商人组织的行接受官府的要求,筹办所需的用品,属于行的商人顺次担当供应需用品的任务。商业行会的重要职能表现为统一商品价格、限制竞争、应付官府科索。行会组织又有自身互助合作的性质,并成为联系政府与商人之间的纽带。

陈文玲在《我国古代的商业行会沿革及其借鉴意义》(载《商业经济研究》1989年第4期)一文中系统总结了古代行会的职责。古代商业行会进行行业管理的职责主要有八项:一、代表同业商人与政府对话,向政府反映同业商人的意见、要求与建议。二、充当政府间接控制商人和管理商人的中间组织。向同业商人传达、贯彻、推行政府的决策和要求,承办宫廷或政府需要的各种货物,监督同业商人完成政府摊派的差科,帮助政府维持市场秩序,监察市场行情,接受政府对行业经营管理等诸事务的咨询。三、决定入行商户的资格审查、接纳程序和行金交纳。如清代广州茶叶行规定:"凡开业营业者,须缴入行金二十两,未入行者,不准对外营业",诸如此类,各行都有各自的规定。四、统一行内经营方针,避免同行业间盲目竞争。如统一接待客商、统一分配货源、统一行内商品价格等。据《梦梁录》载,北宋时杭州外地客米来后,由行经发米到各铺出粜,以致使"行市"成为市场价格的别称。五、控制当地市场,使外来客商通过"行"的中转和认可,按当地行规进入市场。外来客商如果不懂得结托"行"头,就无法在当地经营,抑或被当地同业商人以拒买方式抑低价格,贱买贵卖。六、统一制定严格的行规。行规从开业、市场的交易规模制度、买卖价格的确定、交易习惯、监督度量衡器到学徒制度等,大都有明文规定。如清代时广州玉石行规定:"对于已停止交易者,倘同行中与之私自交易,即公议罚银二十两,一半归正人,一半充公",这则行规就限制行内商人互相抢生意、超出行的规定去选择交易者。七、仲裁同业纠纷。同业之间如有争议,大多由本行公议评断曲直,仲裁是非,行会仲裁是非的决定,当事人必须服从,否则会受到同行业在经营上共同排斥,等于受到歇业宣判。八、确定行会成员统一的福利待遇。例如,行会成员倒闭的,同业商人要给予资金周剂,或供给食宿,或代为谋事,或借给资本,各行规定各异。一般行会还规定,行会成员有病无力医治,要给予医药;死亡的,要施给棺椁,抚恤客死。明代商业资本经济力量的增强和商人地位的提高,又使"行"发展为客商联谊聚会、保护同业商人利益、代表商人进行社会抗争的特点十分明显。刻在临汾车馆碑刻上的文字说明,当时商业行会"除私事不理外,凡涉及同人公事,一行出首,众人俱宜帮助资力,不可借端推诿,致失和气。使相友相助,不起半点风波,同袍同泽,永固万年之生业"。

(4) 货币金融制度

薛畅在《"由铜到纸"的内在逻辑——论中国古代半信用半商品的财政货币制度的演化》(载《商业时代》2011年第6期)一文中梳理了货币制度演变特征:中国古代货币制度演化的两个重要特征是信用性的纸币制度的早产和贵金属流通的不发达。中国在东周时期开始大范围铜币流通的同时,金银也大举进入了市场交换。江淮地区的楚国货币体系,就是典型的黄金流通,其黄金已经有了铸币化的趋势。但是随着秦统一全国币制,黄金名义上是"上币",却很少进入流通,后代黄金主要被用于官府和贵族的财富窖藏,明显地淡出了流通环节。中国进入了稳定的贱金属(铜)本位的商品货币制度时代。贵金属本位下,货币依据其价值进行交换,出现铸币以前,金属价值与其重量严格成正比关系,即"称量货币",当国家在金属上打上保证其成色和重量的符号时,才可以成为"铸币"。但是中国的贱金属货币本位制则不同,首先是铜并不存在金银的"绝对稀缺性",货币规模不是"硬约束"而是"软约束",可以随铸币者意愿而有一定幅度的调节;再有就是"货币足值"的概念在贱金属本位下显得尤其模糊,单位币值对应的铜的重量上下变化的幅度在不同历史时期尤其大;最后,也是中国自建立贱金属本位制度之后基本始终坚持的一个原则——政府垄断铸币权。通货量软约束、不严格的足值性、官有铸币权,构成了中国特色的贱金属本位制,亦为"半信用半商品的财政货币制度"。从秦直至隋,这个时期铜币钱文是货币重量的大小,这一特点延续了商品货币的特征,价值须与重量成正比,持有货币可以依据钱文检验货币足值与否。而到了唐代,表示钱币重量的钱文消失了,代以"通宝"这类写有国号、年号或吉利语的钱币,这说明货币的"政府信用性"或财政性日渐突出,使得这种商品货币性质的残余(标注重量以查验足值与否)变得毫无必要了。唐代、两宋时期中国商品经济出现了一波接一波的高峰,白银在中国货币流通中也确实出现了地位的上升,但特别的是,中国在银本位尚未确立的情况下,直接在铜本位基础上建立了纸币制度,而且在纸币诞生后约200年后,中国就建立了全国性的不兑现的纯纸币制度。相比较西方,中国等于是从低于银本位的本位制度下直接越过了金银本位而过渡到了国家信用的纸币阶段。北宋纸币是地区性的可兑换纸币,而且纸币有使用期限,定期必须更换新币;南宋则是已将纸币推广到国境内大部分地区,区域性纸币仍有,但是已开始发行全国通用的纸币,仍旧可以兑换铜币,但是南宋铸币极少;金的情况与南宋相似,不过更早出现了不必按期更换可长期流通的纸币;元代铸钱也极少,基本一朝全国专用纸币,时而可兑换又时而不可兑换,多数时期无法兑换,且元代纸币的本位比较复杂,丝、钱、银均被当作纸币的物权准备;明代纸币则更加统一,且纸币不设本位也不得兑换,纯粹凭空发行,完全无准备金。明代纸币在明前期还尚可使用,到了明中晚期虽未被废除但已形同废纸。而自宋元时期以来在商品流通中地位不断提升的白银,由于受明代海外贸易顺差扩张的影响,其流通量得到了巨大的增长,这也使得政府无力继续排斥贵金属的流通、维护财政币制了。无论财政收支还是市场流通,铜本位的主导地位已经丧失了。白银货币化趋势明显。

高春平在《论中国古代信用票据飞钱、交子、会票、票号的发展演变》(载《经济问题》2007年第1期)一文中系统梳理了货币金融的发展历程,尤其是纸币的产生。唐代后期,随着商品经济的发展,在流通领域产生飞钱,俗称"便换",接近于现在的汇票,但还不算完全意义上的纸币。商人把款项交给某地的某一机构或商家,领取票证,然后持票到所属道府,核对凭据无误后,提取款项。接收汇兑的机构主要是各道的进奏院、诸军、诸使以及户部、度支、盐铁三司,要求汇兑的则是商人。除飞钱外,唐代还出现了类似于近代支票性能的信用票据,称为帖或书帖。帖上写明付款数额、出帖日期、支付日期、收款人姓名、出帖者姓名等,持此帖就可向指定商铺兑取现金。北宋流通的货币有铜钱、铁钱。但四川境内只流通铁钱,铁钱分量重,单位价值比铜钱低,买卖商品用铁钱极不方便,不能适应大额异地贸易交换的需求。当时成都富商大贾云集,商品交易日增,所以,富商为免除来成都做生意携运铁钱的劳苦和安全,就把现金交付本地素有声望、信誉的殷实商铺,收款商铺把存放现金的数额临时填写入用楮纸制作的票券,交给存款方。这种临时填写存款金额的货币代用楮券称为"交子"。经营此类业务的商铺称"交子铺户"。这样,四川商民之间,建立了一种类似飞钱而又只在一省区域内流通的交子。仁宗天圣元年(1023年),北宋政府鉴于私交子的信用不足引起的债务纠纷,决定整顿交子业务并收归官营,同时在四川设置益州交子务,派京官二人担任监官,主管交子发行兑换,史称"官交子"。明中叶以后,商品货币经济的发展进入新阶段。社会经济活动及百姓日常生活中对白银的需求空前高涨,在江南许多市镇大额现金转运已经越来越不能适应商业贸易的需求和异地资金结算。于是,以票据结算代替现金清算的会票应运而生,流通日广,为长途大宗贸易提供了方便。会票到清代继续沿用。鸦片战争爆发,五口通商,外国银行进入中国大陆后,一些政府公文和官员的奏折函件中开始使用"汇票",而民间经营汇兑业务的票号,直到清末仍然沿用"会票"的字样。到了20世纪以后,官方、民间、银行诸方都将这种用来进行异地汇兑业务的专门信用票据称作"汇票"。飞钱、交子、会票进行的汇兑都属兼营,钱庄、银号主要业务是兑换银钱,附带鉴定金银成色以及兼营存放款。其后山西商人开办的票号,是中国早期的银行。他们借助资本雄厚、商铺分号广布、商业信用卓著的优势,顺应远距离长途异地贸易对大额资金结算的需求,在道光三年创造性地将传统汇兑业从一般商业中分离出来,到清末光绪三十二年(1906年),在全国近百处通都大邑建起汇兑网络,分号达到475家,开创了商业资本向金融资本质的飞跃的新时代。

(5) 商品种类

高德步在《中国经济简史》(北京：首都经济贸易大学出版社，2013年，第48、87、118、153页)一书中对不同时期的商品种类都有详细的记载。战国时，南方的土特产是木材、矿产、海产和鸟兽等，东方的土特产是鱼、盐等海产和丝、麻等织物，西方的土特产是矿物、铁、池盐、鸟兽、皮革等，北方的土特产是犬、马、驼等家畜和枣、栗果树。这四个地区的土特产品，通过"商而通之"，都可以在中原地区买到。李斯《谏逐客书》中所提到各地输入秦国的特产有：昆山之玉、随和之宝、太阿之剑、江南金锡、西蜀丹青、阿缟(齐国东阿所产的缟)之衣、锦绣之饰。据《史记·货殖列传》载，所有"被服、饮食、奉生、送死之具"，都可以通过市场获得。

高德步指出，两汉时期商品种类繁多，有酒、浆、马、牛、羊、彘、谷、薪槁、船、木、竹、牛车、漆器、铜器、素木、铁器、僮、筋角、丹砂、帛絮、细布、文采、榻布、皮革、漆、鲍、枣、栗、狐貂裘、羔羊裘等。此外，还有犀、玳瑁、珠玑、玉石等各种奢侈品和养生送终之具，应有尽有。唐代进入流通的产品扩大了。两税法规定农民的两税要折成货币缴纳。这就迫使农民的剩余产品必须经过市场交换成为货币。这就大大扩大了商品流通范围，也加速了货币经济的发展。宋代以后，特别是在明清时期，农业中经济作物的种植越来越多，更多的农产品进入市场流通。农业和手工业的专业化生产趋势从宋代开始出现。如河北东路、京东西路一带的蚕丝，成都平原的蜀锦，湖州、杭州和越州的绢与罗，江西抚州的纱，福建和川蜀等地的麻布等，都出现了跨区域流通。明清时期的长距离商品运销，已与宋代以前以珍奇宝货等奢侈品贸易以及土贡式的土特产贸易为主不同，已经以普通生产资料和大众消费品贸易为主，越来越多的农产品和手工业品进入商品流通范围，如粮食、棉花、棉布、蚕丝、绸缎、铁器、瓷器、食盐以及烟、茶、糖等行销于全国各地。

2. 丝绸之路

龚缨晏在《关于古代"海上丝绸之路"的几个问题》(载《海交史研究》2014年第2期)一文中对丝绸之路进行了系统的梳理。"丝绸之路"最初是由德国地质学家李希霍芬于1877年提出的，原指古代中国通向中亚的陆上交通路线，后来内涵不断扩大，用来泛指古代中国通向外部世界的交通路线。目前学术界普遍认为，丝绸之路实际上可以分为以下几条：一、"绿洲之路"或"沙漠之路"，指的是由中原地区出河西走廊通往中亚及更远地区的交通路线；二、"草原之路"，指的是经蒙古高原通向西方的交通线路；三、"西南丝绸之路"或"南方丝绸之路"，指的是从中国西南至印度及中亚的交通路线；四、"海上丝绸之路"，指的是中国通向世界其他地区的海上航线。前三条道路，虽然行经的区域不同，但都是在陆地上穿越的，所以我们可以统称其为陆上丝绸之路。海上丝绸之路则是跨越大海的海上航线，它由两大干线组成，一是由中国通往朝鲜半岛及日本列岛的东海航线，二是由中国通往东南亚及印度洋地区的南海航线。

孙先民在《论古代丝绸之路贸易维持体系》(载《学术交流》2015年第11期)一文中认为，古代丝绸之路就是一条在生产力不发达、普遍以自给自足的农牧业经济为主体的时代背景下和民族间、部落间分离隔绝的世界背景下，以奢侈品和地方特产为主要贸易产品和市场需求，以骆驼和驴马为主要交通工具，以从事民族间和国家间的转手贸易的大商人阶层和以追求异域的奢侈品为享乐的大地主阶层，作为主要维持力量和推动力量的跨国贸易通道。而这条古代跨国贸易大通道得以长期运行的支撑体系,在政治上是以古代大地主阶层的尊商、重商战略为保护因,在经济上是以从事跨国奢侈品流转贸易的大商人阶层积极的贸易行动为维持因,在文化上是以传播普世宗教的僧侣阶层的和平主义宣传为协助因,在科技上是以驼马工具和路驿体系为基础条件,在阶级上则以大庄园地主经济为产生根源,形成贸易体系。

鲍志成在《古代丝绸之路的历史作用概论》(载《文化艺术研究》2015年第3期)一文中归纳丝绸之路的作用有:一、吸收并发展了古印度的佛教文化,产生了中国化佛教的代表——禅宗和受佛教影响的新儒学——宋明理学;二、沟通了阿拉伯文明,传入了伊斯兰教,在中华民族大家庭中形成了一个独特的民族——回族。三、促进了中外文化交流,丰富了中国和世界文明,尤其是中国的丝绸、瓷器、茶叶成为"四大发明"之外传播世界并被广为接受的三大标志性中国文化。古代西域、南洋、西洋等外来文明也传入中国,为中华文明的进步增添了新鲜血液,如葡萄、苜蓿、芝麻、黄瓜、菠菜、草莓、棉花、马铃薯等新植物品种,香料、宝石、琉璃、象牙、犀角、玳瑁等工艺奢侈品,波斯白矾、无风独摇草、肉豆蔻、降真香、芜菁等药物药材,玻璃制造、制糖等技术,医学、天文历算,以及佛教、祆教(拜火教)、景教、犹太教、摩尼教、伊斯兰教等宗教。四、在东亚形成了儒家文化圈,且在世界文明体系中屹立千年,独具东方魅力。五、中国文化通过丝绸之路不断吸纳周边民族文化以及外来文化,奠定了现代中国作为世界多民族东方大国的疆域版图和多元民族文化共存的文化大国地位。六、推动了欧亚大陆不同国家和民族之间的相互认知和文化交融,实现了古代社会农耕、游牧等主要经济形态之间的交互作用,开启了全球化和形成命运共同体的漫长征程。

(1) 陆上丝绸之路

高福顺在《古代丝绸之路的历史作用概论》(载《文化艺术研究》2015年第3期)一文中认为,汉代丝绸之路开辟的初衷,虽是出于联络西域诸国、夹击匈奴的政治愿景,但却打通了西汉王朝通往横贯欧亚非大陆的交通,不仅具有非凡的政治、经济、文化交流互补的战略意义,而且也成为西汉王朝认知西方世界的不可替代的重要窗口与途径。张骞出使西域后,西汉王朝始对西域诸国有了较清晰的认知。西汉派往西域诸国的使臣,以及西域诸国遣使长安的使者,络绎不绝于丝绸之路上。

葛承雍在《中国疆域内所见的丝绸之路(I)》(载《遗产与保护研究》2016年第1期)一文中认为,长安是通往西域的起点。洛阳、邺城、大同以及韩国庆州、日本奈良、京都等都是延伸点,它们在一个王朝或某一时段成为中外交往的终点、起点或中转点,但作为丝路消费大城市,远不能和长安相比。尽管西方的奢侈品到达长安后,其中一部分还会分销或赐予各地,造成全国风行的印象,实际上时间最长、影响最大、文物最多的还是长安。

吴玉贵在《唐代长安与丝绸之路》(载《西北大学学报(哲学社会科学版)》2015年第1期)一文中认为,唐朝国力雄强、经济繁荣、文化昌盛,是陆路丝绸之路发展的黄金时代,这时的长安不仅是通过丝绸之路远道而来的各色人群的聚居之地,也是世界各地货物的汇聚之所,同时还是科技、宗教、文化交流和发展的中心,在东西方政治、经济、文化交流的过程中起了重要的不可替代的作用。在长安的外来人中,数量最多的是往来于丝绸之路兴贩谋利的商贾,他们大都居住在长安东、西两市。据记载,长安东市有一片低洼的空地,有人填平修建客栈,专门用来"停波斯",即招徕长安的"胡商"租住,每天可获利一缗,可知来往或居住在东市的胡商数量是很大的。长安西市是唐代胡商最集中、数量最多的地区。在《酉阳杂俎》《续玄怪录》《南部新书》《大唐新语》等书籍中,频繁出现"西市贾胡""西市波斯邸""西市商胡""西市胡"等将"西市"与"胡商"连称的词语,可知在当时人的心目中,西市与胡商已混融成了一体。在外来人大量聚集的同时,外来的货物也汇聚在了长安,使长安成了最繁盛的外来物品集散地。唐代长安还是所谓"三夷教",即摩尼教、景教、祆教等外来宗教的重要传播地区,以东、西两市为中心,在长安里坊间分布着大大小小的外来宗教寺院。丝绸之路促进了唐长安城的繁荣,长安也为丝绸之路的发展做出了重要的贡献。

杨蕤在《宋代陆上丝绸之路贸易三论》(载《新疆大学学报(哲学人文社会科学版)》2009年第5期)一文中介绍了自唐末、五代以来,"无数铃声遥过碛,应驮百练到安西"的陆上丝路盛况不复存在,但五代、宋、辽时期依然是陆上丝绸之路的重要发展时期,在贸易路线、贸易方式、贸易主体等方面都发生了不同程度的变化。诸蕃与北宋的朝贡贸易分为三个时期:第一段为宋朝建国到西夏攻占河西走廊,这一时期河西诸政权与中原朝贡的丝路较为顺畅,河陇地区几乎所有的小政权及民族都与宋朝保持着朝贡贸易联系。第二段为西夏攻占河西时期,由于西夏在河西歼灭甘州回鹘政权,并占领瓜、沙二州,进逼西州,河西回鹘受挫,因此使朝贡贸易大受影响。第三阶段是从元丰七年到北宋灭亡,这一时期回鹘集团基本退出,而于阗成为主要的朝贡者。除了官方贸易外,宋代丝绸之路的民间或者私人贸易也一直存在。

马巍在《宋代丝绸之路新特点》(载《文史杂志》2016年第5期)中对茶马古道进行了研究,指出茶马古道是宋朝与西南各族进行贸易的重要通道,因为贸易的货物主要是茶叶和马匹,所以得名。其起源于唐,兴于宋,盛于明,范围主要包括今四川、重庆、云南、西藏,辐射到广西、贵州、甘肃、青海、新疆等地区,并延伸至印度、尼泊尔等国家。茶马贸易是以进贡贸易为主,辅以民间贸易的贸易形式。宋初,在四川地区设立茶场司,陕西秦州建立买马司,负责茶马贸易。后因榷茶和买马的业务迅速发展,遂将二者合并于成都,设茶马司,负责茶叶的征榷、运输、销售及买马事宜。关于当时马匹和茶叶的兑换比例,通常执行的是"随市增减,价例不定"的原则。北宋前期,马的货源比较充足,一匹马通常需用50公斤茶叶来换。后来茶叶价格下跌,一匹马的价值等同于125公斤的茶叶。交换规则则随之改变而臻完善。以后,依据马的质量将其分为九等,最高等马匹可兑换茶叶125公斤,最低等兑换66公斤。在特殊时期,马匹短缺,单匹的价格可以兑换到500多公斤茶叶。这也在一定程度上体现了供需关系对茶马贸易的影响。吐蕃是当时贸易的主要参加者,其规模少则几百人,多则几千人,产品则多为青藏高寒草原地区的牛、羊、兽皮、药材和其他农副土特产品。汉族地区的绸绢、布匹、陶器、食盐和其他手工业品以及农副土特产品也大量流入少数民族地区。甚至远在红海的阿拉伯人也积极参与进来。他们贩运印度、缅甸地区的犀牛角到中国,再将西藏、云南的香料、香药转运到国外,获取利益。宋朝的茶叶远销南亚、东南亚地区,促进了中外经济发展、文化交流,也加强了少数民族和宋朝政府的联系,有利于统一多民族国家的形成。

(2) 海上丝绸之路

海上丝绸之路兴起于秦汉之际,发展于三国至隋朝时期,繁荣于唐宋。

陈洪波在《关于汉代海上丝绸之路的再思考》(载《泉州师范学院学报》2015年第5期)一文中认为,汉代南方海上丝绸之路的开拓,首先是汉武帝派遣使节搜求奇珍异宝的结果,目的在于获得满足宫廷生活的高端奢侈品,一开始并不是一种经济行为。使节所走的商路,并不具有张骞通西域那样的"凿空"性质,之前南洋和西洋的商人已经经此往返。海上丝路的开通,实际上是中外政府和商人双向努力的结果,外国方面可能贡献更大。由于汉政府的有意限制,以及贸易商品主要局限于高端奢侈品,汉代海上丝绸之路的贸易规模很小,没有对岭南社会的经济文化面貌造成很大影响。但在汉帝国境内,岭南沿海各郡之间的贸易活动比较繁荣,今天留下的考古遗迹,大多数是海上丝路境内段商贸活动的结果,与远洋贸易关系不大。

李金明在《中国古代海上丝绸之路的发展与变迁》(载《新东方》2015年第1期)一文中认为,到了唐代,天宝十年(751年),因唐将高仙芝在中亚的怛罗斯战争失利,唐朝经陆路联系西亚各国的陆上丝绸之路被切断,只好将对外贸易的重心从陆路转向海路,大概是从广州起航,经越南沿海、马六甲海峡、孟加拉湾、印度洋、阿拉伯海、波斯湾至巴格达。

刘凤鸣在《唐中后期东方海上丝绸之路繁荣原因探析》(载《中国高校社会科学》2015年第6期)一文中指出,古代中国与朝鲜半岛、日本的海上贸易通道被称为"东海丝路",即"东方海上丝绸之路"。盛唐时期,国力强盛,东亚诸国纷纷派遣的朝贡使团,实际上也是贸易使团。各国使节携带礼物并得到大量回赠,繁荣了唐代东海上丝绸之路。安史之乱后,虽说唐朝国力及影响力不断衰微,但东方海上丝绸之路持续繁荣。原因一是东亚诸国与唐朝的"朝贡贸易"仍在进行,同时,吸引地方官员及大批民间商团加入有着丰厚利润的海上贸易。二是押新罗、渤海两蕃使的设立,使地方官员拥有与东亚诸国人员往来和海上贸易的更大职权,推动山东半岛和江浙地区的海外贸易。三是新罗人张保皋等组成的海上贸易集团,也繁荣了中国、朝鲜、日本三地的海上丝绸之路。

李金明在《中国古代海上丝绸之路的发展与变迁》(载《新东方》2015年第1期)一文中认为,南宋时,由于偏安于半壁江山,加之与北方少数民族的连年征战,军费开支浩大,不得不以扩大海外贸易来增加税入,因此,海上丝绸之路在此时期又有了进一步的发展。当时的泉州港正进入繁盛时期,自宋哲宗元祐二年(1087年)设立市舶司后,国内商人即可直接从泉州出海贸易,不必像以前那样通过明州或广州市舶司,而外国商船亦可分别进入泉州或广州进行贸易。元代航海家汪大渊在1329—1349年,两次附舶远航。后来将其所见所闻整理成书,名曰《岛夷志略》。该书共记有100条,其中99条是记汪大渊本人所到达的南海诸国及地区,即东起澎湖到文老古(今马鲁古),西至阿拉伯和东非沿岸。由此可见,海上丝绸之路至元代已向西逐渐扩展到东非沿岸。明初,明成祖朱棣为了发展"朝贡贸易",鼓励海外诸国入明"朝贡",不惜耗费巨资,在1405—1433年的28年间,派遣郑和七下西洋,将海上丝绸之路发展到一个崭新的阶段。明朝中叶,东亚海洋形势发生了巨变,欧洲殖民者为贩运中国生丝和丝织品,在东亚海域展开了激烈的商业竞争。葡萄牙殖民者利用其留居澳门的优势,在广州购买中国生丝和丝织品,然后载运到日本贩卖以赢利。当时明朝对日本仍实行海禁,不准中国商船到日本贸易,且日本国内船只也很少到国外贸易,故从澳门来的葡萄牙船几乎垄断了中国生丝与丝织品在日本的贸易。据在1585—1591年访问东印度的英国旅行家拉夫尔·菲奇说:"当时葡萄牙人从中国澳门到日本,运来大量的白丝、黄金、麝香和瓷器,而从那儿带走的只有白银而已。他们每年都有一艘大船到那里,带走的白银达60万两以上。"然后,他们又将这些白银载运到广州,购买中国生丝和丝织品,再经印度果阿转运到欧洲。西班牙殖民者在1565年占据菲律宾后,为了维护其在菲律宾及拉美的殖民统治,开辟了自菲律宾马尼拉至墨西哥阿卡普尔科的"大帆船贸易航线",把墨西哥银元载运到马尼拉,以换取中国商船载运到马尼拉的生丝和丝织品。这些中国生丝和丝织品经"大帆船贸易航线"越过太平洋,航运到墨西哥的阿卡普尔科后,再转陆运向北经过现在的格雷罗州和莫罗洛斯州到达墨西哥城,再向东从普韦布拉、奥里萨巴到韦腊克鲁斯,而后从这里装船航经墨西哥湾,越过大西洋再出口到欧洲各地。这条横跨墨西哥大陆的公路,由于转运的是中国的生丝和丝织品,故被当地人亲切地称为"中国路"。由此说明,海上丝绸之路至此已发生了新的变迁,即从原先向西经东南亚到印度洋、非洲,转而向东经马尼拉,越过太平洋到达美洲大陆,然后再经墨西哥湾、大西洋延伸到欧洲大陆。此后,荷兰东印度公司也加入进来,和葡萄牙一起,除了将中国生丝和丝织品转贩到日本以赢利外,也利用其返程船只把中国生丝、丝织品和瓷器运往欧洲各地销售,遂使海上丝绸之路逐渐从区域贸易航线发展为全球贸易航线。

3. 古代中国的商业政策

(1) 战国到宋元的商业政策

侯家驹在《中国经济史》(北京:新星出版社,2008年,第31页)一书中认为,战国时期非常类似欧洲的重商主义阶段。战国时期,表面上是相互争战,当时主政者所说的"利",就是使用战争手段,以增加国富与累积金钱。《管子》一书主要出自战国人士之手,其若干内容反映了当时的情况,譬如其《国蓄篇》云:"以珠玉为上币,以黄金为中币,以刀币为下币","高下其中币,制上下之用",意味着以黄金为本位,上币与下币的价值随金价之变动而调整。

施伟青在《论秦自商鞅变法后的商品经济》(载《中国社会经济史研究》2002年第1期)一文中,根据秦简《日书》的材料,对战国时期秦国自商鞅变法后商品经济的发展状况做了研究,阐述其具体表现。秦国商品经济的发达首先表现在商品种类的繁多。在《日书》中,商品多被泛称为"货""材""资货"。其时的商品既包括了奴隶,也包括了其他的最基本的生产资料和生活资料,具有多样性的特点。秦国商品经济的发达,其次表现在商品贸易活动是经常进行的。《日书》中载有极多关于人们离家出行的条文,列举的许多经商的吉日,即是买卖双方携带货物或金钱出门进行贸易的好日子。据《日书》记载,其时货币作为一种等价物,和其他商品一样已成为人们渴望获得的财富。作者探寻在实行重农抑商政策的秦国统治区内商品经济能够得到较快发展的原因,认为对于秦国重农抑商政策的实际作用不宜估计过高。

孟繁清在《论封建时代的重本抑末》(载《河北师院学报》1995年第4期)一文中认为,战国时期国家推行重农抑商政策,重本抑末思想的形成,有三方面的原因:第一,中国古代相对低下的生产力水平。在当时生产力水平低下的情况下,农产品总量的增加,主要靠农业劳动力投入的增加。因此,人们在思考和处理农业和手工业、商业的关系时,以及农业与非农业的比例时,始终把农业放到头等地位,并为保证农业劳动力投入,采取一定的抑商措施。第二,统治者把重本抑末看作富国强兵的必由之路。第三,重本抑末是统治阶级维护和加强统治的需要。

秦语萌在《制度经济学框架下重农抑商政策的变迁》(载《经济研究导刊》2012年第28期)一文中以制度经济学的分析手段进行研究,指出中国古代重农抑商政策有以下几个原因:第一,对商业制度变迁的需求是重农抑商政策产生的动因。纵观中国两千多年的历史,君主专制下的一切具体制度、具体机构设置,其最初的动机都是为了实现政权稳定,其演变发展的直接动力也来源于此。抑商政策对于有忧患意识的统治者来说,是加强专制、巩固统一的必备手段;在商业发展初期,商人往往更加注重自身财富的积累,而当商人的财富积累到一定程度,富商大贾开始出现后,商人就渐渐将注意力转移到政治方面。秦始皇、汉武帝之所以采取这样强硬的抑商措施,很大程度上是出于加强专制、巩固统一、防止商人篡权活动的政治目的。第二,对商业制度变迁的供给是重农抑商政策产生的保障。制度创新成本包括规则设计和组织实施新制度的费用;清除旧制度的费用;消除制度变革阻力的费用;制度变迁造成的损失以及不确定性造成的随机成本。从商鞅变法到汉朝继续推行抑商政策,盐铁专卖法与均输平准法,不仅在汉代是"抑商"的有力工具,而且后世也多采用,成为中国古代社会经济法的重要内容。越到后期,惩治"私盐"的条例越多,处罚也愈加苛酷。明清两代对茶叶的私营限制也很严,法律规定"凡贩私茶者同私盐治罪","私茶出境与关隘失察者,并凌迟处死"。因此,这项政策的规则设计经历漫长的时间跨度,规则设计也非一朝一夕。抑商逐渐从法律约束变为规范性行为准则。第三,中央政权的强制性制度变迁是重农抑商政策的保障。任何社会,倘若不建立一套保障创新的制度,制度创新活动就不会出现。从汉朝起,抑商政策就严重影响了商人的社会及经济地位,再加上中国传统文化中对于封建专制统治权力的崇拜以及对于"家天下"思想的崇尚,使得对于君主权威的挑战与质疑显得大逆不道。正因为上述原因,最有可能成为制度变迁主体的商人只能长期忍受抑商政策的剥削而无力反抗。

侯家驹在《中国经济史》(北京:新星出版社,2008年,第803页)一书中认为,中国古代的抑商措施分为税捐、困辱、公卖、贱买、征借五类。税捐主要是始于汉武帝时的车船算,以及其后历代的商税。困辱方面,除汉代规定商贾不得衣丝、乘马、为官,唐代禁商人与工匠骑马外,凡列为市籍或商籍者,于国家用兵时,常为首批征召,工商子弟不得应试与出仕。公卖方面,是指从汉代开始之盐铁官营,以后历代多沿用之,而且扩大其范围,延及金银铜与其他矿产,以及油、茶、马等物。贱买的名词,是"市易""和买",或"当行"等,实则为官府向工商界购物,估价极低,有时甚至全不给值。征借可分强征与强借,强征如汉之告缗,强借有时成为"率贷",唐代天宝之乱后,常用此方式。

袁林在《中国古代"抑商"政策研究的几个问题》(载《陕西师范大学学报(哲学社会科学版)》2004年第4期)一文中认为,在中国古代,作为经济政策的"抑商"由两方面组成:一方面抑制私人商业的发展,一方面保护和发展国营商业。商业并不一定意味着商品生产和商品经济,商业不可能完全独立于社会经济运动过程而自行发展,商业甚至商品经济的发展结果不一定是资本主义,二者间并没有必然联系。中国古代"抑商"政策对交换环节影响甚小,而对分配环节作用较大,主要目的是减少私商所获社会剩余劳动,扩大国家所得份额,即国家从私商那里夺取商业利益。在中国古代,作为经济政策的"抑商"由两方面组成:一方面抑制私人商业的发展。有政治和社会等方面的措施:从商鞅"事末利者……举以为收孥",秦始皇"谪戍……贾人",西汉令"贾人毋得衣锦绣……操兵、乘骑马""无得名田""不得任宦为吏",一直到明代"禁商贩……服用貂裘"。有经济方面的措施:从商鞅"重关市之赋",汉初商贾算赋加倍,直到明清名目繁多的商税,从秦始皇"徙天下豪富于咸阳",汉武帝"算缗告缗",直到明清各级政府对商人多种方式的勒索和掠夺。另一方面保护和发展国营商业。政策主要有三:一是实行专卖制度。从商鞅"壹山泽",汉代盐铁官营,直到清代的盐茶等专卖。二是发展官商。由国家占领大宗货物或特殊货物市场,排挤私商,攫取商利,从商鞅控制粮食贸易,"使商无得籴,农无得粜",汉代的"均输平准",直到明清形形色色的官商机构。三是国家垄断货币铸造权。从而将这一领域的利益全部收归国家,从秦始皇铸半两、汉武帝铸五铢开始,铸币权就一直控制在中央政府手中。

侯家驹在《中国经济史》(北京:新星出版社,2008年,第804页)一书中认为,抑商政策的影响有三个方面:一是机会之剥夺。政府与民争利,将重要工业公营,这不仅对民营事业是致命打击,也扼杀了整个工业发展的机会。二是资本之摧残。一方面政府为抑商,用和买、市易、当行等方法,贱买工商品与劳务,并以告缗与赊贷等方式硬征强借工商资金,摧残工商资本;另一方面则是资金的转向,工商人士喜将资金用以兼并土地,不再用于发展工商,这是由于历代崇本,对农业有相当保障,再加地权没有限制,乃导致工商将资本转化为土地,以致减少工商业的资本积累。三是引力或诱因之缺乏。因重农抑商思想深入民间,使聪明才智之士视工商业为不齿之行业,而不欲加入工商阵营,使工商业缺乏人才。

罗吉义在《宋代商业的发展和商业政策》(载《云南财贸学院学报》1998年第5期)一文中认为,宋代免行钱法和减轻商税的政策,促进了商业的发展。免行钱法是为减轻中小商人的负担而推行的。宋王朝官府,通过行会向商人索取所需物品和人力,最初实行"行户祗应",各行必须向官府供给,而官府只给为数很少的价款,加之官府上下横加勒索,层层加码,商人所出,常为实际需要的十倍以上,加重了行户的负担。为此,宋王朝制定了"免行条贯",实行"免行钱法",规定各行会的商人,按"利入厚薄纳免行钱",免去各行户对官府的祗应。免行钱的交纳,分为上、中、下三等,按"利入厚薄"交纳。这一办法先在汴梁实行,后来推行到各地。仅汴梁一地,免行钱涉及的行有170多种,6 400多行户,一年出免行钱4.3万多贯。免行钱的实行,减轻了行户的负担,各行户只须交纳一定的免行钱,就可以免去祗应,免去苛重的勒索。同时,由于实行分等征收,这就减轻了中小商人的负担,这对促进商品流通是有利的。建隆元年(960年),即宋王朝建立的第一年,制定了商税则例,规定在汴梁设"商税院",负责全国商税的征收,又在全国各地设场、务等机构,征收当地的商税。同时规定各场、务在征税中,不准擅自修改税则,不得多征或少征,不得随意加重或减轻行户纳税负担。"商税则例"颁行,减轻了中小商人的负担,对促进商业的发展有利。从总的方面来看,宋代推行的一系列商业政策,对商业的发展起到了促进作用。

黄晖菲在《略论市舶司制度及其对宋元时期泉州海外贸易之影响》(载《泉州师范学院学报》2016年第10期)一文中认为,市舶司设置之目的主要有三个方面:一是管理海外贸易往来之货船。二是做好货物出入记录、征收契税、收购和出售进出口货物。三是接待和管理外国来华之使节和商人。宋元政府为了加强对海外贸易的管理,在设置市舶司机构的基础上,制定了一系列的法令,由市舶司贯彻实行。

(2)明清时期海禁与闭关政策

董兴华在《浅析明代海禁政策下的朝贡贸易》(载《山东省农业管理干部学院学报》2013年第4期)一文中认为,明初,张士诚、方国珍等残余势力仍盘踞在沿海岛屿,他们一方面在国内培养党羽,另一方面勾结海寇与外国势力伺机卷土重来。方、张势力的存在威胁着明王朝的长治久安,明太祖下令海禁,并遣使四出,招徕各国与明朝进行贸易。后来,海禁政策有一定程度的松弛,嘉靖年间,由于倭寇横行,严重危及东南沿海地区的发展,嘉靖政府多次下达禁令,严厉禁止私人对外贸易,海禁政策再次从紧。

王泽亚在《清代海禁政策与对外贸易中的利益博弈分析》(载《安徽史学》2015年第3期)一文中认为,清朝实行闭关锁国政策的原因:一是清朝统治者忌惮外商来华经商别有居心,并且对外贸易也会瓦解封建王朝的基石——自给自足的自然经济;二是错误地低估了对外贸易能给中国带来的利益;三是统治者忽视了沿海民众的利益。

刘淼在《明代前期海禁政策下的瓷器输出》(载《考古》2012年第4期)中研究了海禁与闭关政策的实质,是限制和管理对外贸易,不是禁绝对外贸易。他梳理了海禁与朝贡贸易的关系:海禁政策是打击私人海外贸易,朝贡政策是发展官方贸易,两者都是为了将海外贸易严格控制在官方手里。明成祖时期,朝贡贸易随着郑和船队下西洋达到鼎盛。明成祖之后,朝贡贸易逐渐走向衰落。明朝后期,尤其是隆庆元年实行部分开禁后,私人海外贸易得到蓬勃发展。

侯家驹在《中国经济史(下)》(北京:新星出版社,2008年,第732页)一书中认为,走私贸易一直存在。明朝的走私贸易大约可以分为四种形态:一为出远洋,径赴东北亚与东南亚各国从事长途贩运贸易的民间商人,经常是几十艘结队同行;一为沿海守御官军执法犯法,私自遣人或役使军士,到国外从事走私贸易,以图私利;一为奉命出使外国的官员乘机载运私货,或夹带商人至国外进行走私贸易;一为在沿海一带走私。

董兴华在《浅析明代海禁政策下的朝贡贸易》(载《山东省农业管理干部学院学报》2013年第4期)一文中认为,明初实行海禁政策在实行初期起到了一定积极作用,防止了国内反动势力与国外势力的勾结,使得海防更加巩固,政权得以稳定,同时,朝贡贸易一定程度上促进了中国与国外各国的联系与交往,并且为朝廷攫取了高额收益。然而,海禁政策对中国的发展起到很大的阻碍作用,带来了很多负面影响。海禁严格禁止民间对外贸易,使得民间贸易发展缓慢,加剧了民间与朝廷之间的矛盾。朝贡贸易,遣使四出,需要大量的资金支撑,朝廷便将这种负担追加到各地官员身上,一方面,加重了各地的财政经济负担,耗费民力,另一方面,严重影响社会安宁,这些都引起官员与地方民众的不满。海禁政策,使得中国丧失了对外贸易的主动权。

王泽亚在《清代海禁政策与对外贸易中的利益博弈分析》(载《安徽史学》2015年第3期)一文中认为,清政府的海禁政策虽然在清初起到一定的巩固政权的作用,但是在平定三藩与台湾之后,海禁抑商的闭关锁国政策使中国陷入了深渊,错失了利用对外贸易发展经济、建设国家的机遇。清朝坚持实行海禁抑商的政策,导致了中国一度处于世界先进行列的航海业日益落后与西方,阻碍了海外市场的开拓与资本的原始积累。同时,清朝统治者以稳定政权为首要目标,忽视了民众与外商的利益,没有优先考虑国计民生和国富民强,而是将一姓一族之私凌驾于国家民族之上,没有协调好统治者利益、私人利益与外商利益之间的关系。海禁政策还大大限制了中国对世界先进文化思想的学习,有思想先进的学者提出要开海贸易以促进经济民生,但是并未引起当权者的足够重视。

(三)古代世界商业的发展

1. 古代腓尼基和迦太基的商业

许明在《一本书读懂世界商业史》(北京:中国铁道出版社,2014年,第2—9页)中指出,公元前2000年左右,地中海沿岸国家之间的贸易,已经称得上是"国际贸易",在这个贸易圈中,最活跃的是腓尼基人。他们贩卖各个地方的特产,有来自远东和印度的谷物、酒类、纺织品、地毯和宝石,有来自黑海沿岸的铅、黄金和铁,有塞浦路斯的铜、柏树,也有希腊的各种工艺品。

王锐在《古代腓尼基和迦太基商业帝国兴衰的历史概说》(载《天津商业大学学报》2011年第3期)一文中认为,腓尼基是古代地中海著名的商业民族,公元前15世纪—前14世纪,腓尼基人建立了许多城邦,每个城邦都以某个港埠作为经济和行政中心。他们的商业特别发达,其城镇居民多半从事工商业,葡萄酒、玻璃制品和紫红颜料是他们的著名特产。腓尼基商人广泛经营海陆贸易,海上贸易尤其独步地中海,在希腊城邦工商业兴起之前,没有任何有力的竞争对手。大约在公元前814年,腓尼基人建立了迦太基城。建城之初是作为海上贸易的中转站,尤其以奴隶贸易为重。当时,迦太基作为腓尼基人的殖民城市,年年向母邦推罗上缴贡物。到公元前8世纪左右,迦太基城邦开始向非洲内陆及西地中海进发,此后,"腓尼基—迦太基王国"正式出现在历史舞台上,甚至比腓尼基本土还要强大。迦太基最独特的活动是商业,其中主要是海上贸易;在几百年间,这种商业使迦太基掌握了整个西方的真正霸权;而且,他们与远近各国进行的对外贸易,是一种与古代一般贩运贸易所不同的特殊的商业形式,其特点是很少由于狭义的输入和输出,大部分是由于货物的运输造成的,即他们以其商人的本能,在各地市场上寻找货物,或寻找原材料进行加工生产,然后把这些货物分配在与它有商业关系的各国中,从中获取更大的利益。腓尼基人在地中海中部北非沿岸所设的商站——大雷普提斯、萨布拉塔、塔卡彼,变成了迦太基的联盟或属地,从这里通过商队与撒哈拉沙漠的各大沃洲相连,又通过这些沃洲与中非相联络。迦太基人可以通过这条商路获得黑奴、兽皮、象牙、金子、鸵鸟等。迦太基人与中非交换物品的另一商站在直布罗陀海峡以外的大西洋沿岸。在这里,迦太基人用香料、陶器和玻璃器皿换取皮革、狮、豹、象牙、金子等物品。在大西洋的欧洲沿岸,如西班牙北部的加里西亚、法国的布列塔尼、英格兰的康沃尔等地,迦太基人运走锡和铅。总之,在腓尼基人之后,迦太基人在欧洲、非洲大西洋沿岸和地中海西部的贸易中起着支配作用。

2. 古代希腊的商业

古希腊商业的发展,体现在以下几个方面:

(1) 经商范围

晏绍祥在《古典作家笔下的古代希腊商业》(载《内蒙古大学学报(哲学社会科学版)》1992年第3期)一文中认为,希腊人经商范围十分广大,东及中亚,北抵今南俄草原,南达北非,西到大西洋,规模相当惊人。据希罗多德记载,波凯亚人很早就曾航行到亚得里亚海、第勒尼安海,甚至经大西洋到达比利牛斯半岛的塔尔提索斯城,并和该地的统治者建立了良好的关系,获得了他所赠予的大量金钱。对于波凯亚人航行的目的,希罗多德未曾提及。但亚里士多德说,波凯亚人为进行贸易,特建立了马赛利亚殖民地。可见,这些航行不是政治性的,而有着经济的,特别是商业的考虑。在北方,希腊人在黑海地区活动频繁。黑海沿岸有大量的希腊殖民地,从黑海地区输出的有谷物、咸鱼、皮革和奴隶。在南方,希腊人和埃及有频繁的贸易往来。在《伊利亚特》中,就曾出现埃及的名字,在《奥德赛》中,埃及成为希腊海盗劫掠的目标。但希腊人大批到达埃及大概是公元前7世纪。希腊人出口到埃及的大概有精美陶器、葡萄酒、橄榄油以及白银等。希罗多德《历史》曾提到埃及不出产葡萄。大约公元前7世纪末,著名诗人萨福的弟弟卡拉克苏斯曾把列斯堡的酒销往埃及。到希罗多德去埃及时,那些以前装酒的罐子,都被装满水置于从埃及去巴勒斯坦的道路上供行人饮用。

晏绍祥认为,参与商业活动的人,包括上至贵族、下至平民乃至奴隶等各种人,而不仅仅是外邦人或奴隶。希罗多德说,在希腊的每一个城邦内都有一个市场,人们在那里从事商业买卖活动。雅典著名的阿尔克美昂家族可能就是通过同东方的贸易而致富的。公元前6世纪末,当该家族流亡国外已无法利用其在雅典的土地收入时,克里斯提尼仍能修建德尔斐的神殿,并且把原规定用石灰石修建的神殿正面改用大理石,耗资巨大,证明该家族拥有土地以外的经济来源,而这在当时就只有从事工商活动所致。雅典将军伯里克利也总是每年先将自己土地上的产品拿到市场出售后,再购买日用生活必需品。希腊的农民也不同程度地参加了商业经营。在阿里斯托芬的喜剧《阿卡奈人》中,阿卡奈人之仇视斯巴达人,是因为后者割了他们的葡萄藤,砍了他们的橄榄树。这些都属于经济作物,所生产的葡萄酒、橄榄油是希腊人重要的出口商品,不可能全部自己消费而不拿到市场上出售。

(2) 国家政策

晏绍祥在《古典作家笔下的古代希腊商业》(载《内蒙古大学学报(哲学社会科学版)》1992年第3期)一文中认为,希腊人有较强的商业竞争意识,这通过两个不同的侧面表现出来:一是一国之内同一行业商人之间的竞争;二是不同国家之间商业上的竞争。据希罗多德记载,公元前5世纪初,小亚细亚的希腊人掀起反抗波斯统治的起义。因力量对比悬殊,起义失败。波凯亚人面对逆转的形势,议决放弃旧城,迁往他地另建新邦。于是他们航往开俄斯,试图从开俄斯人手里购买位于开俄斯和大陆之间的一些小岛作为安身之地,但被开俄斯人拒绝,因为开俄斯人害怕波凯亚人定居在此以后,会把本国的商人排斥到当地的海上贸易之外。波凯亚人无奈,只好远航撒丁岛。此事说明开俄斯人十分注意保护自己的商业势力范围,波凯亚人也十分具有商业眼光。一些城邦为便于贸易的发展,在城内有固定的市场,而且摊点固定,在市场上,有专门的官员检查产品质量是否合格、价格是否合理、度量衡是否准确等。有些国家,如雅典,在公民大会上还要专门讨论谷物供应问题。战争时期,本邦及盟国的商船,既是本国重点保护的对象,也是敌国攻击的重要目标。伯罗奔尼撒战争初期,雅典将军麦兰珊德受命航往吕西亚和卡里亚,以保护所有从腓尼基、弗塞利斯开出或经过这一地区的商船。若干年后,斯巴达人在卡里亚的奈达斯驻防,准备攻击雅典及其盟国路过此处的商船。雅典人立刻派出舰队对其发动进攻,试图清除斯巴达人的势力。

(3) 经济理论

晏绍祥在《古典作家笔下的古代希腊商业》(载《内蒙古大学学报(哲学社会科学版)》1992年第3期)一文中认为,苏格拉底、柏拉图、色诺芬、亚里士多德等古希腊思想家的理论,可以看出希腊人重农而又重商。在柏拉图、色诺芬、亚里士多德等的著作中,农业在理论上几乎毫无例外地都被摆到了第一位,工商业即使不遭鄙视,也退居第二位。色诺芬在《经济论》中说,农业应该受到最大的重视,因为它使农民留出空闲来照顾城邦和朋友,且能培养勇毅。所以在希腊,农业最受尊重。亚里士多德认为,艺匠和劳工虽为城邦所必需,却并不具备好公民所应有的善德,不应将他们登记为公民。然而实际上,他们又不得不承认商业的重要性。苏格拉底认为,各邦应有众多的手工业者,商人也是不可缺少的部分。柏拉图说,建立一个城邦需要各式各样的人,并使其各有所长,以便相互交换,这样比较有利。同时他认为,把城邦建立在不需要进口货物的地方是不可能的,因为一个城邦不可能生产一切它所需要的东西,必须从别处进口一些东西,因此需要商人。再说,城邦内部也需要交换,所以需要各式各样的人,需要货币和市场。色诺芬在给雅典开的医治财政困难的药方中,大部分涉及工商业活动。

3. 古代罗马的商业

(1) 城市繁荣

厉以宁(厉以宁著,王大庆改编:《厉以宁讲欧洲经济史》,北京:中国人民大学出版社,2016年,第43—44页)认为,城市繁荣是罗马帝国兴盛的基石。城市繁荣依靠的是工商业的兴旺,奥古斯都深知降低税率和减少税种的重要性,也懂得保护私人财产的重大意义。他制定了一系列政策。到了安东尼王朝,城市繁荣和工商业兴旺达到了顶点。海路和陆路畅通,工商业者自由来往各地。政府主导下为城市修筑了城墙,这可以使工商业者增加安全感,而且有利于社会经济稳定发展。帝国对城市经济和工商业者活动采取自由放任的原则,政府不与民争利。日用工业品生产和销售都由私人经营。

杨俊明在《奥古斯都时期古罗马的城市管理与经济状况》(载《湖南师范大学社会科学学报》2004年第4期)一文中认为,城市化是奥古斯都时期罗马社会发展的主要特征,也是奥古斯都社会改革的客观结果。当时,城市经济非常活跃,成为罗马帝国经济繁荣的重要支柱。在帝国境内大量城市的恢复和重建时期,涌现出不少手工业中心,如卡普亚就是意大利的青铜制造业中心,阿尔列提乌姆是制陶工业中心,因此这一时期被称为手工业高涨时期。与此同时,帝国其他行省城市的手工业也有了长足进步,东部地中海的一些旧手工业中心随着城市的重建而复活,成为意大利城市的有力竞争者。在西部各行省的城市,冶金术迅速发展起来,这与当地丰富的矿产资源有关,西班牙的银矿成为各个城市竞相争夺的目标,加之西方的一些城市依照罗马城的样子开始用铅制造水管,因此对铅的采集、冶炼成了这些城市手工业者的主要工作,相应的技术也不断提高。

(2) 商品经济的发展

左芙蓉在《人口社会构成的变化与早期罗马帝国的经济繁荣》(载《首都师范大学学报(社会科学版)》1998年第1期)一文中认为,在公元前2世纪中叶左右,商业贸易兴旺,商品经济特色已十分明显,许多领域已开始从自给自足的自然经济转向商品经济。经济作物的种植超过谷物的种植,罗马农学家加图将生产佳质的酒和产量丰厚的葡萄园排在首位,而将谷物的种植放在第六位。意大利的农业生产中心的位置已让位于罗马新征服的行省,一些史学家如此评说道,尽管意大利主要是进口者和消费者,特别是基本的粮食和奢侈品的进口者和消费者,但在帝国时期,它仍是葡萄酒、橄榄油和家畜的大宗生产者,而且还有兴盛的陶器、玻璃、金属器皿制造业和纺织业。意大利生产的这些商品远销境外,在意大利已兴起了一个有势力的商人阶级。在共和国的最后两个世纪里,对外贸易也获得了高度的发展。文献史料和铭文都提到了狄罗斯岛、巴尔干半岛、小亚细亚、高卢和其他各行省的意大利商人。出现的次数特别多的是狄罗斯,这个地方从公元前2世纪中叶起便开始起到东部地中海最重要商业中心的作用,这一商业中心掌握着全部罗得斯和科林斯的商业。

(3) 金融和银行业的发展。

左芙蓉在《人口社会构成的变化与早期罗马帝国的经济繁荣》(载《首都师范大学学报(社会科学版)》1998年第1期)一文中认为,罗马的银行是金融高利贷资本的有组织的形式之一,它是从兑换所发展起来的。从兑换人最初的和主要的活动——看钱币的成色和把一种通货换成另一种通货——发展出了许多纯银行的业务,如贷款、存款、支付(直接或过户)、汇兑,等等。兑换所设在广场上,它们由国家出资建造,由专门的监察官经手出租。兑换人有私人,也有国家的。公元前2世纪和前1世纪时,在罗马广场的卡斯托尔神庙附近,每天都可以看到金融交易活动。成群的人拥挤在这里,买进和卖出包税公司的股票和债券,并且进行各种各样的现金交易或信用交易。

4. 古代印度和阿拉伯商业的发展

吴于廑、齐世荣在《世界史·古代史(下)》(北京:高等教育出版社,1994年,第85页)一书中认为,印度的各大城市之间及其周围地区有一定的交换关系,交换的商品多系贵族所需要的奢侈品。印度的对外贸易比较活跃,它与亚、非、欧诸国自古以来就有贸易往来。在印度发现了大量的罗马、大夏(巴克特里亚)和萨珊朝波斯的货币,说明印度和欧亚这些国家早就存在贸易关系。印度处于亚欧大陆的中间地位,同东方和西方的贸易相当繁盛。向东方通过恒河口的耽摩栗底港(今西孟加拉的米德纳普尔县境内的塔姆卢克港)与东南亚和东亚诸国建立海上贸易联系;印度商人从这里出发在印度支那和马来群岛建立了商业殖民地。向西方通过古吉拉特阿拉伯海岸的港口(今布罗奇和坎贝港)与东部非洲、阿拉伯半岛和波斯湾沿岸诸国建立贸易联系。西北部印度河流域是陆路贸易必经之地,北上中亚地区与丝绸之路相接,西可通欧洲、东可抵中国,是连接东西方经济文化交流的大动脉。在对外贸易中,印度输出的商品有棉花、谷物、细布、挂毯、首饰、香料、靛蓝、象牙制品等;印度输入的商品都是各国珍奇物品,如丝绸、茶叶、白铜、瓷土、肉桂、黄连等,若没有商品可供交换者则用大批金银来购买。

吴于廑、齐世荣在《世界史·古代史(下)》(北京:高等教育出版社,1994年,第414—416页)一书中认为,中古时期,阿拉伯人从7世纪中叶到8世纪中叶,经过100多年的扩张,建成了横跨亚、非、欧三洲的大帝国。地中海东部、南部和西部海岸,红海和波斯湾的整个海岸以及阿拉伯海的北部沿海地区,全都掌握在阿拉伯人手中。自古以来,沟通东、西方贸易的陆上与海上路线,大部分均在阿拉伯人占领的范围之内,这使得阿拉伯航海事业发达。阿拉伯人在印度洋上起初是沿海岸航行。12世纪末、13世纪初,中国人发明的罗盘传到阿拉伯,从此阿拉伯人可以离开海岸,在大洋中航行。他们在濒临印度洋各地港口建立据点,成为欧、亚海上贸易的重要中介,在西欧人远航东来之前,为沟通东西方经济交往发挥了巨大作用。可以说,12世纪起直到15世纪,横跨印度洋的贸易主要由阿拉伯人掌握,一些中国海船也直达东非。阿拉伯商人联系着东非海岸和印度西海岸,在两边都有商站。他们把中国的丝绸、瓷器,南洋的香料,印度的棉布、象牙、宝石、珍珠等,经波斯湾或红海,辗转运往欧洲。他们在欧亚商品贸易和文化交流上,立下了历史功绩。

5. 中世纪西欧商业的发展

(1) 集市贸易与行会

厉以宁(厉以宁著,王大庆改编:《厉以宁讲欧洲经济史》(北京:中国人民大学出版社,

2016年，第94—106页）认为，中世纪欧洲集市贸易产生，具有国际贸易的性质，职业商人和专业化的手工业者兴起，成为西欧封建社会中最早富裕起来的人，这就促进了西欧的社会流动，冲击了欧洲相对封闭的等级社会，并自发地贯彻了集市平等的原则。

金志霖在《论西欧行会的组织形式和本质特征》（载《东北师大学报（哲学社会科学版）》2001年第5期）一文中认为，西欧各国的行会都曾随着生产力水平的不断提高而改变自身的组织形式，其大致经历了商人行会、手工业行会和公会三个发展阶段。商人行会问世最早。据记载，1050年时，尼德兰圣奥梅尔的商人行会已相当强大，并拥有自己的会馆。13世纪时，大部分英格兰城市都已建立了商人行会。据后人统计，总共有102座英格兰城市、38座爱尔兰城市和30座威尔士城市建立过商人行会。西欧行会组织的第一种形式之所以会被称为商人行会，原因大概在于其职权范围主要局限在商品交易方面，且其成员基本上都兼有商人的身份，即使直接生产者也不例外。它们基本上由其所在城市从事工商业的市民组成。西欧早期中世纪城市首先是作为一个经济实体而存在的，大多数市民都必须务工、经商才能维持生活，同时也只有这样才能保持其市民的身份，因此他们必然构成了商人行会的主体。手工业行会大批登上历史舞台，并逐渐取代商人行会左右城市的经济局面，则是从13世纪下半叶开始的。其原因在于，随着小商品经济的进一步发展，各手工业行业从业人数的增加和势力的壮大，商人行会的控制力量日见削弱，进而名存实亡，手工业者纷纷按行业组建行会；与此同时各行业的商人亦同样行事，重新组织起来，但从总体上说没有手工业者参加的、纯粹由商人组织的行会数量很有限。原来掌握在商人行会手中的管理权，逐渐被若干个独立的和平等的手工业行会组织所瓜分。从15世纪开始，公会逐渐成为西欧行会组织的主导形式。公会形成的途径，除少数由单个手工业行会直接演变而来外，大多数皆为多个手工业行会合并而成。行会进入公会发展时期以后，虽然基本的生产单位——小作坊依然如故，但普通作坊主（师傅）的经济独立性却逐渐消失。公会内部的商人，包括一部分负责产品最后加工及成品销售的比较富有的手工工匠，通过提供原材料和收购成品，或是委托加工，控制了普通工匠的生产活动。一般商人雇主在公会内部属中产阶级，是公会生产活动的主要组织者。这类经济活动就是马克思所说的"商人直接支配生产"，由此，西欧各国的公会从根本上改变了内部生产关系的性质，使自身的经济活动开始具有资本主义商品生产的性质。

（2）中世纪市场的发展

沈汉在《论世界市场的形成》（载《贵州社会科学》2008年第6期）一文中认为，世界市场作为一种市场，它活动的广度和它的密度是两个基本维度，即世界市场包含了市场辐域的发展和贸易深度的发展这两个维度上的特点。对世界市场的考察，一是要看世界各地是否建立了普遍的经济交往联系，二是要看各地区之间对对方的产品是否存在有较高的依存度。中世纪时，欧洲旧大陆先是形成了地中海市场和北海及波罗的海市场，然后这两个市场联系在一起，形成了统一的欧洲市场。当新航路开辟后，亚洲市场与欧洲市场相联系，并开辟美洲市场，世界市场才逐渐形成。

萧国亮、隋福民在《世界经济史》（北京：北京大学出版社，2008年，第124—125页）一书中认为，中世纪晚期，欧洲各个地区之间的商品交换日益频繁，主要形成了两大区域性贸易区：地中海和西北欧贸易区，并进而形成了一个全欧洲大陆的贸易网络，这个贸易网络通过地中海贸易直接或简单地与东方国家连接起来，促进了欧洲商业的发展。欧洲的区域性贸易已经同东方的商业活动相联系,虽然限于当时生产力水平,发展很有限,但一个包括"旧世界"大部分地区在内的贸易网络在这时已显现轮廓,可以说,形成了当时已知世界的"世界市场"。新大陆发现后,这个"世界市场"在广阔的空间日趋成熟,并蔓延到全球,形成了真正意义的世界市场。

(3) 汉萨同盟

金志霖在《试论汉萨同盟的历史影响和衰亡原因》(载《华东师范大学学报(哲学社会科学版)》2001年第5期)一文中认为,随着封建制度的确立和小商品经济的发展,为确保商路安全,维护商业特权,垄断北欧贸易,德国北部城市组建了一个政治经济同盟——汉萨同盟。"汉萨"原为一种向外乡商人收取的税款,由当地商人负责征收,完税者将享有与征税地居民同样的商业权利。随着时间的推移,"汉萨"逐渐成为商人团体的名称。中世纪时北欧许多城市都曾出现过德国北部城市商人的团体,它们统称为"德意志汉萨",14世纪中叶以后"汉萨"一词专指汉萨同盟。当时西、北欧诸国和地区大多苦于封建割据,王权衰弱,财源枯竭,不得不以商业特权来换取德国北部城市商人的巨额贷款和所谓的"津贴",这样就使德国北部城市商人获得了可乘之机,大肆进行商业渗透,并最终垄断了北欧地区的贸易。在某种程度上,可以将汉萨同盟视为德国北部城市商人向外进行商业扩张的结果,其中著名的四大商站的建立具有决定性的意义,它们分别是1229年建立于俄罗斯的诺夫哥罗德商站,1252年建立于佛兰德的布鲁日商站,1278年建立于挪威的卑尔根商站,1320年建立于英国伦敦泰晤士河畔的斯蒂尔亚德商站。通过四大商站及其下辖的子商站,汉萨同盟在欧洲,主要是西、北欧地区,组建了一个庞大的商业网,这一地区的经济联系因此而日趋密切。

刘杰、葛召明在《汉萨同盟与中世纪西欧贸易区的形成》(载《沈阳大学学报》2011年第2期)一文中论述了汉萨同盟的意义,指出汉萨同盟是德意志北部城市之间形成的商业、政治联盟,在欧洲中世纪的历史上具有举足轻重的地位。汉萨同盟是日耳曼人向东扩张和殖民过程中形成的。波罗的海沿岸地区城市的兴起和商业的发展、神圣罗马帝国的衰落以及海盗的猖獗等因素是汉萨同盟形成的重要因素。汉萨同盟的形成和发展极大地促进了西、北欧地区的经济联系,改善了该地区的商贸环境,对北海、波罗的海贸易区的形成和发展乃至中世纪西欧贸易区的形成都做出了重大贡献。

二、世界市场形成、发展与全球商业贸易

(一) 世界市场理论综述

费利群在《马克思世界历史、世界市场理论的全球化思想及其当代价值》(载《经济纵横》2010年第7期)一文中提到,关于世界市场的概念,在马克思有关著作中的使用有两种情况:一种情况是将世界市场视为世界各国相互间通过对外贸易和经济合作关系建立起来的进行商品交换的场所和领域,《马克思恩格斯全集》(第46卷上册,北京:人民出版社,1979年,第238页)中指出:"世界市场不仅是同存在于国内市场以外的一切外国市场相联系的国内市场,而且同时也是作为本国市场的构成部分的一切外国市场的国内市场"。《马克思恩格斯全集》(第26卷Ⅲ,北京:人民出版社,1974年,第278页)中指出:"对外贸易和世界市场既

是资本主义生产的前提,又是它的结果。"在这里,马克思把世界市场看作国际流通过程的一个因素,看作国内市场向国外的延伸,它是在各国国内市场基础上形成的各国国内市场的有机整体,是商品交换关系突破国家界限扩充到世界范围的结果,因而是国际交换关系的总和;另一种情况是,马克思用世界市场表示世界规模的资本主义经济关系整体和总体。在世界市场这个概念上,资产阶级社会越出国家的界限,在世界规模上发展成为资产阶级社会,《马克思恩格斯全集》第2卷(北京:人民出版社,1974年,第38页)中提到:"生产和交换的经济条件,在我们的时代,它们结合于世界市场这一概念之中。"在这个意义上,马克思用世界市场表示在各国资产阶级社会基础上形成的各国资产阶级社会的总和,世界市场成为一个最大的总体概念。

黄瑾在《世界市场与全球化——马克思对世界市场的研究给我们的启示》(载《东南学术》2003年第6期)一文中认为,世界市场是指作为人类历史基础的生产和交换在长期发展过程中形成的人与人之间的关系,它是生产力和生产关系相互作用形成的普遍联系。他指出,世界市场的发展趋势,世界市场空间的扩张虽然使资本的矛盾获得某种程度的缓和,但同时也加剧了世界市场危机爆发的可能性。从历史发展的眼光来看,资本主义生产方式占统治地位的世界市场将为新世界创造物质基础,从而达到"建立在个人全面发展和他们共同的社会生产能力成为他们的社会财富这一基础上的自由个性"。

汤在新在《〈资本论〉研究续篇——马克思计划写的六册经济学著作》(北京:中国金融出版社,1995年)中认为,马克思的世界市场概念有广义和狭义之分。狭义的世界市场是指世界各国相互间通过对外贸易和经济合作关系建立起来的进行商品交换的场所。广义的世界市场则表示发展为世界规模的资本主义经济关系的整体和总和。世界市场是在各国资产阶级社会基础上形成的各国资产阶级社会的总和和领域。世界市场是最大的整体范畴、最复杂的范畴、最具体的范畴。这一概括得到广泛认同。关于世界市场的分期,以汤在新为代表的学者认为,世界市场总体是一个历史范畴,有着自己产生和发展的历史过程。只有人类进入资本主义时代,才产生世界市场总体借以形成和发展的内在依据,而资本主义生产方式本身则成为迅速发展生产力并且创造同这种生产力相适应的世界市场的历史手段。世界市场开始于16世纪,自15世纪末16世纪初,西欧各国的对外殖民扩张和对外贸易,把过去地域性的市场扩大为最初的世界市场;18世纪60年代到19世纪60年代,随着英国等国的工业革命完成,各国的对外贸易发展,建立了同机器生产相适应的工业国和农业国的国际分工,到1857年世界市场危机时,世界市场总体已处于开始形成的阶段;19世纪70年代以后,世界市场总体最终形成并向更加成熟的形态发展。

关于世界市场的形成过程,传统观点基本认为,新航路开辟后,世界市场开始形成。

张永安等在《世界经济概论》(上海:上海人民出版社,2005年,第3页)一书中认为,世界经济是随着资本主义生产方式的确立,资本主义向更深和更广的程度发展,以及相应的世界市场的建立和扩大而逐步形成的。

萧国亮、隋福民在《世界经济史》(北京:北京大学出版社,2008年)一书中认为,1500年左右,形成了世界经济。资本主义生产方式在西欧的出现以及随后在世界各地的传播,使得各国经济在世界范围内有机地联系起来,商业贸易成为推动经济形态变革的动力,分工日益深化,并且越过了国界,形成了国际分工。

廖和平在《马克思的"世界历史"观——经济全球化与当今世界走向》(载《哈尔滨学院学报》2005年第3期)一文中认为,美洲和东印度航线的发现拉开了经济全球化的序幕,或者说,15世纪末16世纪初的地理大发现拉开了经济全球化的序幕。从16世纪开始,由于资本主义工业的发展,国内市场越来越不能满足商品生产扩大的要求,产生了对世界市场的需求和冲动。资本主义国家通过殖民战争来开拓国外市场,加速了经济全球化的进程,世界市场于19世纪中后期初步建成。

董正华在《世界现代化进程十五讲》(北京:北京大学出版社,2009年,第24页)一书中提出不同的观点,认为"资本主义的产生引起西欧各国对海外航路的探寻"的判断很含混而不准确,地理大发现不等于资本主义世界市场的形成。一个主要有由商业资本支配、手工工场—封建主—天主教会—冒险家和商人合作推动、由海外殖民掠夺和垄断性贸易支撑的世界市场,并不是不可逆转的,不能确保认为可持续的"普遍交往"。16世纪,西欧列强争夺的重心仍然是欧洲大陆和附近的海域。

王海英在《对现代世界市场发展趋势的探讨》(载《学术交流》2003年第3期)一文中将世界市场的形成、发展阶段分为古代世界市场、近代世界市场、现代市场。古代世界市场是一个地理概念,是世界商品交换的场所,指欧洲大陆的意大利北部热那亚、威尼斯等商业城市。由于地理上的伟大发现,商业突然的扩大,又形成新的世界市场。近代世界市场是指工业革命形成的世界范围内工业产品的交换场所。蒸汽机引起了工业革命,大工业代替了工场手工业。大工业建立了世界市场。第二次世界大战期间,美国为了在战后扩大世界市场份额,试图从金融、投资、贸易三方面重建世界经济新秩序,现代市场形成。

(二)新航路开辟与世界贸易发展

1. 新航路开辟与世界市场

萧国亮、隋福民在《世界经济史》(北京:北京大学出版社,2008年,第106—107页)一书中认为,新航路开辟的经济动因与商业有关。新航路开辟前,东西商路主要有三条:一条是从中亚由陆路沿里海、黑海到小亚细亚;一条是经海道至波斯湾,再经两河流域到地中海东岸叙利亚一带;再有一条是先由海道到红海,然后再由陆路到埃及。15世纪中叶,奥斯曼帝国崛起,土耳其人开始控制了东西方之间的传统商路,对往来经商的欧洲商人征收高额税费。15世纪金帐汗国解体后,从黑海北岸横穿亚洲大陆直达中国的"丝绸之路"又受阻隔,另一条经埃及和红海的商路也被阿拉伯人占领。西欧各国迫切需要开辟一条通往东方的新航线。对黄金的追求是另一经济动因。

李芳华在《新航路开辟对于世界分工贸易体系形成的作用分析》(载《保险职业学院学报》2008年第3期)一文中认为,新航路开辟后大致可分为两个阶段:第一阶段是葡萄牙、西班牙开辟新航路,第二阶段是荷兰、英国发展新航路贸易。在第一阶段,新航路开辟后的主要作用在于方便葡、西两国作为重金属货币的传输漏斗,为了本国内的消费,用新大陆发现的重金属货币换取东方的奢侈品,只有很少的一部分用于贸易。在第二阶段,由于运输成本的降低,荷兰和英国凭借其发达的海运优势,将原区域内发达的分工贸易扩展到了全球,即由英国做中介,形成了全球的分工贸易体系。可见,分工体系是由运输成本的下降和区域维系成本的变化而最终确立的。

葛会伟在《多元史观解读"早期殖民扩张与掠夺"》(载《理论研究》2014年第4期)一文中认为,新航路开辟是世界市场形成中的一个转折点。世界市场形成前,世界五大文明摇篮:西亚两河流域、北非尼罗河流域、南亚印度河流域、东亚黄河长江流域和南欧爱琴海沿岸,几乎处于隔绝状态。新航路开辟后,通过殖民扩张,世界上原来相互隔绝的地区沟通起来,世界各地的联系加强。全球逐渐形成了以欧洲为中心的世界经济体系。各文明由分散走向连接,世界走向汇合,世界各大文明相互渗透,相互吸收,共同促进了世界文明的发展。

王涛在《明至清中期中国与西属美洲丝银贸易的演变及其影响因素》(载《拉丁美洲研究》2011年第4期)一文中详细地讲述了新航路开辟后的丝银贸易。1571年,西班牙殖民者占领马尼拉后,建立了以马尼拉为中转站的中国与西属美洲的联系,开始了为时将近250年的大帆船贸易。在此期间,大量生丝及丝绸流入美洲,美洲白银也大量流入中国,对中国和美洲乃至全世界的经济、社会和文化等产生了深远的影响。西班牙占领美洲以后,大量的人员投入到殖民、征服以及开发金银矿山的活动中,造成了本国制造业与农业的衰落。这种趋势在16世纪中期已经表现得非常明显。为了满足殖民地的日常需求,西班牙不得不从其他国家大量进口制造业产品。此时,明朝的生丝以及丝织品的生产已经取得了很大的发展,具备了供给能力。明初苏州府吴江县种桑1.8万余株,宣德年间已增至4.4万余株,17世纪下半叶达到10万余株。桑田面积的扩大为生丝以及丝织品生产提供了充足的原料,江浙乃至福建、广东丝织业出现了繁荣的景象。由于中国银价昂贵,以银标示的丝价很低,以至于1575年左右西班牙官员向国王菲利普二世报告时说,"(中国)各种货物的价格,低廉到几乎等于不用货币购买那样"。中国的产品贩运到马尼拉能获100%的利润,而马尼拉大帆船将其贩运到美洲,获利仍可高达100%—300%。即使如此,中国的产品价格仍低于欧洲同类产品的价格。例如1640年,在秘鲁市场上,中国丝货价格仅是西班牙相同货物价格的1/3。这使中国商品在美洲具有很强的竞争力。由于双方对产品互有需求,丝银贸易得以迅速发展起来。

2. 新航路开辟与商业革命

宋则行、樊亢在《世界经济史(上)》(北京:经济科学出版社,1998年,第91页)一书中提出,早期世界市场的特点在于:它不仅包括欧洲原有的区域性市场,而且把亚洲、美洲和非洲的沿海地区引了进来。进行贸易的商品种类增多了,进入市场的大宗贸易品,从奢侈品扩展到日用消费品,亚洲运出的商品从香料扩展到丝棉织品、咖啡、茶叶等,美洲运出的商品从金银扩展到木材、糖、烟草等,欧洲运出的商品种类也逐渐增多,从毛织品、金属制品扩展到其他各种消费品。

厉以宁(厉以宁著,王大庆改编:《厉以宁讲欧洲经济史》,北京:中国人民大学出版社,2016年,第133—136页)认为,新航路开辟后,商业经营形式和组织的发展很快。当时,海上运输业虽然是一个获利颇丰的行业,但也是风险很大的生意。为了分散海运投资的风险,商人们采取了"入伙"制度。入伙的回报是"分红",后来演变为股份制度。最初是每一次航行都签订一次契约,确立本次参与者的股份比例,后来代之以由航运公司统一发行股票,市民、贵族、政府官员等都可以购买,成为航运公司的投资人,而且投资人承担的是有限责任——如果企业垮台了,投资者以所投的资本为限,赔完为止。这种负有有限责任的股份制,被认为是16世纪西欧公司制的一大创新。

马克斯·韦伯在《世界经济史纲》(胡长明译,北京:人民日报出版社,2007年,第201页)一书中认为,15、16世纪,城市经营中只要个体企业家不能提供足够资金的超地区企业,其典型形式都是以集团提供资金。它不仅邀请群众入股,而且是大规模地进行。当时股份制公司的股金是无限制的,当所集资本不足时,还可以第二次第三次增加股本。现代股份公司发展中的另一个准备阶段就是大殖民地公司。荷兰东印度公司和英国东印度公司就是这种类型。荷兰东印度公司是因为各省市民互相猜忌,因而不准许其中一个城市买下全部股票,这样就只能按省分配股份的方法筹募资金。后来,成功的大公司把股份制资本变得家喻户晓、备受民众欢迎,这就导致了欧洲大陆各国纷纷效仿。为了摆脱束缚,这就使一些由国家创立并享有特权的股份公司自己来规定参加商业企业的一般条件;但在业务方面,国家始终以监督的资格事无巨细地插手其活动。所以,一直到了18世纪,由于许多企业纷纷破产,编订年度收支表和资产清单才被迫为公司接受并形成惯例。

(三) 工业革命与世界贸易的发展

宋则行、樊亢在《世界经济史(上)》(北京:经济科学出版社,1998年,第184页)一书中认为,工业革命时期的国际贸易,从交易的地域范围说,它不是少数国家和地区的贸易,而是囊括世界大部分地区的贸易;从交易的时间说,它也不是偶然的、间断性的贸易,而是经常的、频繁的往来贸易;从交易的商品种类说,它已不限于只供少数人享用的珍贵物品,而是供人民生活用的大宗消费品和供生产用的大宗原材料、工具、机器设备,等等;从交易的规模说,也远不是过去少数国家之间的贸易量所能比拟的。

1. 世界贸易的范围

吴耀国在《世界历史和世界市场的时空维度》(载《武汉大学学报人文科学版》2016年第1期)一文中认为,世界市场的形成必然经历地域市场、民族国家市场和世界市场三个纵向发展阶段,它反映了资本主义生产和交换活动水平不断提高;同时,世界市场也必然经历狭隘封闭的市场、区域联合的市场以及全球市场这三个横向发展阶段,它反映了资本主义生产和交换活动的范围不断扩大。

吴耀国在《"世界历史"与"世界市场"的辩证关系》(载《河南大学学报(社会科学版)》2016年第1期)一文中认为,"世界市场"是"资本空间化"在全球范围内推进的必然结果,它是一个历史过程。从宏观上看,自15世纪新航线的开辟和美洲大陆的发现到19世纪资本主义大工业的充分发展,这个时期是"世界市场"从地域性的市场向世界市场转变的过程,是"世界市场"的纵向发展史。

美国学者杰里·本特利、赫伯特·齐勒格在《新全球史》(魏凤莲译,北京大学出版社,2007年,第890—892页)一书中认为,工业化使国际分工日益深化,工业社会需要世界各地的矿产、农产品以及其他原材料。在一些国家,产品的专门化和主要产品的出口为经济发展甚至工业化铺平了道路。这种模式主要是在一部分欧洲的殖民地,包括加拿大、阿根廷、澳大利亚和新西兰等。而另一些地区,如拉丁美洲、南亚、撒哈拉以南的非洲等,制造业发展缓慢,外向型出口的农业占据了主导地位,主要创汇作物是甘蔗、棉花和橡胶。外国场主控制了生产这些作物的植物园,绝大多数利润流到了国外,国内经济的资金遭到掠夺反过来影响了他们对工业产品的需求。

2. 世界贸易的规模

宋则行、樊亢在《世界经济史（上）》(北京：经济科学出版社，1998年，第186页)一书中认为，1840—1860年世界工业年平均增长率为3.5%，而同期的世界贸易的年平均增长率为4.84%；1860—1870年世界工业年平均增长率为2.9%，而同期世界贸易的年平均增长率达到5.53%。国际贸易增长的速度超过世界工业生产增长速度，表明了欧美工业国家生产的增长增加了对海外原料的进口。同时，生产的增长日益超过国内市场的容量，扩大了出口值在整个国民生产总值中的份额。

罗斯托等在《这一切是怎么开始的——现代经济的起源》(黄其祥等译，北京：商务印书馆，1997年，第103页)一书中认为，贸易的扩大，对实际收入有着许多积极的直接影响。它降低了糖、茶叶、烟叶和其他日用消费品的生产成本；它向那些生产出口商品和加工进口商品的制造业提供了日益增多的就业机会。收入和人口的增加，创造了一个需求量不断上升的市场环境，在利润的刺激下，越来越多的人对发明和技术革新感兴趣。工业革命后市场规模日益扩大。

3. 世界贸易的速度

格里高利·克拉克在《应该读点经济史》(李淑萍译，北京：中信出版社，2009年，第275—283页)一书中指出，19世纪中期尤其是1844年电报问世，以及1851年海底电缆的成功铺设，信息的传播速度提高了近一百倍。19世纪，商品的运输成本也大幅下降了。19世纪中期涌现的四个发明大大降低了海洋运输中蒸汽引擎的成本，它们分别是：螺旋推进器、铁质外壳、复合式发动机以及表面冷凝器。这些进步使得欧洲与世界各地之间的联系前所未有地紧密起来。以棉纺织业为例，到1910年，全世界开放的棉纺织市场总规模达到了4亿美元，相当于世界总产量的四分之一。这个市场足以生产3 500万纱锭和40万台织布机。到1910年，世界最大的纺织品制造商在英国共有5 500万纱锭，65万台织布机开工。这样，到20世纪初，40%的世界棉纺织市场都可以随意进入，且进入者能享受和英国工厂一样的待遇。

董正华在《世界现代化进程十五讲》(北京：北京大学出版社，2009年，第353页)一书中认为，从1789年到1914年的"漫长的19世纪"，生产和流通领域的一系列技术创新，大大提高了市场化、商品化的程度，使全世界的经济联系更加紧密。正像马克思和恩格斯所说的那样"使一切国家的生产和消费都成为世界性的了"。到19世纪与20世纪之交，各个领域的全球化速度都在加快。据统计，1870—1914年间，世界贸易年均增长3.5%，超过同时期世界总产值年均2.7%的增幅。1913年，英国、法国、德国、荷兰、日本、美国的进出口总值与国内生产总值的比例分别为44.7%、35.4%、35.1%、103.6%、31.4%、11.2%。直到20世纪末，除了美国和德国分别稍微上升到16.8%和38.3%，上述其他几个国家的国际贸易都还没有达到当年的水平。到第一次世界大战爆发前夜，随着金本位制的确立和资本国际流动的增加，已经有155个国家参与国际贸易。1913年世界出口在世界生产中的比重达到百分之8.7%。1870年，海底电缆使英国和印度之间的信息传递时间缩短到5小时，到1902年已经可以把大英帝国在各大洲的各个部分连接在一起。技术创新使工业化、现代化加速扩散和深化，带来了全球化的第一次高潮。

三、20世纪以来世界贸易和金融的变化及影响

(一) 20世纪以来世界贸易的变化与影响

1. 战争与危机对世界贸易的影响

龙多·卡梅伦在《世界经济简史》(潘宁译,418—419页,上海:上海译文出版社,2012)一书中认为,1914年以前,世界经济自由运转,整体效率很高。除去一些诸如保护性关税、私人垄断和国际卡特尔等形式的限制,无论是国内经济活动还是国际经济活动,都是由自由市场所支配。在战争期间,所有交战国与部分非交战国的政府对价格、生产和劳动力分配施加了直接管制。这些管制人为地促进了一些经济部门的发展,同样也人为地约束了另一些经济部门。尽管在战争结束时多数管制已被废除,战前经济关系却难以迅速自动重新建立起来。更严重的是,对外贸易的中断,以及交战国尤其是英国和德国之间展开了各种形式的经济战。与国际贸易中断以及政府强行管制密切相关,海外市场丧失的影响则更加持久。

艾瑞克·霍布斯鲍姆在《极端的年代1914—1991》(郑明萱译,105—130页,北京:中信出版社2014)一书中认为,从工业革命开始,世界经济的每一部分,都和全球性的组织体系密不可分。但到了两次世界大战及其中间的年代经济活动的全球化趋势,似乎开始停顿。1929—1933年的经济危机,足足摧毁了自由资本主义经济长达半个世纪之久。为了短期内解决国内危机,各国加速高筑壁垒,力图保全自己国内的市场及通货免受世界性经济风暴的冲击,使国际多边贸易体系分崩离析。杰里·本特利、赫伯特·齐勒格在《新全球史》(魏凤莲译,北京:北京大学出版社,2007年,第1046页)一书中认为,传统经济思想认为资本主义是可以自动校正的体系,当大萧条引起的不幸要求政府采取行动时,一些政府平衡预算、消减公共支出的方法反而恶化了大萧条的影响,变革经济思想成为时代的要求。

厉以宁(厉以宁著,王大庆改编:《厉以宁讲欧洲经济史》,北京:中国人民大学出版社,2016年,第250—252页)认为,政府要解决以下五方面的问题,必然从自由放任变为政府干预经济:一、社会收入分配差距越来越大,激起低收入阶层的强烈不满。如果政府对此依然不闻不问,听之任之,社会必然动荡不安,社会秩序必然受损,经济将陷入困境,并有可能发生内战或内乱。二、失业率上升。与社会上低收入阶层的不满情绪增长联系在一起的,往往是失业率的上升。政府一定把"充分就业"放在政策的重中之重。三、通货膨胀。通货膨胀如果突破了一定限度,不仅低收入阶层会怨声载道,连中产阶级中的许多人,包括靠工薪收入为生的、靠养老金为主要收入的、靠租金收入的人们,也会叫苦不已,因为货币会大幅度贬值。四、经济增长率下滑和连续在低谷徘徊。工业化时期,经济增长率是一国经济实力增强的标志,也是易于减轻就业压力的手段。一旦经济停滞了,失业问题必然严重,国力也必然下滑、衰减。五、国际收支失衡。如果某个国家长期形成国际收支逆差,无论对贸易关系的开展,还是对本国国内经济的稳定都会带来严重后果,甚至会引发社会动荡,促使资本外流,造成更大的损失。

叶江在《全球化市场与当代国际政治走势》(载《学术月刊》2001年第9期)一文中认为,

在资本主义市场经济中,商品与服务是按相对价格进行交换的,买卖双方通过自由交易,使相同商品的价格能方便而迅速地趋于相等。在资本主义市场经济发展过程中,在相当长的一个时期中,生产领域是以民族国家为主体的,而当时世界市场的运行则主要在贸易领域。资本主义民族国家对世界市场的分割日益加剧,以致最终"导演"出第一次世界大战;而第二次世界大战在很大的程度上也是由于资本主义民族国家与世界市场矛盾的不可调和所造成的。

2. 第二次世界大战后世界贸易体系的建立和经济全球化

(1) 世界贸易体系的建立与发展

余敏友在《论关贸总协定的历史地位与作用》(载《武大国际法评论》2003年第7期)一文中认为,关税与贸易总协定事实上是世界贸易组织的前身。它是第二次世界大战结束后随着世界银行及国际货币基金组织的建立而临时设立的。在促进与捍卫世界贸易多数领域自由化方面,关税与贸易总协定的成就是毋庸置疑的。关税的不断削减,使世界贸易在20世纪50年代—60年代保持年均大约8%的增长率。贸易自由化的惯性,在整个关税与贸易总协定时代,推动世界贸易的增长始终如一地超过了同期世界生产的增长。从法律角度看,关税与贸易总协定是国际贸易法历史上的一项极其重要的多边协定。"条约必须信守"原则赋予缔约各国对关税与贸易总协定的一种法律义务感。在国际上,关税与贸易总协定第一次以多边条约的法律形式提供了一套调整国际贸易关系的规则和程序,并且对其缔约各国的权利义务做了具体规定,并在实践中发展成为集调整缔约方贸易关系的法律框架、贸易谈判场所与和平解决贸易争端机构于一身的国际组织。

蒋和平在《世界贸易组织的成因、特点及其启示》(载《云南财经大学学报(社会科学版)》2004年第12期)一文中认为,世界贸易组织和关税与贸易总协定是在特定的历史条件下形成的,相互之间存在历史的继承性,也具有较大的差异性。世界经济贸易的新发展和关税与贸易总协定的内在局限是世界贸易组织产生的主要原因。世界贸易组织主要原则有非歧视原则、关税减让原则、透明度原则、自由贸易原则和公平贸易原则等,而这些也正是关税与贸易总协定的主要原则。其中,非歧视原则通过最惠国待遇原则和国民待遇原则体现出来。由于世界贸易组织是一个具有法人地位的国际组织,其制定的协定、协议与各成员方国内法处于平等地位,因而受到各成员方严格遵守。世界贸易组织争端解决仲裁机构做出的裁决,除非世界贸易组织成员完全协商一致反对,否则视为通过,这就增强了争端解决机构解决争端的有效性和权威性。世界贸易组织还对争端解决程序规定了明确的时间表,使其效率大大提高。关税与贸易总协定对争端解决没有规定时间表;世界贸易组织的争端解决机制采用反向协商一致的原则,裁决具有自动执行的效力。因此,世界贸易组织争端解决机构的裁决的实施更容易得到保证,效率更高。世界贸易组织和关税与贸易总协定都把推动贸易自由化作为自己的目标并为此做出很大努力,取得了可喜的成绩。许多区域性经济贸易组织也都致力于建立自由贸易区,大力推进经贸往来。科学技术的飞速进步,缩短了世界各国之间的距离,使各国和地区之间的联系与往来变得非常容易和快捷,使各国经济对外依存度更加高涨。尽管贸易保护主义还不时有所抬头,甚至盛行,但它仅是汇入贸易自由化和经济全球化河流中的支流而已,贸易自由化和经济全球化才是世界经济贸易发展的必然趋势。

（2）经济全球化及其影响

曹伟在《试论西方跨国公司科技管理的特点》（载《科学学与科学技术管理》1996年第1期）一文中认为，第二次世界大战结束后，随着第三次技术革命成果的广泛应用，西方发达国家的跨国公司迅速崛起。跨国公司雄厚的经济实力，是以其强大的科技力量为后盾的。跨国公司正是凭借其技术上的绝对优势，才保证了产品在世界上的先进性和垄断性，从而使其具有强大的竞争力。跨国公司有以下特点，第一，在宏观上一般采用集中管理体制。大多数跨国公司均设有研究开发中心，雇有大批科技专家，主要从事研究以及与产品有关的各种新技术的开发工作。研究与开发中心的绝大多数科研项目均由跨国公司科技管理部门确定，所需经费也由跨国公司全额拨付。对于具体的科研项目，跨国公司一般先确定项目的技术目标，规定完成的大致时间，然后由有关的科研部门提出若干供选择的详细计划，最后由决策部门综合考虑各方情况选定一个予以实施。第二，技术开发与应用基础研究并重。跨国公司将主要科研力量及经费投在技术开发的同时，也日益加强相关的应用基础科学的研究。第三，十分重视企业的专利工作，专利制度对促进技术的进步以及保护专利权人的利益有着很重要的作用。一项专利被批准后，一方面跨国公司可拥有该技术转化为产品后的潜在的市场，另一方面还可将专利转让给其他企业，获取高额专利转让费。同时，跨国公司自己仍不断改进该技术，再去申请新的专利。第四，日益加强国际科技合作。随着现代科学技术的发展，技术开发的难度越来越大，所涉及的专业技术与相关基础学科也越来越多。因此，单个跨国公司很难配齐完整的人才队伍，只有通过合作，发挥各自的人才、设备优势，从而加速技术开发的速度。

郭连城在《经济全球化正负效应论》（载《世界经济与政治》2000年第8期）一文中认为，发达国家既是经济全球化的发起者和直接推动者，更是经济全球化的最大受益者。首先，经济全球化为发达国家提供了更加广阔的经济活动空间，使它们凭借各自的优势和经济实力，积极活跃在世界经济舞台上，不断扩大经济势力范围，在全球获得更大的销售、投资和劳动力市场，谋取最大的经济利益。其次，由于经济全球化的加快发展，促进了世界多边贸易体制的形成，使国际贸易增长迅速，其增长速度大大超过世界生产总值的增长。再次，经济全球化极大地促进了发达国家跨国公司的发展和全球扩张，并使其对外投资规模不断扩大。经济全球化在给发达国家带来巨大经济利益的同时，难免会对其就业以及工资和收入水平产生一些冲击：一方面，由于国际贸易的迅速发展和发展中国家向发达国家出口规模的扩大，对发达国家的某些劳动密集型产业和就业会产生不利影响；另一方面，从理论上讲，发达国家对发展中国家国际投资的不断增加，一般来说会造成就业机会的部分转移，使本国的就业机会相对减少，或失去创造新的就业岗位的机会。

郭连城认为，经济全球化为发展中国家提供了前所未有的发展机遇，多数发展中国家也因此而在不同程度上成为经济全球化的受益者。这主要反映在以下几个方面：第一，经济全球化为发展中国家提供了更多吸引外资的条件和机会。第二，经济全球化为发展中国家的资本外投创造了外部环境和条件，使其对外直接投资规模不断扩大，增长迅速。第三，经济全球化带动了世界范围内经济与技术开发区以及保税区和自由贸易区等多种形式自由经济区的发展。第四，经济全球化使世界范围的产业结构调整进一步深化，步伐加大。发展中国家可以利用这个契机，根据国内和国际市场的需要，不断调整和优化产业结构和出口商品结构,大力加快高新技术产业的发展,尤其是把发达国家技术先进的劳动密集型产业转移到本国,这仍不失为促进发展中国家产业结构调整和优化的捷径。第五,经济全球化促进了发展中国家跨国公司的发展,使其在世界市场的竞争力逐渐增强。有些跨国公司的发展甚为迅速,已从贸易活动深入到国际生产领域和高科技领域,并开始参与国际市场的竞争,向发达国家的跨国公司提出了挑战。

顾宸铭在《经济全球化与当代国际关系的新发展》(载《金融经济》2018年第4期)一文中指出,面对经济全球化背景下的中国所面临的严峻形势,为了积极应对挑战抓住机遇加快发展,中国领导人在新的历史背景下提出了建设命运共同体的外交策略。命运共同体的概念包含三个方面的内容:首先是国民命运角度上的命运共同体;其次是在经济发展意义上的收益共享共同体;再次是从国际安全的角度出发的相互扶持、互相协作的责任共担共同体。命运共同体的概念是中国面对经济全球化所寻求的实现周边国家和众多发展中国家共同发展、和谐共赢的重要手段,也是中国作为一个负责任的国家所坚持和平发展道路的重要体现。

(二) 20世纪以来世界金融的变化与影响

1. 世界金融中心的变化

高文杰在《世界金融秩序变迁研究:基于国际政治经济学视角》(载《辽宁大学学报(哲学社会科学版)》2014年第6期)一文中认为,现代世界金融秩序,是一个历史的动态过程,主要经历了以阿姆斯特丹为中心的荷兰世界金融秩序、以伦敦为中心的不列颠世界金融秩序、以纽约为中心的美国世界金融秩序。阿姆斯特丹—伦敦—纽约的更迭一直沿着中心化—去中心化—再中心化的路径。世界金融秩序的空间基础在于世界金融中心。世界金融中心崛起的关键在于它们各自的政治经济实力的相对上升、资本的积累和其货币作为世界货币。大规模战争在世界金融权力的转移、世界金融秩序的变迁中具有重大影响,甚至起着关键作用。市场在世界金融秩序和世界金融中心的形成、发展中起着基础性作用,政府干预的作用是有限的,但是政府在世界金融秩序的权力结构和治理结构的地位越来越大。

余秀荣在《金融创新、国际金融中心功能与十七世纪阿姆斯特丹国际金融中心》(载《金融经济》2009年第4期)一文中认为,利用股票筹集资金荷兰人并非历史上的第一人,但是,荷兰人却是历史上最早使得股票被认可和流通转让的人。荷兰人通过创造新的资本流转体制,创立历史上的第一家证券交易所,使得东印度公司股票上市交易。通过这种方式,上市公司股票得到投资者认可和青睐。早期的金融中心主要是为商业服务,为经济贸易的顺利进行提供便利,以及充当简单中介功能。阿姆斯特丹金融中心通过金融中介机构的创新以及"银行票据"的发行,有效解决了当时困扰商业和贸易中硬币混乱问题,充分发挥了国际结算功能和流动性转换功能,方便了国际贸易的往来,节约了款项结算的成本,提高了国际结算的效率与安全,促进了荷兰国际贸易的发展。阿姆斯特丹通过金融创新,提高了金融聚集度和辐射力,扩展和提供了金融中心的聚集和辐射功能。

覃剑、冯邦彦在《国际金融中心演变:理论探讨与实践证据——基于制度经济学的分析框架》(载《金融理论与实践》2011年第9期)一文中认为,国际金融中心"头把交椅"之所以从阿姆斯特丹转移到伦敦,一方面是因为英国进行了强制性的制度变迁从而建立相对优越的金融经济发展环境。1688年,英国新兴资产阶级发动"光荣革命",建立君主立宪制度。第一次工业革命完成后,英国不仅成为"世界工厂",而且还通过国际金本位体系,以英格兰银行为代言人,牢牢掌握着全球金融体系的主导权,操控国际金融货币体系的规则。另一方面,因高度投机的金融市场和薄弱滞后的金融监管制度之间不匹配,"郁金香泡沫"作为导火索把荷兰经济引向衰落。英国制度的改良和荷兰制度的衰退,使得金融产业在伦敦的交易成本获得了绝对优势,首先是商业票据市场和满足非商业信贷要求的一系列金融产品的创新降低了交易成本;其次是相对完善和规范的银行体系、保险体系、证券体系、票据贴现体系和信贷体系有效地降低了市场交易成本;再次,大量外国银行家和商人集聚伦敦,致使人才要素的供给充足,进而金融企业的要素成本也得以有效降低。正因为如此,自19世纪初开始,伦敦已经在各金融中心中居于首位。

王巍、李明在《国际金融中心的形成机理及历史考评》(载《广西社会科学》2007年第4期)一文中认为,两次世界大战之间,由于英国的政治、军事和经济实力受到了一定的削弱,国际金融中心的地位受到了纽约的挑战,美国自南北战争之后经济发展非常迅速,且美元作为国际货币开始被人们所接受,纽约开始与伦敦平分秋色。在第二次世界大战以后,随着纽约证券交易所超过伦敦证券交易所成为全球第一大证券交易所,纽约作为国际金融中心的地位得到了确立。当时,纽约股票市场上市公司总数为6 463家,年末流通市场达18万亿美元,居世界第一位;在纽约不仅有许多大银行,而且商业银行、储蓄银行、投资银行、证券交易所及保险公司等金融机构云集,其总资产一度达1.6万亿美元。

2. 世界金融体系的变化

(1) 金本位制

萧国亮、隋福民在《世界经济史》(北京:北京大学出版社,2008年,第314—317页)一书中认为,19世纪后25年是金本位基础上建立的国际货币体系不断扩展的阶段。在金本位制下,外汇汇率在市场力量作用下,自动调节至均衡点,一国国际收支逆差时,外汇汇率将上涨,一旦超过黄金输入点,就会引起黄金外流。于是,央行黄金储备减少,货币流通量减少,从而通货紧缩,物价下降,商品在国际市场上的竞争能力提高,商品输出增加,输入减少,国际收支恢复平衡。当国际收支发生顺差,外汇汇率跌至黄金输入点以下时,黄金流入,货币流通量增加,物价上涨,从而使得商品输出减少,输入增加,国际收支恢复平衡。第一次世界大战导致国际金融秩序紊乱,使得金本位制度崩溃。经过战后恢复,1928年,金本位制度建立起来,但随后经济大萧条到来,接着是第二次世界大战,金本位体制再一次崩溃。

(2) 布雷顿森林体系的建立和瓦解

李屹东、彭志文在《"布雷顿森林体系"与战后世界金融秩序》(载《宏观经济管理》2010年第3期)一文中认为,第二次世界大战结束之际,英美两国主导了战后资本主义世界体系的重建。对于重建方案,英国以"凯恩斯计划"为代表,美国以"怀特计划"为代表。有鉴于两次世界大战的历史教训,英美两国都力图避免"以邻为壑"的货币战和贸易战,以期重建一个汇率稳定、贸易自由的古典经济,从而实现充分就业、促进世界和平和拯救资本主义。计划的分歧反映出两国的势力差异和利益矛盾。英国的主要利益诉求在于平衡国际收支赤字、保住帝国特惠制和英镑区、避免金本位的货币紧缩趋势,美国的主要利益诉求在于稳定汇率、自由贸易和资本输出。然而,美国的实力足以使其按照自己意愿行事,英国则必须以英美一致为基础争取自身利益。对第二次世界大战结束时的英国经济而言,出口目的国和进口来源国显著不一致,收入和支出的货币不相匹配,债务和储备在币种、期限和规模上存在严重错配,因而无论解决短期或长期的国际收支问题,英国都需要一种多边清算的国际本位货币机制。"凯恩斯计划"拟建立的核心机构是国际清算同盟。作为超国家的中央银行,清算同盟创造发行国际流通货币——班柯(银行货币)。班柯虽然具有名义上的黄金平价,但与黄金之间是单向兑换关系,即黄金可以兑换成班柯,而班柯拒绝承兑黄金。这种安排从根本上隔绝了金本位,并可以通过自行创造来筹集新机构的资本,减轻成员国负担。各国货币均以班柯为单位确定汇价;清算同盟提供多边结算系统,成员国利用在其中开立的班柯账户相互清偿债权债务;清算同盟能够提供充足的国际信贷和流动性。逆差国在一定额度内可以使用付息透支来结算国际余额,顺差国可以无限积累生息余额。对于清算同盟而言,债务的增加与债权的增加相匹配,从而避免了破产或运作中止。持续顺差国如果放任余额积累,相当于被强制提供低息贷款,如果它不愿意承担损失,就不得不采取措施调整国际收支。调整责任更多由顺差国承担,从而解决囤积盈余资金而引起的有效需求不足。

王俊周在《二战后美国在金融领域的强权政治》(载《西安联合大学学报》2002年第1期)一文中认为,布雷顿森林体系在金本位制的限制和政府的自由之手间提供了折中方案,而这种自由之手是政府在面临现代资本主义中可能出现的政治与经济不稳定时所必须具备的。从布雷顿森林体系的内容来看,美国从稳定汇率、对外援助和自由贸易三个角度勾勒了战后国际金融体系的框架,其核心思想是:在这样一个世界性的国际经济体系里面,充分维护和实现美国的经济霸权地位。美国在布雷顿森林会议上取得的最大成功是,在新的国际货币制度中,实行黄金—美元本位制,美元成为国际储备货币和国际贸易结算的支付手段,如此一来,美元成了关键货币,美国可以充分享受戴高乐所说的"美元特权"而带来的种种优惠条件。当别国为外汇储备增减忙碌时,为对外贸易逆差扩大苦恼时,美国可以心安理得地通过印刷货币,增加美元供应量来解决本国外贸逆差,并且直接控制国际资本的流动。

李向阳在《布雷顿森林体系的演变与美元霸权》(载《世界经济与政治》2005年第10期)一文中认为,通过确立美元的世界货币地位,美元在为全球贸易提供交易与储备手段的同时,美国也从中获得了美元霸权的巨大收益。首先,在布雷顿森林体系下,美国处在世界银行家的地位上,因此其对外投资是一种自然的结果。其次,美元被人为高估使美国处于一个非常特殊的地位:它可以入不敷出,保持经常账户的赤字,而不用担心美元的贬值。在布雷顿森林体系下,美国基本上是一个资本与商品市场不受控制的中心地区。布雷顿森林体系确立了美元作为世界货币的地位。从形式上看,这和战前英镑的地位很相似,然而它们的维持机制却不完全相同。在金本位制下,英镑是以黄金为基础的,人们不会怀疑英镑的真实价值。而在布雷顿森林体系下,美元只是与黄金保持一种固定的官价。一旦人们不再相信美国有能力维持黄金的美元官价,对美元的信心就会丧失,从而诱发兑换黄金的浪潮。

萧国亮、隋福民在《世界经济史》(北京:北京大学出版社,2008年,第367页)一书中认为,从50年代后期开始,随着美国经济竞争力逐渐削弱,其国际收支开始趋向恶化,出现了全球性"美元过剩"情况,各国纷纷抛出美元兑换黄金。到了1971年,美国的黄金储备已不足以支付各国的兑换,尼克松政府被迫于这年8月宣布放弃按35美元一盎司的官价兑换黄金的美元"金本位制",实行美元与黄金比价的自由浮动。欧洲经济共同体和日本、加拿大等国宣布实行浮动汇率制,不再承担维持美元固定汇率的义务。这标志着布雷顿森林体系的基础已经全部丧失,该体系完全崩溃了,让位于牙买加体系。牙买加体系的特别提款权代替黄金成为国际货币制度的储备资金,并且各个成员国自由选择汇率制度。牙买加体系在1978年正式确立。

高海红在《布雷顿森林遗产与国际金融体系重建》(载《世界经济与政治》。2015年第3期)一文中认为,布雷顿森林体系从成立到崩溃仅20多年时间,却为国际金融体系建设留下了许多未完成的使命。这不仅仅因为体系建设是一个长期的主题,还因为贯穿于国际金融体系演进之中的是一系列重要理论发展和政策变化。这其中,汇率制度问题、储备货币问题和基金组织的救助职能问题不仅是国际金融体系运转的核心,也同时与发展中国家和新兴经济体作用的演变密切相关。第一,在汇率制度问题方面,从全球设计转向国家选择。汇率浮动还是钉住,不同国家选择不同。处于外围的发展中国家和新兴经济体,其汇率制度选择存在很大的差异。这些国家在选择汇率制度时,必须考虑中心国家汇率的波动,并根据本国贸易条件可能受到的冲击以及国内不发达的金融市场等因素,或者为本国货币寻找名义锚而钉住单一或组合货币,或者实行有较强干预的管理浮动制度,有少部分国家也实行单独浮动。第二,在国际储备货币和流动性问题上,无论采取何种形式,国际储备货币的主要职能是为国际贸易和投资提供国际支付手段。然而长期以来,国际储备货币的供求矛盾以及其与国际货币体系稳定性的关系始终困扰着学界和各国货币当局。第三,国际货币基金组织与危机救助方面,国际货币基金组织与世界银行、国际清算银行一道,是战后国际金融体系框架中的重要职能机构。在布雷顿森林体系时期,基金组织的主要职能是保证黄金-美元本位的有效运转。在浮动汇率时期,基金组织作为全球最后贷款人,其主要职能是对成员国的经济与金融政策进行监督,实施危机预防和救助,以达到避免收支危机、维持国际金融稳定的目的。

刘自强在《布雷顿森林体系崩溃的历史影响新论》(载《全球视野理论月刊》2009年第3期)一文中认为,牙买加会议确立的新的国际货币体系,实际上是以美元为中心多元化国际储备和浮动汇率体系。牙买加体系的主要内容是:一、黄金非货币化。取消黄金官价,各国央行可按市价自行进行黄金交易,废除黄金的货币职能,让黄金成为单纯的商品。国际货币基金组织成员国不再负有相互之间用黄金支付的义务;二、浮动汇率合法化。三、特别提款权国际储备货币化。逐步提高特别提款权的国际储备货币地位,使其最终取代黄金和美元成为主要国际储备货币。从上述内容看,牙买加会议只是宣布了一种国际货币制度的结束,并不标志着一种新制度的开始。尽管牙买加体系为汇率制度提供了最大的弹性,但仅仅是对已有国际货币体系变化了的现状的追认,而未就清偿能力、信心和调整机制做任何安排,而这恰恰是一个健全的国际货币体系所必需的。因而,罗伯特·吉尔平认为牙买加体系是一种"没有制度的体系",这种体系将带来三大后果:一是货币反复无常的波动,尤其是美元与日元之间汇率的剧烈波动;二是赤字国家与盈余国家和地区间的高度不平衡;三是美日两国经常试图操纵货币价值来增强本国工业的国际竞争力或达到其他一些经济目标。利率和汇率的频繁波动,刺激了国际金融资本的跨国投机活动,导致全球金融危机频频发生。

（3）亚投行

王达在《亚投行的中国考量与世界意义》（载《东北亚论坛》2015年第3期）一文中认为，"一带一路"倡议是长期以来中国所倡导的合作发展理念在促进亚欧经济融合这一领域的具体体现。以和平发展、互利共赢为宗旨，以加强亚洲国家之间的互联互通为切入点，主动发展与沿线国家的经济合作伙伴关系，从而实现"共同打造政治互信、经济融合、文化包容的利益共同体、命运共同体和责任共同体"这一目标。从具体的实施来看，这一倡议将"以经济走廊为依托，以交通基础设施为突破，以建设融资平台为抓手，以人文交流为纽带，加强'一带一路'务实合作，深化亚洲国家互联互通伙伴关系"。由此可见，基础设施投资和相应的投资平台建设被摆在十分突出的位置，是加强亚洲各国互联互通的突破口和主要途径。

王娟娟、杜佳麟在《基于亚投行平台构建人民币国际化模型》（载《经济问题》2016年第2期）一文中认为，人民币国际化是中国经济国际影响力不断扩大的产物，是进一步提升国际话语权的内在要求。亚投行全称为亚洲基础设施建设投资银行，是由中国发起建设的国际性融资机构，由于主营业务的特殊性，亚投行的资金需求量远远大于正在运行的任何一个国际金融组织机构。借助亚投行平台，以量增为目标，基于一系列假设条件构建人民币国际化模型，考虑到亚投行主导业务的特殊性、中国经济的国际竞争力和人民币币值的稳定性等因素，多币种发债模型、软通货计价模型、跨境电子商务模型等是能够有效推进人民币国际化进程的占优模型。

王金波在《亚投行与全球经济治理体系的完善》（载《国外理论动态》2015年第12期）一文中认为，亚洲基础设施投资银行是现有国际金融体系、多边开发机构和国际发展议程的有益补充，也是中国主动参与全球经济治理的有益尝试。亚投行的重点是推进基础设施互联互通和区域经济一体化；亚投行的治理体系应兼顾市场盈利与社会责任目标；亚投行的运营模式应贯彻市场化、国际化和专业化原则；而亚投行的规则与标准则需符合亚洲特色、亚洲方式。正是基础设施的公共产品属性和融资约束决定了推进互联互通融资合作将是亚洲基础设施一体化的必由之路。以亚投行的成立为平台，区域基础设施一体化和区域经济一体化将会对全球价值链的完善与提升、地区统一市场的构建、贸易和生产要素的优化配置起到积极的促进作用。以亚投行为契机，中国将由现行国际规则的接受者，变成规则制定的协调者；由全球治理的参与者，变成共同发展的推动者。

谢世清、胡东在《亚投行的国际挑战与应对策略》（载《亚太经济》2017年第1期）一文中认为，亚投行面临的国际挑战包括内部国际挑战和外部国际挑战。内部国际挑战是指亚投行自身在国际化治理结构和国际化运营模式方面的挑战。为面对内部国际挑战，亚投行需要充分借鉴现有国际金融机构在治理和运营方面的先进经验，并且必须摒弃其为人诟病的不足和不符合亚洲地区基础设施建设实践的治理运营政策，成为亚洲地区基础设施建设的专业化多边开发机构。外部国际挑战来自世界银行、亚洲开发银行等国际金融机构和国际恐怖主义、教派冲突、政局不稳、领土争端、美日大国的阻挠等地缘政治经济挑战。在国际化治理结构方面，亚投行应在治理结构上充分借鉴现有国际金融机构的优点，并进行充分精简、透明、民主和公正的安排；在国际化运营模式方面，亚投行应当充实资金来源，建立合理的财务结构，撬动资金杠杆；在进行PPP（政府与私人组织之间）项目运作的同时，执行严格规范的项目标准和流程，控制运营风险；在应对其他国际金融机构的策略选择上，亚投行应在亚洲地区与世界银行和亚开行通过分工、互补、协调和互助实现共赢;在应对亚太地缘政治经济矛盾方面,中国应当开展和平、灵活的外交政策,通过亚投行在亚洲地区创造一个有利于区域间经济合作的稳定环境。

3. 互联网金融

杨东、文诚公在《论互联网金融背景下金融权的生成》(载《中国人民大学学报》2015年第4期)一文中认为,近年来,伴随移动设备、4G网络、搜索引擎、云计算等高新技术的发展,互联网金融迅速由星星之火燃成燎原之势,以第三方支付、P2P网贷、众筹等为代表的各种互联网金融模式引发了新一波"鲶鱼效应",带来了当今中国乃至世界金融领域的深刻变革。当前,互联网金融尚未成为一个有着明确内涵与外延的确定概念,从最宽泛的角度而言,各种以互联网为方式、手段、平台、渠道,利用互联网技术、移动通信技术实现资金融通的活动,都可以称为互联网金融。从这个意义上说,传统商业银行利用大数据进行信用评估,开展贷款业务和电子银行业务,也属于互联网金融的范畴。互联网企业跨界涉足金融业以及传统金融机构开展网络金融业务共同构成完整的互联网金融业态。

谢平等在《互联网金融的基础理论》(载《金融研究》2015年第8期)一文中认为,互联网金融的核心特征有以下几条:第一,交易成本降低。互联网替代传统金融中介和市场中的物理网点和人工服务,从而能降低交易成本。互联网促进运营优化,从而能降低交易成本。互联网金融的去中介化趋势缩短了资金融通中的链条,能降低交易成本。第二,信息不对称程度降低。在互联网金融中,大数据被广泛应用于信息处理(体现为各种算法,自动、高速、网络化运算),提高了风险定价和风险管理效率,显著降低了信息不对称。第三,交易可能性集合拓展。互联网使交易成本和信息不对称逐渐降低,金融交易可能性集合拓展,原来不可能的交易成为可能。第四,交易去中介化。在互联网金融中,资金供求的期限、数量和风险的匹配,不一定需要通过银行、证券公司和交易所等传统金融中介和市场,可以通过互联网直接匹配。

郑联盛在《中国互联网金融:模式、影响、本质与风险》(载《国际经济评论》2014年第5期)一文中认为,互联网金融作为新兴的一种金融业务模式,甚至被称为第三种金融业态,其演进和发展必将导致整个金融体系主体、结构、市场、产品和风险分布等发生变化。互联网金融对金融创新、金融要素价格市场化、金融服务思维与模式,以至于货币政策等都可能会有一定程度上的影响。但是,这些多元化和综合性的影响仍然是十分有限且初步的:一是互联网金融一定程度上将加速金融体系的创新步伐。互联网金融产品可得性强、公平性高、便利性好,是非常好的创新性金融服务。比如"余额宝"推出之后,绝大部分国有商业银行、股份制银行都推出了相似的竞争性产品,这对于加速金融创新的步伐,满足居民和企业多元化的金融需求,在供给层面扩大金融服务的可得性、便利性和低价化都是具有创新推动意义的。二是互联网金融有利于传统金融行业的加速转型。互联网金融作为"野蛮人",将迫使传统金融机构加快创新步伐。互联网金融并不是零和博弈,互联网每进入一个行业就会带来这个行业的深刻改变和转型,提高该行业的运营效率,加剧竞争。以银行为例,互联网金融改变了银行独占资金支付和传统信贷单一的信贷供给格局,互联网技术改变并动摇了银行的传统客户基础,银行必须加速转型才能应对。否则,银行将被互联网改变。三是互联网金融将加速利率市场化步伐,有效推进金融要素价格市场化。在互联网货币基金和网络贷款上,互联网金融对利率市场化的推动作用是实质性的。以"余额宝"为例,它深刻改变了中国银行主导的资金供求模式和定价机制,削弱了银行长期享受低资金成本的制度性优势,打破了银行长期享受较高利差收益的格局,确立了资金供给者提供资金定价的新机制,而这种改变最后的结果就是资金价格的定价更加市场化。互联网金融对利率市场化的影响还在于倒逼政策尽快放开银行存款利率,以使银行通过市场化和互联网金融竞争。"余额宝"相当于加速了存款端的利率市场化水平,而存款利率市场化是利率市场化改革最核心且最难的环节之一。四是互联网金融将加速金融行业内外的融合,金融体系横向综合化和纵向专业化的趋势将更加明显。在横向上,互联网金融使得金融行业内部以及金融行业与其他行业之间的界限日益模糊,金融行业内部混业经营或综合化经营的趋势将更加明显,金融体系的参与主体将更加多元化,金融服务业的生产边界进一步扩大。在纵向上,相似的金融服务和业务单元的专业化将更为重要,比如支付、清算、托管、信息处理、定价等。金融体系将演变为横向综合化、全能化、一站式,而纵向专业化、定制化、一体化的"矩阵结构"。五是互联网金融可能对货币政策框架造成一定的潜在影响。互联网金融从供需两端在较大程度上影响到货币政策,央行在制定和执行货币政策时,可能要更多考虑控制货币增长的影响。在供给方面,互联网金融可能提高货币供给;在需求方面,互联网金融发展可能导致货币需求整体下降。虽然目前由于受到严格控制,虚拟货币对中国金融体系和货币政策基本没有冲击性,但其仍是货币政策框架实质的潜在冲击因素。

四、经济思想的变迁

(一)古代中国的经济思想

1. 管仲

余春艳在《浅析管仲经济思想之农业发展》(载《现代经济信息》2011年第11期)一文中认为,管仲是中国春秋时期著名的政治家、理财家、经济学家和杰出的改革家。管仲的思想有以下几方面:首先,充分认识到农业的重要性。农业改革是他经济改革中,至关重要的一步。因为,管仲清楚地认识到,发展农业,增加粮食产量乃是成就王业的根本大事,是为人君主的重大任务和责任,也是招引民众的途径和治国的道路。为此,管仲采取了坚定的土地政策,即均地分力。所谓均地分力,即把公田的土地,经过折算,平均分配给农民,实行一家一户的个体经营。这项土地政策极大地促进了当时农业的发展。其次,充分利用物价规律,稳定商品价格。"凡轻重之大利,以重射轻,以贱泄平。"当供大于求时,国家应该抛出货币,使价格上涨;当供不应求时,国家应抛出商品收回货币,经过不断调整,使商品价格趋向平衡。

2. 司马迁

齐爽在《浅析司马迁〈货殖列传〉中的经济思想》(载《商业文化》2011年第7期)一文中认为,司马迁所著的《货殖列传》历来被看作中国正史中的第一篇经济学专论,全文贯穿着司马迁独特而朴实的经济思想,体现在四个方面:第一,商业的重要性,司马迁认为,利己之心人皆有之,求富求利,追求和满足更多的物质需要是人的本性。他说:"富者,人之情性,所不学而俱欲者也。"太史公说,《周书》上说过"农不出则乏其食,工不出则乏其事,商不出则三宝绝,虞不出则财匮少"。"此四者,民所衣食之原也。"这充分说明了司马迁主张农、工、商、虞四业并重,反对秦朝以来统治者一贯推行的"重本抑末"政策。第二,市场经济规律的阐述。《货殖列传》中还对市场经济规律进行了简略的陈述。他意识到价格机制在市场中的自发调节作用,认为价格是市场供求的晴雨表,社会产品的供不应求或供过于求必然引起价格的上下波动,"论其有余不足,则知贵贱","物贱之征贵,贵之征贱","贵上极则反贱,贱下极则反贵"。也就是说,价格可自发地对生产、供求和流通起调节作用,国家不必加以干预。第三,地域经济思想,《货殖列传》中提到,西汉已形成了五大经济区域:一是关中经济区。二是三河经济区。西汉以河内、河南、河东三郡为三河区。三是燕赵经济区,包括今河北和山西部分地区。四是齐、鲁、梁、宋经济区,包括今山东和河南的部分地区。五是楚、越经济区,包括现在的长江下游和珠江流域。

邹放鸣在《司马迁的经济思想与中国古代矿业开发》(载《中国矿业大学学报(社会科学版)》2015年第1期)一文中认为,司马迁的《史记》包含着丰富的对于矿产资源开发的记述及关于积极开发矿产资源以强国富民的经济技术观点的阐述,其文化与思想基础主要体现为"天地观"和"经济观"。在汉代,作为重要矿产资源的煤炭已开始进入生活和生产领域,在《史记》中,司马迁对铁矿等自然资源开发问题给予了很多关注,记载了古代人们对于矿产资源成矿规律的重要认识。

3. 王安石

刘晓林、刘昱在《挟管商之术,为天下理财:王安石经济思想略论》(载《湖南商学院学报》2008年第4期)一文中认为,王安石于经济思想的主张与成就主要表现在以下四个方面:第一,"理财"之义:"政事所以理财,理财乃所谓义也。"对于财富,王安石一反传统儒家定论,把"理财"当作一个国家政务的根本。民不富,国何以强,民穷则世乱,世乱则国将不国矣。第二,"理财"之旨:"因天下之力,生天下之财。"王氏理财,一在于富国,二在于强民。怎样达到这一目的,王安石认为只有二条途径,一是大力发展生产以增其收益,一是正确发展商品以繁荣经济。在大力发展生产繁荣经济的同时,王安石重视商业在社会经济中的重要作用,并采取相应措施以繁荣商品经济。这些主张集中体现在他的"市易法"中,"市易法"的主要内容是设置常平市场司以管理市场,稳定物价,物价贱则增加收购,贵则减价出售。为了保证商人货币流通,商人以产业为抵押,付二分之息,可向市场司贷款,也可以同样二分之利,向市场司赊购货物。这样,就极大地保证了市场稳定,加快了商品流通,尽管此举也同样被反对派攻击为"置市易司,与民争利"。但是,它实际所起到的作用是保持物价稳定,促使经济繁荣,有效地抑制了大商大贾欺行霸市、鱼肉百姓。第三,"理财"之道:"理天下之财,不可以无义。"理财不可以无"义",不可以无"术",是王安石申述设置三司的根本原因,这里的"义",即管理法则,亦即管理制度;"术"则是管理手段与管理方法。王安石主张盐使、户部、度支三司要协调一致,互相通气,朝廷给予他们一定米或钱款,作为周转资金,让他们全面了解各地财税多寡,物产丰歉,进行统一调配调剂。凡籴买、税收、上供物品,都按照"徙贵就贱,用近易远"的原则,权衡得失,灵活变通。比如发运使有权了解京都库藏支存定数,需要供办的物品,可以"从便变易蓄买",存贮备用。这样,就可以做到"国用可足,民财不匮"。第四,"理财"之要:"守天下之法者吏也。"王安石认为,凝聚天下人心要靠财力,管理全国财政要依靠法令,而执行法令就必须依靠官吏。所以,吏治不严,则有法难行,为天下理财则只是一句空话。各级管理者不勤政廉政,皇帝一人再操劳也于事无补。所以,为天下理财之至要,就是要整治官吏以保证经济的正常发展。

(二) 近代西方的经济思想

1. 重商主义

高华云在《从重商主义到亚当·斯密——西方经济学说史上的第一次革命》(载《云南财经大学学报》2007年第6期)一文中认为,西方经济学始于重商主义,早期的重商主义约从15世纪到16世纪中叶,其代表人物主要有英国的约翰·海尔斯、威廉·斯塔福德、法国的博丹和孟克列钦等。晚期的重商主义从16世纪下半叶到17世纪中叶,其代表人物主要有英国的托马斯·孟、马林斯、法国的柯尔倍尔等。重商主义者认为货币(金银)是最好的财富,一切经济活动的目的都是为了获得金银,并把货币的多寡视为衡量富裕程度的标准。在财富来源的观点上,重商主义者认为西欧一些国家缺少金银矿藏,所以只有通过对外贸易,少买多卖,少支出多收入,实现外贸顺差、出超,大量金银才能不断流入本国。重商主义者强调国家的作用,认为国家对经济的干预是国家致富的重要保证,主张国家应积极干预经济生活,如垄断对外贸易,颁布保护商业、工业的法令,奖励和监督工业生产,实行货币输入和产品出口、限制或禁止货币输出和商品进口的政策,保护关税,并和国家政权相结合进行殖民扩张等。

叶晓东在《浅析重商主义理论与西方贸易保护政策的渊源》(载《经济师》2010年第2期)一文中认为,英国是这一时期实行严格的贸易保护制度的典型。其基本制度包括:其一,颁布法令防止贵金属输出国外。其二,严令禁止奢侈品输入。1700年英国政府颁布法令绝对禁止印度、波斯和中国的印花织物输入。后又规定禁止一切居住英国的居民买卖、穿着或拥有这些织物,如有违犯,即对一般人科以5镑罚金,对商人科以20镑罚金。其三,实行保护关税制度。为严格限制进口货物,除若干原料外,对所有输入英国的货物几乎全部征收重税。其中,英国的航海法、谷物法是这一时期典型的、比较成体系的、影响比较大的保护关税法令。1651年,英国通过了重要的《航海法案》,其后经多次补充修订,并和其他一系列的控制海上商品运输和鼓励出口贸易的法令合在一起称为《航海条例》。1660年修订的《航海条例》规定:从亚、非、美洲运输货物到英国,只能使用英国船只;由欧洲运到英国列在名单的货物必须使用英国船舶,在名单之外的货物才可以使用货物生产国的船舶或英国船舶,而且必须是由直接生产国运出。对由外国船舶运进英国的货物使用较高的进口关税。

萧国亮、隋福民在《世界经济史》(北京:北京大学出版社,2008年,第163—165页)一书中认为,重商主义为民族国家的崛起奠定了基础,也为工业革命创造了一定的条件。民族国家的成长,渴望消灭封建社会的分治主义和教会精神势力的普遍统治,渴望获得财富并希图通过经济活动进一步积累财富。工商业的发展是积累财富的重要基础。所以,民族国家实行了重商主义政策。同时,重商主义理论与政策,取消了中世纪的限制,成了推动贸易的强有力的工具,直到早期资本主义发展为成熟的工业资本主义。当经济规模扩大到一定程度,国家干预经济就可能成为提高经济效率、减少交易成本的一种制度安排。一个国家的交换经济总是要经过这样一个阶段,一方面,交换规模已经扩大,以至于分工出现,分工使得很多人以来交换而生存。于是交换活动是否稳定和可持续,交换活动如何进行等已经不是个人的事情,也不是个别商人集团的兴衰问题,而是关乎国家的兴衰、安全和稳定的问题,这就是要求国家作为一个组织介入经济中来;另一方面,这时的交换机制还没有充分发展起来,不能普遍允许个人自由交换,这就为国王和皇室与大商人的经商活动相结合提供了条件。

2. 自由主义

高华云在《亚当·斯密经济思想的革命性》(载《北方经济》2007年第7期)一文中认为,亚当·斯密《国富论》的出版,标志着古典经济学体系的创立。他在对重商主义批判的基础上,吸收了早期古典政治经济学的成果,形成了自己完整的经济学理论体系,实现了西方经济学演进中的一次伟大变革。斯密经济思想革命主要表现在如下几个方面:

第一,自由竞争、自由放任的经济体系。斯密从"经济人"的"利己心"出发,把"经济人"的"利己心"看作一切经济现象和经济过程的本源。在斯密看来,个人利益和社会利益是一致的。资本家在从事投资时,所考虑的只是个人利益,然而结果却是最能增进整个社会的福利。人们出于利己心的考虑,就会使人类产生一种交换倾向:人们都以利人之物来换取利己之物。由于人们这种利己主义的交换倾向,斯密认为满足人利己心的最好途径就是实行经济自由。在经济政策上,斯密主张自由放任。这表现在他提出的"看不见的手"的理论上。他认为,在一切自由社会里,人们受一只"看不见的手"的指引。斯密认为自由主义原则,不仅适用于国内,也适用于国际,即主张在国际之间实行国际分工和对外贸易自由。在他看来,国际的分工和自由贸易正如国内分工和自由贸易一样,能促进劳动生产力的发展,使交换双方都能得到好处。

第二,自我调节的市场机制。斯密认为,每一种商品都有一个"自然价格"和"市场价格"。所谓商品的"自然价格"就是由自然工资、自然利润、自然地租所构成的商品价格,也就是恰好可以依照自然报酬支付工资、利润和地租的价格。这个价格就是价值。而所谓的"市场价格"就是市场上商品出售的价格。"自然价格"和"市场价格"会经常不同,他认为当某种商品的市场价格低于自然价格时,生产者就会相应地撤回一部分生产;当市场价格高于自然价格时,生产者又会相应地使用更多的资本去增加生产。这样通过平衡,供求就最终使市场价格与自然价格趋于一致。

第三,经济增长理论。斯密认为,要实现富国裕民的目标,就必须具备国民财富,即供给国民每年消费的一切生活必需品和便利品。而要增加国民财富,就必须依靠两个方法,一是分工,二是资本积累。斯密认为分工之所以能够提高劳动生产率,是因为分工能促使劳动专门化,提高工人的熟练程度,分工可以节省因工种转换而损失的时间,分工使专门从事某项工作的劳动者有利于改良工具和发明机械。斯密认为没有大量的资本,就难以形成经济增长。资本来自储蓄,可用来进一步提高生产力,还可以提高分工水平,扩大市场规模,因而资本积累是经济扩张的关键因素。斯密认为分工和资本积累可以促进经济增长,而经济增长则能够带来社会的变化和多样化。随着资本积累,就会出现从农业繁荣到商业繁荣的自然进程。农业的进步能够推动城镇的发展,城镇又能够为农产品提供大规模的市场,农业和城市社会的发展又为贸易和航运提供更多的机会。贸易规模的扩大将进一步刺激工业生产的发展和为出口而生产的农产品的专业化。生产力的提高,人口也随之增长,市场规模进一步扩大,刺激专业化水平进一步提高,资本积累进一步扩大。

3. 凯恩斯主义

杰里·本特利、赫伯特·齐勒格在《新全球史》（魏凤莲译，北京：北京大学出版社，2007年，第1046页）一书中提及，20世纪最有影响的经济学家凯恩斯1936年发表了《就业、利息和货币通论》，他认为，大萧条基本原因不是供过于求，而是需求不足。因此，他主张政府要起积极的作用，通过增加货币供应来刺激经济，所以，应该降低利率鼓励投资。他还建议政府通过公共投资和建设公共工程来提供就业机会，并通过税收政策来重新分配收入。这样的干预将使失业率降低，提高消费者的需求，使经济复苏。尽管他的理论直到第二次世界大战后才对政策制定者产生强有力的影响，但美国总统罗斯福采取的一系列措施和他的理论不谋而合，做法包括阻止银行破产的立法，提供就业机会和农业补贴，给老年人提供社会保障。这些被称为新政，实施前提是政府干预经济来保护人们的社会和经济财富是正当的。

张建刚在《凯恩斯主义的理论缺陷及其新的发展》（载《经济问题》2010年第3期）一文中认为，凯恩斯主义理论的核心是就业理论，而就业理论的逻辑起点是有效需求理论。凯恩斯认为，有效需求不足是资本主义未能实现充分就业的原因。凯恩斯的有效需求中的需求是总需求，而不是单个企业或单个行业的需求。总需求只有同总供给相等才对实际就业量有效，因此，凯恩斯的有效需求是指总供给和总需求达到均衡时的总需求。凯恩斯认为有效需求决定实际就业量，有效需求的大小决定就业水平的高低。凯恩斯经济政策观点的核心是反对自由放任，主张国家干预及通过扩大政府职能来提高有效需求，有效需求是由消费需求和投资需求组成，刺激消费和投资就是刺激有效需求。凯恩斯洞察到了经济危机是资本主义制度本身的缺陷，靠市场机制的自我调节是不可能解决的，主张通过政府干预来解决，这一思想对他之前的传统经济学无疑是一个很大的革新。但他的理论只能解决短期内的经济增长问题而对解决长期中的经济增长问题无能为力。20世纪70年代以后，凯恩斯主义由于不能解释当时的滞胀现象，而受到与其对立的经济学派的批评，凯恩斯主义无力应付现实和理论的挑战而陷入困境，从主流派正统经济学宝座上跌落下来。

4. 新自由主义

新自由主义是一个包括众多学派的思想和理论体系。狭义新自由主义主要是指以哈耶克为代表的新自由主义。广义新自由主义，除了以哈耶克为代表的伦敦学派外，还包括以弗里德曼为代表的货币学派，以卢卡斯为代表的理性预期学派，以布坎南为代表的公共选择学派和以拉弗、费尔德斯坦为代表的供给学派等等。以20世纪70年代初期爆发的两次石油危机为导火线，导致整个资本主义世界陷入了"滞胀"（高通胀、高失业、低经济增长）的困境，多年受冷落的新自由主义引起人们的关注。

中国社会科学院"新自由主义"研究课题组在《关于"新自由主义"研究》（载《社会科学管理与评论》2003年第4期）一文中认为，新自由主义适应这一需要，伴随美国总统里根和英国首相撒切尔夫人的上台，在否定凯恩斯主义的声浪中，占据了美英等国主流经济学的地位。新自由主义的一个重要特征是把反对国家干预上升到了一个新的系统化和理论化高度，是"对凯恩斯革命的反革命"。其主要观点有：第一，在经济理论方面：新自由主义继承了资产阶级古典自由主义经济理论的自由经营、自由贸易等思想，并走向极端，大力宣扬"三化"。一是"自由化"。认为自由是效率的前提，"若要让社会裹足不前，最有效的办法莫过于给所有的人都强加一个标准"。二是私有化。在他们看来,私有制使人们"能够以个人的身份来决定我们要做的事情",从而成为推动经济发展的基础。三是市场化。认为离开了市场就谈不上经济,无法有效配置资源,反对任何形式的国家干预。第二,在政治理论方面新自由主义特别强调和坚持三个"否定"。一是否定公有制。几乎所有的新自由主义者都一致地认为,"当集体化的范围扩大了之后,经济变得更糟而不是具有更高的生产率",因此,不能搞公有制。二是否定社会主义。在新自由主义者看来,社会主义就是对自由的限制和否定,必然导致集权主义,"集权主义思想的悲剧在于:它把理性推到至高无上的地位,却以毁灭理性而告终,因为它误解了理性成长所依据的那个过程",因此,是一条"通往奴役之路"。三是否定国家干预。在他们看来,任何形式的国家干预都只能造成经济效率的损失。第三,在战略和政策方面:新自由主义极力鼓吹以超级大国为主导的全球一体化。经济全球化是人类社会发展的一个必然趋势和一个自然的历史过程。但经济全球化并不排除政治和文化的多元化,更不等于全球经济、政治、文化一体化。新自由主义并不是一般地鼓吹经济全球化,而是着力强调要推行以超级大国为主导的全球经济、政治、文化一体化,即全球资本主义化。

教学设计

设计一:茶事物语——小植物的大历史(国内贸易)

设计意图

唐宋商业发展的概况和政府的商业政策对中国古代商业的发展影响重大,其中,茶叶贸易在经济生活中占有很重要的地位。本设计以茶叶贸易为切入点,引导学生通过研究榷茶、贡茶和斗茶的发展历程,分析古代中国的商业政策和在政策影响下商业发展的概况;理解茶叶贸易在日常生活中的地位日益重要,认识商业对经济发展和社会文化的推动意义;通过不同类型文献的分析,逐渐学会对史料进行辨析,并运用史料努力重现历史真实的态度与方法。

设计方案

教学导入:"开门七件事,柴米油盐酱醋茶",说明了茶与人们生活的密切关系。唐代陆羽《茶经》记载:"茶之为饮,发乎神农氏,闻于周鲁公。"这是有关中国饮茶起源最普遍的说法,但茶叶贸易的繁荣时间应该是在唐代以后。小小的植物是如何折射历史发展脉络的?这就是我们今天学习的内容。茶在唐、宋已非常普及,政府是如何管理茶叶贸易的呢?

一、从榷茶到茶税

材料一 茶叶征收税赋和实行专卖政策从唐朝开始,茶税起初只就产地及通过商人征收,其后到文宗(公元826—840年)时,根据盐铁使王涯的建议,实行专卖,其办法是"徙民茶树于官场,焚其旧积者",即实行"官种、官制、官销"制度。唐代对于茶的走私,打击十分严厉,不仅组织了缉私队伍,而且规定如贩茶叶3次,总数累计超过300斤者即处死刑。如为茶园茶户,只要私卖茶叶百斤以上,便须"杖背"。如捕获有组织武装贩茶的"长行群旅","茶虽少,皆死"。

——屠振林:《我国古代茶叶专卖政策和茶税征收办法》,载《茶业通报》2014年第3期

教师设问:依据材料分析,唐朝是如何管理茶叶生产和贸易的?你如何评价这种政策?

引导思考:通过榷茶制度,将茶叶贸易的经营、生产、流通等所有的环节进行严厉的控制。这种行为会打击茶农和茶商的积极性。百姓怨声载道,后文宗认识到榷茶制度的危害,废除了此项制度。

材料二 宋初,全国设置榷货务管理机构6个,山场13个。种茶的百姓为园户,官府向园户提供种植本钱,园户则将所焙制之茶除输租外全数交由政府收购。政府榷货机构根据收购茶叶的数量向商贾出售茶券(亦称茶引),商贾凭茶券到茶场提货(称为交引)。由于政府向园户以较低的价格收购,又以较高的价格批发给商贾,政府获取了丰厚利润。至嘉祐(公元1056—1063年)中,由于主管官吏的官商作风,对园户的茶叶压级压价收购,影响了园户种茶的积极性,产量和质量逐年下降,导致产销脱节。加之管理不善,成本上升,使整个官卖制度经济效益下降。为了克服和改变这一情况,遂将全国茶的专卖改行通商法:茶商园户交易,则按质论价,也可讨价还价。这样既提高了园户生产积极性,又减少了官府收购及调拨的环节,使茶叶交易趋于优质优价的经济原则,也减少了交易程序。《宋史》记载,行禁榷(即官卖法)时平均每年从茶利得到的财政收入109.41万贯,改行通商法后平均每年得117.75万贯,可见改通商法财政收入有了增加。

——屠振林:《我国古代茶叶专卖政策和茶税征收办法》,载《茶业通报》2014年第3期

教师设问:宋朝的茶叶管理政策经历了什么变化?影响怎样?通商法比专卖制度更受人欢迎,为什么?

引导思考:从专卖制度转变为通商法,既对茶叶贸易进行管理,又调动园户生产的积极性,增加了政府的财政收入。

二、贡茶与斗茶

教师讲述:斗茶始于唐代,据考,创造于出产贡茶闻名于世的福建建州茶乡。每年春季,新茶制成后,茶农、茶客们比较新茶优良次劣,排名列序,是为斗茶,有比技巧、斗输赢的特点,富有趣味性和挑战性。一场斗茶比赛的胜败,犹如今天一场球赛的胜败,为众多市民、乡民所关注。唐叫"茗战",宋称"斗茶",具有很强的胜负的色彩,其实是一种茶叶的评比形式和社会化活动。两宋斗茶,述之最详且最早者,为范仲淹《和章岷从事斗茶歌》。章岷的《斗茶歌》原唱不见,从和诗中能看到人们的斗茶情景。

材料三

年年春自东南来,建溪先暖冰微开。

溪边奇茗冠天下,武夷仙人从古栽。

新雷昨夜发何处,家家嬉笑穿云去。

露芽错落一番荣,缀玉含珠散嘉树。

终朝采掇未盈襜,唯求精粹不敢贪。
研膏焙乳有雅制,方中圭兮圆中蟾。
北苑将期献天子,林下雄豪先斗美。
鼎磨云外首山铜,瓶携江上中泠水。
黄金碾畔绿尘飞,紫玉瓯心雪涛起。
斗茶味兮轻醍醐,斗茶香兮薄兰芷。
其间品第胡能欺,十目视而十手指。
胜若登仙不可攀,输同降将无穷耻。
吁嗟天产石上英,论功不愧阶前蓂。
众人之浊我可清,千日之醉我可醒。
屈原试与招魂魄,刘伶却得闻雷霆。
卢仝敢不歌,陆羽须作经。
森然万象中,焉知无茶星。
商山丈人休茹芝,首阳先生休采薇。
长安酒价减千万,成都药市无光辉。
不如仙山一啜好,泠然便欲乘风飞。
君莫羡,花间女郎只斗草,赢得珠玑满斗归。

——曾庆均:《宋代"斗茶"》,载《茶业通报》1994年第9期

教师设问:从范仲淹的诗中,找到斗茶的目的是什么?斗茶优胜者有何好处?

引导思考:"北苑将期献天子,林下雄豪先斗美。""君莫羡,花间女郎只斗草,赢得珠玑满斗归。"两句可以看出,斗茶胜出者可以将之作为贡茶献给天子,而且可以有实际的收入。贡茶出现于周武王时期,贡茶制度的形成是在唐代。唐代的贡茶制度主要分为两种,一种是官府焙制,专门给宫廷王公贵族们使用。另一种是定额上贡的制度,通过州郡进行,规定为国家贡茶。

材料四 自唐至宋,贡茶的进一步兴起,茶品愈益精制。再通过斗茶,将最好的斗品,充作官茶。据欧阳修《归田录》载:"茶之品,莫贵于龙凤,谓之团茶。凡八饼重一斤。庆历中蔡君谟(襄)为福建转运使,始造小片龙茶以进,"其品绝精,谓之小团,凡二十饼重一斤,其价值金二两,然金可得,而茶不可得,每因南郊致斋,中书、枢察院各赐一饼,四人分之。官人镂金花于其上,盖其贵重如此。"宋时,贡茶称之龙凤团茶,又有大小之分,还镂花其上,精绝至此。大龙团初创人为丁谓,曾在北苑督造贡茶。其后的蔡襄,为了博得皇帝的喜欢,在督造贡茶时,在大龙团的基础上,改造小龙团。结果丁谓终于官至参知政事(宰相)封晋国公、蔡襄召为翰林学士、三司使。不仅如此,而且宋朝还有因献茶得官位的,为了博得皇上欢心,更有到处斗茶搜茗,掠取名茶进贡,为此升官发财。据宋代胡仔《苕溪渔隐丛话》记载:"郑可简(福建转运使)以贡茶进御,累官至右文殿修撰。后来其侄也仿效搜茗进贡。""千里(侄名)于山谷中得草朱香茗,可简令其子侍间进贡,因此得官。"其时,又遇宋徽宗赵佶好茶,宫中盛行斗茶之风。为迎合皇室所好,郑可简还督造"龙团胜雪"(白茶)茶,他儿子将"草朱"茶,送进宫廷,走升官的捷径。这件事一直被人讥讽:"父贵因茶白,儿荣为草朱。"

——巩志:《贡茶与斗茶》,载《农业考古》2011年第10期

教师设问：从以上材料分析，贡茶兴起带来什么影响？

引导思考：贡茶的需求量很大，而且渠道是向国家和朝廷特供的，茶叶的商品性没有得到体现，商品经济的发展受到影响。贡茶是为君主服务的制度，成为臣子邀宠和晋升的手段。但是在制作的工艺上，贡茶的质量要求非常高，技术性要求也高，促进了茶叶技艺的提高。

三、斗茶生活化

教师讲述：随着茶叶贸易的发展，茶叶品茗逐渐深入寻常百姓家。斗茶活动也体现出了新的特点。

材料五 宋代文人唐庚《斗茶记》

政和二年三月壬戌，二三君子相与斗茶于寄傲斋。予为取龙塘水烹之，而第其品。以某为上，某次之，某闽人，其所贵宜尤高，而又次之。然大较皆精绝。盖尝以为天下之物有宜得而不得，不宜得而得之者。富贵有力之人或有所不能致，而贫贱穷厄流离迁徙之中或偶然获焉。所谓"尺有所短，寸有所长"，良不虚也。唐相李卫公好饮惠山泉，置驿传送，不远数千里，而近世欧阳少师作《龙茶录序》，称嘉枯七年亲享明堂，致斋之夕，始以小团分赐二府，人给一饼，不敢碾试，至今藏之。时熙宁元年也。吾闻茶不问团挺，要之贵新；水不问江井，要之贵活。千里致水，真伪固不可知，就令识真，已非活水。自嘉枯七年壬寅至熙宁元年戊申，首尾七年，更阅三朝，而赐茶犹在，此岂复有茶也哉。今吾提瓶走龙塘无数十步，此水宜茶，昔人以为不减清远峡。而海道趋建安不数日可至，故每岁新茶不过三月至矣。罪庆之余，上宽不诛，得与诸公从容谈笑于此，汲泉煮茗取一时之适，虽在田野，孰与烹数千里之泉，浇七年之赐茗也哉。此非吾君之力软。夫耕凿食息，终日蒙福而不知为之者，直愚民耳，岂吾辈谓耶。是宜有所纪述，以无忘在上者之泽云。

——扬之水：《两宋茶诗与茶事》，载《文学遗产》2002年第2期

材料六 宋代斗茶图

教师设问： 从以上材料分析，斗茶的目的发生了什么变化？这反映了经济发展的什么特点？

引导思考： 斗茶发展为品茶的一种方式，不复具有功利目的，说明了饮茶的普遍，茶叶贸易范围涉及普通市民阶层。

教师小结： 小小的植物，折射出历史发展的大脉络。从经济上看，政府政策影响着茶叶贸易的兴衰；从政治上看，围绕着贡茶展开的政治活动，处处反映着君主专制的影响；从文化上看，逐渐把饮茶当成了一种精神上的享受，茶文化历史悠久，影响至今。

设计二：茶事物语——小植物的大历史（国际贸易）

设计意图

新航路开辟以后，茶叶大量销往西方，从药用到饮用，改变了欧美的生活方式；中英茶叶贸易的发展反映了政府外贸政策的调整；工业革命后，随着资本主义世界市场的最终形成，从印度茶到中国茶，反映了中国的茶叶贸易受到国际市场的影响，中国民族工业坎坷而行。本设计以茶叶贸易为切入点，引导学生探究新航路开辟以来茶叶贸易对西方生活方式的影响，分析工业革命后中国茶叶在国际贸易中的挑战，通过对史料的分析，理解茶叶贸易体现的商业发展历程。

设计方案

教学导入： 作为风靡世界的三大无酒精饮料（茶叶、咖啡、可可）之一，茶不但推进了中国文明的进程，而且也极大地丰富了西方以及世界的物质文化生活。

一、从药用到饮用

材料一

作者	篇名	内容
汉代	《神农本草经》	茶之味苦，饮之使人益思、少睡、轻身、明目
张仲景	《伤寒杂病论》	茶治便脓血甚效
华佗	《食论》	苦荼久食，益意思
李时珍	《本草纲目》	茶苦而寒，最能降火。解酒食之毒。利小便，去痰热，止渴。令人少睡有力，悦志，清头目。

——闫茂华、陆长梅：《浅析陆羽〈茶经〉对中国茶文化和茶医学的影响》，载《农业考古》2014 年第 2 期

教师设问： 从以上材料分析，茶叶有何功能？

引导思考： 从古代医书的记载可以看出，茶叶不仅是饮料，而且具有医药保健功能。

教师讲述： 欧洲人最初关于茶叶的知识来自阿拉伯人。现存最早记述茶叶的书籍是 1559 年意大利人詹巴蒂斯塔·拉莫西奥写的《航海与旅行记》，在这本书中，拉莫西奥引用了阿拉伯人哈兹·穆罕默德有关中国茶叶的记述。随着中西交往的扩大和加深，欧洲人对

中国茶叶有了感性认识。16世纪进入中国的传教士加斯帕·克路士和利玛窦根据自身经历将中国饮茶习俗较详细介绍到欧洲。到16世纪末,许多欧洲人写的关于东方的著作都述及中国茶叶的知识。首先将茶叶输入欧洲的是荷兰。1607年,荷兰从澳门运茶至印尼万丹,然后于1610年带回荷兰,从而揭开中国与欧洲茶叶贸易的序幕。到1646年,英国东印度公司开始进口茶。

材料二 茶的冲饮仍是仿效中国人做法,冲得很淡;当时人们饮茶在很大程度上因为它有所谓的药效。因而佩皮斯在1667年6月28日写道:"我妻子在家泡茶,玻蒂卡里家的佩林先生告诉她说,这种饮料对她的感冒和炎症有好处。"在荷兰,著名的内科医生邦特库给人开了一天饮100—200杯茶的处方,他本人也不分昼夜地饮茶。

——查尔斯·辛格:《技术史》(第Ⅲ卷),辛元欧译,上海科技教育出版社,2004年,第3页

材料三 自从18世纪50年代,富于特色的英式下午茶产生于这个时期。亚历山大·卡莱尔在自传中谈到1763年在哈罗门的时髦生活时说:"那些贵妇轮流提供午后茶和咖啡。"就全世界范围而言,午后茶成为一种隆重而固定的礼仪,应该归功于英国第七世贝德福特公爵夫人安妮(1788—1861年)。当时人们食用丰盛的早餐,和没有仆人照料的简单的午餐,直到晚上八点才开始使用正式的晚餐,晚餐后在会客室饮茶,公爵夫人别出心裁,规定在5点饮用茶和点心,按照他们的饮茶习惯增加了牛奶和糖。

——施茜:《从中国功夫茶到英式下午茶》,载《农业考古》2014年第2期

教师设问:结合材料二和材料三分析,茶叶传入欧洲的功能最初是什么?后来发生了什么变化?

引导思考:概括材料,经历了从药用到饮用的变化;英国人出现了下午茶的习俗。

二、中英茶叶贸易

教师讲述:中英茶叶贸易的发展经历一个逐步发展的过程。随着越来越多的英国大众接受茶叶,到了18世纪初,茶已经成为英国人生活必需品,茶叶贸易对英国来说尤为重要。

材料四 1793年9月,英国派马戛尔尼率团访华,这是英国对中国的首次高级外交活动。使团访华名义上是专程来北京祝贺乾隆皇帝80大寿,实质是借"求与中国永远平安和好"之词,行巩固与扩大中英贸易,尤其是茶叶贸易之实。英国新任国务大臣丹达特向马戛尔尼交了底:"政府近年所需茶业,比以前此物正式输入大英者已过三倍,尤须特别与中国亲善,稗交通频繁,供给不断,其制造法或可传入本国及印度领土,则每年可塞140万镑之漏洞"。

——陶德臣:《英使马戛尔尼与茶》,载《镇江师专学报》1999年第2期

教师设问:马戛尔尼访华的主要目的是什么?

引导思考:扩大中英贸易,尤其是茶叶贸易。

材料五 十六世纪中国茶传入西方,1684年清政府废除禁海令,允许人民开展南洋贸易,十七世纪中国的茶叶贸易才真正"冲出亚洲,走向世界"。以下是广州茶输出英国表(单位:担)

五年平均	输出总量	英国船只	比重
1801～1804	284 424	224 430	78.9
1805～1809	234 249	171 199	73.1
1810～1814	260 913	247 691	94.9
1815～1819	296 478	233 584	78.8
1820～1824	305 389	131 931	75.9
1825～1829	343 171	265 724	77.4
1830～1833	328 890	259 710	79.0

——陶德臣:《简论中国古代茶叶对外贸易的特点》,载《茶业通报》2007 年第 2 期

教师设问:中英茶叶贸易迅速发展的原因是什么?

引导思考:清政府废除禁海令,允许南洋贸易。

三、中国茶和印度茶

教师讲述:工业革命完成后,英国打开中国大门,中国被卷入资本主义世界市场,茶叶贸易在发展,但逐渐出现了新的趋势。

材料六

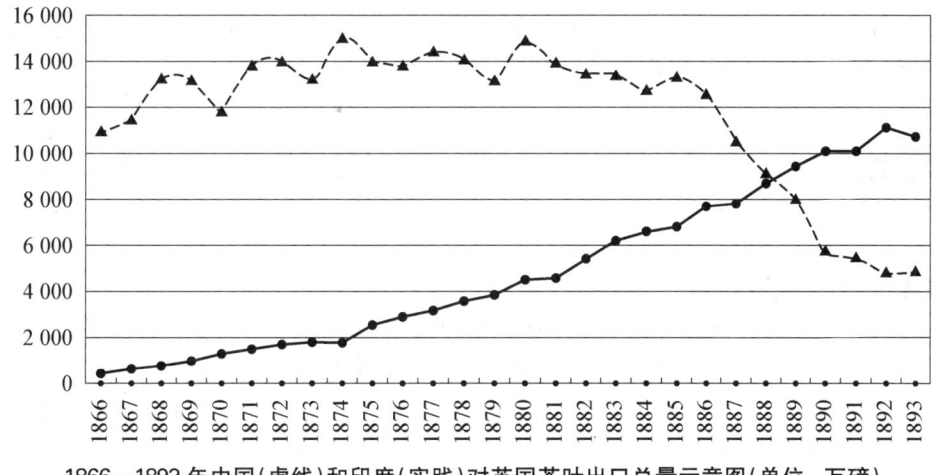

1866—1893 年中国(虚线)和印度(实践)对英国茶叶出口总量示意图(单位:万磅)

——林齐模:《近代中国茶叶国际贸易的衰减——以对英国出口为中心》,载《历史研究》2003 年第 6 期

教师设问:依据材料分析,中国出口到英国的茶叶总体趋势有何变化?

引导思考:从 19 世纪 80 年代以后,中国对英国茶叶出口逐步减少,印度对英国出口逐步增加。

材料七 1834 年 1 月 24 日,英国印度总督本悌克(W. C. C. Bentinck)设立了一个由三名英国人和一名中国医生组成的茶叶委员会,负责调研和规划在印度种植茶叶的问题。在英印政府和民间资本的大力支持和积极参与下,印度茶叶种植事业得以迅速发展。1839

年,在印度成立了阿萨姆(Assam)公司,由于缺乏种茶经验和管理不善,该公司在初期遭遇了巨大亏损,以至于到 1848 年面临破产的危险。在调整了管理者和改进生产方法后,种植上经过科学的剪枝与采摘,培育上又经细心从事,而且是以节省人工的最新机器制造出来的。阿萨姆公司最终摆脱了困境,并于当年宣布首次获利 3 000 英镑,1852 年公司有了第一次盈余。此后私人资本纷纷投资于植茶业,到 1859 年,私人经营的茶园已达 50 处以上。

——林齐模:《近代中国茶叶国际贸易的衰减——以对英国出口为中心》,载《历史研究》2003 年第 6 期

材料八 中国茶叶的经营方法是由个体茶农采制小量茶叶,然后运往各处叫卖几天,外国炒茶及解箱板、烫铅罐俱用机器,中国则全用人工,因茶商各谋各业,且股本无多,不能购置机器。

——林齐模:《近代中国茶叶国际贸易的衰减——以对英国出口为中心》,载《历史研究》2003 年第 6 期

教师设问:依据材料七和材料八分析,印度茶崛起、中国茶衰落的原因有哪些?

引导思考:印度茶崛起的原因包括:英国政府的支持,改进管理制度,采用先进技术,用机器生产。中国茶衰落的原因有:个体手工业者为主,没有机器生产,管理方式落后,没有雄厚资金。

教师小结:随着新航路的开辟,中国茶叶走向欧洲市场,最初获得巨额利润。随着工业革命的完成,中国被卷入资本主义世界市场,中国茶叶受到国际市场的影响比较大。传统的手工业和落后的管理方式,使中国茶在和印度茶的竞争中逐渐处于下风。小植物反映了大历史,近代中国社会转型之艰难可见一斑。

教学资源

资源 1:古代城市

中唐以后以及五代,江南以苏、杭地区为主出现了一批商业性城市。白居易曾说:"当今国用,多处江南。江南诸州,苏最为大。兵数不少,税额至多。土虽沃而尚劳,人徒庶而未富。"杜牧说:"今天下以江淮为国命,杭州户十万,税钱五十万。"而宋人王明清明确指出:"杭州在唐,繁雄不及姑苏、会稽二郡,因钱氏建国始盛。"这些城市大多以商业兴市,所以都较早地突破了传统的坊市之制。苏州的夜间商业最为兴盛。白居易有诗云:"皋桥夜沽酒,灯火是谁家",杜荀鹤也有"夜市桥边火,春风寺外船"的诗句。可见夜市是比较普遍的。

——高德步:《中国经济简史》,北京:首都经济贸易大学出版社,2012 年,第 119 页

资源 2:禁榷制度

宋朝最重要的商业法规之一就是禁榷制度,其渊源可以追溯至秦汉之时,统治者一向主张将山海之利的开阖敛散之权,牢牢掌握在自己手中,因此对茶、盐、酒的禁榷专卖政策应运而生。宋王朝沿用了这一政策,希图以此增加国家的收入,但结果却适得其反。茶盐本为人

民的生活必需品,茶盐之税也是国家财政的重要来源,官府经营茶盐,与民争利,实为下下策,不仅获利不比通商多,而且由于"利之所诱,虽曰刑人,号痛之声动乎天地,弗能禁也"。极易导致人民的反抗,威胁朝廷的统治和社会的稳定,宋王朝又几次变异茶盐之法,或禁或弛,致使社会秩序更加不稳。进步的士人们从当时统治者的角度出发,认为由官府垄断茶盐贸易弊端颇多,"今日之宜,亦莫如一切通商,官勿卖买,听其自为""诏天下茶盐之法,尽使行商,以去苛刻之刑,以息运置之劳,以取长久之利"。只有驰禁通商,才是不与民争利,不绝商旅之路,不陷人于刑祸的上策。

——徐红:《两宋时期士大夫商业思想探析》,载《湖南社会科学》2004 年第 3 期

资源 3:海上丝绸之路

宋元时期,沿着这条丝绸之路到泉州贸易的外国商人多数是阿拉伯人,他们称泉州港为 Zaitun。1292 年,意大利旅行家马可波罗从泉州出航西还时,曾对泉州港贸易之盛感到惊讶,他说道:"Zaitun 是世界上最大的港口之一,大批商人云集这里,货物堆积如山,的确难以想象。"摩洛哥旅行家伊本巴他称赞道:"Zaitun 港是世界上最大的港口之一,不,我错了,是最大的。我看到大约 100 艘大船停泊在那里,小船无数。"当时作为海上丝绸之路起点之一的泉州,就是以盛产各种丝绸闻名于世。正如伊本巴他所述:"这是一个大城市,的确好极了,他们织造的天鹅绒锦缎和各种缎子就以城市的名字 Zaituniah 命名,比行在(杭州)和汗八里(北京)的织物还要好。"伊本巴他还提到,1342 年元朝皇帝赠送 500 匹锦缎给摩哈美德苏丹,其中有 100 匹是 Zaitun 织造的,另 100 匹是杭州织造的。由此可见,当时泉州生产的绸缎不仅与杭州齐名,而且已作为珍品赠送给外国国王。正因为泉州生产的绸缎在国外享有盛名,故不少外国人都把绸缎与 Zaitun 这个名字联系起来,其中如波斯人称之为 Zeituni,意大利人称之为 Zetani,甚至有些西方汉学家认为,英语、法语和德语中的 Satin(缎子)这个单词可能就是源自 Zaitun 这个地名。假如这种说法可以肯定的话,那么泉州在中世纪对世界的贡献就不仅是精美的绸缎,而且还加上 Satin(缎子)这个单词——这可以说是海上丝绸之路发展的一种明证。

——李金明:《中国古代海上丝绸之路的发展与变迁》,载《新东方》2015 年第 1 期

资源 4:马可·波罗

马可·波罗的父亲和叔父都是有地位的商人,一向和近东通商。1260 年,他们预见君士坦丁堡政局要发生动荡,便迁往伏尔加河流域蒙古帝国西部的拔都汗国经商,以后又向东方旅行,于 1265 年到达蒙古帝国的上都(今内蒙古自治区多伦县西北)。波罗兄弟与大汗忽必烈建立了友谊,最后受命为大汗特使,访问罗马教皇。1269 年马可·波罗的父亲回到威尼斯时,马可已经 15 岁。1271 年波罗兄弟第二次旅行东方,少年马可随行。1272 年上半年他们经土耳其东部,穿过今伊朗北部,南下波斯湾的霍尔木兹海峡,再经过伊朗东部"特别干旱"的地区,转向东北,进入阿富汗国境,停下休息一年。离开阿富汗后,他们开始攀登帕米尔高原(游记上有记载,后人对此有争论),到达山脉的东北部,进入今中国新疆维吾尔自治区的喀什,此后走上丝绸之路。1275 年他们再次抵达上都,向忽必烈大汗递交教皇的书信。在以后的十六七年中他们留在帝都,到过中国的北部和南部,或许还随皇帝到达过大都(今

北京),但马可游记传记部分很少提及,因此看不出他所到之处和所做的工作,只知他们受到皇帝的尊敬和重用。马可到中国才20岁左右,会讲蒙古人流行的突厥语,也许还会讲蒙古语,深得大汗宠信,经常派他出巡。他曾经访问当时中国的许多名城,到过西南部的云南和东南地区,他的书中盛赞杭州的富庶和美丽。除了为皇帝当差,马可似乎还做过食盐专卖的管理工作。至于游记所述当过3年扬州总管是难以令人相信的。约1292年,一位蒙古公主下嫁波斯王子,马可一家奉命护送。他们从福建泉州港启航,经过现在越南、马来亚半岛、苏门答腊、爪哇、斯里兰卡、印度等地,把公主护送到波斯呼罗珊。马可一家从波斯返回故乡途中,不幸遇匪被劫,1295年冬狼狈地回到阔别25年的故居。不久,马可·波罗在一次冲突或海上战斗中被热那亚人俘去,狱中结识另一囚犯比萨作家鲁斯蒂恰诺,后者将他口述的东方见闻,笔录成书,这既是举世传诵的《马可·波罗游记》。他被释放后在家乡过着隐居生活,终年70岁。有人在他临终前要他删掉书中的某些"神话",他答道:"我才把自己的真实见闻讲了一半哩!"后世对他的著作毁誉参半:有人崇拜他是有异常记忆力的天才,是为忠实的观察者;也有人认为他吹牛,是个没有文化的道听途说的贩卖者,指责他在东方25年游记中竟未提中国的万里长城、饮茶和书法。但近代学术研究提出一种新的看法:承认他的记录是真实的,但是所提及的事情中有许多是令人难以相信或与事实不符的。

——萧国亮、隋福民:《世界经济史》,北京:北京大学出版社,2008年,第107—108页

资源5:明清存款

清代各工商业字号的闲置资金一般情况下都是互相"浮存",取薄息以资弥补。如据孔府档案记载:孔府五品执事官孔继潢在锦州府锦县开设兴成当,因经营不善而亏本倒闭,道光八年,东伙算清总账,"共存原本钱十万零七千一百吊,欠外借贷、凭帖往来、生息银两浮存共九万五千三百二十三吊五百七十文",而该当铺的"生息银两浮存"便包括"存兴成隆本钱八千吊,利钱一千三百四十吊,存兴源烧锅本钱二万吊,利钱九千吊,存西柜本钱一万吊,利钱一万零一百三十九吊六百八十文"。所谓"兴成隆、兴源烧锅、西柜"等当是兴成当同城的各类工商业字号,他们有一部分闲置货币存于兴成当,并有数量不等的利钱仍存在当中未予提取。

——刘秋根:《中国古代存款的演变》,载《史话》2014年第9期

资源6:闭关锁国政策

一七五二年两广总督李侍尧提出了《防范外夷规条》,后经乾隆批准,成为清政府第一个全面管理外商的正式章程二主要内容包括:

(1)夷商在省过冬,应请永行禁止。外洋夷船向系五六月收泊,九十月归国,即间有因事住冬,亦应在澳门居住。

(2)夷人到粤,宜令寓居行商管束稽查。……凡非开洋行之家,概不许寓歇,其买卖货物必令行商经手,方许交易。如有纵夷人出入,以致作奸犯法者,分别究拟,地方官不实力稽查伤禁,一并参处。

(3)借领外夷资本及雇请汉人役使,并应查禁。一内地民人倘敢故违,将借领之人从重究拟。

(4) 外夷雇人传递信息之积弊,宜请永除。……如有不遵禁约,仍前雇请称来,即将代为雇觅及递送之人一并严拿究治。

——赵福超:《闭关锁国政策及其对中国早期现代化的延误》,载《贵州师范大学学报(社会科学版)》1995 年第 3 期

资源 7:哥伦布发现新大陆

1492 年 4 月 17 日,伊莎贝拉与哥伦布签订了五条协议

第一,任命哥伦布为他所发现或取得的所有一切岛屿和大陆的元帅,他和他的继承人永远享有这个职衔及相应的一切权利和特权。

第二,任命哥伦布为这些岛屿和大陆的总督和省长,他可以对每个下属官职提出三个候选人,以便西班牙国王选任其一。

第三,哥伦布保有这些领地所出产、交换而得和开采出来的一切黄金、白银、珍珠、宝石、香料和其他财物的十分之一,完全免税。

第四,凡涉及这些财物或出产品的任何诉讼,由哥伦布或他的代表以元帅身份掌握审判权。

第五,哥伦布有权向开到这些"新领土"去联系、经商的任何船只投资八分之一,取得利润的八分之一。

——詹重森:《哥伦布首航美洲的困扰拾录》,载《拉美史研究通讯》1990 年第 21—22 期

资源 8:商业革命和工业革命的关系

商业革命在好几个重要方面有助于工业革命。首先,它为欧洲的工业,尤其是为制造纺织品、火器、金属器具、船舶以及包括制材、绳索、帆、锚、滑轮和航海仪器在内的船舶附件提供了很大的、不断扩展的市场。为了满足这些新市场的需要,工业必须改善其组织和技术。英格兰中部地区的钉子制造业就是一个很好的例子。它为了适应殖民地对钉子不断增长的需求,研制出机械化的、提高了产量的轧制机和纵切机。它还发展起一种分散在家庭加工的制度:生产钉子的铁器商及铁工厂老板将一堆堆钉条分发给制钉工人,由他们在家里加工,然后再运回去销售。到 1775 年钉子制造业每年用去 1 万吨铁,雇佣约 1 万名工人。要为工业革命建造工厂和制造机器,就得筹措资金,商业革命也提供了这方面所必需的大量资本,资本以利润的形式从世界各地源源流入欧洲,在西伯利亚,俄罗斯人把铁罐卖给土著,以换取足以装满铁罐的毛皮;在北美洲,哈得孙湾公司的商人向印第安人每出售一支步枪,索取的价钱是一支步枪那么高的一堆海狸皮;在墨西哥和秘鲁,西班牙人利用土著劳动力挖掘出许许多多的银子。德雷克在对西班牙人的一次私掠巡航中,获得了等于其远航投资 4 700%的利润。伊丽莎白女王为他提供了几条船,也分得一些股份,净赚 250 000 英镑,他将其中一部分投资于黎凡特公司,该公司的利润后又用于创办为英国赢得印度帝国的东印度公司。以往在中世纪,一个人若试图去赚得比保持他原有舒适生活更多的钱,会被认为是邪恶的。但是,随着商业革命的到来,渴望得到财富的精神出现于经济事业的各个方面:在商业上,有着固定价格和固定利润的商业公会被合股公司所取代;在工业上,对质量、生产方式和利润有着

许多规定的手艺行会被家庭加工制度的中间商所代替;在金融上,中世纪教会对高利贷的种种禁令,被提供贷款、出售汇票和提供其他许多金融服务的大银行所取代。

——斯塔夫里阿诺斯:《全球通史》,上海:上海社会科学出版社,1999年,第276—281页

资源9:特里芬难题

布雷顿森林体系是以美国经济在全球经济中的霸主地位为基础的,其自身存在着难以持续的问题。这就是著名的"特立芬难题"。按照特立芬的说法,如果美元与黄金要保持固定官价,其他货币与美元保持固定汇率机制,美国的经常账户就必须保持顺差或维持平衡,否则人们对美元的信心就会丧失。同时,为了维持全球经济与贸易的扩张,把美元输送到世界各地,满足世界对美元的需求,美国的经常账户又必须是逆差。这种"两难困境"决定了布雷顿森林体系是不可持续的。尽管在它的早期阶段,美国通过对外直接投资输出美元,但全球范围内仍然呈现出"美元荒"的局面。为此,国际货币基金组织不得不使用成员国所交纳的黄金购买美元和在美国资本市场上发行美元债务筹集美元。

——李向阳:《布雷顿森林体系的演变与美元霸权》,载《世界经济与政治》2005年第10期

资源10:美元危机

1960年10月,第一次美元危机爆发,美元的霸主地位开始动摇,标志着战后建立的布雷顿森林货币体系开始进入动荡阶段。1968年3月,在伦敦、巴黎和苏黎世黄金市场上出现了抛售美元、抢购黄金的第二次美元危机。在第二次美元危机过去以后的几年里,又先后爆发了三次美元危机。1971年,美国对外贸易发生了自1893年以来的第一次巨额逆差,从而使美国的国际收支逆差进一步加剧,达到了220亿美元的创纪录数字。当时美国的黄金储备仅为102亿美元,而对外短期债务却高达520亿美元,陷入了债台高筑的困境。同年5月初,爆发了第六次美元危机,西欧主要金融市场出现了大量抛售美元、抢购黄金和原联邦德国马克的风潮。进入7月份后,在第六次美元危机尚未平息的情况下又爆发了第七次美元危机,抢购黄金、抛售美元的风潮迭起。当时美国的黄金储备已不足其短期对外债务的1/5。另外,越南战争的扩大以及约翰逊政府的"伟大社会"计划,加剧了美国的通货膨胀与国际收支的不平衡,使得美元的国际信用不断下降。面对负债累累而黄金严重短缺的局面,尼克松政府于1971年8月15日被迫宣布实行"新经济政策"(史称"尼克松冲击"),其主要内容:(1)对内冻结工资和物价;(2)对外停止履行美元兑换黄金的义务和对进口商品征收10%的进口附加税。同年12月中旬"十国集团"在华盛顿"史密森氏学会"大厦举行了财政部长和中央银行行长会议,达成了协议:对各国货币汇率进行调整,黄金官价从每盎司35美元提高到38美元,并取消10%的进口附加税。这一协议通常被称为"华盛顿协议"或"史密森氏协议"。美元停止兑换黄金和美元在战后第一次公开贬值,是美元危机发展的必然结果,它标志着战后建立的以美元为中心的资本主义国际货币体系已经开始瓦解。1973年2月12日,美国政府被迫宣布再次将美元贬值10%,即将黄金官价从1盎司38美元提高到42.22美元。

——刘自强:《布雷顿森林体系崩溃的历史影响新论》,载《全球视野理论月刊》2009年第3期

第四单元

村落、城镇与居住环境

学术引领

一、人居环境变化与差异

(一) 人居环境的内涵与演变

1. 人居环境的内涵

吴良镛在《人居环境科学导论》(北京:中国建筑工业出版社,2001年,第17—18页)中指出,人居环境是与人类活动密切相关的人类生存环境,包括提供人类活动的空间场所、物质、能量及人类活动过程中形成的一切社会经济关系。道萨迪亚斯认为,人类聚居是动态发展的有机体,是不断地对人口增长、技术发展、自然环境的变化以及相应的社会、政治、文化机构等的变化所产生的巨大影响做出反映的系统。

吴良镛在《"人居二"与人居环境科学》(载《城市规划》1997年第3期)一文中首次正式提出建立"人居环境科学"。吴先生认为,人居环境科学是20世纪下半叶在国际上逐渐发展起来的一门综合性学科群。它以包括乡村、集镇、城市等在内的所有人类聚居环境为研究对象,着重研究人与环境之间的相互关系;并强调把人类聚居作为一个整体,从政治、社会、文化、技术等各个方面,全面地、系统地、综合地加以研究,内容包括居住系统、人类系统、社会系统、自然系统、跨系统研究。

赵宝江在《"转变发展方式建设人居环境"研讨会综述》(载《城市规划》2010年第34期)一文中认为,人居环境科学是一种以人与自然的协调为中心,以居住环境为对象,强调把人类聚居作为一个整体,从生态、文化、社会、技术等各个方面进行系统的综合研究,了解、掌握人类聚居发生、发展的客观规律,以更好地建设符合理想的人居环境。

吴良镛在《人居环境科学导论》(北京:中国建筑工业出版社,2001年,第38—39页)中认为,人居环境包括居住的自然生态环境、居住的社会文化环境及居住的人工环境。人居环境主要研究自然环境、人、社会结构、建筑与城市、交通与通信网络等五个要素及其关系。

研究人类居住环境变化,就涉及环境史。美国学者休斯在《什么是环境史》(梅雪芹译,北京:北京大学出版社,2008年,第1、3页)一书中指出,环境史学的主题可划分为三大类:一是环境因素对人类历史的影响;二是人类行为造成的环境变化,以及这些变化反过来在人类社会变化过程中引起回响并对之产生影响的多种方式;三是人类的环境思想史,以及人类的各种态度激起的影响环境的行为方式。因此,环境史研究的目的,是为了更好地理解人类生活的历史过程。

蒋高宸在《云南民族住屋文化》(昆明:云南大学出版社,1997年,第5—6页)一书中指出,从文化的角度,住屋文化就是人的构筑行为和居住行为的总和。人的居住行为和构筑行为是一个统一体,居住行为主要指家庭生活的内涵、居住的规划以及它们对空间的定性和要求等,构筑行为主要指住屋的构成方式、对自然实施控制所达到的深度以及修建所遵循的制度礼仪等。

陈丛兰在《中国居住伦理百年研究述要》(载《天府新论》2013年第2期)一文中认为,居住学的三个重要范畴:居住建筑、居住环境与居住方式,是由人类文化精神和价值系统渗透并贯穿起来的物化形态,它们所内蕴的人道、人性和人本,公正、平等和幸福等伦理主义,折射出个体的价值与意义、整个社会的文化精神和价值取向。

方拥在《中国传统建筑十五讲》(北京:北京大学出版社,2010年,第86—89页)一书中认为,人们的居住思想影响着居住建筑。从"穴居""野处",到人们建筑宫室居住,以"大壮"作为品评建筑重要标准,记载见于《易·系辞下》。同时,"卑宫室"的思想也在滋生成长,其势逐渐增大,最终超越"大壮",成为影响中国传统建筑发展的主流思想。"卑宫室"的思想发端自先秦。卑宫室一词就出自《论语·泰伯》中。先贤对于明君的赞美,首先即着眼于他们宫室的简朴;对于昏君的批评也常以其宫室奢华为证。

宁越敏、查志强在《大都市人居环境评价和优化研究——以上海市为例》(载《城市规划》1999年第6期)一文中提出人居硬环境和人居软环境的概念。人居硬环境是指一切服务于城市居民并为居民所利用,以居民行为活动为载体的各种物质设施的总和,是自然要素、人文要素和空间要素的统一体,具体包括三个部分:居住条件、基础设施和公共服务设施水平、生态环境质量。人居软环境即人居社会环境,指的是居民在利用和发挥硬环境系统功能中形成的一切非物质形态事物的总和。

胡振洲在《聚落地理学》(台北:三民书局,1977年,第1页)一书中认为,聚落是人类住屋及其附带的各种营造物之集合体。聚落的产生是人类满足住的需要才出现的,是人为力量下最典型的文化造型。"聚落"既指人工形成的居住环境,也指人类社会集体聚居或聚集的状态,还指由人类社会和居住环境形成的整体。研究传统聚落的四个基础:自然生态系统;经济技术系统;社会组织系统;文化观念系统。

吴良镛在《人居环境科学导论》(北京:中国建筑工业出版社,2003年,第240—241页)一书中提到,道萨迪亚斯在"人类聚居学"理论中将人类聚居分为乡村型聚居和城市型聚居。在"聚落"指称人类聚居地的研究中,狭义的范围仅指村落,而广义范围包含城市;例如将"聚落"和"城市"并提,很可能是在对比城乡之间的问题。

严文明在《关于聚落考古的方法问题》(载《中原文物》2010年第2期)一文中指出,"聚落形态"原是现代考古学上的一个概念。聚落考古是以聚落为对象,研究其具体形态及其所反映的社会形态,进而研究聚落形态的演变所反映的社会形态的发展轨迹。

陈淳在《聚落形态与城市起源研究》(载《都市文化研究》2007年第1期)一文中提及,美国考古学家欧文·劳斯认为聚落形态包含了文化、社会和生态三种系统。加拿大考古学家布鲁斯·特里格将聚落考古作为一种经济、政治和相关的功能系统来看待,指出了聚落形态研究的两种主要方法:一种是生态学方法,另一种是社会学方法;提出了聚落形态研究的三个层次:个别建筑、社区布局和聚落的区域形态。如果要研究一个区域里社会的复杂化过程,可以将聚落形态的共时性和历时性特点进行整合研究。

刘海旺在《从三杨庄遗址考古发现试谈汉代聚落》(载中国社会科学院考古研究所、河南省文物考古研究所编:《汉代城市和聚落考古与汉文化》,北京:科学出版社,2012年,第357页)一文中梳理了汉代文献中"聚落""聚""落"等概念,认为这一时期"聚落"较为明确的内涵就是指乡以下的农耕聚居地。

白云翔在《秦汉时期聚落的考古发现及初步认识》(载中国社会科学院考古研究所、河南省文物考古研究所编:《汉代城市和聚落考古与汉文化》,北京:科学出版社,2012年,第44页)一文中认为,"聚落"可区分为广义和狭义两项,所谓狭义的聚落,即一般的乡镇和村落,也包括秦汉时期县城以下的乡、聚、亭、里。

韩茂莉在《中国历史地理十五讲》(北京:北京大学出版社,2015年,第7页)中指出,针对聚落展开的历史地理学术探讨,目的在人而不在聚落,聚落仅是储存人类活动信息的载体。依托这些信息,通过人类生活的地理环境、生产活动等问题的探讨,在追寻人类社会进化轨迹的同时解读人与环境的关系。

刘敦桢先生被学术界公认为"中国民居研究"的开山鼻祖。中国的聚落研究是在民居研究的基础上发展起来的。1941年,刘敦桢发表了《西南古建筑调查概况》,第一次将"民居"划分为单独的类型,开启了民居研究的新时代。

2. 人居环境的变化及原因

加得纳在《人类的居所:房屋的起源和演变》(于培文译,北京:北京大学出版社,2006年,第1—2页)一书中认为,人类最初住在洞穴里,当时的人们以狩猎为生。在洞穴中,他们很安全。人们在洞口生火,这样既能取暖又能在他们烤肉时防范动物。人类离开洞穴,气候或许是个原因。当冰川撤回到北方时,气候变得温暖潮湿,植物生长,阳光让人们走出洞门,正如它催发了花开。同时,冰川消融让其他地区的肥沃土壤得以显露,大批畜群也随之而去,离开人类居住的平原——这意味着狩猎不再是可靠的食物来源。从狩猎到农业、从洞穴到房屋是一个缓慢的、渐进的过程。大约是在1万年前,农业定居地诞生了,定居地意味着房屋。房屋是一种创造物,一种新东西,一种独立于洞穴观念的庇护所。洞穴的基本形态大体上是半圆的,于是房屋就设计成圆形的。

王宁远在《遥远的村居:良渚文化的聚落和居住形态》(杭州:浙江摄影出版社,2007年,第19页)一书中指出,考古发现,远古人类的经济活动是在遗址周围一定距离的范围内,从事狩猎、采集、农耕的作业开发。还有类似的研究表明,定居聚落获取食物的领地半径约5公里,而采集狩猎等流动经济型聚落的领地半径则为10公里。

斯塔夫里阿诺斯在《全球通史》(董书慧等译,北京:北京大学出版社,2006年,第5—6页)中认为,人类通过改变环境来适应自己的基因,而不是改变自身的基因去适应环境。不像生物那样改变基因来适应环境的变化,特别是气候的剧烈变化,人类既能适应自然环境又能调整人际关系。本特利也在《新全球史:文明的传承与交流(上)》(魏凤莲等译,北京:北京大学出版社,2007,第7页)中认为,人类改变了自然环境使之适合自己的需求,这个过程早在远古时代就已经开始,并一直持续到今天。

计宏祥在《远古人类对居住环境的选择》(载《化石》1984年第2期)一文中认为,人类对于居住环境有一定的选择性。一个总的倾向是,喜生活于森林及草原交接地带,附近河湖众多的地方,因为没有水,人是无法生活的。远古的元谋人所在地——云南元谋县是一山间盆地,位于云南高原东北金沙江畔,盆地东边有海拔2 000米的高山;浙江余姚河姆渡气候温湿,森林茂密,种水稻,居住于地面上的干栏式架空建筑,这种住房完全是适应于热带亚热带沼泽环境的。西安半坡新石器时代遗址,附近水草丛生,水中有鱼,半坡先民们种植粟,居于半地穴建筑或地面建筑。

庞兹在《中世纪城市》(刘景华等译,北京:商务印书馆,2014年,译序第5页)一书中指出,影响人类活动的地理选择的三大因素:地理环境,不同民族对社会组织的态度和构建方式,技术水平。他在书中论述了在环境、社会、技术交互作用下,人类居住和农业、城市发展的关系。

斯特恩斯在《全球文明史》(赵轶峰等译,北京:中华书局,2006年,第15页)一书中认为,更多、更好的工具和永久的定居导致了更大、更精致的房屋和公社礼仪中心的出现。那里的房屋在结构上通常是一样的。不同地区建筑材料差异很大,但使用日光晒干的土坯、抹上泥土的篱笆以及石头等是农业社会早期房屋的共同特征。

刘致平在《中国居住建筑简史:城市、住宅、园林》(王其明增补,北京:中国建筑工业出版社,2000年,第1页)一书中认为,在上古,人民少而禽兽众,远古居民过着群居的生活,共同劳动,共同享用。远古居民成群地居住在靠近水源的天然洞穴里,或"构木为巢"以应对风寒雨雪和猛兽虫蛇的危害。巢居可以避洪水猛兽,是一种很自然产生的居住方式。这种方式传到后世即发展为"干阑(栏)"式建筑。"干阑"在中国曾成为一种极为普遍的建筑形式,直到明清以后才逐渐减少。现在,中国西南边远地区的少数民族村寨中仍大量使用。

斯塔夫里阿诺斯在《全球通史》(董书慧等译,北京:北京大学出版社,2006年,第44页)一书中认为,随着农业革命的到来,一切都变了。随着农业生产率的提高,人口不断增加,于是村庄拓展成城镇,城镇又扩张成拥有巨大的宫殿和庙宇以及聚敛财富的帝国,也导致毁灭性的战争出现。影响人类居住环境变化的原因中,最重要的是自然条件、生产发展与社会环境等,这些直接导致不同历史时期居住环境发生变化。

王立奇、张红在《从人类的四次居住革命看"数字化家园"》(载《中国房地产金融》2002年第12期)一文中归纳了人类居住的四次革命性变化:根据居住方式、建筑材料及建筑技术的发展等因素,第一次居住革命以走出群居,并以自己的力量,利用木材、泥土、石块等天然材料建造有支撑的房屋为主要标志;第二次居住革命以砖瓦产品的广泛应用和手工建筑技术的成熟等为主要特征;第三次居住革命以钢筋混凝土的广泛应用为主要标志;第四次居住革命是以信息化和生态化为主要特征的居住领域的深刻变革。

阿瑟·格蒂斯在《地理学与生活》(黄润华等译,北京:世界图书出版公司北京公司,2013年,第245—265页)一书中,从地理学的角度指出,宜居地一词是指地球表面适宜永久定居的地方。他认为世界各地文化的差异并不取决于自然环境,技术水平、社会组织制度和对真实与正义的概念同环境状况并没有明显关系。君特·菲加尔在《论居住:有关人类生活、建筑物和空间的思考》(载《同济大学学报》(社会科学版)2016年第2期)一文中认为,作为房间——工作的位置、休息的位置、开会的位置等,不仅是一个位置,还是自由空间,或者可以说:空间中的自由。

(二)人居环境的差异及影响因素

1. 人居住环境的差异

竺可桢在《气候与人生及其他生物之关系》(载《气象杂志》1936年第9期)一文中认为,居住和气候关系更为密切。住宅的第一目的,就是要避风雨。中国北方风沙大,雨雪少,北平(京)一带屋顶上瓦沟和屋檐的封固,要比南方紧密些。北平比较考究的房子,就有两重窗户。平屋顶的住宅,在多雨雪的地方,易引起屋漏,且冬天大雪可能把房子压倒。欧美各国,凡是多雪之地,屋顶尖削作金字塔式,冰雪不至于堆积在屋上。中国的纬度低,夏季长,黄河流域夏季有三个月之久,到了长江下游就有五个月,到了华南增至八个月,而且每天照到太阳光的时间要比英、法、德各国长得多。所以英、法、德诸国患阳光太少,而中国大部尤其是在夏天患阳光太多。一到夏季,南京各处的新式洋房,便搭上一个芦席棚,好像一个华服的妇人,外面罩上一件褴褛不堪的大衣。新式洋房墙上多开窗户原是要想多吸收太阳光,但是外面遮一层芦席棚,是不准阳光进去。长江以南,夏长冬短,故房间高大而宽敞。

陈桥驿在《历史时期绍兴地区聚落的形成与发展》(载《地理学报》1980年第1期)一文中将绍兴地区在历史时期形成的聚落按地域类型划分为山地聚落、山麓冲积扇聚落、孤丘聚落、沿湖聚落、沿海聚落及平原聚落等,并指出聚落的地域类型的形成,实际上就是历史时期劳动人民对各种不同的自然环境利用和改造的反映,聚落的命名往往和自然环境及聚落的职能有关。

方拥在《中国传统建筑十五讲》(北京:北京大学出版社,2010年,第10、40页)一书中认为,中国北方(黄河中游为主)用土,南方(长江流域为主)用木。早期北方建筑常采用穴居和半穴居的方式,随着生产力的提高,穴居和半穴居逐渐被地面式土木建筑所取代。南方的气候潮湿,为了避水防潮,多采用巢居的方式,并逐步发展为干栏式建筑。北方房屋的墙体和屋顶采用木骨抹泥和草筋抹泥的做法,木骨被厚厚的泥土包裹在内。他还依考古成果,将新石器时期的建筑分为四大类型:南部平原湿地的干栏"长屋";西北黄土高原的横窑与竖穴;中原丘陵坡地的半地穴"大房子";东部丘陵坡地的半地穴"排房"。

刘致平在《中国居住建筑简史:城市、住宅、园林》(王其明增补,北京:中国建筑工业出版社,2000年,第61—64页)中归纳了清代各类型住宅的分布、形制及构造:一、穴居,最早是竖穴,后来逐渐用横穴住人,竖穴作储藏用。华北西北谓窑洞。二、干阑(栏)建筑,一种很原始的建筑,人类很早就使用它。在中国从殷周以后,使用极为普遍,自汉代以后,北方就少见了。三、宫室式建筑,指"上为屋顶,中为柱墙,下为台基"的中国最正统的结构形式的住宅建筑,现在习惯称为"庭院式第宅"。四、碉房,这是康藏青高原以及内蒙古部分地区常见的居住建筑形式。五、"阿以旺"住宅,这是新疆南部维吾尔族住宅的一种常见形式。住宅多为土木结构,平屋顶,带外廊。六、蒙古包,这是内蒙古、新疆等地区游牧民族不定居建筑的最成功的作品。七、井干壁体,在中国原始社会即已使用,今日云南及东北等林区仍可见这种住房。他的书中有大量的插图,能直观地了解到各种住宅的形制。

方拥在《中国传统建筑十五讲》(北京:北京大学出版社,2010年,第10页)中认为,就建筑遗产而言,欧洲以砖石作为主要的建筑材料,中国则以土木为主。希腊房屋最早的风格通常以柱子和墙壁为框架建成圆形小屋,墙壁用缠绕在一起的芦苇涂抹着黏土建成。后来,出现了长方形的用泥砖建造的房屋,起初没有石头做地基;随后,出现了在矮的一端由带入口的长方形房间组成的中央大厅的类型,房间前方是由两根柱子支撑的开放的门廊。东方和西方的木结构建筑存在着一个本质的差别。西方建筑的墙面顶端是与屋顶的下面相接合的,因为墙面是屋顶的支撑物。但在东方建筑中,墙面不再起支撑作用,因此屋顶和墙之间是有距离的。中国建筑的演化是缓慢的,后来,结构上的进化似乎只发生在斗拱上。最初,斗拱是非常原始的,而且是纯粹功能性的。

人口大量聚居在一个地方,从事多种多样的职业,就形成了城市居住。

诺克斯、麦卡锡在《城市化:城市地理学导论》(姜付仁等译,北京:电子工业出版社,2016年,第20页)中提到,肖伯格对城市的定义突出了城市的自然特性和经济特性:城市是达到了相当程度的规模和人口密度的一个社区,这种社区庇护了各种各样的非农业专业人士(包括文化精英)。戈登·柴尔德试图用城市文明的显著特征清单来表现城市与众不同的特征:规模、人口结构、公共资本、记录和精确科学、贸易。

2. 人居环境差异的原因

吴良镛在《人居环境科学导论》(北京:中国建筑工业出版社,2003年,第240—241页)中指出,道萨迪亚斯在"人类聚居学"理论中指出"乡村型聚居"的特征:一、居民的生活依赖自然界,通常从事种植、养殖或采伐业;二、聚居规模较小,并且是内向的;三、一般都不经过规划,是自然生长发展的;四、通常就是一个最简单最基本的社区。

影响聚落形成与发展的因素有很多。

彭一刚在《传统村镇聚落景观分析》(北京:中国建筑工业出版社,1992年,第8页)一书中指出,自然因素对于传统村镇聚落形态的影响包括地理气候、地形地貌、地质和地方材料;社会因素对于传统村镇聚落形态的影响包括宗法伦理、道德观念、血缘关系、宗教信仰、风水观念、交往习俗等。他还从御寒、取暖、遮阳、避雨、散热、通风、防潮等方面比较了华北、东北、华中、华南等地区的建筑物平面形式、街道、院落等风格的差异。

鲁西奇在《散村与集村:传统中国的乡村聚落形态及其演变》(载《华中师范大学学报(人文社会科学版)》2013年第4期)一文中认为,所谓"乡村聚落形态",是指乡村聚落的平面展布方式,即组成乡村聚落的民宅、仓库、牲畜圈棚、晒场、道路、水渠、宅旁绿地以及商业服务、文化教育、信仰宗教等公用设施的布局。传统中国的乡村聚落形态,一直以分散居住的小规模村落占主导地位。他认为,导致集居村落的形成与发展因素包括:人口的增加;安全防御;社会经济的发展;宗族制度、文化;政治权力的作用。

彭一刚在《传统村镇聚落景观分析》(北京:中国建筑工业出版社,1992年,第23页)中指出,从村的分布情况看,越是土地肥沃的地方,农业经济发展的速度便越快,农民越富裕,结果是人丁兴旺,人口密度便随之而骤增。当然,村镇的规模及密集程度必然也相应地提高。他还分析了经济发达与商品交换发展、村镇集市化的关系。

贺业钜在《中国古代城市规划史》(北京:中国建筑工业出版社,1996年,第18页)一书中认为,聚集部落权贵及富有成员之城堡式"邑"的出现,预示着以往聚落(邑、聚)即将分化的趋向。有的"邑"将上升为统治据点,有的"邑"则沦为一般居邑或聚落。从此,居住聚落又渐被赋予政治内涵，统治据点与一般居邑之间成了控制与被控制的新关系。

许倬云在《周代都市的发展与商业的发达》一文中指出，西周封邑，其经济上的功能，大概只是配合封田的聚落。封君自己住的地方，有城墙做防御工事，有宗法制下象征宗法地位与权威的宗庙，则这种邑称为"都"，《左传》庄公二十八年里就有这样的记述。"都"是行政中心、宗教中心与军事中心的三位一体，也可能有较多的人口。

二、村落的形成与演变

世界上发现的最早的人类生活在600万年前。根据中国的考古资料，至少从200万年前开始，人类已居住在自然洞穴里。

（一）中国古代村落形成

1. 村落定居的出现

梁庚尧、刘淑芬主编的《城市与乡村》（北京：中国大百科全书出版社，2005年，第1—2页）一书中认为，考古发现，直到距今二三万年前的旧石器时代晚期，人类还基本上居住在洞穴内，如中国发现的1.8万年前的北京山顶洞以及差不多同一时期的江西万年仙人洞、湖南道县玉蟾岩等遗址，都表现出洞穴生活的特点。肯定地说，临时性建筑并不代表人类村落生活形态的出现。以中国考古资料为例，虽然在1.5万年前左右，已经发现了人工栽培水稻，但是早期农业还不足以支撑人类的生活需求，自然采集和狩猎生活还是重要的生活资料的补充。早期的农业又以粗放的刀耕火种为主，土地因此而很容易退化，农耕者得经常迁徙去寻找新的适合耕种的土地。那时的田地耕作期一般不超过2—3年，也就是说，当时即使出现村落，其使用期也是比较短暂的。

韩茂莉在《中国历史地理十五讲》（北京：北京大学出版社，2015年，第9、22页）中指出，追寻西辽河流域的史前文明，从距今8 000年的兴隆洼文化至距今3 000年的夏家店上层文化，前后延续5 000年，各考古文化期的聚落围绕400—700米高程的山坡形成最主要的分布区。尽管5 000年内，人类对水源、食物的追求贯穿始终，却经历着从食物采集者到食物生产者的变化，食物来源不同，人类对于环境的利用幅度、利用方式自然不会一样。聚落既是人类的定居场所，也是人们对环境加以选择的结果。因此，聚落持续使用与人类生存方式以及环境都存在关联性，而环境容量则是探讨这一问题的重要思考点。

马新在《殷商村邑形态初探》（载《历史研究》2010年第1期）一文中认为，殷商时期，随着城乡分离，出现了城邑和村邑，乡村邑落大小规模各不相同，是人们生活居住的地址，也是人们生产劳作的地方，村邑是殷商王朝统治存在的基础。考古资料显示，商代的村邑可分为两个级别，第一级有围墙和大门，规模及范围较大，一般是宗族族长居住的地方；第二级是小型村落。

刘再聪在《村的起源及村概念的泛化——立足于唐以前的考察》（载《史学月刊》2006年第12期）一文中认为，"村"字出现的时间是在东汉中期。"庐"是农民在田野的临时住所，《汉书》卷二十四《食货志》中就有这样的记载。农民在先秦时期是属于"国人"，居住在城里，在城外有庐，是为了耕作便利而设立的住所；国君为了保卫自己的国人，筑建城郭，以防止盗贼、积聚财富和统治国人。《十三经注疏》也记载了农民在劳动的田间"作庐"以方便耕种。由文献可以明确看出,农民闲暇时候住在城里,生产繁忙时住在庐中,方便劳作。在东汉以前,"村"的原型,即庐、邑、丘、聚,是"村"的早期表现形态,包含的意义和"村"字相同,都是指野外聚集。唐代,"村"作为聚落的称呼明确出现在唐朝的法令中。《通典》卷三《食货》中记载,大唐令规定,设置"村正"管理村里相关事务。村正的权力和城中的"坊正"相同。

黄忠怀在《20世纪中国村落研究综述》(载《华东师范大学学报(哲学社会科学版)》2005年第2期)一文中认为,中国内地地理学界对农村聚落的研究始于20世纪80年代以后,聚落研究成果以金其铭《中国农村聚落地理学》一书为代表,其对中国农村聚落的房屋型式、聚落位置、聚落型式、聚落规模、聚落分类等进行了系统的研究,并将中国的村落按地域划分为11个聚落类型区。村落既是一个空间单元,又是一个社会单元。村落研究既包括村落的起源、演变与发展规律,也涉及村落景观、村落形态、风俗信仰、商业活动以及村落社会结构等;村落发展与自然环境、农业制度的关系等问题也是村落研究的重要内容。村落与聚落的根本差别在于,村落是一个完善的社会组织系统,而聚落则不存在这种必然性。

2. 移民与村落形成

王询在《中国南北方汉族聚居区宗族聚居差异的原因》(载《财经问题研究》2007年第11期)一文中认为,导致人口迁移最主要的原因是战乱。从总体上看,在中国长期的历史进程中,北方的大规模战乱较南方更为频繁,造成人口损失和人口迁移规模更大。由于农耕活动中的合作与宗族聚居等原因,宗族聚居和宗族势力南方盛于北方的局面是既成事实。

马强在《论汉末三国时期的人口下降与迁移——兼论我国古代经济重心南移的开端问题》(载《汉中师院学报(哲学社会科学版)》1991年第2期)一文中认为,东汉末年至三国时代,北方人口锐减,村落大量被毁,出现"白骨露于野,千里无鸡鸣"的景象。北方人口的南迁刺激了江南地区城市的兴建和商业的发展。到三国、两晋时,京口、建业、武昌已并列成为江南地区的重要商业城镇,城市的增多进而促进了商品贸易的繁荣。

唐长孺在《南朝的屯、邸、别墅及山泽占领》(载《历史研究》1954年第3期)一文中认为,随着人口大量南迁,屯、邸、别墅等在山泽之地发展,是由于北方迁到南方的人(包括皇室、士族、军人等)在南方获得已垦熟田之不易,他们不能不占领山泽,以获得土地,而南方大族的发展也因人口增加,被挤向山泽。居住问题解决后,自然资源得到利用,水利建设,果树栽培,畜牧渔业蔬菜的生产以及修建房屋,制造器物等都有一定程度的发展,就使物资供应更加丰富。

胡阿祥在《东晋南朝人口南迁之影响述论》(载江苏省六朝史研究会:《六朝历史与吴文化转型高层论坛论文专辑》,2007年)一文中认为,北方人口南迁,江南社会经济逐步摆脱渔猎采集原始落后状态。大族"求田问舍""修植桑果""修营别业""尽幽居之美",促进了江南社会经济文化发展,是值得肯定的。

何德章在《六朝建康的木材》(载武汉大学中国三至九世纪研究所:《魏晋南北朝隋唐史资料》第24辑,2008年)一文中认为,草屋是魏晋南北朝时期以都城建康为中心的吴越江南地区大多数普通汉族居民的居所。六朝时期,由于这一区域经济开发初具规模,长江中下游地区出现若干城市,周围的自然森林已经减少、退化,木材的价格高,普通居民无能力获得木材建造房屋,最多只用于棺木或零散木材作为取暖的材料。比较廉洁、贫穷的官员居住的也是草屋。根据史料记载,当时城内居民的建筑多为茅草屋,因而容易引发连片的火灾。《隋书》卷四《高颎传》载,隋消灭陈时,高颎提到江南多草屋,秘密派人焚烧草屋和储积的粮食,不出几年就耗尽江南财力,加快了统一的进程。

陈文华等在《江西客家概述》(载《江西社会科学》1995年第2期)一文中指出,以江西省客家县石城为例,从西晋末年至南唐石城县建县的600余年间,先后来此定居、开基建村的就有郑、余等20余姓,新建村落有54处之多,石城亦因此由场升为县。到了宋代,新迁入石城定居的又有陈、印、刘等25姓,增建居民点95个。《文献通考·户口考》记载,在江西、浙江、福建等山区县内人们搭棚居住,称为"棚民"。

傅娟等在《广州地区传统村落历史演变研究》(载《南方建筑》2014年第4期)一文中对广州地区先秦至民国传统村落演变史进行系统研究,根据村落生产方式和生活方式相关要素的变化,将广州地区传统村落的历史演变划分为两个阶段、五个时期。与村落生产方式相关的要素包括对外交通、产业构成、土地开垦、农耕技术;与村落生活方式相关的要素包括居民构成、建筑形态、居住密度、村落形态。

葛剑雄在《中国移民史》第二卷《先秦至魏晋南北朝时期》(福州:福建人民出版社,1997年,第413—418页)中总结了移民对于南方的影响:一是中国传统文化的延续和发展,二是汉族政权的实际疆域进一步扩大和巩固,三是汉族与南方诸族间进一步融合。魏晋南北朝时期,北方移居南方的居民多达百万,特别是移居长江下游的人口众多,使那里的人地关系变得紧张,从而导致了对江浙山地的开发,加重了生态环境的负担,加速了对生态环境的改变。移民到来,带来了新的生产力,改变了南方的社会结构,加速南方社会发展进程。

黄忠怀在《从聚落到村落:明清华北新兴村落的生长过程》(载《河北学刊》2005年第1期)一文中,通过考察村落中家谱、碑刻铭文以及民间传说,总结了华北平原在明清时期村落从零星聚落到成熟的发展过程。并认为,村落与聚落的根本差别在于,村落具有一个完善的社会组织系统,村落独立不单纯是一个聚落空间的裂变过程,也是一个社会过程。

王张峰在《明代前期华北地区移民与村落重构》(载《濮阳职业技术学院学报》2017年第2期)一文中认为,在唐朝就有村落一级基层行政管理机构。唐代的村落发展比较成熟,比较重视村落管理,设立了负责管理乡村日常事务的村正,管理村落社会治安、邻里纠纷、农业生产、徭役征调等事务。明前期,里甲管理较宽松,主要是为了收受赋役而设定,还不是村落的行政管理机构。到明代中后期,随着村落的发展,里甲逐渐暴露出自己的缺陷,越来越不适应基层社会发展的需要。

走西口和闯关东,也促进了蒙古草原和东北村落的形成与发展。

段友文、张雄艳在《走西口移民运动带来的祖籍地与迁入地民俗文化变迁——以山西河曲、保德、偏关三县和内蒙古中西部村落为个案》(载《民俗研究》2011年第3期)一文中,通过对晋西北河曲、保德、偏关三县和内蒙古南部村落的调查,分析了走西口移民祖籍地晋西北和迁入地内蒙古南部的民俗文化变迁,从民俗学角度对走西口移民的生活进行解读。

徐永和在《清代河套川地区农耕的出现与村落的形成》(载《阴山学刊》2017年第2期)一文中认为,河套川泛指土默特右旗南部,这里土地肥沃,极宜人居,是晋陕移民养家糊口的好地方。自清道光以来,逐渐成为晋陕移民走西口的主要目的地之一。他们初为春出冬回,雁行而居,后逐渐由"伙盘"式、"窑子式"的临时居住点形成村落。由于汉族人的迁徙以及农耕的出现,蒙古族赖以生存的游牧业开始萎缩。可见,在清代中后期的大移民中,河套川地区在大批量土地得以开垦的同时逐步形成了星罗棋布的村落。那时的农业尽管是粗放型的耕作,但也有了开挖渠道、兴修水利设施、合理利用水资源的尝试,为科学发展现代农业、强化基础设施建设积累了丰富经验,奠定了良好基础。

王玉海在《清代内蒙古农业村落的形成和特点》(载《中国边疆史地研究》1992年第4期)一文中认为,清代内蒙古农业村落的形成按其初始形态可以分为以下几个类型。第一类是由山东、山西、河北、陕西等省农民私辟成村的。第二类是由内地流入蒙古的商人或手工业者直接或间接建立起来的村落。第三类是由清政府在内蒙古设立的各类官庄、公主府地、军屯点或驿站地等演化成村的。第四类是由清政府直接放垦成村的。第五类是由被迫弃牧业事农耕的蒙古人自辟成村的。

范庆斌、叶玮在《历史时期气候变化对中国古代人口的影响》(载《安徽农业科学》2014年第9期)一文中认为,历史时期气候冷暖波动给中国古代人口的数量和人口的迁移流动产生了深刻的影响。气候温暖时期往往是人口大发展时期,纬度较高的边疆地区适合耕种,大批汉民迁至边疆地区开展农业生产;气候寒冷时期人口减少,少数民族南下,掠夺粮食和土地,战乱导致中原人口也大量南迁。

张少云在《中国古代人口迁移类型述评》(载《云南教育学院学报》1997年第6期)一文中,将中国古代从春秋战国到明清时期人口迁移的类型划分为政治迁移、军事性迁移和经济性迁移三类。

3. 村落和住屋地域差异

苏秉琦在《中国文明起源新探》(北京:生活·读书·新知三联书店,1999年,第35、170页)一书中认为,从全国范围来看,我们可以将现今人口分布密集地区的考古学文化分为六大区系:以燕山南北长城地带为中心的北方;以山东为中心的东方;以关中(陕西)、晋南、豫西为中心的中原;以环太湖为中心的东南部;以环洞庭湖与四川盆地为中心的西南部;以鄱阳湖—珠江三角洲一线为中轴的南方。书中还论述了中国考古学文化区系类型学说的建立、中华文明起源和国家形成,进一步提出了中国考古学与世界考古学接轨、古与今接轨的新课题。

日本学者宫本一夫在《从神话到历史:神话时代、夏王朝》(吴菲译,桂林:广西师范大学出版社,2014年,第261页)一书中指出,在新石器时代后期,尤其是在黄河中游和下游地区为中心的区域内,平地穴式房屋即地面建筑与半地穴式房屋开始并存。在黄河中游地区,房屋构造开始向多样化发展,即基坛建筑、平地式地面建筑、半地穴式房屋、窑洞式房屋等。在商代后期的都城殷墟,并存着基坛建筑、地面建筑和半地穴式房屋,反映着使用这些建筑的人们的阶层差距,也反映着神殿或宗庙、贵族阶层的住宅、普通房屋、粮食贮存仓库等建筑物的功能不同。也就是说,这些因社会分化而产生的不同,都反映在房屋建筑的构造之中。

郑小炉在《从龙南遗址看良渚文化的住居和祭祀》(载《东南文化》2004年第1期)一文中认为,良渚文化中的住居呈现出多样性格局。早期房址以浅地穴式或半地穴式建筑为主,另有个别的平地起建式,而晚期则出现了干栏式建筑;屋顶的结构有两面坡式和四面坡式,而两面坡式则集中于早期;早期柱洞底部多垫有陶片、硬土块或木板;地面也多经过夯筑。河姆渡文化遗址的木建筑十分发达,大致经历了三个阶段:栽桩架板的干栏式建筑——栽柱打桩式的地面建筑——栽柱式的地面建筑,其总体发展趋势是从空中到地面。而钱公麟在《吴江龙南遗址房址初探》(载《文物》1990年第7期)一文中认为,从总体地貌来看,太湖流域以水网为主;但从局部区域看,也存在着平原、高地、丘陵、沼泽等地形。在不同的地理环境条件下,先民总是因地制宜、因材制宜地营造适于自己居住的建筑,不可能仅有一种模式、一种类型,或使用一种建筑方法。

韩翀飞在《龙山时代聚落形态研究》(载《华夏考古》2010年第4期)一文中指出,龙山时代指公元前3000—前2000年的新石器时代末期,已发现的龙山时代的城址分布于河南、山东、湖北、湖南、四川和内蒙古等省区,一些城址中有大型宫殿式建筑或大型夯土台基。以城址为中心的聚落群可分三至四级。最高一级是中心城址,第二级是次中心聚落,第三级是普通的村落,有的聚落群有第四级聚落,即临时居住点。一些分间居住的形态,说明当时的家庭形态呈现出一种多样化的倾向。

两汉乡村聚落的形式、建筑结构等呈多样化。对几处汉代聚落遗址的考察,可以看到其聚落的建筑形式一般是用砖砌或用土夯筑房基,房屋墙体以夯土墙为主,屋顶由檩木、瓦(或草)结合而成,墙体和梁柱共同支撑屋顶,房屋结构大多是平地而起的土木结构。(参见东北博物馆:《辽阳三道壕西汉村落遗址》,《考古学报》1957年第1期;内黄县文物保护管理所:《河南内黄县三杨庄汉代庭院遗址》,《考古》2004年第7期;湖南省文物考古研究所:《里耶发掘报告》,长沙:岳麓书社,2006年;广西壮族自治区文物考古写作小组:《广西合浦西汉木椁墓》,《考古》1972年第5期。)而当时的第宅宫室多半属于干阑(栏)式结构。室内地板面距室外地面有相当高的距离。凡是升堂入室,必先在外脱屣,入门即是席位,大家"席地而坐"。这种风俗及住宅制度在今天的日本仍能见到,而在中国唐代以后逐渐消失了。

4. 村落居住的时代特征

先秦文献常用"田宅""田庐"及"田里"等词,说明农民对于居住地点的选择,总是以有利生产、方便生活为首要条件,气候适宜、阳光充足、水源可靠、地势平坦、土壤肥沃是影响选择的因素。睡虎地秦简中有几条关于农民住宅形制的记载。《睡虎地秦墓竹简·封诊式》(北京:文物出版社,1990年,第149页)的"封守"描述房屋为:"一宇二内,各有户,内室皆瓦盖,大木具,门桑十木(株)。"对于此处的"一宇二内",睡虎地秦墓竹简整理小组将其注释为:"即一堂二内……堂即厅堂,内为卧室。"

黄今言在《汉代聚落形态试说》(载《史学月刊》2013年第9期)一文中认为,汉代富豪之家"造起大舍,高楼临道",兴建豪华住宅盛行,与贫苦农民的居住条件大为不同,彼此形成了鲜明对比。

林剑鸣在《秦汉社会文明》(西安:西北大学出版社,1985年,第220、225、234页)一书中认为,贵宦富豪的居住,极尽雕琢堆砌之能事。汉代宫殿建筑多数是四面为檐。秦汉之世,上自帝王,下及平民,坐卧起居皆用席,席为居家必备之物。"席"以蒲草或蔺草编成。坐席之礼,亦有一定规矩。

高至喜在《谈谈湖南出土的东汉建筑模型》(载《考古》1959年第11期)一文中指出,长沙出土的东汉砖室墓中的陶制房屋模型,最常见的一种为曲尺式,由两幢长方形的房子组合成一曲尺形的平面,其余相对的两角,用矮墙围绕起来,形成一个后院。整体又构成一个方形,包括有住房、厕所和家畜圈栏三部分。顶为悬山式,复瓦。屋的前半部高敞,当是住人的地方,前面设有门和菱形窗格。后半部右边为厕所,茅坑设在后右侧楼上,与前面住房相通,右墙上有直棂窗。后院是家畜圈栏,低矮的围墙上开有倒葫芦形门,左侧有四个条形窗孔,右侧与厕所底部相通,与前面住房隔开。

张泽栋在《云梦出土东汉陶楼》(载《江汉考古》1982年第1期)一文中指出,云梦出土的陶楼,其质地为细泥红陶,通体涂一薄层青黄釉,它的建筑形式为重檐无殿式。整体建筑分前后两重;前重分上下两层,后重分望楼、炊间、厕间、猪圈、院落五个部分。在主体建筑的前面设有一座附加建筑——哨棚。整个陶楼巍峨壮丽,充分反映了一座豪华的地主庄园住宅的模式。

汉代农民住宅形制与前代相比没有太大的改变。《汉书》卷四九《袁盎晁错传》(北京:中华书局,1964年,第2288页)中记载,晁错在给文帝有关屯垦区的建言中写道:"营邑立城,制里割宅,通田作之道,正阡陌之界,先为筑室,家有一堂二内,门户之闭,置器物焉,民至有所居,作有所用,此民之所以轻去故乡而劝之新邑也……室屋完安,此所以使民乐其处而有长居之心也。"典型的汉代农民住宅结构仍是"一堂二内"。考古发掘的汉代聚落遗址,也能直观地看到有关农民住宅的形制和结构。

刘致平在《中国居住建筑简史:城市、住宅、园林》(王其明增补,北京:中国建筑工业出版社,2000年,第26页)一书中指出,魏晋时,陶潜珍视自然、不受压迫的生活。据记载,他有十余亩的宅地,八九间草屋,堂前有桃李,宅后有榆柳,这是很不错的住宅了。这种对居住环境的期许,在唐代也很盛行。白居易记载自己的庐山草堂,也有关于居住环境的描写。

宋坤在《光业寺碑题记与唐代村落史研究》(载《光明日报》2015-02-25)一文中认为,光业寺碑题记反映了唐代前期村落格局单一制为主的典型结构。唐代的"村"类似现在的行政村,是乡村基层组织的主要形式之一。

刘致平在《中国居住建筑简史:城市、住宅、园林》(王其明增补,北京:中国建筑工业出版社,2000年,第41、42、53页)中认为,宋代营田、屯田、庄园、圩田等制度召庄客承佃,佃户的住宅制度,在南宋初有明文规定,官府给每家草屋三间,其中人居住的住屋二间,养牛的牛屋一间。这种制度在北宋也可能有。这与汉初晁错说的"一堂二内"制度相似。宋代农民的草屋,许多宋画上画的很详细。

刘致平指出,宋代住宅制度规定私人居住房屋中,六品以上的官吏与庶民家居有很大的差异,主要表现在斗拱、藻井、五色文饰、飞檐、房屋桁架的间数、朱漆梁柱窗牖、雕铸柱础等。宋与唐一样限制随便营造,大家必须遵守,条理井然,外观毫不杂乱,这是中国建筑史上很有特色的地方。明朝,洪武二十六年定制官员营造房屋,也有严格的间数、装饰、规制等方面限制。

(二)外国古代村落

1. 欧洲古代的村落

美国学者迈克尔·加拉蒂在《欧洲区域聚落形态研究》(陈淳译,载《南方文物》2010年第2期)一文中认为,欧洲最早的聚落(距今50万—30万年前)是沿河湖边、有时是在海边确立的,如英国的博克斯格洛夫和法国的特拉阿马塔遗址。偶尔也利用洞穴,比如西班牙的阿拉戈和阿塔普艾卡。欧洲远古居民选择栖身之所时,气候和资源是主要的决定因素:需要可栖身的岩崖,便于接近资源、猎物和水源。

英国的《DK 儿童人类历史百科全书》(杨寅辉等译,北京:中国大百科全书出版社,2015年,第18—19页)认为,定居改变了日常生活的许多方面,出现了诸多的优点和缺点。优点:比较容易供养更大的家庭;生活更加舒适;可以通过交易获得商品;有些人能够获得财富和权力。缺点:过于拥挤;由于与其他人和牲畜近距离生活,增加了传染病的风险;垃圾和污水的处理成为问题;农民积累的财富引来了强盗。

乔治·杜比主编《法国史》(吕一民等译,北京:商务印书馆,2010年,第72页)一书中指出,在法国,新石器时代早期的居民在地面上留下5排平行的柱洞。据此推断,内部的柱子支撑着两面斜坡屋顶的房屋,外部的墙壁是用并排靠着的柱子组成,编织的树枝将柱子连接起来,再用黏土糊上。屋子外面是挖取黏土后形成的土沟。房屋经常得到翻修。屋子长10米、宽5—6米,可以容纳一个核心家庭。平原的村庄,有时周围还围以栅栏。在法国南部,大部分建筑偏向于用未经加工的石块建造,至少基础部分用石块,在这些地区这是比木料更容易获得的材料。

西班牙学者卡尔在《西班牙史》(潘诚译,上海:东方出版中心,2009年,第2页)一书中指出,从公元前3800年开始,半岛的不少地方都开始卷入巨石建筑的潮流之中。这股潮流在当时席卷整个欧洲北部。公元前2600年左右,半岛已经出现青铜文明。洛斯米利亚雷斯拥有开凿在石上的供水系统和用三面巨大的城墙建成的堡垒防御体系。

2. 西亚和南亚古代的村落

斯特恩斯在《全球文明史(第三版)》(赵轶峰等译,北京:中华书局,2006年,第23页)一书中认为,公元前4000年前后,苏美尔人最终在两河流域建立了文明。他们定居在方圆700英里的地域内。苏美尔人很早就建立了宗教、朝圣和祭祀中心。早于公元前3000年,许多这样的中心就拥有泥砖构造的精心装饰过的庙宇。

斯塔夫里阿诺斯在《全球通史(第7版)》(董书慧等译,北京:北京大学出版社,2006年,第36页)一书中认为,在中东,住房的墙是用土做的。欧洲最常用的建房材料则是劈开的幼树,上面厚厚地涂盖一层黏土和牲畜的粪便。房顶可能一般都是用茅草盖的。房间的中央则通常会生上一堆火,供照明和取暖用。房子没有烟囱,只是在屋顶上开个洞或在屋檐下留条缝,用来排烟。

林承节在《印度史》(北京:人民出版社,2004年,第10—11页)中指出,印度最早的居民是什么人,学术界没有定论。考古发现公元前5000年印度进入新石器时代,遗址分布广泛,多在山坡、河谷,发现有烧焦的稻壳和麦粒,居民已经懂得农耕,饲养家畜,有了陶器,开始住在地穴中,后来逐渐用泥土和土坯在地面上建造茅屋居住。

3. 埃及和美洲古代的村落

阿·费克里在《埃及古代史》(高望之译,北京:科学出版社,1956年,第15页)一书中认为,公元前3000年左右,埃及人发现石头是比泥砖更好的建筑材料,他们已经能够使用最坚硬的石头,不仅把它用来制造器皿,并用来雕刻以及建筑坟墓。

穆斯塔法·埃尔·埃米尔在《埃及考古学:埃及古代建筑、雕刻与绘画》(林幼琪译,北京:科学出版社,1959年,第27—29页)一书中指出,埃及人的房子是用泥墙或砖墙造成,采用木料支撑物来代替石头柱子,采用棕榈树干的栋梁来代替石头屋顶。住宅和庙宇的共同特点是:住宅和庙宇的各处都饰以艳丽的色泽。广大人民住在砖头建造的屋子里。更常见的房间就排在庭院的三面。房子可以是两层的,楼房是由外面的楼梯相通。底层没有窗户,但在楼上有两个窗户和一个阳台。富人的住宅占地很大,房子建造在花园中央,周围的庭院里栽着许多树。它的平面图呈长方形,而住宅有围墙围着,须通过正门或两旁的边门才能进屋。围墙内有一个庭院,它的一道墙构成3个房间的前门。中央室是过道室,通往后面一个柱厅。侧室都是有两根柱子的房间,其作用同中央室。通过中央室便来到住宅中最重要的一个房间,这就是一个有12根柱子的餐厅,餐厅的中间放了一张大餐桌。国王的住屋,都是色彩鲜艳的木料建筑,光线充足,空气流通。房子正面装着旗杆,还有用精致的柱子造成的阳台,到了某些时节,国王就出现在阳台上与他的宠信见面。

斯塔夫里阿诺斯在《全球通史(第7版)》(董书慧等译,北京:北京大学出版社,2006年,第36页)一书中指出,在美洲,新石器时代的居民学会了建造比较坚固、宽敞的住房,不过造房子用的材料因地而异。纽约州北部的易洛魁人住在能够容纳十多户人家的大房子里,被称为"长房子人",这种房子是用树皮和木头建造的。居民之间经济平等,社会地位平等,每个家庭都拥有生产生活所必需的技能和工具,每个家庭都有权使用维持生活所必不可少的基本自然资源。

莱斯利·贝瑟尔在《剑桥拉丁美洲史(第1卷)》(中国社会科学院拉丁美洲研究所译,北京:经济管理出版社,1995年,第5页)一书中认为,在中部美洲随着采集者逐渐开始栽培瓜类、辣椒、豆类和谷物,约在公元前2300年,农民和陶器生产者的村落开始遍及墨西哥中部和南部各地以及中美洲。其中周围环境较好的村落,诸如在溪流两岸或近海处,人口率先增长。据我们所知,是奥尔梅克人首先在中部美洲兴建起大型综合性建筑群,并主要用于宗教目的。大型广场的存在说明宗教仪式是在露天举行的。

(三)影响村落发展的因素

1. 农业发展的影响

本特利、齐格勒在《新全球史:文明的传承与交流》(魏凤莲等译,北京:北京大学出版社,2007年,第24、28页)中指出,已知的最早的农业活动大约发生在公元前9000年前,亚洲西南部(今天的伊拉克、叙利亚和土耳其)的居民开始种植大麦,同时驯养了绵羊、山羊、猪和牛。已知最古老的村庄是耶利哥,公元前8000年,它就出现在今天以色列境内死海北边的绿洲上。大约在公元前7000年时,当地居民在他们的圆形茅屋周围建造起坚固的围墙,挖掘了护城河,这些情况反映出耶利哥聚集起的财富已经引起了其他掠夺者的兴趣。已知的最古老的城市,出现在伊拉克的底格里斯河和幼发拉底河流域,那里的农业村庄和城镇逐渐发展成为城市。

田野在《考古发现与"文化探源"之七村落的起源》(载《大众考古》2014年第1期)一文中认为,从世界范围看,人类经历了一场所谓的"农业革命"。一旦人类开始以务农为生,他们就定居于固定的村落里并建造房子。考古资料也证明了这一点。大约在8 000年前左右的新石器时代中期,中国南北方地区都有较多村落出现。村落是人类诞生之后经过600万年左右的发展才出现的新型生活空间和居住形态,而村落诞生的根本原因是农业的产生和发展,正是在这个意义上说,农业是人类第一次真正意义的生存方式和发展方式的革命。村落一经诞生,也同样产生了革命性的影响。

中国古代史籍记载了农业生产与定居的关系。《汉书·沟洫志》(北京:中华书局,1964年,第1692页)记载:"古者立国居民……填淤肥美,民耕田之……稍筑室宅,遂成聚落",说明了农业生产与定居的关系。

费尔南德兹-阿迈斯托在《世界:一部历史》(钱乘旦审读,北京:北京大学出版社,2010年,第59—64页)一书中认为,关于农业的产生,有7种解释:人口压力;富裕的结果;政治的力量;崇拜农业;气候不稳定;农业不期而至;从取食自然转向生产食物。书中还指出,采集、狩猎、畜牧和耕种四种获取食物的技术根据传统的时间排序是依次递进的关系,然而实际上它们是交叉互补的。

美国学者巴克勒、希尔、麦凯在《西方社会史》(霍文利等译,桂林:广西师范大学出版社,2005年,第11页)一书中认为,农业生产发展,粮食的富余带来了另外两个重要后果,谷物变成了一种用来交换的商品,也出现了劳动分工。

马立博在《中国环境史:从史前到现代》(关永强等译,北京:中国人民大学出版社,2015年,第31、38页)一书中认为,农业是中国环境史的核心话题。定居农业则需要清除森林以便开荒种地,随着农业定居村落的形成,这种对森林的清除会一直继续下去。农耕确保了产量从而增加了食物供给,于是人口增加,继而需要开垦更多的土地。耕作技术和定居农业由此成为人类与生存环境之间重要的互动方式,并且也显著改变了环境。尽管在公元前5 000年之前,人们就已经在种植水稻,但这并不妨碍他们继续在周遭的池塘、河、湖中采集一些菱角、蕹菜和香蒲。他们沿河岸打入高出水面的木桩,然后在上面建造房屋,饲养猪、狗还有水牛,制造陶罐储存或烹煮食物。

邓大才在《超越村庄的四种范式:方法论视角——以施坚雅、弗里德曼、黄宗智、杜赞奇为例》(载《社会科学研究》2010年第2期)一文中认为,20世纪中国乡村研究的村庄范式被广泛接受和运用,概括起来就是四大范式:从市场维度研究的施坚雅范式、从文化与权力维度研究的杜赞奇范式、从宗族维度研究的弗里德曼范式以及从经济维度研究的黄宗智范式。

2. 自然与社会因素的影响

黄忠怀在《20世纪中国村落研究综述》(载《华东师范大学学报(哲学社会科学版)》2005年第3期)一文中认为,村落既是一个空间单元,又是一个社会单元。从20世纪三四十年代开始,中国村落研究逐渐受到多学科的关注。80年代以来,各学科从不同侧面探讨了村落的规模、景观形态、空间分布、社会结构以及村落发展与自然环境、人口、耕作制度的关系。在这些学科的研究中,尤以地理学、历史学以及人类学的成果最为显著。

罗彩娟在《村落史研究文献回顾》(载《广西师范学院学报》(哲学社会科学版)2012年第4期)一文中认为,国内学术界的村落史研究可以区分为村落社会结构与制度,乡土意识、农民意识与社会心理,村落婚姻、家庭与习俗以及村落与现代化关系四个研究视角。这些研究体现出多学科交叉研究、立足村落并超越村落的学术追求和区域研究等三个方面的特点。

尹钧科在《关于〈北京郊区村落发展史〉研究浅说》(载《北京社会科学》1997年第3期)一文中认为,村落主要是从事农业生产的人们生活居住、生养繁衍的场所和进行各种生产活动、社会活动的基地。在一定地域内的若干村落差异和变迁，是受多种因素综合影响的。村落由各种建筑物、构筑物、道路、绿地、水源地、田园等物质要素组成。韩霞在《中国古村落》（北京：中国商业出版社，2014年，第10页）一书中指出，因地制宜是中国先民在建设家园过程中总结出的一条宝贵经验。

三、中外集镇和城市形成与发展

（一）城市起源

1. 城市的起源

美国学者约翰斯顿主编的《人文地理学词典》（柴彦威等译，北京：商务印书馆，2004年，第756—758页）中指出，城市，包括城镇和城市。如果城市化被视为一种人口学现象，那么城市区域就是指人口规模和人口密度超过（通常在人口普查中城市区域定义的）门槛的地区。

张光直在《关于中国初期"城市"这个概念》（载《文物》1985年第2期）一文中认为，西方社会科学对"城市""城市生活方式"与"向城市生活方式发展"这一连串的概念进行研究和讨论，常用的关于城市的定义，多源于戈登·柴尔德1950年在利物浦大学《城市规划评论》杂志里发表的《城市革命》的文章。从考古学的资料中来界说城市，柴氏举出了十项标准。

约翰斯顿主编的《人文地理学词典》（柴彦威等译，北京：商务印书馆，2004年，第768—759页）概括了关于城市的起源的四种解释：（1）生态模型。这类模型典型地将城市制度和生产、集中某些种类的剩余产品联系起来，特别是通过大规模灌溉计划的建设。（2）经济模型。尽管这类模型典型地集中在经济一体化形式转变尤其是从交换到再分配的转变中，但它们特别关心非经济制度下这种交互系统所"植根"的方式。（3）文化模型。这类模型典型地考察宗教对城市起源的影响。最早的权力和当权者的焦点都放在礼仪中心，深深地刻上了宗教象征的烙印。（4）政治—军事模型。这类模型典型地把最早的城市看成堡垒和难民营。绝大多数现代有关城市起源的讨论，起码在地理学界，集中在（2）和（3）的关系上。但在城市制度和国家起源的关系讨论中，（4）也被视为相当有兴趣的角度。

李月在《城市起源问题新探——从刘易斯·芒福德的观点看》（载《史林》2014年第6期）一文中将芒福德关于城市起源的观点概括为：城市的产生最初源于人类定居的本能和意愿；城市胚胎是新石器文化与旧石器文化相结合的产物；城市真正意义上的形成体现在比生存更高目的建筑物上，是各个功能的复合体。这里，芒福德综合政治、宗教、军事等因素构想城市的形成过程。城市在形成之初是具有战争职能的政治、宗教中心。

科斯托夫在《城市的形成：历史进程中的城市模式和城市意义》（单皓译，北京：中国建筑工业出版社，2005年，第31—34页）中综述了城市起源的几种学说——城市起源于市场、军事要塞、纪念性中心、村镇的联合、宗教中心的吸引、行政中心服务社区扩大，并指出"剩余论"只是其中的一种：当生产量超过该社区人们的基本需要之后，一部分人从土地上解放出来，于是便产生了专门性工作的机会和从事这些工作的人群，他们分别是抄写员、工匠、牧师和士兵。剩余生产力使灌溉系统成为可能，而有效的灌溉系统又使复杂的行政系统成为可能,而这便意味着城市的出现。

科斯托夫认为,军事或宗教城市起源论也存在着同样的问题,这些理论认为:城市是防御和控制的媒介,或者,城市是宗教的圣地。当然,以防御为目的的聚居行为也许的确曾经导致城市的产生(但令人不解的是,早在城市出现之前防御的问题就已经存在,那么为什么城市没有更早一些产生呢?)。同样,相反的推论也能够成立,即一旦形成具有一定人口数量的聚居地,那么相应地这个地方就会对复杂防御系统产生需求。

科斯托夫认为,一个有利的生态基础,一个便利的商贸地点,一个涵盖大规模灌溉工程、冶炼术和牲畜驯养术等多方面能力在内的先进的技术基础,一个复杂的社会组织体系,一个强有力的政体等等——所有这一切都与城市的产生密切相关。关键在于,在某些城市的产生过程中,各种元素的作用是相互关联的。其中不同的元素诱发了不同类型的城市,或者更简单地说,促进城市产生的原因可能也正是城市将为之效力的目标。

阿瑟·格蒂斯等在《地理学与生活》(黄润华、孙颖等译,北京:世界图书出版公司北京公司,2013年,第478—480页)一书中分析城市起源的因素包括定居人群(非猎采社会)的存在、人口的聚集、不直接从事农业的人群,以及居统治地位的精英人群的存在。他认为,第一位也是最重要的,是最早的城市有赖于农业剩余的产品。通常反映在宗教中的社会组织和权力是城市发展所必需的第二个先导。古代城市多形成于便于防御的地点。与城市地区出现有关的第四个因素是更为复杂的经济发展。

薛凤旋在《中国城市及其文明的演变》(香港:香港三联书店,2009年,第314页)一书中认为,西方现代的城市地理学,概括城市有三个特点:(1)居民主要从事非农活动;(2)人口集中和人口密度很高;(3)建筑密度高和拥有不同的风格,形成与农村不同的城市景观。这明显将城乡看作是两个不同的二元。源于古希腊的polis"城市"或"城邦"的概念,流行于公元前5世纪,意思是一个"自治"的群体。这个特殊的群体带有以下内涵:(1)自治;(2)成员充分参与群体生活,包括政治、经济、文化、道德、宗教、体育和艺术等,因此是一种公众参与的生活;(3)妇女和奴隶没有参与这个群体的资格。亚里士多德形象地概括说:"城市(polis)是一个人得以充分体现其精神、道德和知识上的潜能的唯一平台。"

诺克斯、麦卡锡等在《城市化:城市地理学导论》(姜付仁等译,北京:电子工业出版社,2016年,第22—23页)一书中认为,缺乏一定的环境、人口和社会等先决条件时,很难出现城市和城市生活,但关于城市起源仍存在各种各样的解释。即使这些理论不能全面解释城市的起源,但也提示了不同因素对早期城市化的推动作用,包括"剩余农产品、水文因素、人口压力、贸易需求、防御需要、宗教缘由、更综合的解释"。

简·雅各布斯在《城市经济》(项婷婷译,北京:中信出版社,2007年,第3—4页)中认为,由村庄而城镇再到城市的发展顺序,只是从表面上解释了早期的城市是如何形成的。农业发展在先的理论,通常被当作默认的假设。城市被看作文化的主要发祥地,聚集着大量复杂的思想和制度(即文明)。

何一民在《中国城市史纲》(成都:四川大学出版社,1994年,第1页)一书中认为,中国是世界城市发源地之一,距今5 000年前开始出现早期城市。赵玉馨在《试论中国古代城市的兴起与发展》(载《城市问题》1983年第1期)一文中总结了中国城市兴起的三种学说。一是城市兴起的"防御说"。二是城市兴起于商业集市活动的"集市说"。三是主张城市兴起于

"地利",称之为"地利说"。杨毅在《集市场所与聚居形态分化探析》(载《昆明理工大学学报》(理工版),2005年第4期)一文中归纳了城市起源(从社会学、考古学和历史学的角度)四种理论,分别是水力说或环境理论、宗教说或宗庙起源论、经济说或市场起源论、军事说或防御据点起源论等;其中占有突出地位的是市场起源论。熊月之、张生在《中国城市史研究综述(1986—2006)》(载《史林》2008年第1期)一文中梳理了早期中国城市的起源问题,防御说、集市说、地利说、城乡差别说等,并指出,以考古资料与古文献资料为基础,论述中国古文明设都、都城选址、军事防御及规划布局制度等,论述了中国夏商时代施行主辅都制,在学术界属于首创。

韩翀飞在《龙山时代聚落形态研究》(载《华夏考古》2010年第4期)一文中认为,从城址考古研究的角度,证明龙山时代聚落中心已向城市转变。认为,城市给乡村输送技术和文化,乡村又给城市提供粮食和其他生活资源,城市和乡村是相互联系、相互依存的关系。田野在《考古发现与"文化探源"之七村落的起源》(载《大众考古》2014年第1期)一文中认为,在中国,第一批城市产生于距今6 000年—5 000年间(如考古发现的湖南澧县城头山古城址和河南郑州西山仰韶文化时期古城址),从它们的形态看,它们都保持了此前村落的环濠形态,只不过在环濠和村落居住区之间增加了一道耸起的城墙,可见,最初的城市是在村落的基础上成长起来的,可以说,村落是城市的母亲和摇篮。

彭官章在《中国原始城市形成管窥》(载《求索》1991年第2期)一文中认为,在生产力水平很低的情况下,原始城市只可能是简陋的城堡式的原始形态,城内的设施及管理制度等极不完善,政治经济中心的职能作用不十分突出,与后来的城市有着极大的差异。原始社会晚期,私有制和阶级分化日益明显,部落联盟首领为了掠夺财富,经常发动部落战争。出于军事目的,部落之间互相加强防卫自守,挖沟筑垒,防御他族侵犯,于是城堡便应运而生。摩尔根在《古代社会》中指出:"在回顾人类进步过程时,可以注意一点,那就是……在中级野蛮社会中,开始出现了用土坯和石头盖造的群居宅院,有似于一个碉堡。但到了高级野蛮社会,在人类经验中,首次出现以环形垣垒围绕的城市,最后则围绕以整齐叠砌石块的城郭。"(《古代社会》,北京:商务印书馆,1981年,第257页)恩格斯在《家庭、私有制和国家的起源》中指出:"用石墙、城楼、雄碟围绕着石造或砖造房屋的城市,已经成为部落或部落联盟的中心,这是建筑艺术上的巨大进步,同时也是危险增加和防卫需要增加的标志。"(《马克思恩格斯选集》第4卷,第159页)。进入阶级社会即夏商以后,中国原始城市才摆脱早期的幼稚状态。可以肯定地说,原始城市为后来城市的发展奠定了坚实的基础。

2. 城市的功能

诺克斯、麦卡锡在《城市化:城市地理学导论》(姜付仁等译,北京:电子工业出版社,2016年,第20页)一书中提到特利对城市主义的定义,抓住了城市出现时社会和政治的显著变化,这些变化导致:从功能上整合成一系列特定的体制,这些体制最初设计成……将相对平等的、有归属感的、结构类似的群体,转型成社会上有分层、政治上有组织、领土上有基地的社会。

约翰斯顿主编的《人文地理学词典》(柴彦威等译,北京:商务印书馆,2004年,第773页)一书中指出,城市体系是指由一系列以城市为中心的区域(城镇、城市及它们的腹地)所组成的国家领土,它们包括了全部土地,并通过货物、服务、意识、资本和劳动力流动网络连接成一个运行系统。在一定的城市体系中,城市对周围区域有经济辐射、文化传播、政治组织和价值观引导等方面的功能。

芒福德在《城市发展史》(宋俊岭、倪文彦译,北京:中国建筑工业出版社,2005年,第13—14页)一书中认为,"贮存文化、流传文化、创造文化"是城市的三个基本使命;城市的主要功能是化力为形,化权能为文化,化朽物为活灵灵的艺术形象,化生物繁衍为社会创新。

薛凤旋在《中国城市及其文明的演变》(香港:香港三联书店,2009年,第313、329页)一书中认为,以中原文化为核心的文明体系,城市一直是它的文明的较集中的载体。他认为,最高层次的文明元素,即价值观和意识形态,集中在城市,城市的统治阶层、官僚和士人,拥有、创造以及推动知识的应用和传播;第二阶层的文明要素:制度,包括行政管治、收税、力役等,亦集中在城市,并以城市为节点向全国和全民推广和落实;最低层次的"器物",不少亦集中在城市,包括生产和交通工具、消费品、建筑、艺术等,同样成为农民的普遍价值观和行为准则。城市集中的文明要素,就是为周边的农村和整个农业经济服务的。

薛凤旋还认为,城市的核心区是行政和宗庙结合的功能区;背北面南,成为重要公共建筑布局的主导原则;科举和官学(包括私学)机构是城市的重要设施;城市的行政、宗教、教育等设施的服务对象主要是城市的腹地居民;工商活动一般在空间布局和营运上受到歧视和严格控制;城市虽设城墙和门卫,但一般人员的往来和在城内居住不受限制。

何一民在《中国城市史》(武汉:武汉大学出版社,2012年,导论第29页)中认为,农业时代的中国城市主要是以政治、军事功能为主,是区域性的政治、军事中心,虽然在发展过程中也叠加了一定的经济功能,但在城乡经济关系的矛盾运动中,农村始终居于主导地位,城市经济对小农经济有着很强的依赖性,成为自然经济的补充物。城市商业的繁荣建立于农副产品的流通上。据统计,鸦片战争前,中国市场流通的主要商品流通量占首位的是粮食,其次是棉布,再次为盐和茶。粮食、棉布、茶均为农副产品,这种流通结构表明了城市商业对广大农村的依赖。

于德源在《中国城市的起源及早期发展》(载《大同高专学报》1996年第4期)一文中认为,城市就其职能来说可以分为三类。一类是作为政治统治中心并具有防卫意义的城市;一类是既具有前一类职能,兼具有作为贸易市场或手工业汇聚之地的经济意义的城市;一类是纯经济意义的城市。就城市起源来说,中国最早出现的城市当属第一类。第二类城市是第一类城市的发展,出现较晚,恐怕晚至战国时期才有可能出现。第三类城市的出现则要更晚,唐宋之际由墟市发展起来的城市当属此类。

赵冈在《中国城市发展史论集》(北京:新星出版社,2006年,第1页)一书中认为,中国的城市很早以前就分化为明显的两大类。一类是行政区划的治所。它们通常有城墙或加上外郭保护,城内有政府的行政机关。这一系统的最高层是京师,其中有宫殿及有关的衙门廨署,以下则是各省级、府级、州县级的治所。这一系统城市的政治意义很强烈,它们是全国性的行政网点。另一系统则是州治府治县治以外的市镇,它们大多数不是政府主动设置的,而是基于经济因素而自然形成。

段继业在《青海小城镇起源的几种类型》(载《青海社会科学》1998年第4期)一文中指出,青海东部农业区以"塔堡性城镇"为主,间有寺院性和交通枢纽性城镇;西部开发区以开发性城镇为主;西、南部牧业区则以新兴政权性城镇为主,间有寺院性城镇和交通枢纽性城镇。

罗西在《城市建筑学》(黄士钧译,北京:中国建筑工业出版社,2006年,第17页)一书中认为,西方殖民者踏上新的土地时,他们必须建造城市。这些城市仿效了以下两种模式中的一种:一种是方格网布局,如大多数拉美城市,纽约城和其他中心城市那样;另一种呈"主要街道"村落的结构,这种城市的形象在西部电影中已具有传奇性的色彩。在这两种模式中,都出现了欧洲城市中的那些建筑:教堂、银行、学校、酒吧和市场。甚至美洲的住房建设也严格依照欧洲住房的两种基本类型:拉美国家的带有栅栏和凉廊的西班牙式住宅和美国的英国式乡村住宅。

诺克斯、麦卡锡在《城市化:城市地理学导论》(姜付仁等译,北京:电子工业出版社,2016年,第39页)一书中认为,新航路开辟后,从西方殖民的进程看,西班牙帝国建设殖民城市的初衷是,将它们作为行政和军事中心,并以此为基础来占领和剥削新世界。与此相反,葡萄牙殖民者在拉美东部建造的圣保罗和里约热内卢等殖民城市本质上更为商业化。尽管其动机是剥削,但葡萄牙殖民者建立的殖民城市都位于商业上最适合集中和出口矿产品与农产品的位置。这种城市化和贸易扩张的一个主要结果是,在全世界建立了门户城市,以便一个国家或地区与其他地区进行联系。

薛凤旋在《中国城市及其文明的演变》(香港:香港三联书店,2009年,第329—330页)一书中认为,中国近代在外力的营造下,开始出现了殖民地式的现代工商业城市,城市发展走向二元化:传统与现代的局部重叠。

科特金在《全球城市史》(王旭等译,北京:社会科学文献出版社,2014年,导言1—4页)一书中认为,城市全面健康发展三个最关键因素是:地点的神圣、提供安全和规划的能力、商业的激励作用。在这些因素共同存在的地方,城市文化就兴盛;反之,在这些因素式微的地方,城市就会淡出,最后被历史所抛弃。他发现,城市发展的共同特征:神圣、安全、繁忙,即,宗教层面上,道德操守的约束或市民属性的认同,维系城市的精神支柱;经济基础坚实,商业市场完善,社会阶层发育较成熟;相对来说有安全保障。

3. 城市的特色

城市形成与发展的因素及历史过程,直接影响城市特点的形成,出现了诸如军事要塞城市、港口与交通枢纽城市、政治中心城市、宗教中心城市,等等。

王立华、何一民在《王权——国家力量与中国古代城市的形成与变迁》(载《江汉论坛》2016年第1期)一文中认为,中国古代城市的发展变迁与王权—国家力量息息相关,主要表现在四个方面:(1)王权是中国古代城市起源的直接动力之一,中国古代城市的建设过程必须依赖王权所拥有的聚合力,特别是资金及人力等方面。(2)以王权为中心的国家权力体系深刻影响着城市体系及区域城市体系的形成发展。(3)以王权为核心的礼制思想深刻影响着中国古代城市的规划建设,城市成为等级伦理及王权至上原则的物质表现形式。(4)军事城市作为一种特殊类型城市,是王权向地方及边疆延伸的物化表现,军事城市的兴衰与王权直接相联系。

夏倩在《军事对于镇远城市形成和发展的影响》(载《学理论》2017年第1期)一文中通过研究镇远发展历程认为,由于镇远地处偏远的大西南地区,因此在很长的历史时间段里,中央王朝对这一地区惯行"羁縻"政策,镇远的发展远远落后于其他地区。但在中央王朝统治良好时,又往往在此设官驻军。为保障官、军的供给,中央政府常采取开山修道、屯田移民等措施。这些措施促使镇远驿道逐渐完善畅通,人员、技术等开发要素随之进入镇远,从而推动了镇远城市的形成和发展。

马庚存在《近代新兴城市青岛的形成》(载《历史档案》2009年第3期)一文中认为,青岛城市形成方式在中国城市建设历史上没有先例:规划先行,港口铁路优先,工商业集中,城市控制周边农村。在德国威逼下,1898年,清廷与之签订了中德《胶澳租界条约》,将胶州湾租借给德国。1899年,推出初始的青岛城市规划构想,进行城市建设。德国人的青岛城市规划,确定青岛的城市性质为军事基地、进出口贸易自由港、殖民地行政经济中心,军事基地与港口商埠并举。1913年,青岛已经奠定了近代城市的基础和框架。

张强在《京杭大运河中心城市的形成与辐射》(载《淮阴师范学院学报(哲学社会科学版)》2008年第1期)一文中认为,运河修通后,在京杭大运河沿岸城市的经济得到迅猛的发展,一些城市既承担了国家税收的重任,也成为区域性的贸易中心和商品集散地,从北到南包括,山东境内的德州、临清、聊城等,江苏北部的徐州、淮安、扬州等,过长江后又有镇江、常州、无锡、苏州等,浙江境内有嘉兴、湖州、杭州等。

陶道强在《论中国早期资源型城市形成》(载《大庆师范学院学报》2017年第2期)一文中认为,以洋务运动为契机,不断涌现的近代工业企业推动了中国第一批近代意义上的资源型城市的形成。此后,随着中国民族资本主义企业的发展,资源型企业也不断发展,这类城市具有以煤炭业为主及管理、技术水平普遍较低、资金困难、包袱沉重等突出特点。早期资源型城市的发展,为1949年后现代资源型城市的发展打下了基础,并在一定程度上影响了当代中国城市发展的路径选择。

赵自明在《论城市形成发展的条件——以石家庄市为例》(载《科协论坛(下半月)》2010年第5期)一文中认为,石家庄城市发展与铁路交通发展紧密相关。1907年正太(石太)铁路全线通车,石家庄村东成为京汉铁路与正太铁路的汇集点。正太铁路为一米宽窄轨,与京汉铁路不能互通火车。石家庄当时有两个火车站,一是正太车站,二是京汉车站。伴随着铁路线的建成通车,一批近代工业开始兴办,包括石家庄村东的正太总机厂、大兴纱厂、井陉矿等。大批农村人口向石家庄聚集。到1930年,产业工人数量高达1.6万人,有力地促进了石家庄城市化的进程。

林承节在《印度史》(北京:人民出版社,2004年,第13—14页)中认为,20世纪20年代,哈拉帕文化被考古发掘出来,处于金石并用时代(大约公元前2500年),总面积近130万平方公里,比两河流域文明、古埃及文明地区都要大,已发现大小遗址达数百处,其中城市遗址有六七处。最大的最有代表性的城市遗址是摩亨佐—达罗和哈拉帕,其他城市遗址有强胡达罗、卡里班甘、巴那瓦里等,洛塔尔是港口遗址。哈拉帕和摩亨佐—达罗两遗址面积大约都有1英里见方,人口在2万到4万之间,城市的设计和建筑有相当水平,都在河道旁,由城堡和下城两部分组成。城堡都建筑在土丘之上,四周有高大的砖墙,还有守卫用的塔楼,城堡内有宽大的建筑群。下城是居民区,街道布局呈直角交叉,排列整齐。房屋是砖砌的,有烧砖,也有泥砖。房屋已有差别,能反映出富人和穷人生活的差异。整个城市街道有配套的地下排水管道。

高德步、王珏编著的《世界经济史》(北京:中国人民大学出版社,2001年,第173—174

页)一书中认为,新航路开辟后,地中海贸易衰落,安特卫普成为各路商人的汇集点,汇集南德意志、汉萨同盟、葡萄牙、意大利、西班牙以至英国等各路商人,它是横贯欧洲大陆的贸易与海上贸易的结合点。安特卫普成为16世纪中期繁荣的商业中心,被称为"世界商业之都"。17世纪,荷兰控制着波罗的海地区、大西洋地区乃至地中海与北欧地区的贸易,阿姆斯特丹是世界上最繁忙的港口。世界的贸易中心随着新航线的开辟从地中海转移到了大西洋,继意大利诸城邦后,16世纪中期的安特卫普、17世纪的阿姆斯特丹成为欧洲经济中心。港口城市,如塞维利亚、利物浦、阿姆斯特丹,工业城市,如曼彻斯特,金融城市,如伦敦、纽约,城市的特点逐渐加强。

郭宝强在《从费城到纽约美国金融中心的变迁及其原因》(载《华东师范大学学报(哲学社会科学版)》2000年第6期)一文中认为,纽约取代费城成为全国金融中心,有四个基础性的因素:政治中心、商业贸易量、区域经济实力和制度创新等,商业贸易量、区域经济实力和制度创新则成为决定性力量。

石光宇、孙群郎在《美国全球城市形成初探》(载《杭州师范大学学报(社会科学版)》2011年第5期)一文中认为,经济全球化是全球城市产生的一个主要原因,全球化虽然导致了生产分散化,却使得一些影响着全球经济发展的机构不断地集中在全球城市之中,例如跨国公司总部、大型跨国银行、证券交易所和保险公司等。产业分离是全球城市产生的另一个主要原因,由于产业分离和专业细化,服务业从工业中分离出来,通过区位选择集聚在全球城市之中,服务于工业生产。美国全球城市的产生由多种因素促成,而全球化和产业分离始终是两条最重要的因素。然而,全球化和产业分离也改变了全球城市中的社会结构,致使城市中的就业和消费趋向两极化。这种现象在美国全球城市中表现得非常明显。全球城市理论的权威是美国哥伦比亚大学社会学教授丝奇雅·沙森,他的著作《全球城市——纽约伦敦东京》(周振华等译,上海:上海社会科学出版社,2001)系统介绍了全球城市理论。沙森认为,全球城市是对全球经济具有中心控制功能的城市,集聚着大量的专业性生产者服务业,具有特定类型的信息中心功能,主要部门是高度专业化和网络化的服务部门,提供全球性服务,高级专业人员和高利润服务公司的数量不断增多,增强了城市的经济实力。全球城市是在全球化背景下以金融、保险和房地产等生产者服务业为导向的后工业化场所。

陈玉光在《城市群形成的条件、特点和动力机制》(载《城市问题》2009年第1期)一文中认为,城市群是指在特定的自然条件、发达的交通信息网络、产业的精细分工与密切协作等因素的共同作用下,由一个或多个大型或特大型中心城市带动,若干不同规模、等级、各具特色的城市之间良性联动、协同发展,构成的庞大城市体系。在城市群区域内,中心城市对其他城市的经济、政治、社会、文化等均具有较强的辐射和向心作用。由于集聚形成的规模经济,加之高速通道缩短了城市间的空间距离和经济距离,企业的生产成本、服务成本、管理成本和交易成本大大降低,投资回报率和要素收益率明显提高。由于经济活动高度密集和在空间上的压缩,城市群往往是一个国家或区域的经济核心区和增长极,也是最具活力和竞争力的地区。20世纪50年代后,美国形成了旧金山—洛杉矶、达拉斯—休斯顿以开发高新技术产业为特色的新兴城市群。日本经济崛起以及工业化与城市化的加速发展,形成了以东京—大阪为轴线的庞大城市群。进入21世纪,中国正成为世界经济发展的新的增长极,中国的长三角城市群、珠三角城市群、京津冀城市群等正在形成和崛起。21世纪,从世界范围来看,以纽约、伦敦、巴黎、东京等大城市为中心形成的大城市群正成为竞争的主角。城市群形成发展的动力主要来自市场和政府两方面的作用。

(二) 中国古代城市和市镇

1. 中国古代城与市

中国古代对城市是分而论之。刘振群在《从历史上看农村集市贸易》(载《商业研究》1963年第3期)一文中指出,《说文解字》对"城"和"市"的解释不同,说明中国古代的"城"是具有城墙的一种特殊的防御设施,"市"特指商品的交易场所。《易·系辞下》中留下了最初有关集市贸易的记载。赵玉馨在《试论中国古代城市的兴起与发展》(载《城市问题》1983年第1期)一文中认为,《易》经中说"日中为市",是时间概念而非地点概念。《国语》中说:"争利者于市。"《史记》中颜师古的注释说明了"市井"的来历。仅仅由于商业性的集市贸易,便可以兴起一座城市。

罗丽在《中国古代城市起源动力及类型》(载《延边大学学报(社会科学版)》2007年第2期)一文中认为,中国古代城市起源动力呈多样化:安全保障、行政管理、交通枢纽、土地状况、农耕技术、手工业和商业的发展等皆为古代城市起源的动因。成因的多样化导致中国古代城市类型的多样化:政府政权所在地城市;商业及小手工业发展的专业城镇;特殊交通地理环境城镇;大规模的人口迁移城镇;军事驻扎地城市等。

胡新德在《集市贸易琐谈》(载《经贸导刊》1997年第3期)一文中认为,人类的集市贸易历史,最早可追溯到原始社会后期的"物物交换",即"以物易物"。作为一种有组织出现的集市,在中国大约起源于殷周。古代集市的形式很多,名称也不一样。唐代以前,一般没有专门集市。唐以后,专门集市分为两种:一种是季节性的,一种非季节性的。

贺业钜在《中国古代城市规划史》(北京:中国建筑工业出版社,1996年,第6页)一书中认为,从都邑演变为"城市",实质上是由政治城堡的"城",转化为兼备政治经济双重职能的"城市"。城市性质发生了变化,因而城市规划观念、理论、建设体制以及规划制度等都随之变革,以适应这种质的转变需求。

张鸿雁在《论中国古代城市的形成》(载《辽宁大学学报》1985年第1期)一文综述了中国古代城市的研究成果:傅筑夫先生在《中国经济史论丛》里讲到中国古代城市开始产生在夏代,同时认为战国以前的城市,实际上都是些有围墙的农村的观点;许倬云先生把从西周到春秋的城市排列为邑、都、都邑、城邑;杜瑜提出中国古代城市的出现应该在原始社会后期的观点。张鸿雁认为,中国古代城市在秦以前经历了三个重要阶段:城堡阶段——大约从原始社会后期至夏代;都邑阶段——从商到西周;完全意义上的城市兴起——从春秋初年开始。城市兴起的原因包括,生产力发展所带来的社会生产分工的扩大,手工业和商业的发展。指出春秋时期城市兴起的途径大致有这样几种情况:西周封邦建国发展起来的侯国都城所形成的城市;由世袭贵族的封邑发展而成的城市;新立采邑和赏赐的邑地发展为城市;有些城市是由农村的邑落而来的;处于水陆交通枢纽或是河川渡口要塞的城邑由于交换频繁,使人口、货物聚集而发展起来的城市;出于军事目的所筑城邑发展而为城市。

耿曙生在《论中国城市的起源与形成》(载《苏州大学学报(哲学社会科学版)》1990年第4期)、《论中国城市形成于商代》(载《苏州科技学院学报(社会科学版)》2007年第3期)中坚持认为,"城"与"市"在中国原始社会晚期已出现,其中"城"比"市"出现得早,甚至可以上溯到距今 6 000 多年前的仰韶文化时期。中国城市的形成,通过对商代"城"的内涵的分析,可见它已经完全属于城市的范畴。它既有阶级对抗的防御设施——城墙或壕沟,又有进行商品交易的场所——市;既有贵族平民奴隶的多层次社会结构,又有兴旺发达的工商业,从而使城真正成为某一地区某一历史时期内的政治、经济、文化中心的"城市"。

毛曦在《论中国城市早期发展的阶段与特点》(载《天津师范大学学报》(社会科学版)2006 年第 3 期)一文中认为,中国城市起源于仰韶文化晚期和龙山文化早期;中国历史上真正意义的城市形成于夏代;从夏代的城市形成到秦代郡县城市普遍推行这个阶段,中国早期城市的发展可分为三个小的时期。中国城市的早期发展呈现出显著的特征:中国早期城市具有多元起源和形成、不平衡发展并渐趋一统的特点;城市发展经历城与市双轨并进的演进道路;政治因素在城市发展中发挥主导作用。

张光直在《关于中国初期"城市"这个概念》(载《文物》1985 年第 2 期)一文中分析了柴德尔的十条标准,从考古材料来看,认为城市的出现在中国古代聚落形态史中,是由一系列的互相联系的变化而标志出来的,其中城郭的出现只是一项。考古中通常有:一、夯土城墙、战车、兵器;二、宫殿、宗庙与陵寝;三、祭祀法器(包括青铜器)与祭祀遗迹;四、手工业作坊;五、聚落布局在定向与规划上的规则性。这些因素彼此联系,且互为因果。他认为,中国初期的城市,不是经济起飞的产物,而是政治领域中的工具。

王彦辉在《早期国家理论与秦汉聚落形态研究——兼议宫崎市定的"中国都市国家论"》(载《中国社会科学》2014 年 6 期)一文中指出,秦汉帝国对城乡社会的控制并不是通过有形的城郭实现的,在"大一统"专制体制下,国家不仅借助乡里组织和法律严防社会成员,而且通过道德"城郭"控制人们的心理,他认为宫崎市定的中国上古经历过"都市国家"发展阶段的结论是不能成立的。

斯波义信在《宋代商业史研究》(庄景辉译,上海:上海古籍出版社,1997 年,第 315 页)一书中认为,在"市"制俨然存在的秦汉至唐初时代,社会上对"城市"的普遍概念即是"城郭",它是政府官厅的所在地,也就是政治都市。当然,从经济上看,城郭里的状况与农村并无多大差别,大多是耕地以及菜园等混杂在一起。然而,"市"制原则上是把工商业吸收到城里,官府对场地、时间、营业直接加以管理和保护。这种市制与表里不一的城乡分工的界限,早在南北朝以后,实质上是在唐中期以后,随着远程商业(国内商业、海外贸易)的发展,以及以农村为基础的各种生产力的发展而开始崩溃,宋代以后形成了与过去阶段不同的新的社会分工关系。

俞伟超在《中国古代都城规划的发展阶段性——为中国考古学会第五次年会而作》(载《文物》1985 年第 2 期)一文中提出,20 世纪 80 年代,围绕中国城市起源问题有一个研究的小高峰。俞伟超认为,城市不是普通的聚落形式,与普通的聚落有区别:第一,作为城市,具有人口、手工业生产、商品交换以及财富集中的特点;第二,虽然不能把有无城墙作为城市的标志,但是古代城市一般都有城墙,第三,公共排水设施在中国古代仅见于城市,而不见于乡村,可以作为城市出现的标志之一。

张全明在《论中国古代城市形成的三个阶段》(载《华中师范大学学报》(人文社会科学版)1998 年第 1 期)一文中认为,中国古代城市的形成是一个漫长的历史过程。在这个过程中,"城"与"市"随着社会的发展与进步,通过不断的"量变"积累到"质变"的飞跃,即从萌芽到形成,由各自独立、分离的个体发展成合二为一的复合体,在中国历史上主要经历了三个阶段:其一,乡村式城堡阶段,大约从原始社会末期到夏初,城的作用主要表现为军事及其他防御功能,这时"市"还没有出现;其二,城、市分离阶段,大致从夏初到西周前期,这时"市"虽已产生,但城的防御功能等与市的买卖交换功能等是各自分离、独立的;其三,城、市结合一体化阶段,从西周开始,城与市在逐渐有机地融合以后所表现出来的集合性特点与综合性功能日益显现,从而最终构成了一种区别于乡村的独特的生活环境与生活方式,表明中国古代历史上形成具有真正意义的城市。

施坚雅主编的《中华帝国晚期的城市》(叶光诞等译,北京:中华书局,2000年,第24页)一书中提出"中世纪城市革命"的说法,即"市场结构和城市化中的中世纪革命"。他认为,这场中国城市革命开始于公元8世纪的唐朝,在南宋时期达到高峰。这场城市革命的突出特点表现为:每个县只能有一个市场,而且该市场必须建在县城内的要求日趋减弱;官方市场逐渐衰落并最终导致崩溃;随着城市封闭式里坊体系的瓦解,固定坊市消失,代之而起的是更自由的街道市场,在这种街市中贸易和商业在城内或远郊都能进行;一些特殊的有城墙的城市快速发展,城外商业性郊区增长;具有重要经济职能的大量中、小城镇涌现。

2. 中国古代城市的发展

宋泽群、李晶在《浅谈中国古代城市起源的年代》(载《濮阳职业技术学院学报》2010年第1期)一文中指出,关于中国城市出现的最早年代,在中国古代文献记载中主要有三种说法:"黄帝说""夏鲧说""夏禹说"。近年发现的仰韶文化晚期城址距今约5 300—4 800年,相当于仰韶文化时代中晚期阶段,应与黄帝时代有一定联系。其城墙已经采用了方块版筑法夯筑。因此中国城市建造的历史应距今约5 500年。

徐丽珍在《论中国古代城市的起源与形成》(载《吉林广播电视大学学报》2006年第1期)一文中则认为,中国古代城市最早源于距今6 000多年的仰韶文化时期,而正式形成于西周。"城市"一词最早见于战国《韩非子·爱臣》中。只有当城市已经成为人们生活中感觉到的客观实体,防御功能的"城"与商品交换的"市"已经有机地结合到了一起,才会在语言中出现"城市"一词。

谢仲礼在《中国古代城市的起源》(载《社会科学战线》1990年第2期)一文中有不同的看法。他认为,古代中国从村落到城市的发展道路可以分为三个阶段:仰韶时代的村落、龙山时代的城堡(雏形城市)和商代的早期城市。这种巨大变化表现在三个方面:聚落范围由小变大、防卫体系由脆弱到坚固、内部建筑及其布局由简单到复杂。城市出现的最直接的原因是社会阶层的分化,导致贵族阶层的出现;因为只有他们才可能发动众多的劳动力去修筑规模宏大的城墙、宫殿等,但是,导致社会阶层分化的动因则是生产技术的提高及其专业化,并由此产生了剩余产品,原先的氏族首领趁机占有大部分剩余产品。久而久之,他们便成了养尊处优的贵族。他们为了维护自己的权势与地位,就想方设法调用大量劳力修筑城堡,并发展成为城市。

李先登在《试论中国城市之起源》(载《天津师范大学学报》1986年第5期)一文中介绍了1949年以来考古发现的大批古代城址,如东周时期的王城、齐临淄城、楚纪南城、秦雍城与咸阳、晋新田城、魏安邑、赵邯郸、郑韩故城及燕下都等。还结合考古发现与文献研究,从经济、工程技术、政治、治水等几个方面论述了中国古代城市的起源和发展。

崔春华在《中国古代城市的起源和发展的特点》(载《社会科学辑刊》1987年第6期)一文中认为,到了夏商周时代,城市数量增多了,城市规模扩大和设施完善,设置官吏对城市进行行政管理。到了夏商周时期随着人口增多,城市规模扩大,促进工商业的发展,逐渐形成与乡村经济不同的城市经济体系,在城乡经济交往中,逐渐发挥主导作用。中国古代城市发展的特点:中国古代城市在经济上和农村是矛盾统一体;中国古代城市起源于部落城邑,一开始就是一切权力的中心,这些权力包括土地所有权、政权、族权、祭祀权等,在原始时代部落城市就是这些权力的象征,随着夏商周统治权力的加强,统治阶级集中于城市,中国古代城市是经济、政治和文化的中心。

俞伟超在《中国古代都城规划的发展阶段性——为中国考古学会第五次年会而作》(载《文物》1985年第2期)一文中对中国古代都城发展的阶段性进行了分析,指出:商代至西周的都城,属中国古代都城发展史上的最初阶段;东周至两汉都城的密封式规划,是中国古代城市发展的第二阶段形态;从曹魏邺都北城到隋唐两京城的棋盘格形封闭式规划,是等级制森严时期的城市形态;北宋汴梁至明、清北京的开放式街道布局,是中国古代都城规划最后阶段的形态。

刘致平在《中国居住建筑简史:城市、住宅、园林》(王其明增补,北京:中国建筑工业出版社,2000年,第4页)一书中认为,殷代许多建筑的台基、墙垣、陵墓等均为版筑而成。版筑即是用木板或木棍作边框,然后在框内倾注黄土,用木杵打实后,将木板拆除。这是一种非常经济的筑墙办法,就地取材,木板框可以重复使用多次,版筑的墙经久耐用,至今仍有春秋战国时的版筑墙存留在地面上。这种方法一直到今天仍在某些地方使用着,"干打垒"其实就是版筑。考古发掘发现的商代建筑遗址已有多处,主要有二里头宫殿(夏末商初)、郑州商城、盘龙城及殷墟小屯宫殿。

贺业钜在《中国古代城市规划史》(北京:中国建筑工业出版社,1996年,第23页)一书中认为,西周营国制度的主要内容有:王畿区域规划制度、都邑建设体制、都邑规划制度、礼制营建制度、井田方格网系统规划方法。

刘致平在《中国居住建筑简史:城市、住宅、园林》(王其明增补,北京:中国建筑工业出版社,2000年,第8页)一书中认为,春秋战国时代,因为生产力提高,社会繁荣,手工业独立及商业的兴盛,富商钜贾众多,所以新城市大量勃兴。所谓"三里之城七里之郭"是一般常谈的制度。在《周礼·冬官·考工记》上,对于都城制度已有详细的规定。

张腾辉在《周礼王城:天下一家的空间图式》(载《学术月刊》2012年第2期)一文中指出,《周礼·冬官·考工记》是中国现存最早的技术制度文献,其中的"匠人营国"条是王城(都城)营建制度(简称"营国制度")的重要文献,遵从这一制度的都城模式通常被称为"周礼王城"。同时,不可忽略的基本历史事实却是《考工记》是作为先秦文献被收录进《周礼》,在西汉正式登场。《考工记》具有了"先秦"与"西汉"双重历史语境。

柳思维在《论城市内涵、起源及中国古代城市发展第一个高峰期》(载《求索》2003年第3期)一文中认为,春秋战国之际生产关系的变化为生产力的发展开辟了道路,农业和手工业进一步发展,"官营工商"的格局也被打破,自由商人和商业活动也有新的发展。这一时期中国古代城市发展也出现了第一个高峰期,其主要表现:首先是城市数量的增多;一批城市的规模进一步扩大；出现了一批工商业中心城市，城与市的结合更为紧密。除了经济上的原因以外，春秋战国城市发展的另一个主要动力是各诸侯国军事政治上的需要。西汉时期是继春秋战国之后中国古代城市发展的又一个高峰期。汉高祖刘邦建立西汉后，推行休养生息政策，西汉的农业、手工业、商业得到较快的恢复和发展，城市也出现了一定程度的繁荣和新的发展。到汉代，史书中留下很多修建城市的记载。《汉书·韩延寿传》《后汉书·马援传》《后汉书·陆康传》都记载了地方官吏修建城郭的事迹，说明地方城镇的建设得到各级地方官吏的重视。

薛凤旋在《中国城市及其文明的演变》（北京：世界图书出版公司，2014年，第325页）一书中认为，由汉代至清代，中国的城市基本就是中央集权式的行政体系的载体。

吴建雍等在《北京城市生活史》（北京：开明出版社，1997年，第18—19页）一书中论述了城市管理制度。例如，在唐幽州城中，实行坊制。到辽南京（燕京）时，据记述城中有二十六坊，每坊有门楼。到元代时，大都城的坊不是封闭状态，都由若干条邻近街巷组成一坊，完全是开放状态，街巷的名称也进而改称"胡同"，一直沿用到当代。

梁庚尧在《南宋官户与士人的城居》（梁庚尧、刘淑芬主编：《城市与乡村》，北京：中国大百科全书出版社，2005年，第118页）中指出，官户指文武品官之家，士人则包括已经通过科举考试的举人、官私学校的学生和其他以读书求学自业的读书人，他们大体上以仕进为努力目标。传统耕读传家的讲法，使人认为他们来自农村。就南宋时期看，尽管他们之中有许多来自农村，也有不少出身于城市；即使是出身于农村的官员、士人，当他们求学仕宦的期间，往往也在城里居住。

斯波义信在《宋代商业史研究》（庄景辉译，上海：上海古籍出版社，1997年，第315、318页）一书中认为，关于宋代城市与农村分工组成情况，特别需要提到的第一点是城市领域的扩大，它关系到商业城市的生成。随着远程商业的发展，商人们定居下来和农村人口的集中，与过去的"市"制相适应的"城郭"和"乡村"的分工结构崩溃了，市区的扩大，包括卫星城在内的近郊地区的发达产生了商业城市，它在与地方农村之间进行远程商品的集散和城市消费品由农村流入城市的商品流通，从而产生新的分工关系。供需的中心向地方扩散，城市经济网进一步增加了密度。这是宋代城市农村间分工组成特别需要强调的第二点。

漆侠在《宋代经济史》（上海：上海人民出版社，1987年，第931、933页）一书中认为，从整个市场情况来看，由一系列的城市、镇市和墟市组合而成的区域性市场，自小而大地发展起来。以商业交换为纽带，宋代社会在打破坊市格局的同时，还打破了城郭的限制。原来在城市的城门以外或城郭附近，建立了定期的贸易场所——草市。随着时间的推移，草市上设立了不少店铺，成为新的固定的贸易场所。由于都市人口的集中，城市管理时，从坊市分开改变为厢坊制。诸州县城镇户口则按城镇户口编制管理，把城外草市、镇市的户口不编制在乡村中，而编制在城镇中，进一步说明了这些地区的工商业的发展，从而与乡村中的农业生产有所不同了。

贺业钜在《中国古代城市规划史》（北京：中国建筑工业出版社，1996年，第13页）一书中认为，明代工商业城市数量增多，全国除三十多座大型工商城市外，各地区尚有很多中小型工商业城市。城市分工有了进一步的发展，除了商业城市外，还出现一批不同专业化的城市。市镇数量日增，规模不断扩大，手工业专业性市镇的发展尤为迅速。

施坚雅在《中国封建社会晚期城市研究》(王旭等译,长春:吉林教育出版社,1991年,第54页)一书中认为,非常有趣的是,中华帝国晚期的最大城市几乎没有一个比中世纪时期的最大城市更大。每个城市体系看来都是在某个自然地理的区域中发展的。这种发展是一个过程,区域内的各种资源,经济的、政治的,以及社会的、文化的,都在日益增长,被适度地调配,并卓有成效地加以利用。

傅崇兰在《中国运河城市发展史》(成都:四川人民出版社,1985年,第5—6页)一书中指出,中国早期运河开挖的主要原因,为了解决远程作战需要运兵运粮问题。到了唐代,运河已开始成为乡村与城市,城市与城市的交通之道,明清时期更是如此。南北大运河的形成和发展,是与中国古代城市发展的历史密不可分的。没有元代的大都,没有明清时期的北京,没有运河沿岸的城市,南北大运河的形成和发展就没有动力。反之,没有南北大运河的畅通,中国古代北京的发展,运河沿岸某些城市的形成和所有运河沿岸城市的发展,都会受到极大的限制。明清时期,南北大运河沿岸是全国三大经济区之一。明清时期的手工业中心城市、商业中心城市多数分布在南北大运河沿岸,明清时期资本主义萌芽的产生和发展,比较集中的地区就是南北大运河沿岸的城市和乡村。

王瑞成在《运河和中国古代城市的发展》(载《西南交通大学学报(社会科学版)》2003年第1期)一文中认为,运河漕运体系在中国早期城市的发展、都城和行政中心城市体系的形成、中国南北城市系统的整合、运河城市类型的产生中发挥着重要作用。运河漕运体系是中国古代城市体系的重要基础,使中国古代城市发展呈现出独特的形态和规律。

傅衣凌在《明清时代经济变迁论》(北京:人民出版社,1989年,第158页)一书中认为,中国古代城市可分为"开封型"与"苏杭型"。在前者,工商业是贵族地主的附庸,没有成为独立的力量,充满了腐朽、没落、荒淫、腐败的一面;后者与之不同,其工商业是面向全国的,流露着清新、活泼、开朗的气息。

李伯重在《多视角看江南经济史(1250—1850)》(北京:生活·读书·新知三联书店,2003年,第378、392页)一书中赞同傅衣凌先生的研究:破除了过去那种把近代以前的中国城市简单地分为政治性城市和经济性城市的做法,而把明清的中国城市分"开封型城市"和"苏杭型城市"两种类型。傅先生认为,新兴的工商业市镇也属于城市,因此实际上还有第三种类型的城市,称为"新兴工商业市镇型城市"。这些见解提出后,学界对明清中国城市的看法出现了重大分歧。以赵冈为代表依然坚持传统观点,把中国城市分为"政治意义很强烈"的"行政区划的治所"(赵氏称之为"城郡")和"基于经济因素而自然形成"的"市镇",认为"中国历史上的城市和市镇两者的性质不同,发展的过程也不同",应把二者分开;他还强调,宋代以后"大中城郡的发展完全停顿,城市化的新方向转到市镇"。

李伯重借用现代城市化研究的理论和方法,分析明清江南城市化的情况,指出,"苏杭型"城市与"众星拱月"型的城市发展——明清时期苏州的城市化进程,是以一个大城市(府城)为中心、以郊区市镇为延伸的城市扩张。这种"特大城市"型的城市化称为"众星拱月"型的城市发展。还有"新兴工商业市镇型"城市与"群芳争艳"型的城市发展。

王海波在《清末移民与黑龙江地区城镇的兴起和村落的形成》(载《哈尔滨学院学报》2016年第3期)一文中认为,清末移民为黑龙江地区的土地开发和商业的发展做出了巨大贡献,移民也为黑龙江区域城镇的兴起、军事重镇的繁盛以及自然村落的形成奠定了基础。早期黑龙江诸城的城垣建筑以木为垣,中实以土,且多有内外双重城墙,或挖沟濠。当时诸城不设民官,由将军或副都统等按军制管辖。初建城时,八旗驻防官兵便是城镇人口的主体,城市管理也是军政合一的。而后,随着人口的增加,手工业、商业的发展,旗民杂处,治狱的增多,才设立了街道厅等官,以管理街道诸事和民事诉讼。康熙二十三年(1684)于齐齐哈尔城设火器营,由参领驻守。康熙二十五年设驿站。康熙三十年正式建城,康熙三十四年设城守尉,康熙三十七年改设副都统,康熙三十八年黑龙江将军衙门迁于此地,从此成为黑龙江地区军事重镇。清末,随着移民的大量涌入,黑龙江地区荒地的大面积开发,农业得以迅猛发展,在交通便利、经济相对发达的人口稠密地区,先后兴起了一批城镇。与此同时,西部的军事重镇原旗户专垦之地也都相继招民垦荒,农业生产也有了巨大发展,促进了军事性城镇的繁荣。到了光绪后期,随着黑龙江地区的逐渐解禁,人口越聚越多,许多以汉语命名的村落应运而生,其中以姓氏命名的居多。因此,移民促进了黑龙江地区自然村落及城镇的形成。

何一民的《中国城市史纲》(成都:四川大学出版社,1994年,"导论"第1—15页)一书概括了中国历史上城市发展出现过的辉煌和特点。他把中国从原始社会末到中华人民共和国成立前的城市发展历史分为三个时期:原始社会末期到春秋战国是城市产生和初步发展时期;秦代到清代中期(鸦片战争前)是古典城市发展时期,城市随着王朝的兴衰呈波浪曲线发展,并趋向成熟;鸦片战争到中华人民共和国成立是传统城市向近代城市过渡,近代城市兴起、发展时期。

贺业钜在《中国古代城市规划史》(北京:中国建筑工业出版社,1996年,第20页)一书中认为,中国古代城市经历了三个发展过程。他认为城堡式聚落可视为"城"之原始雏形。约公元前21世纪左右,诞生了正式的"城"。约公元前5世纪左右,形成"城市"。由城堡式聚落发展为正式的"城",历时约数百年。从"城"再进化为真正的"城市",却历时达千余年之久。其发展速度之缓慢,实属惊人。

3. 中国市镇形成与发展

漆侠在《宋代经济史》(上海:上海人民出版社,1987年,第936、938—939页)一书中认为,镇开始建立的时候是军事性质的,即在要冲之区,设险防守。北魏在北部边陲就建立了沃野等镇,用以防御。既然是军事据点,就需要各种供应,久之而成为市井繁华的所在。宋代直接与广大乡村有着密切联系的是镇市和墟市。宋代,镇市大量增加,完全是由于商品经济发展的结果。宋代规定了设镇的标准。镇有监镇,掌管巡逻、盗窃及防火等事务,兼管征税等。墟市也叫草市,是进行交换活动的最为古老的形式。草市之名初见于东晋南朝。墟市草市都是在乡村设立的,岭南称墟,偏北称草市,都是按干支排列的定期集市。集市间隔时间的长短,反映了这个地区贸易、交换能力的强弱。

斯波义信在《宋代商业史研究》(庄景辉译,上海:上海古籍出版社,1997年,第368—369页)中概述以墟市为中心的村市时,认为:第一,墟市本来是分布在长江以南整个地区的村落的市,而于宋代,在江西、湖南、广南、福建等地区可见到许多这种名字的市集。第二,墟市也称作亥市、山市、村市、野市、草市,它们之间没有实质性的区别。第三,举办墟市被称为市合、市集、趁墟。日期以十干十二支为基准,有每天举办的市,也有隔日,而且一般都是在早上短时间内结束交易。第四,墟市大体上是作为村落的市而产生的。必要时也由官府设立市集。第五,举办墟市的聚落小到几户的小村子,大至数百户的市及镇。墟市里除农民外还聚居着商人、富民和屠宰业者。第六,墟市除了在村内、村边上露天进行贸易外,有的地方为了交易也建造了简单的建筑物,墟市内往往有常设的商店及旅馆仓库。第七,墟市的分布密度最小五华里左右,如果离得太近商人双方之间往往会为市场圈而发生纠纷。第八,墟市的维持和管理(商业编制和维持治安),是由当地的土豪、商人这些建设规划者和租税承办人与参与保安和征税的官府双方,在利害关系一致的基础上共同担负的。

樊树志在《明清江南市镇探微》(上海:复旦大学出版社,1990年,第2—5页)一书中指出,市镇是在特定的历史时期兴起的。施坚雅教授运用区域研究方法研究市场经济与城市化有可取之处,强调从整体上看问题,打破行政区域结构,而着眼于经济区域的研究;把一个经济区域的各方面看成一个活的整体,把活生生的人类历史恢复到活生生的整体中去,并具体地显示出整体中的局部。他认为,日本的加藤繁、周藤吉之、斯波义信也取得了研究成果。

樊树志还总结了自己对江南市镇的研究成果。他认为,市镇的兴起与发展,反映了乡村逐步都市化的进程,因而市镇作为城乡间的中介和过渡地带,具有显著的历史意义。一方面,原有的县以上层次的都市,不断由政治中心、军事中心向经济中心转化,或者经济中心的地位越来越突出;另一方面,体现在大量市镇的兴起与繁荣,以它突出的经济中心、文化中心的地位,成为不同于乡村的都市。市镇是商品经济发展的产物,也是乡村向都市化方向转变的产物。南宋时代已兴起了大批市镇,明代在此基础上出现了市镇空前繁荣的盛况,清代前期这种盛况还在持续发展。长江三角洲地区市镇发展最为迅速,分布密度也最大,因而选择这一地区深入剖析是具有典型价值的。

陈学文在《明清社会经济史研究》(台北:稻香出版社,1991年,第87—95页)一书中指出,明朝时,一是市镇数量大大增加,二是市镇人口有显著增长,三是市镇规模日益扩大。这与当时整体社会经济发展是合拍的。明中叶江浙地区新建的市镇不同于唐宋以前的市镇。明中叶中小市镇的发展是因为工商业的发展所致,主要职能是经济性的。市镇主要成员已是工商业者及其雇佣劳动者。市镇的发展又推动了近邻乡村中农副产品的商品生产和家庭手工业的发展。明中叶江浙地区出现了一大批市镇,是太湖流域商品经济发展的结果。这是一种新的历史现象。

樊树志在《晚明大变局》(北京:中华书局,2015年,第165页)一书中指出,明代,江南市镇的基础在四乡农村,与四乡农村的产业有着密切的关系,与农业经济的商品化程度不断提高、与家庭手工业的专业化(或者说早期工业化)有着密切的关系。

4. 韦伯引发的争论

关于中国古代有没有城市的争论,是由韦伯而引起的。他按西方城市发展的历史和城市的特征,推论出中国古代是没有城市的。

韦伯在《非正当性的支配——城市的类型学》(康乐等译,桂林:广西师范大学出版社,2005年,第3—4、23页)一书中依据社会学的说法认为,城市是个巨大的居住密集的聚落(聚落里各家户紧密相接)。他强调城市本质上是个市场聚落。他区分了经济学意义上的城市(城市是一个"市场聚落")、政治和行政意义上的城市(城市是个要塞或镇戍)以及要塞和市场合一的城市。他认为,城市共同体具有较强的工商业性格,要具有下列特征:防御设施,市场,自己的法庭以及——至少部分的——自己的法律,团体的性格及与此相关的特性,至少得有部分的自律性与自主性,包括官方的行政,在其任命下,市民得以以某种形式参与市政。他认为,中国城市缺乏这样一个"共同体",就没有城市。

罗威廉在《汉口:一个中国城市的商业和社会(1796—1889)》(北京:中国人民大学出版社,2005年,第415页)一书中指出,韦伯对中国所知甚少,而且从未到过中国,但他广泛阅读了他可以得到的西文文献。他认为,出自韦伯笔下的中国城市并不是一种历史事实,而是一种与他所认识的欧洲城市发展相对应的理想类型。韦伯认为在中国从未形成真正的"城市",因为形成"城市"必不可少的先决条件"城市共同体"从未存在过。罗威廉还指出,"韦伯模式"还存在着几个概念性的问题:把"城市"和"村庄"做了强行区分,而没有注意到在县治以下还存在着重要的市场中心,也没有注意到县、省和帝国首都等不同层级之间存在着社会环境的潜在差别;漠视各种类型的中国城市中城市功能的差别,也可能存在着专业化分工;假设至迟从宋代开始,中国城市就停滞不前了。他认为,韦伯有关中国城市的细节性假设存在着很多具体的错误。

赵冈在《中国城市发展史论集》(北京:新星出版社,2006年,第1页)一书中指出,韦伯根据西欧中世纪城市的特色,而判定中国历史上根本没有城市。依照同样的推理逻辑,我们也可以根据中国古代城市的特色而断定,西欧中世纪没有城市。症结在于城市的定义过于狭窄。

许宏在《城市起源问题的思考》(中国文物报社编:《大考古——考古·文明·思想》,济南:济南出版社,2004年,第74—76页)中指出,城市不是城与市的简单组合。春秋以前的中国古代城市是一种政治军事职能为主的、作为邦国权力中心的聚落形态。中国的初期城市既可以无城,也不必一定有市,直到秦汉乃至更晚的中国古代城市,都首先是作为政治中心存在的。这构成了中国古代城市发展的一个显著特色。过分强调城市的商贸职能,是不符合中国古代社会城市发展的实际情况的。他认为,中国早期城市有三个主要特征:一是作为邦国的权力中心而出现,具有一定地域内的政治、经济和文化中心的职能;王者作为权力的象征产生于其中,在考古学上表现为大型夯土建筑工程遗迹(包括宫庙基址、祭坛等礼仪性建筑和城垣、壕)的存在。二是因社会阶层分化和产业分工而具有居民构成复杂化的特征,非农业生产活动的展开使城市成为人类历史上第一个非自给自足的社会;政治性城市的特点和商业贸易欠发达,又使城市作为权力中心而派生出经济中心的职能,主要表现为社会物质财富的聚敛中心和消费中心。三是人口相对集中,但处于城乡分化不甚鲜明的初始阶段的城市,其人口的密集程度不构成判别城市与否的绝对指标。

周执前在《古代城市发展道路的规律及其社会学意义——城市、法律与资本主义起源之关系的历史考察》(载《船山学刊》2008年第4期)一文中指出,韦伯将西方中世纪城市与中国古代城市进行比较并不符合历史实际。在农业时代,中国历朝历代的行政中心城市与欧洲中世纪以经济功能为主的城市,有着很大的区别。但中世纪欧洲城市不能作为西方早期城市起源的典型。西方早期城市都以政治功能为主,直到中世纪的商业革命才诱发了西方城市功能的变异:生产性的城市经济中心出现,以工商业者为主体的城市才开始走向城市自治,东西方城市的发展才出现巨大的差异。因而,不能将欧洲中世纪的工商业城市作为城市的原生形态来与中国原生形态的城市进行比较。

王守中的《关于中国古代城市起源的两个问题》(载《山东社会科学》1992年第1期)一文从"城市的起源和私有制""中国古代城市兴起的地点"两个问题着眼进行研究,他认为,中国古代的城市,是随着生产的发展和私有制的产生而出现的;中国古代的城市同西方不一样,它不是"经济起飞"的产物,而始终是作为政治和军事中心而产生和发展的;中国古代城市的经济地位容易随着政治军事中心作用的消失而消失,这也是由城市的消费性所决定的。

薛凤旋在《中国城市及其文明的演变》(香港:香港三联书店,2009年,第3、10、13页)一书中认为,中国城市文明,就其功能、形状、结构和背后的规划原则,自中国龙山时代前的初城开始,至今仍存在其一贯的特点。中国城市文明自成体系,是中国土生的,也与世界其他的城市文明,特别是西方中世纪后所演变出来的城市有很大差别。西方学者有三个粗略的指标以检定一个社会是否已是文明社会,即冶铜技术、文字和城市的出现。按照这些标准,中国约在仰韶晚期至龙山时代早期(公元前3000—前2500年)便已跨进文明门槛。中国古代长期发展而形成的宗法制度和其两个核心元素"祭天"和"敬祖",在中国城市的历史长河中一贯存在,并至今未变。

(三)欧洲古代城市形成与发展

庞兹在《中世纪城市》(刘景华等译,北京:商务印书馆,2014年,译序第10—11页)一书中认为,欧洲城市发展经历了三阶段。古代希腊、罗马是城市发展的第一个高潮,公元4世纪后古典城市走向衰落,后多被废弃。城市的第二次发展开始于10世纪,13世纪达到高峰。接下来又是第二次停滞时期,15世纪,许多城市停止发展,甚至萎缩,很少出现新城市。16世纪,也看不到城市的复兴,只有少数几个大都市,即安特卫普、加的斯、里斯本、巴黎、伦敦、马德里、阿姆斯特丹急剧发展,而大多数城市比起前一世纪毫无扩大。17、18世纪,仍然比较停滞,只有很少几个城市缓慢发展。19世纪开始的第三次城市运动,产生了近代城市。芒福德则把西方城市的变化过程分为七个阶段:原始的城市、城邦、古希腊与古罗马的城市、中世纪的城市、工业文明下的焦炭城、城市的郊区化、特大城市的发展。

1. 欧洲古代城市的形成

亚里士多德在《政治学》(吴寿彭译,北京:商务印书馆,1996年,第7页)中认为,人们为了安全来到城市;为了美好的生活,聚居于城市。

唐纳德·休斯在《世界环境史:人类在地球生命中的角色转变》(赵长凤、王宁、张爱萍译,北京:电子工业出版社,2014年,第35、69页)一书中认为,雅典地区整体上围绕卫城而建,它的分布事先并没有规划过。雅典的街道都是狭窄的小路,通往城市的主干道——圣道,延伸到城市广场,人们在这里举行交易活动,参与政治辩论。对雅典而言,从圣城到围墙不过1.6千米(1英里),到公元前5世纪中期大约居住了10万人口。难怪苏格拉底只能到郊外的树荫下与菲德鲁斯进行哲学辩论。根据亚里士多德的记载,希波丹姆斯是第一位在雅典工作的城市规划师,他开创了划分城市功能区域的方法,他把城市分为三个主要部分:圣地、主要公共建筑区、住宅区。住宅区分三种:工匠住宅区、农民住宅区、城邦卫士和公职人员住宅区,由此形成了"希波丹姆斯模式"。

蔡梅良在《欧洲古代集市的起源及演变意义》(载《文史博览(理论)》,2008年第7期)一文中指出,一般认为欧洲的集市形成于公元前9世纪,起源于古希腊的奴隶市场以及后来的奥林匹克运动会和城邦代表大会,公元前800—前700年的古奥林匹克时期,希腊已经有了常规的集市,与奥林匹克运动会同时举行。到古罗马时期,民众每隔8天就聚集一次,听官吏颁布法令、宣布裁决等,同时也举办集市,一些农民、小生产者、商人在大街上搭起临时摊位,交换、买卖产品。而且当罗马帝国扩张版图时,罗马集市又被带到欧洲其他地区。到11—12世纪时,欧洲集市已经达到了鼎盛时期,不仅在规模上比较集中、举办时间较长,而且功能相对齐全,包括零售、批发甚至国际贸易、文化娱乐等多种功能,各国政府先后制定了有关集市管理的法规。如英国政府法律规定,每个臣民从家步行不超过1/3天的时间便可到达一个集市;假如两个集市发生冲突,历史长者优先,历史短者必须搬到距离前者20英里之外的地方举办等。

蔡梅良认为,在欧洲,"集市"一词起源于拉丁语,那时的欧洲集市往往选择某一个宗教节日举行。在欧洲中世纪时,集市常于宗教节庆日在教堂院内举行,某种集市往往主要进行某种商品的交易,比如乳酪集市。

罗西在《城市建筑学》(黄士钧译,北京:中国建筑工业出版社,2006年,第270页)中认为,在古罗马城中,住房被严格地划分为私人住宅和多层公寓这两种类型,它们成为奥古斯都统治时期罗马城和十四个地区的特征。

2. 中世纪欧洲城市的发展

庞兹在《中世纪城市》(刘景华等译,北京:商务印书馆,2014年,译序第14—15页)中将中世纪城市的兴起分成两大类型来考察:"原生城市"和"新植城市"。原生城市是指6—10世纪里自发成长的城市,包括从罗马时代遗留下来、在外观上仍具备某些城市功能的居民点;在这几个世纪里与西欧和北欧贸易发展相适应而涌现的城市;9—10世纪,西欧国王们为防止北欧海盗入侵而建立的"堡",因其能提供防卫功能而吸引着工商业者,结果成长为城市;围绕新建立的修道院而形成的工商业聚居点。10世纪后,封建主在城市建城堡,试图控制市民,或者为从城市获利,赐予城市自治特许状,界定城市特权和权利,规定城市政府模式。而新植城市则是领主为了自己的利益,按照已有城市的样式,在自己领地上划定一块地方并赐予其特许状,宣称市民入居获得宽厚的条件,得到广泛的特权,从而"植入"城市。在庞兹看来,绝大多数中世纪城市是从这条途径起源的。新植城市多出现在法国南部、英国、德国和东欧,它们的特许状上记录有明确的建城日期。

法古斯·弗莱明在所编《城市的进程》(王媛等译,长春:吉林人民出版社,2000年,第90—92页)一书中认为,中世纪城市中,拜占庭帝国的首都君士坦丁堡、富格尔家庭控制的奥格斯堡、汉萨同盟城市均在商业方面影响巨大。中世纪的城市向封建领主或国王要求赋予自治的权力,包括征税、拥有军队、颁布法律、发行货币等权力。城市里的商人和工匠宣布组成自治行政区和行会。这场自治权的斗争贯穿了整个12世纪和13世纪,最后终于获得了胜利。城市获得特许状,有自由管理城市事务的权力。新航路开辟后,大西洋沿岸的安特卫普、阿姆斯特丹迅速发展起来,成为经济中心。

谢丰斋在《12—14世纪英国小城镇兴起初探》(载《世界历史》2002年第4期)一文中认为,12—14世纪英国小城镇化,小城镇所联结的内地贸易构成了中古英国城乡市场发育的重要组成部分。领主建立城镇,并授予城镇以区别于旧庄园的特殊法律身份,使城镇"市民"成为法律上的"自由人"。从小城镇的法权结构看,以柴郡的麦克莱斯费尔德为例,柴郡伯爵拉劳尔·布兰德维尼授予特许状,批准它成为一个"自由城市"。享有的权利包括:组织商业公会;免除食盐之外的所有通行税;市民只接受城市法庭的司法审判;征收合理的城市罚金;一年12便士的市民佃租;自由脱佃权,等等。英国中小城镇按经济功能的性质划分有两种类型:一类是核心城镇,包括中心集镇、小型港口和专业化城镇;另一类是占小城镇大多数的农村"集镇"。

鱼住昌良在《古代文化的连续与断绝——德国中世纪城市形成的实例》(张冠增译,载《历史教学问题》1993年第1期)一文中认为,12、13世纪是德国城市形成的重要时期,在这一百多年之间,城市的出现,用一句恰当的话来形容的话,就如同雨后春笋一般。因为德国城市的形成多数是在中世纪的中、后期,所以我们将其称为"德国中世纪城市"。到了15世纪末,在德国已遍布了大大小小三千多座城市,人口超过一万的大城市约占总数的12%—15%,其余的人口则是从两千到三千至四千到五千不等。最大的城市,如科隆,也不过是东西长1公里,南北长2.5公里的一个半圆形。

里夏德·范迪尔门在《欧洲近代生活——村庄与城市》(王亚平译,北京:东方出版社,2004年,第62、92页)一书中认为,城市居民有与农村的居民和贵族明显不同的等级意识……在近代早期,大约有四分之一的居民居住在城市或者是城市的居民区里。在几个世纪的进程中一直没有发生很显著的变化。商人的实力最明显地表现在他们体面的住宅上,这些住宅通常都坐落在城市里。商人的住宅通常也是家庭工场,全家人都要参与其中的劳动。也就是说,妻子和那些在他人家里接受过良好教育的成年子女都要在这里劳动。账房和货仓与居室连在一起。商人根据商店的规模雇用一些受过教育的店员,他们会记账、售货、卖货,他们的责任很大,尤其是要能算会写,熟悉经营。

王挺之、刘耀春在《欧洲文艺复兴史·城市与社会生活卷》(北京:人民出版社,2008年,第125页)一书中认为,从13世纪早期开始,同业行会成为城市经济生活中十分重要的组织,它是检验城市职业分工的重要指标,城市越大,经济越发达,城市行会的数目和种类就越多,也说明社会生产分工越复杂。城市中的居民大多属于行会,几乎每个行业,包括商人、旅店老板、公证人、画家和雕塑家、誊写员、印刷商、银行家、金工匠、铁匠、面包师等,都有自己的行会。

王挺之、刘耀春还在书中(第140—141页)指出,早在文艺复兴之初,显贵们就已开始追求奢华舒适的生活,一个重要标志就是他们热衷于修建舒适的私人住宅。贵族们不仅在城市的繁华地带营造华丽的宫邸,还在城市近郊修建别墅。15世纪中期以后,佛罗伦萨建造别墅的热潮持续高涨,城市显贵花费大量金钱改建和装饰别墅,佛罗伦萨编年史家本内代托·代伊在其《佛罗伦萨编年史》中写道:"在佛罗伦萨城外方圆5英里的范围内,散布着3 600座别墅。所有这些别墅都用经过加工的石头建造,别墅的周围是可以用牛耕种的美丽田野。这些别墅有厅堂、私人房间、敞廊、水井、泉水、农场、果园、花园、地窖、酒窖、榨油磨坊、葡萄园、鸽舍、客房以及各式各样和大小不一的家具和装饰。每一座别墅的价值都超过4 000金杜卡特,足以抵得上一艘庞大的热那亚商船。"尽管不同行业和不同等级总体上处于混居的状态,而城市的中上层多居住在城市的核心地带,城市的下层逐渐向城市的边缘地带聚集,且下层进入公共空间的机会呈减少趋势。

科特金在《全球城市史》(王旭等译,北京:社会科学文献出版社,2014年,第143页)一书中认为,伦敦能够吸引英国数量更多的人口充当定居者、士兵和水手。英国还拥有煤炭、铁和锡等重要的原材料。再加上英国极为开明的统治,这些因素足以使荷兰城市臣服于伦敦之下。伦敦的崛起依靠的是将伟大的首都城市的优势与荷兰和意大利城邦的商业才干相结合的能力。新教主义的胜利加速了伦敦商业的发展。在城市的演变过程中,伦敦的商业和帝国优势为下一轮以制造业技术革命为驱动力的关键性转变奠定了基础。虽然工业已经成为城市生活一个重要的组成部分,但到18世纪后期,英国才率先创立一种新型的城市——主要依靠大规模生产新产品的城市。

林秀玉在《试论15—18世纪英国城市的转型》(载《历史教学》2004年第7期)一文中认为,前工业化时期,英国城市复苏与发展的类型主要有:港口与商业城市、工业城市、工商并重城市。

(四)西方国家的城市化进程与居住环境改善

1. 城市化的内涵

《中国百科大辞典》(《中国百科大辞典·社会学》,北京:中国大百科全书出版社,1999年,第34页)写道,城市化是指农村社区向城市社区集聚和转化的过程。包括城市数量的增加、规模的扩大;城市人口在总人口中比重的增长;公用设施、生活方式、组织体制、价值观念等方面城市特征的形成、发展以及对周围农村地区的传播和影响。一般以城市人口占总人口中的比重衡量城市化水平,受社会经济发展水平的制约,与工业化关系密切。

约翰斯顿主编《人文地理学词典》(柴彦威等译,北京:商务印书馆,2004年,第774—775页)一书认为,城市化就是转变为城市的过程。是指一个地区的人口在城镇和城市的相对集中。生活在城市地区中的人口比重日益增加;与这些人口过程(迁移通常是城市增长的主要因素)相联系的是引发工业资本主义发展的社会结构变革;最后就是所谓的行为城市化。城市区,尤其是大的城市区,往往表现为社会变革的中心:价值、态度和行为方式都在城市社会环境中变更,而新的形式则通过城市体系的扩散过程传播到其他地区。

刘洁泓在《城市化内涵综述》(载《西北农林科技大学学报》(社会科学版),2009年第4期)一文中指出,卡尔·马克思1858年在《政治经济学批判》中谈及城乡分离和城市发展时就使用了"乡村城市化"一词。1867年,西班牙工程师塞达在他的著作《城市化基本原理》一书中明确提出了城市化的概念。至今,还没有形成一个世界公认的城市化定义。经济学家强调城市化是从乡村经济向城市经济的转化,地理学家强调城乡经济和人文关系的变化,社会学家强调社会生活方式的变化,人口学家强调人口从乡村到城市的流动。罗西采用综合观点给城市化下的定义,有四个方面的含义:一是城市中心对农村腹地影响的传播过程;二是全社会人口逐步接受城市文化的过程;三是人口集中的过程,包括集中点的增加和每个集中点的扩大;四是城市人口占全社会人口比例的提高过程。弗里德曼将城市化过程区分为城市化Ⅰ和城市化Ⅱ,前者包括人口和非农业活动在规模不同的城市环境的地域集中的过程等,后者包括城市文化、城市生活方式和价值观在农村地域扩散的过程。

刘明翰主编《欧洲文艺复兴史·城市与社会生活卷》(王挺之、刘耀春著,北京:人民出版社,2008年,第365—367页)一书梳理了学术界对城市化的认识。国际学术界一般接受的概念是霍普·提斯代尔·埃尔迪吉最早在1942年提出的:城市化是一个人口聚集的过程。这个过程有两个方面:其一是集中的点的增加,其二是集中规模的扩大,这个过程是在一段时间内将分散的人口重组为一种集中居住的模式。学界一般都接受的是一些将城市与其他类型的聚居地区分开来的量化指标：人口规模、居住密度、居民的非农业职业以及非农业职业的多样性。让·德·伏里在1984年将这些多角度和多层面的探讨归纳为三种主要的视角：第一种称为人口城市化；第二种称为行为城市化；第三种是结构城市化，这是指社会组织变化的过程，这一过程培育了人口的集中。

保罗·M.霍恩伯格、林恩·霍伦·利斯在《都市欧洲的形成：1000—1994年》（阮岳湘译，北京：商务印书馆，2009年，第9—12页）一书中认为，从最直观的层面来看，城市化体现的是人口结构的变化。两大城市体系塑造了两种截然不同的发展模式：一种是立足于乡村的提升发展，另一种是从城市中心向外扩张。在前者，民族国家代表着享有共同地域和民族遗产的居民聚居区的最终联合；在后者，网络体系的中央集权发展导致拥有更多不同组成元素的帝国形成。

简·德·弗里斯在《欧洲的城市化：1500—1800年》（朱明译，北京：商务印书馆，2015年，第12—13页）一书中不赞成蒂斯代尔1942年提出的观点——城市化是人口聚集的过程，认为它以两种方式进行：数个聚集点的成倍增加和个别聚集的规模增长。他提出将城市与其他定居形式区别开来的维度：人口规模、定居密度、非农业职业的比重以及非农业职业的多样性程度，认为这四个标准是连续统一的，不可能武断地划一道线来区别城市与非城市。提出了从城市增长或人口城市化，社会的城市化或行为城市化，结构城市化（强调城市功能或人口功能）等三方面来研究城市化进程。

陈一筠主编《城市化与城市社会学》（张廷玉、潘大渭等选译，北京：光明日报出版社，1986年，第106页）一书认为，城市化实质上是人类历史长河的一定阶段上出现的一种居住形式，是人类社会的产物，它随生产技术水平而发生，又随新的技术与社会条件而发展。而贝利则在《比较城市化：20世纪的不同道路》（顾朝林等译，北京：商务印书馆2010年，第5页）中不承认这样的观点：城市化有一个通用的过程，是一种现代化的产物，城市化在不同的国家可能具有相同的事件顺序，城市化也能够产生积极的集聚形式。

弗里斯在《欧洲的城市化：1500—1800年》（朱明译，北京：商务印书馆，2015年，第12—24页）中认为，能够接受的可计量的维度，这些维度将城市与其他定居形式区别开来：人口规模，定居密度，非农业职业的比重以及非农业职业的多样性程度。"社会的城市化"涉及人口在城市的行为、思维模式和活动方式的变化过程，而不管他们是否居住在城市中。针对个人行为，称为行为城市化。结构城市化，是一种促进人口在节点聚集的社会组织变化过程。城市是具有人口、人口密度、非农业性职业劳动力的比例和职业结构多样性程度的地方，所有这些因素都非常重要。1800年以前，城市充其量只能达到所列标准的前两条，而通常只能达到第一条。

崔婷在《西方城市化的三个阶段》（载《学习时报》，2013-01-28）一文中梳理了西方城市化的三个阶段：18世纪中叶至1950年：工业城市化阶段；1950—1990年：逆城市化阶段；20世纪90年代以来：再城市化阶段。城市化是一个历史概念。城市化就是人类生产、生活由传统农业社会向现代工业社会、由分散式向集中式的转变。城市化的内涵包括两个方面：农村城市化，指农村人口、农村地区（空间）演变为城市市民和市区；城市现代化，指已有的城市在建设管理、精神文化、市民的价值观与生活方式等方面适应工业文明的发展。

陈玉光在《城市群形成的条件、特点和动力机制》（载《城市问题》2009年第1期）一文中认为,到19世纪,欧洲大陆的兴起,使西欧地区成为世界经济增长中心。在法国大巴黎地区、德国莱茵—鲁尔地区、荷兰和比利时的中部地区,以巴黎、布鲁塞尔、阿姆斯特丹、波恩等大城市为中心形成了规模大小不等的城市群,并共同组成了"人"字形的发展轴。进入20世纪后,世界经济增长中心从西欧转移至北美。在美国东北部和中部地区形成了波士顿—纽约—华盛顿城市群以及五大湖沿岸城市群。

2. 英国的城市化

廖跃文在《英国维多利亚时期城市化的发展特点》(载《世界历史》1997年第5期)一文中分析了英国维多利亚时期城市化的发展特点:英国维多利亚时期的城市化是一种原生性的城市化模式,其城市化进程没有任何可供借鉴的经验,完全是依据自由化的市场力量自发实现的;城市化速度快,城市化率高;对外贸易在城市化进程中地位举足轻重;城市化与工业化同步进行;维多利亚时期的城市与前工业化城市相比,在性质上发生了转换,在结构功能上发生了变迁;城市化进程中基本上形成了城市网络系统,确立了区域城市化和城市群的发展态势;在城市化进程中,城市的发展一方面使工业与人口的布局在宏观上继续不断地集中于几个有限的地区,另一方面,它们的微观分布则开始趋向分散,郊区化成为英国维多利亚时代后期城市化的基本趋势;英国因工业化造就了一大批新兴城市,它们分布在资源丰富、交通比较方便、有利于发展现代工业的地方。

索尔谢姆在《发明污染:工业革命以来的煤、烟与文化》(启蒙编译所译,上海:上海社会科学院出版社,2015年,第5页)中认为,燃煤蒸汽机的采用不仅让工厂提高产量成为可能,也把它们从利用水力固有的地理和季节限制中解放出来。工厂不再分布在乡下,而是集中于煤矿和煤炭运输线路上,创造了大量城市,使工人和消费者聚居其中。

陆伟芳在《近代英国城市群落与城市发展定位》(载《世界历史》2004年第6期)一文中认为,城市化是工业化的孪生姐妹,是工业革命的必然结果。18世纪下半叶,英国工业革命的展开,特别是蒸汽机的广泛运用,使新兴工业得以在最佳的地理位置上建立起来。在1780—1830年,工业从乡村转移出来,工厂逐渐集中到城市和交通便捷之处。新的工业城市迅速发展起来,旧城市也得到改造复兴,成为充满活力的城市。大批城市崛起,城市相对密集发展,逐渐形成现代城市群落。1801年,英国有1 036个大小城市(镇)。从1801—1911年,新增城市429座,使城市数达到1 541个(有的城市后来被吸收进大城市,故城市的数量不是简单的相加)。

陆伟芳在《19世纪英国城市工人之住宅问题及成因——兼谈恩格斯的〈英国工人阶级状况〉》(载《扬州大学学报(人文社会科学版)》2009年第2期)一文中认为,在19世纪的英国工业化和城市化的急速推进中,大量人口涌入城市,对城市住房,特别是下层阶级的住房提出了严重的挑战。而开发商的逐利行为、政府的不干预政策加重了工人的住房困难,于是在城市里,从地下室到阁楼都变成了工人住宅,把原先的公寓房子或联排住宅,进行重新分割,出租给不同的人群,或者修建背靠背式的大杂院式住宅,试图改善工人的居住条件。但是,工人住宅的改善,最终还有待于政府的干预乃至参与。

戴维·罗伯兹在《英国史:1688至今》(鲁光恒译,广州:中山大学出版社,1990年,第219页)一书中认为,英国1848年的公共卫生法案鼓励改进供水系统和沟道系统。卫生法案还明确规定必须用抽水马桶,并且必须用直径为6英寸的陶制上釉圆形水管。

闫凤英、赵黎明在《从西方的城市化进程看集约式居住行为的发展》(载《天津大学学报(社会科学版)》2009年第1期)一文中指出,1850年英国颁布《公共宿舍法》成为政府干预住宅问题的世界性开端和公共住宅史的起源。工业化伴随着城市化,不仅使居住行为主体阶层化,而且进一步形成一种新的集约式居住行为形态——城市社会制度、组织形式以及生产和生活方式。1919年又制定了《住宅法》,确立了公共住宅的政策,其后经历了八次修订和调整,逐步形成了现行的公共住宅政策体系。至1939年,地方政府建造了100万套出租住宅,约占住宅存量的10%。

梅雪芹在《19世纪英国城市的环境问题初探》(载《辽宁师范大学学报(社会科学版)》2000年第3期)一文中认为,1851年的人口调查表明,英国的城市人口第一次超过了农村人口,达到总人口的50%,实现了初步的城市化。在19世纪后期和20世纪初,英国政府先后推行了一系列有关的社会立法,如1860—1875年颁布的一连串关于食品饮料标准、环境卫生、健康和居住条件的法令;1890年颁布关于解决工人住房问题的法律;1909年颁布"住房与城市规划法",等等。完全可以说,世界上第一个实现工业化与城市化的英国,所走的是一条先污染、后治理的被动之路。因此,当我们惊异于英国工业城市文明在历史上的辉煌时,切莫忘了那时的城市人为之付出的代价。

克拉潘在《现代英国经济史》(北京:商务印书馆,1974年,第619页)一书中认为,19世纪,英国城市社会展现出一系列城市工人的住宅问题,终于引起了公众的关注。特别是几次大的疫病的发生,牺牲了许多城市人的生命,包括穷人与富人共同遭受的死亡,终于使政府开始关注弱势群体的生活,逐渐改变了不干预政策。第一步是调查研究;第二步通过立法解决问题;第三步是通过立法规范处理大杂院建筑,变院子为街道;最后是由政府规划解决各城市的贫民窟问题。这主要是通过城市改造来实现的。在伦敦,从19世纪60年代初开始,发起了"模范住宅运动",盖起了成排的房屋,虽然拥挤但比较卫生,低价出租给劳动者。到1884年,已经为25 000人建造了房屋。

索尔谢姆在《发明污染:工业革命以来的煤、烟与文化》(启蒙编译所译,上海:上海社会科学院出版社,2015年,第123、125、130页)一书中认为,英国国会制定了1853年《(首都)烟公害减少法案》,要求制造厂"尽可能消耗或燃烧"火炉里排出的"全部烟"。首都警方负责这部法案的实施。在1854年8月—1855年3月间,法庭审理了174宗案件,124宗以定罪告终。三年后,该法案得到强化,它的一些修正案把泰晤士河上行驶的轮船和最初被遗漏的某些行业也包括在内了。这些法案看上去已经让首都工业排烟量有所减少,但实施是不均衡的,很多冒烟工厂依然没有受到管制。到19世纪70年代,污染者和市政当局都基本上无视烟管制了。即使案子到了法庭,也被定罪了,罚款却很少,常常不超过半英镑,有时只有一便士。空气质量依旧糟糕的另外一个原因是,每个家庭平均消费的煤炭量的增强不仅抵消了工业排烟的减少,还绰绰有余。1875年《公共卫生法案》的制定者明确规定,黑烟只能"在可行的基础上"被预防。很多工厂主辩称,他们的生产过程不可避免地制造黑烟,除非停产,否则不可能显著减少他们排进空气中的烟量。他们的这种说法让他们获得无罪开释。到了19世纪末,地方执法几乎没有改善。1899年《建筑者》抱怨:"工厂主和工厂主的朋友统治着地方议会。公害督查让私利压过知识,把他原本应该落在公害上的眼睛保持在他的脚上,不敢冒险仰视,生怕看到他头上的公害。"

3. 美国的城市化

诺克斯、麦卡锡在《城市化：城市地理学导论》（姜付仁等译，北京：电子工业出版社，2016，第48页）一书中认为，第一阶段是城市发展的初期阶段，即美国经济开始构建直至国家独立的连续城市化阶段；第二阶段（1790—1840年）是贸易或商业主义时期，期间出现了更广泛的中心区位体系或地方营销和服务中心体系；第三阶段（1840—1875年）是响应初期工业化、农业机械化和移民运动的城市体系扩张与重组；第四阶段是工业化时期（1875—1920年），工业选址对城市体系的发展与适应的影响；第五阶段（1920—1945年）与福特主义的出现和生产汽车、卡车和飞机的时期相一致，显著改变了城市体系的空间结构。

周正祥、张平在《美国城市化经验对我国农村中心集镇发展的启示》（载《中国软科学》2015年第4期）一文中归纳了美国城市化的历程，从开始到基本完成的120年中，美国城市化自19世纪70年代以来，出现了三次高潮：第一次高潮是19世纪后期大规模铁路建设带动城市的兴起；第二次是第一次世界大战后汽车的广泛使用推动城市的发展；第三次是20世纪50年代至60年代，出现的主要原因是高速公路网的修建，使得城市向郊区发展，带动了大城市和城市群的出现，使美国城市化水平位居世界前列。美国城市化进程的教训：由于美国城市化是以市场为主导的低密度蔓延式的城市化，出现过自由放任的发展态势，并为此付出了巨大的代价。具体表现在：过度郊区化、城市功能的弱化与失衡、人口老年化、生态环境破坏严重、城市不断向外低密度蔓延、城镇建设无序等。

丘达柯夫在《美国城市社会的演变》（熊茜超等译，上海：上海社会科学院出版社，2016年，第104、119—120页）一书中指出，20世纪初，美国从一个曾经的农业国变成了一个以城市为主的国家。美国八千多座城市的人口数从1862年的620万人增加到1920年的5430万人，这个数字已经超过了当时美国总人口数的一半。尽管城市人口增长的部分原因应归结于出生率高于死亡率，但是最重要的原因是新移民的到来。他们有的来自美国的农村，有的来自国外，有的来自其他美国小城镇。这种人口流动是客观推动和主观拉动合力而成的。

丘达柯夫指出，1867年的《廉租公寓法》规范了房屋条件和卫生条件。这项法案要求地产拥有者必须给房屋装配一些最基本设施，诸如火灾通道、内部房间的通风措施以及室内水管。条款其实非常宽松并且执行起来也很困难，但这项法律有着它的象征意义，因为它给房东的财产权利套上了公共制约力。这也为之后更严格的法律条文提供了先例。1879年《合租房法案》要求新的合租公寓房必须给每个房间安上窗子。1901年通过的《廉租公寓住房法案》，要求每套公寓都要有独立的厕所，并要求配备有力的消防措施。但显而易见的是，新的法律适用于新建筑；法案是包括一些约束力很弱的条款以改进现存的廉租公寓的采光、通风、排水和防火措施，但这并不能有效地改善纽约市全部8万座廉租公寓房的状况。

诺克斯、麦卡锡在《城市化：城市地理学导论》（姜付仁等译，北京：电子工业出版社，2016，第41页）一书中认为，在工业化地区，农村发展和城市增长关联。农业生产力受益于机械化和城市中开发的创新技术。生产力的提高解放了农村劳动力，因此他们可以到城镇中不断发展的制造业部门工作。更高的生产力提供了更多的食物去养活不断增长的城市人口。城市中制造的农业用具、农业机械、化肥和其他产品加快了这一过程，使得农业生产力得到了进一步提高。这种城市化是一个累积因果，是由于外部经济、聚集经济和属地化经济的发展优势使得特定地区出现了螺旋式增长。

（五）中国近代以来的城市发展与居住环境改善

1. 中国近代城市发展

中国近代城市发展，包括近代新兴工商业城市的产生，既有工业城市，也有商业城市，还有近代交通中心。中国近代城市发展的过程，是农村空间城市化，农村人口市民化，生产生活方式和思想观念的近代化以及城市管理的现代化。

何一民在《从政治中心优先发展到经济中心优先发展——农业时代到工业时代中国城市发展动力机制的转变》（载《西南民族大学学报》2004年第1期）一文中认为，农业时代中国政治中心城市优先发展，一个城市的发展规模和速度与其政治行政地位的高低成正比。近代以来进入工业时代，经济中心城市优先增长。主要原因在于工业革命以来，以现代工业、商业、金融为主体的城市经济在整个社会经济中所占比重日渐上升，城市经济在国民经济中居主导地位，城市成为国家和地区经济中心，产生了巨大的聚集效应。工业时代城市发展与工业化同步。工业化是城市发展的驱动力，城市发展反过来又推动了工业化的发展。

何一民在《试析近代中国大城市崛起的主要条件》（载《西南民族学院学报（哲学社会科学版）》1998年第6期）一文中认为，进入近代以来，中国城市发生分化，部分城市衰落，而另一部分城市则脱颖而出，如上海、天津、武汉、广州、重庆等中等城市相继发展成为百万人口以上的特大城市。这些城市之所以会优先发展，并成为经济中心有一些共同的条件：开放、门户位置和优越地理条件、贸易先导因商而兴、近代工业发展的动力，当然还有政治、战争、社会心理（如太平天国、抗日战争）等多方面的因素，加速了近代城市的发展。

何一民在《中国城市史纲》（成都：四川大学出版社，1994年，导论第13—15页）一书中认为，鸦片战争到中华人民共和国成立是传统城市向近代城市过渡，近代城市兴起、发展时期。主要特点有：城市出现现代化发展趋势；城市的分布更加不平衡，沿海、沿江及东北地区受列强侵略的影响，城市发展较快；由于近代工业、商业、金融、文化教育等事业主要集中在大城市，大城市发展十分迅速，到1935年全国百万人口以上的特大城市有上海、北京、天津、武汉、广州、南京等6个。

黄东风在《近十年来乡村集市研究述评》（载《徐州师范大学学报（哲学社会科学版）》2008年第2期）一文中概述了近代集市的研究成果。龚关在《近代华北集市的发展》（载《近代史研究》，2001年第1期）一文中，运用大量的地方志资料，论证了近代华北集市的发展；丁长清、慈鸿飞著的《中国农业现代化之路：近代中国农业结构、商品经济与农村市场》指出近代中国居住在大中城市的人口比例较小，而居住在集镇的人口则很多。近代以来，随着大城市的成长，中国的集市则长盛不衰，成为中国近代经济的一大特色，王庆成的《晚清华北定期集市数的增长及对其意义之一解》（载《近代史研究》，2005年第6期），单强的《近代江南乡镇市场研究》（载《近代史研究》1998年第6期），徐浩的《清代华北的农村市场》（载《学习与探索》1999年第4期），白莎、万振凡的《民国江西农村集市的发展》（载《南昌大学学报》（社科版）2003年第7期），沈世培的《试论近代安徽江淮地区集市贸易的变迁》（载《安徽教育学院学报》2006年第7期），乌庭玉的《解放前北方农村集市贸易》（载《北方文物》1998年第4期）等等，对解放前中国的集市与贸易等问题进行了探讨。

鸦片战争后，被迫开放的通商口岸在中国近代城市发展中有重要地位。法国学者白吉尔在《上海史：走向现代之路》（王菊等译，上海：上海社会科学院出版社，2005年，前言第4页、译序第3页）一书中指出，1842年，根据《南京条约》规定，上海成为向西方开放的五个通商口岸之一，上海的命运也从此发生了根本性转折。上海变成了近代化活动中心。从19世纪下半叶到20世纪上半叶，在上海资本主义发展的初期，买办起了很大的作用，他们是中外商人合作中的关键性人物。白吉尔还指出，现代性与现代化不同。现代化是指变革的过程，是动态的过程，结果不能预料；而现代性是指由现代化及其成果所唤起的相应的精神状况和思想面貌。从19世纪末起，上海的精英认识到了改革的必要，产生了进行适当的变革的观念。随着这种改革的逐步实现，城市居民中的大量民众被所获得的成果和开阔的前景所吸引，集聚到它的周围。

汉口镇同景德镇、朱仙镇、佛山镇一起并称为明清四大集镇。汉口及武汉城市的近代化，在中国近代城市史上有重要地位。汤黎在《人口、空间与汉口的城市发展：1460—1930年》（北京：中国社会科学出版社，2010年，第20—21页）一书中受韦伯城市类型的划分的启迪（他曾就城市中居于主导地位的经济要素对城市的类型做了如下划分：消费城市、生产城市和商人城市），认为基于以上标准，明清至近代汉口应该是一个典型的"商人城市"。

皮明庥主编的《近代武汉城市史》（北京：中国社会科学出版社，1993年，第33、170—171页）认为，汉口开埠构成了武汉城市社会和文明发展的新起点。尽管是被迫的、屈辱的、痛苦的，但是，开埠又是一种契机，城市终结了封闭结构，中西文化直接接触。西方的压力、刺激和西方优秀文化的先进性，可以从正反两方面撞击腐朽体制，还可以引发先进的中国人学习西方，自救自强，缔创近代化事业。从历史的实际进程考察，汉口开埠后，武汉才真正进入近代，才有了近代文明的起步，也才有了城市形态的转换。主要表现在两方面：一是武汉成为近代都会，即不同于古代市镇的开放型的具有一定近代文明的大都会；二是武汉城市结构要素、功能和事业的近代化。这种近代化是在外力入侵的条件下发生的，因此不能不呈现出扭曲和断裂。

皮明庥指出，在汉口开埠后，西方国家竞相在武汉地区建工厂、设银行、兴航运、办洋行，汉口被迅速卷入国际市场。但在西方经济、文化力量的撞击下，武汉只消极地成为外国商品倾销地和原料供应地。当时，主政湖北的官文、曾国荃、李瀚章等，思想偏于僵固，自卫自守的观念强，竞争和分利的意识弱。因而在开埠后二三十年内，在湖北由国人自办的近代工厂踌躇不能起步。1889年，张之洞调任湖广总督，充当了湖北、武汉地区早期近代化的设计者。武汉成为中体西用的近代化模式的试验地。正是在这个时期，湖北地区从手工业生产进入机器生产，武汉崛起而成为中国中部腹心地区的工业基地。张之洞以军用工业、钢铁工业为先导，并采取重轻工业并举、军用民用并举的办法，兴建武汉近代工业体系，修建铁路发展交通，推广邮政发展电讯，鼓励商业发展。

对汉口的近代化发展，罗威廉在《汉口：一个中国城市的商业和社会(1796—1889)》（北京：中国人民大学出版社，2005年，第415—419页）中认为，在此前一个世纪里，汉口社会也同样在变化之中，只不过是沿着由中国自身社会经济发展的内在理路规定的道路而已。在1861年开埠后，西方人的到来不过是强化了正在进行的变化趋势而已。商业变化使政府财政对贸易的依赖日益增加；个人身份的变化是由于人口的空间流动造成了人群地方身份的多元化，乡土观念日渐淡薄，促进了明确的城市意识的兴起，真正意义上的"城市阶级（市民)"出现(邓拓认为,早在18世纪就已经出现,而马克斯·韦伯认为,直到20世纪,中国还没有);社会结构变化存在两种趋势,一是长期不能充分就业的城市下层逐渐增加,使社会不稳定感越来越强烈,二是城市人口内部自我意识的阶级差别开始出现;社会组织最显著的变化是汉口行会的发展,不仅仅表现为对本行业的控制,还表现为行会规模、团体资产以及功能范围等方面,在汉口形成了一个以行会为中心的、实质层面上的市政管理机制。

罗威廉还批评了西方学术界对中国近代城市研究中存在的问题,认为把19世纪的中国城市与当代美国城市过分类比显然是愚蠢的,指责中国城市没有形成欧洲中世纪市镇共同体所出现的那种特殊的城市自治现象,也是不正确的。

2. 中华人民共和国的城市发展

薛凤旋在《中国城市及其文明的演变》(北京:世界图书出版公司,2014年,第279、299页)一书中认为,在中华人民共和国成立初年,中国城市出现了城市内的经济企业、城市设施、服务,以至城市房产的快速国有化过程。因战后重建和恢复经济的需要,在1949—1957年,城镇人口以年均7%的速度增长。然而,自1958年末起,城镇人口的增长受到政府严格控制。通过户口登记和生活必需品(食品、衣料等)的配给制度,毛泽东时代的中国城市化进程基本上是由官方控制的。因此,城镇的发展紧密地依附于政府的工业化政策和政治发展进程。它们导致两种全国性的大规模人口迁移:一是由城市到城市的迁移,主要是由沿海大城市迁移技术、产业工人和管理人员到中西部和三线地区,支持新建城市或原城市的新建工矿业发展;二是有组织地由城镇至农村的人口迁移,用以解决中央规划的失误(如"大跃进"的失败)和工农业的发展不平衡,也包括在政治上达致"工农兵的再教育"和消灭"三大差别"(注:城市和乡村差别、体力劳动与脑力劳动差别、工业和农业的差别)。中国此时的人口大迁移,从其规模之大、目的性之特别的角度来看,是世界上罕有的。在最近的30年,一个以市场为主导的社会主义市场经济模式成为新的城市化和城市发展动力。转型期的城市动力来自三大因素:成功的开放政策促使外资大量涌入,中国成为国内外企业的产品采购和加工基地,而中国产品亦因此大量进入了国际市场;在农村的农业政策改革和农村户口、经济产业(特别是乡镇企业)的改革;城镇定义的行政变更。

黄东风在《近十年来乡村集市研究述评》(载《徐州师范大学学报(哲学社会科学版)》2008年第2期)一文中认为,在中华人民共和国成立后初期,集市一度非常兴盛,集市贸易成交量稳步增加。集市基本上满足了农民日常生产和生活的需要,同时它也繁荣了城乡市场,促进了经济的发展。然而,此后集市贸易几起几落,特别是在"文革"时期,集市贸易被当作"资本主义的尾巴"而被割掉,从而导致了农村集市贸易的大萧条。中共十一届三中全会召开以后,农村经济发展迅速,集市和集市贸易较之往年发生了天翻地覆的变化。以往的研究侧重于宏观叙事和描述,近几年,学界加强了对集市和集市贸易的分析,用不同的视角、研究方法来研究集市,并避免了就集市而进行集市研究的不足。这使得集市和集市贸易的研究取得了很大的进展。

赵自明在《论城市形成发展的条件——以石家庄市为例》(载《科协论坛(下半月)》2010年第5期)一文中认为,城市是在自然地理区位、交通地理区位和国家行政规划三大因素的作用下逐步形成和发展起来的,这三大因素均起着不同的作用,三大因素在相互影响下最终形成对城市的共同作用,促进城市的形成和发展。1968年,经中央批准,石家庄成为省会,由过去轻纺为中心的新兴工业城市成为河北省的政治中心、文化中心,也带来了城市人口不断增加,人口素质不断提高,城市建设不断加快,作为河北省经济中心的地位也逐步形成。1996年,城市综合经济实力在全国地级以上城市中居第15位。1998年,全市完成生产总值843.5亿元,比1997年增加13.7%,社会发展水平综合评价在全省各市中居首位。石家庄已成为河北省的政治、经济、科技、金融、文化和信息中心,是国务院批准的甲类开放城市和实行沿海开放政策的城市,正阔步迈向现代化大都市。

改革开放促进了中国城市的发展。深圳快速发展为新兴的现代化城市,创造了中国和世界城市发展史的奇迹。金鑫在《深圳经济特区三十年发展变化之我见》(载《学理论》2010年第35期)一文中认为,深圳在中国改革开放和现代化建设中做出了历史性的探索和贡献,其最显著的成绩是创造了"深圳速度";最鲜明的特点是敢闯敢试;最突出的标志是与时俱进;最核心的经验是高举旗帜;最根本的保证是加强党的建设。

方宁生在《论深圳经济特区国际城市化》(载《特区经济》1997年第9期)一文中认为,深圳特区设立后,80年代开始着手开发建设蛇口等海港。为了增强港口的腹地,90年代修建铁路,构成铁、海交通运输大通道。同时,着力推进国际空港的建设,深圳机场于1994年已成为国内第5大繁忙的航空港。交通促进了国际贸易和转口贸易发展,而且还大力发展国际金融。邹兵在《存量发展模式的实践、成效与挑战——深圳市更新实施的评估及延伸思考》(载《城市规划》2017年第1期)一文中认为,深圳城市更新是存量发展模式的实践,在规划政策体系建构、运作模式和机制等方面进行了有益探索;在保障经济增长、提升用地效益、完善城市功能、坚守生态底线、解决历史遗留问题方面取得了成效;但在空间承载力、城市成本、安全风险、违章建筑处理以及规划管理方面也面临挑战。深圳存量发展实践的意义在于存量土地挖潜利用、摆脱土地财政依赖以及更新机制创新;其局限性在于无法超越对经济增长的追求,也受制于国家整体发展环境和财税体制,难以实现彻底的发展转型。

陈玉光在《城市群形成的条件、特点和动力机制》(载《城市问题》2009年第1期)一文中认为,进入21世纪后,世界经济增长的重心正向亚洲太平洋地区转移,中国正成为世界经济发展的新的增长极,中国的长三角城市群、珠三角城市群、京津冀城市群等正在形成和崛起。城市群形成发展的动力主要来自市场和政府两方面的作用。

李永芳在《我国乡村居民居住方式的历史变迁》(载《当代中国史研究》2002年第4期)一文中认为,中华人民共和国成立后30多年内乡村居住形式变化不大,其形式大致为草房、瓦房、石板房、平顶房等。改革开放20多年来,乡村居住形式发生了巨变:房屋由草木结构向砖瓦结构再向钢筋水泥结构发展;居民点由集中向分散发展,单家独院日益增多,农民在市郊购房、城镇建房的数量日渐增多;一些富村或乡镇企业对一些弱村穷村进行兼并;室内家具由传统式向新式、现代组合式发展;与居住形式密切相关的"厕所革命"在广大乡村悄然兴起。当前,乡村族居变迁中存在的主要问题是:乡村住房、市郊农村私房买卖、村庄兼并、农村房屋建筑、乡村聚居环境等均须实行规范化。

四、面向21世纪的人居环境改善

我们通常所说的"城市病",其实是个复杂的社会问题,是经济问题、社会问题和环境问题在空间上的重叠,同时,因城市化阶段不同而存在差异,也具有阶段性。

(一) 人居环境方面存在的问题

许媛媛在《基于生态美学的城市居住环境问题及解决措施研究》(载《设计》2016年第13期)一文中认为,快速的城市化发展,不仅加速了城市人的生活步伐,也使人们的居住环境发生了巨大的变化。一方面带来了高科技和高效率的价值,另一方面也带来了各种负面影响。宏观地看,城市中无处不在的环境污染、声音嘈杂、资源短缺等问题引起了人与环境的失衡以及城市生存环境质量下降。微观地看,紧张的生活节奏、繁重的工作压力,使城市人感到身心俱疲,缺乏归属感。城市住房问题主要指低收入群体住房不足、居住拥挤、住房条件恶劣等。在大城市,人口集聚,房价昂贵,住房问题更为突出。城市环境污染,如伦敦烟雾事件、洛杉矶光化学雾事件。由于空气污染,导致死亡和疾病的发生比例提高。

蔡玉民在《世界大城市问题一大堆》(载《中国国土资源报》2002-01-25)一文中提到,霍普金斯公共健康研究所公布了一份研究报告,在许多城市,人口数量的增长已超出了社区所能承受的能力,"发展中国家有6亿城市居民得不到最基本的住房、用水、食物、卫生、教育保障"。城市人口的增加还给自然环境带来了巨大损害,全球二氧化碳排放量的70%来自城市,人类砍伐树木的75%是被城市"吃掉"的。全球有11亿人饱受大气污染的折磨,另有25亿人生活在空气已被严重污染的房间内,这些人大部分住在城市里。缺水和水污染是城市居民面临的另一个严重问题。霍普金斯公共健康研究所的报告在最后支招:实行计划生育、搞好城市规划、增加公共交通投资、节约用水、储存能源、废物利用,等等。

周晔在《世界城市发展中的问题、经验及对北京的启示》(载《经济问题探索》2012年第3期)一文中概括了世界城市发展过程中遇到的主要问题:城市发展面临人口密度增高、"热岛效应"加剧、非工业污染等生态新问题;城市发展空间差距加大,引发社会经济问题;不同地区和部门政策之间的规划协调问题;城市主导产业单一,产业发展缺乏创新型产业集群的带动。也包括城市老龄化带来的问题。城市交通过多地依赖小汽车,必然产生不良后果——加速城市向外拓延,造成土地、能源、时间等资源的浪费,以及市中心的衰落。

刘亚娜在《论世界城市建设与人口老龄化问题的应对》(载《商业时代》2010年第31期)一文中认为,世界范围城市贫困化和社会利益分化冲突问题带来的社会风险日益突出。

郭春丽、林勇明在《人均GDP超过1万美元后的世界城市发展问题》(载《中国经贸导刊》2011年第12期)一文中认为,即使是人均地区生产总值突破1万美元的城市,问题也同样严重:经济增长速度大幅下滑影响城市继续稳步发展;面临非工业污染、"热岛效应"等新的生态环境问题;房地产市场出现问题,影响城市健康发展;城市不同区域发展不平衡,贫富分化问题仍很严重。

贝纳沃罗在《世界城市史》(薛钟灵等译,北京:科学出版社,2000年,第1015、1057页)一书中认为,现代建筑学理论中的几个重点是在城市建设方面:建造便宜的住房、设置步行区、居民能较方便地到达公共设施、建设全面的城市基础设施。这些主张为大多数居民所接受。经济的发展扩大了"正规城市"与"非正规城市"的差距。在可预见的未来,世界人口的一半将住在这些非正规的"边缘地带"。"非正规区域"的出现对全世界的城市都是严重的问题。

李瑞林在《中国城市贫困问题研究综述》(载《学术探索》2005年第6期)、张洁在《城市的"顽疾"——城市贫困问题研究综述》(载《攀枝花学院学报》2006年第6期)中认为,中国作为最大的发展中国家,随着中国城市化、工业化、现代化的进程加快,面临的城市问题也不少。例如,城市农民工子女入学的问题;城市农民工住房问题;城市产业结构的问题。在城市中出现了"城市贫困人群",主要由下岗职工、退休职工及其家属、老弱病残等弱势群体构成。还有人口郊区化和工业郊区化,也带来很多值得研究和注意的问题。城市改造中的民居拆迁问题、城市内涝问题成为社会关注的焦点。城市交通问题的关键是交通拥堵的问题,由此导致的时间浪费、运营成本上升、交通事故增加、空气和噪声污染加剧等,给生活、工作带来诸多不便,增加了社会成本,严重阻碍了城市的持续健康发展。

杨峥在《城市居住环境污染问题及治理对策》(载《科技展望》2015年第20期)一文中认为,城市居住环境存在的问题,包括噪声污染影响严重,建筑施工噪声、交通噪声、社会生活噪声扰民;环境空气质量不佳;水体污染突出;环境风险隐患增加;生态环境结构欠佳。

张凯在《浅谈城市居住环境的污染问题及防治》(载《中华建设》2008年第9期)一文中认为,空气污染主要来源于汽车尾气污染、生活垃圾废气污染、服务业废气污染。还有生活垃圾污染和光污染。

(二)建设生态城市和智慧城市

吴启焰等在《世界城市的未来及面临的区域政策问题》(载《城市问题》2005年第2期)一文中提出,J. 弗雷得曼从城市管理学的观点认为,世界城市的发展应当从城市区域的空间组织、区域政府管理、区域持续发展问题、社区民众在国家内地位的上升、城市移民问题、城市内部网络等几个方面考虑。世界城市的未来将取决于城市管理者、政治家的观念和务实精神。

罗西在《城市建筑学》(黄士钧译,北京:中国建筑工业出版社,2006年,第70页)一书中认为,住房总是在很大程度上构成了城市的特征。没有居住功能的城市是不存在的,或是没有存在过。在那些居住功能最初从属于其他城市建筑体(城堡、军营)的地方,城市结构很快就会发生变化,以使住房变得重要起来。

20世纪70年代,联合国教科文组织发起的"人与生物圈"计划,首次提出"生态城市"。生态城市是低污染、紧凑、节能、充满活力且与自然和谐相处的聚居地。生态性、和谐性、理想性和可持续性构成了生态城市的某些特质。

联合国1976年在温哥华举行的人居会议,达成了一项关于改进人居质量的综合性规划。这项行动规划,经参与会议的132个国家的代表一致通过,具体化为64条建议,涵盖6个领域:人居政策与策略;人居规划;机构与管理;住房、基础设施与公用事业服务;土地;公众参与。

联合国在土耳其的伊斯坦布尔举行"人居二"大会,大会的主题是强化城市化管理,提高人类居住区环境的质量,制定城市管理和住房发展的新政策和战略,改善城市环境和加强基础设施的投资和建设。联合国"人居二"的一项重要内容是要求各国政府编制符合本国实际的1996—2000年国家行动计划,来改善本国的城市环境和住房以及基础设施的条件。国家行动计划应根据本国的经济发展目标、住房和城市化发展的情况和存在的问题,包括以下内容:(1)住房和城市化发展的趋势预测;(2)住房和城市的发展和融资;(3)城市管理和权力下放;(4)发展经济,减轻贫困并创造就业;(5)城市环境管理以及城市减灾和重建;(6)满足妇女等不同社会群体的需求。

在"人居二"会议上,《人居环境议程:目标和原则、承诺和全球行动计划》明确指出:"适当住房指的不只是头上有一片屋顶而已,它还指适当的私人独处的地方,适当的空间,进出的方便,适当的安全,包括长期居住有保障,结构牢靠持久,适当的照明、取暖和通风,诸如供水、卫生和垃圾管理等适当的基础设施,适当的环境素质和有关保健的因素,以及相对工作地点和基本设施而言的适当和方便的位置,所有这一切都是在可负担的范围内取得。是否适当往往因国而异,因为它取决于具体的文化、社会、环境和经济因素。"

"人居三"会议计划通过《新城市议程》,该议程将为今后20年世界城市的发展确立方向和目标。可以肯定的是,"人居三"要把人居问题、城市权利问题提高到全球意义的高度。"人居三"的目标包括确保新的对可持续城市发展的政治承诺、评估当前成就,以及强调贫困问题和新增问题的挑战。从"人居三"的准备工作来看,其最主要的目标就是通过《新城市议程》。目前《新城市议程》规划中包含了6大领域和22个具体问题。

1994年,中国政府发表了《中国21世纪议程》,为中国城乡建设的持续发展提出了七大目标,这就是城市化与人类居住区管理;基础设施建设与完善人类居住区功能;改善人类居住区环境;向所有人提供适当住房;促进建筑业可持续发展;建筑节能和提高居住区能源利用效率,农业与农村的可持续发展;发展乡村企业和农村乡镇中心。

人类居住文明的创新,也离不开科技进步。三次科技革命分别把我们带入蒸汽时代、电气时代和信息时代。当前,以互联网为代表的信息技术迅速发展,尤其新一代物联网、云计算、大数据等技术应用,极大地改变了人们的生产与生活方式。从2007年10月欧盟委员会发表的《欧盟智慧城市报告》可知,智慧城市的打造要从六个方面来界定,即智慧经济、智慧流动、智慧环境、智慧人群、智慧居住和智慧管理。邬贺铨在《智慧城市——人类居住文明创新"引擎"》(载《居业》2014年第1期)一文中认为,智慧城市就是一个网络城市,物联网是智慧城市的重要标志。智慧城市基于物联网、云计算等新一代信息技术,以及社交网络、综合集成法等工具应用,营造有利于创新涌现的生态之城,它令城市生活更加智能、科技、环保、低碳,鼓励公众参与。

教学设计

设计一:影响居住的因素

设计意图

居住地选择与聚落形成,是受多种因素影响的。本设计旨在引导学生通过阅读不同历史时期的材料,理解影响人类居住的因素,认识到人类居住环境与自然环境、生产发展和社会制度等因素紧密相关;帮助学生合理想象出不同历史阶段人类居住的直观图景,理解居住环境变迁的历史进程,培养学生在特定条件下分析问题、运用史料论证自己的观点,正确理解居住环境与人类发展的关系,树立可持续发展理念。

设计方案

新课导入: 人类在不同历史阶段住在哪里?居住受到哪些因素的影响呢?引导学生阅读材料,从自然环境、农业与商业、居住制度和宜居地的选择等方面进行分析探讨。

材料一 人类最初是住在洞穴里,当时的人们以狩猎为生。在洞穴中他们很安全。人们在洞口生火,这样既能取暖又能在他们烤肉时防范动物。人类离开洞穴,气候或许是个原因,当冰川撤回到北方时,气候变得温暖潮湿,植物生长,阳光让人们走出洞门,正如它催发了花开。同时,冰河消融让其他地区的肥沃土壤得以显露,大批畜群也随之而去,离开人类居住的平原——这意味着狩猎不再是可靠的食物来源。从狩猎到农业、从洞穴到房屋是一个缓慢的、渐进的过程。大约是在 1 万年前,农业定居地诞生了,定居地意味着房屋。房屋是一种创造物,一种新东西,一种独立于洞穴观念的庇护所。洞穴的基本形态大体上是半圆的,于是房屋就设计成圆形的。

——加得纳:《人类的居所:房屋的起源和演变》,北京:北京大学出版社,2006 年,第 1—2 页

教师设问: 材料一反映了人类居住场所发生了怎样的变化?导致这一变化的因素有哪些?

引导思考: 人类从穴居到定居,与自然环境的变化、原始农业生产出现等紧密相关。人类最初选择穴居,是出于安全的考虑,受自然环境和生存环境制约。人类离开洞穴开始营建房屋定居,与自然环境的变化,与狩猎、原始农业生产和房屋建造技术发展紧密相关。

材料二 传统聚落环境空间单元形成完整的具有气候和生态调节改善功能的生物小气候生态环境空间单元,也是传统聚落绿色基础设施构成的基本节点单元之一……实现保护土地和水系相互联系组成的网络,支持当地物种,保持自然生态过程,维持空气和水资源,并且改善聚落和居民的健康及生活质量,保障农业生产的自然条件。

传统聚落环境包括了传统聚落周边的农业生产土地和其外围的自然环境空间,它是人类在传统农业生活模式下,有主观目的地开发和改造周边的自然环境,进而创造出适合人类生存下去的环境。

——董芦笛、樊亚妮、刘加平:《绿色基础设施的传统智慧:气候适宜性传统聚落环境空间单元模式分析》,载《中国园林》2013 年第 3 期

教师设问: 农业生产对聚落环境的影响是怎样的?结合两河流域、黄河流域、拉丁美洲居民发展农业生产的实践,谈谈自己的理解。

引导思考: 传统定居聚落形成,与农业生产有密切的关系。定居聚落生存的必备条件之一是充足的食物供给。不同气候环境、生物群落、地形,对农业生产有重要影响。这需要运用地理学科的相关知识思考问题。足够的食物供应,需要利用自然环境,发展农业生产,才能保证聚落居民的生存与生活需要。两河流域居民培育出小麦,黄河流域居民培育出粟,拉丁美洲居民培育出玉米、马铃薯等作物,这些为远古居民生存发展提供条件。

农业生产的发展会对居住环境中的地形、水系、生态等产生重要的影响。如果开发适

度,会使土地、水、物种、空气、人等优良组合,实现可持续发展;但如果开发过度,会带来生态环境的破坏,影响自然和人类的发展。

材料三 (睡虎地秦简中有几条关于住宅形制的记载,《睡虎地秦墓竹简·封诊式》中)"封守……甲室、人:一宇二内,各有户,内室皆瓦盖,大木具,门桑十木(株)……"(对此,睡虎地秦墓竹简整理小组将其注释为):"一宇二内,即一堂二内。《汉书·晁错传》:'家有一堂二内。'堂即厅堂,内为卧室。"

——睡虎地秦墓竹简整理小组编:《睡虎地秦墓竹简》,北京:文物出版社,1990年,第149页

材料四 汉政府实行移民时,对新区的建设,皆依"制里割宅"的规划进行建聚。……"营邑立城,制里割宅,通田作之道,正阡陌之界,先为筑室,家有一堂二内,门户之闭,置器物焉,民至有所居,作有所用,此民之所以轻去故乡而劝之新邑也……室屋完安,此所以使民乐其处而有长居之心也。"(《汉书》卷四九《袁盎晁错传》)这说明当时政府对新区移民的安置,不仅要选择地理环境,提供生产、生活条件……组织"新里",建筑家室,"使民乐其处而有长居之心"。晁错所规划的这一政府行为,同样反映了当时乡村社会生活中按里建聚的常制。

——黄今言:《汉代聚落形态试说》,载《史学月刊》2013年第9期

教师设问:阅读材料三、材料四,战国秦汉时期,关于民居的规定是怎样的?这两则材料在证实当时人们的居住状况时,各有什么价值?

引导思考:概括两则材料可以看出,当时规定民居为一个厅堂两间内室。这是政府规定的民居的大小和规格。

教师讲述:睡虎地秦墓竹简(也称云梦秦简)是指1975年在湖北省云梦县睡虎地秦墓中出土的大量竹简,内文为墨书秦篆,写于战国晚期及秦始皇时期,内容主要包括法律制度、行政文书、医学著作以及关于吉凶时日的占书,为研究中国书法、秦帝国的政治、法律、经济、文化、医学等方面的历史提供了翔实的资料,具有十分重要的学术价值。材料三引自出土的竹简,真实地反映了当时人们居住条件。住宅形式是一家一户,规模较小;材料中"里"等信息,说明当时实行严格的管理制度,保证了生产和政府的兵源及赋税。《汉书》是记载西汉历史的正史,其记载的历史是真实可信的。两则材料相互佐证,说明了秦汉时民众的居住条件。

材料五 对一般宅制宋代规定,"私居执政亲王曰府,余官曰宅,庶民曰家……六品以上宅舍许作乌头门,父祖舍宅有者,子孙许仍用之。凡民庶家,不得施重栱藻井,及五色文采为饰,仍不得四铺飞檐,庶人舍屋许五架。门一间两厦而已。"(《宋史舆服志》)仁宗景祐三年(1036年)诏:"天下士庶之家,凡屋宇非邸店楼阁临街市之处,毋得为四铺作斗八,非品官毋得起门屋,非宫室寺观,毋得彩绘栋宇及朱漆梁柱窗牖雕铸柱础。"可见宋代与唐代一样的限制随便营造。这是封建社会的整体秩序,大家必须遵守,而在建筑的整体上确是条理井然,外观毫不杂乱,是中国建筑上很成功的地方。

(明朝)洪武二十六年定制官员营造房屋,……一品二品厅堂五间九架,……庶民庐舍定制不过三间五架,不许用斗拱饰彩色……

——刘致平:《中国居住建筑简史:城市、住宅、园林》(第2版),王其明增补,北京:

中国建筑工业出版社,2000年,第42、53页

教师设问：材料三反映了宋、明两朝对官员和百姓居住的房屋建筑有怎样的限制？

引导思考：宋朝和明朝在房屋式样以及装饰等方面都有明确的规定，说明宋代在民居房屋的建筑方面，是深受等级制度约束的。宋、明为加强君主专制中央集权，维护社会秩序，严格限制官民住宅建筑。

材料六 在欧洲和亚洲，从10世纪到18世纪，经济关系的转换改变了城市与其腹地之间简单的索取关系。当贸易变成了经济的引擎，城市商人开始进行买卖交易。他们一般购买原材料——羊毛、木材、香料，然后将其加工成制成品，如纺织品、小船和食品。

工业革命加速了城市化进程，尤其是在欧洲。以水力或火力为动力，工厂中被工业人口所操作的越来越多的新机器形成了大规模生产。过去以教堂或宫殿为中心、被城墙环绕、集中在市场或河流旁的城市，现在有了根本性变化：城市的经济财富集中在工厂、铁路和工厂工人的住房上。

——阿瑟·格蒂斯等：《地理学与生活》，黄润华等译，北京：世界图书出版公司北京公司，2013年，第478、480页

教师设问：在欧洲城市发展的过程中，不同阶段影响城市发展的突出因素有哪些？

引导思考：城市一般作为商品交换地、宗教中心、军事重地、政治中心、手工业中心以及地理环境独特（比如海港）的地区出现，但不同时期影响城市发展的突出因素不同。古代影响城市的主要因素为政治、军事和宗教，但中世纪之后，欧洲商品经济的发展深刻影响着城市的规模和职能，工业革命后，工业的发展成为影响城市发展的最突出因素。

材料七 宜居地一词是指地球表面适宜永久定居的地方。……古代和现代技术都使难以亲近的自然状况变成可居住之地。灌溉、修筑梯田、筑堤和排水等就是其中用以局部扩大宜居地的方法。

地理学家早已摒弃了站不住脚的、理性上有局限的环境决定论思想——认为自然环境本身塑造了人类以及他们的思想与行为的理念。世界各地文化的差异并不取决于社会的自然环境。技术水平、社会组织制度和对真实与正义的概念同环境状况并没有明显关系。

——阿瑟·格蒂斯等：《地理学与生活》，黄润华等译，北京：世界图书出版公司北京公司，2013年，第245、265页

教师设问：如何解释"宜居地"这个概念？你认为人类文明发展与环境的关系是怎样的？

引导思考："宜居地"从字面上理解，就是适宜居住的地方。人们不可能每天腾挪住地，因此居住地点相对稳定；同时随着附着人口数量增加，原来的宜居地呈现逐渐减少的趋势。人们利用掌握的生产技术改造环境，形成了新的宜居地。因此，这个概念是历史概念，是不断变化的。在这个过程中，人们依赖环境又改造环境，以满足自身的生产、生活需要。

教师讲述：居住生态系统由两大部分构成，一是由居民及其邻里组织构成的社会环境，二是由人工环境和自然环境构成的空间体系。

居民人口、劳力及智力结构因素不断变化以及生产活动和社会活动的过程正是系统不

断发展和变化的主要动力。人们通过生产活动、经济活动和社会活动相互影响和调整,从而形成较为一致的价值系统与观念,习俗与时尚,体现了人与自然及社会之间的依存与制约关系。以民宅为中心的人工环境是人类对环境系统能动的适应结果。它以改善居民生存物质条件为目标,并成为地方历史与文化的载体。自然环境提供资源背景,是生态系统得以维持的物质基础。

设计二：古代城和市

设计意图

城市既有居住功能,又有经济功能,还有军事和宗教功能。古代城和市的发展,反映了不同时期历史发展的特点。本设计通过对比阅读,引导学生了解古代中国与欧洲城市发展的差异,认识中国古代城市发展的独特性;提升概括材料的能力和对历史结论的辩驳能力;学会运用历史材料和相关知识论述自己观点,提升在特定历史条件下分析问题解释问题的能力,认识东西方发展道路的差异。

设计方案

通过对比中国与外国城市的差异,引导学生学会在特定的历史时空中思考问题。

材料一 周代的城市,按照等级尊卑制度和宗法礼教思想,对各级城市面积的大小、道路配置,以及城市中行政、经济等功能分区,均有严格的规划。《周礼考工记》记载:"匠人营国,方九里,旁三门,国中九经纬,经涂九轨,左祖右社,面朝后市,市朝一夫。"反映了周代的城市规划思想。

——何一民:《中国城市史纲》,成都：四川大学出版社,1994年,第11页

材料二 考察西周营国制度,内涵颇为丰富,几乎有关都邑建设的内容,基本上都纳入制中。计主要内容,包括有以下几个方面:(1)王畿区域规划制度;(2)都邑建设体制;(3)都邑规划制度;(4)礼制营建制度;(5)井田方格网系统规划方法。

——贺业钜:《中国古代城市规划史》,北京：中国建筑工业出版社,1996年,第23页

教师设问：概括材料中中国古代城市规划的思想观念。

教师讲述：礼是周人立国的根本制度之一。周鉴于商人失国的教训,认为须从政治组织上采取有力措施,强化王的权威,因而运用尊卑有别的礼制,建立严格的礼治统治秩序,突出"尊尊",提高王的权威。为此,礼制便成了营国制度的基础。无论是都邑建设体制、规划制度,还是营建制度,处处贯彻了尊卑有别的礼制精神。城之规模,便是按封国爵位尊卑而定的。王城方九里,公城方七里,侯伯之城方五里,子男之城仅方三里,这样也就约束了不同爵位的城的规划,限制了其实力。

引导思考：中国古代城市强调政治功能,是国家威权集中之地。因此,城市建设中强调尊卑,突出王权,并按统治者的身份等级规定城市的大小。城垣及城隅的高度、城内道路数量及路幅宽度等具体营建措施,都有严格规定。

材料三 在唐幽州城中,实行了坊制。……到辽南京(燕京)时,据记述有"城中二十六

坊,坊有门楼,大署其额,有蓟(jì)宾、肃慎、卢龙等坊,并唐时旧名"。

其后到元代时,大都城的坊已不再存在封闭状态,都由若干条邻近街巷组成一坊,完全是开放状态,街巷的名称也进而改称"胡同",一直沿用到当代。

——吴建雍等:《北京城市生活史》,北京:开明出版社,1997年,第18—19、21—22页

教师设问:从唐到元,北京城的坊市格局发生了怎样的变化?

引导思考:阅读材料并概括信息,思考城市商品经济发展与城市坊市格局变化之间存在紧密联系。

材料四 由汉代至清代,中国的城市基本就是中央集权式的行政体系的载体:主要的城市都是地方官府和士人集中的地方,又是科举与官学等教化机构所在,以推行与农业经济直接有关的农田水利、河道整治工程,负责地区文化和社会建设,包括教育、刑名、救灾、福利和医疗等服务的提供。

——薛凤旋:《中国城市及其文明的演变》(第2版),北京:世界图书出版公司,2014年,第325页

教师设问:概括中国古代城市的特点,并简要分析原因。

引导思考:中国古代集权政治下,城市主要发挥的是政治功能,生活在城市中的居民以行政人员和文化教育人士为主。中国古代以自然经济为基础,是决定因素。到明清时期,随着商品经济的发展,江南市镇发展,形成有特色产业的工商业城镇。

材料五 城市永远是个"市场聚落";它拥有一个市场,构成聚落的经济中心,在那儿,城外的居民及市民——基于一既存的专业生产的基础——以交易的方式取得所需的工业新产品或商品。城市——不管其与农村有何种结构上的差异——最早通常既是一个庄园领主(或君侯)的居住地,同时又是一个市场聚落,因此可说是两种类型的经济中心:"庄宅"与市场。通常,除了经常性的地方市场外,城市也可能有为长途行商所举办的定期市集。因此,城市(就我们此处的定义而言)本质上是个市场聚落。

要发展成一个城市共同体,聚落至少得具有较强的工商业性格,而且还得有下列特征:(1)防御设施;(2)市场;(3)自己的法庭以及——至少部分的——自己的法律;(4)团体的性格及与此相关的(5)至少得有部分的自律性与自主性,这点包括官方的行政,在其任命下,市民得以以某种形式参与市政。

——韦伯:《非正当性的支配——城市的类型学》,康乐等译,桂林:广西师范大学出版社,2005年,第3—4、23页

教师设问:韦伯如何概括城市形成及城市的特点?你如何理解他的观点?

引导思考:韦伯认为城市是个"市场聚落"。反推出来的结论就是,如果不是市场聚落,就不能称其为城市。他认为市场共同体是城市发展的重要标准,并提出了五条判断标志。

韦伯的观点是基于对欧洲中世纪城市发展史研究概括出来的。

教师设问:罗威廉认为,韦伯对中国所知甚少,而且从未到过中国。出自韦伯笔下的中国城市并不是一种历史事实,而更主要的是一种与他所认识的欧洲城市发展相对应的理想类型。参考罗威廉著《汉口:一个中国城市的商业和社会(1796—1889)》(北京:中国人民大学出版社,2005年)绪论部分。罗威廉是如何批驳韦伯关于城市形成的观点的?说说你的

理解。

教师小结： 罗威廉从观点、证据到论证方法等方面对韦伯的观点提出了批驳。中国城市随着经济的发展也形成了市场，特别是江南市镇的发展，但并没有经历一个城市共同体的建立过程。中国是个有集权传统的国家。中世纪欧洲城市自治的发展，是商品经济发展，城市建立共同体，对抗封建领主的结果。

材料六 成功的城市靠的是什么。早在发轫之初，城市区域就已扮演三种不同的重要功能：构建神圣的空间；提供基本的安全保障；拥有一个商业市场。城市或多或少地都拥有这些功能。一般而言，城市在这三个方面只要有一个薄弱环节，都会损毁其生活，甚至最终导致其衰亡。

有三个关键因素决定了这些城市全面健康的发展，即地点的神圣；提供安全和规划的能力；商业的激励作用。在这些因素共同存在的地方，城市文化就兴盛；反之，在这些因素式微的地方，城市就会淡出，最后被历史所抛弃。

可能最引人注目的成功的城市建设，是在新儒教信仰体系与外来西方科学的理性主义结合之下进行的。今天，城市既要与没有约束的市场资本主义的不良影响抗争，而且还要与自私自利的腐败的统治权贵们周旋。

——科特金：《全球城市史》（典藏版），王旭等译，北京：社会科学文献出版社，2014年，前言第3—5、正文第296页

教师设问： 科特金认为"成功的城市靠的是什么"？除了这些因素之外，你认为影响城市发展的因素还包括哪些？说说你的理由。

引导思考： 科特金认识历史上，城市有三种重要功能：成为政治权威和宗教信仰的中心、能为居民提供安全保障、具有商品交换的商业市场。他认为这三个关键因素决定了城市全面健康的发展。他认为，未来城市建设的成功来自新儒家思想体系与外来西方科学的理性主义结合。而影响城市健康发展的因素，一是要消除市场带来的不良影响，二是要与自私自利的腐败的权贵做斗争。除这些之外，还需要注意城市发展的自然环境的保护，提升市民的现代观念和现代生活方式。城市健康发展关系到生活其中的每个居民。作者强调儒家重利轻义、注意人与人之间的和谐相处，强调天人合一观念，这些与基于科学知识、科学方法结合，将会引导城市健康发展。

教学资源

一、居住的村落

资源1：远古居民的定居生活

尽管在公元前5000年之前，这里的人们就已经在种植水稻，但这并不妨碍他们继续在周遭的池塘、河、湖中采集一些菱角、蕹菜和香蒲。他们沿河岸打入高出水面的木桩，然后在上面建造房屋，饲养猪、狗还有水牛，制造陶罐储存或烹煮食物。而上游的人们则生活在村落里，也烧制陶器，并带有龙的纹饰。从这时开始，长江流域特别是长江下游地区逐渐发展成为中国最富有和最发达的地区之一。

——马立博：《中国环境史：从史前到现代》，关永强、高丽洁译，北京：中国人民大学出版社，2015年，第38页

资源2：中国古代住宅的差异

农民的住宅，一般为小户型居室。据《睡虎地秦墓竹简·封诊式》所记，普通民居为"一宇二内"，即一间厅堂二间卧室。汉代也然，如前引《汉书·晁错传》曰："先为筑室，家有一堂二内。"可见，此为一般农民居室的基本形式。……

豪族富人乃居庭院式大住宅。……聚落中豪族、富人的住宅，在考古资料中也可得到印证。例如：甘肃武威汉墓出土的住宅模型四周有高墙，正面上有门楼，四隅有二层的角楼，除正面外，其他三处设重墙，重墙各开一小门，大门只设在正面，院中建有五层高楼，楼的正面开门窗，门楼与角楼和各楼之间有栏杆和天桥连通。

——黄今言：《汉代聚落形态试说》，载《史学月刊》2013年第9期

资源3：影响村落兴衰的因素

村落主要是从事农业生产的人们生活居住、生养繁衍的场所和进行各种生产活动、社会活动的基地。社会动荡，战火不息，灾荒连年，瘟疫流行等，迫使农民背井离乡，避灾逃难，家破人亡，田园荒芜，村落必定随之而萧条衰败，久之成为废墟。而在农业开发很晚的地方，或仅局部开发，甚至刀耕火种、粗放经营的地方，村落必定稀疏，村小人少，村貌粗陋。从另一方面来说，如果排除社会人文因素，单从自然环境考察，那么，凡是土地广阔、土壤肥沃、水利富饶、气候适宜、交通方便的平原地区、山麓地带或山间盆地，必定村落发展历史悠久，村落大而稠密。

——尹钧科：《关于〈北京郊区村落发展史〉研究浅说》，载《北京社会科学》1997年第3期

资源4：欧洲村庄的生活

我们知道，领主的府邸、宫殿及富裕农民的住宅都是经过规划的，他们讲究排场。每个地区的房屋都有自己的建筑风格。16世纪之前的建筑都是木制的，17世纪以后改为石头建筑。

村子里的每座建筑都是一个相当独立的单位，是自主的，要求有自给自足的原则，但没有一个院落是完全封闭的；相反，每个邻居都能看到一个农户里是如何劳动，怎样庆祝，他们从不向他人掩饰自己的财产，人们之间几乎没有秘密而言。人们表达的和想要表达的常常可以从房屋立面的特殊外观上看出来，城市和村庄在这方面逐渐地有了区别。每座院落和房屋都是通过路和小径连通的，这些路和小径没有铺设石块，所以夏季尘土飞扬，雨季时泥泞难行，不仅人走车行，而且还跑着家禽和羊群。……

（1520年）他们（村民）的处境非常令人同情，非常艰苦；他们分开居住，很恭顺，与亲属、牲畜在一起。茅舍是用黏土和木板建构的，很低矮，用秸秆做屋顶，这就是他们的房子。很少的面包、燕麦粥、煮熟的蔬菜是他们的食物，水和乳清是他们的饮料。一件亚麻织的外衣、一双靴子、一顶熏黑了的帽子是他们的衣物。这些人没有休息时间，很勤劳，不讲卫生。他

们把在地里生长出来的和牲畜生产出来的东西拿到附近的城里去出售,又在那里买回他们所需要的东西。手工业者很少或者根本就不与他们同住。一般每一个村庄里都有一座教堂,听他们的教士讲上帝说的话,做弥撒。

——里夏德·范迪尔门:《欧洲近代生活——村庄与城市》,王亚平译,北京:东方出版社,2004,第8—9、18—19页

二、居住于城市

资源5：欧洲城市的自治

从小城镇的法权结构看,以柴郡的麦克莱斯费尔德为例,它在1220—1233年间是一个只有120人的小城,但是柴郡伯爵拉劳尔·布兰德维尼却授予特许状,批准它成为一个"自由城市"。享有的权利包括：组织"商业公会"；免除食盐之外的所有通行税；市民只接受城市法庭的司法审判；征收合理的城市罚金；一年12便士的市民佃租；自由脱佃权等等1/2。再以西米德兰的小城赫勒苏文为例。它是一个修道院建立的城市,1270年前后仿照王室城市赫福德的自治条件被授予"充分自治权"。这种权利主要包括五个方面的内容：(1)自由的市民身份和/市民租佃；(2)市民自己的城市法庭；(3)免除市场通行税；(4)商业垄断权；(5)建立商业公会。此外,还有其他一些权利,如提名市政官员,按遗嘱处理财产,驱逐不属于城市社区的人员,征收特别通行税等。当然,在中世纪的英国,享有"充分自治权"的城市并不多,大多数只享有部分自治权。

——谢丰斋:《12—14世纪英国小城镇兴起初探》,载《世界历史》2002年第4期

资源6：彭林自治市的特许状

埃克塞特主教沃尔特·布朗内斯康姆赐予彭林自治市的特许状。它确认了早年威廉·布鲁尔主教(1223—1244年在位)的特许状,后者已经遗失。

受神的怜悯,埃克塞特主教沃尔特,问候诸位将读到本信的忠实基督信徒。

我已查阅我们虔诚记忆中的前任威廉(布鲁尔)之信中……下列条款：对所有的基督信徒……威廉借助神的怜悯……知悉基于我们自己和后代的利益,我已转让并以本特许状向我们彭林自治市的好市民及其后代确认,同意他们可以自由占有城市地产,每英亩以每年12便士标准的租金付给我们或后代,每年给付两次,即万圣节(11月1日)和5月1日。我们还同意,如果一块地产转让,或一个佃户死去,获土地者须按每英亩12便士付给赔偿金……我们希望并敕令上述市民享有各种特惠,以及永久享有各种自由和免税权。1236年,赐于彭林。

——庞兹:《中世纪城市》,刘景华等译,北京:商务印书馆,2014年,第194页

资源7：学徒的契约

我,彼得·博尔,将儿子斯蒂芬托付于你,彼得·费萨克,织匠,原为学习织布技术。他须住在你家,从下个复活节起为你工作四年。我保证督促我的儿子为你工作,保证他在各个方面都是忠实可靠的,不会从你家偷走东西,也不会因为任何事情而从你家逃走,直到他学

徒期满。我,彼得·博尔,将负责赔偿你家可能出现的任何损失和危害。至于彼得·费萨克,他答应毫无保留地指导博尔的儿子,为其提供食物和衣服。(1248年)

——庞兹:《中世纪城市》,刘景华等译,北京:商务印书馆,2014年,第180页

资源8:欧洲城市的复兴

西方长期的衰落导致在10世纪时城市几乎绝迹:残存下来的很少。

但当经济潮流发生变化时,随着11到13世纪高潮的到来,城镇出现了引人注目的复兴。在这一大复苏中,城镇繁荣的速度似乎比地域国家要迅速得多。最早自15世纪开始,这些城市才开始显示出现代城市的一些特征,但早在11和12世纪,它们就打破了它们由以产生的封建国家的框架。城镇摩登而又超前,它们宣告了未来。它们实际上已经代表了未来。

当然,它们并不是一直享有严格的独立,在一开始也不是这样。不过大的自由城市首先在当时西欧最先进的国家意大利产生了。有"第二意大利"之称的尼德兰(低地国家)也出现了城市。当路易九世(圣路易)的王国仍然具有典型的"中世纪"特征时,威尼斯、热那亚、佛罗伦萨、米兰、根特和布鲁日已经是"现代"城市了。

在这些城市之后,受制于大公、总督或行政官的无数较小的城镇进行了斗争,赢得了(通过其特许状)自己进行治理、照管它们的金融、法律制度和它们拥有的土地的权利。

确实,这些城市非常排外,拒绝对其城墙外的那些人表示丝毫的关心。……它们周围的乡村常常处在它们的控制之下,不能成为其公民的农民必须而且只能把其粮食拿到该城的市场上出售,同时他们不得拥有织机除非城市需要他们提供这种服务。这一制度与古代世界的城市国家肯定迥然不同,那时它们在政治上向周围的乡村开放。比如说,那时的雅典农民是公民,其地位与城市居民一模一样。

毫不值得奇怪,授予外人公民权是城市很不情愿做的事,除非它迫切需要增加它的人口。举例来说,1345年,在黑死病过后不久,威尼斯允诺授予任何愿意到它那里定居的人公民权……有机会的时候,在"新""老"公民之间也要做出区分。1386年的一个法令规定,只有"老"威尼斯人才可以与扎根于此城的德意志商人进行交易。

城市自私自利,一直保持着足够的警惕,残酷无情,随时准备为了捍卫它的自由与世界其余的部分进行斗争,时常对别人的自由不表任何关心。

——布罗代尔:《文明史》,常绍民等译,北京:中信出版社,2014年,第342—343、344—345页

资源9:17世纪欧洲城市中的居民结构

住户的状况和居民的名册告诉我们,城市社会是由哪些职业群体构成的,他们具有什么样的社会地位:在1605年的因斯布鲁克,28.9%的住户是手工业者;16.6%的住户是被看作社会上层的贵族、较高级的职员和大学教师;中级职员和较高的宫廷朝臣、领主和自由职业者占13.4%;商业、运输业和店主的住户占10.5%;下级职员和仆役占4.7%,最后是短工,占1.2%。在有财产的住户群体中,最大的群体是手工业者和一般是贵族及大学教师的社会上层。在这个名册里没有对24.7%的土地占有者作较详细的说明,也没有提到那些没

有房屋财产的人。1664年,在帝国最大的诸侯的王府城市维也纳,4.8%的房屋是公众的,贵族、教士和职员的占了39.2%,真正的城市市民有住户的占56%。

城市越大,阶级的差异也就越大。在萨尔茨堡,1608年要交纳1 000古尔盾的纳税群体占人口的9.2%,其中要交纳5 000古尔盾的纳税群体占2.3%。占人口27.9%的中等阶层要交纳100—1 000古尔盾的赋税。最大的社会群体是占62.9%的社会下层,这些人拥有100古尔盾的财产。完全没有财产的人占23.7%。不是中等阶层,而是社会下层、穷人和无财产的人组成了最大的社会群体。绝大部分财产集中在少数社会上层的手中。

——[德]里夏德·范迪尔门:《欧洲近代生活——村庄与城市》,王亚平译,北京:东方出版社,2004年,第79、80页

资源10:17世纪城市中社会等级的划分

在1652年的班贝格和维尔茨堡有如下的等级:
1. 受过教育的议员、教授、议会的议员、御医;
2. 宫廷的官员、事务所和议会的职员、其他有学位的人员、市长、市议员和文职人员;
3. 有财产的市民,他们不用自己劳动而是依靠财产为生;
4. 其他的手工业者、市民、商人和居民。

帝国直辖市的社会制度看起来有所不同,它们可以自己组织生活,此外也很少有贵族和官员居住在那里。1618年纽伦堡市议会颁布的制度中划分了下面的六个等级:
1. 古老世家的成员;
2. 用自己的财产经商,并且是"大议会被提名的等级"中的商人;
3. 没有大商店,但同样在大议会中被提名的商人,还有小议会中的手工业者;
4. 才经营了几年的商人、手工业者和不在"被提名等级"中的商人;
5. 普通的商贩和手工业者;
6. 手工业帮工、使女和仆役。

——里夏德·范迪尔门:《欧洲近代生活——村庄与城市》,王亚平译,北京:东方出版社,2004年,第81、82页

资源11:英国城市化

到19世纪中期,英国成为第一个工业化国家。……工业革命首先是一次生产力的全面革命,既改变了生产技术和劳动工具,也改变了产业结构。经过工业革命,纺织、冶金、煤炭、机器制造和交通运输成为英国工业的五大基本部门。……

在工业地区,新的城市纷纷诞生并不断膨胀。农村人口在全国的比例和农业在经济中的比例都降到次要地位。到1851年,城市人口已占全国总人口的52%。城市化不仅仅是城市人口的聚集,而且也引起城市建设的发展,包括城市交通、城市公共卫生以及城市房屋建设等。

——齐世荣总主编:《世界史》(近代卷),北京:高等教育出版社,2007年,第263页

资源 12：人口城市化率的比较

中国日本和西欧城市化率(1000—1890)(居民达到1万人的城镇人口百分比)			
年份	中国	日本	西欧
1000	3.0	/	/
1500	3.8	2.9	6.1
1820	3.8	12.3	12.3
1890	4.4	16.0	31.0

——安格斯·麦迪森：《世界经济千年史》，伍晓鹰等译，北京：北京大学出版社，2003年，第28页

资源 13：城市交通发展

1888年	美国第一个城市电车系统在里士满营业
19世纪最后10年	工业的扩张已成为城市发展的主要原因。没有交通运输网，像纽约、芝加哥这样的大都市是不可能发展的
1895年	美国城市有轨电车达850条线路，里程超过1万英里。随后10年电车运输里程增加了2倍。电车使人们生活半径从"步行城市"的2.5英里延伸到6英里以上
1890—1910年	美国从每三个人当中有一个人生活在城市发展到每两个人中就有一个

——卡恩斯等：《美国通史》(第12版)，吴金平等译，济南：山东画报出版社，2008，第435、440页

第五单元

交通与社会变迁

学术引领

一、古代的交通运输

（一）中国古代交通

1. 中国古代交通概况

王崇焕在《中国古代交通》（天津：天津教育出版社，1991年，第2—5页）一书中梳理了中国古代交通事业发展历程，大致分为五个阶段：先秦时期，中国古代交通初具规模；秦汉时期，对交通路线进行整修和连接，建成遍及全国的水陆交通网络。随着张骞、班超出使西域，开辟了联结中西方的"丝绸之路"；隋唐时期，修建了以长安城为中心的四通八达的陆路交通系统，大运河的开通极大促进了南北方经济和文化交流，古代交通进入高峰时期；宋元时期，建立了稠密的驿路交通网，古代交通进入鼎盛时期；明清时期，中国古代交通日趋没落。近代以来，随着西方交通工具的传入，中国传统的交通方式最终被替代。此外，在动力方面，人们还驯化了动物，用畜力取代人力运送货物，或供人骑乘。商朝时人们就掌握了"驾马服牛"的技术，制造了车。为了加快运输速度和提高运输量，人们重视道路修建。秦始皇统一六国后，大修驰道，使车辆直达全国各地。随着历代的不断扩建，中国逐步建立了一套完善的陆路交通体系。鸦片战争以后，西方的近代交通工具传入中国，航空运输业开始起步。电报和电话加速了信息传播的速度。中国交通逐步进入近代化。

赵云旗在《中国古代交通》（北京：新华出版社，1993年，第5页）一书中将中国古代交通分为道路、桥梁、馆驿和舟车四部分，梳理了古代交通的历史变迁、种类及特点。中国古代的道路主要有四种类型：陆路、栈道、水路和海路。这四种道路，组成了古代中国疆域内的交通网络，也促进了中国古代的繁荣。中国古代道路具有以下特点：强烈的政治色彩、与战争有密切关系、与封建帝王的活动有关、与社会经济发展关系密切和结构上的辐射性。中国古代桥梁种类丰富，呈现出以下特点：具有明显的地方特色、具有很高的艺术价值、具有高超的建筑艺术、桥梁的发展由北向南依次推进。馆驿产生于周代，用于传播诏令，历代不断发展完善，沿用至清朝。赵云旗认为，舟船种类繁多，是中国古代最重要的交通运输工具之一，不仅在中国古代政治经济的发展中起着积极作用，而且在世界上具有重要地位。中国古代的车种类繁多,呈现出以下特点:宏大精美、发达进步、形式多样、历史悠久。

白寿彝在《中国交通史》(北京:团结出版社,2007年,第3、53、101、151、201页)一书中详细研究了中国古代交通的发展:先秦时期是交通的起步阶段;秦汉时代是发展阶段;唐宋时期是繁盛阶段;元明清时期是衰落阶段;现代是重新崛起阶段。西周和春秋战国时期,政府大规模开凿水渠,舟车种类丰富。秦汉时期,交通得到发展,开辟道路、开凿河渠、完善邮驿和馆舍,初步形成了全国性的交通网络,出现海上丝绸之路。唐宋时期,政府继续整修道路,建设交通干线,完善驿馆,健全交通法令,形成了以京师为中心的道路交通网。同时开凿大运河,推动了南北交通和东南地区的经济发展。唐宋造船和航海技术发达,指南针用于航海,对外交通发达,与各国保持密切的贸易联系,扬州、广州、泉州、明州成为著名的贸易港口。元明清时期,政府整治河运,将大运河截弯取直。同时政府通过修建道路,加强了对西北及东北地区的控制。元明清时期海运发达,元朝利用海运运送南方的粮食供应大都。明朝时郑和下西洋,是中国和世界航海史上的壮举。鸦片战争后,西方交通运输技术输入,中国政府修建铁路,制造轮船,发展邮电,中国交通逐渐实现近代化和科学化。

2. 中国古代主要交通工具

(1) 轿子

王崇焕在《中国古代交通》(天津:天津教育出版社,1991年,第42—45页)一书中梳理了轿子的发展历程。轿子是中国古代一种特殊的交通工具,雏形在夏朝就存在了。从先秦到两晋时期,统治阶层主要是乘车外出,但一小部分皇室贵族越来越喜欢轿子。从地区来看,在南方交通不便的山区,轿子的普及比北方更快。轿子在宋朝得到较大普及。明朝中后期,连中小地主也"人人皆小肩舆"。清朝时,轿子已经成为普遍的代步工具。古代的轿子,大致有两种形制,一种是不带帷子的凉轿,也叫亮轿或显轿,一种是上帷子的暖轿。不同的官品,在轿子的形制、帷子的用料颜色等方面都有严格的区分。现在,随着交通的发展,轿子已经被淘汰。

嵇果煌在《传统代步工具——轿子的兴衰》(载《交通与运输》1995年第1期)一文中研究了轿子的发展历程,指出,轿子是中国自古以来长期流行的一种人力交通工具。在不同时代和不同地区有不同的称呼,秦汉时代称"步辇"或"步舆",两晋南北朝时期称"肩舆",到宋代才开始称轿子。轿子最初只是使用于山路,东晋时代用于平地代步,开始在官场和士大夫阶层流行。中唐以后,肩舆的形状、装饰都有所改进,趋于完备。轿子形制发展到宋代基本定型。19世纪40年代上海开埠后,当时陆路交通工具只有小车和轿子。小车多用于短途货运,轿子则多用于短途客运。上海的轿子分官轿和民轿两种。官轿用于官场往来,是一种权力的象征。民轿都是两人抬的小轿,轿身较小。19世纪70年代后,随着马车和黄包车的兴起,轿子无法与之竞争,数量不断减少。特别是电车和汽车出现后,无人再乘坐客轿,轿子最终退出历史舞台。

张之帆在《轿子的形成、演变与跨地域传播》(载《民俗研究》2013年第3期)一文中总结了轿子的产生、发展与跨地域传播的过程,指出,先秦时代,专供马车驰骋的道路很少,马车使用很不方便,轿子产生。轿子最初称为辇和肩舆,主要用于山路交通,东晋以后逐步用于平地或宫廷代步。唐代轿子的种类比魏晋时期丰富。南宋时,轿子取代车马,成为官员上朝或巡行的重要代步工具,同时在民间广泛推广。到清代,出现了民轿与官轿之分。民间的轿子多种多样。官轿有严格的等级划分。隋唐时期,随着游牧民族生活用具大量进入中原地区,胡椅等坐具被放置在轿子中,乘轿方式也由平地而坐到坐椅子。同时,步辇和肩舆传播到了朝鲜和日本等周边国家,与当地特定的社会环境相结合,形成了各具特色的轿子亚文化。

(2) 车马

赵云旗在《中国古代交通》(北京:新华出版社,1993年,第136页)一书中研究了中国古代车马的发展。作为陆路交通的主要工具,中国古代的车名目繁多。商周时,车的数量增多,用牲畜驾车。春秋时,车更加普遍。秦汉时,车的种类更加丰富,乘车也有了严格的等级规定。按照结构,车可以分为独辕和双辕。按照用途,车可以划分为乘车、兵车、猎车、货车、耕车、指南车、记里车等多种。中国古代的车呈现出以下特点:宏大精美、彩绘鲜艳;发达进步,在古代世界上长期处于领先地位;形式多样、根据用途划分为不同类型,乘坐者身份不同,车的种类也不同;历史悠久,车的发展从未中断。

许嘉璐在《中国古代衣食住行》(北京:北京出版社,2011年,第159—189页)一书中指出,中国古代陆行的主要工具是车马。商周时期用于行路、狩猎和作战的车一般是马牵引的。古代的达官贵人都要乘车,车已经成为等级制度的一个部分。该书详细介绍了车的组成部分和马饰,以及乘车的礼俗。古人重视驭马的技术,在孔子的教学体系中设有"御"科。车子因质料、用途的不同而有许多种,常见的有栈车、辎车、安车、温车、传车、辇等。

王崇焕在《中国古代交通》(天津:天津教育出版社,1991年,第33—41页)一书中指出,中国是最早使用车的国家之一,相传黄帝创造了车。商朝时,中国人能够制造精美的两轮车。先秦时代的车,总的说来分为"小车""大车"两大类。小车除贵族出行乘坐外,主要用于战争。战国时,战车的多少成为一个国家强弱的标志。到了汉朝,单辕车逐渐减少,双辕车发展,车的种类增多,且主要用于载人装货。唐宋以后,车辆的制造技术有所进步。唐末五代时就已出现三轮车,但没有推广。到了宋朝,官僚们坐轿子的风气兴盛,制车技术的重点也逐渐由乘人的车转到载货。明清时期出现了帆车,即在车上加帆,利用风力助车行进。清朝时又出现了铁甲车和轿车。

孙华在《古代车驾杂说》(载《四川研究》1986年第2期)一文中详细研究了古代车驾中马的数目、驾马的名称、乘员的位置,结合考古发现和文献资料,考证翔实。作者指出,古代驾马有驾六、驾四和驾两三种。驾马因位置不同,有不同的名称,有服马、骖马和騑马之别。在等级森严的古代社会,车上成员的位置也有规定。

(3) 舟船

王崇焕在《中国古代交通》(天津:天津教育出版社,1991年,第46页)一书中指出,中国造船历史悠久,起步于新石器时代。在船的发展过程中,出现过三个高峰时期:秦汉、唐宋和明朝。春秋战国时期,南方有专设的造船工场——船宫。秦汉时期,中国造船业的发展出现了第一个高峰。秦始皇曾组建过一支大船队。汉朝的水师已经十分强大。唐宋时期为中国古代造船史上的第二个高峰时期,造船技术先进,船舶不断增大,结构更加合理。明朝是中国造船业的第三个高峰。造船工场分布之广、规模之大、配套之全,是历史上空前的。正是有了这样雄厚的造船业基础,才会有明朝的郑和七次下西洋的远航壮举。欧洲资本主义兴起和现代机动轮船出现以后,中国造船业逐渐失去优势。

赵云旗在《中国古代交通》(北京：新华出版社,1993年,第117页)一书中指出,中国古代的舟产生于距今大约七千年前的新石器时代。商周时期,船两舷板中间用横梁连接,更加坚固。春秋战国时期,舟已经成为水中重要的交通工具,南方的造船业比北方发达。秦汉时期,能够制造大型的楼船。魏晋南北朝时期,由于战争的需要,船的体积越来越大,造船技术明显提高。隋唐时期,中国海上贸易频繁,舟船发展到极盛。宋元时期,舟车数量迅速增加,指南针广泛应用于航海。政府在东京设立造船务,鼓励私人造船业,在东南沿海设立市舶司,管理商船进出口。明代造船业发达,各地所造船只都有显著特点。明清时期,政府实行海禁和闭关锁国政策,中国造船和航海事业衰落。中国近代以后,传统的舟船逐渐被西方轮船取代。

3. 中国古代交通建设

(1) 道路

许嘉璐在《中国古代衣食住行》(北京：北京出版社,2011年,第195—198页)一书中总结了道路的类型,认为古代有关道路的名称要比今天多。《尔雅·释宫》："一达谓之道路,二达谓之歧旁,三达谓之剧旁,四达谓之衢,五达谓之康,六达谓之庄,七达谓之剧骖。八达谓之崇期,九达谓之逵。"所谓达即通,一达指没有岔道,三达指丁字形街,四达是两路十字交叉。小路叫径,又称间道,意思是避开众人的路。冲是交通要道,冲要则通常专指军事上重要的地方。在大路两旁,古人栽植树木。为了行人走在路上能及时得到休息,沿着主要道路设有若干亭馆,有人看管,备有粮柴。大约秦汉之际,这种路上的馆舍就叫亭,供行路者停下休息。汉高祖刘邦起事前就是一位亭长。后代又有长亭、短亭的区别,据说十里一长亭,五里一短亭。

王崇焕在《中国古代交通》(天津：天津教育出版社,1991年,第9、18页)一书中指出,中国的道路起源很早,功能不同,有不同的名称。在远古尧舜时,道路曾被称作"康衢"。西周时期把通行三辆马车的称作"路",通行两辆马车的称作"道",通行一辆马车的称作"途"。秦始皇把错综复杂的交通路线加以整修,初步建成了中国陆上交通网。汉朝建成了以京城为中心向四面辐射的交通网,并开通了陆上"丝绸之路"。唐朝道路发展极盛,长安不仅水路运河与东部地区相通,而且是国内与国际的陆路交通枢纽。元、明时期,发展了以北京为中心的驿路交通网。清朝把驿路分为三等：一是"官马大路",由北京通往各省城；二是"大路",自省城通往地方重要城市；三是"小路",自大路或各地重要城市通往各市镇。在道路的重要地点设驿站。关于古代修建道路的材质,王崇焕指出,中国古代的道路都是沙石或泥土路,没有用沥青或水泥铺成的道路。

赵云旗在《中国古代交通》(北京：新华出版社,1993年,第1、28—30页)一书中指出,国家出现以后,道路成为人们开拓的产物。周代各诸侯国之间有交通干线连接,并制定了道路管理规定。秦始皇统一中国后,调集人力修建驰道,建立了以京城为中心的交通网络。两汉时继续修建道路,开创了丝绸之路。东汉末年,随着三国鼎立和分裂割据,交通事业衰落,道路系统变得支离破碎。隋唐时期,全国的道路再现繁荣,不仅南北畅通,西北"丝绸之路"空前畅达。宋朝由于受到辽金的进攻,交通范围大大缩减。元明清时,中国陆路交通兴盛发达。中国古代道路具有以下特点：具有强烈的政治色彩；与战争有密切关系；与封建帝王的活动有关；推动社会经济发展,并随社会经济发展而完善；结构上有辐射性,以京城为中心向外辐射。

（2）桥梁

桥梁是中国古代道路交通系统的重要组成部分。没有桥梁，道路就不能畅通，陆路交通就不能发达。

王崇焕在《中国古代交通》（天津：天津教育出版社，1991年，第19页）一书中指出，周朝时已经建造了梁桥和浮桥。经过历代不断完善，中国建桥史上大致形成梁桥、拱桥和索桥三种基本体系。梁桥结构简单，外形平直，容易建造，最普遍。拱桥参考了拱式结构坟墓建造技术，从伸臂木石梁桥和撑架桥逐步演变和发展起来。索桥首创于中国，在云贵川以及秦岭山区、台湾山区，可以看到各类索桥。这些地方谷深水急，无法筑墩建桥，古代劳动人民就发明了以竹、藤和铁绳等作索造桥的办法。总体来看，中国古代桥梁史有着丰富的内容，不管哪一种形式的桥梁，都毫无例外地经历了由低级演进到高级，由简陋到逐步完善的过程。

赵云旗在《中国古代交通》（北京：新华出版社，1993年，第31—38页）一书中指出，中国的地理环境复杂，山川阻隔，为了解决这一问题，就出现桥梁。在技术上，中国自古就处于世界领先地位。中国桥梁最早出现在尧舜禹时代，夏商周时期桥梁增加。春秋战国时期，桥梁建设更加普遍，建设桥梁是地方官员的重要职责。秦汉时期，国家把建造桥梁作为地方官吏的主要政绩之一，桥梁在全国广泛推广。魏晋南北朝时期，虽然长期战乱和分裂，但统治阶级没有停止建桥活动，出现了石拱桥和伸臂式桥梁。隋唐时期，桥梁发展的突出成就表现在：第一，单拱石桥发展；第二，创建了联拱式桥梁；第三，薄墩薄拱桥的出现。宋、辽、金、元时期，中国古代桥梁进入了全盛，桥梁种类齐全，造桥技术上有很大突破。明、清时期，桥梁建设趋于守成而很少创新，桥梁多延用前代的形制。总体来看，中国古代桥梁具有以下特点：具有明显的地方特色；具有很高的艺术价值；具有高超的建筑技术；桥梁的发展由北向南推进。

（3）陆上丝绸之路

赵云旗在《中国古代交通》（北京：新华出版社，1993年，第10页）一书中指出，中国古代不但发展国内交通路线，还拓展了域外交通，最著名的就是"丝绸之路"。汉武帝为了争取西域各国，打击匈奴，派遣张骞西征。张骞出使西域，打通了汉朝通往西域的道路。汉代的丝绸通过西域，运往欧洲。西汉末年，国内动荡，丝绸之路断绝。到东汉光武帝时，再度恢复。中西往来不绝，丝绸贸易规模相当可观。东汉末年至魏晋南北朝时期，丝绸之路隔绝，隋朝逐渐恢复。丝绸之路在隋唐时进入辉煌时期，中外贸易与日俱增。宋朝以后，由于海路的兴起，陆上丝绸之路地位逐渐下降。

龚缨晏在《关于古代"海上丝绸之路"的几个问题》（载《海交史研究》2014年第2期）一文中指出，陆上丝绸之路大约出现于公元前13世纪，与海上丝绸之路共同构成古代中国连接外部世界的两大动脉。陆上丝绸之路可以分为几条道路："绿洲之路"或"沙漠之路"，由中原地区出河西走廊通往中亚及更远地区的交通路线；"草原之路"，蒙古高原通往西方的交通线路；"西南丝绸之路"或"南方丝绸之路"，从中国西南至印度、中亚的交通路线。作者认为丝绸之路的形成时间大概在公元前13世纪，出现了从中原地区出河西走廊进入西域的交通路线，陆上丝绸之路东段路线开始形成。张骞出使西域，陆上丝绸之路"全线贯通"。作者认为,陆上丝绸之路的繁荣,取决于沿途国家政治局势的稳定和各国之间相互关系的和谐。在漫长的历史上,国家兴亡、王朝更替、民族迁徙、暴力征战等,造成陆上丝绸之路经常中断。由于自然原因而导致的地形、地貌的重大变化,也会使陆上丝绸之路受阻或改变路线。

纪宗安在《丝绸之路与中西经济文化交流》(载《暨南学报(哲学社会科学)》1994 年第 3 期)一文中对丝绸之路在中国西北、西南、东南三个区域内的路线形成与发展做了考证,揭示出它们在一定程度上互相连通的关系。张骞开通西域之前,北方草原地区出现中西贸易通道,游牧民族扮演了重要角色。汉朝开始,出现了丝绸之路的主体——新疆南、北、中三道纵横交错,东西南北往来都有道路可通,促进了陆上丝绸之路的便利与繁盛。除此之外,两千多年前在中国西南地区还存在着一条经川西南入云南,前往南亚、西亚直达大秦的古老民间通商大道,运输的大宗商品仍然是丝绸,今人称为南方丝绸之路。丝绸之路将世界几大古老文化圈联系了起来,成为它们之间的纽带。

(4) 邮驿

作为交通的重要组成部分,中国古代通信自成体系。最早的通信系统就是烽燧和邮驿。王崇焕在《中国古代交通》(天津:天津教育出版社,1991 年,第 85 页)一书中指出,周朝时利用烽火传递紧急军情。当时在边境和通往边境的道路上,每隔一定的距离,就筑有烽火台。烽火台派戍卒守卫,遇到敌人入侵时,便点燃烽火报警。各路诸侯见到烽火,马上率军前来御敌。两汉时期,从河西四郡(今甘肃武威、张掖、酒泉和敦煌),一直到盐泽(今新疆东部罗布泊),都设置烽火台,而且规模很大。举放烽火的方法昼夜也不相同,白天举烟,夜晚放火。此外,还采用不同的暗号来表示进犯敌人的多少。这种通信方法,对防守边疆,抵御敌人,曾起过一定的作用,直到明、清时期,许多地方还在使用。但是,烽火报警有很大的局限性,不能把详细的敌情报送上来,更不能把命令传达下去。

赵云旗在《中国古代交通》(北京:新华出版社,1993 年,第 75—116 页)一书中指出,中国古代的馆舍和邮驿自周代出现和形成后,不断地发展变化。周代有置、邮两种,置使用驿车,邮使用快车,速度快。春秋时设立邮和传舍,主要用于政治上传递诏命和军事上传递消息。秦汉时期邮驿制度发展,设置邮、驿、传三种。隋唐时期,邮驿机构合并为驿,兼有馆舍的性质,这是邮驿制度的一大变化。元代分为站赤和急递铺。明代邮驿机构和名称基本采用了元代的制度,略有增加。清代邮驿机构发展最完备,有驿、站、塘、台、所、铺。中国古代邮驿机构的发展轨迹是由多到少、由少到多。先秦两汉的多重机构逐渐向统一的趋势发展,隋唐时使各个机构合并为一。隋唐以后,由合的趋势又向分的方向发展,最后达到完善和系统化。清末,随着近代邮政制度的建立,驿站名存实亡。

王世厚在《我国古代的驿站和烽燧》(载《文献》1985 年 1 期)一文中和向景安在《略述我国古代的邮传通信》(载《文博》1990 年第 6 期)一文中都梳理了中国古代邮传通信的发展。中国是世界上最早使用邮传通信的国家,主要有两种方式:烽火台和驿传。烽火台起源较早,可以快速传递军事信息,但不能传达详细敌情和作战命令。驿传是传递信息的主要渠道,由政府主办。商朝时有用车递送书信公文的驲传通信制度。秦汉时期,初步建立了邮驿制度,设立"邮亭"和驿站。隋唐时期,以长安为中心,建立了四通八达的驿站系统。宋代实行了邮驿军事化改革,经费由军费开支,邮驿人员由军人担任,提高了邮驿工作的效率。元朝建立了庞大的驿站组织。明代基本延续元朝的制度，出现了专门为民间提供邮递信件服务的民信局。清朝后期改设文报局，将文报交给轮船和火车投递，初步建立了近代邮政制度，传统的邮驿制度逐渐废弃。

(5) 内河航运

为了发展水上交通，中国古人不仅利用自然河道，还开凿人工运河。

王崇焕在《中国古代交通》（天津：天津教育出版社，1991年，第59页）一书中指出，春秋战国时期，古人开始开凿运河，重要的有吴国沟通太湖和长江的胥河、沟通长江与淮河的邗沟，魏国沟通黄河与淮河的鸿沟。秦始皇为了解决南征士兵的粮草问题，开凿了连接长江和珠江的灵渠。隋朝开凿了中国最长的人工运河——京杭大运河，连接了海河、黄河、淮河、长江和钱塘江五大水系，加强了京都和河北、江南地区的水上运输。唐朝利用运河每年从江淮地区输入大量的物资和粮食，推动商业交流。宋朝大运河不仅对京城有重要作用，还保证了北方边疆地区的供给。元朝对大运河截弯取直，取消了绕道洛阳的路线，修建了从山东临清到江苏清江的"会通—济州河"和通惠河，形成了今天的京杭大运河。明、清两朝，大运河是中国南北交通的主要通道。除了粮船以外，运河上还有许多官船、商船和民船。大运河推动了南北方的物资和文化交流，带动了周边城镇的繁荣。

赵云旗在《中国古代交通》（北京：新华出版社，1993年，第4、16页）一书中指出，中国古代水路历史悠久，从先秦开始，水路就成为人们交通中重要的组成部分。历代统治者对水路十分重视，开凿了不少人工运河。其中，鸿沟、灵渠和大运河在中国历史上影响巨大。贯穿南北的大运河，是隋唐时期的伟大创举，全长五千余里，主要由四部分组成：广通渠、通济渠、永济渠、江南河。以大运河为中心，形成了华北、黄淮平原水利交通网络。大运河一方面创造了人工开河的新纪录，另一方面推动了东南地区的崛起。大运河历经宋元明清，均有修理疏通。虽然元朝后期海运兴起，但运河仍有着相当的地位。

金戈在《中国古代交通与水（上）》（载《海河水利》2003年第3期）文中系统整理了中国古代水上交通的发展变迁，将水上交通分为河运和海运。中国河运开始于远古时期，发展于秦汉，兴盛于唐宋元。历代政府除了利用天然河道外，还积极开凿运河。隋朝和元朝曾举国开凿兴修大运河，便利了南北交通。相对于河运，海运成本更低廉。元朝后期，近海运输快速发展。

吴琦在《漕运与古代农业经济发展》（载《中国农史》1998年第4期）一文中指出，漕运的发展与古代农业经济的演变格局，与区域农业生产水平有密切联系。农业的发展状况决定漕运的动向，漕运的发展反映农业经济的变化情况。秦汉时期北方农业经济在全国遥遥领先，漕运主要集中在关中地区；隋唐时期南方经济迅速发展，隋朝倾全力修筑运河，开发东南地区；宋代江南地区经济发展超过黄河中下游地区，成为全国经济重心；明清时期长江中下游是粮食主产区，也成为政府漕运的主要地区。中国古代农业经济的分布轨迹与特点，在漕运中得到了全面的反映。通过剖析漕运与农业经济的关系，可以更深入地认识古代农业发展的特点与一些重要区域的农业经济地位。

(6) 海上交通运输

中国不但拥有发达的内河航运体系，还有悠久的海洋航运史。海洋航运可以分为两个部分：近海航运和远洋航运。近海航运主要集中在海疆周边，远洋航运主要是海上丝绸之路。

王崇焕在《中国古代交通》(天津：天津教育出版社,1991年,第74页)一书中指出,在新石器时代晚期,中国就出现了航海活动。春秋战国时期,激烈的战争对海洋活动提出了更高的要求,沿海贸易快速发展。秦朝航海事业进一步发展,大一统的局面,也使开辟海上航线成为可能。汉朝和唐朝造船和航海技术都有了进步。宋元是中国历史上海上交通最繁盛的时期。造船业和航海业非常发达,造船技术和航海技术也都有重大突破。元朝的沿海航运事业发展很快,为了补充河运不足,开创了大规模海运漕粮。明朝中期以后,政府实行海禁,禁止民间从事海外贸易活动,中国沿海航运事业一蹶不振。

赵云旗在《中国古代交通》(北京：新华出版社,1993年,第22—26页)一书中指出,元明清三代均建都北京,大运河不能满足社会发展的需要。元代在沿海开辟了新的海路。元代的海路开始于至元二十年(1283年),从临安出发,在崇明岛取海道到达京师。这条海路成为元代转输江南漕粮的主要通道,借助信风,行船方便,缩短了运输时间,降低了运费。这条海路给中国近海交通注入了新鲜血液。明代永乐时海运最盛,从淮安到天津卫的海路比元代更加方便安全。清代路线大致与元、明相同,每年海运漕粮数额达一百六十万石左右。海路运输非常繁盛。

中国与周边的朝鲜、日本也保持贸易和文化联系。赵云旗指出,两汉时期,中日交往日益频繁。中国与日本的海路是：从辽东至乐浪郡(今朝鲜平壤境内),乘船入海至弁韩,经对马、壹岐诸岛,至日本的九州博多湾。南北朝时,中国与日本、朝鲜仍保持往来。隋唐时期,中国与日本、朝鲜往来最频繁。唐代时,日本遣唐使及高僧、留学生大批涌入中国,两国海上路线比隋以前大为发展,除原来的海路外,又开辟了一条新道,中日往来分北路和南路,促进了两国之间经济、文化交流。宋代以后,与日本、朝鲜的交往频繁,海上路线多遵循唐的南路。清代日本政府与清政府通商,开辟了海路网络,贸易路线扩展到八条。

中国与南亚之间的海上贸易路线也有很悠久的历史。赵云旗指出,中国与南亚的海道始于西汉,地点在今雷州半岛。海路交通往来频繁,用黄金和丝绸与印度交换明珠和奇珍异宝。东汉时,南海交通仍然发达。南朝时,海上航线更加畅通,与大秦(古罗马)和天竺(印度)贸易的商船日益增多。唐宋时期,海道得到开拓,与南亚诸国的交往更加频繁。元之后的朝代,海上交通比唐宋更加繁盛,在海岸设立市舶司与东南亚诸国贸易,相互派使臣访问。明代郑和七下西洋,足迹到达三十余国,最远到达非洲东岸红海和麦加。这一伟大壮举,把中国到西洋的海路交通推向全盛时期。

除近海航运外,中国以海上丝绸之路为主的远洋航运起源很早,造船和航海技术发达,在中国海洋运输中占有非常重要的地位。王崇焕在《中国古代交通》(天津：天津教育出版社,1991年,第78—83页)一书中指出,汉武帝时曾派使臣、贸易官员和商民经南海,穿越马六甲海峡,到达印度洋。东汉桓帝时,罗马帝国派遣使者来到中国,开辟了中国和大秦之间的海上通路。唐朝时期,开辟了一条海上丝绸之路,起点广州,远航到亚丁港附近。宋朝海运非常发达,在远洋海船上普遍使用指南针。中国远洋航行史上的盛举,就是明朝郑和船队下西洋。1405—1433年,郑和七次下西洋,途经亚洲、非洲30多个国家和地区,最远到达现今非洲东岸的索马里和肯尼亚一带。郑和下西洋开创了15、16世纪世界大规模航海,是具有世界意义的伟大壮举。

陈高华在《中国海外交通史研究的回顾与展望》(载《历史研究》1996年第1期)一文中指出,中国古代很早就开始了海上活动。先秦时期,中国沿海的造船业已经具有了一定规模,民间积极从事海上活动;秦汉时期,中国使臣到达南海海域,可能抵达印度洋区域;唐朝时中国海外交通繁荣,航船可以直达阿拉伯半岛;宋元时期,航海和造船技术取得了进步,海上交通达到顶峰;明清时期,政府实行闭关锁国政策,海外交通由盛转衰。该文详细梳理了中国学者对中国海外交通史研究的成果,将中国海外交通置于世界历史变迁的视野内进行考察,并提出应该继续关注考古工作成果和加大对古代海船的研究力度。

金戈在《中国古代交通与水(中、下)》(载《海河水利》2003年第4、5期)一文中指出,中国从秦汉开始建立了与朝鲜和日本的航海联系,出现丝绸之路。唐宋时期,随着造船和航海技术的发展,海上丝绸之路得以真正开辟,中国的远洋航船进入印度洋海域,与沿线国家发生贸易联系。海运的发达催生了一大批沿海城市的崛起。明代的郑和下西洋,是中国和世界航海史上的空前壮举。但明清政府推行海禁和闭关锁国,严格限制海外贸易,海上交通日益衰落。近代以来,中国接受西方先进科学技术,开始试验建造轮船,中国造船航海业重新起步。通过梳理中国古代水上交通的变迁,可以得出这样的结论:发达的交通,是经济繁荣、社会进步的先决条件。

4. 中国古代交通管理

中国古代交通发达,统治者重视对交通进行规范,完善交通管理措施。

陆文熙、陆铭宁在《古代中国政府的交通建设与管理》(载《西南民族大学学报(人文社科版)》2004年第10期)一文中和郑显文、管晓立在《中国古代出行的法律制度探析》(载《北京航空航天大学学报·社会科学版》2014年第1期)一文中都指出,中国历代政府重视交通基础设施建设,修建了完善的陆路交通系统,开发利用水运,发展海外贸易通道,建设海港和码头,建造管理桥梁关津。同时改善交通工具,利用马、牛等畜力,发明了指南车、记里鼓等交通机械。政府还关注道路安全管理,加强对驿站的管理,在交通要冲设置关隘,由兵丁驻防,检查过往行人,留下了一系列宝贵的交通管理文化遗产。《中国古代出行的法律制度探析》一文中还关注到,政府以国家权力干预百姓的出行权,强化了交通领域的等级身份和避让制度,对交通产生了负面影响,间接造成了中国古代处于封闭状态。

王子今在《中国古代交通系统的特征——以秦汉文物资料为中心》(载《社会科学》2009年第7期)一文中认为,中国古代交通系统具有首先服务于政治和军事的特征。交通体系带有明显的皇权优先的色彩。交通发展催生了交通规则,形成了"贱避贵,少避长,轻避重,去避来"的通行规则。其中"贱避贵"体现了公共交通条件使用权利的差别和古代交通管理的等级制度。历朝历代都非常重视道路的修建,主要交通干线的规划、施工和管理,由朝廷决策;地方交通道路的修缮、管理和养护,由地方行政长官负责,这就使交通建设带有强烈的国家控制色彩。同时,交通通信设施施工的管理,也带有军事化形式。总体来看,中国古代的交通建设、交通规划和交通管理都体现出较高的水准,但给予民生的便利则相对有限。

陆礼在《中国古代交通的技术变迁与伦理分析》(载《江西社会科学》2010年第4期)一文中指出,随着交通运输的发展,中国形成了悠久的交通文化。在部族社会时期,为了实现合作共处和财富分配,逐渐形成了"同舟共济""路不拾遗"的交通道德。夏商周以后,随着陆上和水上交通工具的发展,不同民族和地域的价值体系通过交通发生碰撞和交流。交通道德扩展到民族或国家范围,形成了全国性的交通法规,如"贱避贵,少避长,轻避重,去避来"等规则,并设官管理交通,客观上可以规范出行秩序,提高交通效率。随着交通工具的发展和阶级、国家的出现,交通关系开始复杂化,步行时代朴素的交通伦理被体现神权尊严、君主专制、严格等级差别、压抑个体意识的封建交通伦理代替。

(二)西方古代交通

1. 西方古代交通概况

西方古代交通运输在不同时期呈现出不同特点。谢丰斋在《中古时期英国的水路交通》(载《东南文化》2006年第6期)一文中指出,12—14世纪英国水陆交通状况出现了较大改善,基本满足了商品贸易的需要。国王修建"王家大道",便于传达政令和巡视各地,大贵族和修道院也需要建立道路以加强联系。中古时期,英国的道路网络逐渐形成,修建了以伦敦为中心、向四境辐射的交通干道。陆地交通工具以两轮车和四轮车为主,动力为马驴等畜力。水运船只种类丰富,既有适合内河航行的小船,还有适合近海航行的帆船。总体来看,在商业运输,尤其是大宗货物运输方面,河流运输占据了英国水陆运输的主体。

张卫良在《工业革命前英国交通运输业的发展》(载《杭州师范学院学报(社会科学版)》2004年第1期)一文中指出,交通运输业对于一个国家的发展具有重大的经济意义。在前工业时期,英国的陆路、水路和海路形成了一个互为补充、缺一不可的"三位一体"式交通运输网络。16世纪前,英国的道路系统并不发达。17世纪,随着国内经济活跃,对道路的需求迅速提高,道路系统得到改进。英国四周环海,河运和海运优势明显。16世纪以后,商业贸易发展推动政府对运河进行改造。经过不断改造和发展,英国的交通运输业取得了重大成就,为英国的经济起飞打下了坚实的基础。

郭华在《中世纪晚期英国交通运输的发展及其对社会变化的影响》(载《西南大学学报(社会科学版)》2010年第5期)一文中指出,中世纪晚期英国的交通运输条件不断改善,基本形成了全国性的水陆交通运输体系。陆路交通在罗马古干道的基础上修建了许多新道路,形成了以伦敦为中心辐射全国的城乡道路系统;水上运输依托优越的自然条件,内河航运与沿海运输相结合,构成了相互交错、四面通达的水路交通网络。交通运输能力的提高促进了英国社会经济的发展,推动了英国社会的深刻变革。

2. 西方古代交通工具

(1)车马

谢丰斋在《中古时期英国的水路交通》(载《东南文化》2006年第6期)一文中指出,西方古代交通工具与中国古代类似,但不如中国古代交通工具完善。中世纪时,英国陆地交通工具主要有两类。一类是单畜,如马、驴和骡子等;另一类是大车,包括两轮的"轻型"车和四轮的"载重车"。大宗运输使用"载重车"来承担。根据1327年的一份文献记载,双轮车一次可以运载"13匹布料",而四轮车的载运量是双轮车的"2到3倍"。

波斯坦、哈巴库克《剑桥欧洲经济史(第8卷)》(王春法等译,北京:经济科学出版社,2002年,第167页)一书中指出,在德国,16世纪中两轮和四轮运货马车的数量与效率都在稳步提高。在地中海国家,16世纪是骡子的全盛期,驮畜为西班牙征服了新世界。16—17

世纪,陆路运输更为灵活,罗马时代修筑的干线一直维持使用。另一方面,在二轮与四轮运货马车的设计方面,16世纪末,德国做出了三个重要的改进:前部转向马车;用皮带来悬置车身,弹簧装置的基本形成;通过缩短铁轮箍与轮辋的距离来保护车轮。17世纪前半叶,载客马车的数量急剧增加。17世纪晚期,随着铁轮辋和前部转向装置从四轮马车扩大到两轮马车,效率得到提高。

郭华在《中世纪晚期英国交通运输的发展及其对社会变化的影响》(载《西南大学学报(社会科学版)》2010年第5期)一文中指出,在道路状况改善的同时,马车取代牛车成为主要的交通运输工具。到14世纪,马车成为陆路运输的主要交通工具。马车有多种类型:短马车一般由一二匹马牵引,长马车由六匹甚至八匹马牵引,载运重货的长途运输,还会用铁皮包住木制的车轮。14世纪,跨郡的长途运输很常见,马车大多由三匹马牵引。15世纪,交通运输进一步发展,专营运输的人员定期往返于米德兰、伦敦、牛津、布里斯托尔、索尔兹伯里、南安普敦等地。

林国锦在《1750—1830年英国交通变革及其影响初探》(浙江大学2007年硕士学位论文)一文中指出,从18世纪,随着公路的不断改善,英国的陆上交通工具得到了改进。英国在18世纪广泛使用的大车轮子,带有在木轴上运转的木毂。车轮的轮箍由钉在木头轮辋上的铁条构成。1804年,人们开始使用弹簧装置,降低了马车的重心,使马车跑得更快。货物运输方面,四轮、二轮马车代替了驮马,在运输量以及安全性上都有突破。随着英国交通网络的完善,还出现了定期商业运输服务班车。17世纪后半期,出现了公共马车,不久得到普遍应用,通过更换马匹,提高行进速度,缩短了旅行时间。

(2) 船只

谢丰斋在《中古时期英国的水路交通》(载《东南文化》2006年第6期)一文中指出,13世纪时,英国的水运船只按船体大小分为三种类型:内河航运的小船、大河航行的驳船和海上航行的狭长帆船。英国的内河船只以泰晤士河上航行的带帆驳船和塞文河上的趸船最为有名。陆运、河运和海运价格的比例大约为8:4:1,水路运输在价格方面具有明显优势。伦敦周围的谷物运输,用马车拉运的费用相当于水路船运的12—18倍。运输价格的悬殊对比,使中世纪商业更多依赖水路。

波斯坦、哈巴库克在《剑桥欧洲经济史(第8卷)》(王春法等译,北京:经济科学出版社,2002年,第146页)一书中指出,中世纪,在地中海的东端,中国人操纵平底帆船收购东印度群岛的肉豆蔻和三叶草,运到马六甲。阿拉伯人用柚木建造的阿拉伯货运帆船运送货物。红海贸易通过小商船进行,一种是斜首尖尾四边形拉丁帆船,另一种是阿拉伯帆船,还有三角帆船。波斯湾特有的大型双头船运载着货物离开霍尔木兹驶向阿拉伯海。由于制作船桨的山毛榉木越来越缺乏,16世纪初,大帆船逐渐中断了航行。意大利船只基本上都是宽身帆船。17世纪通过海峡进入地中海的远洋货轮都很大。荷兰人在贸易中使用的船只载重量平均350吨,他们擅长使用没有武装的轻型大容积商船。1660—1730年,英国商船的总数量增加,逐渐超过荷兰,但载重量较小,大约是120吨。

郭华在《中世纪晚期英国交通运输的发展及其对社会变化的影响》(载《西南大学学报(社会科学版)》2010年第5期)一文中指出,中世纪英国的水路运输工具得到了改善。中世纪的河流上,远古时期平底的独木舟仍然在较浅的水域使用,但在深水区,已广泛使用安装有船桨和船帆的大型龙骨船、驳船和筏船。运输船只造价昂贵,据记载,一艘驳船的造价包括材料和加工共计20英镑,这种船只运载能力可达50夸脱。装配有齿轮的船和大型货船都吃水较深,可在宽阔的水面上进行长距离的航行。

3. 西方古代交通建设

(1) 道路

张卫良在《工业革命前英国交通运输业的发展》(载《杭州师范学院学报(社会科学版)》2004年第1期)一文中指出,在工业革命前,英国初步建成了陆路、水路和海路"三位一体"的交通运输网络。16世纪初,英国的道路系统基本上覆盖了整个王国。然而,道路的数量和长度有限,基本上处于自然状态,管理方法落后,通行困难,无法满足商业贸易发展的需要。为了适应经济发展需要,英国推行收费公路。在工业革命前夕,英国的收费公路发展迅速,到1750年,大部分主干线成了收费公路,道路系统出现了巨大变化。道路系统的完善,使运输成本逐渐下降,推动了商品和原材料的交流,有利于工业革命的开展。

沈琦在《中世纪英格兰道路网的形成和维护》(载《华中师范大学学报(人文社会科学版)》2012年第51卷第5期)一文中指出,中世纪英格兰道路网维护存在两大难题。一是人造碎石路面稀少,道路大多是夯土的,加上洪水浸漫、马匹踩踏和双轮马车的碾压,路面经常毁坏。二是英格兰经济较为发达的东南部地势低平,阴雨潮湿,加上河水流速快、水位高,因而桥梁的兴建在道路网中占据着突出地位。在中世纪,政府主持的道路不多,主要是为军事远征提供方便。中世纪英格兰经济扩张,民间自发修建维护道路桥梁。道路网的维护机制体现了中央政府、地方政府和民间社会的良性互动。王权起着监督、引导、规范作用。地方政府和民间社会发挥着主体作用。这种治理方式适应了中世纪英格兰商品经济发展,保证道路通行维持在一个较好的水平。

波斯坦、哈巴库克在《剑桥欧洲经济史(第8卷)》(王春法等译,北京:经济科学出版社,2002年,第197页)一书中指出,中世纪晚期的道路通过在沙面路基上铺设铺路砖,可塑性更强、更适于轮式车辆行驶,但修筑和养护昂贵。在欧洲,法国路政官苏利第一次做出建立养护道路国家组织的尝试,他的继任者给法国大部分主干道铺上了碎石路面,但大部分道路没有固有的路基和坚实的路面。18世纪晚期,英国工程师设计了由碎石筑平,然后用沙子浇注缝隙中,再用水泥填塞而成的较薄而有弹性的路面,重型压路机使路面更加坚实。但欧洲大部分地区道路状况比较糟糕,交通状况比较落后。

郭华在《中世纪晚期英国交通运输的发展及其对社会变化的影响》(载《西南大学学报(社会科学版)》2010年第5期)一文中指出,中世纪晚期英国在继承了罗马古干道的基础上,修建了新的道路,形成了以伦敦为中心辐射全国的道路体系。北方形成了以"北方大道"为主体的交通网络,东南部道路分布稠密,西南和西部相对偏少。这一时期新修建的道路多数是用碎石铺设路面。中世纪晚期英国的城乡道路经过改造和新建,形成了相对完整的陆路交通运输体系,便于大型商品货物的运输。

(2) 桥梁

郭华在《中世纪晚期英国交通运输的发展及其对社会变化的影响》(载《西南大学学报(社会科学版)》2010年第5期)一文中指出,英国政府重视修建桥梁。在跨越河流的交通要道上,14世纪早期桥梁建设就已展开,其中多数属于重建。英格兰北部各郡到1350年至少已建起36座道路桥梁。随后的两个世纪,几条河流的交叉口全部建起了新的桥梁。1400—1540年,约克郡东部的凯克斯重建或维修了至少22座石制桥梁。这一时期修建的桥梁,多为路面较宽的石质建筑,更适宜车辆通行。桥梁两端的路面也是由石子铺就的堤道,更方便、更安全。

沈琦在《中世纪英格兰道路网的形成和维护》(载《华中师范大学学报(人文社会科学版)》2012年第5期)一文中指出,英国修建桥梁的义务源于惯例,是盎格鲁—撒克逊时期的一种军事性劳役。13世纪后期,一些王国的主干道和规模较大的桥梁都是以郡为单位维护,地方性桥梁的养护则由更小的团体或个人承担。中世纪英格兰经济扩张,大量桥梁的兴建和维护大多是靠民间社会主动自发维护的,对桥梁的捐款是人们施善行的一种表现,有些隐士在桥梁修建过程中发挥着关键作用。14世纪时,世俗机构管理桥梁的情况越来越常见。

(3) 内河航运

谢丰斋在《中古时期英国的水路交通》(载《东南文化》2006年第6期)一文中指出,中古时期人类主要依赖天然力,因此,在商业运输方面,河流比陆地更重要。中世纪时期,英国大约有140条可通航的河流,通航里程总计约2 400英里。绝大部分通航河流集中在东部地区。英国发达的水运条件还包括为数众多的沿海港湾,随时可以用来装卸货物。水运的重要性在英国城市发展方面尤其突出。英国的内河运输到了中世纪后期走向恶化,一方面,水力磨坊和堤堰增多,给河运带来障碍;另一方面,水运网络减少又给城市谷物和燃料供应造成影响。

张卫良在《工业革命前英国交通运输业的发展》(载《杭州师范学院学报(社会科学版)》2004年第1期)一文中指出,英国四周环海,内陆有众多的河流,便于开展河运。16世纪以后,英国商业贸易的发展对交通运输提出了更高的要求。英国对内河的改造分为三个阶段:第一阶段是对主要河流进行改造;第二阶段是对次要河流的改造;第三阶段是建设运河体系。1564年,英国开始挖掘第一条重要的人工运河——埃克塞特驳船运河。17世纪中期,为了与荷兰竞争,英国加快了对港口和航运河道的改造,将各大港口连接起来。河流改造的商业化运作提高了经济效率。

林国锦在《1750—1830年英国交通变革及其影响初探》(浙江大学2007年硕士学位论文)一文中指出,中古时期,在大宗货物运输方面,运河比陆路具有优势:费用相对较低,运输量大,提高了商业贸易的效率。推动运河修筑的一个重要原因是煤炭的使用量迅速增加。18世纪之前,英国运河修建较少,18世纪开始,英国大力推动运河修筑,把主要河流和工业区用运河连接起来。18世纪80年代,随着经济萧条,运河修筑进入短暂的沉寂。90年代,新一轮运河建设又开始了,西部和东部运河网大大拓展,形成了密集的运河网,便利了货物运输。作者认为,在"运河热"时期,人们对运河的投资有部分是盲目的,存在很多经营失败的运河。

(4) 海上交通运输

除了陆路和水路运输以外,海上运输是英国交通网络的一个有机组成部分,在英国占有非常重要的地位。张卫良在《工业革命前英国交通运输业的发展》(载《杭州师范学院学报(社会科学版)》2004年第1期)一文中指出,英国四周濒海,具有许多天然良港,海上交通运输网络逐渐地完善。海上运输可以分为两部分：沿海运输和海外运输。沿海运输主要沿着本国海岸线，而海外运输主要是跨洋越海的航行。在前工业初期，英国自己的海外运输力量非常薄弱，大多为外国商人控制。16世纪以后，伦敦商人逐步垄断海外贸易。17世纪中期，英国出台了一系列的航海条例和航海法案，推动海上运输快速发展。

陈伟平在《论中世纪英格兰东南地区港口城市的兴盛》（载《黑龙江史志》2009年第15期）一文中指出，不列颠群岛地处北海到地中海的主要航道上，自古以来便是北海与地中海之间的重要枢纽。尤其是东南地区，海岸线平缓，河流密布，多优良港湾，与法国北部地区隔海相望，成为联系英格兰内陆地区与大陆贸易体系的重要通道。在此基础上，英格兰东南地区形成了以伦敦为最典型代表的东南港口城市群。

波斯坦、哈巴库克在《剑桥欧洲经济史（第8卷）》（王春法等译，北京：经济科学出版社，2002年，第138页）一书中指出，在16世纪，地中海地区商业活动活跃，以米兰、佛罗伦萨、热那亚、威尼斯等城市为代表。威尼斯和热那亚也是海上列强和商业船队的活动基地。亚得里亚海、第勒尼安海和里昂海湾是国际贸易的主要干线，承担了地中海地区内部贸易的大部分，接收来自东方的奢侈品。16世纪后半叶，从意大利到英国和低地国家的出口贸易蓬勃发展，先后由热那亚、荷兰和英国垄断。

4. 西方古代交通管理

随着交通的发展，西方国家日益重视完善交通管理，逐渐形成了一系列管理体制。谢丰斋在《中古时期英国的水路交通》（载《东南文化》2006年第6期）一文中指出，中世纪英国王室非常重视具有商业性质的道路和桥梁建设。12世纪时，英国的《普通法》里，将通往港口和市场的道路列为"国王大道"，破坏和阻碍这些道路将被视为反对国王的罪行。为此，英国王室还成立了专门的委员会，负责维护海墙、堤堰、堤道和桥梁。

张卫良在《工业革命前英国交通运输业的发展》（载《杭州师范学院学报（社会科学版）》2004年第1期）一文中指出，英国在中世纪晚期开始重视道路的维护和管理工作。根据都铎和斯图亚特王朝的立法，教区负责维护其区域内的道路，住户每年义务工作六天。经过系统管理，路面基本满足国内贸易需要。17世纪以后，国内经济活动活跃，重型马车开始使用，道路管理问题成为难题。在17世纪60年代，道路系统开始改造，实施收费公路。1663年，议会通过了第一个收费公路法案，征收通行税。在市场经济的环境中，道路建设与道路管理密切结合。18世纪以后，道路管理方式逐渐按商业化的方式运作，由信托公司负责道路的经营维护，为英国迅速工业化建立了一个良好的公路网络。

沈琦在《中世纪英格兰道路网的形成和维护》（载《华中师范大学学报（人文社会科学版）》2012年第5期）一文中指出，英格兰早期的法律文献，如《亨利一世律令》规定，破坏道路及未履行修桥义务等犯罪行为均属破坏了"王之和平"。保持道路畅通和旅行安全被置于国王的保护之下，行人享有"王之和平"，这类道路被称作"王家大道"。随着普通法的推行和国王司法管辖权的扩大，王家大道不仅包括军事线路，也包括通往港口、城市、集市的所有道路，对它们的破坏和阻塞是反对国王的犯罪行为。王国政府监管的有限性不适应现实情况，1530年，议会通过了第一部《桥梁法令》，1555年颁布《道路法令》，这些法令打破了过往的治理必须遵循惯例的传统，成为此后道路网维护新举措的起点。

二、新航路开辟和工业革命后的交通运输

(一) 西方近代交通发展

1. 西方近代交通概况

工业革命后,西方交通运输得到了快速发展。袁广雪在《18—19世纪利物浦的交通变革研究》(安徽师范大学2014年硕士学位论文)一文中以英国利物浦交通变迁为案例,研究了工业革命引发的英国交通运输业的巨大变化。工业革命前,利物浦由于地理位置闭塞,交通相对落后,制约了经济发展。18—19世纪,蒸汽机船应用于海上航行,河运和铁路相继发展。利物浦港口、运河和铁路三大交通体系相继建立,促进了利物浦经济的发展。作者指出,早期铁路的出现是作为运河运输的辅助手段出现的。随着技术的进步,火车逐渐替代运河。同时,随着蒸汽机应用于运河运输,蒸汽机船也变得更加廉价快捷,铁路运输和运河运输呈现出相互竞争、相互促进的特点。

卡洛·M.奇波拉在其主编《欧洲经济史(第三卷)》(吴良健等译,北京:商务印书馆,1989年,第164、172、173、175、184、302页)一书中指出,随着18世纪中期棉纺织业的发展,人们对交通运输的需求更加迫切,将蒸汽机应用于运河交通。蒸汽动力应用于船只,就产生了汽轮船。随着蒸汽机效率的提高,轮船逐渐取代了帆船,成为海上运输的重要交通工具。奇波拉认为,当经济条件成熟时就会出现新发明,或技术进步。交通运输的革命性改进,推动了社会经济的快速发展,带动了社会的巨大变革。

斯塔夫里阿诺斯在《全球通史》(吴象婴等译,北京:北京大学出版社,2005年,第479—495页)一书中指出,工业革命前期纺织、采矿和冶金行业的发展,要求改进运输工具,蒸汽机车和铁路应运而生。铁路以廉价快捷的优势迅速支配了长途运输。蒸汽轮船被应用于水上运输,随着蒸汽机效率的提高,轮船逐渐取代了帆船。为了传递商业消息,人们又发明了电报,铺设了越洋海底电缆。交通运输的迅速发展,加强了世界各地的联系,推动了工业革命向全球扩展。第二次世界大战后,航天航空科学迅速崛起,在很大程度上改变了人们的交通方式,使世界各地联系更加紧密。在这个过程中,工业发展和交通运输呈现出了相互推动的模式。

2. 西方近代交通工具

(1) 工业革命前的水上交通工具

孙光圻在《哥伦布航海技术初探》(载《历史研究》1992年第1期)一文中指出,从航海技术史角度考察,哥伦布的美洲之行集中展示了欧洲航海家的时代水准。哥伦布通过世界地图与海图,确定大致方位,然后采取等纬航线或对准目的地的斜航线来航行;通过全天候的磁性恒向指向仪测定航向,他还发现了地磁偏差,并记录了磁差变化。哥伦布使用的帆船是"卡拉维尔"轻帆船,体积小、灵巧、易于驾驶,吃水很浅,减少了搁浅触礁的几率。"卡拉维尔"轻帆船的风帆是横帆与三角帆混合而成的,横帆可以增加驱动力,三角帆可以改善操纵性能。这些航海和造船技术的采用,推动了欧洲人海外探险的步伐。

黄鸿钊在《东方新航路的发现及其历史意义》(载《海交史研究》2003年第1期)一文中指

出,西欧文艺复兴以来,科技的进步解决了扬帆远航的一系列技术问题。15世纪之后,西欧造船技术大大提高,能制造多桅帆船。这些船装有横帆和三角帆,能够在顺风或逆风的条件下航行,并能适应大洋的复杂气候条件,船的载重量有所增加。12世纪末,中国罗盘经阿拉伯人传到欧洲。1485年,葡萄牙人将罗盘用于海上航行,计算天体的位置和纬度。15世纪末,西欧又出现了行星运行表,便利了海上计算纬度。"大地球形说"的理论,也大大激励着西欧人去航海探险。

刘景华在《大航海时代的西欧造船和航海术》(载《长沙理工大学学报(社会科学版)》2005年第4期)一文中对15—17世纪大航海时代西欧的造船和航海技术做了考察,认为新航路的开辟,推动了造船技术的发展。14世纪末以后,欧洲产生了新的大型船只"卡拉克船"。15世纪,卡拉克船演变为三桅大船。另一种流行船式是发端于葡萄牙的"卡拉维尔"轻便船,有三桅,挂三角帆,使船能横风行驶,与方帆结合使用更能够有效地改变风向,易于操纵,航速很快。多桅多帆的技术,比单桅单帆的东方船具有明显的优越性。16—17世纪,流行西班牙式的大型帆船,船头堡的前端是方形舱壁,伸出一个勾型船头。16世纪后期,"飞船"出现,船底低平,载货容量大,使荷兰在海洋转运贸易中处于领先地位。但其速度慢,难以防卫,只适合在北海、波罗的海的和平时期航行。18世纪,欧洲人将造船和航海技术提升到极致,是后来造船和航海发生革命性变化的技术前提。

波斯坦、哈巴库克在《剑桥欧洲经济史(第8卷)》(王春法等译,北京:经济科学出版社,2002年,第172页)一书中指出,16—17世纪,欧洲船只的总量稳步增长。荷兰的船只吨位超过了欧洲几乎所有国家的总和。荷兰船只有两个突出的优点:建造便宜和设计专业。17世纪中叶,在荷兰造船厂建造的成本要比在英国的造船厂少花费40%—50%。荷兰人用三桅船,船体前部装上横帆,而后桅主要采用三角帆。在船体的设计上,荷兰造船厂开发了一种更长但不深的船,有非常完美的断面和平坦的船底;缩短了船头到船尾的长度;还有垂直而平阔的船头和非常浑圆的船尾突出部。

新航路开辟后,马尼拉大帆船在世界海上交通中扮演过重要角色。刘文龙在《马尼拉帆船贸易——太平洋丝绸之路》(载《复旦学报(社会科学版)》1994年第5期)一文中指出,16世纪末到19世纪初,在欧洲的推动下,中国借助马尼拉帆船与拉丁美洲实现了经济和文化交流。西班牙人先通过中国商船把中国的丝绸、瓷器、工艺品等货物运往马尼拉,然后用大帆船把货物运销到墨西哥的西海岸港口;归程时装载美洲的白银回到马尼拉,西班牙人又以白银采购中国商品,这样就建立了以马尼拉为中转站的中国和拉美的转口贸易关系。马尼拉帆船贸易不仅推动了太平洋东西两岸的物质文化交流,也促进了两地的相互认识和了解。

樊树志在《"全球化"视野下的晚明》(载《复旦学报(社会科学版)》2003年第1期)一文中指出,西班牙占领菲律宾后,利用马尼拉大帆船为中国的生丝、丝织品和瓷器找到了通往墨西哥的航路。中国丝绸流向美洲,美洲白银流向中国,形成了跨越太平洋的"丝—银"对流,体现了市场经济的特点。马尼拉帆船贸易还带动了一系列港口城市的发展,促进了中国产品的对外出口,推动了商品经济的发展。大量美洲白银流入中国,推动白银逐渐成为中国的流通货币。

(2)工业革命后的水上交通工具

波斯坦、哈巴库克在《剑桥欧洲经济史(第8卷)》(王春法等译,北京:经济科学出版社,

2002年，第161页)一书中指出，工业革命后，国际贸易扩展是由铁壳汽船带动的。1838年以前，由于锅炉效率低下，必须携带大量燃料，轮船主要借助风帆航行，蒸汽动力只是风帆的辅助工具。从1838年起，在欧洲和北美之间开始提供定期的经济性汽船服务，价格昂贵，主要用于提供客运和邮件服务。大约从1860年起，在木船和铁船、汽船和帆船之间出现了激烈的商业竞争，运费下降。1869年，汽船完全用铁建造，更加坚固，具有更大的载运能力，成本较低。大约从1878年以后，使用钢壳、钢锅炉、双螺旋桨和复合发动机建造的金属轮船投入运营，进一步降低海洋运输成本，帆船运输退出竞争。

林国锦在《1750—1830年英国交通变革及其影响初探》(浙江大学2007年硕士学位论文)一文中指出，工业革命之前，英国运河使用的主要是长而窄、舷侧垂直、船头像楔子形的平底船。18世纪后期，蒸汽机在船舶上得到应用。1736年，乔纳森·赫尔斯获得由一台蒸汽机驱动的尾明轮拖轮的专利权。1785年，约翰·菲奇设计了由循环轮翼链推进的船。1790年，他把明轮翼放在船尾。18世纪后期开始，船体开始铁器化。1821年，第一艘铁制汽船"阿伦曼比"号建成下水，以蒸汽为动力，成功穿越了英吉利海峡。以铁取代木材制造的汽船具有明显的竞争优势，至19世纪中期，铁已经成为制造船体的主要材料。

(3) 陆上交通工具的发展

波斯坦、哈巴库克在《剑桥欧洲经济史(第8卷)》(王春法等译，北京：经济科学出版社，2002年，第214页)一书中指出，早在1803年，特里维斯克的铁路机车能够拉动25吨重的车辆。乔治·史蒂芬逊在1814—1825年进一步完善了发动机。1825年9月27日，史蒂芬逊制造的蒸汽机车以每小时4.5英里的速度行驶。1829年10月，"火箭号"机车问世，使用管状锅炉，时速16英里。法国的卢瓦尔铁路线也出现了蒸汽机车。1830年，第一辆美国产机车"查尔斯顿良友号"达到时速20英里。此后，蒸汽机车完全适用于铁轨，极大促进了铁路线的扩张。

林国锦在《1750—1830年英国交通变革及其影响初探》(浙江大学2007年硕士学位论文)一文指出，在史蒂芬孙之前，英国工程师就对蒸汽机车进行了试制。瓦特在1784年他的蒸汽机专利中已经包括一项关于机车的计划。默多克制作一辆模型蒸汽机车，于1784年在雷德鲁思成功试验。18世纪末制造的另一个实验模型是特里维西克的公路机车。特里维西克花了数年时间研究机车蒸汽机，取得了一定成功，制成了一些实际尺寸的蒸汽机。

(4) 通信工具的出现

在铁路运输过程中，为了便于联系，电报开始出现，并作为铁路的附属设施。李雪在《西方电报公司向清朝扩张初探》(载《广西民族大学学报(自然科学版)》2010年第3期)一文中梳理了电报发展的三个阶段：静电电报、电化学电报和电磁电报。19世纪20年代，电磁学发展，电报技术进入电磁电报时代。19世纪40年代，莫尔斯电码的出现，电报技术得到实际应用。1845年，世界第一家电报公司——电气电报公司在英国成立。电报早期主要服务于铁路，随着铁路的普及，英国本土电报网络基本建成。此后，电报开始向外扩展。1851年，世界第一条横跨英吉利海峡的海底电缆铺设成功，不久，英国、比利时、荷兰之间铺设海底电缆。19世纪60年代末，世界电报网络扩展到一个前所未有的规模，电报通信在经济、政治、外交、军事等方面的重要作用日益显现，并逐渐成为西方国家殖民扩张的重要工具。

波斯坦、哈巴库克在《剑桥欧洲经济史(第8卷)》(王春法等译,北京:经济科学出版社,2002年,第236、256页)一书中指出,为了保障铁路的安全运营,电报出现。电报网沿着铁路线迅速发展。英格兰是铁路电报发展最早的国家,美国是无线电报系统比较完善的国家。1861年,美国东部各州与太平洋沿岸地区建立了电报联系。水下电报是英国资本和技术技能的产物。在19世纪50年代,水下电缆越过了英吉利海峡。1866年,英国和美国之间的深海电缆铺设完成,北大西洋共同体成为一个整体。1870年建立了英国与印度之间的直接通信联系。1900年以后德国和法国建立了自己的电缆网。1914年时英国在海底电缆建设方面处于优势地位。

克拉潘在《现代英国经济史》(姚曾廙译,北京:商务印书馆,1986年,第489页)一书中指出,电话最早是作为铁路系统的附属品。1839年,大西公司铺设了从派丁顿到西德莱顿的电线,试验早期电话机。不久,在伦敦—伯明翰铁路和布莱克威尔铁路上也进行了电话试验,但早期电话机费用太高。到1846年,电话机得到改良,电话线被安装在电线杆上。英国组织了电话公司,收买专利权,劝导铁路和公众安装电话。到1848年中期,大部分通车的铁路都安装了电话设备。

3. 西方近代交通建设

(1) 铁路

张廷茂在《英国铁路运输与工业革命进程》(载《世界历史》1992年第4期)一文中分析了英国早期铁路发展的特点:早期铁路发展的动力来自采矿业和冶炼业的推动,又推动了采矿业和冶炼业的发展。作者认为,随着工业革命的发展,传统的运河运输无法满足工业发展的需求,私人资本开始投资修建铁路,并获得了可观的利润,而工业革命也为铁路建设提供了技术上和物质上的保证。作者指出,铁路运输业作为一个社会基础部门,与工业革命进程之间还存在着双向供求关系:工业革命的纵深发展,要求有与之相适应的近代化交通运输手段,而工业革命进程所取得的重大技术成就则为铁路运输业的发展提供了条件。

波斯坦、哈巴库克在《剑桥欧洲经济史(第8卷)》(王春法等译,北京:经济科学出版社,2002年,第145页)一书中指出,蒸汽机在19世纪20年代就对密西西比河产生了重要的经济影响,铁路开始发展。加拿大在1860年时只有1 800英里铁路。法国与德国在1840年时各自拥有427公里铁路。19世纪中期,铁路迅速发展。1850年,法国拥有3 000公里铁路,德国有将近6 000公里铁路。俄国在1855年时已经拥有1 188公里铁路。欧洲的铁路网里程从1855年的34 000公里增加到了1865年的75 000公里。

顾宁在《美国铁路与经济现代化》(载《世界历史》2003年第6期)一文中指出,铁路运输最初是作为水路和公路运输的辅助手段。南北战争后,在政府的支持下,美国铁路修建进入快速发展时期。进入后现代化时代,汽车、飞机等运输工具相继出现,形成了多种形式的运输网络。美国铁路运输的快速发展是工业革命的产物,铁路又推动了美国工业革命、技术发明和现代化的发展。

张玲蓉在《试论19世纪美国交通革命》(载《江西师范大学学报(哲学社会科学版)》2003年第5期)一文中指出,独立战争后,美国交通运输事业进入迅速发展时期。美国政府开始大规模修筑公路,挖掘运河,修筑铁路。美国是世界上第二个兴建铁路的国家。铁路的兴建和火车的发明是19世纪美国交通运输史上最大的变革,推动了交通运输业快速发展。在美国政府的大力支持下,19世纪美国交通运输领域的革命,加速了西部领地的开发,促进了国内统一市场的形成与发展,推动了工业革命的迅速发展,使美国社会发生了深刻变化。

(2) 公路

波斯坦、哈巴库克在《剑桥欧洲经济史(第8卷)》(王春法等译,北京:经济科学出版社,2002年,第204页)一书中指出,在法国和英国,公路网在18世纪末开始建设。最先法国在技术上处于领先地位,不久领先地位转到英国。在1780年左右,从曼彻斯特到伦敦的旅行需要花费4—5天的时间;在1820年则有36个小时就非常充裕了。大约从1820年起,英格兰已经有了将近21 000英里的税道。在欧洲大陆国家,法国和荷兰王国建成了公路网。美国从18世纪中期拥有了稀疏的但质量较好的公路网。第一条公路是作为通到河边的支线而修建的,一些主要的州修建了收税公路。19世纪前30年中,美国公路主要从事客运服务以及包裹甚至是制成品的运输,控制了河流运输以外的其他交通运输业务。

(3) 内河航运

邵会莲在《英国工业革命中运河运输业发展的经验教训》(载《世界历史》1998年第2期)一文中指出,1840年之前的80年中,运河运输是英国大宗商品的主要运输方式。受到了工业革命需求的刺激,英国运河运输体系基本形成,形成了英国历史上的"运河时代"(1761—1835年)。随着工业革命的迅速发展,棉纺织品、煤炭、工业制品产量逐年递增,运河无法满足运输需求,导致运河在与铁路运输竞争中失利。到19世纪七八十年代,英国运河运输的主导地位被铁路运输取代,但运河运输有其优势,依然在发挥作用。

波斯坦、哈巴库克在《剑桥欧洲经济史(第8卷)》(王春法等译,北京:经济科学出版社,2002年,第201页)一书中指出,英国的运河比较完善。法国波旁王朝复辟后,开始设计建造运河,但最终只是加宽了本身状况并不太好的天然河流,同时工程的技术质量低,只能满足当地交通的需求。普鲁士开始建设莱茵河,对船只征收通行税。水路运输在美国取得了巨大的成功,运河能够长途运输大量物资。在1812年战争以后,美国开始出现穿越阿列格尼山脉的运河修建热潮,并且在更远的地区开采煤矿。

克拉潘在《现代英国经济史》(姚曾廙译:北京:商务印书馆,1986年,第493页)一书中指出,铁路通车后,运河不得不削减运费。在利物浦和曼彻斯特之间,铁路使货物从每吨16先令的运河运费削减到了10先令。大联络线运河将运往伦敦的长距离拖驳的煤炭运费降低一半。埃尔—卡尔德航运公司将它的普通货物运费从7先令一吨减至2.3先令,以便和利兹—塞耳比等铁路相抗衡。铁路的快速发展,使水闸很多、水源供应困难的运河,都被推到了进退维谷的困境。很多运河被铁路收购或租赁,成为铁路的附属品。

(4) 海上交通运输

波斯坦、哈巴库克在《剑桥欧洲经济史(第8卷)》(王春法等译,北京:经济科学出版社,2002年,第202页)一书中指出,在海运方面,1859年以后汽船逐步取得了支配地位。1875年,英国拥有190万吨位的汽船,10年以后汽船的吨位增加到400万吨,而帆船的吨位则下降到340万吨。汽船的货运量是帆船的6倍以上,还出现了铁制帆船。在1885年左右,钢制汽船取得重要进步,螺旋桨和复合发动机增加了汽船吨位。在1890年,在英国所拥有的汽船中,钢制汽船占了绝大多数。1900年时,在德国拥有的194万吨船只中,有130万吨是钢制轮船。从20世纪初起,帆船开始衰落,沦为辅助的海洋运输工具。为了提高穿越北大西洋的航行速度,各公司开始建造大型班轮。1873—1898年,世界20艘最大汽船的平均长度从119米增加到165米;龙骨的长度从7.3米增加到9.4米;轮船吨位从4 413吨增加到10 717吨。在北大西洋上,班轮的航行速度一般在18—22节。1905年,英国拥有35艘万吨以上的轮船,德国拥有25艘万吨以上的轮船。

4. 西方近代交通管理

(1) 铁路管理

近代交通的发展是一个宏大的工程,需要政府制定交通政策,健全交通管理体制。汪建丰在《美国政府铁路产业政策变迁的历史分析》(载《社会科学战线》2005年第3期)一文中通过考察美国铁路产业的兴衰,认为其与美国政府的铁路产业政策之间存在互动关系。该文认为,美国政府在不同时期对铁路采取了合理和必要的政策。初期,政府确立了以私人资本为主体的投资体制,政府给予必要的财政资助和政策优惠。后来,铁路企业规模不断扩大,垄断性加强,美国政府开始转向法律管制。19世纪末20世纪初,随着公路运输、航空运输的应用,铁路的垄断地位受到挑战,最终陷于困境,美国政府采取了对铁路进行投资、保护的积极性政策,并逐渐放松对铁路的管制。总体而言,美国铁路产业政策经历了从初始的积极资助到后来的严厉管制,到最后放松管制的过程。

波斯坦、哈巴库克在《剑桥欧洲经济史(第8卷)》(王春法等译,北京:经济科学出版社,2002年,第641页)一书中指出,法国政府从1852年初开始,对铁路公司政策的发生改变,公司被特许可以跨线或在整个地区经营,政府为新建设铁路融资提供支持。在随后的几年里,法国铁路网在规模上翻了一到两倍,几家大公司主宰铁路系统。由于有国家支持,它们能够筹集到所需资金,规模迅速扩大。第三共和国时期,政府继续投资建设铁路,修建了许多支线铁路。

汪建丰在《英、法、德早期铁路建设模式比较》(载《世界历史》1996年第3期)一文中对英国、法国和德国铁路建设的模式进行了比较,大致分为自发型、合作型和混合型。英国是自发型,动力来自工商业活动发展的需要,由私人公司集资进行,国家基本没有直接干预。法国属于合作型模式,根据国家制定的总体计划,由国家和私人公司合作完成。德国是混合型的代表,采用私营、国营或"公助私办"等多种方式建成多种所有权并存的网络,国家进行积极干预,扩大了对铁路的控制。作者认为,铁路是在工业革命的大背景下,传统的交通方式无法满足经济增长的需要的情况下应运而生的。由于国情不同,英、法、德铁路发展的途径和方式也不相同。

王荣声在《19世纪欧洲大陆工业革命的特点及其社会后果》(载《晋阳学刊》1999年第1期)一文中指出,欧洲大陆的铁路建设与英国不同,英国铁路由私人投资修建;其他国家或由国家负责兴建,或由国家和私人共同投资,后来逐渐转移到国家手中。这一方面是由于欧洲大陆私人资本较为缺乏,更主要的是大陆国家把铁路建设同国家安全联系起来。比利时、法国和普鲁士的铁路国有化的程度高。俄国出于军事考虑大力扶持铁路发展,由国家担保向外国筹措贷款,利用外国资本推进工业发展。

(2) 水运管理

邵会莲在《英国工业革命中运河运输业发展的经验教训》(载《世界历史》1998年第2期)一文中指出,英国运河运输业的发展既得力于市场经济发展的需求,又受益于政府的引导和扶持。国家对运河运输业的管理体现在以下几个方面：首先，运河项目可行性的审批。议会对申请项目细致分析、讨论，调查项目的可实施性并决定授权资本数额。其次，对运河兴建及具体运营的管理。运河兴建过程中出现的购买土地、江河改道、穿越公路等诸如此类的问题需要国家统一协调。再次，国家在运河业中的资金投入，有许多运河获得政府资助。此外，国家给运河运输业一定程度上的政策倾斜，如减免税收。

张卫良在《工业革命前英国交通运输业的发展》（载《杭州师范学院学报（社会科学版）》2004年第1期）一文中指出，在伊丽莎白统治时期，议会通过了两项改造水路的立法。1571年通过了一个使韦兰河通往大海的议会法案。1571年通过了第二项议会法案，授权伦敦市的公司给通往伦敦北部的利河改造提供资金。为了拓展英国的海外运输，在17世纪中期，英国相继出台了一系列的航海条例和航海法案，其中1651年的《航海条例》禁止外国船只在英国沿海航行，禁止用外国船只装载外国货进入英国港口。这些航海条例推动英国海上运输的快速发展。

（二）中国近代交通发展

1. 中国近代交通概况

邵功南在《试析1862—1937年中国物流方式的变革》（清华大学2004年经济学硕士学位论文）一文中梳理了中国近代轮船航运、铁路陆运、公路陆运及航空运输等交通工具的变迁。第二次鸦片战争后，西方在中国设立轮船公司，轮船航运冲击了传统的帆船运输。1876年，中国第一条铁路——吴淞铁路建成后，引发了清政府内部是否兴办铁路的大讨论。为了维护统治，清政府接受铁路。随着里程增加，铁路逐渐超过航运，促进了各地商品的交换速度。同时，汽车和公路运输也在中国兴起。轮船、铁路和汽车，改变了近代中国的交通运输，推动了交通运输的近代化步伐，促进了国民经济发展。

2. 中国近代交通工具

（1）近代水上交通工具的发展

老海在《从中国第一艘蒸汽机轮船说起》（载《交通与运输》2013年第1期）一文中指出，从独木舟到帆船到蒸汽机船，中国有船的历史虽然很长，但有机械化动力船的历史却很短。1866年4月，工程师徐寿和华蘅芳联合制造了"黄鹄"号木质明轮船，主机采用往复式蒸汽机，是中国造船史上第一艘自制的蒸汽机轮船，造型优美，气势雄浑，奠定了中国造船业的基石。1868年9月28号，徐寿父子在上海江南制造局建造了火轮船"恬吉"号，这是中国自造的第一艘大型机器轮船。后来，徐氏父子在上海又建造了"操江"号、"测海"号、"澄庆"号等船只。中华人民共和国成立后，中国造船业取得了突飞猛进地发展，造船完工量跃居世界第一。

白寿彝在《中国交通史》（北京：团结出版社，2007年，第215页）一书中指出，随着近代航运业快速发展，轮船制造业也开始起步。江南制造局下设江南船坞，制造军舰商船，后来改称江南造船所，民国初期曾经为美国制造四艘万吨巨轮。1866年，左宗棠在马尾筹建福州船政局。1880年，清政府筹建大沽船坞。后来又设立厦门造船所和东北造船所，规模宏大。除了官营造船所之外，民营造船企业也蓬勃发展，数量达到二三十家，但由于技术和资本限制，规模相对狭小，有的企业专造小船，有的专造船用引擎。

(2) 近代陆上交通工具的发展

喜来在《"龙"号火车》(载《交通与运输》2013年第2期)一文中指出,中国自建的第一条标准轨距铁路是唐胥铁路,全长9.2公里,由开平煤矿投资修建。为了运输煤炭,英籍工程师金达设计制造了一台蒸汽机车,命名为"中国火箭号"。因为参与制造的中国工匠在车头两侧各镶嵌了一条金属刻制的龙,又称为"龙"号火车。"龙"号火车设计规范,制作精良,将大量煤炭源源不断地运出。运行一段时间后,"龙"号火车退役,存放于北京府右街交通陈列馆。全面抗战爆发后,该蒸汽机车离奇失踪。

刘少才在《火车是这样进入中国的》(载《交通与运输》2014年第5期)一文中指出,中国第一条铁路出现在1865年,由英国商人在宣武门外修建,不久被清政府拆毁。1876年,英国怡和洋行擅自修建了淞沪铁路,被清政府赎回拆除。洋务运动期间,为了解决煤炭运输问题,李鸿章主持修建了唐胥铁路,这是中国第一条自建铁路。后来在英国工程师金达的主持下,试制成功了"龙"号蒸汽机车。此后中国设立铁路公司,有计划地修建铁路。民国成立后,成立了中华全国铁路协会和中国铁路总公司,制定发展计划,但受制于国家实力,建成的铁路有限,蒸汽机车大量依赖进口。到1949年,中国共有机车4 000多台,出自9个国家的30多家工厂,型号多达198种,被称为"万国机车博物馆"。这是近代中国经济实力落后的真实写照。

马建华在《汽车与近代中国社会》(华中师范大学2002年硕士学位论文)一文中梳理了汽车在中国的发展历程,指出,铁路受到资本和地形的约束,很难普及,汽车具有很强的机动性,易于普及。1901年,汽车首次被西方人引进上海。在清末,人们把汽车作为显贵扬富的奢侈品。民国成立以后,汽车的作用日益凸显。南京国民政府大量进口汽车,出租汽车开始兴起。20年代,各地掀起了购置汽车、发展汽车事业的高潮,汽车广泛用于交通运输、市政建设、军事斗争、赈济灾荒。全面抗战期间,日军轰炸沿海铁路,国民政府依靠汽车运输,汽车的国防功能凸显。国共内战时期,汽车工业发展困难重重。汽车对近代中国社会产生了一定的影响,促进了中国公路运输变革,促进了近代商业的发展。随着都市内汽车路线的开辟,都市的空间不断扩大。

马建华在《汽车与近代中国的城市化》(载《贵州文史丛刊》2012年第1期)一文中指出,汽车自从清末进入中国之后,尤其是20世纪20年代后应用于城市交通与运输,在中国城市化进程中扮演了重要角色。首先,汽车改善了城市的交通,加强了人口流动,促进了城市商业发展,公共汽车线路的开辟,为社会交往提供了更加便捷的交通工具。其次,市内电车、汽车站将城市各区域紧密连接起来,城市化程度加强。再次,30年代后,国民政府为了适应军事需要,在西北和西南地区修建了多条汽车路线,带动了内地城市的发展,现代文明得以进入,社会风气逐渐开通。作者认为:汽车的引进和应用,在近代中国城市化进程中扮演了重要的角色。

刘海岩在《电车、公共交通与近代天津城市发展》(载《史林》2006年第3期)一文中指出,随着20世纪初电车在通商口岸城市的出现,中国城市进入了"电车时代"。1906年,中国第一条有轨电车围绕天津四条马路开始运行,此后又有5条电车线路先后通车,通行区域覆盖了五国租界和老城区,成为近代公共交通网络的中心。电车的出现引发了脚行和人力车夫的反对,政府不得不出面干预协调,这反映了演变中的城市社会接受外来事物的矛盾心态。

最终,电车因为快捷便利和票价低廉,被市民普遍接受,成为大众化的交通工具,加快了城市人口和资本的空间流动,改变了传统城市的空间模式,奠定了现代天津城市空间结构的基础。

杨宇辰、姜秉辰在《民国时期北京有轨电车事业发展中的近代化透视》(载《黑龙江史志》2015年第5期)一文中指出,有轨电车是近代城市公共交通的起源,对城市发展与百姓生活有重要的推动作用。1921年,北洋政府成立北京电车公司,北京近代城市公共交通起步。北京有轨电车创办后,发展缓慢,主要原因有:旧思想、旧观念的束缚,北京人对外来事物持排斥态度;缺少制造电车的工业基础,完全依赖进口;政府不但没有全力支持,反而征收高额捐税;电车公司管理者缺乏近代化的经营意识,设计线路时缺乏规划意识和文物保护意识。北京电车公司经营困难,是中国近代企业的缩影,充分反映了中国社会转型的艰难进程。

除了火车和汽车外,在中国近代交通史上,人力车曾经短暂出现过,但被很快取代。邱国盛在《人力车与近代城市公共交通的演变》(载《中国社会经济史研究》2004年第4期)一文中指出,近代中国城市的"交通革命"从人力车开始。1874年,法国侨民把人力车引入上海,不久在租界内运营,并由上海传入沿海和内地城市。人力车具有以下优点:只需要一人拉动前行,价格便宜;人力车速度相对较快;对道路的要求降低,扩展了营运范围。人力车在一定程度上替代了轿子等旧式交通工具,推动了城市公共交通发展。尽管人力车具有某些优势,但电车和公共汽车等机械化公共交通具有较大优势,人力车与电车、公共汽车之间爆发了冲突。从人力车与机械化公共交通之间的复杂关系可以看出,近代中国的交通早期现代化注定要经历曲折的发展历程。

(3) 近代通信发展

西方近代通信工具随着交通工具传入中国。王崇焕在《中国古代交通》(天津:天津教育出版社,1991年,第92—94页)一书中指出,鸦片战争以后,西方殖民者掠夺中国的电信权。1871年,丹麦大北电报公司私自在中国铺设了海底电缆,设立电报局,开办电报业务。其他国家相继开设了电报、电话业务。19世纪70年代末,为了与外国公司相对抗,清政府开始自办电报、电话和无线电通信等项业务。在电报方面,1877—1879年,清政府先后在台湾和天津架设了军用电报线。到1902年,陆续建成多条电报线。在电话方面,1899年清政府在全国各大城市及部分中等城市装设了市内电话。在无线电通信方面,清政府着眼于无线电军事通信。以后又修建了一些民用无线电台。总的来说,清政府的自办电报、自办电话和自办无线电通信,虽取得了一些进展,但是规模比较小,速度比较慢。

徐元基在《论晚清通讯业的近代化》(载《上海社会科学院学术季刊》1987年第4期)一文中指出,电报是西方科学技术和产业革命的成果,是世界近代化趋势。1874年,日军侵略台湾后,清政府允准架设电报线。在李鸿章的推动下,中国电报事业得到快速发展。1881—1908年,共建成电报线路90 897里,遍布全国。电报线路快速发展的主要原因有:战争爆发,外交频繁;电线造价较低;民众阻力较小。清政府设立电报总局,为官督商办,可以筹集发展资金,加强电线的建设和保护,但也会造成经营腐败。总体来看,采用官线与商线并举,是推动电报业快速发展的重要原因。晚清建设电报线,也有历史局限性:第一、通信器材长期依赖国外;第二、后期发展滞缓,社会应用不广;第三、电报主权不完整。

李雪在《西方电报公司向清朝扩张初探》(载《广西民族大学学报(自然科学版)》2010年

第3期)一文中指出,第二次鸦片战争后,西方国家要求在中国铺设海底电缆,遭到中国政府拒绝。中国拒绝西方架设电线,但无法阻止电报传入中国。19世纪60年代末,丹麦大北电报公司和英国大东电报公司将电报引入中国。1870年,大北公司成立远东分公司,管理中国和日本的电报业务。1871年,大北公司相继开通了香港—上海等多条海线,在各地设收发站。大东公司将中国视为核心市场,1871年开通了沪港海底电缆,后来沪港海线与俄国西伯利亚电线联通,搭建了中国与世界各地的电线联络。大北和大东公司通过铺设海底电缆,让中国人接触和使用电报,帮助中国修建多条电报线,刺激了清政府加快建设电报网络。

白寿彝在《中国交通史》(北京:团结出版社,2007年,第251页)一书中指出,1881年,英国伦敦东洋电话公司在上海装设电话,中国境内电话起步。丹麦、俄国、德国在各地安装电话。19世纪末,清政府在天津成立官营电话局,这是中国自营的电话局。1903年以后,广州、北京、天津等地设立电话局,服务于军事和政治。民国成立后,电话局发展迅速,但主要集中于市内通话,长途电话发展滞后。1928年后,国民政府交通部增设长途电话线,各省之间都有了电话联络。除有线电话外,还出现了无线电话。1936年,开通了沪汉线的无线电话。遍及全国的电话通信网络基本建立。

3. 中国近代交通建设

(1) 铁路

贾润贤、刘昌玲在《档案记忆:中国铁路建设从这里开启》(载《档案天地》2015年第5期)一文中指出,1881年,清政府修建了唐胥铁路,这是中国第一条自建铁路。最早采用骡马拖车,后来以"中国火箭号"蒸汽机车为动力运输煤炭,这是中国标准轨距铁路网的起点。1882年,开平矿务局从英国购入两台"0"号机车投入运营。后来又发展旅客运输。1888年,唐胥铁路向西延伸至天津,称为唐津铁路。1894年向东抵达山海关,称为津榆铁路。为了维护唐胥铁路,开平矿务局建造了修车厂,制造客车。为了培养铁路科技人员,清政府设立了山海关北洋铁路学堂。

戴鞍钢在《近代江浙沪地区铁路修筑述略》(载《徐州工程学院学报(社会科学版)》2013年第5期)一文中指出,江浙沪是近代中国经济相对发达地区,也是铁路最先动议和兴建之地。1876年英国商人修筑淞沪铁路,招致清政府的强烈反对,最终由中方赎回拆除。19世纪末20世纪初,实业人士在长江三角洲再次修筑了沪嘉杭铁路。沪嘉杭铁路的修建,不仅唤醒了国民的利权思想,从外人手中争回了路权,而且把实业界的视线引向了铁路。此后,又有津镇铁路、津浦铁路、沪宁铁路、陇海铁路江苏段、青三铁路、浙赣铁路、江南铁路和苏嘉铁路等工程的筹划、修筑,促进了沿线地区社会经济的变迁。

(2) 公路

马建华在《汽车与近代中国社会》(华中师范大学2002年硕士学位论文)一文中指出,中国古代重视道路建设,都以京城为中心,修建了四通八达的道路交通网络。清末汽车传入之后,现代化公路取代原有的驿道。民国建立后,公路建设成为新型交通事业之一。近代中国公路发展,分为三个时期:第一,公路建设发端时期,自1913年至1920年约8年间,各地虽有兴筑,但距离很短,加之当时政府重视铁路,公路建设缓慢。第二,公路兴筑时期,自1921年至1927年约7年间。1921年,中华全国建设道路协会在上海成立,提倡修治道路,政府提倡修筑公路。第三,公路计划建筑时期,自1927年国民政府定都南京到全面抗战爆发。

1927年交通部拟定全国国道计划,公路建筑里数有所增加。但由于财力有限,加之主要用于军事,大多数公路工程建造缓慢,质量低劣。

周严谨在《江西近代的公路与公路运输》(载《江西社会科学》1993年第6期)一文中指出,晚清时期,江西修建了九江至庐山的公路,出现了第一家汽车运输企业,改变了陆上全靠人力、畜力的落后运输方式。江西近代公路的发展分为三个阶段：1911—1931年是江西公路和公路运输的初创时期,虽然初具规模,但发展缓慢;1932—1937年为迅速发展时期,营运里程迅速增加,基本建立交通网络,公路组织机构得到强化,客货运输迅速发展,开办了联合运输;1937—1949年为江西公路发展的困难和衰落时期,全面抗战爆发后,江西公路处征调了大批车辆参加军事运输和支援前线工作,加上汽油和零配件奇缺,公路运输成本增高,营运困难。解放战争前夕,国民党军队破坏沿线公路,导致江西公路陷于瘫痪。总体来看,江西近代公路运输业起步较早,但发展相对缓慢,存在地区发展不平衡。

(3) 水上运输

倪玉平在《从帆船到铁路：漕运与中国交通工具近代化》(载《石家庄学院学报》2010年第1期)一文中指出,清朝中后期,河运漕粮改由海运。由于海上运输条件的复杂和外国航运势力的入侵,以沙船为代表的中国木帆船逐渐被轮船运输取代,中国出现了近代航运公司。在与西方势力争夺沿海航运权的过程中,李鸿章利用漕粮海运的利润,创办了轮船招商局,催生了中国近代化的轮船运输业;晚清时期,随着铁路里程不断增加,铁路也参与到漕运,漕运工具逐步近代化。

朱荫贵在《清代木船业的衰落和中国轮船航运业的兴起》(载《安徽史学》2014年第6期)一文中指出,中国近代木船业衰落,外国在华轮船势力扩张。西方轮船是外国列强在中国获取势力范围的外在表现。在内忧外患双重压力下,清朝大员认识到轮船的优越性,并提议清政府发展轮船制造业。中国自己的轮船航运业冲破重重阻碍终于诞生,这是中国社会大机器工业时代开始的象征,也是中国社会发生重大变革的表现之一。

龚缨晏在《关于古代"海上丝绸之路"的几个问题》(载《海交史研究》2014年第2期)一文中指出,1840年之后,随着英国的火轮船频繁地出入中国沿海,预示着蒸汽轮船时代的到来。鸦片战争结束后,外国蒸汽轮船与日俱增,逐渐成为远洋航运的主要船型,最终完全取代了木帆船。因此,鸦片战争后的远洋航线是蒸汽轮船的航线。1840年爆发的鸦片战争,标志着以木帆船为主的古代海上丝绸之路的结束。

(4) 航空运输

王崇焕在《中国古代交通》(天津：天津教育出版社,1991年,第101—103页)一书中指出,1909年9月21日,冯如制造的飞机诞生。不久,他又制造出一架更出色的飞机,时速65英里,最大飞行高度达到了700英尺,创造了当时的世界最高记录。冯如的飞行成功,揭开了中国航空史第一页。在中国本土制造第一架飞机的是杨仙逸。辛亥革命后,他在福建漳州组建了中国第一支空军飞机队,并率领这支飞行队执行过军事任务。后来,在广州大沙头诞生了中国第一座飞机厂,杨仙逸于1923年造出一架飞机,这是在中国本土上由中国人自己设计和制造出来的第一架国产飞机。孙夫人宋庆龄亲自乘坐这架飞机进行试飞,孙中山为这架飞机命名。

白寿彝在《中国交通史》(北京：团结出版社,2007年,第235页)一书中指出,1909年,法国航空技师在上海试飞飞机,开创了中国领空有飞机飞行的纪录。1910年,中国向法国购买一架飞机。1912年,国民政府将飞机进行公开展示飞行,并在南苑开设航空学校,购买飞机用于教学实习。1919年,交通部和国务院先后设立航空事宜处和航空事务处,后来合并为航空署,作为中国空中交通管理的专门机构。1920年筹划设立全国航空线路,发展民用航空。1929年,中国航空公司成立,原为中国独资经营,后来改由中美合资经营。该公司主要运营三大干线:沪蜀线、沪平线、沪粤线。后来成立欧亚航空公司和西南航空公司,经营国内航线。

(5) 传统邮驿的近代转型

刘文鹏在《清代驿传体系的近代转型》(载《清史研究》2003年第11期)一文中指出,晚清信息传递方式的近代化是一个多向发展的过程,是由传统的驿传体系向近代电报、邮政转变的过程。近代以来,随着外国势力侵略加剧,边防危机接连出现,传统驿传体系受到挑战。在西方近代化的通讯、通信方式传入中国后,迅速扩展。近代电报、邮政事业在逐步取代传统驿传体系的过程中,也拉近了中国与世界的距离,不但改进了清朝对内政的处理方式,而且加深了与其他国家的沟通,有利于走出以往驿传体系支撑下的天朝大国。

陈钢在《近代中国邮政述略》(载《历史档案》2004年第1期)一文中指出,鸦片战争后,西方国家在通商口岸设置邮局。1866年清政府试办邮政,此后逐渐扩大。1896年清政府正式设立总邮务司,由海关总税务司赫德管理。晚清邮政基本业务为寄递邮件,收寄数量激增。民国成立后,邮政业务发展缓慢。1928年,南京邮政总局成立,外国人在华邮政特权被取消,邮政业务平稳发展。抗战及解放战争时期,邮政业务发展艰难。

徐建国在《赫德与近代中国邮政制度的确立和初步发展》(载《历史教学》2009年第20期)一文中指出,鸦片战争后,西方的邮递进入中国。英国人在通商口岸设立通信机关,各国纷纷仿效,多种邮递方式并存,邮政制度混乱。1866年12月,北京、上海、镇江、天津海关先后设立邮务处,开始兼办邮政。1896年,清政府成立大清邮政,由英国人赫德主持。在近代中国邮政制度确立的过程中,赫德起了关键作用,他促成了西方邮政制度在中国的确立。他采用各种方式取得清政府批准及各级官府的支持,利用政府的权威推进邮政开展。同时通过邮政快速高效的工作,赢得社会的认同。赫德还制定了一系列邮政规章制度和具体的操作规程,加强人事管理和财务管理,奠定了民国时期邮政发展的基础。

4. 中国近代交通管理

(1) 陆路交通管理

白寿彝在《中国交通史》(北京:团结出版社,2007年,第232页)一书中指出,中国铁路创办初期,没有设立主管机关。1886年,清政府将铁路事务划归总理海军事务衙门管理。1896年,清政府设立铁路总公司,分管铁道建设,铁路行政权仍掌握在海军衙门手中。1898年,清政府设立铁路矿务总局专管铁路。1903年,裁撤铁路矿务总局,所有路矿事宜由商部通艺司管理。1906年,清政府设立邮传部管理交通,铁路管理机构逐渐完善。民国成立后,邮传部改为交通部,路政司和铁路总局合并归入交通部路政司。1913年,路政司改为路政局。1914年,裁撤路政局,设立路政、路工和铁道会计三司,同时设立铁路督办。1928年,国民政府设立铁道部,专门管理铁路事宜。铁道部积极完善管理制度,对铁路管理机构、人事和业务等方面做出了详细规定。

崔志海在《论清末铁路政策的演变》(载《近代史研究》1993年第3期)一文中指出,中国人对铁路经历了从拒绝到逐步接受的过程。洋务运动期间,清政府内部对铁路认识不统一,没有出台明确的铁路政策。甲午战争后,清政府开始重视修筑铁路,成立全国路矿的最高行政机构——路矿总局。由于清政府财政困难,由商人修建铁路。同时列强将铁路作为划分势力范围的手段,抢夺中国路权。清末新政期间,清政府制定铁路章程,强化对官办铁路的监督管理,修筑铁路的政策也发生变化,由商办铁路,到借外债修筑铁路。由于政府铁路政策摇摆不定,加之不同权力集团的斗争,还有西方列强的抵制和破坏,使铁路问题成为清末社会矛盾的焦点。

苏全有在《清末邮传部研究》(华中师范大学2005年博士学位论文)一文中指出,清末邮传部统一规划全国铁路发展,计划以北京为中心,统筹修建东西南北四大干线。邮传部下令统一轨重,确定标准轨距,规范铁路用语,规定车费标准。为了推动铁路发展,邮传部效仿日本,推出了以下举措:免税、筹集资金、制订铁路章程,同时派人参加万国铁路大会。除此之外,清政府还大力整合交通资源,发展铁路营运,整顿铁路管理,为近代铁路的发展奠定了基础。

李沛霖、叶美兰在《民国首都城市公共交通管理略论》(载《学海》2014年第5期)一文中指出,公共交通对城市政治经济、文化教育、科学技术等领域影响很大,对城乡间联系等起着重要的纽带和促进作用。民国政府重视对公共交通实行管理调控。南京政府完善交通法规,健全交通设施,对车辆进行登记检验,形成严密化、程序化的规范体系。南京市政府制定价格标准,确定行车速度,针对交通违法行为实施处罚,形成法制、规范、管控和惩治等管理路径,南京公共交通业发展呈现有序态势,推动了城市化进程。

(2) 水运交通管理

白寿彝在《中国交通史》(北京:团结出版社,2007年,第215页)一书中指出,随着近代交通的发展,清政府设立机构进行管理。1906年,清政府设立邮传部,管理轮船、铁路和电邮。1907年,邮传部下设船政司,专门管理水上交通。由于各地船政司由税务司管理,不听从船政司支配,因此船政司徒有虚名。民国元年,邮传部改为交通部,分为总务、路政和邮电三股,船政由邮电股兼管,不久设航政司专管。民国政府还颁布了一系列法令规范水上交通,例如《航舶法》《船舶登记法》《内河航运章程》等。

苏全有在《清末邮传部研究》(华中师范大学2005年博士学位论文)一文中指出,清末邮传部为了振兴航运业,采取了以下措施:调查各地航运业发展状况;制订注册章程,健全规章制度;以资金补助航运。此外,邮传部还制订内河航运计划,积极发展内河航运,采取措施反对垄断。为了对抗外国航运公司,成立中美轮船公司,开通国际航线。邮传部竭力维持中国航运业发展。

(3) 空中交通管理

白寿彝在《中国交通史》(北京:团结出版社,2007年,第243页)一书中指出,民国时期主管全国空中交通事业的机关是交通部邮政司,主要负责管理国营邮政航空事业,并督办民营航空承运邮件事项,这反映了当时中国航空主要以邮政运输为主。军事航空由航空署负责,与民用航空截然分开。由于民国时期航空发展滞后,航空管理的法令并不完善,主要有《邮运航空乘客取缔规则》和《航空器件输入条例》两种。

三、20 世纪以来的交通运输

(一) 20 世纪以来西方交通发展

1. 西方交通发展概况

郭正忠在《交通与文明——关于交通经济建设的历史考察》(载《中国经济史研究》1988年第3期)一文中指出,英国工业革命的进程,是和交通革命密切相联的。火车首次完成了陆地交通的革命。轮船实现了海上交通的革命。英国、德国、美国、日本等国重视交通运输的发展,利用第二次工业革命的技术成果,推进交通设施、动力和技术的改进。第一次世界大战结束后,各国交通运输结构发生变化:由注重铁路建设,转向注重公路、管道和航空运输。交通运输具有重要意义:许多农业国转向工业国就是从发展交通运输事业入手的,正如亚当·斯密所说的"一国商业的发达,全赖有良好的道路、桥梁、运河、港湾等等公共工程"。

卡洛·M.奇波拉在《欧洲经济史第三卷》(吴良健等译,北京:商务印书馆,1989年,第189、224页)一书中指出,19世纪中后期,随着第二次工业革命的兴起,电力和内燃机逐渐代替蒸汽机车,提高了能源的利用效率,降低了运输费用。同时,以内燃机作为动力的汽车运输和飞机运输异军突起,取得了迅速发展。第二次世界大战后,人类对原子能的利用突飞猛进,现在,原子能除了用于发电外,已经在海运中采用。原子能是清洁高效的能源,一些军舰——潜水艇和水面舰船,已配备核电力装置。20世纪交通动力飞跃发展,动力来源多样化。

波斯坦、哈巴库克在《剑桥欧洲经济史(第8卷)》(王春法等译,北京:经济科学出版社,2002年,第138页)一书中指出,每一种新的运输工具在问世时,是作为当时流行的运输手段的补充方式而出现的。后来,新的运输形式凭借自身的能力,逐渐居于支配地位。在铁路运输的竞争压力下,公路运输通过改进技术,例如使用内燃机驱动的汽车,同铁路展开竞争。运输方面的发明和创新过程是一个和谐的过程,有其内在的逻辑。为了保障铁路的安全运营,电报也出现了,而且,电报网沿着铁路线迅速发展。随着第二次工业革命的发展,飞机出现并得到改进,成为一种重要的空间运输工具。从地面铁路、汽车,到水面轮船,再到空中的飞机,立体的运输体系逐渐完善。

2. 西方交通工具发展

(1) 铁路交通工具的发展

菅野普在《内燃机车的变迁》(载《国外铁道机车与动车》2014年第6期)一文中介绍了内燃机车及其动力传递装置的发展过程。铁道车辆的动力源有蒸汽机、电动机、内燃机(柴油机、汽油机)。柴油机费用低、安全性好、功率高,在铁道车辆领域,汽油机被柴油机取代。世界上第一台内燃机车于1913年开始营运。1932年,德国采用二机重联式流线型高速内燃机车开始运行,成为高速内燃机车的先驱。同时,美国、日本也各自开发内燃机车。第二次世界大战后,内燃机车制造技术飞速发展。内燃机车的发展伴随着柴油机和动力传递装置的技术开发,使列车速度和发动机功率不断提升。现在又以混合动力车辆为起点,把车辆省能化作为新的开发目标。

彼得·格拉茨菲尔德(Peter Gratzfeld)在《内燃机车——世界铁路的主要牵引动力》(载《国外内燃机车》1994年第11期)一文中总结了各国内燃机车的现状。虽然当今电气化铁路普及,但内燃机车依然起着重要作用,用作调车、非电气化线路上客、货运输的牵引。内燃机车的主要动力是柴油机。传动方式有液力传动和电力传动。现代内燃机更加关注:低燃油消耗,减少运行费用和对环境的破坏;极佳的运行质量,减少钢轨磨耗,提高安全性;高功率输出,具有更好的投资回报和更低的运行费用;操作简便,改善了安全性。

除了内燃机车,电力机车也迅速发展。波斯坦、哈巴库克在《剑桥欧洲经济史(第8卷)》(王春法等译,北京:经济科学出版社,2002年,第489页)一书中指出,1879年前后,西门子在柏林工业博览会上展出了第一台电力铁路机车。很快,电力驱动已经成为电车和地铁的行业标准,并且已经成功地引入了全轨铁路系统。

内燃机车和电力机车除了用于远距离运输外,还广泛应用于城市轨道交通。田鸿宾、孙兆荃在《世界城市地铁发展综述》(载《土木工程学报》1995年第1期)一文中总结了世界地铁发展历程,认为随着人口的集中,城市交通运输量激增,一些大城市积极发展城市地铁。地铁有高速、安全、可靠、准时、方便、舒适等优点,能快速大量输送乘客,缓解交通拥挤。1863年,伦敦建成世界上第一条地铁,采用蒸汽机车牵引。1890年,世界第一条电气化地铁投入运营,改进了地铁机车牵引动力。19世纪末至20世纪初,世界各大城市相继建成了地铁。第二次世界大战后,地铁受到各国的广泛重视。随着工业和电子科学技术的不断发展,地铁实现了全部自动化。从经营情况看,兴建地铁是亏本的,但从社会效益、战时人防等整体来看,地铁对国家的整体利益,远远超过亏损部分。因此,各国政府仍不惜花费巨资建设地铁。

柴适在《世界最早的伦敦地铁》(载《交通与港航》2016年第3期)一文中总结了伦敦地铁的发展。1863年,伦敦第一条地铁线通车,标志着城市地铁起步。当时修建地铁采用开挖施工法。1890年建成的City and South London线被认为是现代地铁的创始。隧道的建造采用盾构施工法,采用电力牵引。100多年来,伦敦地铁成为世界上规模最大的地铁系统之一,是伦敦市民和国内外游客必不可少的主要交通工具。但是伦敦地铁年代长久,基础设施和车辆设备严重老化,事故频发,需要大量资金来更新改造。

除了传统的轮轨铁路,磁悬浮技术异军突起。高岳在《磁悬浮列车技术和系统简介》(载《交通与运输》2000年第5期)一文中梳理了磁悬浮列车发展的历史和现状。磁悬浮列车系统是20世纪伟大的技术发明,突破了铁路交通中使用轮轨的技术界限,是一种新型的没有车轮、采用无接触行进的轨道交通系统。60年代,世界各国都开始研究磁悬浮列车技术。当今日本和德国的磁悬浮列车技术最为先进。高速磁悬浮列车技术具有以下特点:发展前景广阔,代表了从有接触交通运输系统向非接触运输系统发展的趋势;运营速度高;能源消耗低;噪音小;安全、舒适、维修方便;环境影响小。磁悬浮列车系统有四大关键技术:车辆技术、推进与供电技术、运行控制与维修技术、线路工程。

程建峰、苏晓峰在《磁悬浮列车的发展及应用》(载《铁道车辆》2003年第11期)一文中研究了磁悬浮列车的发展概况。20世纪60年代,为了解决轮轨铁路的局限性,一些国家着手研究磁悬浮列车。磁悬浮列车克服了传统列车轮轨限制、机械噪声和磨损等问题,是一种新型的载运工具。磁悬浮列车的优点有速度快、运行成本和能耗低、易于维修、安全性高、乘坐舒适等。局限性有高风险、高投资、与现有铁路网兼容性差、可靠性还需检验、对线路平整度要求高、运量小等。总体而言,磁悬浮铁路技术已经进入实用性阶段,但还不具备大规模兴建的经济可行性。

(2) 公路交通工具的发展

内燃机除了应用于铁路运输,还广泛应用于公路运输,内燃机汽车得到迅速普及。波斯坦、哈巴库克在《剑桥欧洲经济史(第8卷)》(王春法等译,北京:经济科学出版社,2002年,第482页)一文中指出,内燃机最重要的应用领域是汽车生产。1876年,奥拓将四冲程汽缸与空气预先压缩结合起来,生产出第一台实用煤气发动机。内燃机的工作效率更高,更加清洁,自动添加燃料,节约劳动成本,比蒸汽机更有优势。内燃机的推广,带动了石油开采和冶炼技术的发展。但石油价格高昂,影响了内燃机的使用。在第一次世界大战之前,汽车仍然是奢侈品,加上道路状况糟糕,导致汽车业发展迟缓。

刘志刚在《汽车发展史简述》(载《汽车运用》2000年第12期)一文中梳理了世界汽车业发展历程。汽车发展史可分为蒸汽机发明前、蒸汽汽车问世、流水线大批量生产汽车三个阶段。内燃机发明后,很快应用于汽车。1769年,法国人古诺制造出了世界上第一辆蒸汽驱动的三轮汽车,人类进入汽车时代。1886年,德国人戴姆勒制成了世界上第一辆由汽油发动机驱动的四轮汽车。20世纪之后,美国汽车制造业异军突起,1908年,福特制造了著名的T型车。1913年,福特公司首次采用流水装配线方式大规模生产汽车,降低了成本,汽车逐渐成为大众化的商品。如今汽车制造技术快速发展,新技术和装备广泛应用,汽车正走向自动化和电子化,安全性提高。在可以预见的未来,汽车仍将是世界上的主要交通工具。

除了内燃机汽车,新能源汽车也到了快速发展。施正浩在《国外新能源汽车产业的发展及其对我国的启示》(载《江苏科技信息》2016年第31期)一文中指出,汽车数量剧增,石油争夺日益激烈。汽车行业改进能源消耗方式,发展新能源汽车,是未来发展趋势。新能源汽车的类型有纯电动汽车、混合动力汽车、燃料电池汽车。欧洲、美国、日本对汽车和新能源汽车的认识更为深刻,制订的政策更为合理,是中国政府的重要参考依据。在总结国外新能源汽车现状基础上,施正浩认为,应该加大新能源汽车技术研发的投入、政府引导新能源汽车科研力量的合理配置、加强充电、换电等基础设施的建设、协同整个新能源汽车产业的发展等。

程广宇在《国外新能源汽车产业政策分析及启示》(载《中国科技投资》2010年第5期)一文中指出,上世纪90年代以来,日美欧等国先后出台了一系列法律、规划、政策文件,加强对电动汽车关键技术研发和本国电动汽车产业的支持。西方采用税收和补贴支持电动汽车的研发,重视产业初创期的政策支持。政策支持的目标是,使电动汽车产业顺利实现由政府推动过渡到市场推动。作者通过系统分析国外新能源汽车产业政策,提出对中国新能源汽车产业政策的启示:近期应重点夯实产业基础,培育、扩大混合动力汽车等市场规模;中远期应着力开拓国际市场,提升国际竞争力。

3. 西方交通建设

(1) 铁路

孙耀文在翻译的《世界铁路电气化》(载《铁道科技动态》1984年第5期)一文中总结了

20世纪80年代前世界铁路电气化的发展。60年代各国发展电气化,大量铁路改为电力牵引。70年代初,多数发达的资本主义国家铁路电气化速度稍有减慢。苏联的电气化速度居世界之首。在发达的资本主义国家中,电气化铁路最多的是日本,提高了路线通过能力。此外,联邦德国、法国、意大利、英国等国的铁路电气化都有了长足发展,承担了本国大部分运量。20世纪末,各国都把电气化作为铁路运输业改造和现代化的主要手段。

冯金柱在《世界电气化铁路的发展》(载《电气化铁道》2001年第4期)一文中介绍了电气化铁路的起源和世界电气化铁路的发展概况。自从发电机和电动机问世后,人们一直在探求将电力应用于交通运输。1879年5月31日,西门子和哈尔斯克公司展出了世界上第一条电气化铁路。西欧、美国、日本纷纷开始修建电气化铁路。1885年,英国伦敦修建了第一条由架空导线供电的电车线路。1890年,伦敦地铁改为电力牵引。19世纪末20世纪初,电气化铁路成为城市主要交通工具,并应用于城市之间的交通运输。20世纪50年代,发达国家开始大规模地进行电气化铁路建设。到20世纪70年代末,世界主要国家主要铁路干线都实现了电气化。现在世界已进入建设高速电气化铁路的新时期,列车运行的速度越来越快。截止到2000年底,世界电气化铁路承担世界铁路总运量的50%以上。

20世纪中后期,交通运输出现了很多突破性进展,高速铁路就是其中之一。贾善铭和覃成林在《国外高铁与区域经济发展动态研究》(载《人文地理》2014年第2期)一文中指出,1964年日本新干线建成标志着高铁时代的来临,各国相继建成高铁。高铁可以缓解交通拥堵、降低能耗、保护环境和实现国家战略,可以促进区域经济增长,改变经济空间布局。同时高铁会带来居民出行及居住区位的变化,增大所连接城市和区域的可达性,提升这些城市的吸引力,影响区域内重新布局。国外高铁的发展,为中国高铁的建设提供了很多经验和借鉴。

(2) 高速公路

汤春霞在《国外高速公路现状和发展趋势》(载《国外公路》1999年第4期)一文中介绍了高速公路的历史和现状。世界上最早修建高速公路的是德国,1928—1932年建成了从科隆至波恩的第一条高速公路,1959—1970年制定了三个四年建设计划,开始了公路的大发展。美国于1937年建成了加州高速公路。国会于1956年通过了立法,开始建设全国高速公路网,成为世界上拥有高速公路最多的国家。其他国家已经建成或正在建设高速公路网。高速公路使汽车运输量大幅提高,连接了大中城镇,还与国际交通通道联结成网,改变了世界交通运输的宏观格局,带来了巨大的经济效益和社会效益。形成国际高速公路网,修建国际高速公路,成为高速公路发展的大趋势。

李杨在《欧美发达国家高速公路建设和管理的启示》(载《交通世界》2004年第7期)一文中总结了世界高速公路发展概况、资金来源及发展趋势。20世纪50年代中期,西方国家经济持续增长,小汽车拥有量不断上升,公路运输需求增多,建设高速公路是提高公路运输能力的必然选择。目前,全世界80多个国家(地区)拥有高速公路。世界上发达国家建设、养护和管理公路所需资金有三类渠道:一般税收、公路使用者税收和道路通行费。此外,一些国家在建设公路时采用借款的方式。美国政府也鼓励私人资金投资修建高速公路。

(3) 航空航天运输

钟鸣在《浅析航空运输业的可持续发展》(载《江苏航空》2010年第1期)一文中指出,航空运输是指使用飞机或其他航空器进行运输的一种形式,运送速度快,运输安全准确,是交通运输业的一个新兴与高科技产业部门。第二次世界大战后,随着运输需求的变化,运输范围的扩大,航空运输业得到了很大的发展。目前美国拥有24.5万公里铁路,44.8万公里航空线,形成了一个运输能力强大的交通体系。航空运输业对国民经济具有较高的直接贡献率。同时,航空运输业推进了工业发展,刺激相应配套经济体系的发展,优化产业布局。当前的航空运输业也面临挑战,需求下降,航空运输成本增加,航空公司亏损严重。航空运输业还面临贸易保护主义和经济危机的挑战。

徐冠杰在《世界航空货运发展简史》(载《综合运输》2008年第6期)一文中系统研究了航空货运发展历程,航空运输分为客运和货运两部分。1918年8月,美国建立第一条邮政定期航线,航空货运走向民用。航空货运经历了以下几个时期:20世纪五六十年代的萎靡发展期,航空业受到政府严格管制。20世纪70年代,美国政府放松对航空运输的管制,美国航线网络结构发生变化。相比而言,欧洲国家在对航空运输业"放松管制"上更加稳妥,航空公司效率提高,成本下降,航空业实现了平稳过渡。为了抢夺国外市场,航空公司联盟相继出现,世界上著名的航空联盟有"星空联盟"、"寰宇一家"和"天合联盟"。航空货运业在信息技术的推动下,开始向现代物流转变。如今,航空运输业正进入全球化、联盟化、信息化的阶段。

除了航空运输,世界航天运输也得到了发展。李烁、关嵩、申麟、高朝辉等在《国外航天运输系统发展现状及趋势分析》(载《中国航天》2016年第7期)一文中总结了国外航天发展的现状。美国大力发展商业航天,稳步推进新一代重型运载火箭的研制。俄罗斯积极发展航天事业,参与国际空间站建设和国际商业发射市场竞争。欧洲国家关注运载火箭的低成本和高可靠,追求重复使用运载器相关技术。日本利用发展航天保持武器研发能力,研制无人轨道货运飞行器。世界航天发展趋势为:空间竞争日益激烈,经费投入不断增多;深空探测成为热点,国际合作模式强化;领域内涵不断拓展,型谱体系日益完善;产业模式更加多样,注重灵活性创新性,商业化运作将加强。

刘竹生、孙伶俐在《航天运输系统发展及展望》(载《中国科学》2012年第5期)一文中梳理了国外航天运输系统发展历程。航天运输系统包括载人或货运飞船及其运载火箭、航天飞机、空天飞机、应急救生飞行器和各种辅助系统等。第二次世界大战后,苏联和美国都研制了本国的运载火箭,形成了第一代航天运输系统,活动范围从近地轨道拓展到月球,乃至太阳系之外。同时,各国对可重复使用运载器技术开展了技术攻关和试验,也注重航天运输系统发展的顶层谋划和战略管理,持续加大航天领域的投入,推动空间技术快速发展。

(4)"大交通"——交通联运

随着经济的发展,社会对交通运输提出了更高的要求,整合各种交通运输手段的"大交通"已经成型。李嘉美在《美国和日本大交通体制的借鉴》(载《行政管理改革》2012年第10期)一文中梳理了美国和日本大交通体制的特点,认为两国初步建立了大交通体制,特点包括:综合管理,整合资源,提升运输产业的战略价值;中央和地方分级层管理;大量运用计算机和信息技术,实行智能化管理。通过不断完善,两国实现交通运输方式的相互衔接和一体化建设,健全了交通法规,促进了大交通体制的建设。美日大交通行政管理经验,对中国的大交通改革将起到借鉴作用。

贺辛、马晓红在《加拿大的交通运输与多式联运发展》(载《交通与运输》2003年第1期)

一文中研究了加拿大建立交通运输的现状,认为经过多年发展,加拿大现已构建起水运、铁路、公路、民航共同发展的综合交通运输体系。各种运输方式衔接较好,使综合交通运输效能处于较高水平。加拿大多式联运具有以下特点:建成全国性乃至全球性的联运网络,为企业提供多方面、高质量的一体化服务;形成了各种交通方式有序竞争的局面;政府对运输管理有良好的法制环境,设置运输管理和仲裁机构;信息技术得到广泛应用,提高了运输的速度和准确性。这些特点都对中国交通运输的发展具有重要启示和借鉴意义。

(二) 20世纪以来中国交通发展

1. 中国交通发展概况

王庆云在《中国交通发展的演进过程及问题思考》(载《交通运输系统工程与信息》2007年第1期)一文中系统回顾了中国交通系统的历史过程及研究成果。改革开放后,中国交通运输快速发展,中国经济制度的演进和现实国情决定中国交通发展的路径,与发达国家相比,中国交通具有内在的特殊性。文章分析了不同时期中国交通运输系统的基本特点及内在原因。中国的交通发展必须建立综合交通体系,转变增长方式,借鉴国外的经验和教训,走可持续发展道路。作者对各时期交通运输系统存在问题进行了分析,提出了改善综合交通体系规划、建设与运行的政策建议。

陈宇、高隆昌、唐春勇在《我国交通运输的现状及政策建议》(载《经济体制改革》2001年第4期)一文中分析了中国交通运输的现状。改革开放以来,中国客货交通量激增,道路建设和汽车工业长足发展,但存在以下问题:基础设施总量不足、地区发展不平衡;运输装备总体技术水平偏低;运输市场发展不完善,管理水平低;缺乏统一规划和技术标准。为了解决这些问题,应做好完善交通运输的公共政策,建立一体化的交通规划与管理机构;完善交通运输市场管理的法规制度,建立国内统一市场;增强运输企业的竞争能力,健全企业经营机制;加强交通运输行业技术创新,加大政府对技术革新的投入;利用信息和电子技术,建立智能运输系统。

2. 中国交通工具发展

(1) 铁路交通工具的发展

韩才元在《中国国家铁路热力机车50年》(载《内燃机车》2000年第6期)一文中回顾了中国50年来蒸汽机车和内燃机车的发展历程和巨大成就;50年来蒸汽机车工业经历了从修理、仿制、改造到自主开发的过程;介绍了内燃机车数量从无到有,经过了早期试制、定型生产、自主开发和开发新型内燃机车四个阶段,从进口仿制到自主设计制造出口;同时,介绍了第四代内燃机车开发的情况以及内燃动车组的发展情况;最后,还列出了主要蒸汽机车和三代内燃机车技术参数概要表。内燃动车组的发展,不仅提高了铁路在国内运输市场上的竞争能力,还提高了中国内燃机车在国际市场上的竞争能力。

马承民在《中国内燃机制造业发展之我见》(载《内燃机车》2008年第1期)一文中简要介绍了中国内燃机车技术水平。中国内燃机车生产能力和技术水平有了极大提高,形成系列化的机车柴油机。国产内燃机车基本满足了国家铁路、工矿企业的需求,并出口外国。内燃机车具有诸多优势:牵引线路不需架电线、变电所等设施,线路投资较低;地区适应性强;运用灵活,适于工矿企业和国铁线路的调车,作为救援和备用机车。内燃机车应该适时调整发展战略、提高技术水平和质量、密切注意市场动态、强化营销手段。

除内燃机车,中国电力机车也取得了快速发展。徐宗祥在《我国电力机车的发展回顾》(载《中国铁路》2001年第2期)一文中回顾了中国电力机车的发展历史。随着社会经济的快速发展,世界铁路行业从客货共用机车的研制转向重载货运电力机车及高速客运电力机车的研制。中国电力机车制造企业顺应这种变化,从无到有,从客货两用到货运重载、客运高速的分离,从直流传动到交流传动,从电力机车到电动车组,从满足国内市场需求到进入国际市场,技术水平提高,制造能力加强,使中国电力机车具备了向国际市场进军的能力。

张有松在《我国电力机车发展的回顾与展望》(载《电力机车技术》1991年第4期)一文中以1958—1984年、1985—1990年、1991—1995年三个年代阶段为线索,回顾了中国干线电力机车发展历史。中国电力机车的研究与制造,从照搬苏联和法国样机起步,经过不断努力,在20世纪80年代实现了独立设计制造,解决了一系列技术难题。逐渐从单一机型到多机型、系列化,从货运系列到准高速客运系列的发展历史。

中国磁悬浮列车也取得了长足进步。程建峰、苏晓峰在《磁悬浮列车的发展及应用》(载《铁道车辆》2003年第11期)一文中指出,中国从20世纪80年代开始常导磁悬浮列车研究。1992年,国家正式将磁悬浮列车关键技术研究列入"八五"攻关计划,成立了磁悬浮列车"八五"攻关课题组。1994年10月,西南交通大学建成了中国首条磁悬浮铁路试验线,同时开展磁悬浮列车的载人试验。2000年,西南交通大学研制成功了高温超导磁悬浮试验车,通过国家验收。中国首辆磁悬浮客车是由西南交通大学、长春客车厂和株洲电力机车研究所共同研制的,该车将用于成都青城山旅游区磁悬浮列车示范线的商业运营。该车利用电磁吸力使车辆浮起,采用直线电机驱动。

王天录、吴锦青在《我国磁悬浮铁路的发展概况》(载《电气化铁道》2002年第2期)一文中指出,磁悬浮列车速度介于轮轨高速列车与飞机之间,造价比地铁低。中国从20世纪80年代开始磁悬浮列车的研究。1989年12月,国防科技大学研制出中国第一台小型磁悬浮原理样车。1992年国家正式将磁悬浮列车关键技术研究列入"八五"国家重点攻关计划。2001年8月14日,中国首辆磁悬浮客车在长春客车厂竣工,标志着中国成为第三个掌握磁悬浮客车技术的国家。中国在建和拟建多条商业运营的磁悬浮铁路,因经济效益等问题而进展缓慢,技术的成熟和运营的经济性是发展磁悬浮铁路的关键。

中国地铁建设发展很快。雷风行在《中国地铁建设的概况及发展思路》(载《世界隧道》1996年第1期)一文中回顾了中国地铁发展历史。1965年,中国政府批准了修建北京地铁的方案。1971年,北京地铁一期工程建成并运营,成为市区连接西部的交通大动脉。1984年,二期环线工程建成通车。天津市是中国第二个拥有地铁的城市。1995年,上海建成地铁一号线。随着城市交通日趋紧张,各地继续发展大运量快速的地铁交通系统。地铁的优点包括:运量大、速度快、耗能低、污染轻,缓解城市地面交通拥挤状况,促进了城市经济发展。地铁建设也存在工程造价高的问题。中国应优先发展公共交通,逐步形成以地铁和轻轨为骨干、公共电汽车为分支、小汽车为辅的综合交通体系。

张国碧、李家稳、郭建波等在《我国地铁的发展现状及展望》(载《山西建筑》2010年第33期)一文中介绍了中国地铁的发展历程。中国地铁建设起步较晚,经历了曲折的过程。20世纪50年代:起步阶段;20世纪80年代:发展阶段;20世纪90年代:政府调控阶段;1999

年以后:建设高潮阶段,国家鼓励大中城市发展地铁交通。国内地铁建设以大城市与省会城市为主。未来,地铁交通工程将与其他大型建筑物地下自然的延伸发展等相结合,更加注重立体开发,充分利用地下空间的多功能性,形成地下交通、地下商业、地下疏散干道的有机融合。

(2) 公路交通工具的发展

曾鹏在《我国新能源汽车发展现状及问题》(载《上海汽车》2009年第8期)一文中指出,随着汽车污染严重,汽车行业向节能环保方向转型。2007年11月发布的《新能源汽车生产准入管理规则》首次明确了新能源汽车的概念和范围。"十五"期间,中国在"863"计划中启动了电动汽车专项。"十一五"期间,中国设立节能与新能源汽车重大项目,推动新能源汽车技术的研发。目前,国内混合动力汽车发展成熟,纯电动轿车不尽如人意,燃料电池汽车处于研发阶段。为此应该加大研发力度,加快建设关键零部件产业链;扩大消费市场;加强基础设施建设;完善标准法规。

张晓宇、赵海斌、周小柯在《中国新能源汽车产业发展现状及其问题分析——基于我国汽车产业可持续发展的视角》(载《理论与现代化》2011年第2期)一文中指出,中国汽车产业猛增,但环境和能源问题日益凸显,新能源汽车成为未来汽车产业的发展趋势。在被列入国家战略性产业之后,政府大力扶持,企业主导技术研发和产业化,新能源汽车产业步入快速发展期。作者认为,中国新能源汽车发展存在战略方向不清晰、核心技术缺失及消费环境不完善等问题,建议政府加大扶持力度,制定科学发展战略和技术标准,发展基础设施,企业加快技术研发,加快建设关键零部件产业链等相应改进措施。

陈瑞青、白辰在《中国新能源汽车发展现状、问题及对策》(载《汽车工业研究》2015年第1期)一文中指出,随着中国汽车保有量激增,能源和环境问题日益严重,大力发展新能源汽车成为必然选择。政府出台了很多政策对新能源汽车发展给予支持,新能源汽车产销量增长较快,但整体销量规模较低。新能源汽车依然存在以下问题:政策缺乏及时性,标准体系仍需完善;核心技术仍需攻关,质优产品依旧缺乏;基础设施总体规划缺失;技术资源缺乏整合,产业链互动模式尚未形成。作者提出了发展新能源汽车产业的建议:坚持市场导向,加大对核心技术的研发投入;推动基础设施建设;完善新能源汽车国家标准;引导区域需求,创新商业模式,推动产业持续发展。

3. 中国交通建设

(1) 高速铁路

中国高速铁路飞速发展,已经成为中国的一张闪亮名片。于涛、陈昭和朱鹏宇在《高铁驱动中国城市郊区化的特征与机制研究——以京沪高铁为例》(载《地理科学》2012年第9期)一文中以京沪高铁为例,研究了高铁在推动中国城市化发展中的作用,认为现阶段中国高铁快速发展,推动了城市郊区化进程。京沪高铁改变了传统城市空间格局,降低了新城建设成本,带动了郊区经济发展。高铁对城市郊区化的带动效应主要是政府强势主导下的快速郊区化进程,存在着不确定性,应该从区域层面对高铁沿线及周边城市进行协调,将高铁新城的选址、规划、开发和建设纳入到城市整体空间发展的脉络之中,加强公众参与,更好地利用高铁推动中国城市郊区化的可持续发展。

徐飞在《中国高铁的全球战略价值》(载《人民论坛·学术前沿》2016年第2期)一文中指

出,高铁是中国改革开放以来能够改变世界政治经济格局的一大产业,是中国迈向世界性大国的一大标志。中国高铁一方面要与德国、法国、日本等高铁发达国家进行深入对比分析,另一方面要系统梳理中国高铁的规模、技术、安全性、兼容性和性价比等关键问题。结合高铁"走出去"和"中国制造 2025"等国家战略,从区域发展、产业经济、国际经济、外交、金融等多个维度,开启"高铁外交"新时代,再造"地缘政治"新版图,重塑世界金融新秩序,重构"新陆权"。

(2) 高速公路

何琨、朱军在《中国高速公路建设历程与发展战略》(载《筑路机械与施工机械化》2004年第 10 期)一文中研究了中国高速公路的发展历程。1988 年 10 月,上海沪嘉高速公路的建成,结束了大陆没有高速公路的历史。中国高速公路经历了三个发展阶段:20 世纪 70 年代,高速公路在国内产生需求;80 年代,中国开展了高速公路建设与否的交通大讨论;80 年代末,提出了建设高等级公路的政策措施。此后,中国高速公路快速发展,贯通"两纵三横"的交通网络。从质量看,中国建成的高速公路路况良好,满足舒适、快速和安全运输的需要。

梁展凡在《我国高速公路建设现状分析及对策探讨》(载《经济与社会发展》2004 年第 5 期)一文中分析了中国高速公路的现状。改革开放后,中国高速公路取得了突出成就。1988年,中国第一条高速公路建成通车。90 年代,高速公路建设步伐加快,从 1992 年的 652 公里增加到 2003 年的近 3 万公里。高速公路的建设,改变了中国公路事业的落后面貌,改善了中国公路的技术等级结构。当然,中国高速公路建设仍然存在问题:总量和密度不足;地区发展不均衡;没有达到规模效益,盈利能力不高;收费站点过多,管理不善;公路建设对生态环境造成不良影响等。作者对发展高速公路提出了对策:加快公路主骨架的规划与建设、规范有序地发展收费公路、探索特许经营的新模式、推动投资多元化。

(3) 航空航天运输

改革开放后,中国航空航天运输异军突起。刘锋在《变革中的中国航空运输企业》(载《中国民用航空》2003 年第 4 期)一文中指出,改革开放以来,中国民航事业取得快速发展。2001 年,民航定期航班运输总周转量和客运周转量在国际民航组织各缔约国中的位次,均上升到第 6 位,成为名副其实的民航大国。航空运输业取得的骄人业绩,是各方面共同努力的结果。中国航空运输业发生了一系列变化,表现在投资主体多元化;通过兼并、收购、联合,实现快速扩张;通过相互合作、参股,结成联盟,扩大市场覆盖面;逐步完善公司法人治理结构及经营体制;扩大规模,增强竞争实力;直线和货运航空公司稳步增加,货运成为新的经济增长点。

贺富永、李乾贵在《全球化背景下我国航空运输业政府管理体制改革的历程与方向探析》(载《中国行政管理》2013 年第 6 期)一文中指出,航空运输业的特点决定了政府管理的必要性和法定性。中国政府对航空运输业的管理体制经历了四次改革:1949—1980 年,参照苏联航空运输管理体制,以军方管理为主;1987—2002 年,对航空运输实行"政企分开"和"机场与航空公司分设",航空运输业的管理开始法治化、市场化;2002—2008 年,成立航空集团公司,与民航总局脱钩;2008 年,中国民用航空总局改名为中国民用航空局,并入交通运输部。中国航空运输业管理体制改革以促进航空运输业为宗旨,理顺市场调节和政府管理的边界,扩大市场调节的范围,同时,顺应航空运输自由化浪潮,为更好地融入世界航空运输业打下坚实基础。

吴燕生在《中国航天运输系统的发展与未来》(载《导弹与航天运载技术》2007年第5期)一文中指出,航天运输系统作为一个国家开展航天活动的支撑和基础,是综合国力的重要标志。作者分析了当今世界各国航天运输系统发展的新特点,总结了中国航天运输系统取得丰硕成绩,以及面临的机遇与挑战。作者指出,未来中国需要建立完备的航天运输系统,需要开展轨道转移运输系统的研究,需要进行重复使用运载器的探索,需要跟踪国外航天运输技术进展,需要不断完善整个运输体系。

龙乐豪在《我国航天运输系统发展展望》(载《航天制造技术》2010年第3期)一文中总结了国内外航天运输系统的现状。各航天大国明确制定了航天运输系统的发展战略,加大对航天领域的投入。中国航天运载技术实现了从常温推进剂到低温推进剂、从串联到捆绑、从一箭单星到一箭多星、从发射卫星到发射载人飞船和月球探测器的跨越式发展,形成了相对完备的运载火箭型谱,基本能够满足不同用户的需求。为了确保中国航天事业的持续发展,应该建立起以一次性系列化运载火箭为主体的,辅以轨道间转移运载器、重复使用运载器等较为完备的航天运输系统。

秦旭东、龙乐豪、容易在《我国航天运输系统成就与展望》(载《深空探测学报》2016年第4期)一文中指出,中国运载火箭起步于20世纪60年代,经过发展,"长征"系列运载火箭共经历了5个阶段,研制了4代17种运载火箭,可靠性、安全性提高,具备发射不同轨道、不同有效载荷的能力。运载火箭技术的发展推动了卫星及载人航天技术的发展,有力支撑了国家重大工程的成功实施。作者对航天运输系统未来发展进行了展望,坚持发展快速响应的新一代运载火箭,积极发展可重复使用运载器,助力中国成为航天强国。

(4)"大交通"——交通联运

张晓光、孙相军、崔姝在《我国空铁联运发展的对策建议》(载《综合运输》2015年第8期)一文中指出,加快构建现代综合交通运输体系是未来中国交通运输发展的主要方向。空铁联运已经成为国内外交通运输主管部门十分重视的综合运输组织模式。西方发达国家通过实现机场与高速铁路的衔接,发挥了民航和高铁的优势,构成了一体化的综合交通运输体系。中国越来越多的机场开始尝试与高铁对接,搭建中国的空铁联运模式。该文还对中国空铁联运发展提出了建议:强化规划引领,完善顶层设计;构建综合交通枢纽;优化航线网络,加强与高铁的合作运营;发展智慧交通,建设综合交通运输信息系统。

宋祥波、刘冠颖在《基于"空铁联运"模型的民航与高铁发展研究》(载《中国民航飞行学院学报》2012年第2期)一文中指出,民航与铁路是中国综合运输体系中的重要组成部分。高铁会对民航市场产生巨大冲击,二者无序竞争会造成很多社会问题。在保障航空业健康发展的前提下,促进中国交通运输业的发展是未来的趋势。作者在借鉴欧洲和日本"空铁联运"的基础上,提出采用"空铁联运"模式来协调民用航空与高速铁路的发展,优化中国交通运输体系,并在此基础之上,构建符合中国国情的"空铁联运"模型。

(三)20世纪的交通运输管理

1. 20世纪前半期的交通运输管理

交通运输的快速发展,对交通管理提出了更高的要求。孙尧、王海娟在《国外城市交通管理问题研究借鉴》(载《北京汽车》2001年第2期)一文中指出,目前中国社会基础设施相对滞后,公路交通尤为突出,堵车现象非常严重。德国重视城市交通管理,采取以下措施：在市区或郊区所有交叉路口安装了交通信号系统；设置醒目的路标、交通标志；修建停车换乘设施和停车场；设单行线和专用道,采取交通安静措施；利用灯光信号管理汽车；严格执行交通法规。英国实行严格限制小汽车,鼓励发展公共交通,发挥现有道路通行能力。这些措施可以对中国的城市道路交通管理起到借鉴作用。总之,停车问题和其他交通问题一样,在解决它们时,应该强调它们的社会性问题,而不仅仅是单一的问题。

任潮龙在《高速公路管理体制比较研究》(载《商业经济》2006年第12期)一文中总结了发达国家高速公路管理体制,从总体上,分为事业型管理和公司型管理两大类。高速公路的建设资金的来源不一样,管理组织模式不同,大致可以分为三类：直接由国家投资建设和管理；由国家授权由地方政府或者特许公司对高速公路进行管理；用股份制公司的形式对高速公路进行管理。对于高速公路的管理,很多国家已经推向市场化,并建立了完善的法律。

2. 20世纪后半期的交通运输管理

姜天喜在《论日本等国城市交通管理》(载《西北大学学报(哲学社会科学版)》2002年第4期)一文中指出,20世纪80年代以后,日本汽车数量急剧增加,加剧了城市道路的拥挤和城市环境的恶化,给市民的生活和社会、经济的持续发展等都带来了危害。因此,加强城市交通管理,减少汽车交通堵塞,保护城市环境就成为日本政府和社会共同关心的课题。日本采取了以下措施：提高物流系统的效率化,限制使用汽车上下班,鼓励私人交通与公共交通结合利用,制定交通管理条例,实行过往车辆收费制度。上述措施使城市交通堵塞得到缓解,环境得到改善。

李杨在《欧美发达国家高速公路建设和管理的启示》(载《交通世界》2004年第7期)一文中总结了发达国家高速公路管理体制,认为各国政府高度重视对高速公路的管理,形成了严密的管理体系。国外高速公路管理模式可分为：由国家制订发展规划,中央政府提供资助,委托当地政府进行建设和管理；由国家制订发展规划,委托特许经营公司或特殊企业法人实施建设和管理。当前,发达国家的高速公路形成了多家参与、分工协作的体制。在政府的监督下,高速公路公司保证履行特许经营协议规定的职责或法律规定的义务,使高速公路为社会提供良好的服务。

张辉在《我国空中交通管理体制的变革与发展》(载《中国民用航空》2007年第4期)一文中指出,空中交通管理体制有国家空管安全管理体制、民航安全管理体制,以及空管系统安全管理体制三个层面,需要整体性的设计。需要厘清民航总局、地区管理局、总局空管局在安全管理上的关系,厘清航空公司、机场、空管部门安全管理的关系。逐步构建层次分明、管理职责清晰的安全管理组织体系,强化空管系统各级安全管理工作,形成完善的安全管理实施主体。

第二次世界大战后,随着计算机技术的发展,智能交通管理系统得到迅速应用。李峰在编译《智能交通系统在国外的发展趋势》(载《国外公路》1999年第1期)一文中指出,20世纪60年代末,从系统的观点出发,运用各种高新技术系统地解决道路交通问题的智能交通系统应运而生。80年代—90年代,美、欧、日本等国智能交通系统研究快速发展。国外的智能交通系统主要包括自上而下模式和自下而上模式。目前国外智能交通系统研究开发中还存在以下主要问题：综合铁路、水运、公路、航空的综合交通体的基本框架尚未形成；各国自行研究的系统互不兼容，无法实现国际协作；系统研究和造价过高。

王国锋、宋鹏飞、张蕴玲在《智能交通系统发展与展望》（载《公路》2012年第5期）一文中分析了各国智能交通系统发展现状。智能交通系统将提升现有交通基础设施的服务能力，带动交通运输行业进行产业升级，因此各国均在智能交通领域开展应用研究及工程实践。智能交通关键技术包括交通信息采集技术、交通信息处理技术、通信技术、无线接入技术、城市交通管理和控制技术、车辆主动安全与智能汽车、空间信息技术等。未来，物联网重大专项、"863"计划、国家道路交通安全科技行动计划以及智能交通规划将促使智能交通技术向交通要素一体化的方向发展。智能交通的发展将促进交通运输行业进行产业升级，带动相关产业发展，优化国家产业布局，促进经济和社会发展。

罗淑兰、潘福全、王昕、亓荣杰、张丽霞在《大数据在城市交通中的应用研究》（载《现代交通技术》2016年第5期）一文中指出，随着互联网的发展，社会逐步进入了"大数据"时代。在大数据环境下，研究城市交通系统的运行模式，发展智能交通解决城市拥堵问题。随着大数据在城市交通中的关注度越来越高，应用范围也越来越广，在交通管理、交通规划、信息服务、公共交通等方面将持续扩大。但是，利用大数据解决城市交通问题，将会面临如何开放使用数据以及保护数据隐私等问题。

徐玮在《交通管理已进入大数据时代》（载《道路交通管理》2013年第11期）一文中指出，大数据是全球发展的新变革，大数据为更好地提升交通管理水平提供了机遇。交通管理大数据具有以下特点：数据量大、类型繁多、价值复杂、处理速度快、时效性强，可以为城市规划提供参考，提高交通运行效率，提高交通安全水平。应当重视大数据技术，提高交通管理者采集、分析、应用数据的能力。

（四）20世纪交通发展的影响

1. 改善了民众生活

（1）民众生活更加便捷

新式交通工具的普及，使人们的生活更加便捷。

菲利普·李·拉尔夫等在《世界文明史》（北京：商务印书馆，1998年，第434页）一书中研究了工业革命前后运输业的发展。早期英国以运河和公路运输为主，直到蒸汽机被用作可靠的动力，运输业才有了明显进步。同时，蒸汽机也被用于水运，美国人在蒸汽轮船领域占据先导优势。工业革命还推动了电报电讯和海底电缆的发展。第二次工业革命中，内燃机用于汽车和飞机，汽车成为高效舒适的交通工具，飞机用于航空运输。电力的大规模运用，推动了无线电报和电话的发展普及。拉尔夫认为：交通运输的发展，使人们逐渐打破时空的限制，推动了社会经济的快速发展和世界各地的联系，改善了人们的生活质量。

杰里·本特利等在《新全球史》（赵丰等译，北京：北京大学出版社，2007年，第877页）一书中指出，工业革命改善了人们的生活，蒸汽机车将廉价的工业品运往各地的市场，便捷又便宜。消费者可以购买更多的商品满足生活需要。船只的改进，使发达国家的廉价制造品可以运往其他国家。第二次工业革命后，汽车和飞机广泛应用于交通运输，进一步降低了运输成本，商品价格更加低廉，人们的生活进一步得到改善，提高了人们的生活质量。

(2) 生活观念发生变化

杰里·本特利等在《新全球史》(赵丰等译,北京:北京大学出版社,2007年,第874页)一书中强调,蒸汽机推动了交通技术的进步,铁路和轮船运载量大,降低了运输成本。运输网络的兴建,提高了原材料和商品的交流速度,加速了工业化进程,推动了国际分工。同时,交通运输的发展带动投资金融领域发生重大变化,由于铁路和轮船需要巨额投资,个人无法承担,股份公司迅速发展,投资银行和证券交易所涌现。同时铁路还带来了人们生活方式的变化,改变了人们的时间观念,准时成为铁路运输的必要条件,"铁路时间"决定着人们的出行。

丁贤勇在《新式交通与生活中的时间:以近代江南为例》(载《史林》2005年第4期)一文中指出,中国传统社会对时间的感知主要是日月星辰等天体的运动、植物的枯荣与动物的迁徙这些周期性的变化。近代,随着通商口岸的开放,轮船、火车、汽车等近代新式交通工具的进入,对人们时间意识的影响是多方面的。新式交通使人们开始确立科学的时间观念,标准时间逐步取代地方性时间,改变了人们的时间节奏和对时间的感知,改变了人们的出行方式,增加了人们对外交往的密度和对外联系的普及程度,使人们有了"时间就是金钱"等近代观念。

2. 推动了社会发展

(1) 密切了世界各地的联系

孙国军在《论铁路在近代资本主义大工业体系中的支撑作用》(载《东南学术》2012年第3期)一文中指出,工业革命前,运河运费低廉,到1820年,英国初步建成了全国运河网。同时,海运和公路运输也加速了商品周转,推动了工业革命。但水运和海运受到地理条件的制约,公路马车运载量有限,运输需求的增加刺激了机械化运输工具——火车和轮船的出现。工业革命为铁路建设准备了条件,铁路又是工业革命完成的重要标志,大大缩短了商品流通时间,降低了运输费用,扩大了市场。德国通过修建完整的铁路运输网络,推动了工业的迅速发展。俄国铁路对国民经济各部门,尤其是采矿业起着举足轻重的作用。

林国锦在《1750—1830年英国交通变革及其影响初探》(浙江大学2007年硕士学位论文)一文中指出,交通大变革之后,整个英国成为统一的经济体系。交通的改善,导致英国城镇间交往增多。城镇之间通过公路、运河与各地相连通,并不断改进交通和市场促进贸易发展。很多交通便利的村庄和小城镇在18世纪后半期都得到了快速发展。交通运输业的大发展,还极大地影响了城市的专业分工,摧毁了城市间的障碍,地方保护主义思想逐渐消亡,传统的手工业和地方特色衰退,现代都市化的英国开始发展。

郭正忠在《交通与文明——关于交通经济建设的历史考察》(载《中国经济史研究》1988年第3期)一文中指出,交通运输业推动工业发展。在资本主义初级阶段,交通运输业主要是通过扩大市场,来刺激工业生产的拓展。在资本主义发展的中高级阶段,交通运输业不仅加速原料与产品的流转,而且加速资金归流和资本积聚。交通工具的改进,运输网络的改善,提高了交通运输能力,密切了世界各地的联系。

(2) 促进世界经济较快增长

斯塔夫里阿诺斯在《全球通史》(吴象婴等译,北京:北京大学出版社,2005年,第493—495页)一书中指出,工业革命的发展,要求改变传统的运河和公路运输,改进运输工具,蒸汽机车和铁路应运而生。铁路以廉价快捷的优势迅速支配了长途运输。蒸汽轮船还被应用于水上运输，随着蒸汽机效率的提高，轮船逐渐取代了帆船。为了传递商业消息，人们又发明了电报，铺设了越洋海底电缆。交通运输的迅速发展，加强了世界各地的联系，推动了工业革命向全球扩展。第二次世界大战后，航天航空科学迅速崛起，这在很大程度上改变了人们的交通方式，使世界各地联系更加紧密。在这个过程中，工业发展和交通运输呈现出了相互推动的模式，工业发展改善了交通运输的工具，交通运输便利了工业市场的拓展。

汪建丰在《试论铁路在近代后期美国经济转型中的地位》（载《历史教学》1993年第8期）一文中指出，19世纪后期至20世纪初美国铁路迅猛发展，形成了全国性铁路网络，铁路设备规范统一，铁路技术日益改进，运营里程和生产效率递增。由于铁路业生产经营的特点，铁路出现了垄断组织。铁路垄断组织不仅展示了美国垄断进程的典型性，而且促进了美国银行业的集中和金融资本的形成。同时铁路公司的所有权和经营权分离、严格分工和高度集权相统一，以及协调合作的组织管理体制都为其他企业提供了一种可以效仿的经营管理模式，对美国资本主义企业管理制度的变革产生了积极意义，推进资本主义向纵深发展。

教学设计

设计一：从"引进来"到"走出去"——火车在中国的发展演变

设计意图

随着工业革命的发展，商品总量剧增，原先的交通运输已经不能满足工业发展，对交通运输业提出了更高的要求。蒸汽机车的使用，使交通运输体系发生根本性变革，极大地推动了交通运输的发展。后来，火车传入中国，推动了中国交通运输的近代化。

本设计试图通过对火车传入中国过程的分析，使学生了解火车在晚清时期艰难落地和改革开放后迅速发展的巨大转折。从艰难地"引进来"，到闪亮地"走出去"，中国铁路实现了华丽转身，在这背后，是中国综合国力的稳步提升。同时，通过分析火车在晚清遭遇的深层次社会背景，引导学生回归历史现场，结合时代背景，更深入地了解历史现象，探究历史的本质。

设计方案

新课导入：据时任中国铁路总公司副总工程师杨忠民透露，中国铁路总公司牵头的中方联合体将与美国西部快线公司合资建设美国西部快线高铁。据介绍，美国西部快线高速铁路全长370公里，从美国内华达州拉斯维加斯到加州胜利谷和帕姆代尔，最终到洛杉矶。目前双方已经开展包括确定融资计划在内的相关工作。从清末铁路在中国艰难落地，到现在中国高铁走出去，成为一张"中国名片"。铁路如何在中国落地并发展壮大？这就是我们今天要学习的内容。

一、铁路崛起

材料一 随着18世纪中期棉纺织业的发展,人们对动力的需求更加迫切,当原始动力再也不能继续满足日益扩大的需要时,蒸汽动力应运而生。在几乎所有工业全用上蒸汽机后,人们开始尝试把蒸汽机作为牵引力,用于改进原有的交通运输——运河。1830年,在利物浦—曼彻斯特之间出现了第一条现代铁路。铁路拓展了市场,降低了经济成本,促进了劳动力的自由流动,推动了工业革命的持续深入发展,促进了各地经济的一体化,"根据许多历史学家估计,运输业的发展,尤其是铁路的发展,不但是十九世纪国民经济发展的主要成分,而且也是国际经济发展的主要成分。"

——[意]卡洛·M.奇波拉:《欧洲经济史》第三卷,北京:商务印书馆,1989年,第224页

教师设问:从以上材料分析,铁路产生的背景有哪些?铁路具有哪些优势?

引导思考:通过了解铁路的修建过程,了解铁路产生的原因,以及铁路的积极作用。铁路的产生,源于工业革命时期棉纺织的发展。棉纺织品的增加,人们对交通运输业提出了更高的要求,蒸汽机应用于交通运输,产生了火车。铁路降低了运输费用,提高了商品的竞争力,推动了英国经济的发展。

材料二 利物浦—曼彻斯特铁路的成功,在英国开启了一个铁路建设大发展的时期。1835—1837年形成了第一次"铁路热",议会批准拟建铁路1 700英里,拟建方案不断获准,投建项目也相继完工,到1844年,通车里程已达2 235英里。随着投建项目的完工,1844—1846年间形成了第二次"铁路热",仅1846年就批准拟建铁路4 000多英里。1844—1850年间,平均每年通车里程812英里,到1852年,联合王国通车线路长达7 336英里。1855—1860年间平均每年通车线路425英里,1860—1865年间为571英里。1870年,联合王国通车铁路长达15 500英里,约占最后通车里数的70%以上。至此,英国很少再有远离铁路交通线的地方了,囊括全英的近代化铁路运输体系大体建成。

——张廷茂:《英国铁路运输与工业革命进程》,载《世界历史》1992年第4期

教师设问:概括铁路在英国的发展状况。

引导思考:利物浦—曼彻斯特铁路的成功,引发了英国修建铁路的热潮,出现了多次"铁路热"。经过不断发展,到19世纪末,英国铁路网络基本建立,为英国经济发展起到了重要作用。

二、铁路在中国艰难落地

教师讲述:铁路对经济发展具有极大便利,迅速在世界范围内普及。19世纪中后期,铁路被外国人引入中国。1876年,中国境内第一条铁路淞沪铁路建成通车。一年后,清政府购买了这条铁路,并全部拆毁。

材料三 1865年,一些与对华贸易有关系的英国商人在伦敦成立了中国铁路有限公司,筹划修建上海至苏州的铁路。同年,以英商怡和洋行为主,在上海成立了吴淞道路公司,计划修筑上海至吴淞的铁路,以方便上海港进出口货物的运输,遭到清政府的拒绝。此后,英国驻上海领事出面,以修筑"一条寻常马路"为由,向上海地方当局提出购买上海至吴淞间筑路所需土地的要求,获取了征地权,随即开始铺设路基。1876年1月,路基铺成,开始路面

工程,12月1日,这条铁路全线通车。吴淞铁路的修筑和首段告成,招致清朝政府的强烈反应。经过交涉,英美最终接受了中方"给价买回"和"另招华商股本承办"的方案,由中方赎回吴淞铁路。1877年夏秋间,清朝政府在交付赎金后,拆毁了这条在中国最早出现的铁路。

——戴鞍钢:《近代江浙沪地区铁路修筑述略》,载《杭州工程学院学报(社会科学版)》2013年第9期

教师设问:淞沪铁路如何在中国修建的?它的命运反映了什么?

引导思考:英国商人为了发展对华贸易,在上海修建了中国第一条铁路。但这条铁路没有得到清政府许可,引发清政府强烈反对,最后被购回拆毁。淞沪铁路的命运,反映了晚清政府对外国科技的排斥,但西方科技到中国落地,已经成为必然趋势。

材料四 自强之道,练兵造器,固宜次第举行,然其机括则在于急造铁路。铁路之利于漕务、赈务、商务、矿务、厘捐、行旅者不可殚述,而于用兵一道尤为急不可缓图。中国幅员辽阔,北边绵亘万里,毗连俄界。铁路一开,则东西南北呼吸相通,视敌所驱,相机策应。惟万里之遥,数日而至。防边防海,转运枪炮,朝发昔至……若一旦下造铁路之诏,显露自强之机,则声势立振,不独俄约易成,日本窥视之心亦可从此潜消矣。

——刘铭传:《筹造铁路以图自强折》(1880)

材料五 甲午战后,中国铁路事业的格局为之一变……至1911年,中国共建铁路8 200公里,其中帝国主义直接投资修筑的铁路占46%,贷款建筑的铁路占40%,中国人自建的铁路仅1 200公里,只占14%……一些闭塞地区的经济因铁路而活跃,一些古老的城镇因铁路而面目一新……铁路在畅通经济,带动繁荣同时还意味着信息的流通、知识的传播,意味着建立"铁路交通日常急需的各种生产过程",所有这一切,无疑都有助于打破中国传统社会"自给自足的惰性",推动现代化进程。

——周积明:《最初的纪元——中国早期现代化研究》,北京:高等教育出版社,1996年,第145页

教师设问:分析材料四,了解刘铭传主张兴建铁路的理由有哪些?阅读材料五,总结甲午战后中国铁路发展状况。

引导思考:淞沪铁路虽然被销毁,但在清政府内部引发争论。铁路的巨大便利引起了洋务派的重视,清政府开始改变了对铁路的看法,其中以刘铭传的《筹造铁路以图自强折》最为振聋发聩。刘铭传阐述了修建铁路的意义。甲午战争后,中国铁路事业快速发展,但被外国人控制。铁路推动了中国经济发展,加强了中国各地的联系,打破了封闭状态。

三、铁路"走出去"

教师讲述:从清末民初开始,铁路的巨大作用得到了社会的普遍认可,中国掀起了修造铁路的热潮。但中华人民共和国成立前的中国,民穷财尽,政府无力投资兴建铁路,因此铁路发展相对缓慢。1949年1月,中国人民革命军事委员会铁道部(简称军委铁道部)成立,系统领导中国铁路建设。中华人民共和国成立后,政府大力发展交通运输,铁路取得突飞猛进的发展。近年来,高速铁路经历了质变,已经成为中国的一张闪亮名片。

材料六 "十一五"期间,我国铁路全面加快实施《中长期铁路网规划》,铁路营业里程跃居世界第二,并昂首跨入高速时代,高速铁路里程世界第一,为发展国民经济和提高人民群

众生活水平提供了重要保障。2003年以来,铁路建设项目批复投资总规模超过4万亿元,已完成投资1.5万亿元。到2012年,我国铁路营业里程将达到11万公里以上。

——《我国高速铁路里程居世界第一,将覆盖超90%人口》,《人民日报》,2010-10-06

教师设问：依据材料,分析中国铁路迅速发展的原因。

引导思考：中华人民共和国成立后,政府重视发展铁路运输,制订铁路发展规划,大规模修建铁路,制造列车,形成了比较完备的工业体系。机车车辆不但实现自给,还开始出口。教师出示"国家高速铁路网布局方案"的地图,说明中国高速铁路建设规划。

材料七 截至2015年底,中国高速铁路已经突破1.9万公里,是世界上高速铁路运营里程最长、在建规模最大、拥有动车组列车最多、运营最繁忙的国家。……中国高铁紧紧抓住国家实施"一带一路"战略的难得机遇,大力实施国际化经营战略,积极拓展海外经营业务,品牌价值和国际影响力逐年攀升,以高铁为代表的现代轨道交通装备,成为我国高端装备"走出去"的亮丽名片。高铁全行业的技术创新,有助于带动关联产业发展,塑造中国产品的世界品牌,提升中国产业的全球竞争力,打造"中国经济升级版"。而中国高铁"走出去",将推动中国出口向高技术含量、资本密集的高端制造转型,由产品贸易向技术贸易和服务贸易转型,优化和提升中国出口贸易结构。同时,还可以实现中国高铁技术和装备出口,消化中国钢铁、水泥等周期性行业的产能过剩状况,与世界各国通过发挥各自比较优势,实现贸易互惠。

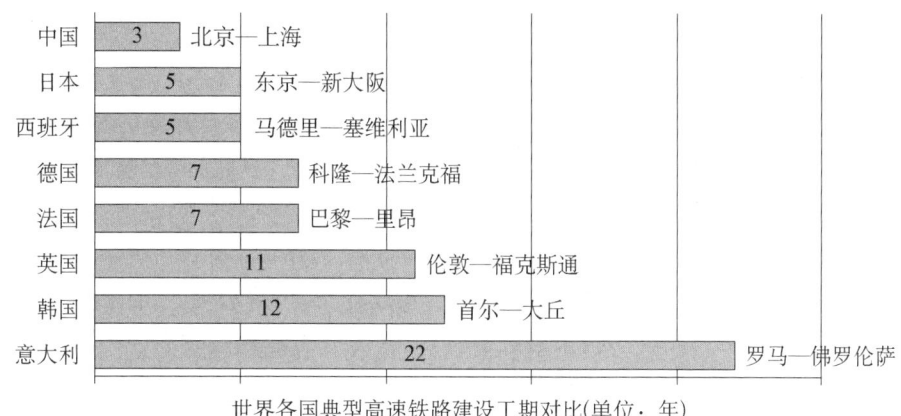

世界各国典型高速铁路建设工期对比(单位：年)

——徐飞：《中国高铁的全球战略价值》,载《人民论坛·学术前沿》2016年第2期

教师设问：依据材料,分析中国高铁发展的现状及其意义。

引导思考：在政府大力支持下,中国高速铁路取得了突飞猛进的发展,由"中国制造"走向"中国智造",成为中国迈向世界性大国的一大标志。中国高铁规模最大、技术先进、安全可靠、建设周期短、兼容性好、性价比高、节能环保,提升了中国产业的全球竞争力。中国高铁"走出去",推动中国产业转型,优化中国的出口贸易结构,同时带动相关产业和产品出口。

教师小结：从铁路和火车在中国艰难落地,到后来快速发展,再到现在的高铁走出去,中国铁路发展经历了复杂的"引进来"和"走出去"。在这种变化背后,反映了中国人由被动抗拒到逐渐融入世界的变化历程。

设计二：天涯若比邻——中国近代通讯变迁

设计意图

随着西方交通工具在中国落地，近代通信技术也传入中国。近代通信的快速发展，提高了信息传播速度，推动了社会经济发展。本设计试图通过对中国通信发展变迁的分析，使学生了解中国古代通信系统的利弊，以及近代通信手段的变革，进而理解通信变迁对社会发展的巨大影响。同时，通过对古今通信的对比研究，辩证全面地了解通信的便捷和局限性，培养学生客观辩证地看待事物的多维视角，并结合不同时期通信的历史命运，有层次地探究历史现象背后的历史规律。

设计方案

新课导入： 2017年1月22日下午，中国互联网络信息中心（CNNIC）在京发布第39次《中国互联网络发展状况统计报告》（以下简称为《报告》）。这是关于中国互联网市场整体发展情况的最权威报告。《报告》显示，中国网民规模达到7.31亿，手机网民达6.95亿。应该说，互联网技术已经改变了人们的生活方式。那么我们该如何看待互联网技术？互联网技术加强了人们之间的联系，还是削弱了人们之间的联系？今天围绕这个问题进行探讨。我们先回顾一下中国信息传递技术的发展历程。

一、中国古代的邮驿

材料一 殷商时期的邮驿是我国最早有明确文字记载的有组织的邮驿制度；周朝时期邮驿制度开始发展，体现在邮驿组织和驿递方式的进步；春秋战国时期邮驿通信突出成就是邮驿网络设施的基本建成；秦朝时期政府通过书同文、车同轨、修驰道，有效地促进了邮驿的发展，并诞生了我国历史上第一部邮驿法《秦邮律》，汉代时邮驿制度明确统一称"邮驿"，"丝绸之路"也确立起中外邮路；魏晋南北朝时期，《邮驿令》颁行，邮、驿二字并用是邮驿史的首创；隋时健全了邮驿典制规章，恢复汉驿制度，改善邮驿交通；唐朝时期邮驿规模空前，管理严格有序，突出了官办的邮驿性质；宋沿袭唐制，又创设了昼夜兼程的急递铺，有专门的邮驿法典《嘉祐驿令》；元朝因袭宋制，急递铺变为办理中央官衙文书传递的常设机构；明朝的邮驿制度趋于完备，《大明律》中有专门关于邮驿的详细规定，商品经济的发展催生了商办民用的民信局；清代集历代邮驿之大成，融交通与通信为一体，克服了前代邮驿制的种种弊端；晚清时期由于外国资本主义的入侵，原有的邮驿旧制被打破，形成了驿站、民信局和近代邮政并存的局面，后裁驿归邮，近代邮政完全取代传统邮驿。

——苏全有、陈自豪：《中国邮驿史研究的回顾与反思》，载《北京邮电大学学报（社会科学版）》2010年第10期

教师设问： 依据材料，总结中国古代邮驿制度发展的特点。

引导思考： 从材料看，中国古代邮驿制度在历代都有所完善发展，逐渐形成了完善的邮驿体制。近代以来，随着商品经济的发展和外国资本的入侵，传统的邮驿制度逐渐瓦解。

材料二 清朝古邮驿经过前期的兴盛后，到嘉庆道光以后，呈现出种种的衰败景象：邮

传速度慢,效率低,"文书任意延搁,至数起始遣一驮送之。故往往有数百里内文书竟迟至十余日始到者。"

——樊清:《古邮驿的衰落与近代邮政的兴办》,载《河北师范大学学报(哲学社会科学版)》2002年第1期

教师设问:依据材料,思考中国古代邮驿制度的局限性。

引导思考:中国古代邮驿制度虽然完善,但受制于交通工具,信息传递速度慢,而且容易受到各种因素的影响,导致信息传输中断。

教师讲述:近代以来,随着西方殖民者涌入,传统的邮驿制度受到挑战,新的通信方式逐渐传入,并开始改变着中国人的生活方式。但是,西方通信技术刚到中国时,却不得不面对中国人的强烈抵抗。

二、近代通信手段在中国的波折

材料三 英人不听(清政府)劝阻,擅自行动。1865年,利富洋行英商雷诺擅自架设了上海浦东小岬到黄浦江金塘灯塔的电报线路,雷诺供认不讳地说:"建筑此线并未获得中国当局的批准。"(上海道台)丁日昌对英国的举动密切关注,6月19日访知该国有欲在浦东竖立标杆之事,即将川沙厅丞何光纶、上海县令王宗濂传召至官署,商定如阻止无效,"即令百姓于黑夜中潜行拔去。"英商果然在未照会地方官的情况下,在川沙之头二图及十二图、上海之二十四及四十八图等处竖立木柱。1865年6月21日,川沙厅县遵照丁日昌指授,密饬差保协同乡民于夜间"悉数拔毁",共拔毁利富洋行的227根电线杆柱,计程42里。代理英领事马安就此事索赔白银2 000两,并要求复造。上海通商大臣李鸿章将拔除电杆一事归为民间自发行为,称乡民认为竖立木柱致人病亡,有碍风水,以致众情汹汹,故难以允其设线要求。

——韩晶:《近代化的"退"与"进"——近代上海电报通信权的交涉》,载《史林》2010年第1期

教师设问:西方通信手段在中国面临什么处境?为什么会面临这种遭遇?

引导思考:从电报线的遭遇中,可以看到西方通信手段在近代中国遭到抵制。这种抵制既有中国的愚昧无知,又有中西思想文化的隔膜。

材料四 有事之际,军情瞬息变更,倘如西国办法有电线通报,径达各处海边,可以一刻千里,有内地火车铁路,屯兵于旁,闻警驰援,可以一日千数百里,则统帅尚不至于误事,而中国固急切办不到者也。今年台湾之役,臣与沈葆桢函商调兵月余而始定,及调轮船分起装送,又三月而始竣,而倭事业经定议矣。设有紧急,诚恐缓不及事。故臣尝谓办洋务、制洋兵,若不变法而徒骛空文,绝无实济,臣不敢明知而不言也。

——《张之洞全集》卷二十七《奏议》,1928年文华斋刻本

教师设问:从材料中可以看出,西方电报技术有哪些便利?

引导思考:虽然遭到中国人的破坏,但电报以其便利快捷,很快得到清政府的认可。自1874年日军侵犯台湾后,清政府意识到电报的积极作用,开始在台湾修建中国第一条电报线。

教师讲述:中华人民共和国成立后,交通通信取得了飞速发展,电报和电话迅速普及,

人们的联系更加便利。但如何看待通信技术的发展？有一派认为，现代通信技术使人们的联系更加快速便捷；另一派认为，现代通信技术使人们不必亲自见面，相互隔阂。

三、中华人民共和国通信技术的飞跃

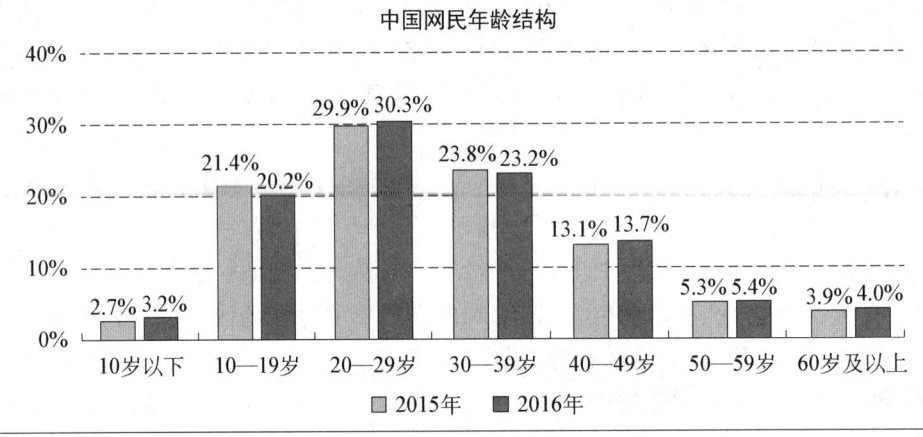

——中国互联网络信息中心：《第39次中国互联网络发展状况统计报告》（2017年1月）

教师设问： 观察上图，分析中国互联网发展特点和网民特点。

引导思考： 通过图表，总结中国互联网取得了飞速发展，网民趋于年轻化、低龄化。

材料五 互联网扩大了人们之间的交往范围，网络突破了组织、种族、国家及地域的限制，使人际交往具有了多面性。人们可以根据自己的态度、价值观和行为方式等一系列个人因素选择与自己相似的群体交往，并接受这些群体对自己的影响。在选择中就可能在网上进行多次交流、多层面的交流，从而满足个人发展和自我价值实现的需要，同时也扩大了个人的交往范围。

网络使人际交往更直接,实现了双向互动或多向互动;网络为人们提供了平等的参与机会,有利于人们在网上直接交流思想,读者与作者、客户与商家可以针对自己所关心的问题提出疑问,虽然是远隔千里不见人,但是能够即时交流,直接交流。

——胡芳:《论互联网影响下的人际关系》,载《社会心理科学》2010年第7期

教师设问: 依据材料分析,互联网发展如何改变人类生活?

引导思考: 第二次世界大战后,随着电子计算机和信息技术的发展,信息渠道越来越多元化,信息沟通越来越快捷,这使得人们的联系越来越广泛便捷。这是信息技术和互联网带给人们的益处。

材料六 2014年,中国互联网络信息中心发布的《第33次中国互联网络发展状况统计报告》显示,随着wifi和3G网络的快速发展,中国网民人均周上网时长达到25.0小时,其中,81.0%网民选择手机上网,学生是中国网民中最大的群体。随着人们手机上网时间的增长,手机依赖问题已经成为继网络成瘾之后,备受各界关注的焦点问题。所谓的手机依赖又称手机成瘾,指的是个体因为使用手机行为失控,导致其生理、心理和社会功能明显受损的痴迷状态。

众多研究还发现孤独感和手机依赖之间有显著相关。孤独感是一种主观上的社交孤立状态,伴有个人知觉到自己与他人隔离或缺乏接触而产生的不被接纳的痛苦体验。Shapiro提出的替换性模型认为,那些已经孤独的人会花更长的时间上网,孤独导致了网络成瘾。研究发现,大学生孤独感不仅与手机成瘾存在正相关,而且在人格特质和手机成瘾的关系中起到部分中介作用。手机互联网为人们提供了更加广阔的社交网络和多种在线交流形式,孤独感较强的学生更容易被手机互联网所吸引。同时,研究还发现人际适应性和孤独感有显著相关,答会明等人认为人际适应性差、社交技能缺乏是导致大学生产生孤独感的主要原因。

——张岩、周炎根、裴涛:《大学生孤独感在人际适应性和手机互联网依赖关系中的中介效应》,载《中国心理卫生杂志》2015年第10期

教师设问: 依据材料,思考如何看待互联网技术?

引导思考: 随着信息网络技术的发展,网络一方面便利了人们的生活,拓展了人们的视野,提供了更加方便的在线交流形式,使人们之间的联系更为便捷;但网络减少了人们的面对面交流的机会,引发人际适应性差,加剧了孤独感,使人们更加疏远。如何看待互联网络,这是一个仁者见仁、智者见智的问题。

教师小结: 随着现代通信技术的发展,人们的联系越来越便捷,但另一方面人们面对面地交流也越来越少。出现这种矛盾现象,并非是技术之过,而是人们该如何对待现代通信技术,进而更加客观辩证地看待其他现代科技。

教学资源

一、中国交通

资源1:古代车驾

先秦时车为单辕,驾马均为偶数。车辕两旁的两匹马叫"服",居左者为左服,居右者为

右服,服马外的两匹马叫"骖",居左者称左骖,居右者为右骖;骖马外的两匹马叫"騑",居左者称左騑,居右者称右騑。

车在古代主要用于载人,在等级制度森严的中国古代社会中,车上乘员位置当然也有一定的规矩。先秦时车皆单辕,马驾于车辕两侧,驾车御者的最佳位置应该正对车辕,才最适应控制车辕左右的奔马,因此当时的车御一般都位于车的正中。先秦时俗尚左,位置以左为尊,《仪礼·乡射礼》"左玄酒"《注》:"设尊者北面,西曰左,尚之也"。当然先秦车的乘员位置也不例外,尊者一般都在车舆的左侧,陪乘在车舆的右侧,所以陪乘又称"车右"。车右陪乘在当时大都为勇力之士,平时侍卫尊者,遇车陷于泥沼等困境时则下车推车。

先秦兵车乘员位置与一般车略有差异。主帅所乘之车(即古籍中的戎路、旘车)为全军旗鼓所在,"此车一人殿之,可以集事"。为了保护主帅的安全起见,主帅的位置由车左改为车中,掌握旗鼓以指挥军队进退,御者居左驾驶车辆,陪乘仍然居右,护卫主帅。

——孙华:《古代车驾杂说》,载《四川研究》1986 年第 2 期

资源 2:古代车的构造

车厢叫舆。舆的左右两边立木板或栏杆可以凭倚,叫輢。前边的横木可以手扶,叫式,通常写作轼。行车途中所遇见的人表示敬意就扶轼低头,这个动作也叫轼。舆后边的横板或栏杆叫轸。车舆中有一根固定的绳供上车时拉手用,叫绥。车辕又叫辀(zhōu,周),为一根稍曲的木杠(也有用直木的)。辕的后端连在车轴上,前端拴着一根横木,叫衡。衡上再加轭,卡在马颈上。轭是个叉形的木枝,稍稍外曲。……衡与辕相连接靠的是销子,古代叫輗(ní,尼。大车上用的)、軏(yuè,月。小车上用的)。

车轮的辐条一般为三十根。《老子》:"三十辐共一毂(gǔ,古)。"毂是车轮中心有孔的圆木,用以贯轴。……轊又写作軎,正是车轴一端突出的形象。车轮贯在轴端上后,为防止脱落,要用辖插在轊、轴中。辖是可以拔下来的,没有了辖车就不能行驶。过去北方的木轮大车仍用此物。车轴横在舆下,固定的方法是在舆的底部安上两块木头,把轴用绳索绑在上面。因其形状像趴着的兔子,所以叫伏兔,又叫輹(fù,复)。两轮之间的距离为轨。《礼记·中庸》:"今天下车同轨,书同文。"车轨相同则车辙也等宽,车同轨实际是公路标准化的一个措施,这在都是土路面的时代尤为重要。引申之,车辙也叫轨。

——许嘉璐:《中国古代衣食住行》,北京:北京出版社,2011 年,第 165—169 页

资源 3:古代车的种类

车子因质料、用途的不同而有许多种。常见的有:栈车,栈又写作輚,这是以木条编舆的轻便车。辎车,即有帷幔的车子,多用于载物,帷幔可以遮蔽风雨,防止货物损害,人也可以在里面寝卧。安车,是一匹马拉的小车,可以在舆内安坐。……温车,是一种卧车,有帷幔,有窗子,可以根据气温开闭调节车内气温。……凡有帷幔、供坐卧或载物的车,御者都在帷幔之外、车舆的最前边,居中,而且是跪坐。传车,是用于传递消息法令的车,为驿站所专用,较为轻快,在先秦叫驲(rì,日)。辇,是人推挽的车。……后来辇成为皇帝、皇后的专用车。肩舆即今之轿子、滑竿,原为上山时所用,作为交通工具时代较晚,开始时也不普遍。

——许嘉璐:《中国古代衣食住行》,北京:北京出版社,2011 年,第 182—185 页

资源 4：古代的烽火通讯

西周以后,历代王朝都沿袭了这种烽火报警的方法。在两汉时期,从河西四郡(今甘肃武威、张掖、酒泉和敦煌),一直到盐泽(今新疆东部罗布泊),都有烽火台设置,而且规模很大,据说是"五里一燧,十里一墩,三十里一堡,百里一城寨"。举放烽火的方法昼夜也不相同,白天举烟,夜晚放火。此外,还采用各种不同的暗号来表示进犯敌人的多少,例如敌人在五百以下的放一道烽火,五百以上的放两通烽火,等等。这种有组织的通信方法,对防守边疆,抵御敌人,曾起过一定的作用。利用烽火进行通信的方法,直到明、清时期,许多地方还在使用。

——王崇焕:《中国古代交通》,天津:天津教育出版社,1991年,第85页

资源 5：古代的邮驿制度

秦汉时期,是中国邮驿制度的重要发展时期。……秦汉时期的邮驿机构分为邮、驿、传三种。……邮是秦代通讯机构的总称。邮只负责长途公文的传递,以传车和乘马为主要交通工具,已不再担任近距离的步传任务。……邮传递公文的形式也与先秦不同,它由周代的专人专程递送改为接力传送。……驿也是秦汉时传送公文的邮驿机构之一,作用与邮相似,所以常常邮驿并称。……但是,驿与邮还有不同之处,一是驿的交通工具多为马,二是驿传递的一般是官府的公文,不传递私人信件。三是驿传递的是官府中紧急的和重要的公文,而邮传递的则是一般性的公文。四是传递方法不同,邮在各处都设有邮人,公文传递全由邮人来完成。……汉代的传,用的是车,供政府官吏和特许之人因公事乘坐的。传的作用和驿不同,但制度和驿相似,都是在一定的距离,供给改换交通工具。……乘传的人必须要有信符,汉律规定,诸当乘传者,及发驾置传者,要持一尺五寸的木传信,封上御史大夫印章。乘传的马匹越多,信符上的封也越多。

——赵云旗:《中国古代交通》,北京:新华出版社,1993年,第85—87页

二、西方交通

资源 6：西方交通运输的变迁

在"一战"之后的美国经济中,水陆交通仍是发展的重点,而且,交通运输结构开始发生变化——从注重铁路建设,逐渐转向注重公路、管道和航空运输。

与汽车制造相联系的,是公路网络和输油(气)管道。二十世纪三十年代后期,美国用于公路、桥梁、管道等建设与保养的投资,每年几达25亿美元。五十年代的超级公路网,已有4万多哩。七十年代的公路里程,已达600多万公里——居世界首位。

以开掘深水河道来发展内河运输,曾经是好几届美国总统倡议的战略计划。其中同加拿大联合疏浚圣劳伦斯河的工程,把两国交界处的五大湖与大西洋进一步沟通,直驶安大略湖的轮船吨位,提高近一倍。这对两国内地经济的活跃和开放,做出了重大贡献。迄今美国的内河货运及周转,都遥遥领先于各国。

空中运输,是本世纪新兴的交通事业。美国人莱特兄弟发明并试用飞机,虽始于1903

年,但航空工业在美国的真正发展,却是第一次世界大战之后的事情。战后美国的飞机工厂有24家,年产2万余架。1930年,飞机工厂扩大为122个航空公司,航线近5万哩。十余年后,航线延伸了一倍,载客300余万人。(进入本世纪80年代初,民航机场已达15,000余处,客机二十五六万架,年客运量1亿人次以上。民航货运周转量,达100亿吨公里——亦居世界首位。

——郭正忠:《交通与文明——关于交通经济建设的历史考察》,载《中国经济史研究》1988年第3期

资源7:西方铁路运输的发展

尽管在1825年就开放了第一条使用蒸汽机的公用铁路,但其真正发展是在19世纪40年代才开始的。如同美国一样,欧洲扩张最迅速的时期是1845—1846年间与1873—1874年间。1845年欧洲拥有铁路9 200公里,美国拥有7 500公里(全世界拥有20 500公里);1860年,欧洲拥有51 900公里铁路,美国49 200公里(全世界108 000公里)。1874年,欧洲铁路增加到136 000公里,美国116 000公里,全世界282 000公里。换言之,1845—1874年间,欧洲的铁路网每年增加6 700公里,增长15.2%,但在1874—1913年间,欧洲铁路每年增加5 800公里,增长2.5%。

由于陆路运输成本很高,铁路主要是用来连接没有水路相通的区域,而不是作为运输形式的补充。铁路网的扩张导致了陆路运输成本的明显降低。1840—1845年到1870—1875年期间,陆路运输的平均成本的实际费用可能下降了75%—85%,即下降了4倍,这还没有将速度提高了10倍的因素考虑在内。

与此同时,蒸汽机的采用开始对海运产生影响。1840年,蒸汽机船仅占世界船队的4%,就运载能力而言(主要是由于蒸汽机船的速度很快),蒸汽机船占世界总运载能力的14%。1860年蒸汽机船占世界船队的比例已达到32%,1870年为49%。而且,到1860年时,蒸汽机船本身的运载能力已超过了1820年所有船只的运载能力。由此导致了海运运输成本的下降——在蒸汽机引入以前海运运输成本就已经开始下降,蒸汽机引入以后成本的下降速度开始加快。

——波斯坦、哈巴库克主编:《剑桥欧洲经济史》第8卷,王春法等译,北京:经济科学出版社,2002年,第22—23页

资源8:德国铁路的发展

此种新的运输方式(铁路)对西欧另一个土地广袤的国家——德国——也至关紧要。但是,德国的情况是:早期建筑铁路的年代也是政治上支离破碎的年代。……普鲁士第一条国有铁路始建于1847年,此后政府的控制迅速扩张,其范围占正在发展铁路网的很大一部分。在这个过程中,普鲁士控制整个德意志的努力、德意志民族的军事素质和对经济统一和增长的愿望都发挥一部分作用。……德意志联邦中具有最发达战略意识和最好经济机会的普鲁士,在全部16 000公里铁路中,有9 000多公里为私人所有并由私人经营。南部德意志诸国差不多全部铁路均属国有。

铁路的运费收入,经济上的外溢作用和战略意义使它在十九世纪经济发展中具有特殊

的重要性,也是政府当局参预铁路建设和管理的明显原因。

——卡洛·M.奇波拉:《欧洲经济史》第五卷,吴良健译,北京:商务印书馆,1989年,第267页

资源9:交通运输对经济发展的影响

经济发展对商业运输方面的能源需求也产生了直接影响。内燃机或电力机车代替以煤为燃料的机车,使铁路系统把燃料转化为有效能源的效率大大提高,从而降低了铁路运输的费用。然而,面对来自公路运输以及在较小程度上来自空运的竞争,铁路运输的发展相对地较小。

无论是从商业的使用还是从私人的使用方面来说,公路运输都发展得很快。它的发展是由每个国家的经济活动和收入水平带来的。实际上,公路运输对能源需求结构的变化产生了最重大的影响。它极大地改变了生活条件,而且,毫不夸张地说,它是极大地影响当代文明的产业革命的要素之一。

——卡洛·M.奇波拉:《欧洲经济史》第五卷,吴良健译,北京:商务印书馆,1989年,第224页

资源10:航空运输的发展

和汽车达到完善的情况一样,飞机的发明也不能归功于任何个人。……飞行真正变成机械上的现实是从19世纪90年代开始的。大约从这个时候起,奥托·利连撒尔,塞缪尔·兰利和一些人开始用比空气重的机器进行试验。兰利的工作由赖特兄弟继承。赖特兄弟于1903年第一次成功地驾驶了一架用发动机推动的飞机。从此以后,航行迅速发展。1908年赖特兄弟几乎飞行了一百英里。次年,路易·勃莱里奥驾驶了他最新发明的单翼飞机横越英吉利海峡。在第一次世界大战期间交战国的每一个国家都努力利用飞机作为大规模的杀伤武器。结果是设计不断改良,效率迅猛提高。可是,我们必须记住,如果没有战争,进展也会很快的。因为,一旦一项发明成功地开了个头,改良就会以几何级数的速度接踵而来。

——菲利普·李·拉尔夫等:《世界文明史》第六部分,赵丰等译,北京:商务印书馆,1998年,第100—102页

资源11:交通运输推动工业化进程

为了便于交通和运货,美国政府开凿运河,私人投资者建立起轮船航线和铁路网络。到1860年,东北部的工业区、南部农业区以及中西部城市圣路易斯和芝加哥之间已有铁路相连。在西部,经纪人把小麦和牛肉从平原运送到人口稠密的东部诸州。与其他国家一样,美国铁路的铺设通过降低交通成本和刺激煤和钢铁工业的发展,加速了工业化进程。

到了19世纪晚期,几乎所有需要大量投资、劳动力或者机器设备的企业——包括经营铁路、轮船航运的企业以及生产钢铁和军火的企业——都采用了股份有限公司的形式。与此同时,一系列的投资银行、证券经纪公司和其他金融企业为了适应工业资本家组织股份制公司的需要也纷纷兴起。

——杰里·本特利等:《新全球史》,魏凤莲等译,北京:北京大学出版社,2007年,

第874—875页

资源12：电报通讯发展

在这种(铁路)发展过程中,电报起了非常重要的作用。正是由于电报的存在,铁路才获得了对其成功运营至关重要的安全保障。而且,电报网也沿着铁路线发展起来了。……到了1848年,半数以上的铁路公司拥有自己的电报系统。铁路与电报之间的联系一直是非常重要的,尽管在1846年以后出现了独立的电报公司,但是这些公司倾向于在电报需求量大的地区建立自己的营业机构……公众舆论将电报与信件混为一谈,并且要求电报的价格能够像邮政服务中的信件那样不因距离远近而变化。1869年,邮政局买下了所有的电报线……这样,电报就从一个不确定的投机事物变成一个亏本运营的公众服务系统。

——波斯坦、哈巴库克主编：《剑桥欧洲经济史》第6卷,王春法等译,北京：经济科学出版社,2002年,第218页

第六单元

医疗与公共卫生

学术引领

一、古代的疫病与影响

（一）古代中国的疫病与影响

1. 古代中国流行的疫病

疫病，即现代医学所说的流行病，指的是具有高传染性的疾病。许慎在《说文解字》中释曰："疫者，民皆病也。"疫病在中国古代文献中一般泛称为疫、疠、疫疠、瘟、瘟（温）疫、温病、伤寒、时气等，其中以"疫"最为常见。

中华民族在长期与疫病的斗争中积累了丰富的经验，有着光荣的战胜疫病的历史记录。但20世纪以前，人们对疫情记录十分零散，也比较粗糙简略，加上古人认识上的局限和表述上的含糊，不仅查检辑录工作艰巨，界定、考证、统计上也有许多技术难题。中国从现代意义对疫病进行科学总结和研究起步于20世纪初。1920年，中国医学史研究的开拓者陈邦贤先生出版了中国第一部医学史著作《中国医学史》，该书设有疾病史专章，篇幅占到了全书的三分之一。书中简要讨论了35种疾病的名称、诊断及治疗的历史演变，仅传染病就有18种，包括伤寒、发疹伤寒、霍乱、痢疾、天花、麻疹、水痘、白喉、猩红热、鼠疫、肺痨病、梅毒、麻风、疟疾、黑热病、住血虫病、姜片虫病、肺蛭虫病。

范行准在《中国病史新义》（北京：中国中医古籍出版社，1989年，第1—13页）一书中认为，中国古代疫病主要包括急性传染病（如鼠疫、霍乱、猩红热、白喉、天花等）、寄生虫病（如血吸虫病、钩虫病、丝虫病、黑热病等）、慢性传染病（如麻风病、梅毒等）、地方病（如克山病），等等。

张剑光在《三千年疫情》（南昌：江西高校出版社，1998年，第1—2页）一书中认为，从流传的疫病来看，我们的祖先遭受着众多流行病的袭击。虽然学者们对于疫病分类各有侧重，但疟疾、痢疾、伤寒、天花、麻疹、结核病、狂犬病、恙虫病、麻风病以及各种寄生虫病等则是较为常见的。此外，霍乱、鼠疫、性病、白喉、猩红热、克山病等也时常发生，带来的苦难令人断肠。

瘟疫是一种十分古老的社会历史现象，中国古代关于疫病流行与防范的记载不绝于史。

张剑光在《三千年疫情》(南昌：江西高校出版社,1998年,第1—2页)一书中指出,在殷商时期中国就有了对疾疫的文字记载。殷墟出土的甲骨文中记载了多种传染病病名,如疟、疥、蛊等,并且还有"疾年"的记载,这很有可能是对疫情的最早认识。喻嵘、黄爱群则在《我国历代疫病流行及防范述略》(载《湖南中医学院学报》2004年第3期)一文中认为,文字记载较清楚的最早疫病发生在周代。

潘明娟和王社教在《两汉疾疫及其应对机制初探》(载《陕西师范大学学报(哲学社会科学版)》2012年第4期)一文中认为,两汉是中国古代疫情较为严重的时期,从疾疫的暴发年代、暴发季节以及发生地域来看,其都有一定的规律可循。公元150—200年应是两汉时期疾疫最频繁的阶段,这一时期发生了9次疾疫,平均每5.6年发生1次疾疫。从每年的发病时间来看,两汉时期能够区分发病季节的疾疫有25起,其中春季9起,夏季11起,秋季0起,冬季5起。这说明疾疫的发作与月令、气候有关。

据王文涛在《汉代的疫病及其流行特点》(载《史学月刊》2006年第11期)一文中的研究,两汉疾疫虽多发,但由于文献记载的模糊和分散,迄今尚无比较确切的疾疫统计数字。两汉疫病流行次数为50次,西汉(含新朝)17次,东汉33次,汉代平均约8.52年发生1次疫情。这些疫病传播与战争的关系最为密切,在50次疫病中至少有10次与战争有关,占了总量的五分之一。从疫病流行次数的多少来看,东汉比西汉多,王朝后期比前期多。疫病的多少、流行时间的长短,与国家控制疫情传播的能力也有极大关系。汉代治世疫病少,乱世、衰世疫病多。政治清明,社会秩序稳定,生产力恢复发展,人民生活安定,生活质量提高,疫病的流行频率就较低。反之,政治黑暗,政局动荡,人民流离失所,疫病流行就频繁,疫情就严重。

从疾疫暴发的地域分布来看,王文涛认为,北至匈奴所居的草原地带,南至交趾,均发生有疾疫。从数据来看,南北方疾疫暴发次数极不平衡。而之所以出现疾疫暴发区域的不均衡,可能有两方面的原因：第一,与两汉时期关东地区气候特点相关,这一区域四季分明,气温差异较大,如果寒暑错时,就会导致疾疫流行;第二,可能也与文献记载详细与否有较大关系。西汉时期虽然政治中心在关中,但关东仍为一重要的经济中心,东汉的政治中心和经济中心均在关东,因此,文献记载较为详细。

魏晋南北朝时期是中国历史上的分裂时期,同时也是瘟疫高发期。薛瑞泽在《魏晋北朝疫病流行及救助》(载《山西师大学报(社会科学版)》2005年第5期)一文中认为,从306—325年,短短20年就发生瘟疫12次。此时期疫病的流行具有鲜明趋势。其一,疫病流行大多发生在人口稠密的地区,一旦发生疫病,往往使人口大量死亡。其二,疫病流行与天灾人祸密不可分。在水旱灾害或战争之后,常常发生大规模的疫病流行。其三,疫病的暴发时间有其规律可循,虽然说一年四季都有可能发生疫病,但大多集中在冬春季节更替之时。

龚胜生和叶护平在《魏晋南北朝时期疫灾时空分布规律研究》(载《中国历史地理论丛》2007年第3辑)一文中认为,魏晋南北朝时期362年中至少有76年发生过疫灾,平均4.76年发生1次疫灾,疫灾频度为21%,不仅高于其前的先秦两汉时期,而且高于其后的隋唐五代时期,是中国历史上的第一个疫灾高峰期。在空间分布上,疫灾范围有逐步扩大的趋势,疫灾重心有由北向南迁移的趋势,都城所在地为疫灾多发区,都城区位的变迁影响着疫灾重心的变迁。三国西晋时期的疫灾重心在黄河流域的陕西、河南,东晋以后疫灾重心迁移到长江下游的江苏。这三省疫灾次数占魏晋南北朝时期疫灾总次数的60%。总体来看,魏晋南北朝时期的疫灾主要分布于人口相对稠密、经济相对发达、战争相对较多的黄河中下游地区、长江中下游地区及其之间的淮河流域,边鄙地区疫灾几乎全部与战争有关。

陈丽在《唐宋时期瘟疫发生的规律及特点》(载《首都师范大学学报(社会科学版)》2009年第6期)一文中认为,到了唐代,瘟疫发生有所减少。从唐太宗到唐玄宗的129年间瘟疫发生了12次,平均10.75年1次。安史之乱后135年间发生9次,平均15年1次,但后期的7次相当严重,危害程度远大于安史之乱前。

龚胜生在《隋唐五代时期疫灾地理研究》(载《暨南史学》2004年第3辑)一文中认为,隋唐五代时期气候相对暖和,流行的疫病主要有天花、疟疾、痢疾等,另外可能还有鼠疫、流感、白喉等。与其前的魏晋南北朝和其后的宋元明清相比,隋唐时期疫灾相对稀少,疫灾频度约12.4%,其中盛唐所在的8世纪疫灾频度最低,而隋末唐初、唐末五代时期疫灾相对频繁,说明动乱时期是疫灾的多发期,社会环境对疫灾的流行具有深远影响。至于疫灾的地理分布,隋朝是北方多于南方,唐朝与五代是南北基本平衡。北方疫灾主要发生在黄河中下游流域,南方疫灾主要发生在江淮之间和长江三角洲。

李胜伟在《唐代疫病流行与政府应对措施浅论》(载《河南师范大学学报(哲学社会科学版)》2013年第1期)一文中否定了唐代是疫病的低发期这一观点,他指出,关于唐代疫病的流行情况,目前学术界还没有一个统一的数据,但唐朝应是中国古代疫病的多发期。唐朝的这31次疫灾,总的概率为每9.4年发生1次。

邱云飞在《两宋瘟疫灾害考述》(载《医学与哲学(人文社会医学版)》2007年第6期)一文中认为瘟疫在两宋时期的发生并不平均,其间又有一定的不规则的变化。两宋49次瘟疫有15次季节及月份均不详。其他34次中,春季有11次,夏季有20次,秋季2次,冬季2次,夏季最高,占60%以上。春夏两季为两宋时期瘟疫的多发季节,其中尤以三、四、五月最为集中。从地域分布来讲,两宋时期的瘟疫共涉及现在的十个省区,这十个省区几乎占到了宋朝疆域的大半,分布是比较广泛的。空间分布的总体特征是南方比北方多,东部比西部多,其中涉及浙江省的瘟疫最多,达28次,几乎占到了宋朝49次瘟疫的五分之三。两宋时期瘟疫空间分布的一个显著特征就是发生在都城的瘟疫次数较多。总体来说,两宋时期都城共暴发瘟疫22次,占总次数的44.9%。而都城的瘟疫次数多可能有这么几个原因:首先,都城是当时的政治经济文化中心,瘟疫的记载比较详备;其次,当时都城人口众多,人口流动性也比较大,很容易形成瘟疫。

进入明清时代,疫病又进入一个高发期。据陈旭在《明代瘟疫与明代社会》(西南财经大学出版社,2016年,第11—15页)一书中估计,明代276年中,至少有168年出现过疫情,总的疫灾次数在330次以上,其中大的疫情发生了75次。明朝疫灾在时空分布上呈现出一些明显特点:在整个明朝历史时期,前期疫灾次数少,中期和后期次数多。疫灾在季节分布上的基本特征是:夏季最多,冬季最少。在空间分布上,如果按北部、中部和南部三大区域的地理角度划分全国,基本特点是中部地区偏多、南部地区偏少、北部诸省疫灾次数居中。从南北方的划分方法来看,明显表现出南方较多、北方较少的特点。导致疫灾出现的因素有很多,大体可以分为自然因素和社会因素两类。具体来说,前者包括大水、大旱、虫灾、地震、天气反常等原因,后者包括饥荒、战争或军事行为以及人群过于密集等原因。在各种因素中,有的单独导致疫情,有的是交织作用使然。

张剑光在《三千年疫情》(南昌：江西高校出版社,1998年,第515页)一书中认为,清代的疫情在历朝历代中,从数量上居于首位。据他估算,清代269年中全国发生大、小瘟疫149宗,其中,清朝前期的197年中有84年发生了疫病,后期72年中有50年发生了疫病。但对此数据,有学者表示存疑。王秀莲在《古今瘟疫与中医防治——千余年华北疫情与中医防治研究》(北京：中国中医药出版社,2010年,第13页)一书中认为,清朝单是华北地区就发生大小疫灾556次。余新忠在《清代江南的瘟疫与社会——一项医疗社会史的研究(修订版)》(北京：北京师范大学出版社,2014年,第63页)一书中认为,清代江南地区一共发生大小疫灾就多达659次。

程杨在《中国明清时期疫病时空分布规律的定量研究》(载《地理研究》2009年第4期)一文中依据对《中国三千年气象记录总集》《中国灾荒史记》《人类灾难纪典》等资料的整理和研究表明：从时间上看,明清时期疫病的发生越来越频繁,尤其是清朝后期,疫病发生的频率和影响范围呈现出一个明显的上升趋势。从空间上看,明清时期疫病的分布具有普遍性和分布不均的特点,呈现出由东部沿海地区向内陆地区递减的规律。浙江省、河北省、河南省、福建省、山东省、江西省是疫病发生最频繁的省份,黄河和长江中下游地区疫病的发生频率明显高于其他地区。

梅莉和晏昌贵在《关于明代传染病的初步考察》(载《湖北大学学报(哲学社会科学版)》1996年第5期)一文中认为,从疫病种类上看,明清时期传染病以瘟疫为最多,痢疾、伤寒、疟疾较严重,鼠疫也时有发生。余新忠在《清代江南的瘟疫与社会——一项医疗社会史的研究(修订版)》(北京：北京师范大学出版社,2014年,第72页)一书中认为,清代江南的瘟疫,除了各地普遍存在、早已成为地方病的天花、麻疹外,以霍乱、伤寒、细菌性痢疾和急性肠胃炎等肠道传染病为主。从清中期开始,白喉、猩红热等喉科传染病渐趋增多,疟疾仍为各地夏秋不时出现的地方病。此外,还有大头瘟、蛤蟆瘟、羊毛瘟等一些尚不能确切判定其为今天的何种疾病的瘟疫。

总之,在历史上中国是大疫频繁发生的国家。孙关龙在《中国历史大疫的时空分布及其规律研究》(载《地域研究与开发》2004年第6期)一文中指出,3000多年大疫史上有两个活跃期(2—3世纪、16—19世纪),且有愈后愈多之势,从百年一遇,到数十年一遇、数年一遇；东部多,西部少,以长江中下游和黄河中下游地区为最甚,存在着灾害链,有旱疫、涝疫、饥疫等10多种灾害链。

龚胜生在《中国疫灾的时空分布变迁规律》(载《地理学报》2003年第6期)一文中通过对中国疫灾的时空分布变迁的分析,还总结了以下规律：

第一,中国历史上是一个多疫灾的国度,在公元前770到公元1911年间,疫灾频度为25%,平均每4年中就有一年发生过疫灾。

第二,中国疫灾的时间分布不均衡,3—6世纪的魏晋南北朝、14—19世纪的明清时期是中国两个疫灾高峰期。疫灾频度的变化与社会的治乱变化相关,大体而言,疫灾相对稀少的时期也是社会相对稳定、国力相对强盛的时期。

第三,中国疫灾频度具有不同时间尺度的周期性变化,较小的周期叠加形成较大的周期。在世纪和千年时间尺度上,疫灾频度与气候的寒冷程度成正相关,寒冷期疫灾频繁,温暖期疫灾稀少,气候越寒冷,疫灾越频繁,寒冷期越长,疫灾频繁期也越长。3000年来,中国气候的趋干趋冷,在很大程度上造就了中国疫灾日趋频繁的长期变迁趋势。

第四,中国疫灾分布的总体特征是城市重于乡村,都城重于一般城市,人口稠密地区重于人口稀少地区,自然疫源地区重于非疫源地地区,自然灾害多发地区重于自然灾害少发地区。

第五,区域开发过程和人地关系演变对疫灾分布变迁起着重大影响。3 000年来中国疫灾区域有从黄河中下游向外逐渐扩展趋势,疫灾重心有由北向南、由东向西迁移的趋势。

2. 古代中国疫病的影响

疫病的发生给中国古代社会带来的影响是多方面的,既有政治、经济、文化、军事方面的,也有民风民俗、宗教信仰方面的。

瘟疫对人类社会的影响是基本而深刻的,而它最直接的后果不外是生病或死亡。张剑光在《三千年疫情》(南昌:江西高校出版社,1998年,第2页)一书中认为,疫疾为人类带来的最为直接的灾难是导致大量人口的死亡。中国历代老百姓被疫病夺取生命的总数是无法算清楚的。一场疫病死去数十万、数百万人,在古书中每个朝代都曾出现过。

余新忠在《清代江南瘟疫对人口之影响初探》(载《中国人口科学》2001年第2期)一文中认为,清代江南的瘟疫对人口的危害随时间、地点的不同而不同。在和平年代,一般性瘟疫对疫区造成的人口损失率多在2%以下,较为严重的可能达到2%—3%。特别严重的瘟疫,比如霍乱这类烈性传染病在个别较小社区中,导致的死亡率虽可达15%左右,不过在一个较大范围内,比如乡、县等,则一次瘟疫所损失的人口很难达到5%,即使连续两年或以上发生疫情,也一般不会超过10%。在战争时期,比例会高一些,但超过20%的可能性基本不存在。对清代江南瘟疫带来的人口损失率不宜估计过高,在疫病模式比较稳定的时期和地区,尽管瘟疫发生的频度较高,但对人口发展的影响并非举足轻重,至少不会产生结构性的影响。

在中国历史上,历次的改朝换代无不兵戎相见,虽然战争的性质和规模不尽相同,但常有疫病伴发和流行,因此瘟疫与战争的关系就引起重视。瘟疫流行给国计民生带来损失,人民的生命财产深受其害,甚至影响战争的胜负。反之,战争也带来瘟疫的蔓延和流行。

李文波在《中国传染病史料》(北京:化学工业出版社,2004年,第26—31页)一书中认为,历史上记录与战争有关的疫病流行只有80起,占疫病流行总数的11%,反映了历史上的部分情况,瘟疫流行对战争影响有以下几种情况:疫病流行而导致战争失败或罢兵;疾疫流行兵员大减,影响战争进程;军队远征,异地传播疾病,难民流动,扩大疾病传播范围,使战乱灾难更加严重。

张剑光在《三千年疫情》(南昌:江西高校出版社,1998年,第53—56页)一书中指出,建安十三年(208年),曹操兵败赤壁,以致造成三分天下,三国鼎立之局面。曹军兵败赤壁的原因是众多的,但其中极为重要的一个因素是一场大疫极大程度地削弱了军队的战斗力。这次在赤壁之战时曹军中发生的疾疫,是中国当时流行的十分可怕、凶猛的传染病中的一次局限性流行,它直接导致了曹军战争的失利。

于赓哲在《疾病与唐蕃战争》(载《历史研究》2004年第5期)一文中认为,疾病影响到了唐与吐蕃之间的战争,唐蕃双方都受到了疾病的困扰,双方的拉锯格局很大程度上有意无意中服从了自然规律的安排。具体来说,唐军受到了高山(原)反应的制约,吐蕃军受到了天生惧怕炎热天气的体质特性困扰。高海拔保卫了吐蕃的腹地,使其从来没有遭到过唐军的实质性威胁。但这是一把双刃剑,对双方都会产生影响。吐蕃得益于高原海拔,却受困于高海拔地带居民特有的惧怕炎热的体质特征,使得自己的军事优势在遭逢内地炎热季节时往往荡然无存。高原使得唐蕃双方都有所得、所失,在很大程度上左右着双方斗争的局势。

总之,在历史上瘟疫可以影响战争的胜负,也可以延长战争的时间,使经济衰退,人口顿减。旧社会本来就灾难深重,瘟疫流行更是雪上加霜,家破人亡,甚至人相食,田地荒芜,使社会发展缓慢,甚至部分倒退。

曹树基在《鼠疫流行与华北社会的变迁:1580—1644年》(载《历史研究》1997年第1期)一文中认为,疫病的流行除了影响一场战争之外,还可能会导致王朝的更替。崇祯初年,旱情继续发展,民变不断,群雄并起,起义的农民持枪执矛,一次又一次在华北大地呼啸而过。战争中人口大量死亡,旱灾又使得华北大部分地区陷入饥馑,军队的征战不断将疫情沿途传播,形成明末鼠疫扩散的动力之一。华北社会在战争和鼠疫的共同侵袭下度过了明代末年的最后时期。在明清之际华北三省的死亡人口中,至少有500万以上的人口死于鼠疫。在万历及崇祯年间华北两次大的鼠疫流行中,三省死亡人口合计超过1000万。生态环境的异常变化是造成明王朝崩溃的主要原因之一。万历年间的华北鼠疫大流行使区域经济和社会的发展陷于停滞,崇祯鼠疫则在风起云涌的起义浪潮中加速了它的传播和扩散。明王朝是在灾荒、民变、鼠疫和清兵的联合作用下灭亡的。

黄勇在《汉末魏晋时期的瘟疫与道教》(载《求索》2004年第2期)一文中认为,中国古代疫病的出现,还影响了社会思想文化的发展。从汉末到魏晋,是道教兴起的重要时期。道教之所以会在中国历史上这个最混乱无序、黑暗苦难的时期酝酿成熟,除了分裂战乱这一因素外,还与当时疫病的盛行有关。当瘟疫日益严重的时期,民间道教运动就会活跃起来,而且表现得异常极端;当瘟疫之灾有所缓解的时候,道教运动就会变得相对温和起来。道教的出现很大程度上就是为了解决瘟疫之灾,它为战胜瘟疫之灾提供了技术系统和信仰主义两种解决之道。当然,需要注意的是,道教在汉末魏晋时期得以形成发展的原因非常复杂,瘟疫只是一个生态系统的原因,它对道教的形成也许只有隐性的潜在影响,但是这种影响绝不容忽视。

左鹏在《宋元时期的瘴病与文化变迁》(载《中国社会科学》2004年4期)一文中认为,瘴疾在某种意义上代表着一个文化符号,其分布状态的改变以及在南方各地的轻重差异,折射出的是岭南地区文化上的变迁。这样的变迁,同样透过人们对瘴疾本身的认识过程表现出来。瘴疾在病因病机上被纳入中医理论的范畴,瘴疾在辨证施治时被视作岭北的疟疾、伤寒。医家在瘴疾的防治方面改良风土的努力,揭示出岭南地区的土著文化逐渐为中原华夏文化所濡化的内涵。

刘雪芹和曹礼龙在《瘟疫与风俗关系之初探》(载《和田师范专科学校学报》2004年第2期)一文中认为,瘟疫与各种习俗之间存在着因果关系。节日习俗都是原来预防或庆祝战胜某种疫病的活动,对瘟疫一般有预防作用。人们生活中一些与瘟疫有关的禁忌与习俗,像用水与丧葬习俗都是促使瘟疫产生的重要因素。通过长期的与杀伤力巨大、给生命造成巨大威胁的疫疾斗争,人们有了朦胧的认识和初步经验尝试,它们也希望通过这种种活动与禁忌能把瘟鬼挡在门外,保佑一家大小的生命安全,体现了人们的一种畏惧而又无奈的心态反应。

3. 政府与民间的疫病应对

古代中国是一个多疫灾的国家,疫病的发生、流行都会给这一历史时期的社会发展带来很大影响,这种影响,轻则危害人民健康,重则导致国家政权颠覆,所以,公共卫生和疾病防控历来颇受各朝代重视。中央和各级地方政府乃至平民百姓,都在同自然灾害的斗争中发挥着重要的作用。

石涛在《我国古代政府的疫病控制措施》(载《山西大学学报(哲学社会科学版)》2004年第1期)一文中认为,长期以来,古代各级政府在与疫病做斗争的过程中,逐渐形成了一整套较为得力的疫病防治措施。由于疫病具有流行性、群发性、连发性、危害大、频率高等特点,因此,防疫救灾工作的统一协调措施必须依靠政府的力量才能得到切实有效的实施。

王文涛在《汉代的抗疫救灾措施与疫病的影响》(载《社会科学战线》2007年第6期)一文中指出,在两汉疾疫多发时期,两汉政府都采取了一些积极的抗疫救灾措施。如发放药物、医治疫病、强制隔离病人等;还减免田租、赋税,施放财物,开仓赈济,安置流民,节用抗灾。

赵曙在《唐代疾病防控和公共卫生若干问题探析》(载《贵阳中医学院学报》2011年第6期)一文中认为,唐代政府通过普及医学知识,设立传染病医院等手段防控疾病;统治者也通过颁行医方、派遣官员赈灾送药、战争之后下诏埋葬骸骨等手段防控疾病。同样,与传染病流行密切相关的公共卫生也同样受到重视,例如注重饮食及饮水卫生;设置城市排污系统;改善生活居住环境;大力提倡植树造林等。

韩毅在《宋代瘟疫的流行与防治》(北京:商务印书馆,2015年,第146页)一书中认为,宋代建立了以政府为主导、社会民众为辅助的疫病防治体系,将皇帝、中央政府、地方政府、医学家、宗教人士和社会民众等紧密地联系在一起,从而改变了宋以前主要依靠民间力量救治的局面,这是宋代出现的一个新变化。宋代政府将"疫灾"提升为"四大自然灾害"之首,从国家战略的角度积极加以应对。

孟君和张大庆在《大众医学史》(济南:山东科学技术出版社,2015年,第176页)一书中指出,宋代政府除了疫病发生时的具体救治措施外,国家还参与医书的收集、校勘、出版,开设国家药局,有文化、有社会地位的人士乐于研究医学,医生的社会地位得以提高。宋代开国之初,承唐制设太医及翰林医官。除京师外,地方各州郡也设有医官,并有相应的考试规则。宋代除设有医官院外,还曾以法律形式规定有关医生职业道德、医疗事故的处理条例,为了加强对药物的统一管理,北宋设立了官药局,这是世界医政史上的一个创举。药局是官方经营的药业机构,以收购民间药材、制作并出售经炮制的药材或成药为职责,也参与政府组织的赈济医药的活动。

梁其姿在《面对疾病——传统中国社会的医疗观念与组织》(北京:中国人民大学出版社,2012年,第127—135页)一书中认为,到了元代,政府对医疗政策也相当重视。与宋代相比,元代政府的医疗政策有其创新之处。元统一中国后,在医学制度上虽有沿宋之处,但也有创新的政策,足以显示其对医疗重视之程度。元代中央对医学训练学生之方式一如宋代之严格,在地方要找通医书之良医做医师,同时要求医学教授挑选医户或药家子弟中之优秀者强加训练。进入明清时期,政府不再如前代积极推动地方医生的训练,亦不甚重视地方医药的资源分配。国家政策开始逐渐转向消极,只有惠民药局的政策仍予以继承,而且,明中期以后,也普遍没落,渐由原本的经常性药政机构演变成在灾难时才开启的公共卫生机构。

余新忠在《清代江南的瘟疫与社会——一项医疗社会史的研究(修订版)》(北京:北京师范大学出版社,2014年,第219—220页)一书中认为,进入清代后,这一趋势也未随着新王朝的朝纲重整而得到扭转。清朝的统治者连在各地设立惠民药局的指令都没下达,所以,江南地区大多数明初建成的惠民药局到清代多已废弛,仅少数仍在瘟疫之年作为临时施药之所偶尔发挥作用。

王秀莲在《古今瘟疫与中医防治——千余年华北疫情与中医防治研究》(北京:中国中医药出版社,2010年,第109—114页)一书中认为,中国古代政府在与疫病做斗争的过程中,逐渐形成了一套疫病防控措施,如遣使颁药、掩埋尸体、赈济灾民、隔离检疫等,为控制和减轻疫情起到了一定的积极作用。其措施主要包含六大方面:设置医局,遣使颁药;普及医学,祈祷安民;免除赋税,赈灾救济;政府殓葬,掩埋尸体;隔离病患,切断传播;实行检疫,预防疫病。

中国古代政府为了防控疫情采取的措施,对控制疫病的传播和流行起到了一定作用,但民间社会力量在古代疫病的防治中,同样发挥了不可或缺的作用。

石涛在《我国古代政府的疫病控制措施》(载《山西大学学报(哲学社会科学版)》2004年第1期)一文中认为,我们的祖先很早就已经开始探索导致疫病流行的原因。西周时期,他们就注意到了自然环境和疫病之间的关系。经过历代医家对传染病病原和传播途径的不断探索,到了晚近时期,中国医学对传染病的认识已经形成了一个相对完善的辩证体系。在每一个历史时期,都涌现出许多研究疫病的名家,他们著书立说,把自己的理论向医学界、民间乃至整个社会进行推广和普及,使中国医学对传染病的治疗进入了比较成熟的阶段。

韩毅在《宋代瘟疫的流行与防治》(北京:商务印书馆,2015年,第523—524页)一书中认为,医学家是宋代瘟疫防治的重要社会力量之一。他们一方面受中央政府和地方政府派遣,赴灾区诊治病人,发放药物,公布医方,传播官方医学知识;另一方面又积累经验,亲撰医书,简化官府医方,精选各家名方,使其在择方、配方、性状、论述诸方面,易于为民众接受。其对中药处方的搜集、选择、应用和总结的过程,使许多流传广泛且行之有效的处方被保存了下来。宋代之所以在瘟疫防治方面取得重大的成就,与医学家的广泛参与是分不开的。在防治疫病的过程中,出现了大量阐发疫病病因、病理和病机的著作,中医基础理论和方剂理论也得以提升和发展。

余新忠在《清代江南疫病救疗事业探析》(载《历史研究》2001年第6期)一文中指出,清代国家很少在制度上对疫病救疗提供法律的依据和实际的指导,以乡贤为主导的地方绅富集团和民间社会慈善机构为主的社会力量在促动和支持官府实行救疗的同时,自身也会开展一些救疗活动。他们请医生尽心诊治,施医送药,还会利用自身影响力建议官府救治,积极刊刻散送医方,甚至还会举行集体的祈神驱疫的活动。社会力量在地方社会事务中作用的增强虽可能分割官府的部分权力,甚至在一些具体问题上与地方官府乃至朝廷产生矛盾,但这绝不是体制性的,也不会从根本上影响国家的利益,因为作为社会力量的领导者——乡贤一般都深受传统儒家伦理道德的影响,他们在追求自己私利的同时,也会多少顾及地方社会和国家的利益。事实上,地方社会的稳定和安宁从根本上讲,无疑是符合国家利益的,同时也一定程度上弥补了国家在民生政策方面缺乏制度性规定的缺陷。

古代医院在应对疫情的过程中也发挥了重大的作用。徐建云在《我国古代的医疗卫生机构之考察》(载《南京中医药大学学报》1999年第3期)一文中认为,中国医药发展史上最早的医院雏形,一直可以追溯到周代。到了春秋时期,管仲在齐国首都临淄建立了"养病院",专门收容聋、盲、跛、蹩等残疾人到此集中疗养。汉代已出现了传染病的隔离治疗所,在其所采取的措施上显得更有效,更尽责。历经魏晋南北朝迄至隋朝,历代不乏包括麻风病在内的有关传染病的隔离、治疗所,也有些是疗养院。尽管其名称有所不同,然而它们的实际作用却是一致的。唐末,中国还出现了专门为病僧疗疾的"延寿寮"。与病坊并存的医疗机构医院也在宋代产生了,它既是病坊、医坊长期发展到一定阶段的产物,又是医疗机构衍化转变过程中的代表。明清之际,中国公立和私营的医院就更为普遍了,州、府、县几级行政区都有医院,它为民众的保健也发挥了一定的积极作用。而现代意义和模式上的医院,无疑是西方医学传入中国之后才逐渐兴建的。

(二) 古代西方的疫病与影响

1. 古希腊罗马的疫病与影响

人类自群居以来,就开始了同疾病这一"文明"伴生物的斗争。古希腊罗马文明被誉为西方文明的源泉,在古希腊罗马的历史上,都不乏疫病的侵扰。

公元前431—前404年,希腊世界最为强大的两个城邦——雅典与斯巴达——发生了战争。战争开始的第二年,一场大瘟疫侵袭了雅典。病症来势凶猛,病人发热,极度口渴,舌头和喉咙充血,身体皮肤的颜色红中泛灰,最后长出脓疱溃烂。各阶层的人都会得这种病,医生们无能为力,他们自己也因此而死。大多数人认为这是一种非常凶险的猩红热,可能因为这种传染病第一次在地中海流域出现,所以极为致命。

王旭东和孟庆龙在《世界瘟疫史》(北京:中国社会科学出版社,2005年,第11—14页)一书中认为,尽管至今尚未找到公元前430年及其前若干年内北非一带曾发生瘟疫流行的佐证,人们对修昔底德提供的瘟疫来自北非这样一种传闻还是认可的,因为修昔底德所著《伯罗奔尼撒战争史》作为一部信史,已经在1877年被考古学家所证实。其次,公元前525—前404年,古埃及正被波斯统治,如此波斯帝国统治范围内的人员往来密切,这样便为疾病自北非向外扩散提供了途径。再者,希波战争后雅典帝国的建立,使原本就已发达的海上贸易日益繁荣昌盛,令雅典本土同殖民点的交往更为频繁,从而成就了瘟疫能够首先在雅典著名海港比雷埃夫斯登陆这一事实。至于这场疫病的结束,修昔底德用"突然"一词来形容。从现代医学及流行病学角度分析,雅典瘟疫之所以停止蔓延并最终消退,完全在于死亡直接导致城区相对空间内人口密度的降低;战争形势深入发展令雅典一方出兵远征频度增多,客观上向外疏散了城区人口;火化病尸,直接减少了病体传染源对活着的人群继续传染的几率;染病痊愈者自身产生了抗体,形成免疫群体切断了瘟疫传染链等等综合因素相互作用的结果。

英国学者卡特赖特、比迪斯在《疾病改变历史》(陈仲丹、周晓政译,济南:山东画报出版社,2004年,第6—8页)一书中认为,瘟疫给了雅典同盟以物质和精神上的双重打击。瘟疫肆虐的时间很短,但死亡人数很多。可能至少有1/3到2/3的雅典人死亡,包括雅典著名的将军伯利克里。雅典不仅损失了大量的军队和优秀的统帅,而且导致自身统治集团内部争权夺利,无法做出明智的战略决策。更可怕的是,灾难导致了人们的精神崩溃,使城市居民士气消沉,尤其是破坏了海军的战斗力,这就使雅典不能对斯巴达进行强有力的打击。战争在拖延了27年后,到公元前404年以雅典战败告终。

刘榕榕在《试析伯罗奔尼撒战争中的瘟疫问题》(载《廊坊师范学院学报(社会科学版)》2010第6期)一文中认为,瘟疫一方面给雅典造成巨大的人员损失和混乱无序的社会秩序及信仰和道德的沦丧;另一方面则暴露出雅典民主政治的弊端,错误的战略决策,造成雅典同盟的分崩离析、经济来源的切断和远征海军基地的丧失。雅典瘟疫全方位地影响着雅典历史的进程。这次瘟疫的发生直接导致了雅典民主政治的衰落,雅典流行的瘟疫对雅典帝国的垮台有影响,而战争本身也极大地削弱了希腊城邦的力量,使得进入公元前4世纪之后的希腊诸邦面对北方马其顿王国的入侵时,毫无还手之力,对其后东地中海地区的历史发展产生了不可小觑的影响。

在世界古代史上,无论就其范围还是影响的久远,最惊人的事件之一是罗马帝国的覆灭。对帝国覆灭的原因,历史学家过去争论了许多年。主要出现了人口下降论、种族混杂论、土壤枯竭论、基督教影响论等,近些年来又出现了气候变化论、铅中毒论、军权嬗变论、环境恶化论等。尽管这些观点各有侧重,甚至存有分歧,但国内外学界目前一致认为罗马帝国衰亡的原因不是单方面的,而是各方面因素共同促成的综合性结果。在众多罗马帝国衰亡的原因中,瘟疫也是导致其衰亡的重要因素之一。

英国学者罗伊·波特在《剑桥插图医学史》(张大庆等译,济南:山东画报出版社,2007年,第13页)一书中认为,罗马的征服把马其顿和希腊、塞琉古王朝的亚洲部分以及埃及纳入自己的版图,使已知世界的大部分和大多数的致命病原体紧密地联系在一起。自2世纪起,疾病开始侵袭整个帝国和罗马本土,给罗马及其周围地区带来了灾难。总之,在公元200年后,流行病的流行和蛮族入侵,最终打倒了罗马帝国。

王延庆在《瘟疫与西罗马帝国的衰亡》(载《齐鲁学刊》2005年第6期)一文中认为,罗马历史上有三次大瘟疫——塔西佗《编年史》记载的公元65年大瘟疫、公元167年的"安东尼瘟疫"(又称"盖伦医生疫病")和公元250年的西普里安瘟疫。当然,除了这三次大的瘟疫外,还有诸多其他瘟疫发生。这些周期性爆发的瘟疫对罗马帝国的影响是全方位的,无论是对其人口、经济、军事、政治,还是对宗教等诸多方面都产生了不可低估的影响。

第一,瘟疫导致罗马帝国人口大量减少和人的体质下降。瘟疫最为直接的后果就是造成人口的大量死亡。西罗马帝国的人口大概从帝国早期的7 000万减少到帝国后期的5 000万,瘟疫显然是造成人口减少的重要原因之一。另一方面,瘟疫大大影响了罗马人的体质,致使人口出生率降低,使人口难以在短时间内得到恢复,而人口的大量减少又会成为其他一系列社会问题出现的诱因。

第二,瘟疫导致了罗马经济的衰退。频繁爆发的瘟疫导致了整个帝国不断出现饥荒和通货膨胀,造成了罗马经济生活的极度混乱,甚至到了崩溃的边缘。罗马帝国时期,在生产技术和资源方面并没有根本性的进步和提高,所以人口的下降就意味着粮食和商品生产的减少。同时,由于瘟疫肆虐带来的人口和耕畜的大量死亡,使整个帝国的土地出现了大面积的抛荒,农村在粮食收获的季节无人收割,从而出现了可怕的大规模饥荒。

第三,瘟疫严重削弱了罗马的军事实力。频繁发生的瘟疫造成的人口大量减少直接导致其兵源供给不足,这就迫使罗马帝国政府不得不大量使用蛮族人(主要是日耳曼人)雇佣兵,造成了军队的"蛮族化"。并进一步影响了罗马战略的重大变化。其表现主要有两个方面:一是帝国不再向东扩张,二是对由日耳曼人马考曼尼发动的侵略的征讨推迟了4年,这是罗马帝国军队第一次没有立即发动战役驱逐蛮族的侵犯,而是允许他们居住在帝国的边境。此后,罗马帝国由战略进攻完全进入了战略防御。

第四,瘟疫还造成了罗马帝国政局的动荡和混乱。首先,瘟疫造成的局面混乱,为野心家的争权夺利创造了机会。蛮族人所占比例上升导致在对外战争中军队组织纪律涣散、将帅不和等许多问题的产生,也为3世纪后期蛮族将领拥兵自重、觊觎皇权埋下了祸根。安东尼王朝以后,由于军队的混乱,统治集团内部篡权夺位以及随之而来的内战,使整个帝国几乎处于瘫痪和瓦解状态。

第五,瘟疫导致道德信仰陷入全面危机,助催了基督教的兴起和壮大,也进而改变了罗马帝国乃至以后西方的医学史。瘟疫周期性的肆虐使罗马的医生们束手无策,导致几乎所有人都开始反对希腊医学的科学和合理的发展,迷信活动逐渐抬头。面对瘟疫带来的突如其来的巨大灾难,罗马人哀苦无告,只得转而祈灵于宗教。对那些极度恐慌的受害者来说,基督教给予了他们在任何其他宗教信条中都找不到的希望。

当然,需要注意的是,把瘟疫作为帝国衰亡的唯一或者主要原因是过于简单化,但毋庸置疑的是,瘟疫确是西罗马帝国走向灭亡的重要原因之一,并在一定程度上改变了欧洲乃至人类的历史。

西罗马帝国灭亡后,以君士坦丁堡为中心的东罗马帝国在查士丁尼统治时期,突然暴发了一场更大的瘟疫。陈志强在《地中海世界首次鼠疫研究》(载《历史研究》2008年第1期)一文中认为,这次瘟疫所造成的灾难远远超过了雅典大瘟疫和罗马帝国大瘟疫,其死亡的人数之多只有14世纪席卷欧洲的黑死病可与之相比。瘟疫源自埃及,于541年最早出现疫情,同年就传播到罗马,第二年即542年春季在首都君士坦丁堡爆发,随之维罗纳、马赛等城市也感染瘟疫,543年意大利全境和叙利亚等地成为疫区,此后,鼠疫随军队传播到波斯。这次鼠疫先是在沿海城市和军营,后是沿海上航路、军事大道和商路四处流传。整个地中海沿岸都成为疫区,其中君士坦丁堡、安条克、罗马和马赛是重灾区,在百年内四度流行鼠疫,而西班牙东南部、高卢和北非地区三度暴发鼠疫,甚至英格兰西部和爱尔兰东部沿海地区也两度感染鼠疫。

崔艳红在《查士丁尼大瘟疫述论》(载《史学集刊》2003年第3期)一文中认为,这场瘟疫成为查士丁尼统治晚期社会急剧衰落的主要原因之一,其影响主要表现在以下几点:第一,542年大瘟疫造成了拜占庭帝国乃至整个地中海世界人口的大量减少。第二,大瘟疫的横行导致整个帝国出现饥荒和通货膨胀。第三,由于瘟疫、饥荒和通货膨胀导致了国家财政紧张和社会动荡不安。第四,大瘟疫对拜占庭军队的影响也很大。大瘟疫流行期间正值拜占庭帝国对波斯人作战,军队中因为瘟疫流行,大量的士兵病倒、死亡,作战连连失利,兵员短缺,继而加快了拜占庭军队的蛮族化步伐。第五,大瘟疫的流行加重了大土地所有者负担,激化了统治阶级的内部矛盾。

陈志强还在《"查士丁尼瘟疫"影响初探》(载《世界历史》2008年第2期)一文中认为,从精神生活方面看,大规模瘟疫往往产生深刻的社会影响,特别是在人类防治疾病能力相对低下的古代社会,人们的精神生活因此发生巨大变化。一方面,瘟疫的高死亡率引发强烈的社会恐惧情绪,另一方面,由此导致普遍的绝望心理,特别是广泛出现的社会恐惧会改变人们正常的生活规律,导致人们对现存政治和国家看法的改变,进而导致社会价值观念和伦理道德标准的改变,使人们或者更加笃信"上帝",或者采取短视的生活态度。民众对瘟疫产生的强烈的恐惧心理严重地扰乱了已有的观念。社会习俗的改变也很明显,反映出人们在死亡威胁下宗教观念和生活观念的变化。当时人所理解的价值观念,包括是非、善恶、生死等被无法理解的死亡恐惧所改变,通常流行的伦理道德也受到冲击,普通民众在混乱中悄然改变了生活习俗。一些歹徒似乎改邪归正,而另一些则乘机作恶,一些人突然从善如流,另一些人则变本加厉地为非作歹,社会生活一度陷入混乱,大大超出了基督教戒律的限制。总体而言,"查士丁尼瘟疫"强化了拜占庭人对基督教的信仰,强化了正统基督教派在帝国的主流意识形态地位。

2. 西欧中世纪的黑死病及其影响

现代历史学家称14世纪中叶那场肆虐于亚洲部分地区、中东、北非和欧洲的鼠疫为"黑死病"。当时人们对它还有其他许多称呼,包括"大瘟疫""可怕的死神"和"世界大瘟疫"。

美国学者肯尼思·基普尔在《剑桥世界人类疾病史》(张大庆译,上海:上海科技教育出版社,2007年,第537页)一书中认为,这是已知的人类瘟疫第二轮传播中的第一次大流行,也是最具破坏性的一次。随后瘟疫一波接一波反复发生,有时十分严重,直到18世纪。在这场黑死病流行的后期,也曾发生过几次较轻的"瘟疫",包括流感、天花和痢疾。然而,依据当时对其症状的描述,几乎所有的历史学家都认为,黑死病应当是一次大规模的鼠疫流行,一种由鼠疫耶尔森菌引起的大规模啮齿动物流行病,经跳蚤传播给了人类。在绝大多数情况下,黑死病表现为淋巴结鼠疫,但在不同的时间和地点,它也会以肺鼠疫和败血症的形式出现。

卡特赖特和比迪斯在《疾病改变历史》(陈仲丹、周晓政译,济南:山东画报出版社,2004年,第27页)一书认为,关于这场可怕的黑死病确切起源于何处,至今没有定论。一种观点认为黑死病源于蒙古。一个被传染了的蒙古人部落把病菌带到克里米亚地峡。还有一种说法认为,这是蒙古人把得病者的尸体扔进墙内故意传播的。双方都死了不少人,蒙古人不得不撤围。这个部落四处星散,把瘟疫传到里海沿岸,再从那里向北传到俄罗斯,向东传到印度和中国。

美国学者约瑟夫·伯恩在《黑死病》(王晨译,上海:上海社会科学院出版社,2013年,第7页)一书中指出,黑死病的源头是中国,俄罗斯人则宣称是"印度",而大多人只是笼统地说"东方"。现代历史学家大多同意威廉·麦克尼尔的说法,他认为腺鼠疫的病源地很可能在云南和缅甸一带或者满洲里和蒙古地区,在元朝时这两个地区都隶属中国。

张绪山在《14世纪欧洲的黑死病及其对社会的影响》(载《东北师范大学学报(哲学社会科学版)》1992年第2期)一文中认为,黑死病发源于印度的观点,与理相悖。新航路开辟之前,印度同西方的往来主要有两条路线:一是经波斯湾、两河流域、地中海东岸和叙利亚,然后经地中海抵达欧洲;二是经阿拉伯海进红海,然后经陆路至埃及的亚历山大港,由此经地中海达欧洲。如果说瘟疫先由印度发生,那么首先遭传染的应是西亚和北非广大地区,而不是南欧各国。实际情况是,北非广大地区的瘟疫是由西西里经突尼斯传入的。同样,黑死病发源于中国的旧结论也为新的研究成果所匡正。在黑死病肆虐欧洲时,中国并没有出现大的瘟疫,因而谈不上向西传播的问题。认为黑死病产生于中国,乃是14世纪人们的错误观念。

综合各家推论,李化成在《瘟疫来自中国？——14世纪黑死病发源地问题研究述论》（载《中国历史地理论丛》2007年第3期）一文中倾向认为,黑死病起源于亚洲内陆、里海、黑海、中国和蒙古、南部俄罗斯等观点都有欠缺,而这些观点所指向的地区大致都是指以河中地区为中心的亚洲中部地区,几乎囊括察哈台帝国的全部,以及金帐汗国的东南部、伊尔汗帝国的东北部和元帝国的北部,具体疆域与1227年的成吉思汗帝国大致相合,所以用中亚地区作为黑死病的起源地更加适合。再者,从环境因素分析,中亚大部分地区都远离海洋,这导致了降雨量的稀少,从而使得其气候异常干燥,展现给人们的总体地貌也是浩渺无垠的沙漠和草原,而这也恰恰成为鼠疫病菌安身立命的温床。人类活动涉及了鼠疫自然疫源地。蒙古铁骑在13、14世纪驰骋于亚欧大陆,为疾病的发生和传播创造了人为条件。

黑死病虽然没有摧毁中世纪的西方社会,但毫无疑问这场疫病的影响是十分深远的。张绪山在《14世纪欧洲的黑死病及其对社会的影响》（载《东北师范大学学报（哲学社会科学版）》1992年第2期）一文中认为,黑死病对欧洲社会最直接的影响是造成人口的大量死亡。中古城市人口集中,接触相对密切和频繁,卫生设备落后,卫生知识缺乏,遭受的危害最为惨烈。现代人口学家对染病的广大地区的全面估计,欧洲人口8 000万中死亡2 400万—2 500万,即近总人口的三分之一。人口的大量死亡造成欧洲社会政治秩序的极大混乱。在黑死病以前的二三百年时间里,欧洲各国政府都在艰难而缓慢地发展着管理机构,训练着所需要的各级官员,突然间数以万计的训练有素的官员被瘟疫消灭了,政府机构所受到的冲击是可以想见的。一方面,为了使各级政府机构重新发挥它的神经指挥功能,不得不补充大量官员。大批不学无术、愚蠢无能的虚伪奸猾之徒涌填到各级官衙。这些人以其自私之动机趁瘟疫造成的混乱中饱私囊,极力搜刮民众膏血。另一方面,幸存的普通民众也在绝望中转向了狂饮暴食和恣意纵欲。毁坏劳动成果,谋财害命、欺骗、通奸、盗窃,已成通常之事。在某些地方,无家可归的人和因饥饿而入绿林的土匪游荡纠合,大事劫掠。庞大的国家机器在低效率中运转,社会政治秩序陷入动荡和混乱中。

常白在《非典型历史：人类与瘟疫抗争的故事》（北京：经济管理出版社,2004年,第29页）一书中认为,黑死病使欧洲经济生活受到重创。最大的问题是,心灵手巧的工匠在瘟疫期间大批死亡,许多工艺因此失传。因此,手艺人变得弥足珍贵,比富人的身价还高。社会结构从而有所改变,一些原本地位低下的劳动者对社会事务有了更多的发言权。农民和手工业者要求获得更高的工资。农奴只要清偿了债务就能重获自由。穷人被死亡震动了,他们开始想要享受生活。无人照料的庄稼枯萎了,家畜饿死在畜栏里,一些驯化了的动物重归山林,农庄变得稀少。

约瑟夫·伯恩在《黑死病》（王晨译,上海：上海社会科学院出版社,2013年,第65页）一书中认为,黑死病既杀死了需求者,也杀死了供给者,但总的来说短期内对某地的物资供给（包括货币）没有影响。不过长期来看,它对供需、价格、劳动力工资,甚至货币数量和能获得的物资都有影响。瘟疫杀死了需要和购买某些商品和服务的人,导致对它们的需求和短期价格的下降。不过,对棺木、蜡烛、药品、裹尸布、医生、理发师外科大夫、公证人、掘墓人和神父等商品和服务的需求上升。它们的价格或报酬因商品的稀缺或从业者大量死亡而提高。

李荷在《灾难中的转变:黑死病对欧洲文化的影响》(载《中国人民大学学报》2004年第1期)一文中从文化史的角度指出,方言文学的兴起,拉丁语作为活语言的衰微,与黑死病也有相当的关系。黑死病使欧洲学术界失去了许多学者。就大学而言,剑桥大学的40位教授中死了16位,牛津大学的学生人数从3万人降低到6千人。在欧洲大陆,30所大学中关闭了5所。许多大学被迫放弃教拉丁语,主要是因为懂拉丁语的教师数量大为减少,来不及培训新人来顶替他们的位置。由于许多有学识的人死去,学生在拉丁语方面得不到教育或教育不够,不仅给大学造成种种困难,也使拉丁语的使用大打折扣。同时,为数不多的拉丁语教师全部受聘于为数不多的大学,给那些尚未上大学的学生在拉丁语教育方面留下了巨大的缺口。大批懂拉丁语的教士在瘟疫中死去,很难找到什么人能够,也愿意教孩子们语法。为了填补教士的空缺,教会任命了大批的教士,但这些人几乎是文盲,即使能读一点,也不懂其中的意思。那些幸存下来的教士变得极度贪婪,只顾收取高额的费用。这种情况虽然导致了拉丁语教育的衰落,却为整个教育体制的变化创造了有利的条件。它促使教育变得更实用,更世俗化,向方言转化更快。这些变化既包括欧洲普遍从拉丁语转向方言,也包括英国从官方语言法语向英语的转化。民族主义和爱国主义成为主要力量,基督教大一统的局势一去不复返。

赵立行在《1348年黑死病与理性意识的觉醒》(载《江西师范大学学报(哲学社会科学版)》2007年第1期)一文中认为,瘟疫动摇了基督教的正统神学,使其失去了在思想上的垄断地位。它不仅使教会失去了在思想方面的专制地位,也使其政治地位逐步衰落。黑死病之前支撑思想和文化秩序的主要机构是教会和大学,但这两个机构都遭到了很大的打击。就教会而言,黑死病对他的直接冲击便是大批的教士死亡,所剩的教士已经远远不能满足精神生活的需要,许多教会职位空缺,许多教堂处于空无一人的状态。在这种文化的真空中,新的观念和新的原则开始渗透。其中最突出的便是享乐主义,伴随着这种享乐主义的是强烈的个人主义出现。欧洲经历了黑死病的冲击,旧的传统思维和思想秩序失去了其原有的优势,为更加现实的思考留出了空间,在这样的空间里成长出了理性主义、享乐主义、个人主义甚至科学的萌芽,从中能够真切地看到文艺复兴的影子。尽管文艺复兴的促成不可能是黑死病爆发的结果,但是后者至少在一定程度上为前者提供了某种思想的准备和基础。

3. 古代世界的其他疫病与影响

天花是天花病毒引起的烈性传染病,以其急速而猛烈的传染性和死亡率高而危害人类。主要表现为严重的全身中毒症状和循序成批出现的斑疹、丘疹、疱疹、脓疱等皮疹,最后常遗留瘢痕,由于面部皮脂腺较多,损害较重,瘢痕明显,故病人多有麻脸。患过天花如存活者可获终生免疫。

梁峻、孟庆云、张志斌在《古今中外大疫启示录》(北京:人民出版社,2003年,第14—15页)一书中认为,可能在一两万年前,地球上就有天花病毒。这个病毒来到人间以后,古代世界大约60%的人会受到它的威胁,1/4的感染者会死亡,幸存者中的一半以上会留下麻面或失明。天花是古代最令人恐怖的传染病。据传,天花病毒感染给人类,可能是在三千年前的印度或埃及。从古埃及法老拉米西斯五世等人的木乃伊上,可以发现天花留下的疤痕。4

世纪后,它开始向外传播。6世纪,阿拉伯地区发生了第一次天花流行。15世纪,欧洲开始流行天花,在中世纪的欧洲几乎每5个人就有一个带有天花留下的瘢痕。法国国王路易十五、英国女王玛丽二世、德皇约瑟一世、俄皇彼得二世等,都是感染天花而死的。整个18世纪,欧洲死于天花的人数达亿以上。16世纪初西班牙殖民者把包括天花病毒在内的众多传染病带到了美洲。1520年,一个感染了天花的奴隶从古巴来到墨西哥,这成了美洲大陆原居民噩梦的开始。

谢尔登·沃茨在《世界历史上的疾病与医学》(张炜译,北京:商务印书馆,2015年,第25、59—60页)一书中认为,在古代埃及,与水有关的疾病——寄生虫病,也是使人身体虚弱和死亡的原因。当一个人进入尼罗河或专门修建的运河和用以灌溉储水的堤围泽地(所知的小块土地灌溉系统)时,寄生虫就会侵入皮肤。一旦感染上血吸虫病,患病者的尿中就会带血。幼虫会像蠕虫一样生长,最后停留在肝脏(人生命所需的过滤器官),也可在肾脏和其他内脏器官中找到。

古代时期的印度,同样充满着疫病的威胁。沃茨指出,在哈拉巴帝国时期(霍乱还不定期长久地存在于从阿拉伯湾倒灌入印度河的咸水中),人类行为模式可能助长了另一种致命疾病的肆虐:黑死病。这种疾病已经与肺鼠疫(具有99%的致死率)混合在一起。哈拉巴时期的印度河流域可能是地球上一些主要致命传染性疾病("人群疾病")第一次发生物种跳跃(例如从牛和鸡传到人),然后通过自然选择进化成人类杀手的地方。有些疾病或许可能在精英城市文化消亡之后依然存在。如果数千名普通居民继续生活在离旧城市地点不太远的市镇和农场的话,这是有可能发生的,因而使得印度河流域(作为疫区)从未完全缺乏这些传染性疾病的人类宿主。

威廉·麦克尼尔在《瘟疫与人》(余新忠、毕会成译,北京:中国环境科学出版社,2010年,第57、65页)一书中认为,古印度的文献对这个大陆上的古代瘟疫干脆不曾提及。流传至今的医学著作都有悠久的历史,但在口耳相传中受到太多的修正和篡改,因此有时被用来证明水痘一类疾病在印度自古有之的段落,其实证明不了什么。依据推理,很容易相信印度为文明社会传染病的蔓延提供了特别适宜的环境。像印度这样湿热的气候条件,显然非常有利于微小的病原体(适应于在体温下繁殖)在宿主间的不间断地转移。因此,在印度,牲畜和其他兽类的传染病,无疑比在较冷的气候下更容易转移到人类宿主身上。在水痘这类疾病初次完成向人类转移的那些世纪里,除了印度,其他湿热地区并没有足够多的人类定居点与这些兽群比邻而居,故认为水痘产自印度的传统说法,其实有相当合理的事实依据。正如我们将看到的,黑死病和霍乱作为人类疾病,可能也是从印度开始的。不过人类普遍倾向于把一种新出现的、险恶的疾病的源头归结于外国人,因此若要根据有说服力的(本土)历史文献,任何特定的传染病的源头都不可能追溯到印度,当然也不可能追溯到其他任何地方。

威廉·麦克尼尔同时也指出,传染病的沉重负荷,必定在相当程度上消耗了个人的精力与体力,也削弱了农民为国王、地主、军队和官僚生产剩余食物的能力。远远看去的印度似乎富裕无比,但若考虑到在大部分的时间和地点,在农民的平均生产力与最低的生活需求之间,只存在相当小的余额,这个次大陆作为整体似乎总是贫困的。这可能是印度诸帝国何以脆弱不堪或昙花一现的重要原因。在政治与军事上的软弱使来自西北(此处的山隘最易突破)的前后相继的外族人较易由此侵入和征服印度。事实上,印度的疫病在应付这些入侵者时,是比有组织的人力更可靠的抵抗力量,因为来自喜马拉雅山以外的军队在初次接触印度北部平原的微寄生体时,通常会遭遇大规模的死亡。从雅利安人入侵的公元前15—前12世纪,到18世纪,次大陆的军事和政治史在很大程度上决定于入侵者的军事力量与疾病对他们的瓦解力量之间的对比。

罗伊·波特在《剑桥插图医学史》(张大庆等译,济南:山东画报出版社,2007年,第13—14页)一书中指出,古代的日本同样经历着疫病的侵扰。552年之前,日本人似乎已经避免了长期蹂躏大陆人口的流行病。然而,522年来自朝鲜的佛教传教使团访问了日本宫廷,此后不久,许多日本人可能死于天花。在585年,新的无免疫力的一代人在日本成长起来后,另一场似乎肯定是天花或麻疹的疾病又暴发了,这一次又死了许多人。接下来的一个世纪似乎是在没有显著疾病暴发的情况下过去的。然而,随着日本的"瘟疫时代"(700—1050年)的开始,这一平静突然终止于7世纪。在8世纪期间,这个国家34次被流行病所惊扰;在9世纪,共遭受35次侵袭;在10世纪是26次;11世纪是24次,其中16次发生于这一世纪的中叶。在已知的流行疾病中,最可能发生的是天花和麻疹,尽管流感、流行性腮腺炎以及痢疾也有很大的可能性。在1050—1260年,所有的流行病都在接连不断地打击着日本,但其强度并不都是相同的,人口在停滞了几个世纪之后,终于开始增长。到大约1250年,关于这种恢复性增长的主要原因事实上也许已经找到,即天花和麻疹已经被认为是儿童性疾病。

二、中国古代的医药学成就

(一) 周、秦、两汉时期的医药学成就

西周至东汉末一千二百余年,中国医学理论体系逐渐形成,用药经验日益丰富,出现两大名著,一属基础理论性巨作《黄帝内经》,二为药物专书《神农本草经》。且在此基础上,又产生了临床医学经典《伤寒杂病论》。

1.《黄帝内经》

《黄帝内经》,简称《内经》。李经纬在《中医史》(海口:海南出版社,2015年,第52—53页)一书中认为,在很一段时间内,它都被认为是中国现存最早、也是至今一直地位最高的中医经典理论巨著,是我们的先人对世界医学做出的伟大贡献。但1973年在马王堆三号汉墓出土一批医书后,这个结论就慢慢站不住脚了,因为据学者研究,《五十二病方》《足臂十一脉灸经》等,显然都比《内经》早。现在,我们只能说《内经》是中国现存最早的理论比较完整的医学著作。之前有观点认为《内经》成书于黄帝时代,但所以用黄帝冠书名,是后世出于对黄帝论医学的崇敬心理和借以提高该论著权威性的举措。当时还有许多不见文献记载的医学著作,如马王堆出土的14种医书等。而《内经》中所引用的已佚古医书也多达20余种,如《上经》《下经》《从容》《五色》《黄帝扁鹊之脉书》《揆度》《奇恒》等。这表明,《内经》是在为数众多的更古老的医学文献基础上成书的。作为一部总结性医学理论著作,不可能出自一时一人之手。一般认为,这部书大约在战国至秦汉时期由许多医家搜集、整理、综合而成,其中

甚至包括东汉乃至隋唐时期某些医家的修订和补充。

谢尔登·沃茨在《世界历史上的疾病与医学》(张炜译,北京:商务印书馆,2015年,第80页)一书中同样认为,《黄帝内经》是由不同作者写于不同时期的文章合集。1975年在墓葬中发现的《黄帝内经》的可贵之处在于,它没有在宋朝时期被弄混,因为当时心血来潮的官僚编辑了大量《黄帝内经》,这些都早已经被现代学者知晓。

陈邦贤在《中国古代医学上的成就》(载《历史教学》1962年第7期)一文中认为,《内经》是根据古代阴阳五行的学说,解释人的生理和病理的变化,疾病诊断和治疗以及四时养和预防疾病等等。它的最大贡献是在医疗实践的基础上,用朴素唯物论的哲学思想,武装了古代的医疗保健原则,从而给中国医学奠定了较完整的医学理论体系的基础。历史上一些著名医家的重要学术观点和学术思想创新多是在此基础上产生的。如东汉张仲景撰写的《伤寒杂病论》,晋代皇甫谧编写的《针灸甲乙经》等。

王振国和张大庆在《中外医学史》(北京:中国中医药出版社,2013年,第32—37页)一书中指出,《内经》作为中国古代医学文献中最重要的典籍之一,全面总结了秦汉以前的医学成就。书中充分反映出中医学整体观念和辨证论治两大特点,对人体的生理、病理,以及诊断、治疗、预防、养生等内容,有着比较全面的论述。《内经》的成书,标志着中国医学从经验积累的阶段上升到理论总结的阶段,为中医学的发展奠定了重要的理论基础。不仅如此,《内经》对世界医学的发展亦有不可忽略的影响。历史上,朝鲜、日本等国都曾把《内经》作为医学教科书,其主要内容曾被译成日、英、德、法等国文字。他们还指出,《黄帝内经》最古老的文章展现的第一个革命性突破是,个人的健康或疾病状况不是由恶魔或祖先决定的。它是由自然界的事件引发的,通过人的"理性",人类是可以对其进行研究和理解的。

2.《神农本草经》

《神农本草经》简称《本经》或《本草经》,是中国现存最早的药物学专著。"本草"一词,最早见于《汉书·平帝纪》,因此考据家认为《神农本草经》是东汉末年的作品。书名冠之以"神农",既与汉代一度盛行的尊古托古之风有关,也与古时神农"尝百草"而发现药物的传说有关。

张登本、孙理军、汪丹在《〈神农本草经〉的成书与沿革——〈神农本草经〉研究述评之一》(载《中华中医药学刊》2015年第5期)一文中认为,《神农本草经》成书于汉代的理由是充足的,不过称为《神农本草经》的时间稍晚。汉代及其之前,已经有了《本草》专著,并有专司本草的官职官衔,即"本草待诏"。汉代及其此前,已经将"本草""医药"与"神农"联系在一起,不但认为炎帝是教化民众稼穑的"神农",而且是医药(主要是药物,即本草)的创始人。《神农本草经》作为书名最早见于西晋皇甫谧的《针灸甲乙经》,西晋张华《博物志》中认为与《山海经》齐名的《神农经》虽不能断然肯定就是世传的《神农本草经》,但两者传载的内容如出一辙。经过长时期药物知识的积累,两汉时期人们掌握的药物知识已经十分丰富,这是临证医学迅速发展的必然结果。随着临证医学的总结,药物学也逐步进入整理和总结阶段。

张大萍和甄橙在《中外医学史纲要》(北京:中国协和医科大学出版社,2010年,第149页)一书中指出,《神农本草经》共载药物365种,其中植物药252种,动物药67种,矿物药46种,大多是临床常用药物。在药物分类上,提出了上、中、下三品分类法。陈邦贤在《中国古代医学上的成就》(载《历史教学》1962年第7期)一文中分析指出,上品种,久服可以轻身益气,不老延年。中品种,可以抗疾病,补虚弱。下品种,可以除寒热邪气,破积聚。合共种。上品为君,中品为臣,下品为佐。其中以植物药品为主,包括草、谷、菜、果、木等;动物次之,包括家畜、虫、鱼等;矿物又次之,包括金石等。书中所述疗效,如麻黄治喘,大黄泻下,常山治疟,黄连治痢,人参、黄芪补气,当归、熟地补血,雷丸杀虫,雄黄治疥,海藻疗瘿等,疗效都很确实,可见都是从实际经验而陆续写出的。它注意到生药的采收时期和贮藏方法。这是中国现存第一部药学专书。

王振国和张大庆在《中外医学史》(北京:中国中医药出版社,2013年,第38—39页)一书中认为,《神农本草经》最早著录于梁代阮孝绪的《七录》及《隋书·经籍志》,但是均未提及成书年代与作者。关于该书的成书年代,曾有战国、秦汉、东汉等不同说法。一般认为,它与《黄帝内经》一样,是劳动人民长期生产和生活实践中积累的药物知识,经秦汉以来许多医药学家不断搜集、整理,直至东汉时期才最后加工、总结成书的,有学者认为本书成于汉代本草官之手。原著已于唐代初年亡佚,现存多种版本的辑佚本,都是后人从《证类本草》和《本草纲目》等书中辑录出来的。目前通行的有清代孙星衍辑本、顾观光辑本等。

张大萍和甄橙在《中外医学史纲要》(北京:中国协和医科大学出版社,2010年,第149页)一书中还指出,《神农本草经》集东汉以前药物学之大成,在药物发展史上占有重要地位,为中国古代药物学的发展奠定了基础,至今仍具有参考和研究价值。

3. 张仲景与《伤寒杂病论》

在中国医学发展史上,有两次巨大的变革,一次是以《内经》为标志的医学理论的总结,还有一次就是以张仲景的《伤寒杂病论》为标志的临床诊治辨证体系构建及方剂创制之法。张仲景的《伤寒杂病论》被后世医家奉为圭臬,极为推崇。

东汉末年,社会动乱,战火绵延,加之天灾频仍,导致了连年疾疫,这不仅使当时的医家们面临"拯救夭枉"的历史责任,也为他们经验的积累提供了大量的实践机会。同时,战乱与分裂也增加了交流,人们思想上的禁锢也相对减弱,这些也给当时医学的发展带来很大影响。中国医学发展史上杰出的医学家张仲景,就是生活在这样一个时代。张仲景,名机,字仲景,东汉医学家,南阳湟郡(今河南南阳)人。自幼嗜好医学,年轻时曾跟同郡张伯祖学医,得其所传。经过其自身多年刻苦钻研医术和多年行医积累的丰富临床实践,成为中国医学史上一位杰出的医学家。张仲景广泛收集医方,撰写出传世巨著《伤寒杂病论》,对中国医学史影响深远,张仲景也被后人尊称为医圣。

《伤寒杂病论》是张仲景最大的成就。李经纬的《中医史》(海口:海南出版社,2015年,第52页)一书认为,中医学的"伤寒"并非现代医学的"肠伤寒",广义的是指多种外感热病的统称(包括现代医学的多种急性传染病)。伤寒在古代曾一度严重流行,给人类带来极大的危害,从而很早就引起了医家的重视。《伤寒杂病论》原书16卷,成书后很快散佚于战乱之中。至西晋王叔和重新搜集方得保存,但六朝隋唐时秘藏而不显,故唐代孙思邈有"江南诸师秘仲景方不传"之叹。且后世史志所载书名、卷数等颇为纷乱。直到北宋,经校正医书局林亿等校定,始有今传本《伤寒论》和《金匮要略》两书,前者专论伤寒,后者专论杂病。但《伤寒杂病论》原书的全貌,已不可确知了。

鲍艳举、花宝金、苏庆民在《为〈伤寒论〉内涵正名》(载《浙江中医杂志》2008年第1期)一文中认为,北宋林亿等人将《伤寒杂病论》内容分为《伤寒论》和《金匮要略》以后,使人误解为《伤寒论》专论伤寒(外感),而《金匮要略》则专论杂病,这种看法一直流传至今,以致后来形成"外感法仲景,内伤宗东垣"之说。但伤寒与杂病二者是由人体患病后,正邪交争所反映出的症状所确定,其发病规律是一致的,即正邪交争,二者不能截然分开。张仲景的六经辨证是辨万病的总纲,六经理明,万病理通,而《伤寒论》全书内容又详述了伤寒、杂病方证,因此,用《伤寒论》的理论和方证治疗杂病,是早已存在的事实,若将其限定在外感病范畴,有违仲景的本意,亦没有真正理解《伤寒论》之内涵。

虽然目前我们已无法知晓《伤寒杂病论》的全貌,但张仲景对于中医学的发展做出了不可替代的巨大贡献是不言而喻的。刘瑛、孙金立、孙艳在《漫谈医圣张仲景的贡献与成就》(载《兰台世界》2012年第6期)一文中认为,《伤寒杂病论》是中国医学史上第一部临床治疗方面的巨著,作为对中国医学史发展影响最大的著作之一,奠定了中医辨证诊治的重要医学思想。即根据病因、病机的不同,将病、证、症三者有机结合起来,以决定治疗原则的临床治疗模式。症作为病、证的临床具体表现,依症辨病是明确疾病、诊断辨病的重要内容。

李经纬在《中医史》(海口:海南出版社,2015年,第52—53页)一书中认为,《伤寒论》比较正确地反映了急性传染病发展变化的一些规律,比较系统全面地总结了东汉以前对急性传染病诊治的丰富经验。由于仲景注重理、法、方、药的契合,选录的方剂又多实用有效,故本书有着很高的临床实用价值和影响,至今仍为国内外医学家临床治疗的依据和研究的课题。

张仲景之后至今近两千年来,对《伤寒杂病论》的注解多如牛毛,各种版本层出不穷。李经纬在《中医史》(海口:海南出版社,2015年,第52页)一书指出,据统计,目前在国内可以看到的《伤寒论》的各种版本多达600种,刊刻次数在1 000次以上。张仲景的《伤寒杂病论》不仅在国内有极大的影响,而且在世界上尤其是在"中国文化圈"范围内更有很大影响。直至今日,日本还有不少医家专门研究《伤寒杂病论》,他们以汤证为主来进行实验分析,在临床广泛采用伤寒原方治病,其中某些方剂还照原方制成成药。

总之,张仲景之学的魅力及其影响,可谓跨越古今,千古一人。称其跨越古今不肖多言,说其是千古一人,是因为他既是"儒医",又是"医圣",古今只此一人而已。

4. 华佗

华佗字元化,沛国谯(今安徽省亳州)人,东汉末期著名医家。华佗在医学上的创造和贡献是多方面的,他的最大成就,是最先使用"麻沸散"进行全身麻醉。虽然目前麻沸散的配方仍然是个谜,但通过对古文献中具有麻醉作用药物的了解,人们大致可以窥见它的基本情况,其主要组成药物大致包括乌头、附子、莨菪子、闹羊花、曼陀罗花等。

甄雪燕、王利敏、梁永宣在《华佗与麻沸散》(载《中国卫生人才》2013年第8期)一文中认为,麻沸散产生于东汉时期,此时人们已经对如何使用麻醉药物积累了较为丰富的经验。长沙马王堆汉墓出土的西汉早期医学帛书中就记载了用乌头来止痛的方法。不仅如此,其中还提及麻醉药的使用剂量,认识到出现麻醉效果后,就不能再多服用了,因多服则令人死。历史事实也能证明这一点,如西汉宣帝时,宫廷女医淳于衍与大将军霍光的夫人合谋,曾用乌头、附子等药毒杀了许皇后。

林梅村则在《麻沸散与汉代方术之外来因素》(载《学术集林》卷十,上海:上海远东出版社,1997年,第241页)一文中认为,麻沸散在梵语中的实际含义是解毒剂,多指丸药;麻沸散实为天竺胡药。林梅村先生还结合了新疆的考古发现,推断华佗的外科术应是源于西域。

钱超尘、温长路在《华佗研究集成》(北京:中医古籍出版社,2007年,第1071—1074页)一书中指出,麻沸散源自里海,产于里海的大麻是其主要原料,而中国的大麻主要用于食用,而且并未出现麻醉和幻觉,所以不可能是麻沸散的主要成分。

华佗在医学上的杰出成就除了麻沸散之外,还有他所进行的一系列外科手术,被誉为"中医外科的鼻祖"。但对于华佗的外科手术问题,学界也有不同的看法。

于赓哲在《被怀疑的华佗——中国古代外科手术的历史轨迹》(载《清华大学学报(哲学社会科学版)》2009年第1期)一文中认为,由其生前的声名隆盛到后世对他的怀疑,再到近代西学东渐之后传统医界对他的"重新发现",华佗外科术的声誉在一千多年里经历了一个马鞍形历程。华佗之后不久,主流医学已开始逐渐将外科手术排斥在外。"残存"的外科手术绝大多数是体表型小手术,腹腔外科手术付之阙如。人们对华佗的事迹感到难以置信,甚至有将其归为神怪传说者。直到接触近代西方外科医学的成就,才使国人相信华佗外科术确实可能存在过。基于重塑自信的需求,部分知识分子以西学中源论为基调对华佗进行褒扬,影响深远。华佗也并非世界及中国最早实施外科手术之人,而且其技术又后继乏人,以致细节已经不清。现代国人对华佗外科手术的推崇,应该说是西方近代医学在外科方面的巨大成就对中国传统医学界的刺激所致。"华佗"在这里已然是一个符号,对其外科术的推崇包含着近现代中医界和民众重压之下激发出的民族情感,同时还包含着些许惋惜,即对外科手术在中国未能持之以恒的惋惜。

李经纬在《中医史》(海口:海南出版社,2015年,第77—78页)一书中指出,尽管古代手术存在一定的盲目性,失败率也可能较大,但华佗做过这类手术是确定无疑的,有关史书的记载是可信的。《后汉书》与《三国志》中对手术步骤、手术当中的具体要求及术后护理等的描述,都是比较合理而正确的。《后汉书》与《三国志》的作者都不是医生,绝不可能虚构出如此确切的一些病例,应该是根据事实的翔实记载。同时,两部史书及其演义中尚有其他一些有关手术的记载,如司马师目上生瘤,医师为之割去;关羽左臂中箭毒,医师为之剖肉刮骨等,说明东汉、三国时在麻醉下进行手术并非罕事。另一方面,其后六朝隋唐时有关外科手术的记载更为精确,表明其时中国外科手术有了更高的水平,而如果没有从汉晋以来的一个学术上的继承发展关系,那是不合逻辑而无法理解的。总之,华佗在中国外科发展史上有着不可否认的杰出成就,从而成为后世外科医家的一面旗帜。

除此之外,华佗还精通内科、妇科、儿科、针灸各科。王振国和张大庆在《中外医学史》(北京:中国中医药出版社,2013年,第38—39页)一书中认为,史书中记载了许多华佗"妙手回春"的病案和传说。曹操患有头风病,屡治无效,其他医生束手无策,华佗用针能当即止痛。华佗重视体育锻炼,人为适当的运动可以帮助消化,畅通气血,不但能预防疾病,还可以延长寿命。因此,他吸取了古代"导引"的精华,模仿虎、鹿、熊、猿、鸟等动物活动姿态,创造了"五禽之戏"。华佗的"五禽戏"是很好的锻炼方法和体育疗法,开创了中国医疗体育的先河。

(二)三国至隋唐五代时期医学成就

继战国秦汉时期医学理论体系初步形成之后,三国至隋唐五代时期中医学有了较快发展。在临证医学和药物学方面有突出成就,医学基础理论也有一定的发展。西晋医家王叔和总结了三世纪以前的脉学知识,著成《脉经》10卷,使脉学理论和方法更加系统化。葛洪的《肘后备急方》和唐代孙思邈的《千金方》,从基础理论到临床各科做了系统全面论述,在医学上占有重要地位。

1. 王叔和与《脉经》

王叔和,名熙,高平人,魏晋时期著名医学家,生卒年代尚无确考。李经纬在《中医史》(海口:海南出版社,2015年,第101页)一书中认为,由于王叔和与张仲景时代相距不远,余嘉锡先生认为王叔和可能为仲景亲授弟子(见《四库提要辨正》),然无确证,存疑待考。

张大萍和甄橙在《中外医学史纲要》(北京:中国协和医科大学出版社,2010年,第156页)一书中认为,王叔和在医学上的贡献,是编著了一部中国现存最早的脉学专著——《脉经》。脉诊在中医诊断方法上具有很重要的地位。切脉是中医诊断学的重要组成部分,脉诊在中国具有悠久的历史。王叔和博通经方,精意诊处,在临床实践过程中逐步认识了诊脉的重要性和复杂性。王叔和总结《内经》《难经》并结合自己的临床实践,著成《脉经》10卷,97篇,约10万字。

李经纬在《中医史》(海口:海南出版社,2015年,第103—104页)一书中认为,《脉经》集两晋以前脉学之大成,总结了3世纪以前的脉学知识,并充实了新的内容,使脉学理论与方法统一化、系统化、规范化,并保存了一部分古代诊断学的文献资料。该书对后世影响较大,如唐代太医署医学生的必修基础课程中就有《脉经》一书,所论述的脉学理论与方法大部沿用至今。此外,该书对世界医学也有一定影响,如著名的阿拉伯医学之父阿维森纳所著的《医典》,其中关于脉学的详细记载,许多脉象的资料即采自《脉经》。其后,波斯(伊朗)学者兼医生阿尔哈姆丹尼主持编纂了一部波斯文的中国医学百科全书。书中包括有脉学内容,并附有切脉部位图,而且还特别提到了王叔和的名字。中国脉学还经由阿拉伯传到了欧洲,其后并广泛传播世界,对欧洲医学——现代医学的发展有着不可磨灭的影响,其中王叔和的《脉经》对此有着较大的贡献。

2. 葛洪与《肘后备急方》

葛洪(284—364年),宇稚川,自号抱朴子,丹阳句容(今江苏句容县)人。出生于官僚家庭,早年曾一度参战镇压农民起义,但为时很短,后曾悲观厌世,弃戎从医,专事医药研究与炼丹制药及文学著述,直至终年。

张大萍和甄橙在《中外医学史纲要》(北京:中国协和医科大学出版社,2010年,第161页)一书中认为,葛洪的主要医学成就是留于后人一部《肘后备急方》。这是葛洪编著而成的一部医学手册。该书涉及古代急救、传染病和内、外、妇、五官、精神、伤骨各科,以及疾病的预防、诊断、治疗等。对病种、病源和症状的描述简洁扼要,选方实用,疗法简便。所选药物体现验、便、廉的特点。此外,《肘后备急方》保存了不少珍贵的古代传染病资料,卷二中的"虏疮",是世界上关于天花的最早记载。

李经纬在《中医史》(海口:海南出版社,2015年,第97—98页)一书中认为,《肘后备急方》总结了中国晋以来医疗发展方面许多先进成就,有的还是十分突出的。例如急性传染病的记述,包括现在所说的多种流行性传染病,如疟疾、痢疾、狂犬病、结核病、丹毒、恙虫病等。

记载了一些很有意义的防治方法。例如他指出在被狂犬咬伤之后,杀死该狂犬,取其脑组织敷在伤口上,以预防狂犬病的发作。虽然这种方法在操作和实际效果上也许还有些问题,但这种用同一类疾病的机体组织来防治这种病的思想,可以说是中医免疫思想的萌芽,也是中国此后首先发明人痘接种术的先声。

3. 孙思邈与《千金方》

唐代名医孙思邈,是一位伟大的医药学家。京华兆原(今陕西耀州)人,生于隋开皇元年(581年),卒于唐永淳元年(682年),享年102岁。他从小勤学苦读,博览群书,7岁能日诵千言,20岁已能通晓诸子百家之说。18岁时立志学医,渐精于医道,成为大医。隋文帝曾征召他为"国子博士",他却"称疾不起",拒绝天子之聘,后唐太宗、唐高宗先后征召他进宫为高官,皆被推辞。晚年隐居于太白山,从事医学著述。

张大萍和甄橙在《中外医学史纲要》(北京:中国协和医科大学出版社,2010年,第162页)一书中认为,孙思邈取得的医方、药物学方面的重大成就,在《千金方》中得到了突出的体现。《千金方》包括《备急千金要方》和《千金翼方》。孙思邈在继承前人经验的基础上,吸收当代名医名著的精华,以及民间的有效单、验方,并结合多年积累的临床经验,于唐高宗永徽三年,著成《备急千金要方》30卷。该书载方5 700多首,方论3 500首。后三十年又完成《千金翼方》30卷,收方3 000多首。李经纬在《中医史》(海口:海南出版社,2015年,第150页)一书中指出,两部《千金方》篇卷浩大,内容详博,医史学者称之为中国历史上第一部临床医学百科全书。

除了医药学著作留世外,更难能可贵的是孙思邈在《千金方》中还特别重视医德修养,论述医德规范。《备急千金要方》中的"大医习业"和"大医精诚"篇系统地论述了医德。孙思邈特别强调医家的职业道德,把医德归纳为两个方面:第一是技术要精湛;第二是品德要高尚。

(三) 宋元明清时期医学

宋金元时期,由于社会比较稳定,各朝政府比较重视医药学,加之经济发展较快,科学技术进步较大,医药学得到了全面的发展,成为中国医学发展史上一个全面大发展的时期。到了明代,医学的发展呈现出两大特点:一是产生了有重大意义的医学创造和发明;二是编撰了大量医籍,而且出现了集大成者。清代中医药学传统理论经过长期历史的检验和积淀,臻于完善和成熟,无论是对总体理论的阐述,抑或是临床分科和实际诊治方法,均已形成完备的体系。

1. 唐慎微与《证类本草》

唐慎微(约1056—1093年),字审元,宋代蜀州晋原(今重庆)人。唐慎微出身世医之家,学习刻苦,举止朴实,具有精湛的医术,对经方尤为专长,成为一代名医。翰林学士宇文虚中曾称其"治病百不失一"。唐氏医德高尚,长期在民间行医,治病不分贵贱贫富,不避风雨寒暑,有求必应。在临证中,他常常不取报酬,只求病者供给良药验方。这些都为唐氏获取广博知识、积累丰富经验,创造了有利条件。

张大萍和甄橙在《中外医学史纲要》(北京:中国协和医科大学出版社,2010年,第177页)一书中认为,唐慎微的《经史证类备急本草》的出现,把宋代本草学的成就推随了高潮。《经史证类备急本草》,简称《证类本草》,约成书于元丰五年(1082年),书中除系统收集上自《本经》下迄唐宋各家医药名著外,还收集经史外传、佛书道藏、地志、诗赋等书中有关药物的资料,共选辑书目达247种,其中药物书目有17种,广泛汲取民间和历代文献上有关药物记载,保存了大量古代民间用药经验。该书的文献价值甚高,成为宋代最著名的药物学著作。

2. 李时珍与《本草纲目》

明清时期的本草学著作,从数量上看已超出了元以前历代本草学著述,从内容看不仅收载药物多,而且对药物的性能功效主治与治疗经验的叙述皆更为详细。编写的侧重面也各有特色。其中最具影响力的当属李时珍的《本草纲目》。

李时珍(1518—1593年),字东璧,晚号濒湖山人,蕲州(今湖北蕲春)人,生于世医之家。祖父为铃医;父李言闻,为当地名医,曾封太医院吏目。李时珍14岁中秀才,以后3次乡试未中,弃举子业,矢志医药,医名鹊起。其间因诊断治愈楚王府里小儿"虫癖"怪病,被聘为楚王府奉祠正,掌管良医所。后被荐为太医院院判。在行医过程中,李时珍发现以往本草著作存在不少错误,立志编著一部新的本草著作,即《本草纲目》。

王振国和张大庆主编的《中外医学史》(北京:中国中医药出版社,2013年,第38—39页)一书认为,《本草纲目》有如下成就:

第一,集明以前本草学之大成。该书以《证类本草》为蓝本,结合实地考察与临证实践编纂而成。全书记载了1 892种药物,除去《证类本草》的1 518种药物外,新增374种药物,纠正了以往本草学中的错误,以药类方,载方达1万余首,另附药图1 000余幅,集古代本草学之大成,对后世本草学产生了巨大影响。

第二,创立先进的药物分类方法。众多药物如无科学的分类方法统领将漫无头绪,李时珍本着"物以类聚,目随纲举"的宗旨,创立了"从微至巨""从贱至贵"的分类方法,将药物按照自然属性分为"水、火、土、金石、草、谷、菜、果、木、服器、虫、鳞、介、禽、兽、人"16部,以此为纲,各部下再分若干类目,纲目体系贯穿全书。这一分类方法与后来达尔文的生物进化分类方法暗契,在当时具有一定的先进性,实属可贵。

第三,科学地论述药物知识。李时珍在论述药物时,采用总名为纲,以释名、集解、正误、修治、气味、主治、发明、附方8项分析为目,对每味药物进行了详细的科学论述。特别是气味、主治、发明诸项,凝结着李时珍对医学、药学长期研究的心得,是对药物相关文献深入研究、考证和实际考察、临床应用经验的全面总结。

第四,丰富了古代自然科学知识。《本草纲目》不仅是一部药物学巨著,还是一部中国古代自然科学知识的百科全书。其中包含了人体生理、病理、疾病症状、卫生预防以及植物学、动物学、矿物学、物理学、天文、气象等,如其第一次提出"脑为元神之府"的著名观点。

第五,保留了大量的古代医药文献。《本草纲目》还是一部中医药文献的资料库,李时珍在撰著过程中参阅了800余种相关文献,为后世保留了大量难得的古代医药文献,有些书籍早已亡佚,得益于该书的收载,使我们今天尚能见其一斑。

《本草纲目》自1596年刊刻行世后,屡经再版,影响深远,不仅在国内流传,还流传到朝鲜、日本等国,先后被翻译成日文、朝文、拉丁文、英文、法文和德文,其成就为世界所公认。

三、西医在中国的传播与发展

(一) 西医在中国的传播

西方医学在中国的传播由来已久。王勇在《西方医学在近代中国的传播》(载《科学》2007年第6期)一文中认为,早在唐朝就有景教徒(基督教聂斯托里派)在华从事行医活动。1289年,罗马教皇派遣意大利籍传教士孟高维诺来华。孟氏在传教同时,也以医术为活动工具。这是欧洲传教士把西方医学传入中国的开端。

赵璞珊在《西洋医学在中国的传播》(载《历史研究》1980年第3期)一文中认为,明代后期迄于清末,才是西洋医学在中国开始传播时期,总共有三百多年的历史。明代后期,正当16世纪欧洲科学和文化开始兴盛的时期。当时欧洲新兴的资产阶级无论在哲学、宗教、文化、艺术和科学领域都出现了一个革新的高潮。一批欧洲天主教徒作为商业资本的先遣队和教会的拓展者,开始东行到中国传教。此时的天主教士带来的"西学"知识是比较广泛的,包括天文、历法、地理、水利、医学等。在医学方面,可以分为两个问题:一是有关人体生理的记述;二是关于西洋医事制度和设施方面的介绍,涉及医学分科和治疗、医学院校、医院设施、药物与药肆等。

彭益军在《近代西方医学的传入及其意义》(载《山东医科大学学报(社会科学版)》1998年第3期)一文中认为,西方医学传入中国在汉、唐时已见端倪。但从严格意义上讲,有一定连续性、包括近代医学概念的传入发生在明末清初,与西方传教士大有关系。明末清初,随着欧洲早期殖民主义者的东侵,一些天主教传教士陆续抵达中国。西方医学在中国有一定范围的传播,只是尚未形成系统,社会影响有限。后来,由于清王朝推行闭关锁国政策,西方医学的传入长期陷入停顿。19世纪中叶,西方列强步步加紧对华侵略,中国日益走向半殖民地社会。在这样的历史背景下,西方传教士又充当了在中国传播西方医学的主要角色,近代西方医学开始全面进入中国。

几种观点虽有不同,但可以肯定的是,明清是西方传入中国的重要时期,而传教士在西医传入中国的过程中发挥着巨大的作用。

张晓丽编著的《近代西医传播与社会变迁》(南京:东南大学出版社,2015年,第21—23页)一书认为,明末清初是西方殖民扩张时期,西方很多传教士怀着到东方传播基督教"福音"的信念,不辞劳苦前往传教,并以医药科学为前导,进行医学传教,以医学传播求得在华立足之地,宣扬宗教教义。明末清初来华传教士渐多,其中著名的有意大利人利玛窦、熊三拔、瑞士耶稣会教士邓玉函等,在传播西方科学方面成就卓著。西学译书在中国很早产生,明清时期就有传教士到华翻译西方科技、医学类书籍,明末清初传教士利玛窦、汤若望、南怀仁等在传教的同时,向中国翻译、介绍西学著作,译述西书约430多种,其中宗教类251种,占57%,自然科学类131种,占30%;人文类55种,占13%。虽然西方传教士试图利用医学作为传教手段,然而事实上西方医学传播的社会影响远胜于宗教,不过当时传入中国的西方医学,还是以基础医学为主,无论是在基础理论还是在临床实践方面都没有取得显著的成就。

董少新在《形神之间——早期西洋医学入华史稿》,(上海:上海古籍出版社,2008年,第194页)一书中认为,明末清初西方科学技术得以传入并在中国得到传播,内在原因之一是中国统治者的需要与倡导,西洋天文学、历法、数学、地理学、铸炮技术、农田水利技术等的传入与传播莫不如是。就西洋医学的传入而言,传教士在中国民间所开展的行医传教活动似乎对中国医学的影响不大,中国境内除澳门外,几乎没有建立过正规的西式医院,对于那些曾经存在过的慈善医疗机构,如麻风病院、乞丐收容院、儿童收容院之类,文献中也没有详细的记录。不过传教士在中国宫廷中的医疗活动与在民间的行医传教活动多有不同。从传教士留下的宫廷行医记载来看,几乎没有奇迹治疗的例子,而是较为侧重于对医学治疗手段的描述。在皇帝的招请之下,西洋传教士医生得以进入宫廷行医,并且为了迎合皇帝的需要与兴趣在宫廷中开展制药、翻译医书等事。

张晓丽在《近代西医传播与社会变迁》(南京:东南大学出版社,2015年,第26页)一书中认为,康熙帝时期,由于统治者对于西方科学开放求学,使得很多传教士将西方科学传输到中国,医学也是如此,在他的支持提倡下,西医药在中国有所引进,人体解剖等近代医学知识得以传入,开近代西医学传播的先河。

郝先中在《清代中医界对西洋医学的认知与回应》(载《南京中医药大学学报(社会科学版)》2005年第1期)一文中认为,明清时期传教士们带来的主要是浅显的解剖生理知识,故并未受到中国人民的重视。19世纪初,英国医生皮尔逊把牛痘接种术传到广东,各地纷纷前往学习,随后西医外科和眼科治疗技术传入中国,近代西医学的成就被相继引入。1842年清政府和西方列强签订了丧权辱国的《南京条约》,开放了五个通商口岸,西方医学随着殖民主义的扩张加速了西方医学在中国的传播,并开始对中国医学产生较大影响。伴随着洋务运动的开展和维新思想的产生,中医界出现了一些潜心探讨西洋医学的人,中医学界对西洋医学认识也得到升华。此时的中国医学界更多地提倡取长补短,通过汇通中西医寻求中国医学发展。在甲午以前,汇通派医家多半自行采撷西医学,相互之间并无联系。庚子以后,中国被迫开放的局面,加深了思想界、知识界的民族危机感,改良派思潮呼唤"医学救国",中医学界也真正觉醒起来。此时的中医学界多以西方医学作比照,发现自身之不足,于是纷纷力倡"改良中医学",主张引进西医、吸收西医之长。

秦永杰、王云贵在《传教士对中国近代医学的贡献》(载《医学与哲学(人文社会医学版)》2006年第7期)一文中认为,西方医学在近代中国的传播,主要是通过传教士、留学生及思想比较开明的清廷官员和洋务人士这些媒介进行的。基督教传教士在传播西医过程中是前驱,担当了先锋角色。传教士的到来促进了西医在中国的传播和发展,培养了大批医学人才。他们把西方先进的医学知识和经验带到了古老的中国,创办了中国首批西医院和西医学校,翻译了大量医学书籍报刊,培养了大批西医人才,造福了近代中国社会。而且,传教医生在客观上把各种新颖的医学技术、医学器材、药物知识、医疗机构建设体制以及医学教育模式引入中国,初步形成了以西医医院为主体的医疗和医学教育网络,促进了西方医学的传播和发展。传教士还掀起了19世纪末、20世纪初的留学潮,为中国医学生提供了更加直接和全面学习西医的机会。

何小莲在《传教士与中国近代公共卫生》(载《大连大学学报》2006年第5期)一文中指出,传教士在西医东传的过程中,不仅是卫生健康状态的观察者,卫生工作的积极参与者,同时也是新学说及新观念的教导引介者。应当说,晚清时期健康观与卫生思想,基本趋近于当时重要的世界医学及卫生学主流思潮。中国人对公共卫生的认识从无到有、由浅入深,公共卫生意识终于得以在更大的范围内养育和滋长。随着新的健康观与卫生思想逐步得以强化。中国社会开始以新的健康和卫生标准检验自己的生活,也开始借用其中的某些概念检验社会。一些有识之士越来越认识到,公共卫生为社会性之事业,其发荣滋长与国家之政治经济文化的进步息息相关。在新的公共卫生观念及思想与中国传统相互交融的过程中,中国社会的角色由开始是被动的,逐步转向积极主动。

郭剑波在《论近代"西医东渐"的途径与反响》(载《贵州社会科学》2015年第8期)一文中认为,留学生也是近代中国传播西医学的中坚,洋务运动时期,清政府开始官派留学生,1872—1875年,选派120名幼童赴美留学,有5人是从事西医工作的。甲午战后,中国赴日本留学成一时风潮。明治维新后日本的西洋医学发展很快,中国留学生在日本间接吸收了西洋医学知识。如秋瑾、鲁迅、郭沫若曾先后在日本学过医学。1905年科举制废除后,公费、自费赴日、赴美留学学西医的中国人急剧增多。留学生回国后,多数在医疗卫生单位任重要职务,成为中国医学界的骨干力量,对中国医疗卫生事业、卫生教育事业有过重要贡献。

郭剑波还指出,一些较开明的清廷官员和洋务人士也是传播西洋医学的重要力量。清朝首任出使大臣郭嵩焘在其《使西纪程》中记载了人体解剖、外科消毒等情景。出使西欧的洋务官员薛福成认识到中西医理不同,各有所长。李鸿章聘请西医治好夫人痼疾,更信奉西医,公开支持西医。在那个总体较为封闭的年代,清廷开明官员和洋务人士在西医治疗上的率先垂范,开了风气之先,使西医在中国的传播和发展更为迅速、广泛。

张晓丽在《近代西医传播与社会变迁》(南京:东南大学出版社,2015年,第29—30页)一书中认为,近代以来西方医学的传入,给中国社会带来较大的影响。首先,西医的传入,使得中国人以全新视野看待医学,对于人体、医药、牛痘等卫生防疫,以及西方的医事制度有初步的了解认识。社会上出现新的知识体系,开始改变人们的观念行为。其次,传教士对于西医的传播,冲击传统的中医学界,由于当时社会的变革与开放,很多士大夫、医家接纳西方医学知识观点,中西医开始对话,渐趋汇通。再者,由于明清时期中国社会文化的健全自信,当时人们对于西方医学多持好奇、开放、接纳的姿态,西方解剖学以其科学实证精神对于明清时期的知识界具有一定影响,一批先知开始摒弃传统思想的束缚,对西方医学持开放的姿态,促进医学科学的发展,开始树立科学求实的精神,促进传统医学观念的革命。

另外,现代医学制度在中国确立的过程中,西医的传入起到了推动作用。杜志章在《论近代教会医药事业对中国医学早期现代化的影响》(载《江汉论坛》2011年第12期)一文中认为,由于西医事业在华的发展,更多的中国人接受西医教育或接受西医的"恩惠",人们已逐渐消除了对西医的恐惧与误解。以传教士为主要传播群体的西医在中国发展各项医药事业,然后在专业化、本土化过程中使这些医药事业由医学传教士为主转变为以专业医生为主,再转变为以中国的专业医生为主。具体而言,是先有教会医院,后有中国自创的新式医院;先有教会医学院校,后有中国自创的西医学院校;先有传教士医药团体,后有华人医药团体;先有医学传教士创办的医学刊物,后有中国人自办的医学刊物;先有医学传教士编译西医书籍,后有中国人自己编译西医书籍。

何小莲在《西医东传：晚清医疗制度变革的人文意义》(载《史林》2002 年第 4 期)一文中指出,晚清以前的中国医疗制度,包括医疗与护理,均以家庭为单位。医生单独、分散执业,或坐堂开店,或应请上门施诊,医疗单位以"医家"而非"医院"的形式出现。从儒生中分离出来的游方郎中,散布各地,走乡串村,悬壶行医,治百家病,吃百家饭。这种制度延续了四五千年,直到晚清西医东传,西方医院制度引进以后,才发生重大变革。到民国时期,至少在大城市,新式医院已经取代传统"医家",成为医疗机构的主体部分。从传统"医家"到新式医院,不只是医疗空间的转换,也带来了医疗观念的重大转变。

(二) 近代中西医之争与中西医汇通

鸦片战争后,西方医学在华的传播迅速发展,中医学界对此有了新的反应。郝先中在《清代中医界对西洋医学的认知与回应》(载《南京中医药大学学报(社会科学版)》2005 年第 1 期)一文中认为,起初,中国医学界并无明显的中西医界限,中西医之间表面上相安无事,然而,由于西医势力逐渐扩大,医界过分抨击中医之弊,一些中医人士倍感中医地位受到威胁,起而反击,中国医界内部开始出现纷争的端倪。这一苗头无形之中为民国时期中西医大规模论争埋下了伏笔。尤其是甲午战争以后,中国医学界的变革深受近代日本医学思潮的影响。在医学领域追随废除中医、全盘西化的道路,留日归来中国学人把日本的医学理念带回中国,成为传播西医,废弃中医的骨干力量。民国伊始,政府摒弃中国传统医学于新式医疗制度之外,以西方医疗卫生体制为范本,重构国家医疗卫生制度,曾两次掀起巨大的"消灭中医""废止中医"的巨浪,出现了影响深远的近代中西医之争。

邓文初在《"失语"的中医——民国时期中西医论争的话语分析》(载《开放时代》2003 年第 6 期)一文中认为,中西医之争,仅影响极大的就发生过四次:1920 年余云岫与杜亚泉的争论;1929 年的废止中医案的争论;1934 年发生在《大公报》《独立评论》上的"所谓国医问题"的争论;1941 年发生在国民政府参政会的傅斯年、孔庚之争。1920 年的余杜之争,相对来说还局限于学理式的探讨。余云岫的发难文章《科学的国产药物研究第一步》虽然断定中医立足于阴阳五行的哲学式空想之上,因而是"非科学的",但他至少是认可中医的实际疗效的,只不过将这种疗效从中医的基础理论剥离出来,归入药物的范围,因而,余云岫提出将理论与事实分离,从而摒弃中医的理论,研究中医的药理。以科学的实验的药物学方法,对中医的处方做分析与研究。余云岫尽管批评中医最为激烈,但却始终以研究的态度对之。而中西医之争,始终是学理之争。

左玉河在《学理讨论,还是生存抗争——1929 年中医存废之争评析》(载《南京大学学报(哲学·人文科学·社会科学)》2004 年第 5 期)一文中指出,1929 年的废止中医案的争论和 1934 年发生的"所谓国医问题"的争论,名为中西医之争,实际上乃是科学主义思潮冲击下中医存废之问题。在中西医的对峙、对抗及冲突中,中医成为西医界及社会文化界批评的对象,处于被动的应对、辩解与抗争地位。中医存废之争,不是简单的学理上的讨论,也不仅仅是一场普通的文化论争,而是一场中医界为寻求自身生存和发展而进行的殊死抗争。这场论争的范围,不局限于中西医学理上的是非,而是扩大到思想文化范围,甚至提升到了政治意识形态层面,卷入了政治势力及政治派系冲突的漩涡中。争论的结果是尽管中医之生存危机并没有得到根本消除,但在中西医两大阵营对峙、冲突与融合、调适过程中,中医自觉或不自觉地走上了自我革新与科学化之路。在这次生存抗争中幸存下来的中医界,为了谋求自身之生存,不得不开始对中医理论进行革新和改良,不得不接受中医科学化主张,自觉地进行中医科学化尝试。中医科学化的实质,就是用近代西方科学方法及科学原则整理中医理论,在这个过程中,逐渐将中医纳入近代科学体系中。

李秉奎在《民国医界"国医科学化"论争》(载《历史研究》2017年第2期)一文中认为,这场运动,不仅仅是中医界单方面努力之结果,也与西医界之推动密切相关。"国医科学化"牵涉面广,核心是中国医学与具有"世界性"特征的西医如何相处的问题,而且还牵涉保存中国文化的问题。

郝先中在《近代中医废存之争研究》,华东师范大学2005年博士学位论文)一文中认为,这两次中医废除之争,并没有在根本上改变中国医学界的二元格局。中医界虽然屡屡遭到打压,但还是顽强地生存下去。西医虽然把持国家卫生行政且拥有中医无法比拟的学术地位,但也无法让中医全军覆没。这次斗争对中医药界来说既是一次非同寻常的经历,又为其自身的生存发展迎来了契机,其留下的影响是永恒的。可从两个方面来总结:其一,抗争与发展是近代中医药界两大主线,抗争中建立了团结,改变了原来中医界的内部关系和职业精神;其二,废止中医之争促发了中医界的紧迫感,经受了血与火的洗礼,中医界不得不谋求自身的革新与改良,自觉进行科学化的尝试,逐渐走上科学化的道路,或许可以说,废止风波最终为中医药界带来了一场真正意义的胜利。

邓文初在《"失语"的中医——民国时期中西医论争的话语分析》(载《开放时代》2003年第6期)一文中指出,1941年,当民族危机成为压倒一切的问题,而民族主义话语成为当时的主流话语时,孔庚巧提出议案《调整卫生行政机构,中西医并重,渐求汇合为一,增进民族健康以利抗战》,将中医争夺生存权的话语从学理的探讨转换为民族求生存的民族主义话语,学术问题变成政治问题。中西医冲突的喧嚣,由此而笼罩了国民参政会的议席,学理的论辩淡出,而意识形态的争执充斥了文化冲突的话语场。

姜连堃、孙灵芝、程伟在《从话语权的争夺透视近代中西医之争》(载《西部中医药》2011年第7期)一文中认为,作为一种常态文化接触,西医的传入最初并没有引起太大的冲突。真正意义上的中西医之争,是由这些受科学主义思潮影响的西医学精英发起。在科学主义思潮带来的科学语境里,中医的合理性屡遭质疑;在政治意识形态领域,中医存在的合法性备受争议。中医在为自己的生存寻找合理依据时,努力借助另一种话语体系来证明自己的合法性,力图在这种话语体系下获得中西医共通的对话力。无论是学理层面的探讨,还是政治角度的争斗,话语权争夺的背后,是中医自我认同与力求得到西医和其他人即他者认同的统一。在中西医之争上,西医界称中医为旧医,称自己是新医,将中西医之争视为是"新旧之争"、先进与落后之争,试图通过这样的话语定位分清自己和中医的地位;中医界称自己为国医,称西医为西医,将中西医之争视为"中西之争",试图与民族国家建构联系,占有一定的政治话语力量。为了应对"科学主义"的威胁,争取民意和更多政治上的优势,中医药界把中医存废问题上升到三民主义的政治层面:一曰民族主义;二曰民权主义;三曰民生主义;政治角度的话语权为中医赢得了一定的局面,挽救了自身灭亡的命运。

罗志田在《新旧之间:近代中国的多个世界及"失语"群体》(载《四川大学学报(哲学社会科学版)》1999年第6期)一文中指出,对于这场中西医之争,从19世纪后期开始,新旧之争成为近代中国一个持续的现象,但新与旧的区分标准以及不同时期的新旧社会分野却随时而变。民国初年中国医学界的社会区分就不仅有中医西医之分,实际上存在着传教士医生培养的老西医群体、归国留学生及协和医学院等培养的新西医群体和中医群体的三角竞争(而中医内部复有上层"儒医"和民间郎中的社会区分)。中国的西医分为教会医生和归国留学生两大社群。教会医生们先已组织了自己的医学协会,而归国留学生因发现自己被排斥在教会组织成员之外而"醒悟",于是,他们在1915年创建了自己的组织——中华医学会,并及时吸收了教会建立的协会中的人群。虽然两种现代医生都一样蔑视传统医学,对传统医学作为一门学问或对传统医生私人开业表现出不尊重,但也有部分更具精英取向的西医尚能容忍中医,却更不容忍庸劣的西医。总体而言,整个进程是以西医主动进攻,而中医防守反击为特征的。

近代西医的传入,引发中西医之争的同时,也伴随着近代中西医汇通。周明忻在《我国近代中西医汇通史(续完)》(载《中医文献杂志》2002年第1期)一文中认为,中西医汇通从明代开始到1949年中华人民共和国成立止,大约经历三百多年历史。大致上分为三个阶段:接受西方医学,汇通启蒙阶段(1582—1805年);中西医互验对比,汇通创立阶段(1805—1892年);百家争鸣,众议纷陈,汇通发展鼎盛阶段(1892—1949年)。此三个阶段又依次有三大纪事代表着中西医汇通从启蒙、创立到鼎盛,分别为外国传教士传入西医、牛痘接种术传入中国和唐容川《中西汇通医经精义》刊行。其中又以后两个阶段的影响最为深远。

季伟苹在《近代中西医汇通及其对当代中医学发展的影响》(载《上海中医药杂志》2014年第11期)一文中认为,1805年前后,中西医交流史上出现了一件大事。英国船医皮尔逊将牛痘接种术传入中国,这一事件对中西医汇通产生了很大的影响。1796年,英国乡村医生琴纳在中国人痘术的启发下,发明了牛痘接种术——天花疫苗,成为全世界预防天花的重要方法。牛痘接种术于1805年传入中国,在之后的30年间中国种痘人数达到100多万,极大地扩大了西医的影响。这一时期,对中西医交流的另一个重大影响是《医林改错》的问世。在中国封建文化禁锢最严重、保守势力十分强盛顽固的时代,医家王清任敢于冲破礼教的束缚,用了42年的时间对百余具尸体进行解剖考察研究,在临终前刊行出版了凝聚其一生心血的著作《医林改错》。英国人德贞氏将其译成英文,发表在《博医会报》上,并将王清任尊为近代解剖学家,向全世界做了介绍。

在两次鸦片战争冲击下,洋务派主张中体西用,推动了中西医交流的加深。弓箭在《中西医汇通、中医科学化、中西医结合的历史研究》(黑龙江中医药大学2013年博士论文)一文中认为,以1892年唐容川撰著的《中西汇通医经精义》刊行为节点,这一时期的中西医的会聚与交流,被认为是中西医汇通的雏形,或称为创立期。该时期出现了以朱沛文、张锡纯、恽铁樵为代表的一批精通医理、医术精湛、著述宏富、眼光深远的中西医汇通学者,最终形成了中西医汇通学派。社会上赞同和支持中西医汇通的人物众多,已经形成庞大的人才队伍,且主张中西医汇通的人物都是知识广博、思想开放之士,他们不仅善于临床诊治,而且乐于接受新事物和新知识,又都属于善于言辞写作和论辩之辈。因此,这一时期,学术风气十分活跃,学术辩论也极其热烈,学术著作大量出现。实际上,这是近代中医学术发展的一次高潮,开辟了学术新风,开启了中医学术发展的新方向。

周明忻在《我国近代中西医汇通史》(载《中医文献杂志》2002年第1期)一文中综合近代

中西医汇通的情况,认为其有以下特点:第一,中西医的汇通是在既无政府支持又无西医配合协调下,被迫只靠中医界自身自发分散的单方面努力,举步维艰,然拳拳爱国报国之心,十分难能可贵。第二,中医与西医是研究同一目标的两个不同学术体系,异中有同,同中存异。第三,中西医要相互取长补短,相互渗透,要保持传统特色,又要科学现代化。双方共同努力,直到两个体系十分接近,真正做到归一。这是历史发展的必然结果。第四,中西医汇通派的努力拼搏,用无数事实证实中医学术的科学性。为中医的生存、发展提供了理论依据,也为中西医结合架设了桥梁。

随着西方医学在中国的逐渐传播,西医为中国民众逐步接纳。郝先中和朱德佩在《清末民初中国民众西医观念的演变与发展》(载《史学月刊》2010年第8期)一文中认为,从清末到南京国民政府时期,长达数十年之久。社会公众对西医的认识大体经历了从恐惧、畏疑到信任和推崇的变化,西医的实效性成为征服民众的密钥。西医作为舶来品初来中国之时,对于普通民众来说无异于天外来客。对西人和西医的怀疑、恐惧是社会民众的普遍心理反应。最早尝试接触西医的社会群体,实际上是两部分人,一是社会底层无力求医问药的穷苦人,二是经中医久治不愈的病人。这些人最先冲破了人们心中的防线,疑惑的坚冰一旦打开,贫病的中国百姓纷纷涌向教会医院。当然,局面的真正转机完全依赖医师高超的技艺。

郝先中和朱德佩还在《清末民初中国民众西医观念的演变与发展》(载《史学月刊》2010年第8期)一文中指出,这一时期,民众对西医的认识和接纳的程度有着很大的地域性差异。首先是广东人对西医有了更多的了解和信任;其次为东南沿海一带较为开放的地区人们的信任;再次是上海人的信任。上海人后来居上,人们普遍热衷于西医、西药。实际上,西医对中国民众的影响也是从南到北逐渐扩展的。地域开放越早,民众与西医接触时间越长,接受程度越深,西医观念越牢固。这就是为什么上海、广东等地的民众对西医关注和热切的程度远远高于内地的原因。底层民众先于上流社会广泛接受西医,是西医东渐过程中一个值得注意的历史景象。在西医东渐的过程中,中国民众对西医认识的变化,主要得益于西医的实效性。人们在与西医的日常接触中慢慢了解了它的功效,在中、西医并存的地方,民众的心理天平慢慢地向西医倾斜。客观地说,清末民众对西医只是逐步产生了兴趣而已,并没有真正形成观念。

四、现代医疗卫生体系的发展

(一)现代社会的疾病

1. 营养失衡与慢性病

在世界不同地区的人们,有着不同的食物结构。随着农业和种植业技术的改进,以及哥伦布航海大发现而导致的作物交换,意味着食品的数量和供养的人口增多。但某一地区居民的饮食仍然依赖该地区生产的主要粮食作物,食物种类过于集中和单一,意味着营养品种的缺乏,其结果是营养失衡。

朱秀敏在《营养均衡与现代疾病》(载《微量元素与健康研究》2005年第5期)一文中指出,营养失衡会使人体有六大生理系统功能失去平衡,即消化系统、内分泌系统、血液循环系统、神经系统、免疫系统、新陈代谢系统,给人体健康造成多方面伤害。

罗伊·波特在《剑桥插图医学史》(张大庆主译,济南:山东画报出版社,2007年,第26页)一书中认为,在南美洲、非洲和南欧的穷人,以及印度、埃及和中东那些从事玉米耕种的人们常成为玉米红斑病的受害者,该病以腹泻、皮炎、痴呆为特征,最终死亡人数占受害者总人数的70%。虽然此病的原因十分复杂,但主要原因是缺乏维生素PP(即烟酸,也称作维生素B_3)。

孟君和张大庆在《大众医学史》(济南:山东科学技术出版社,2015年,第43页)一书中认为,与玉米红斑病相类似,脚气病也是一种与食物有关的疾病。这种疾病通常发生在亚洲以稻米为主要粮食的地区。稻米的外皮含有丰富的维生素B_1,但在很长一段时间里,人们却尽力去掉稻米外皮,使稻米更加好吃,具有更长的储藏期。传统的手工碾制稻米方法去掉了米糠,却使许多人产生"干"和"湿"型脚气病的神经和心血管症状,尤其是那些本身就缺乏维生素B_1的母亲所喂养的婴幼儿,极易患上婴幼儿脚气病。此外,还比如由维生素C(抗坏血酸)缺乏引起的坏血病;蛋白质能量营养不良(PEM)导致的青少年儿童发育不良问题等,都是典型的营养缺乏导致的疾病。

随着人们生活水平的日益提高,居民的膳食、营养状况有了明显改善,营养不良和营养缺乏患病率下降,但营养失衡则有明显上升的趋势。在当代,营养过剩给人们带来了肥胖、糖尿病、高血脂、心血管疾病、脑中风、痛风、不孕、脂肪肝等疾病。全球因肥胖而死亡的人数已超过同期全球因饥饿而死亡的人数。

根据国家卫生计生委发布的《中国居民营养与慢性病状况报告(2015年)》调查结果显示,中国居民的脂肪摄入量过多,平均膳食脂肪供能比超过30%。全国18岁及以上成人超重率为30.1%,肥胖率为11.9%,分别比2002年上升了7.3和4.8个百分点,6—17岁儿童青少年超重率为9.6%,肥胖率为6.4%,分别比2002年上升了5.1和4.3个百分点。超重肥胖问题凸显。

朱秀敏在《营养均衡与现代疾病》(载《微量元素与健康研究》2005年第5期)一文中认为,造成肥胖病的原因中,先天性因素(遗传)约占30%,后天性因素(环境)约占70%。目前我们还无法改变遗传因素,但可以通过环境因素去影响它,环境因素中合理的膳食和适当的体力活动是预防肥胖病的决定性因素。在中国,心脑血管疾病已成为威胁人们健康的头号杀手。根据《中国心血管病报告2016》的介绍,中国心血管病死亡占城乡居民总死亡原因的首位,农村为45.01%,城市为42.61%。心脑血管疾病有着多基因的遗传背景,是许多内外环境因素综合作用而发生的复杂疾病,这也决定了心脑血管疾病研究和防治的困难性与复杂性。综合众多的临床检测结果发现,高血压与患者体内钠高钾低和镁、钙不足及硒、钴、铬等元素缺乏有关;各种心脏病与镁、钾、钴、硒、铬、锶、铜等不足及镉、铅过量有关;脑血管病与患者体内缺乏铬、硒、锌、铁、镁等元素有关。

2. 工业化与疾病

农业发展的明显结果之一,即将饮食集中在主要的农作物上,使越来越多的人能够生活但又对健康付出重大代价。同样可以说,近代化和不断发展的工业革命,为进一步的人口爆炸创造了条件的同时,也产生了普遍的不健康和某些特有的新疾病。

罗伊·波特在《剑桥插图医学史》(张大庆主译,济南:山东画报出版社,2007年,第28

页)一书中指出,矽肺病(煤矿工人的尘肺)使许多矿工折寿;褐肺病(棉尘肺)成为棉纺工人的祸根;白肺病(石棉肺)则使那些参加石棉加工的人感染;暴露于铅的作业则带来铅中毒;磷毒性颌疽是暴露于含磷物质的火柴制作工的职业危险;来自石材、打火石和沙石的粉尘则导致硅肺或称"磨工病"。

工业化进程在给人类带来巨大进步的同时,也污染了人类生存的环境,对人类的健康造成巨大的损害。

葛燕在《大气污染与人体健康的关系探讨》(载《世界最新医学信息文摘》2016年第9期)一文中认为,近年来,大量研究表明,大气污染可引发多种心脑血管和呼吸系统疾病,如心脏病、高血压、肺炎疾病等等,特别是在大气污染严重的城市,此类疾病发病率高达30%左右。世界卫生组织报道称,每年死于大气污染大约有300万人数,在死亡人数中占比为5%。

陈鹏在《论述PM2.5与心血管疾病的关联》(载《吉林医学》2014年第7期)一文中认为,当前大气污染主要成分的PM2.5可引起血清中纤维蛋白原和凝血因子含量增加,提升血液黏稠度,进而导致血液的供氧量下降,同时,PM2.5干扰自主神经系统,导致心率加快及血压升高,增加心肌耗氧量,而其对血管内皮的物理性损伤引起血管收缩功能障碍,从而加重心肌缺氧。所以,PM2.5是引发心血管疾病中心肌缺血发病率逐年升高的主要原因。

张悟民在《农业环境污染与人类疾病的关系》(载《环境保护》1997年第6期)一文中认为,城乡工业迅速发展,工业"三废"的排放,农药、化肥过量使用,加重了中国农业环境的污染。同时,某些地区,森林不断被砍伐,不合理地开发利用农业和矿产资源,加剧水土流失;有毒金属元素污染,破坏了农业生态平衡。农业环境的污染,人类通过被污染的食物链摄入体内,有毒物质在人体内蓄积,使人体的活力和对疾病的抵抗能力降低,导致或诱发癌症和其他疾病的发生,甚至中毒死亡,人类的身体健康因此受到严重威胁。

3. 当代传染病

(1) 艾滋病

艾滋病全称为"获得性免疫缺损综合征"(AIDS)。由于HIV损害免疫系统,病人常常成为各种疾病的受害者,例如肺炎肺囊虫病、结核病,以及其他传染病。然而,艾滋病本身就是一种疾病,虽然一个人从感染后到发病可能花上10年或更长时间,但到目前为止随之而来似乎都是一成不变的致命结局。

罗伊·波特在《剑桥插图医学史》(张大庆主译,济南:山东画报出版社,2007年,第30页)一书中认为,由于时间上的间隔,要对疾病的传播做出预测是困难的,因此,各种方案必须依靠评估。不幸的是,甚至遥遥领先最乐观的方案也暗示将有几百万人死于艾滋病。有人甚至预言,根据总死亡数排名,该病将成为人类历史上的最大杀手。

(2) 疯牛病

1985年,英国爆发了疯牛病,即牛的海绵状脑病,到1993年初,英国的"疯牛病"流行达到高峰,每周有一千多头牛患病。1996年英,国政府首次承认疯牛病可以以新型克雅氏症,俗称"人类疯牛病"的形式传染给人类。1997年,英国患病牛的总数超过16万头,引起了全世界的恐慌,至2002年,疫情已蔓延至25个国家和地区。

孟君和张大庆在《大众医学史》(济南:山东科学技术出版社,2015年,第53页)一书中指出,自 80 年代起于英国和欧洲各国流行的疯牛病,是由于畜牧业的工业化。本来属于食草动物的牛羊,却被大量使用羊等动物骨粉作饲料,而这些饲料可能含有致病的毒蛋白。人食用了患疯牛病的牛肉及其制品,即会患克雅氏病。到目前为止,是什么原因导致动物及人体产生这种具有传染性的毒蛋白(即朊病毒),所谓的"慢病毒"究竟是否存在,尚为悬案。专家们认为,目前,疯牛病的发生和传播已经有所控制,但是迄今为止仍没有有效的治疗方法。2002 年初,伦敦皇家科学技术和医学学院流行病家做出最坏的预测,英国在未来 80 年时间内将有 15 万人因食用疯牛病感染的牛羊肉而死亡,在"后疯牛病时期"仍需要深入研究,建立完善的防控体系和政策,以及寻求有效的治疗方法。

孙亚军在《疯牛病研究进展》(载《国外医学(卫生学分册)》,2003 年第 5 期)一文中认为疯牛病是一种危害极其严重的人畜共患疾病,BSE 的暴发和流行不仅给英国和欧洲的养牛业及其对外贸易造成了巨大经济损失,而且对人类健康也构成了严重的威胁。

(3) 埃博拉病毒病

埃博拉病毒病以往称埃博拉出血热。目前国内统称为埃博拉出血热,世界卫生组织和美国疾病预防控制中心已将埃博拉出血热更名为埃博拉病毒病。该病是埃博拉病毒感染所致的一种急性传染病,病死率可高达 90%,是病死率最高的传染病之一。2013 年 12 月,地处西非的几内亚开始出现埃博拉病毒病暴发疫情,随后在利比里亚、塞拉利昂和尼日利亚等西非国家相继暴发。

曾谷城在《埃博拉病毒研究进展》(载《中山大学学报(医学科学版)》2015 年第 2 期)一文中指出,埃博拉病毒是能够引起人和灵长类动物产生埃博拉出血热的一种高致病率及高致死率病毒。埃博拉出血热是一种人畜共患病,具有极高的传染性和致死率,目前发现埃博拉病毒主要通过接触患者体液、血液等方式感染,致死率为 25%—90%,其中扎伊尔种属的感染性和致死率最强,可以达 90%。埃博拉出血热的潜伏期很短,可持续 2—21 天。现有证据认为出现症状后的患者才具有传染性。先期症状为突然出现发热、乏力、肌肉疼痛、头痛和咽喉痛症状。随后会出现呕吐、腹泻、皮疹、肾脏和肝脏功能受损症状。出血症状可能出现在发病 4—5 天后,包括出血性结膜炎、牙龈出血、呕血、血便、血尿等症状。晚期患者会出现嗜睡、无尿、呼吸促迫、休克及多器官衰竭症状。

面对如此高传播率、高死亡率的病毒,遗憾的是,目前我们还没有能有效防治埃博拉出血热的药物和疫苗投入使用。

(二)现代医疗制度的建立及其发展

1. 临床医学的建立与发展

现代临床医学是伴随着 19 世纪早期"医院医学"的出现而诞生的。罗伊·波特在《剑桥插图医学史》(张大庆主译,济南:山东画报出版社,2007 年,第 145 页)一书中认为,大约在 1800 年,随着新型医学科学的发展,特别是物理检查、病理解剖和统计学的引入,医院逐渐的不再是主要的慈善、照顾和康复之地,它已转化为医疗权威机构。巴黎开创的新型解剖和临床的方法,不仅基于演示教室而且基于大型的公共医院,在大医院里可以直接获得丰富的经验。"临床医学"成为医学的中心。

张大庆在《医学史十五讲》(北京:北京大学出版社,2007 年,第 106—108 页)一书中认为,法国大革命以后,医院从既照料病人,又收容乞丐、孤儿、老弱者等社会不幸者的慈善机构,逐渐转变为医学教育和研究的中心。法国通过立法,建立起新型的以医院为核心的医学教育体系和医院服务体系。在医院,外科与内科获得了同等重要的地位,尸体解剖得到法律的许可,从而逐步形成了以病理解剖为基础、以物理诊断为特征的医院医学。19世纪30年代—40年代,巴黎成为世界医学的中心,一批批学生从欧洲和北美涌向巴黎。伦敦、费城和维也纳引进巴黎的医院医学模式,很快也成为本国的医学中心。医院医学摆脱了单凭经验诊治病人的束缚,以更为客观的物理诊断为工具,采用数学分析的方法,促进了临床医学的发展。

2. 预防医学的建立与发展

预防医学是从预防观点出发,研究人类健康和疾病的发生发展规律,研究消除人体内外环境中对健康有害的因素和利用有益的因素,从而达到防止疾病发生、增进身心健康,提高劳动能力,延长人类寿命的目的。

张大庆在《医学史》(北京:北京大学医学出版社,2013年,第83页)一书中认为,预防疾病的思想和措施可追溯到古希腊、罗马、阿拉伯以及中国的医学中,那时人们已经注意到天气、土壤、饮食、生活习俗、居住条件等生活环境以及心理、情感和社会环境等因素与疾病的关系,但是这些思想仅仅是直观的和零散的,没有形成完整的理论。16世纪以后,资本主义的兴起和思想上的变革引起了人们对预防医学及其社会性的关注。

张大萍、甄橙在《中外医学史纲要》(北京:中国协和医科大学出版社,2010年,第75页)一书中认为,对预防医学的重视是从18世纪开始的,首先是在海军和陆军内提倡的,因为当时只有在军队范围内,才有可能对受伤和生病的士兵进行监督、观察和进行疾病的统计,所以18世纪预防医学开始于各国陆海军的军医。

孟君、张大庆在《大众医学史》(济南:山东科学技术出版社,2015年,第200—201页)一书中指出,进入18世纪下半叶,在工业革命的推动下,欧洲和北美出现了工业化、都市化的热潮。伴随着工业化的发展,大城市和大工业中心迅速形成,农村人口大量涌入城市,城市人口骤增。随之而来的是拥挤的居住条件、恶劣的工作环境、肮脏的街道、周期性的饥饿、营养不良和食品污染以及流行病的广泛蔓延等一系列社会问题。各国政府在工人阶级和社会舆论的压力下,出于维护自身生存和生产发展的需要,也开始把兴办公共设施、建设城市供水排水系统、改善街道住宅,注重劳动卫生和实行防疫措施等问题提到了议事日程。推动了现代预防医学和公共卫生的建立。

张大萍、甄橙在《中外医学史纲要》(北京:中国协和医科大学出版社,2010年,第93页)一书中认为,纵观整个18世纪,预防医学已有某些改进,但实施范围很有限。到19世纪,预防医学和保障健康的医学对策已逐渐成为立法和行政的问题。先进的社会事业家,从事工人阶级生产、生活状况的社会调查,促成卫生设施的建立。他们搜集并公布了有关工人阶级生活和工作状况的真实材料。

孟君、张大庆在《大众医学史》(济南:山东科学技术出版社,2015年,第201页)一书中认为,19世纪30年代,英国成立了研究霍乱的特别委员会。1848年,英国通过了社会保健法。1850年,英国成立了国家卫生局。有关童工、女工、孕妇、职业病和卫生保健的法规也逐渐颁布。法国在19世纪初也成立了一批国家卫生机构。欧美的其他国家也先后采取了相应措施。19世纪80年代以后,一些国家相继成立了卫生研究机构,如1885年在柏林、罗马和巴黎成立了卫生研究所;1891年成立了李斯特研究所;1899年建立利物浦和伦敦热带病学校。这些机构在广泛开展卫生保健和流行病学调查的同时,也十分注重实验研究方法在预防医学和社会医学领域中的价值,从而促进了这些学科的形成和独立发展,有力地推动了现代预防医学和公共卫生的建立。

3. 公共卫生学的建立与发展

公共卫生是关系到一国或一个地区人民大众健康的公共事业。公共卫生的具体内容包括对重大疾病尤其是传染病(如结核、艾滋病、非典型性肺炎等)的预防、监控和医治;对食品、药品、公共环境卫生的监督管制,以及相关的卫生宣传、健康教育、免疫接种等。公共卫生维系着全体人民的健康,是以大众为对象的。公共卫生并不是自然就有的,而是随着医学的发展,不断进步与完善的。

孟君、张大庆在《大众医学史》(济南:山东科学技术出版社,2015年,第202—204页)一书中认为,17世纪,公共卫生作为一种专门知识,在医学领域里占有了一席之地。18世纪,在启蒙运动和国家财政主义的影响下,公共卫生在欧洲国家得到迅速发展,并与现代政府功能的转变联系在一起。在19世纪,卫生学成为预防医学体系中一门重要的学科。欧洲的一些国家开始关注学校卫生问题。从1890年起,伦敦教育委员会制订规划,委派官员和医生对小学新入学的儿童进行体检,并逐渐开展了定期复查。20世纪初,许多学校陆续设立了保健护理站、诊疗所和校医院,对儿童的眼、耳、鼻、喉、齿等器官的病症进行预防和诊治。学校的取暖、照明和通风等条件也逐渐改善。大规模的排污和公共卫生设施工程,以及公共场所环境的改善等一系列公共卫生运动在提高公众健康水平方面取得了显著成功。

4. 医疗卫生保健制度的发展

医疗保健制度是社会利益再分配的一种方式,国家通过其实现将一部分社会财富用于社会低收入阶层,保障他们的基本健康需求,改善其生活质量,以保护他们作为基本劳动力的作用。

孟君、张大庆在《大众医学史》(济南:山东科学技术出版社,2015年,第216页)一书中指出,医学是一个非常特殊的领域,在所有的西方国家中,都没有让医疗完全的市场化,政府都承担相当比例的医疗服务。虽然医疗费用可通过商业或互助保险系统来分摊,但医疗保健对大多数人还是巨大的负担,而且还有相当一部分人口必须由国家的福利予以解决。政府向穷人提供医疗服务,一方面是为了得到他们的选票,另一方面也是为了减少他们对政治的不满和维持社会的稳定。1942年,英国发表的《比弗里奇报告》中提出了"国家福利"的概念,报告主张改革社会保障体系,确保无论是因病、受伤,还是老年、失业,都能获得最基本的生存需要,其中目标之一就是政府应为所有的人提供可以利用的卫生服务。为穷人提供医疗服务的政策在不同国家中经历了不同的历史过程。早期这种医疗服务大部分由教会提供,19世纪以后,在英国、美国和德国等国家,地方政府承担了更多的责任。

王振国、张大庆在《中外医学史》(北京:中国中医药出版社,2013年,第219—220页)一书中认为,中华人民共和国成立不久后,在国家机关中实行了公费医疗制度。1952年起逐步扩大到全体国家工作人员、革命残疾军人、高等学校学生、国家机关退休人员。1949—2010年,全国卫生机构总数从3 670个发展到93.7万个。2010年统计,全国共有医院20 918家,基层医疗卫生机构90.2万个,专业公共卫生机构11 835个。中华人民共和国成立初期,国家着手建立和健全县(旗、自治县)级医疗卫生机构。60年代末至70年代初,形成了以县级卫生机构为中心的县、公社(乡)、大队(村)农村三级医疗保健网。改革开放以来,中国三级保健网经历了整顿、建设、改革、发展、提高的过程,在医疗、防疫、妇幼保健、地方病防治、计划免疫、卫生宣传等各项工作中发挥了巨大作用,为世界卫生组织在广大发展中国家推行初级保健计划提供了有益的经验。

(三)国际卫生合作组织

1. 世界卫生组织

世界卫生组织的前身可以追溯到1907年成立于巴黎的国际公共卫生局和1920年成立于日内瓦的国际联盟卫生组织。第二次世界大战后,经联合国经社理事会决定,64个国家的代表于1946年7月在纽约举行了一次国际卫生会议,签署了《世界卫生组织组织法》。1948年4月7日,该法得到26个联合国会员国批准后生效,世界卫生组织宣告成立;每年的4月7日也就成为全球性的"世界卫生日"。同年6月24日,世界卫生组织在日内瓦召开的第一届世界卫生大会上正式成立,总部设在瑞士日内瓦。

代涛、韦潇、郭岩在《世界卫生组织的政策类型及其特点》(载《中国卫生政策研究》2010年第4期)一文中认为,作为政府间国际组织,世界卫生组织是主权国家的集合体,其本质上是国家间多边合作的一种有效和固定的组织形态。全球化趋势客观上要求所有国家加强合作和协商,相互作用、相互依存,这为国际组织,尤其是政府间的国际组织提供了广阔的舞台。作为一个政府间国际组织,世界卫生组织不仅仅是在组织法的规定下以特定形式确立的国家间多边合作的模式,也正在逐步成为全球化进程中加强合作、强调一致性的重要手段。世界卫生组织的作用主要体现在两个方面。

一是创制全球性卫生规则和制度。国际社会没有统一的凌驾于各国之上的立法机构,把全球性的规则和制度条约化、政策化是协调各国关系活动的基础。世界卫生组织承担着全球性健康相关条约、规则和制度创立者的角色,其政策正是把全球性策略固定下来,达到各方共同认可、共同执行的有效模式。如2003年世界卫生组织推动制定的《烟草控制框架公约》是世界上第一个限制烟草的全球性公约,标志着烟草控制已经达成由国内立法控制扩大到国际法上的共识。

二是监督和履行全球性卫生行动。目前国际社会虽然没有一个强制执行的国际法律规则和对所有国家都有管辖权的司法机构,但政府间国际组织一般都通过订立公约、缔约协定,帮助和督促各国履行公约和协定,并通过监督机制,在一定程度上推动全球性规则付诸实施。如世界卫生组织在2005年对《国际卫生条例》进行修订后,明确要求各国在评估后24小时内通报可能造成国际关注的突发公共卫生事件。

世界卫生组织发挥巨大作用的同时,也有一定的局限性。近年来世界卫生组织拓展了关注领域,不断更新健康理念,但其政策形式和内容却未跟上这种变化,技术指导性政策多,方向性、理念性、创新性的政策少,效力和影响力也较弱。同时,世界卫生组织通常缺乏有效监督手段,难以评估政策效果。在筹集政策基金时,自愿捐款按照投入者的意愿流向指定的领域,也影响了政策重点的选择。

苏静静和张大庆在《中国与世界卫生组织的创建及早期合作(1945—1948)》(载《国际政

治研究》2016年第3期)一文中指出,中国为世界卫生组织的创始国之一;从1945年的创议到1948年成立世界卫生组织正式宣告成立,历时整整三年。中国在此过程中不是被动地卷入国际卫生机制中,而是积极主动地利用其相对有限的政治资源努力地参与国际卫生机制的创建、组织和设计。

2. 国际红十字会

受南丁格尔的影响,1864年在瑞士成立了国际红十字会。国际红十字会的创始人是瑞士银行家、慈善家杜南(1828—1910年)。

张大萍、甄橙在《中外医学史纲要》(北京:中国协和医科大学出版社,2010年,第96页)一书中指出,1859年夏,31岁的杜南从阿尔及利亚回法国的途中,遇到法国、意大利与奥地利在意大利北部的激战。杜南途经此地,看到双方伤亡的战士很多,横尸遍野,无人救护,于是,他便考虑成立一个组织,救济这些伤员。1862年他写下了对这场战争的回忆录,并捐出钱款,成立红十字会。因为瑞士的国旗是红底白十字,于是他挑选白底红十字图案作为标志,以后这个标志就成为国际红十字会的统一标志。1863年10月召开了第一次日内瓦国际红十字会会议,有14个国家,36位代表参加了会议。第二年召开了第二次会议,这次会议正式确定成立国际红十字会。

杜南创立了国际红十字会,虽然后来他的企业破产了,杜南曾经病倒在贫民院里,但他为改进战地护理服务所做出的贡献,永远让人铭记。1910年首次设立诺贝尔和平奖,杜南当之无愧地获此殊荣。

3. 无国界医生

无国界医生组织是一个国际的非政府组织,其成员主要为医生和其他医务人员。无国界医生组织起源于一群法国医生在尼日利亚内战中的人道主义行动。1968年夏,国际红十字会让法国红十字会选派医疗队赴尼日利亚比夫拉地区进行救护工作。从1968年9月到1970年1月,法国红十字会派出了50名医生。他们在经历这场死亡人数达100万人的惨烈战争后,红十字会要求他们保持沉默,几位年轻的法国医生忍无可忍,决定成立一个新的独立于政治或信仰之外的组织,无国界医生在巴黎应运而生。无国界医生于1971年起源于法国,但现已发展成国际性的组织,拥有5个行动中心及19个办事处。

李安山在《非洲:无国界医生在行动》(载《当代世界》2010年第7期)一文中认为,无国界医生组织单列的原因有以下几方面:国际红十字会历来都在征得当地政府许可后才在该地工作。保密规定的约束也使无国界医生的创始者认为不合时宜。国际红十字的职责是保护而非医疗,而无国界医生创始者认为受害者需要更直接的以医疗援助为主的人道主义救援。

孙茹在《无国界医生组织》(载《国际资料信息》2002年第10期)一文中认为,无国界医生组织的医疗救援活动,可分为以下两方面。

一、紧急救援。无国界医生组织为战争或冲突中的受害者、难民及遭受自然灾害的灾民提供救援。在冲突地区,该组织提供基本的医疗保健和营养服务、分发药品、注射疫苗、建立清洁水和卫生设施,控制传染病蔓延,必要时还开展心理治疗项目。

二、长期救援。在医疗设施不足或医疗保健匮乏的国家,无国界医生组织与当地卫生部门合作,帮助重建医院和防疫站、推动营养和卫生项目、培训当地医护人员。

无国界医生的救援工作有两方面的依托,第一是成熟的志愿者队伍,第二是完善的全方位医疗救援平台。作为一个国际医疗人道救援组织,无国界医生长久以来一直坚持中立、独立、不偏不倚的原则,根据不同类型的天灾人祸的救援经验,为不同国家受灾难影响的病人提供医疗人道援助。无国界医生只会基于人们的需要,就是否在任何国家或灾难中进行救援行动,做出独立的决定,有关决定并不会受政治、经济或宗教因素左右。无国界医生在1999年获得诺贝尔和平奖。

教学设计

设计一:死神的胜利——欧洲中世纪的黑死病阴霾

设计意图

现代历史学家称14世纪中叶那场肆虐于亚洲部分地区、中东、北非和欧洲的鼠疫为"黑死病"。黑死病对人类是一场大灾难,对人类文明的历史进程产生了深刻的影响。通过阅读史料,学生能够了解这场疫病的概况及其对人类文明发展的影响,知道黑死病是与中世纪世界,尤其是与中世纪西欧密切联系。通过了解黑死病的起源和传播的不同学术观点,学生对史料进行辨析,对史料进行解释。学生通过不同角度地了解黑死病的影响,理解人类文明进程发展的多样性和曲折性。

设计方案

材料一 黑死病是一种鼠疫,主要以老鼠疫和跳蚤为媒介传播。寄生在老鼠身上的跳蚤叮咬了人,将细菌散布于人体伤口上,然后由伤口侵入血液,导致疾病的产生。根据发病部位不同,鼠疫可分为三种类型:一是出现结节肿的淋巴腺鼠疫,它侵害血液,引起腹股沟腺炎和内出血,由接触传染。二是肺鼠疫,能使肺脏发炎,在数日内使患者丧生。由呼吸可传染,此类瘟疫危害最大,传播最烈。第三种是鼠疫败血症。

——张绪山:《14世纪欧洲的黑死病及其对社会的影响》,载《东北师范大学学报(哲学社会科学版)》1992年第2期。

在中世纪的时候"黑死病"这一称谓并不为人所用。中世纪人们称之为"大瘟疫""大死亡""世界瘟疫"。以往人们认为黑死病之所以这么称呼,是因为患者出现黑斑,全身变黑,实际上这是误解,"黑"在这里并不是指颜色,而是指这场瘟疫的"恐怖""可怕"。

——李晓光:《黑死病与14—15世纪欧洲社会历史的变迁》,广西师范大学2006年硕士学位论文。

教师设问:作为一种疫病的"黑死病"有几种类型?人们为什么将这种疫病称作"黑死病"?

引导思考:黑死病是一种鼠疫,根据发病部位不同,鼠疫可分为三种类型:一是出现结节肿的淋巴腺鼠疫,它侵害血液,引起腹股沟腺炎和内出血由接触传染。二是肺鼠疫,能使肺脏发炎,在数日内使患者丧生。由呼吸可传染,此类瘟疫危害最大,传播最烈。第三种是鼠疫败血症。这场瘟疫之所以被称作"黑死病",是因为这场瘟疫的让人们产生恐惧,是对"pestisatra"或者"atramors"的误解,因为在14世纪,"atramors"有骇人(terrible)和黑色(black)的双重含义,这与任何临床症状无关,后人以"black"译之,实为"terrible"之意。

材料二 任你怎样请医服药,这病是没救的。……找不出真正的病源,因而也就拿不出适当的治疗方法来,凡是得了这种病,侥幸治愈的人,真是少之又少……健康的人只要一跟病人接触,就染上了病,那情形仿佛干柴凑着烈火那样容易燃烧起来,不要说走近病人,跟病人谈话,会招来致死的症状,甚至只要接触到病人穿过的衣服,摸过的东西,也立刻会染上了病

——薄伽丘:《十日谈》,方平、王科一译,上海:上海译文出版社,1988年,第10—11页

1361—1363年欧洲境内第二次大规模鼠疫爆发,年轻人似乎更容易被这次瘟疫夺去生命,欧洲又损失了自己总人口数的10%—20%。此后1369—1371、1374—1375、1380—1390年在欧洲境内多次复发,西班牙于1362—1363、1371、1375、1381、1396、1397年一次又一次地发生鼠疫,在15、16世纪以及1672—1682年这些时间段里多次发生。1369年后,黑死病的重要特征不再是它所带来的高死亡率,而是鼠疫周期性爆发的次数,通常黑死病会在5—10年内爆发一次。15世纪以后以地方病的形式在欧洲一直肆虐到了18世纪。

——李晓光:《黑死病与14—15世纪欧洲社会历史的变迁》,广西师范大学2006年硕士学位论文

教师设问:黑死病有什么特征呢?

引导思考:黑死病流行的最大特点就是传染性强、死亡率高。另一个特点就是反复性强。

材料三 教会描绘的是一幅人类因为罪恶而惹怒上帝,上帝通过瘟疫警示世人,人类只有通过祈祷和忏悔才能获得拯救的画面;医生告诉的是彗星出现、行星汇合、毒气产生、横扫地球的神话;反犹主义者讲述的是散布欧洲的犹太人接受总部命令在欧洲人饮用的井水里投毒结果导致欧洲人集体感染的故事。

——赵立行:《西方学者视野中的黑死病》,载《历史研究》2005年第6期

彼特拉克在他的《论家庭》中说:"询问历史学家:沉默。询问科学家:没有表情。询问哲学家:耸耸肩膀,皱皱眉头,把手指头放在嘴唇上要求沉默"

——赵立行:《1348年黑死病与理性意识的觉醒》,载《江西师范大学学报(哲学社会科学版)》2007年第1期

教师设问:面对疫病的肆虐,当时的欧洲社会认为黑死病的起因是什么?

引导思考:当时人们虽然经历了黑死病的巨大冲击,但是并不知道黑死病为何物,更不知道它为何会突然降临,所以当时的各个阶层以已有的知识为基础,对黑死病进行了颇具想象力的猜测。教会认为这是因为人类的罪恶而惹怒上帝,上帝通过黑死病警示世人,从而欺骗人们通过祈祷和忏悔才能获得拯救;而当时的医生,由于迷信和医疗技术的落后,面对疫病他们也束手无策,他们告诉人们的是彗星出现,行星汇合,毒气产生进而横扫地球的神话;反犹主义者讲述的是散布欧洲的犹太人接受总部命令,在欧洲人饮用的井水里投毒,结果导致欧洲人集体感染的故事。这些故事尽管在当时能够自圆其说,而且给后来人

揣摩当时人的心理、了解当时的社会提供了很好的素材,但是它们也掩盖和混淆了黑死病的相关真相。

材料四 黑死病发源于印度的观点,与理相悖。新航路开辟之前,印度同西方的往来主要有两条路线:一是经波斯湾、两河流域、地中海东岸和叙利亚,然后经地中海抵达欧洲;二是经阿拉伯海进红海,然后经陆路至埃及的亚历山大港,由此经地中海达欧洲。如果说瘟疫先由印度发生,那么首先遭传染的应是西亚和北非广大地区,而不是南欧各国。实际情况是,北非广大地区的瘟疫是由西西里经突尼斯传入的。

认为黑死病发源于中国的旧结论也为新的研究成果所匡正。我国学者证明,黑死病在欧洲流行前后,正是元顺帝至正年间,我国并没有出现大的瘟疫,因而谈不上向西传播的问题。韦尔斯则明确指出,黑死病的发源地是里海源头周围地区。他的这一观点为其他学者研究所证实。美国学者巴·塔奇曼认为,引发黑死病的是隐藏在跳蚤胃口和身上沾有跳蚤的老鼠血液中的杆状菌,这种杆状菌的产生不是在中国,而是在中亚某一地区,然后沿商路向西传播。认为黑死病产生于中国,乃是14世纪人们的错误观念。

——张绪山:《14世纪欧洲的黑死病及其对社会的影响》,载《东北师范大学学报(哲学社会科学版)》1992年第2期

学术界大多数人赞同黑死病起源于中亚的说法。在传入欧洲前,中亚地区已经爆发了黑死病。在中亚地区存在着三个主要的鼠疫自然疫源带,一个是从哈萨克斯坦和俄罗斯里海沿岸向南到达克里米亚半岛的鼠疫自然疫源带,一个是从里海东海岸向东延伸到哈萨克斯坦东部的鼠疫自然疫源带,一个是包括俄罗斯西伯利亚地区与蒙古接壤的地区、蒙古大部分地区、中国蒙古北部和东北北部地区的鼠疫自然疫源带,这些自然疫源区连接在一起,从亚洲内陆延伸到了欧洲边境。而且东西方的交往在14世纪的时候变得紧密起来,意大利商业城市迫切希望与传说中的中国贸易,大批的传教士和商人,披荆斩棘通过各种路径来到了中国,随着商业的繁荣,驿站开始沿途建立,在促进交往便利的同时也为黑死病从中亚传向欧洲提供了方便。

——李晓光:《黑死病与14—15世纪欧洲社会历史的变迁》,广西师范大学2006年硕士学位论文

教师设问:黑死病的起源有几种观点?你比较赞同哪一种观点?为什么?

引导思考:一种观点认为源于印度;一种观点认为源于中国;一种观点认为源于中亚地区。现有的认为黑死病起源于印度、中国和蒙古、南部俄罗斯等观点都有欠缺。亚洲中部地区,几乎囊括察哈台帝国的全部,以及金帐汗国的东南部、伊尔汗国的东北部和元帝国的北部,具体疆域与1227年的成吉思汗帝国大致相合,所以用中亚地区作为黑死病的起源地更加适合。

黑死病之所以会起源于中亚,作者认为,中亚大部分地区远离海洋,这导致了降雨量的稀少,从而使得其气候异常干燥,展现给人们的总体地貌也是浩渺无垠的沙漠和草原,而这也恰恰成为鼠疫病菌安身立命的温床。人类活动涉及了鼠疫自然疫源地。蒙古铁骑在13、14世纪驰骋于亚欧大陆,为疾病的发生和传播创造了人为条件。

材料五 黑死病对欧洲社会的最直接的影响,是造成人口的大量死亡。中古城市人口集中,接触相对密切和频繁,卫生设备落后,卫生知识缺乏,遭受的危害最为惨烈。1348年

黑死病流行高峰时,阿维尼翁每天死亡40人,半数居民死于瘟疫。伦敦市有一处坟地埋葬了5万具尸体。1349年,巴黎死亡总数达50 000人,占城市人口总数的一半。现代人口学家对染病的广大地区的全面估计,欧洲人口8 000万中死亡2 400万—2 500万,即近总人口的三分之一。

人口的大量死亡造成欧洲社会政治秩序的极大混乱。在黑死病以前的二三百年时间里,欧洲各国政府都在艰难而缓慢地发展着管理机构,训练着所需要的各级官员,突然间数以万计的训练有素的官员被瘟疫消灭了,政府机构所受到的冲击是可以想见的。大批官员的死亡,使公共治安、法庭审判、甚至日常生活秩序都陷入瘫痪状态中。为了使各级政府机构重新发挥它的神经指挥功能,大批不学无术、愚蠢无能的虚伪奸猾之徒涌填到各级官衙。这些人以其自私之动机趁瘟疫造成的混乱中饱私囊,极力搜刮民众膏血。另一方面,幸存的普通民众也在绝望中转向了狂饮暴食和悠意纵欲。毁坏劳动成果,谋财害命、欺骗、通奸、盗窃,已成通常之事。在某些地方,无家可归的人和因饥饿而入绿林的土匪游荡纠合,大事劫掠。庞大的国家机器在低效率中运转,社会政治秩序陷入动荡和混乱中。

——张绪山:《14世纪欧洲的黑死病及其对社会的影响》,载《东北师范大学学报(哲学社会科学版)》1992年第2期

这场瘟疫带来的巨大痛苦和恐惧,极大地冲击了人们的精神生活,使教会失去了精神上的权威,失去了人们的支持。许多人的信仰发生了动摇和变化,禁欲主义逐渐退出,人文主义逐渐兴起,人们把目光从对天国的期许中转向了对现世的关注。人类自觉地意识到自身生命的存在,探索人性结构中的理性与非理性,追求平等与自由权,张扬人文主义,提倡社会的主宰是人而不是神。一些具有推动意义的新思想得以酝酿和传播,促使中世纪向近现代社会发展。

——李荷:《灾难中的转变:黑死病对欧洲文化的影响》,载《中国人民大学学报》2004年第1期

经历黑死病的洗礼,医疗体系同样受到很大的冲击,开始走向一个全新的方向。过去的医疗体系主要是固守已有的传统和知识,尤其是希波克拉底和盖伦等的理论知识,不求实践和研究新问题。但黑死病后,医学开始走向职业化。医学的进步表现在医学哲学和机构开始发展,而且医药学变得专业化;第二个变化便是外科和外科医生的兴起;与此相关,方言医学文献兴起;第三个变化是医院的新作用。以前医院主要用于隔离而不是治愈,现在则主要用于治愈,新的管理和组织技巧发生了变化。医院的药物发生了变化,公共卫生和健康开始发展,这些公共机构报告流行病的情况,负责实施隔离,出现了专门对付瘟疫的医生。

——赵立行:《1348年黑死病与理性意识的觉醒》,载《江西师范大学学报(哲学社会科学版)》2007年第1期

教师设问: 阅读上述材料,分析黑死病的肆虐对历史有何影响?

引导思考: 黑死病对欧洲社会的最直接的影响,是造成人口的大量死亡。人口的大量死亡造成欧洲社会政治秩序的极大混乱。政府机构所受到的冲击,民众也在绝望中转向了狂饮暴食和恣意纵欲。

这场瘟疫带来的巨大痛苦和恐惧,极大地冲击了人们的精神生活,许多人的信仰发生了

动摇和变化,禁欲主义逐渐退出,人文主义逐渐兴起,黑死病带来一场思想的大解放,迎来了文艺复兴,为宗教改革铺平了道路,促使近现代欧洲文化的形成。

另外,医疗体系同样受到很大的冲击,开始走向一个全新的方向。第一个变化是医学开始走向专业化;第二个变化便是外科兴起;第三个变化是医院的新作用。

设计二:梁启超的割肾医案——近代中西医之争

设计意图

梁启超的割肾医案产生的论争涉及科学主义的学理讨论,新旧世界的进步之争,国家民族文化存亡之争,是近代中西医论争中的名案。本设计通过对梁启超的割肾医疗事件的介绍,使学生理解梁启超医案争论的实质乃是近代中西医之争。通过呈现史料,将梁启超医案置于具体时代背景下,使学生理解近代中西医之争的背景。通过史料,介绍近代四次较大规模的中西医之争,使学生比较分析历次争论的异同,解释中西医之争所包含的学理之争、中西文化之争与民族存亡之争。最后,通过学习本课,使学生理解中西医论争使得中医开始自觉进行科学化的尝试,进行中西医结合与汇通,逐渐走上科学化的发展道路。

设计方案

材料一 1926年3月8日,因尿血症,梁启超入住协和医院。他得病多年,家人屡劝就医,总嫌"费事",但在入院前,忽然怀疑自己得的是癌症,终于同意检查一下。

在怀疑是癌的前提下,协和医院决定为梁启超做手术,切除右肾。3月16日,梁启超被推上手术台。主刀医生是当时的协和医院院长、著名外科专家刘瑞恒,副手则是一位美国医生。刘瑞恒干净利落地切除了梁启超的右肾,就手术本身来说,不可谓不成功。但手术以后,血尿并未停止,虽然有时血量很少,肉眼看不出,但化验证明,病症未愈。协和医院再次检查,却查不出任何原因,只得名之为"无理由之出血症"。4月12日,住院35天之后,他出院回家了。

——李昕:《梁启超与协和医院的"百年公案"》,载《晶报》2015年5月12日;张建伟:《梁启超的"病"与"死"》,载《中国青年报》2006年5月24日

教师讲述: 教师讲述"梁启超医疗事件"。梁启超割去一肾后,病状依旧,手术白做,而病人身体受损。在这个病案中,协和医院的治疗效果不佳是显而易见的。但是后人对于这件名人就医案却有不同的说法。

材料二 我们对外国人,尤其是对西医的信仰,是无边际的。中国大夫其实是太难了,开口是玄学,闭口也还是玄学,什么脾气侵肺,肺气侵肝,肝气侵肾,肾气又回侵脾,有谁听得惯这一套废话?冲他们那寸把长乌木镶边的指甲,鸦片烟带牙污的口气,就不能叫你放心,不说信任!同样穿洋服的大夫们够多漂亮,说话够多有把握,什么病就是什么病,该吃黄丸子的就不该吃黑丸子,这够多干脆,单冲他们那身上收拾的干净,脸上表情的镇定与威权,病人就觉得爽气得多!

——徐志摩:《我们病了怎么办》,载《徐志摩全集·第三卷》,天津:天津人民出版社,2005年,第72—73页

自从西医割掉了梁启超的一个腰子以后,责难之声就风起云涌了,连对于腰子不很有研究的文学家也都"仗义执言"。同时,"中医了不得论"也就应运而起;腰子有病,何不服黄蓍欤?什么有病,何不吃鹿茸欤?但西医的病院里确也常有死尸抬出。我曾经忠告过G先生:你要开医院,万不可收留些看来无法挽回的病人;治好了走出,没有人知道,死掉了抬出,就哄动一时了,尤其是死掉的如果是"名流"。

——鲁迅:《华盖集续编》,北京:人民文学出版社,2006年,第160页

教师设问: 徐志摩和鲁迅对梁启超医疗事件的看法分别是什么?

学生: 通过阅读材料回答。

教师引导学生分析: 表面上看,徐志摩似乎在贬中医赞西医,但实质是是在质疑西医的科学性。鲁迅留学日本,曾专修西医,从专业角度说,他确实比徐志摩更有发言权。他也认为西医到了中国,确实发生了许多问题,但他认定那不是西医的问题,而是中国人的问题,做事不务实,便什么都可疑。鲁迅认为中医是玄妙无穷的,但不能相信,是不科学的。那么,对于这样的争论,当事人及其家属又是如何看的呢?

材料三 (梁启超)入协和医院,由协和泌尿科诸医检验,谓右肾有黑点,血由右边出,即断定右肾为小便出血之原因。任公(指梁启超)向来笃信科学,其治学之道,无不以科学方法从事研究,故对西洋医学向极笃信,毅然一任协和处置。及右肾割去后,小便出血之症并未见轻,稍用心即复发,不用心时便血亦稍减。

——梁启勋(梁启超之弟):《病床日记》,载夏晓红编:《追忆梁启超》,北京:中国广播电视出版社,1997年,第428—429页

右肾是否一定要割,这是医学上的问题,我们门外汉无从判断。据当时的诊查结果,罪在右肾,断无可疑。后来回想,或者他(它)"罪不该死",或者"罚不当其罪"也未可知,当时是否可以"刀下留人",除了专门家,很难知道。但右肾有毛病,大概无可疑,说是医生孟浪,我觉得冤枉。

——梁启超:《我的病与协和医院》,载《晨报副刊》1926年6月2日

教师设问: 梁启超及其家属对于协和医院的诊治看法如何?

学生: 通过阅读材料回答。

教师引导学生分析: 我们可以看出,梁启超的肾并没被割错。但作为社会名流的梁启超,其医疗事件所引起的社会舆论关注是比较大的,而这之中所形成的论争,实际上反映了当时社会思想领域的新特征,即近代中国的中西医之争。而梁启超的医案不过是其中的一个著名案例而已,接下来我们来完整的了解一下这场论争是如何发生的。

材料四 中国医学界并无明显的中西医界限,中西医之间表面上相安无事,然而,由于西医势力逐渐扩大,医界过分抨击中医之弊,一些中医人士倍感中医地位受到威胁,起而反击。尤其是甲午战争以后,中国医学界的变革深受近代日本医学思潮的影响。在医学领域追随废除汉医、全盘西化的道路,留日归来中国学人把日本的医学理念带回中国,成为传播西医,废弃中医的骨干力量。民国伊始,政府摒弃中国传统医学于新式医疗制度之外,以西方医疗卫生体制为范本,重构国家医疗卫生制度,曾两次掀起巨大的"消灭中医"、"废止中医"的巨浪,出现了影响深远的近代中西医之争。

——郝先中:《清代中医界对西洋医学的认知与回应》,载《南京中医药大学学报

(社会科学版)》,2005年第1期

教师设问：阅读材料，分析近代中国为什么会发生中西医之争？

学生：通过阅读材料回答。

教师引导学生分析：民国时期，中医与西医发生了激烈争论。其原因是随着西医的传入，中医在中国的生存面临着巨大的挑战，加之民国政府以西医为本的国家卫生政策，加剧了中医界的危机感，中西医之间因为竞争而产生了冲突。

材料五 中西医之争，仅影响极大的就发生过四次：1920年余云岫与杜亚泉的争论；1929年的废止中医案的争论；1934年发生在《大公报》、《独立评论》上的"所谓国医问题"的争论；1941年发生在国民政府参政会的傅斯年、孔庚之争。1920年的余杜之争，相对来说还局限于学理式的探讨。余云岫提出将理论与事实分离，摒弃中医的理论，研究中医的药理。以科学的实验的药物学方法，对中医的处方做分析与研究。

1929年的废止中医案的争论和1934年发生的"所谓国医问题"的争论，名为中西医之争，实际上乃是科学主义思潮冲击下中医存废之问题。中医存废之争，不是简单的学理上的讨论，也不仅仅是一场普通的文化论争，而是一场中医界为寻求自身生存和发展而进行的殊死抗争。论争的范围，不局限于中西医学理上的是非，而是扩大到思想文化范围，甚至提升到了政治意识形态层面，卷入了政治势力及政治派系冲突的漩涡中。

1941年，当民族危机成为压倒一切的问题，而民族主义话语此时成为当时的主流话语时，将中医争夺生存权的话语从学理的探讨转换为民族求生存的民族主义话语，学术问题变成政治问题，中西医学理的论辩淡出，而意识形态的争执充斥了文化冲突的话语场。

——邓文初等：《"失语"的中医——民国时期中西医论争的话语分析》，载《开放时代》，2003年第6期

教师设问：阅读材料，比较近代四次影响较大的中西医之争有何不同？

学生：通过阅读材料回答。

教师引导学生分析：1920之争主要是学理之争；1929年和1934年发生的争论不单是学理之争，更是科学执政、文化之争、政治之争；1942年的争论则从学理的探讨转换为民族求生存的民族主义话语，学术问题变成政治问题。

材料六 真正意义上的中西医之争，正是由这些受科学主义思潮影响的西医学精英发起。无论是学理层面的探讨，还是政治角度的争斗，话语权争夺的背后，是中医自我认同与力求得到西医和其他人即他者认同的统一。

在中西医之争上，西医界称中医为旧医，称自己是新医，将中西医之争视为是"新旧之争"、先进与落后之争，试图通过这样的话语定位分清自己和中医的地位；中医界称自己为国医，称西医为西医，将中西医之争视为"中西之争"，试图与民族国家建构联系，占有一定的政治话语力量。

为了应对"科学主义"的威胁，争取民意和更多政治上的优势，中医药界把中医存废问题上升到三民主义的政治层面：一曰民族主义；二曰民权主义；三曰民生主义；政治角度的话语权为中医赢得了一定的局面，挽救了自身灭亡的命运。

——姜连堃等：《从话语权的争夺透视近代中西医之争》，载《西部中医药》，2011年第7期

教师设问： 阅读材料，归纳总结近代中西医之争的实质。

学生： 通过阅读材料回答。

教师引导学生分析： 近代中西医之争首先是中医和西医的生存之争。在这背后，还包含着科学主义的学理之争。此外，中西医之争还是近代新旧之争、先进与落后之争。而在政治层面，更是上升到了民族、民权和民生三大主义，关系到民族传统文化的存亡之争。

材料七 1929年及其以后的中医废除之争，并没有在根本上改变中国医学界的二元格局。中医界虽然屡屡遭到打压，但还是顽强地生存下去西医虽然把持国家卫生行政且拥有中医无法比拟的学术地位，但也无法让中医全军覆没。这次斗争对中医药界来说既是一次非同寻常的经历，又为其自身的生存发展迎来了契机。其留下的影响是永恒的，可从两个方面来总结：其一，抗争与发展是近代中医药界两大主线，抗争中建立了团结，改变了原来中医界的内部关系和职业精神；其二，废止中医之争促发了中医界的紧迫感，经受了血与火的洗礼，中医界不得不谋求自身的革新与改良，自觉进行科学化的尝试，逐渐走上科学化的道路，或许可以说，废止风波最终为中医药界带来了一场真正意义的胜利。

——郝先中：《近代中医废存之争研究》，2005年华东师范大学博士学位论文，第190页

教师设问： 阅读材料，分析近代中西医之争有何影响？

学生： 通过阅读材料回答。

教师引导学生分析： 第一，经历了与西医的抗争，中医界加强了团结，改变了原来中医界的内部关系和职业精神；第二，中西医论争使得中医开始自觉进行科学化的尝试，逐渐走上科学化的道路。

小结： 梁启超的割肾医案是近代中国医疗史上引人注目的名案，医案本身并不复杂，但因梁先生的名声而引起诸多争论。其背后折射出的是西医在近代中国的传播，引发了中医的存废之争。中西医之争可谓贯穿整个中国近代史，其中较大规模的争论就有四次。这些争论的背后，既有中医和西医的生存之争，还包含着科学主义的学理之争、近代新旧之争、先进与落后之争。在政治层面，更是上升到了民族、民权和民生三大主义，关系到民族传统文化的存亡之争。经历了与西医的抗争，中医界加强了团结，改变了原来中医界的内部关系和职业精神。中西医论争使得中医开始自觉进行科学化的尝试，进行中西医结合与汇通，逐渐走上科学化的道路。

教学资源

资源1：古代中国的疫病介绍

南方天气炎热，潮湿多雨，暑湿极重。古人认为，人生活于地势低、天气潮湿的环境，就会很易于患病，因而寿命也较短。脚气病、瘴疟、杨梅疮、麻风四种疾病，在医书中视为在古代岭南地区最为流行。

脚气病不是传染病，是维生素B_1缺乏病，在东南亚地区很常见，是与食用精米有关；病微却是脚部疼痹，脚胫肿满，软弱无力，不能步行，医家以为便是暑湿之气形成风毒，从地下

入侵脚部，邪气入侵体内，以此来解释为什么先在岭南、江东等地流行。

瘴疟是以按蚊为媒介的疟疾，因而疟疾传播与按蚊生长有密切关系，按蚊只生存于其界线大致在北纬60度和南纬40度之间，原因在于按蚊理想生长区在最高气温月份平均温度15.6度以上的地区，潮湿多雨炎热的气候是按蚊理想的生长地方。岭南地区正处于高疟区，故此，以古人观察到疟疾在岭南地区流行，与其气候有关是不错的。

杨梅疮一般视为梅毒，是性传染病，一般相信欧洲或美洲是起源地，十六世纪时透过来华的商人而进入中国，而岭南沿海地方，如广州、澳门，是对外通商口岸，外人到来经商而同时把梅毒也传进来。由于梅毒病微溃烂生疮，古人以为犹如湿热天气使物易霉一样，故以为是与气候有关。

麻风病自古有之，明代以前通常称为癞、大风等名，在明清时代两广甚为流行。

古人如何理解岭南地区的自然环境及气候，并以脚气病、疟疾、麻风病、梅毒为例子，说明岭南地区自然环境与疾病的关系。

——范家伟：《地理环境与疾病：论古代医学对岭南地区疾病的解释》，载《中国历史地理论丛》2000年第1期

资源2：古代中国疫病的影响

自古以来，疾病与战争就有密切的关系。例如马援南征交趾，遭受"瘴疠"侵害，士卒死亡十之四五，学术界更有观点认为正是他的南征给中原带回来了恶性疟疾；诸葛亮"五月渡泸，深入不毛"，据说就是为了避免"瘴气"；英帝国靠海军争霸世界，一度却因为水兵坏血病而导致舰队战斗力急剧下降，直到1747年海军军医詹姆士·林德寻找到以柠檬、酸柚汁治疗的方法，才使得英帝国海上霸权得以维系。这样的例子古今中外不胜枚举。

唐朝对吐蕃的战争也是典型的例子。在唐朝与吐蕃的战争中，青藏高原特殊的地理气候对双方都产生了重大影响，高山（原）反应是唐军在具有战略意义的大非川战役和青海战役中败北的主要原因之一，也是唐军始终无法对吐蕃腹地形成威胁的重要因素。青藏高原上的海拔高程分界线——赤岭也由此成为唐蕃双方实际控制范围的分界线，唐人在近百年时间里只能据守海拔相对较低的赤岭以东的河湟谷地。吐蕃人虽然天生适应高海拔，却受制于高原人特有的畏热体质，在对唐朝展开进攻时往往刻意选择凉爽季节，这就限制了其作战周期和战略主动性。疾病始终是影响唐蕃战争格局的不可忽视的重要因素

——于赓哲：《疾病与唐蕃战争》，载《历史研究》2004年第5期

资源3：政府与民间的疫病应对

两汉时期，面对时常爆发的疾疫，各级政府逐渐产生了有效的应对机制。两汉时期是医学快速发展的时期，出现了华佗、张仲景、程高等名医，也有《黄帝内经》《神农本草经》《伤寒杂症论》等经典医学著作，记载了不少应对疾疫的医药措施。两汉时期，在疾疫爆发后，政府会选择医药治疗作为疾疫应对的一种重要方式，尤其是东汉时期，医药治疗已经成为常态的应对机制，一般会由中央政府出面，派遣大员带领医护人员和药物巡行疫区。但是，也要看到，中央政府出面派遣的"光禄大夫""中谒者""使者""常侍"等并不是精通医药的官员，也不

是主管医疗卫生的官员,他们对疾疫的流行与否、影响大小并无有效应对策略。

——潘明娟、王社教:《两汉疾疫及其应对机制初探》,载《陕西师范大学学报(哲学社会科学版)》2012年第4期

资源4:古希腊的疫病

身体健康的人突然头部发烧;眼睛变红,发炎;口内从喉中和舌上出血,呼吸不自然,不舒服。其次的病症就是打喷嚏,嗓子变哑;不久之后,胸部发痛,接着就是咳嗽。以后就是肚子疼,呕吐出医生都有定名的各种胆汁。这一切都是很痛苦的。大部分时间是干呕,产生强烈的抽筋;到了这个阶段,有时抽筋停止了,有时还继续很久。抚摸时,外表上身体热度不高,也没有呈现苍白色;皮肤颇带红色和土色,发现小脓包和烂疮。

——修昔底德:《伯罗奔尼撒战争史》,谢德风译,北京:商务印书馆,2009年,第138页

资源5:古罗马的疫病与影响

6—7世纪的鼠疫对地中海人民的影响,与更著名的14世纪黑死病可有一比,这场疾病在起初阶段肯定在疫区导致城市居民大批死亡,总的人口损失花了几个世纪才得以恢复。准确的情形自然已难以确知,但普拉克皮乌报告说,在初次暴发的高峰期,这场鼠疫在君士坦丁堡每天杀死10 000人,而它在那里横行了4个月。正如此前165—180年和251—266年的两次大瘟疫一样,这场瘟疫的政治影响也是深远的。的确,查士丁尼未能恢复地中海的帝国统一,很大程度上可以归结于瘟疫带来的帝国资源的丧失。同理,根据542年以后地中海沿岸不断遭受的人口灾难,与此同时则是穆斯林帝国扩张的关键性的早期阶段,罗马和波斯未能对634年突然涌出阿拉伯半岛的穆斯林军队进行实质性抵抗,就较容易理解了。更广泛地说,欧洲文明重心明显偏离出地中海,和北方国家重要性增强的趋势,被一连串的鼠疫加强了,因为它们肆虐的范围几乎完全局限于地中海港口可以辐射到的地区。

——麦克尼尔:《瘟疫与人》,余新忠等译,北京:中国环境科学出版社,2010年,第76页

资源6:西欧中世纪的黑死病及其影响

瘟疫的描述选自康塔库泽诺斯家族约翰六世皇帝的《历史》,作于1355年后到达拜占庭时,皇后发现小儿子安德洛尼科斯死于瘟疫。瘟疫来自极北之地的斯基泰人,它袭击了世界上几乎所有的海岸并杀死了大部分人。它不仅肆虐本都、色雷斯和马其顿,还袭击了希腊、意大利及其诸岛、埃及、利比亚、犹大和叙利亚,几乎扩散到整个世界。

瘟疫无药可救,无论有规律的生活还是强健的身体都无法抵挡它。它对强壮的人和虚弱者一视同仁,条件最好人的和穷人一样死去。这一年没有发生别的(重大)疾病。原先有病的人肯定会死于瘟疫,什么医术都不管用。疾病在每个人身上的发展过程也不一样,无力抵抗的人当天就死了,有些甚至活不过几个小时。那些能撑过两三天的人一开始会发高烧,这时疾病正侵袭他们的头部。他们无法说话并对周遭一切失去知觉,随后好像进入了沉睡。有时他们可能会醒过来,但舌头僵硬说不出话,而且由于头部后侧的神经死亡,只能发出含

糊的声音。他们会突然死去。有时瘟疫会侵入肺部而非头部,它引发炎症导致胸部剧痛。

病人痰中带血,呼吸腥臭。发烧导致咽喉和舌头干枯并发黑充血。这与饮水多少无关。病人永远处于失眠和虚弱中。

上臂和小臂出现脓肿,有时也出现在上颌骨或身体其他部位。有时脓肿较大,有时较小。病人体表出现黑色水泡。有人全身爆发红斑,有人数量不多但很明显,有人则色浅而密集。所有死于该疾病的人都会有上述症状,但有的出现了所有症状,有的只有几种,甚至在为数不少的病例中,死者只出现一种症状。幸存者寥寥无几,但他们不会再次感染该疾病,它不会两次威胁到他们的生命。

小腿或手臂上会形成大的肿块,切开后有大量腥臭脓液流出,这是该疾病与众不同的地方。也有人出现了全部症状却意想不到地康复了。谁也帮不上忙,即使有人把对自己有效的疗法介绍给另一个病人,对后者来说也是有害无益。有人还因帮别人治病而感染。瘟疫造成了巨大破坏,许多房屋被遗弃。家畜和主人死在一起。最可怕的是失去信心。当有人感觉自己生病时,他们知道没有康复的希望,于是陷入绝望,这导致了衰弱加剧和疾病恶化,病人会马上死去。没有语言可以表达该疾病的本质,只能说它与人类日常罹患的各种恶疾完全不一样,它的降临是因为上帝想要恢复人间的贞洁。许多人都改过自新,使自己心灵向善,有的还是死了,但也有人战胜了疾病。那段时间,他们摒弃一切邪恶,过着有德的生活。甚至有许多人虽然还没患病,却已经把财产分给了穷人。如果有人感觉自己患病了,他绝不会冷漠到不为自己的过错忏悔,以便在上帝的审判席前得到最大的救赎机会,他不相信灵魂是无可救药的。在拜占庭有许多人死去,皇帝之子安德洛尼克斯也在患病后第三天去世了。

——约瑟夫·P.伯恩:《黑死病》,王晨译,上海:上海社会科学院出版社,2013年,第164—166页

资源7:中国古代的医药学成就

张仲景的《伤寒杂病论》在外感热病和内科杂病等辨证论治方面的理论与实践被历代医家奉为圭臬。"伤寒"是外感急性热病的总称。张仲景以六经为纲,剖析了伤寒各个阶段的病机、病位、病性,创立了伤寒病的六经辨证体系。对于各科杂病,张仲景以脏腑经络为枢机,缕析条辨,开后世脏腑辨证之先河。张仲景对疾病三因(内因、外因,及房室、金刃、虫兽等)的总结,成为后世三因学说的肇始。宋代之后的医学家多尊称其为"医圣"。他对传染性热病及杂病辨证施治,理法方药的法度,成为后代中医的规范,并形成一个独立的学派别,后世称其为"经方派"。方剂学以《伤寒杂病论》的方剂及方剂学理论为代表,张仲景也因此被尊为"医方之祖"。

——张大庆:《医学史》,北京:北京大学出版社,2013年,第17页。

华佗在1700年前,所以能成功地进行这样高明而成效卓著的腹腔外科手术,是和他已经掌握了麻醉术分不开的。华佗的麻醉术,是用酒冲服麻沸散。酒本身就曾是一种常用的麻醉剂,即使在20世纪四五十年代,作者初习外科时,老师还曾用酒作为手术麻醉剂。华佗创造性地应用酒作临床麻醉剂,在世界医药发展史上也是突出的贡献。但更令我们关切的是他发明的全身麻醉剂——酒服麻沸散对后世影响颇大,还产生了一定的国际影响。可惜

的是,麻沸散的药物组成早已失传。这是因为,华佗以终生心血所总结和撰写的医学书籍,已经不存在了。

——李经纬:《中医史》,海口:海南出版社,2015年,第76页

资源8:西医在中国的传播

按《中国医史》记载,近代医学的传入从1805年英国东印度公司的第一位船医皮尔逊来华算起。他的功劳就是传入了牛痘术。此后至1840年,先后有12位西方医生来华。澳门是他们活动的主要据点,此外只有广州留有他们的足迹。最成功的是伯驾在广州的眼科医院。那时大约只有5个中国人充当他们的助手。

至1876年统计,中国共有16所教会医院,24个诊所,全年就诊的病人41 281人。其间随着第一次南京条约的签订,西医马上在沿海通商口岸找到立足点。第二次鸦片战争后,由于通商据点的增多,条约给传教和医疗以明文规定,传教医师迅速传播。

除边远省份外,此时华北、华中、华南各省大中城市均已有传教医师在活动。

——赵洪钧:《近代中西医论争史》,北京:学苑出版社,2012年,第30页

李鸿章还对中国西医的发展做了许多开创性的工作。他捐资给马根济创办医院,并允许他在医院传教。除资助医学传教士开设医院外,李鸿章还对医学传教士在中国开办的医学教育事业予以支持。如1887年香港西医书院创办时,李鸿章不仅是书院的名誉赞助人,李鸿章还开创了官办西医院的先例。1879年,李鸿章出资由马根济在天津开办医院——"阁爵督部堂施医处"。医院设有候诊室、病房、药房等,设备比较先进。李鸿章在天津地方乡绅的资助下,又建立了一所新的官方医院——天津总督医院。在创办北洋海军过程中,李鸿章以天津总督医院为基地,在海军各口建立了一系列的海军医院。在创办医院的同时,李鸿章还开办了近代中国第一所官办医学校——北洋医学堂。作为中国近代最早的医学堂,它一直持续至1933年停办。它培养了不少陆、海军军医。他们对中国早期军事现代化、官办医学教育乃至医药卫生的发展都做出了贡献。

——杜志章:《论近代教会医药事业对中国医学早期现代化的影响》,载《江汉论坛》2011年第12期

资源9:近代中西医之争

1929年2月,国民政府召开第一届中央卫生委员会议,通过了西医余云岫等提出的"废止旧医(中医)以扫除医药卫生之障碍案",另拟"请明令废止旧医学校案"呈教育部,并规定了6项消灭中医的具体办法:

(1)施行旧医登记,给予执照方能营业,登记限期为一年。

(2)限五年为期训练旧医,训练终结后,给以证书。无此项证书者停止营业。

(3)自1929年为止,旧医满50岁以上、在国内营业20年以上者,得免受补充教育,给特种营业执照,但不准诊治法定传染病及发给死亡诊断书等。此项特种营业执照有效期为15年,期满即不能使用。

(4)禁止登报介绍旧医。

(5)检查新闻杂志,禁止非科学医学宣传。

(6) 禁止成立旧医学校。

这就是历史上臭名昭著的"废止中医案"。曾留学日本学习西医的余云岫,是废止中医派的代表人物。他一向攻击贬低中医学,把中医等同于巫术,甚至直指"中医是杀人的祸首",必欲废止清除而后快。他对中医的处置办法是"废医存药",中医废止,而中药作为医学研究资料尚可以加以利用。余云岫提出"废止中医案"的四点理由是:(1)中医理论皆属荒唐怪诞;(2)中医脉法出于纬候之学,自欺欺人;(3)中医无能预防疫疬;(4)中医病原学说阻遏科学化。他多次解释该提案是打算在五十年内逐渐消灭中医,一者任其老死,自然消亡;二者不准办学,使后继无人。因此,余云岫被世人讥评为"西医奴隶",成为千古罪人。

——奚霞:《民国时期中医废立之争》,载《炎黄春秋》2004年第8期

中西医学是在两种不同的文化背景下独立产生的,西医学在其东渐过程中与中医发生碰撞是必然的。这本应该是医学自身问题,却由于当时社会政治环境的剧变,使得这次碰撞在近代中国是畸形的,它夹杂有各种各样的因素,包括宗教、文化、政治、心理等等,热闹非凡,却又有某些悲哀。医学要面对的对象始终是人,可就是这个人很复杂,甚至在某些时候也无法掌控自己的命运,甚至无法掌控自己的身体。

尽管"废止中医案"的通过得到了中医界的反对,但是国民政府时期,中医始终没有达到与西医平等的要求,建国后以国家行政的力量促成了中西医结合的发展方向,但是并没有从学理上根本解决这个问题,如争论的核心问题:阴阳五行学说的存废,特别是五行学说问题。民国时期这场争论的阴影延续到现在,终于也以"告别中医中药"为导火索而暴发,不过这却是一个绝佳的反思历史的时期。当然反思历史决不仅仅是为了历史,它是一面镜子,可以给现实提供一条可能的途径,抑或仅仅是一个解决现实问题的引子,这也是其价值。

从在西医东渐过程中中医学的应对可知,在一开始,中医学就对西医学采取了宽容的态度,给了西医学在中国发展的空间,并在一定程度上,主动地接触西医学,希望将其纳入中医学体系之中。这种态度在中医学界占有主流的地位,甚至是在将中医排除现代医事制度之外后,中医界一方面为生存权而斗争,另一方还不忘学习西医学来改造自己,使其成为"新中医"。

——罗曼:《西医东渐及其与中医的碰撞》,载《医学与哲学(人文社会医学版)》2009年第7期

资源10:国际卫生合作组织

国际性的官方医疗组织可追溯至1909年,当时一个国际公共卫生机构在巴黎成立,以监测鼠疫、霍乱、天花、斑疹伤寒和黄热病的发病情况,同时也尝试为欧洲国家制定统一的卫生和检疫标准。在20世纪的两次世界大战之间,国联建立了一个卫生处,下属的几个特别委员会讨论过疟疾、天花、麻风病和梅毒等的全球发病情况。但这个时期更重要的工作是洛克菲勒基金会攻克黄热病和疟疾的计划。然后,在1948年,新的更为雄心勃勃的世界卫生组织组建成立。借助有力的政府支持,世界卫生组织开始把最先进的科学的医学知识应用于落后地区,只要当地政府愿意提供配合。

因此可以说,1940年代以后,医学科学和公共卫生管理对人类生活状况的影响已经真正地全球化了。在大部分地区,传染病已不再重要,许多传染病在它们原本多发且严重的地

方已呈衰退之势。的确,这种对人类健康与幸福纯粹的增益,怎么评价亦不为过;现在若要理解传染病曾经对人类、甚至就对我们的祖父辈意味着什么,都需要想象力了。然而,正如当人类学会了干预复杂生态系统的新方法后总必须面对的那样,自1880年代以后,医学研究对微寄生关系的成功控制,也产生了一些始料未及的副产品和危机。

——麦克尼尔:《瘟疫与人》,余新忠等译,北京:中国环境科学出版社,2010年,第172页

后 记

　　本书是教育部基础教育课程教材发展中心何成刚主持编写的"历史课标解析与史料研习"丛书中的一册。具体分工如下：

　　赵文龙(北京市海淀区教师进修学校)撰写"第一单元　食物生产与社会生活"；王丰、黄宇(首都师范大学附属育新学校)撰写"第二单元　劳动工具与劳作方式"；邢秀清(北京市第一〇一中学)撰写"第三单元　商业贸易与日常生活"；刘汝明(北京市海淀区教师进修学校)撰写"第四单元　村落、城镇与居住环境"；孙淑松(北京市第一〇一中学)撰写"第五单元　交通与社会变迁"；雷洋(中国人民大学附属中学)撰写"第六单元　医疗与公共卫生"。

　　刘汝明、赵文龙、何成刚共同确定了本书的写作思路，参与了全书的修改完善和统稿定稿工作。北京市海淀区教师进修学校历史教研室主任张威老师为本书的编写提供了无私的帮助。广东省东莞市厚街湖景中学李志先老师在文献核实方面提供了大力协助。

　　感谢为本书间接提供大量史学研究成果的专家、学者。感谢西安市未央区教师进修学校何崇宪老师参与了书稿的审读和修改工作。感谢《中学历史教学参考》《历史教学》《历史教学问题》《中学历史教学》等刊物为部分研究成果发表提供的专业支持。感谢复旦大学出版社朱建宝先生为本书出版付出的劳动。

图书在版编目(CIP)数据

历史课标解析与史料研习.经济与社会生活/刘汝明,赵文龙,何成刚主编.—上海:复旦大学出版社,2018.10(2022.7重印)
ISBN 978-7-309-13945-7

Ⅰ.①历… Ⅱ.①刘…②赵…③何… Ⅲ.①中学历史课-教学研究-高中 Ⅳ.①G633.512

中国版本图书馆 CIP 数据核字(2018)第 215963 号

历史课标解析与史料研习·经济与社会生活
刘汝明　赵文龙　何成刚　主编
责任编辑/朱建宝

复旦大学出版社有限公司出版发行
上海市国权路 579 号　邮编:200433
网址:fupnet@fudanpress.com　http://www.fudanpress.com
门市零售:86-21-65102580　团体订购:86-21-65104505
出版部电话:86-21-65642845
江苏句容市排印厂

开本 787×1092　1/16　印张 21　字数 473 千
2022 年 7 月第 1 版第 5 次印刷

ISBN 978-7-309-13945-7/G·1899
定价:52.00 元

如有印装质量问题,请向复旦大学出版社有限公司出版部调换。
版权所有　侵权必究